SÚMULAS E OJs DO TST ANOTADAS EM QUESTÕES

+950

questões de concursos
versando sobre as Súmulas e OJs aplicáveis

Élisson Miessa
Henrique Correia

CONFORME NOVO CPC

SÚMULAS E OJs DO TST ANOTADAS EM QUESTÕES

+950

questões de concursos
versando sobre as Súmulas e OJs aplicáveis

5ª edição
revista, ampliada e atualizada

2017

EDITORA JusPODIVM
www.editorajuspodivm.com.br

EDITORA
*Jus*PODIVM
www.editorajuspodivm.com.br

Rua Mato Grosso, 164, Ed. Marfina, 1º Andar – Pituba, CEP: 41830-151 – Salvador – Bahia
Tel: (71) 3045.9051
• Contato: https://www.editorajuspodivm.com.br/sac

Diagramação: Linotec Fotocomposição e Fotolito Ltda. *(www.linotec.com.br)*

Capa: Rene Bueno e Daniela Jardim *(www.buenojardim.com.br)*

SOBRE OS ORGANIZADORES

ÉLISSON MIESSA

- Procurador do Trabalho.
- Professor de Direito Processual do Trabalho do Curso CERS online.
- Autor e Coordenador de obras jurídicas.
- www.elissonmiessa.com.br | facebook.com/elisson.miessa | twitter.com/ElissonMiessa | Instagram: @elissonmiessa | Periscope: elissonmiessa

HENRIQUE CORREIA

- Procurador do Trabalho (MPT)
- Professor de Direito do Trabalho do CERS online (www.cers.com.br).
- Autor e Coordenador de diversos livros para concursos públicos.
- www.henriquecorreia.com.br | @profcorreia
- Grupos de estudos de Direito do Trabalho no Facebook:
    - Analista TRT: https://www.facebook.com/groups/concursoanalistatrt2013/
    - Magistratura do Trabalho e MPT: https://www.facebook.com/groups/MAGISTRATURAeMPT/
    - Portal Carreiras Trabalhistas: https://www.facebook.com/carreirastrabalhistascomElissoneHenrique

APRESENTAÇÃO

A jurisprudência do TST tem grande relevância na seara trabalhista, dando origem a diversas súmulas e orientações jurisprudenciais.

Diante dessa importância, elas são frequentemente questionadas nas provas de concursos públicos. Em razão disso, surgiu a ideia de se criar a presente obra, cumulando as súmulas e OJs em ordem temática com questões de concursos relacionadas à matéria.

Neste livro, separado e organizado por temas, o leitor, ao procurar, por exemplo, o assunto adicional de insalubridade ou recurso de revista, encontrará todas as súmulas e as OJs do TST relativas a essas matérias em um único tópico. Além disso, no final de cada tópico, terá as questões correspondentes para verificar se compreendeu e memorizou as súmulas e jurisprudências daquele tópico.

As questões foram selecionadas e separadas cuidadosamente. Escolhemos questões recentes que demonstram a tendência dos últimos concursos. Aliás, foram colocadas questões da OAB, em razão da dificuldade dos últimos exames, AFT – Auditor Fiscal do Trabalho, Advocacia Pública, Analista do TRT, Magistratura do Trabalho e MPT – Ministério Público do Trabalho. O candidato, portanto, terá a dimensão do que é pedido e da dificuldade dos principais concursos na área trabalhista.

Nesta quinta edição, foram incluídas 86 novas questões das provas realizadas em 2016 e 2017.

Caso o leitor busque o aprofundamento na matéria, com comentários e detalhes da jurisprudência e da legislação trabalhista atuais, indicamos nosso livro de SÚMULAS E ORIENTAÇÕES JURISPRUDENCIAIS DO TST COMENTADAS E ORGANIZADAS POR ASSUNTO, 8ª Edição/2017, publicado por esta mesma editora.

Desse modo, esperamos que este livro possa facilitar a memorização das súmulas e orientações jurisprudenciais, permitindo a elevação de sua pontuação nas provas objetivas.

Maio/2017

SUMÁRIO

PARTE I – DIREITO DO TRABALHO
HENRIQUE CORREIA

PARTE I – DIREITO DO TRABALHO

Henrique Correia

Capítulo I
REGULAMENTO DE EMPRESA, PRINCÍPIOS E PROGRAMA DE INCENTIVO À DEMISSÃO VOLUNTÁRIA

1. REGULAMENTO DE EMPRESA (NORMA REGULAMENTAR)

Súmula nº 51 do TST

Norma regulamentar. Vantagens e opção pelo novo regulamento. Art. 468 da CLT.

I – As cláusulas regulamentares, que revoguem ou alterem vantagens deferidas anteriormente, só atingirão os trabalhadores admitidos após a revogação ou alteração do regulamento.

II – Havendo a coexistência de dois regulamentos da empresa, a opção do empregado por um deles tem efeito jurídico de renúncia às regras do sistema do outro.

Súmula nº 202 do TST

Gratificação por tempo de serviço. Compensação.

Existindo, ao mesmo tempo, gratificação por tempo de serviço outorgada pelo empregador e outra da mesma natureza prevista em acordo coletivo, convenção coletiva ou sentença normativa, o empregado tem direito a receber, exclusivamente, a que lhe seja mais benéfica.

Súmula nº 77 do TST

Punição.

Nula é a punição de empregado se não precedida de inquérito ou sindicância internos a que se obrigou a empresa por norma regulamentar.

Súmula nº 186 do TST

Licença-prêmio. Conversão em pecúnia. Regulamento da empresa.

A licença-prêmio, na vigência do contrato de trabalho, não pode ser convertida em pecúnia, salvo se expressamente admitida a conversão no regulamento da empresa.

OJ nº 56 da SDI – I do TST

Nossa Caixa-Nosso Banco (Caixa Econômica do Estado de São Paulo). Regulamento. Gratificação especial e/ou anuênios

Direito reconhecido apenas àqueles empregados que tinham 25 anos de efetivo exercício prestados exclusivamente à Caixa.

⊙ QUESTÕES

01. (Cespe – Analista Judiciário – Área Judiciária – TRT 8/2013) Assinale a opção correta no que diz respeito aos princípios e fontes do direito do trabalho.

A) Aplica-se o princípio da primazia da realidade à hipótese de admissão de trabalhador em emprego público sem concurso.

B) Conforme expressa previsão na CLT, independentemente do período de tempo durante o qual o empregado perceba gratificação de função, sendo este revertido ao cargo efetivo de origem, ainda que sem justo motivo, ser-lhe-á retirada a gratificação, não cabendo a aplicação ao caso dos princípios da irredutibilidade salarial e da estabilidade financeira.

C) As convenções coletivas de trabalho, embora sejam consideradas fontes do direito do trabalho, vinculam apenas os empregados sindicalizados, e não toda a categoria.

D) A CLT proíbe expressamente que o direito comum seja fonte subsidiária do direito do trabalho, por incompatibilidade com os princípios fundamentais deste.

E) De acordo com entendimento do TST, com fundamento no princípio da proteção, havendo a coexistência de dois regulamentos da empresa, a opção do empregado por um deles tem efeito jurídico de renúncia às regras do sistema do outro.

↓RESPOSTA

Alternativa Letra E.
Súmula nº 51, item II, TST.

02. (FCC – TRT 6 – Técnico Judiciário – Área Administrativa/ 2012) O Regulamento da empresa "BOA" revogou vantagens deferidas a trabalhadores em Regulamento anterior. Neste caso, segundo a Súmula 51 do TST, "as cláusulas regulamentares, que revoguem ou alterem vantagens deferidas anteriormente, só atingirão os trabalhadores admitidos após a revogação ou alteração do regulamento". Em matéria de Direito do Trabalho, esta Súmula trata, especificamente, do Princípio da

A) Condição mais benéfica.

B) Razoabilidade.

C) Indisponibilidade dos Direitos Trabalhistas.

D) Imperatividade das Normas Trabalhistas.

E) Dignidade da Pessoa Humana.

↓RESPOSTA

Alternativa Letra A.
Súmula nº 51, I do TST.

03. (FGV - Exame de Ordem 2015.3) Reinaldo trabalha em uma empresa cujo regulamento interno prevê que o empregador pagará a conta de telefone celular do empregado, até o limite de R$ 150,00 mensais. Posteriormente, havendo crise no setor em que a empresa atua, o regulamento interno foi expressamente alterado para constar que, dali em diante, a empresa arcará com a conta dos celulares dos empregados até o limite de R$ 50,00 mensais.De acordo com o entendimento consolidado do TST, assinale a afirmativa correta.

A) O regulamento interno é ato unilateral de vontade do empregador, que poderá modificá-lo a qualquer momento, daí por que não há direito adquirido e a nova condição alcança Reinaldo.

B) A alteração somente é válida para aqueles que foram admitidos anteriormente à mudança e não prevalece para os que forem contratados após a mudança.

C) A alteração é válida, mas só alcança aqueles admitidos posteriormente à mudança, não podendo então alcançar a situação de Reinaldo.

D) A alteração feita pela empresa é ilegal, pois, uma vez concedida a benesse, ela não pode ser retirada em momento algum e para nenhum empregado, atual ou futuro.

↓RESPOSTA

Alternativa Letra C.
Súmula nº 51, I do TST.

04. (TRT 15 – Juiz do Trabalho Substituto 15ª região/ 2013) Sobre o tema da alteração contratual no Direito do Trabalho, é correto afirmar:

A) a punição do empregado, por falta disciplinar, é uma das formas de manifestação do "jus variandi" do empregador;

B) percebida a gratificação de função por dez anos ou mais pelo empregado que exerce cargo de confiança, permite-se ao empregador suprimir tal gratificação, sem justo motivo, desde que garanta ao empregado a permanência no emprego;

C) nos termos da jurisprudência dominante, tratando do tema da reversão, o empregador pode alterar a condição de trabalho do empregado que foi contratado para o exercício de cargo de confiança, atribuindo-lhe nova função, gerando a perda da gratificação inerente ao cargo;

D) as cláusulas de regulamento de empresa que revoguem ou alterem vantagens deferidas anteriormente só atingirão os empregados admitidos após a alteração ou revogação do regulamento;

E) o pagamento de adicional de insalubridade, em grau máximo, feito pelo empregador, sem o requisito da concreta aferição das condições ambientais pertinentes, não se integra ao contrato de trabalho, como cláusula benéfica, podendo ser suprimido, ou ter o seu percentual reduzido, em face de realização de perícia que venha a constatar a inexistência de insalubridade ou a redução de seu grau.

RESPOSTA

Alternativa Letra D.
Súmula nº 51, I do TST.

05. (Juiz do Trabalho Substituto – TRT 3ª região/ 2013) Sobre a ótica do direito individual do trabalho, leia as afirmações abaixo e, em seguida, assinale a alternativa correta:

I) Todos os direitos assegurados aos trabalhadores são de indisponibilidade absoluta.

II) O dirigente sindical acusado de falta grave poderá ser suspenso de suas funções, mas a sua despedida só se tornará efetiva após o inquérito em que se verifique a procedência da acusação.

III) O trabalhador pode renunciar à estabilidade no emprego, por meio da apresentação de pedido de demissão, que, no entanto, só será válido quando feito com a assistência do respectivo sindicato e, se não o houver, perante autoridade local competente do Ministério do Trabalho e Emprego ou da Justiça do Trabalho.

IV) Havendo coexistência de dois regulamentos da empresa, a opção por um deles tem efeito jurídico de renúncia às regras do sistema do outro.

A) Somente a afirmativa I esta correta.

B) Somente as afirmativas I e II estão corretas.

C) Somente a afirmativa III esta correta.

D) Somente as afirmativas III e IV estão corretas.

E) Somente as afirmativas II, III e IV estão corretas.

RESPOSTA

Alternativa Letra E.
II – artigo 494 CLT.
III – artigo 500 CLT.
IV – Súmula nº 51, II do TST.

06. (Juiz do Trabalho Substituto – TRT 19ª região/ 2012) À luz da dicção da lei e do quanto cristalizado na jurisprudência do TST, assinale a alternativa incorreta:

A) Nos contratos individuais de trabalho só é lícita a alteração das respectivas condições por mútuo consentimento, e ainda assim desde que não resultem, direta ou indiretamente, prejuízos ao empregado, sob pena de nulidade da cláusula infringente desta garantia. Porém, não se considera alteração unilateral a determinação do empregador para que o respectivo empregado reverta ao cargo efetivo, anteriormente ocupado, deixando o exercício de função de confiança.

B) Ao empregador é vedado transferir o empregado, sem a sua anuência, para localidade diversa da que resultar do contrato, não se considerando transferência a que não acarretar necessariamente a mudança do seu domicílio. Todavia, afigura-se como licita a transferência quando ocorrer extinção do estabelecimento em que trabalhar o empregado.

C) As cláusulas regulamentares, que revoguem ou alterem vantagens deferidas anteriormente, só atingirão os trabalhadores admitidos após a revogação ou alteração do regulamento. Havendo a coexistência de dois regulamentos da empresa, a opção do empregado por um deles não tem efeito jurídico de renúncia às regras do sistema do outro.

D) Empregado transferido, por ato unilateral do empregador, para local mais distante de sua residência, tem direito a suplemento salarial correspondente ao acréscimo da despesa de transporte.

E) Percebida a gratificação de função por dez ou mais anos pelo empregado, se o empregador, sem justo motivo, revertê-lo a seu cargo efetivo, não poderá retirar-lhe a gratificação tendo em vista o princípio da estabilidade financeira. Ademais, mantido o empregado no exercício da função comissionada, é vedado ao empregador reduzir o valor da gratificação.

RESPOSTA

Alternativa Letra C.
Súmula nº 51 do TST.

07. (Juiz do Trabalho Substituto – TRT 2ª região/ 2011) Considere as seguintes proposições referentes à renúncia no Direito do Trabalho:

I. O artigo 12 da Convenção nº 132, da Organização Internacional do Trabalho, adotada pelo Brasil por meio do Decreto 3.197, de 1.999, proíbe a renúncia ao gozo das férias mediante indenização.

II. Em nenhuma hipótese será válido o pedido de demissão do empregado estável, conforme prevê o art. 500 da CLT.

III. Conforme entendimento sumulado pelo TST, havendo a coexistência de dois regulamentos da empresa, a opção do empregado por um deles tem efeito jurídico de renúncia às regras do sistema do outro.

IV. Também conforme entendimento sumulado pelo TST, o direito ao aviso prévio é irrenunciável pelo empregado. O pedido de dispensa de cumprimento não exime o empregador de pagar o respectivo valor, salvo comprovação de haver o prestador dos serviços obtido novo emprego.

V. A Constituição da República de 1988 flexibilizou o princípio da irrenunciabilidade do sistema trabalhista, conforme se extrai de seu art. 7º, incisos VI, XIII e XIV, que tratam, respectivamente, da irredutibilidade salarial, da duração do trabalho normal e da jornada em turnos ininterruptos de revezamento.

Responda:

A) Apenas as assertivas I, III, IV e V são corretas.

B) Apenas as assertivas II, IV e V são corretas.

C) Apenas as assertivas II, III, IV e V são corretas.

D) Apenas as assertivas I, II, e IV são corretas.

E) Todas as assertivas são corretas.

↓RESPOSTA

Alternativa Letra A.
I – artigo 12 da Convenção nº 132 da OIT.
III – Súmula nº 51, II do TST.
IV – Súmula nº 276 do TST.
V – artigo 7º, VI, XIII e XIV CF e doutrina.

1.1. Complementação de aposentadoria

SÚMULA Nº 288 DO TST

Complementação dos proventos da aposentadoria

I - A complementação dos proventos de aposentadoria, instituída, regulamentada e paga diretamente pelo empregador, sem vínculo com as entidades de previdência privada fechada, é regida pelas normas em vigor na data de admissão do empregado, ressalvadas as alterações que forem mais benéficas (art. 468 da CLT).

II - Na hipótese de coexistência de dois regulamentos de planos de previdência complementar, instituídos pelo empregador ou por entidade de previdência privada, a opção do beneficiário por um deles tem efeito jurídico de renúncia às regras do outro.

III – Após a entrada em vigor das Leis Complementares nºs 108 e 109, de 29/05/2001, reger-se-á a complementação dos proventos de aposentadoria pelas normas vigentes na data da implementação dos requisitos para obtenção do benefício, ressalvados o direito adquirido do participante que anteriormente implementara os requisitos para o benefício e o direito acumulado do empregado que até então não preenchera tais requisitos.

IV – O entendimento da primeira parte do item III aplica-se aos processos em curso no Tribunal Superior do Trabalho em que, em 12/04/2016, ainda não haja sido proferida decisão de mérito por suas Turmas e Seções.

SÚMULA Nº 87 DO TST

Previdência privada

Se o empregado, ou seu beneficiário, já recebeu da instituição previdenciária privada, criada pela empresa, vantagem equivalente, é cabível a dedução de seu valor do benefício a que faz jus por norma regulamentar anterior.

SÚMULA Nº 92 DO TST

Aposentadoria

O direito à complementação de aposentadoria, criado pela empresa, com requisitos próprios, não se altera pela instituição de benefício previdenciário por órgão oficial.

SÚMULA Nº 97 DO TST

Aposentadoria. Complementação

Instituída complementação de aposentadoria por ato da empresa, expressamente dependente de regulamentação, as condições desta devem ser observadas como parte integrante da norma.

OJ Nº 276 DA SDI - I DO TST

Ação declaratória. Complementação de aposentadoria

É incabível ação declaratória visando a declarar direito à complementação de aposentadoria, se ainda não atendidos os requisitos necessários à aquisição do direito, seja por via regulamentar, ou por acordo coletivo.

SÚMULA Nº 72 DO TST

Aposentadoria

O prêmio-aposentadoria instituído por norma regulamentar da empresa não está condicionado ao disposto no § 2º do art. 14 da Lei nº 8.036, de 11.05.1990.

OJ Nº 224 DA SDI - I DO TST

Complementação de aposentadoria. Reajuste. Lei nº 9.069, de 29.06.1995.

I - A partir da vigência da Medida Provisória nº 542, de 30.06.1994, convalidada pela Lei nº 9.069, de 29.06.1995, o critério de reajuste da complementação de aposentadoria passou a ser anual e não semestral, aplicando-se o princípio rebus sic stantibus diante da nova ordem econômica.

II - A alteração da periodicidade do reajuste da complementação de aposentadoria - de semestral para anual -, não afeta o direito ao resíduo inflacionário apurado nos meses de abril, maio e junho de 1994, que deverá incidir sobre a correção realizada no mês de julho de 1995.

SÚMULA Nº 313 DO TST

Complementação de aposentadoria. Proporcionalidade. Banespa

A complementação de aposentadoria, prevista no art. 106, e seus parágrafos, do regulamento de pessoal editado em 1965, só é integral para os empregados que tenham 30 (trinta) ou mais anos de serviços prestados exclusivamente ao banco.

SÚMULA Nº 332 DO TST

Complementação de aposentadoria. Petrobras. Manual de pessoal. Norma programática

As normas relativas à complementação de aposentadoria, inseridas no Manual de Pessoal da Petrobras, têm caráter meramente programático, delas não resultando direito à referida complementação.

OJ Nº 18 DA SDI - I DO TST

Complementação de aposentadoria. Banco do Brasil

I - O valor das horas extras integra a remuneração do empregado para o cálculo da complementação de aposentadoria, desde que sobre ele incida a contribuição à Caixa de Previdência dos Funcionários do Banco do Brasil - PREVI, observado o respectivo regulamento no tocante à integração;

II - Os adicionais AP e ADI não integram o cálculo para a apuração do teto da complementação de aposentadoria;

III - No cálculo da complementação de aposentadoria deve-se observar a média trienal;

IV - A complementação de aposentadoria proporcional aos anos de serviço prestados exclusivamente ao Banco do Brasil somente se verifica a partir da Circular Funci nº 436/1963;

V - O telex DIREC do Banco do Brasil nº 5003/1987 não assegura a complementação de aposentadoria integral, porque não aprovado pelo órgão competente ao qual a instituição se subordina.

⊙ QUESTÕES

01. (Juiz do Trabalho Substituto – TRT 19ª região/ 2012) À luz da jurisprudência cristalizada pelo TST, assinale a alternativa incorreta:

A) Em se tratando de ação anulatória, a competência originária se dá no mesmo juízo em que praticado o ato supostamente eivado de vício.

B) Para a fixação da competência territorial em sede de ação civil pública, cumpre tomar em conta a extensão do dano causado ou a ser reparado, pautando-se pela incidência analógica do art. 93 do Código de Defesa do Consumidor. Assim, se a extensão do dano a ser reparado limitar-se ao âmbito regional, a competência é de uma das Varas do Trabalho da Capital do Estado; se for de âmbito supra-regional ou nacional, o foro é o do Distrito Federal.

C) É cabível ação declaratória visando a declarar direito à complementação de aposentadoria, mesmo que ainda não atendidos os requisitos necessários à aquisição do direito, tendo em vista o princípio da inafastabilidade da jurisdição.

D) A coisa julgada produzida na ação de cumprimento é atípica, pois dependente de condição resolutiva, ou seja, da não modificação da decisão normativa por eventual recurso. Assim, modificada a sentença normativa pelo TST, com a consequente extinção do processo, sem julgamento do mérito, deve-se extinguir a execução em andamento, uma vez que a norma sobre a qual se apoiava o título exequendo deixou de existir no mundo jurídico.

E) Falta interesse de agir para a ação individual, singular ou plúrima, quando o direito já foi reconhecido através de decisão normativa, cabendo, no caso, ação de cumprimento.

↓ RESPOSTA

Alternativa Letra C.
OJ nº 276 da SDI-I.

2. PRINCÍPIO DA IRRETROATIVIDADE DA LEI

OJ Nº 362 DA SDI – I DO TST

Contrato nulo. Efeitos. FGTS. Medida provisória 2.164-41, de 24.08.2001, e art. 19-A da Lei nº 8.036, de 11.05.1990. Irretroatividade

Não afronta o princípio da irretroatividade da lei a aplicação do art. 19-A da Lei nº 8.036, de 11.05.1990, aos contratos declarados nulos celebrados antes da vigência da Medida Provisória nº 2.164-41, de 24.08.2001.

SÚMULA Nº 307 DO TST

Juros. Irretroatividade do Decreto-lei nº 2.322, de 26.02.1987

A fórmula de cálculo de juros prevista no Decreto-Lei nº 2.322, de 26.02.1987 somente é aplicável a partir de 27.02.1987. Quanto ao período anterior, deve-se observar a legislação então vigente.

3. PROGRAMA DE INCENTIVO À DEMISSÃO VOLUNTÁRIA

OJ Nº 270 DA SDI – I DO TST

Programa de incentivo à demissão voluntária. Transação extrajudicial. Parcelas oriundas do extinto contrato de trabalho. Efeitos

A transação extrajudicial que importa rescisão do contrato de trabalho ante a adesão do empregado a plano de demissão voluntária implica quitação exclusivamente das parcelas e valores constantes do recibo.

OJ Nº 356 DA SDI – I DO TST

Programa de incentivo à demissão voluntária (PDV). Créditos trabalhistas reconhecidos em juízo. Compensação. Impossibilidade

Os créditos tipicamente trabalhistas reconhecidos em juízo não são suscetíveis de compensação com a indenização paga em decorrência de adesão do trabalhador a Programa de Incentivo à Demissão Voluntária (PDV).

OJ Nº 207 DA SDI - I DO TST

Programa de incentivo à demissão voluntária. Indenização. Imposto de renda. Não-incidência

A indenização paga em virtude de adesão a programa de incentivo à demissão voluntária não está sujeita à incidência do imposto de renda.

⊙QUESTÃO

01. (Exame de Ordem 2010.3 - FGV) Uma Fundação Municipal de Direito Público decidiu implementar uma reestruturação administrativa, a fim de produzir melhores resultados, com proveito para a sociedade como um todo, prestigiando a sua função social e o princípio da eficiência. Para tanto, desenvolveu um Plano de Incentivo à Demissão Voluntária (PIDV), por meio do qual o empregado que aderisse receberia as verbas resilitórias, acrescidas de um bônus de 80% sobre o seu valor. Ao ler atentamente os termos do PIDV, o empregado Josué de Souza constatou a existência de uma cláusula em que se previa a expressa e geral quitação das obrigações oriundas do contrato de trabalho, nada mais havendo a reclamar depois de efetuado o ajuste. Após refletir cuidadosamente sobre a questão, Josué resolveu aderir ao PIDV. Ocorre que, tão logo recebeu as verbas resilitórias e o bônus de 80%, Josué ajuizou uma ação trabalhista em face da Fundação, pleiteando o pagamento de horas extraordinárias e os reflexos delas decorrentes, sob o argumento de que essas parcelas não foram englobadas expressamente pelo PIDV. Em defesa, o antigo empregador reconheceu a existência de trabalho extraordinário, mas afirmou que as querelas oriundas do contrato de emprego já haviam sido definitivamente solucionadas pelo PIDV. Diante dessa situação concreta, é correto afirmar que o pedido de pagamento de horas extraordinárias e reflexos deve ser julgado

A) procedente, uma vez que o PIDV efetua a quitação exclusivamente das parcelas e valores dele constantes.

B) improcedente, haja vista a cláusula de quitação geral prevista no PIDV.

C) improcedente, haja vista a natureza jurídica de renúncia do PIDV.

D) procedente, uma vez que Josué de Souza possui prazo de cinco anos após o término do contrato para pleitear tudo o que entender cabível.

↓RESPOSTA

Alternativa Letra A.
OJ nº 270 da SDI-I.

Capítulo II
EMPREGADO E EMPREGADOR

SUMÁRIO • 1. Empregado: 1.1. Diretor eleito; 1.2. Bancário; 1.3. Empregado Rural: 1.3.1. Enquadramento como trabalhador rural; 1.3.2. Prescrição do trabalhador rural; 1.3.3. Salario-família rurícola; 1.4. Empregado Doméstico – 2. Empregador

1. EMPREGADO

1.1. Diretor eleito

SÚMULA Nº 269 DO TST

Diretor eleito. Cômputo do período como tempo de serviço

O empregado eleito para ocupar cargo de diretor tem o respectivo contrato de trabalho suspenso, não se computando o tempo de serviço desse período, salvo se permanecer a subordinação jurídica inerente à relação de emprego.

⊙ QUESTÕES

01. (Cespe – Técnico Judiciário – Administrativa – TRT 17/2013) Julgue os itens seguintes, com relação ao contrato individual de trabalho.

1) Opera-se a suspensão do contrato de trabalho quando o empregado ascende ao cargo de diretor de sociedade anônima, passando a ser, por conseguinte, representante legal da pessoa jurídica.

2) O afastamento do empregado por motivo de doença ou acidente de trabalho constitui hipótese de interrupção do contrato de trabalho caso se estenda por até quinze dias.

↓ RESPOSTA

I – Súmula nº 269 do TST

II – Art. 43, § 2º, Lei nº 8.213/1991 e art. 60, § 3º, Lei nº 8.213/1991.

02. (FCC – Analista Judiciário – Judicial – TRT 15/2013) Flávia, empregada da empresa "KKK Ltda." foi eleita diretora, com poderes de direção plenos, ou seja, não permanecendo a subordinação jurídica inerente à relação de emprego. Em razão da eleição, Flávia se dirigiu ao setor que trabalhava para contar a notícia aos seus colegas de trabalho, mas não conseguiu contar a notícia para sua secretária Larissa que está de férias e para a copeira Luísa, que não compareceu ao serviço porque se casou ontem. No tocante a suspensão e interrupção do contrato de trabalho, nas hipóteses descritas

A) os contratos de trabalho de Flávia, Larissa e Luísa foram interrompidos.

B) os contratos de trabalho de Flávia e Luísa foram interrompidos e contrato de Larissa foi suspenso.

C) os contratos de trabalho de Flávia, Larissa e Luísa foram suspensos.

D) o contrato de trabalho de Flávia foi interrompido e os contratos de Larissa e Luísa estão suspensos.

E) o contrato de trabalho de Flávia está suspenso e os contratos de Larissa e Luísa foram interrompidos.

↓ RESPOSTA

Alternativa Letra E.

Súmula nº 269 do TST.

03. (ESAF – MTE – Auditor-Fiscal do Trabalho/2010) Marque a opção correta.

A) Em face da cláusula constitucional da não-discriminação, a possibilidade de ajuste tácito, consensual e não solene para a formação do contrato de emprego, e respectiva projeção dos seus efeitos, estende-se a todos os ofícios e profissões.

B) O contrato de trabalho tem natureza jurídica essencialmente privada, salvo quando o Estado é um dos sujeitos pactuantes, em face das prerrogativas processuais que lhe confere a legislação brasileira.

C) O menor de 18 anos, conforme previsto na Constituição, não pode, em razão da sua incapacidade, prestar serviços, nem receber por eles, em período noturno ou em circunstâncias perigosas ou insalubres.

D) É possível reconhecer-se a condição de empregado, com cômputo do tempo de serviço, ao eleito para ocupar cargo de diretor quando, a despeito da nova posição ocupada na estrutura hierárquica da empresa, ainda se fizerem presentes os traços característicos da subordinação jurídica.

E) Para a configuração do grupo econômico, ou do chamado "empregador único", que atrai a hipótese de responsabilidade solidária pelos créditos trabalhistas, é necessária a prova do nexo relacional entre as empresas, nos formatos previstos pelo Direito Comercial e pelo Direito Empresarial, como no caso dos consórcios, holdings e pool de empresas.

↓RESPOSTA

Alternativa Letra D.
Súmula nº 269 do TST.

04. (TRT 8 – Juiz do Trabalho Substituto 8ª região/ 2013) No que diz respeito à figura do empregado, é CORRETO afirmar que:

A) Dentre os pressupostos ínsitos ao conceito de empregado está a pessoalidade, através da qual se exige que o trabalhador execute suas atividades pessoalmente, mesmo nos contratos a domicílio, nos quais existindo o auxílio de familiares do empregado, descaracteriza o vínculo empregatício.

B) O empregado que, de reconhecida capacidade e experiência, galga o posto de diretor de uma empresa, constituída sob a forma de sociedade anônima, cujo contrato de trabalho precedeu à eleição para o exercício do cargo de diretoria, tem o respectivo contrato de trabalho suspenso, não se computando o tempo de serviço desse período, salvo se permanecer a subordinação jurídica inerente à relação e emprego.

C) Os empregados que exercem cargos de confiança, revertendo-se ao cargo efetivo, perderão a gratificação, cuja natureza é de um salário-condição, mesmo que a recebam por mais de 15 (quinze) anos.

D) A personalidade jurídica da sociedade não se confunde com a de seus sócios, sendo possível a coexistência da condição de sócio com a de empregado, desde que a responsabilidade daquele seja limitada, como ocorre nas sociedades por ações, mesmo que possua maioria das ações.

E) A duração do trabalho do aprendiz não excederá de seis horas diárias, podendo haver a prorrogação e compensação de jornada, quando plenamente justificável.

↓RESPOSTA

Alternativa Letra B.
Súmula nº 269 do TST.

05. (Juiz do Trabalho Substituto – TRT 8ª região/ 2012) Assinale a alternativa CORRETA:

A) O empregado eleito para ocupar cargo de diretor tem o respectivo contrato de trabalho suspenso, não se computando o tempo de serviço desse período, salvo se permanecer a subordinação jurídica inerente à relação de emprego.

B) A jornada de trabalho do empregado bancário, gerente geral de agência, é de oito horas, não lhe sendo aplicado o regramento do art. 62 da CLT, que trata dos empregados não sujeitos a controle de jornada de trabalho.

C) A Lei n. 6.019/1974, que dispõe sobre o trabalho temporário, permite cláusula de reserva, qual seja, a que vede a contratação do trabalhador pela empresa tomadora ou cliente ao fim do prazo em que tenha sido colocado à sua disposição pela empresa de trabalho temporário.

D) Não haverá discriminação entre trabalhadores indígenas e os demais trabalhadores, aplicando-se-lhes todos os direitos e garantias das leis trabalhistas e de previdência social e, diante disso, não é cabível a adaptação das condições de trabalho aos usos e aos costumes da comunidade a que pertencer o índio.

E) Assim como o estagiário, o aprendiz é regido por normas específicas na CLT, não se enquadrando como empregado, devendo auferir formação técnico-profissional, ministrada segundo as regras da legislação vigente, por meio de atividades teóricas e práticas metodicamente organizadas em tarefas de complexidade progressiva desenvolvidas no ambiente de trabalho.

↓RESPOSTA

Alternativa Letra A.
Súmula nº 269 do TST.

06. (Juiz do Trabalho Substituto - TRT 14ª região/ 2012) Analise as assertivas abaixo e após marque a única alternativa correta:

I. A definição jurídica de empregado não considera o conteúdo da prestação realizada (obrigação de fazer), mas notadamente o seu modo de concretização.

II. Como o contrato de emprego pode ser tácito, a existência de prestação de serviços, mesmo sem qualquer formalização, pode autorizar a configuração de vínculo de emprego, desde que presentes os elementos fático-jurídicos previstos na CLT.

III. Nos termos da jurisprudência sumulada pelo Tribunal Superior do Trabalho, houve prevalência da chamada corrente intervencionista, ao invés da negativista, isso porque no caso do empregado eleito para ocupar cargo de diretor, o respectivo contrato de trabalho fica suspenso, não se computando o tempo de serviço desse período, salvo se permanecer a subordinação jurídica inerente à relação de emprego.

IV. Segundo a orientação da doutrina, os diretores não-proprietários que integram a empresa em razão de recrutamento externo também ficam, durante o período que perdurar o mandato, com os contratos de emprego suspensos, não se computando o tempo de serviços desse período, salvo se permanecer a subordinação jurídica.

A) Apenas os itens I e II são verdadeiros.

B) Apenas os itens I, II e III são verdadeiros.

C) Apenas os II, III e IV são verdadeiros.

D) Apenas os itens I e III são verdadeiros.

E) Todos os itens são verdadeiros.

↓RESPOSTA

Alternativa Letra B.
I – doutrina.
II – doutrina e artigos 3º e 442 CLT.
III – Súmula nº 269 do TST.

07. (Juiz do Trabalho Substituto - TRT 2ª região/ 2011) No que diz respeito ao empregado eleito para o cargo de diretor de sociedade anônima, conforme entendimento sumulado, assinale a alternativa correta:

A) O empregado eleito para ocupar cargo de diretor de sociedade anônima tem o respectivo contrato de trabalho interrompido, não se computando o tempo de serviço deste período, salvo se permanecer a subordinação jurídica inerente à relação de emprego.

B) O empregado eleito para ocupar cargo de diretor de sociedade anônima tem o respectivo contrato de trabalho suspenso, não se computando o tempo de serviço deste período, salvo se permanecer a subordinação jurídica inerente à relação de emprego.

C) A eleição de empregado para ocupar cargo de diretor de sociedade anônima implica a extinção do vínculo de emprego.

D) O empregado eleito para ocupar cargo de diretor de sociedade anônima tem o respectivo contrato de trabalho suspenso, computando-se todavia como tempo de serviço este período, salvo se permanecer a subordinação jurídica inerente à relação de emprego, caso em que o interstício como diretor não será computado como tempo de efetivo serviço.

E) Nenhuma das anteriores está correta.

↓RESPOSTA

Alternativa Letra B.
Súmula nº 269 do TST.

1.2. Bancário

SÚMULA Nº 287 DO TST

Jornada de trabalho. Gerente bancário

A jornada de trabalho do empregado de banco gerente de agência é regida pelo art. 224, § 2º, da CLT. Quanto ao gerente-geral de agência bancária, presume-se o exercício de encargo de gestão, aplicando-se-lhe o art. 62 da CLT.

SÚMULA Nº 102 DO TST

Bancário. Cargo de confiança

I – A configuração, ou não, do exercício da função de confiança a que se refere o art. 224, § 2º, da CLT, dependente da prova das reais atribuições do empregado, é insuscetível de exame mediante recurso de revista ou de embargos.

II – O bancário que exerce a função a que se refere o § 2º do art. 224 da CLT e recebe gratificação não inferior a um terço de seu salário já tem remuneradas as duas horas extraordinárias excedentes de seis.

III – Ao bancário exercente de cargo de confiança previsto no artigo 224, § 2º, da CLT são devidas as 7ª e 8ª horas, como extras, no período em que se verificar o pagamento a menor da gratificação de 1/3.

IV – O bancário sujeito à regra do art. 224, § 2º, da CLT cumpre jornada de trabalho de 8 (oito) horas, sendo extraordinárias as trabalhadas além da oitava.

V – O advogado empregado de banco, pelo simples exercício da advocacia, não exerce cargo de confiança, não se enquadrando, portanto, na hipótese do § 2º do art. 224 da CLT.

VI – O caixa bancário, ainda que caixa executivo, não exerce cargo de confiança. Se perceber gratificação igual ou superior a um terço do salário do posto efetivo, essa remunera apenas a maior responsabilidade do cargo e não as duas horas extraordinárias além da sexta.

VII – O bancário exercente de função de confiança, que percebe a gratificação não inferior ao terço legal, ainda que norma coletiva contemple percentual superior, não tem direito às sétima e oitava horas como extras, mas tão somente às diferenças de gratificação de função, se postuladas.

SÚMULA Nº 109 DO TST

Gratificação de função

O bancário não enquadrado no § 2º do art. 224 da CLT, que receba gratificação de função, não pode ter o salário relativo a horas extraordinárias compensado com o valor daquela vantagem.

SÚMULA Nº 199 DO TST

Bancário. Pré-contratação de horas extras

I – A contratação do serviço suplementar, quando da admissão do trabalhador bancário, é nula. Os valores assim ajustados apenas remuneram a jornada normal, sendo devidas as horas extras com o adicional de, no mínimo, 50% (cinqüenta por cento), as quais não configuram pré-contratação, se pactuadas após a admissão do bancário.

II – Em se tratando de horas extras pré-contratadas, opera-se a prescrição total se a ação não for ajuizada no prazo de cinco anos, a partir da data em que foram suprimidas.

SÚMULA Nº 124 DO TST[1]

Bancário. Salário-hora. Divisor

I – O divisor aplicável para o cálculo das horas extras do bancário, se houver ajuste individual expresso ou coletivo no sentido de considerar o sábado como dia de descanso remunerado, será:

a) 150, para os empregados submetidos à jornada de seis horas, prevista no caput do art. 224 da CLT;

b) 200, para os empregados submetidos à jornada de oito horas, nos termos do § 2º do art. 224 da CLT.

II – Nas demais hipóteses, aplicar-se-á o divisor:

1 Recentemente (novembro/2016), o TST decidiu, em incidente de recursos de revista repetitivos, que a alteração do sábado para dia de repouso semanal remunerado não acarreta a alteração no divisor utilizado para o cálculo de horas extras (Informativo nº 149 do TST – Processo nº TST-IRR-849-83.2013.5.03.0138). Contudo, até o fechamento desta edição, a Súmula nº 124 do TST permanece vigente.

a) 180, para os empregados submetidos à jornada de seis horas prevista no caput do art. 224 da CLT;

b) 220, para os empregados submetidos à jornada de oito horas, nos termos do § 2º do art. 224 da CLT.

SÚMULA Nº 113 DO TST

Bancário. Sábado. Dia útil

O sábado do bancário é dia útil não trabalhado, não dia de repouso remunerado. Não cabe a repercussão do pagamento de horas extras habituais em sua remuneração.

OJ Nº 178 DA SDI - I DO TST

Bancário. Intervalo de 15 minutos. Não computável na jornada de trabalho

Não se computa, na jornada do bancário sujeito a seis horas diárias de trabalho, o intervalo de quinze minutos para lanche ou descanso.

SÚMULA Nº 226 DO TST

Bancário. Gratificação por tempo de serviço. Integração no cálculo das horas extras

A gratificação por tempo de serviço integra o cálculo das horas extras.

SÚMULA Nº 240 DO TST

Bancário. Gratificação de função e adicional por tempo de serviço

O adicional por tempo de serviço integra o cálculo da gratificação prevista no art. 224, § 2º, da CLT.

SÚMULA Nº 247 DO TST

Quebra de caixa. Natureza jurídica

A parcela paga aos bancários sob a denominação "quebra de caixa" possui natureza salarial, integrando o salário do prestador de serviços, para todos os efeitos legais.

SÚMULA Nº 93 DO TST

Bancário

Integra a remuneração do bancário a vantagem pecuniária por ele auferida na colocação ou na venda de papéis ou valores mobiliários de empresas pertencentes ao mesmo grupo econômico, se exercida essa atividade no horário e no local de trabalho e com o consentimento, tácito ou expresso, do banco empregador.

SÚMULA Nº 239 DO TST

Bancário. Empregado de empresa de processamento de dados

É bancário o empregado de empresa de processamento de dados que presta serviço a banco integrante do mesmo grupo econômico, exceto quando a empresa de processamento de dados presta serviços a banco e a empresas não bancárias do mesmo grupo econômico ou a terceiros.

OJ Nº 123 DA SDI - I DO TST

Bancários. Ajuda alimentação

A ajuda alimentação prevista em norma coletiva em decorrência de prestação de horas extras tem natureza indenizatória e, por isso, não integra o salário do empregado bancário.

SÚMULA Nº 55 DO TST

Financeiras

As empresas de crédito, financiamento ou investimento, também denominadas financeiras, equiparam-se aos estabelecimentos bancários para os efeitos do art. 224 da CLT.

SÚMULA Nº 119 DO TST

Jornada de trabalho

Os empregados de empresas distribuidoras e corretoras de títulos e valores mobiliários não têm direito à jornada especial dos bancários.

OJ Nº 379 DA SDI - I DO TST

Empregado de cooperativa de crédito. Bancário. Equiparação. Impossibilidade

Os empregados de cooperativas de crédito não se equiparam a bancário, para efeito de aplicação do art. 224 da CLT, em razão da inexistência de expressa previsão legal, considerando, ainda, as diferenças estruturais e operacionais entre as instituições financeiras e as cooperativas de crédito. Inteligência das Leis nºs 4.594, de 29.12.1964, e 5.764, de 16.12.1971.

SÚMULA Nº 257 DO TST

Vigilante

O vigilante, contratado diretamente por banco ou por intermédio de empresas especializadas, não é bancário.

SÚMULA Nº 117 DO TST

Bancário. Categoria diferenciada

Não se beneficiam do regime legal relativo aos bancários os empregados de estabelecimento de crédito pertencentes a categorias profissionais diferenciadas.

OJ Nº 16 DA SDI – I DO TST

Banco do Brasil. ACP. Adicional de caráter pessoal. Indevido

A isonomia de vencimentos entre servidores do Banco Central do Brasil e do Banco do Brasil, decorrente de sentença normativa, alcançou apenas os vencimentos e vantagens de caráter permanente. Dado o caráter personalíssimo do Adicional de Caráter Pessoal – ACP e não integrando a remuneração dos funcionários do Banco do Brasil, não foi ele contemplado na decisão normativa para efeitos de equiparação à tabela de vencimentos do Banco Central do Brasil.

OJ Nº 17 DA SDI – I DO TST

Banco do Brasil. AP e ADI

Os adicionais AP, ADI ou AFR, somados ou considerados isoladamente, sendo equivalentes a 1/3 do salário do cargo efetivo (art. 224, § 2º, da CLT), excluem o empregado ocupante de cargo de confiança do Banco do Brasil da jornada de 6 horas.

⊙ QUESTÕES

01. (FCC – Analista Judiciário – Oficial de Justiça Avaliador – TRT 23/2016) No que concerne às responsabilidades decorrentes da existência de grupo econômico,

(A) a responsabilidade solidária decorrente da existência de grupo econômico somente pode ser reconhecida judicialmente, e desde que o trabalhador ajuíze a ação em face de todas as empresas integrantes do grupo econômico.

(B) mesmo sem previsão nesse sentido em seu contrato de trabalho, Agnaldo presta serviços a todas as empresas do grupo econômico a que pertence seu empregador. Entendendo que tal situação caracteriza a coexistência de mais de um contrato de trabalho, Agnaldo pretende o recebimento de direitos trabalhistas de todas as empresas para as quais presta serviços.

(C) Marcelo, empregado de empresa de processamento de dados que presta serviço a banco integrante do mesmo grupo econômico, pretende o reconhecimento de sua condição de bancário, tendo em vista que a empresa de processamento de dados empregadora não presta serviços a qualquer outro cliente que não o banco.

(D) Paula, empregada de banco, que vende valores mobiliários de empresa pertencente ao mesmo grupo econômico de seu empregador, pretende a integração na sua remuneração da vantagem pecuniária auferida em decorrência dessa atividade. No entanto, considerando tratar-se de atividades correlatas, ligadas à atividade bancária em geral, não procede a pretensão de Paula.

(E) o sucessor responde solidariamente por débitos trabalhistas de empresa não adquirida, integrante do mesmo grupo econômico da empresa sucedida, tendo em vista que, com a sucessão, o sucessor assume todas as dívidas do sucedido.

↓ RESPOSTA

Alternativa Letra C.
Súmula nº 239 do TST.

02. (FCC – TRT 20 – Analista Judiciário/2011) Com relação a renúncia em matéria trabalhista, é correto afirmar:

A) A renúncia a direitos futuros é, em regra, inadmissível, sendo proibido pelo TST, inclusive, a pré – contratação de horas extras pelos bancários quando da sua admissão.

B) Havendo a coexistência de dois regulamentos da empresa, a opção do empregado por um deles não tem efeito jurídico de renúncia às regras do sistema do outro.

C) O direito ao aviso prévio é renunciável pelo empregado, sendo que o pedido de dispensa de cumprimento sempre exime o empregador de pagar o respectivo valor.

D) Trata-se de uma relação jurídica em que as partes fazem concessões recíprocas, nascendo daí o direito de ação.

E) No curso do contrato trabalhista a renúncia é inadmissível em qualquer hipótese, obedecendo-se ao princípio da proteção, bem como a relação de hipossuficiência existente.

↓RESPOSTA

Alternativa Letra A.

Súmula nº 199 do TST e doutrina.

03. (FGV - Exame de Ordem 2015.3) Nelson foi contratado como vigilante, diretamente pelo Banco Moeda Firme, empresa que assinou a sua carteira profissional. Ele atua em diversas agências bancárias e recebe adicional de periculosidade em seu contracheque. Sobre a categoria profissional de Nelson e em relação ao adicional de periculosidade, assinale a opção correta de acordo com a jurisprudência do TST.

A) Nelson não é bancário.

B) O recebimento do adicional de periculosidade é uma liberalidade do empregador.

C) Nelson integra a categoria dos bancários, já que seu empregador explora essa atividade.

D) A situação é irregular, pois o serviço de vigilante precisa ser terceirizado.

↓RESPOSTA

Alternativa Letra A.

Súmula nº 257 do TST.

04. (TRT 2 - Juiz do Trabalho Substituto 2ª região/2016) Com fulcro na lei e no entendimento doutrinário majoritário e jurisprudencial sumulado do TST, em relação ao empregador, grupo econômico e situações de responsabilização empresarial é correto afirmar que:

A) Empregado de banco, que vende valores mobiliários de empresa pertencente ao mesmo grupo econômico de seu empregador, pretende a integração na sua remuneração da vantagem pecuniária auferida em decorrência dessa atividade, o que não procede considerando tratar-se de atividades correlatas, ligadas à atividade bancária em geral.

B) Ao empregado de empresa de processamento de dados que presta serviço a banco integrante do mesmo grupo econômico, cabível o reconhecimento de sua condição de bancário, tendo em vista que a empresa de processamento de dados empregadora não presta serviços a qualquer outro cliente que não o banco.

C) Mesmo sem previsão, nesse sentido, em seu contrato de trabalho, empregado que presta serviços a todas as empresas do grupo econômico a que pertence seu empregador, e que caracteriza a coexistência de mais de um contrato de trabalho, faz jus ao recebimento de direitos trabalhistas de todas as empresas para as quais presta serviços.

D) A responsabilidade solidária decorrente da existência de grupo econômico somente pode ser reconhecida judicialmente na fase cognitiva devendo o trabalhador ajuizar a ação em face de todas as empresas integrantes do grupo econômico.

E) As empresas de crédito, financiamento ou investimento, também denominadas financeiras, equiparam-se aos estabelecimentos bancários; se beneficiam do regime legal relativo aos bancários os empregados de estabelecimento de crédito pertencentes a categorias profissionais diferenciadas.

↓RESPOSTA

Alternativa Letra B.

Súmula nº 239 do TST.

05. (FCC - Juiz do Trabalho Substituto 1ª região/2015) Em relação ao empregado bancário, de acordo com o entendimento sumulado do Tribunal Superior do Trabalho, considere:

I. A jornada de trabalho do empregado de Banco gerente de agência é regida pelo art. 62 da CLT. Quanto ao gerente-geral de agência bancária, presume-se o exercício de encargo de gestão, aplicando-se-lhe o disposto no art. 224, § 2º, da CLT.

II. Não integra a remuneração do bancário a vantagem pecuniária por ele auferida na colocação ou na venda de papéis ou valores mobiliários de empresas pertencentes ao mesmo grupo econômico, se exercida essa atividade no horário e no local de trabalho e com o consentimento, tácito ou expresso, do Banco empregador.

III. O divisor aplicável para o cálculo das horas extras do bancário, se houver ajuste individual expresso ou coletivo no sentido de considerar o sábado como dia de descanso remunerado, será 150 para os empregados submetidos à jornada de seis horas, prevista no caput do art. 224 da CLT.

IV. O bancário que exerce a função a que se refere o § 2º do art. 224 da CLT e recebe gratificação não inferior a um terço de seu salário já tem remuneradas as duas horas extraordinárias excedentes de seis.

Está correto o que se afirma APENAS em

(A) I, II e IV.

(B) II e III.

(C) III e IV.

(D) I, II e III.

(E) I e IV.

↓RESPOSTA

Alternativa Letra C.

I. Súmula nº 287 do TST

II. Súmula nº 93 do TST

III. Súmula nº 124, I, "a", do TST[2]

IV. Súmula nº 102 do TST

06. (TRT 8 - Juiz do Trabalho Substituto 8ª região/2015) Em relação ao trabalho do bancário, analise as proposições abaixo e assinale a alternativa CORRETA:

I. O empregado de empresa de processamento de dados, integrante de grupo econômico de banco e prestadora de serviços a terceiros, não é bancário, salvo quando preste atividade exclusivamente ao banco.

II. Ao bancário exercente de cargo de confiança previsto no art. 224, § 2°, da CLT são devidas as 7 a e 8 a horas, como extras, no período em que se verificar o pagamento a menor da gratificação de 1/3. Já o bancário sujeito à regra do art. 224, § 2°, da CLT, cumpre jornada de trabalho de 8 (oito) horas, sendo extraordinárias as trabalhadas além da oitava.

III. O caixa bancário executivo não exerce cargo de confiança. Se perceber gratificação igual ou superior a um terço do salário do posto efetivo, só terá direito ao recebimento do adicional de 50% incidente sobre as 7a e 8a horas, dado que o valor da hora normal já se encontra remunerado pela gratificação percebida.

IV. O divisor aplicável para o cálculo das horas extras do bancário, se houver ajuste individual expresso ou coletivo no sentido de considerar o sábado como dia de descanso remunerado, será de 150, para os empregados submetidos à jornada de seis horas, prevista no caput do art. 224 da CLT; de 200, para os empregados submetidos à jornada de oito horas, nos termos do § 2° do art. 224 da CLT. Nas demais hipóteses, aplicar-se-á o divisor 180, para os empregados submetidos à jornada de seis horas prevista no caput do art. 22 4 da CLT e de 22 0, para os empregados submetidos à jornada de oito horas, nos termos do § 2° do art. 22 4 da CLT.

V. O vigilante, quando contratado por intermédio de prestadora de serviços especializada, não tem jornada equiparada à de bancário. Solução diversa ocorre quando o vigilante for contratado como empregado do próprio banco.

a) Somente as alternativas I e II estão corretas.

b) Somente as alternativas II e IV estão corretas.

c) Somente as alternativas I, II e III estão corretas.

d) Somente as alternativas II e V estão corretas.

e) Somente as alternativas I, II e IV estão corretas.

---

2 Recentemente (novembro/2016), o TST decidiu, em incidente de recursos de revista repetitivos, que a alteração do sábado para dia de repouso semanal remunerado não acarreta a alteração no divisor utilizado para o cálculo de horas extras (Informativo nº 149 do TST – Processo nº TST-IRR-849-83.2013.5.03.0138). Contudo, até o fechamento desta edição, a Súmula nº 124 do TST permanece inalterada.

↓RESPOSTA

Alternativa Letra E.

I. Súmula nº 239 do TST
II. Súmula nº 102, III e IV, do TST
III. Súmula nº 102, VI, do TST
IV. Súmula nº 124 do TST[3]
V. Súmula nº 257 do TST

07. (FCC - Juiz do Trabalho Substituto 24ª região/2015) Com base na jurisprudência consolidada do Colendo Tribunal Superior do Trabalho, em relação à função de confiança do bancário é correto afirmar:

(A) O bancário que exerce a função a que se refere o § 2º do art. 224 da CLT e recebe gratificação não inferior a um terço de seu salário já tem remuneradas as duas horas extraordinárias excedentes de oitava.

(B) Ao bancário exercente de cargo de confiança previsto no artigo 224, § 2º, da CLT são devidas as sétimas e oitavas horas, como extras, no período em que se verificar o pagamento a menor da gratificação de um terço.

(C) O bancário sujeito à regra do art. 224, § 2º, da CLT cumpre jornada de trabalho de seis horas, sendo extraordinárias as trabalhadas além da sexta.

(D) O advogado empregado de banco, pelo simples exercício da advocacia, exerce cargo de confiança, se enquadrando, portanto, na hipótese do § 2º do art. 224 da CLT.

(E) O bancário exercente de função de confiança, que percebe a gratificação não inferior ao terço legal, ainda que norma coletiva contemple percentual superior, tem direito às sétima e oitava horas como extras, e às diferenças de gratificação de função, se postuladas.

↓RESPOSTA

Alternativa Letra B.

Súmula nº 102, III, do TST.

08. (TRT 3 - Juiz do Trabalho Substituto 3ª região/2014) Conforme súmula do TST, o divisor para cálculo de horas extras devidas aos bancários será:

A) 180 para os empregados submetidos à jornada de seis horas se houver ajuste individual expresso ou coletivo no sentido de considerar o sábado como dia de descanso remunerado.

B) 220 para os empregados submetidos à jornada de oito horas se houver ajuste individual expresso ou coletivo no sentido de considerar o sábado como dia de descanso remunerado.

C) 150 para os empregados submetidos às jornadas de seis horas se não houver ajuste individual expresso ou coletivo no sentido de considerar o sábado como dia de descanso remunerado.

D) 200 para os empregados submetidos às jornadas de oito horas se não houver ajuste individual expresso ou coletivo no sentido de considerar o sábado como dia de descanso remunerado.

E) Nenhuma das opções.

↓RESPOSTA

Alternativa Letra E.

Súmula nº 124 do TST[4]

09. (TRT 14 – Juiz do Trabalho Substituto 14ª região/ 2013) Sobre o labor do bancário, assinale a alternativa correta:

A) Segundo a jurisprudência dominante do Tribunal Superior do Trabalho, não integra

3 Recentemente (novembro/2016), o TST decidiu, em incidente de recursos de revista repetitivos, que a alteração do sábado para dia de repouso semanal remunerado não acarreta a alteração no divisor utilizado para o cálculo de horas extras (Informativo nº 149 do TST – Processo nº TST-IRR-849-83.2013.5.03.0138). Contudo, até o fechamento desta edição, a Súmula nº 124 do TST permanece inalterada.

4 Recentemente (novembro/2016), o TST decidiu, em incidente de recursos de revista repetitivos, que a alteração do sábado para dia de repouso semanal remunerado não acarreta a alteração no divisor utilizado para o cálculo de horas extras (Informativo nº 149 do TST – Processo nº TST-IRR-849-83.2013.5.03.0138). Contudo, até o fechamento desta edição, a Súmula nº 124 do TST permanece inalterada.

a remuneração do bancário a vantagem pecuniária por ele auferida na colocação ou na venda de papéis ou valores mobiliários de empresas pertencentes ao mesmo grupo econômico, ainda que exercida essa atividade no horário e no local de trabalho e com o consentimento, tácito ou expresso, do banco empregador.

B) Segundo a jurisprudência dominante do Tribunal Superior do Trabalho, o advogado empregado de banco, pelo simples exercício da advocacia, exerce cargo de confiança, enquadrando-se, portanto, na hipótese do § 2º do art. 224 da CLT.

C) Segundo a jurisprudência dominante do Tribunal Superior do Trabalho, o divisor aplicável para o cálculo das horas extras do bancário, se houver ajuste individual expresso ou coletivo no sentido de considerar o sábado como dia de descanso remunerado, será 180, para os empregados submetidos à jornada de seis horas, prevista no "caput" do art. 224 da CLT.

D) Segundo a jurisprudência dominante do Tribunal Superior do Trabalho, o divisor aplicável para o cálculo das horas extras do bancário, se houver ajuste individual expresso ou coletivo no sentido de considerar o sábado como dia de descanso remunerado, será 220, para os empregados submetidos à jornada de oito horas, prevista no "caput" do art. 224 da CLT.

E) Segundo a jurisprudência dominante do Tribunal Superior do Trabalho, a gratificação por tempo de serviço integra o cálculo das horas extras do bancário.

↓ RESPOSTA

Alternativa Letra E.
Súmula nº 226 do TST.

10. (Juiz do Trabalho Substituto – TRT 3ª região/ 2012) A respeito da duração do trabalho, leia as afirmações abaixo e, em seguida, assinale a alternativa correta, de acordo com a jurisprudência cristalizada do Tribunal Superior do Trabalho:

I. Em se tratando de horas extras pré-contratadas de bancário, opera-se a prescrição total se a ação não for ajuizada no prazo de cinco anos, a partir da data em que foram suprimidas.

II. A contratação do serviço suplementar, quando da admissão do trabalhador bancário, é nula, mas não é nula se pactuada após a admissão do empregado.

III. Para o cálculo do valor do salário-hora do bancário mensalista sujeito à jornada de 6 horas, o divisor a ser adotado é 180 (cento e oitenta).

IV. O bancário sujeito à jornada de 8 (oito) horas tem salário-hora calculado com base no divisor 220 (duzentos e vinte).

V. Não se computa, na jornada do bancário sujeito a seis horas diárias de trabalho, o intervalo de quinze minutos para lanche ou descanso.

A) Somente as afirmativas I e III estão corretas.

B) Somente as afirmativas I, II e III estão corretas.

C) Somente as afirmativas I, II, III e V estão corretas.

D) Somente as afirmativas I, III e IV estão corretas.

E) Todas as afirmativas estão corretas.

↓ RESPOSTA

Alternativa Letra E.
I – Súmula nº 199, II do TST.
II – Súmula nº 199, I do TST.
III – Súmula nº 124, II, "a" do TST.[5]
IV – Súmula nº 124, II, "b" do TST.
V – OJ nº 178 da SDI-I.

11. (Juiz do Trabalho Substituto – TRT 3ª região/ 2012) A respeito do serviço bancário, leia as afirmações abaixo e, em seguida, assinale a alternativa correta:

I. O regime especial de 6 (seis) horas de trabalho também se aplica aos empregados de portaria e de limpeza, tais como porteiros,

5 Recentemente (novembro/2016), o TST decidiu, em incidente de recursos de revista repetitivos, que a alteração do sábado para dia de repouso semanal remunerado não acarreta a alteração no divisor utilizado para o cálculo de horas extras (Informativo nº 149 do TST – Processo nº TST-IRR-849-83.2013.5.03.0138). Contudo, até o fechamento desta edição, a Súmula nº 124 do TST permanece inalterada.

telefonistas de mesa, contínuos e serventes, empregados em bancos e casas bancárias.

II. Para os empregados em bancos e casas bancárias, será de seis horas por dia ou trinta e seis horas semanais a duração normal de trabalho, excetuados os que exercerem as funções de direção, gerência, fiscalização, chefes e equivalentes, ou desempenharem outros cargos de confiança.

III. Para a caracterização do cargo de confiança bancário, os poderes de mando não são tão extensos e acentuados quanto os mencionados pelo art. 62 da CLT.

IV. O bancário que exerce a função a que se refere o § 2º do art. 224 da CLT e recebe gratificação não inferior a um terço de seu salário já tem remuneradas as duas horas extraordinárias excedentes de seis. No entanto, o bancário não enquadrado no § 2º do art. 224 da CLT, que receba gratificação de função, não pode ter o salário relativo a horas extraordinárias compensado com o valor daquela vantagem.

V. Ao bancário exercente de cargo de confiança previsto no artigo 224, § 2º, da CLT não são devidas as 7a e 8a horas, como extras, no período em que se verificar o pagamento a menor da gratificação de 1/3, mas tão somente às diferenças de gratificação de função, se postuladas.

A) Somente as afirmativas I e III estão corretas.

B) Somente as afirmativas III e V estão corretas.

C) Somente as afirmativas I, III e IV estão corretas.

D) Somente as afirmativas I, III e V estão corretas.

E) Somente as afirmativas I, III, IV e V estão corretas.

↓RESPOSTA

Alternativa Letra C.
I – art. 226, caput CLT.
III – doutrina.
IV – Súmula nº 102, II e VI do TST.

12. (Juiz do Trabalho Substituto - TRT 3ª região/ 2012) Sobre as situações que envolvem o cargo de confiança bancário, leia as afirmações abaixo e, em seguida, assinale a alternativa correta, segundo a jurisprudência do TST:

I. De acordo com a jurisprudência sumulada, o bancário no exercício da função de chefia, subchefia, subgerência ou tesouraria, que recebe gratificação não inferior a 1/3 do salário do cargo efetivo, está inserido na exceção do § 2º do art. 224 da CLT, não fazendo jus ao pagamento das sétima e oitava horas como extras.

II. O bancário sujeito à regra do art. 224, § 2º, da CLT cumpre jornada de trabalho de 8 (oito) horas, sendo extraordinárias as trabalhadas além da oitava.

III. A jornada de trabalho do empregado de banco gerente de agência é regida pelo art. 224, § 2º, da CLT, não havendo que se falar em pagamento da 7a e 8a horas como extraordinárias. Quanto ao gerente-geral de agência bancária, presume-se o exercício de encargo de gestão, aplicando-se-lhe o art. 62 da CLT, que o exclui das regras gerais relativas à jornada de trabalho, não lhe sendo devidas horas extras, ainda que posteriores à oitava diária.

IV. O bancário não enquadrado no § 2º do art. 224 da CLT, que receba gratificação de função, não pode ter o salário relativo a horas extraordinárias compensado com o valor daquela vantagem.

V. O advogado empregado de banco, pelo simples exercício da advocacia, exerce cargo de confiança, enquadrando-se, portanto, na hipótese do § 2º do art. 224 da CLT e fazendo jus a receber, como extras, as horas trabalhadas além da oitava diária.

A) Somente as afirmativas I e III estão incorretas

B) Somente as afirmativas III e V estão incorretas

C) Somente as afirmativas II e IV estão incorretas

D) Somente as afirmativas I e V estão incorretas

E) Somente a afirmativa V está incorreta.

↓RESPOSTA

Alternativa Letra D.
I – Súmula nº 102, II do TST e art. 224, § 2º CLT.
V – Súmula nº 102, V do TST.

13. (Juiz do Trabalho Substituto - TRT 19ª região/ 2012) À luz do quanto cristalizado na jurisprudência do TST, assinale a alternativa incorreta:

A) A configuração, ou não, do exercício da função de confiança a que se refere o art. 224, § 2º, da CLT, dependente da prova das reais atribuições do empregado, é insuscetível de exame mediante recurso de revista ou de embargos.

B) O caixa bancário não exerce cargo de confiança, tirante a hipótese de caixa executivo. Se perceber gratificação igual ou superior a um terço do salário do posto efetivo, essa remunera apenas a maior responsabilidade do cargo e não as duas horas extraordinárias além da sexta.

C) O advogado empregado de banco, pelo simples exercício da advocacia, não exerce cargo de confiança. Logo, não se enquadra na hipótese do § 2º do art. 224 da CLT. Já o bancário que exerce a função a que se refere o § 2º do art. 224 da CLT e recebe gratificação não inferior a um terço de seu salário já tem remuneradas as duas horas extraordinárias excedentes de seis.

D) Ao bancário exercente de cargo de confiança previsto no artigo 224, § 2º, da CLT são devidas as 7a e 8a horas, como extras, no período em que se verificar o pagamento a menor da gratificação de 1/3. Já o bancário sujeito à regra do art. 224, § 2º, da CLT, cumpre jornada de trabalho de 8 (oito) horas, sendo extraordinárias as trabalhadas além da oitava.

E) O bancário exercente de função de confiança, que percebe a gratificação não inferior ao terço legal, ainda que norma coletiva contemple percentual superior, não tem direito às sétima e oitava horas como extras, mas tão-somente às diferenças de gratificação de função, se postuladas.

↓RESPOSTA

Alternativa Letra B.
Súmula nº 102, VI do TST.

14. (FCC – Juiz do Trabalho Substituto 20ª região/ 2012) Quanto ao intervalo para repouso ou alimentação, segundo a jurisprudência dominante do Tribunal Superior do Trabalho,

A) em qualquer trabalho contínuo, cuja duração ultrapassar 4 (quatro) horas e não exceder 6 (seis) horas, é obrigatória a concessão de um intervalo de 15 (quinze) minutos, que será computado na duração do trabalho.

B) em qualquer trabalho contínuo, cuja duração ultrapassar 4 (quatro) horas e não exceder 6 (seis) horas, é obrigatória a concessão de um intervalo de 30 (trinta) minutos, que não será computado na duração do trabalho.

C) não se computa, na jornada do bancário sujeito a 6 (seis) horas diárias de trabalho, o intervalo de quinze minutos para lanche ou descanso.

D) a concessão parcial do período de descanso obrigará o empregador a remunerar o período não concedido com um acréscimo de no mínimo 50% (cinquenta por cento) sobre o valor da remuneração da hora normal de trabalho.

E) quando não concedido ou reduzido pelo empregador, o intervalo possui natureza indenizatória, sem repercussão no cálculo de outras parcelas salariais.

↓RESPOSTA

Alternativa Letra C.
OJ nº 178 da SDI-I.

15. (Juiz do Trabalho Substituto – TRT 21ª região/ 2012) A modernização do sistema bancário tem provocado significativas alterações nas relações de trabalho, em especial face ao surgimento de novos tipos de atividades empresariais, tais como agentes bancários, correspondentes bancários e cooperativas de créditos. Assim sendo, em face da crescente ampliação das atividades e serviços ofertados pelas cooperativas de créditos, a jurisprudência pacificada do Tribunal Superior do Trabalho definiu que:

A) apenas os empregados das cooperativas de crédito que operam os caixas são equiparados aos bancários, porém não têm direito à jornada de trabalho prevista no art. 224 da CLT;

B) Apenas os empregados das cooperativas, que exercem, exclusivamente, atividades típicas de bancário, têm direito à jornada diária de 06 horas, nos termos do art. 224 da CLT;

C) os empregados das cooperativas de crédito, independentemente da atividade que exerçam, são equiparados a bancários e têm direito à jornada de trabalho prevista no art. 224 da CLT;

D) para os empregados das cooperativas de crédito, o sábado é considerado como dia útil não trabalhado;

E) os empregados das cooperativas de crédito, independentemente da atividade que exerçam, não são equiparados a bancários e não têm a jornada de trabalho prevista no art. 224 da CLT.

↓RESPOSTA

Alternativa Letra E.
OJ nº 379 da SDI-I.

16. (MPT – Procurador do Trabalho/2015) Com base na jurisprudência sumulada do TST, analise as proposições abaixo:

1) A ocorrência de justa causa, salvo a de abandono de emprego, no decurso do prazo do aviso prévio dado pelo empregador, não retira do empregado direito às verbas rescisórias de natureza indenizatória.

2) A habitação, a energia elétrica e o veículo fornecidos pelo empregador ao empregado, quando indispensáveis para a realização do trabalho, têm natureza salarial, ainda que, no caso de veículo, seja ele utilizado pelo empregado também em atividades particulares.

3) Tem direito ao adicional de periculosidade o empregado exposto permanentemente, ou de forma habitual, ainda que a exposição se dê por tempo extremamente reduzido, ou ainda que, de forma intermitente, sujeita-se a condições de risco. Indevido, apenas, quando o contato dá-se de forma eventual, assim considerado o fortuito.

4) É bancário o empregado de empresa de processamento de dados que presta serviço a banco integrante do mesmo grupo econômico, exceto quando a empresa de processamento de dados presta serviços a banco e a empresas não bancárias do mesmo grupo econômico ou a terceiros.

De acordo com as assertivas propostas, marque a alternativa CORRETA:

a) apenas a assertiva 3 está correta;

b) apenas as assertivas 3 e 4 estão corretas;

c) apenas a assertiva 4 está correta;

d) todas as assertivas estão corretas.

e) Não respondida.

↓RESPOSTA

Alternativa Letra C.
I. Súmula nº 73 do TST
II. Súmula nº 367, I, do TST
III. Súmula nº 364, I, do TST
IV. Súmula nº 239 do TST

17. (MPT – Procurador do Trabalho/2013) Leia e analise os itens abaixo:

I. Consoante jurisprudência uniformizada do TST a jornada de empregado de banco que exerce a função de gerente geral de agência é regida pelo art. 224, § 2° da CLT, tendo direito apenas às horas excedentes da oitava diária.

II. O atleta profissional do futebol a partir dos 16 anos de idade é considerado empregado da entidade desportiva que se utilizar de seus serviços, podendo firmar contrato de prazo determinado nunca inferior a três meses, nem superior a dois anos.

III. A jornada do aeronauta, computados os tempos de voo, de serviço em terra durante a viagem, de reserva e de I/3 (um terço) do sobreaviso, assim como o tempo de deslocamento, como tripulante extra, para assumir voo ou retornar à base após o voo e os tempos de adestramento em simulador, não pode exceder a 60 horas semanais e 176 horas mensais.

IV. Na jornada de trabalho do marítimo as horas extras são indivisíveis, computando-se a fração de hora como hora inteira.

Marque a alternativa CORRETA:

A) apenas a assertiva III está correta;

B) apenas as assertivas II, III e IV estão corretas;

C) apenas as assertivas III e IV estão corretas;

D) todas as assertivas estão corretas;

E) não respondida.

↓RESPOSTA

Alternativa Letra C.
I – Súmula nº 287 do TST.
II – Art. 29, "caput" e § 4º, Lei nº 9.615/1998.
III – Art. 23, Lei nº 7.183/1984.
IV – Art. 250, parágrafo único, CLT.

1.3. Empregado Rural

1.3.1. Enquadramento como trabalhador rural

OJ Nº 38 DA SDI – I DO TST

Empregado que exerce atividade rural. Empresa de reflorestamento. Prescrição própria do rurícola. (Lei nº 5.889/73, art. 10 e decreto nº 73.626/74, art. 2º, § 4º)

O empregado que trabalha em empresa de reflorestamento, cuja atividade está diretamente ligada ao manuseio da terra e de matéria-prima, é rurícola e não industriário, nos termos do Decreto nº 73.626, de 12.02.1974, art. 2º, § 4º, pouco importando que o fruto de seu trabalho seja destinado à indústria. Assim, aplica-se a prescrição própria dos rurícolas aos direitos desses empregados.

QUESTÕES

01. (ESAF – MTE – Auditor-Fiscal do Trabalho/ 2010) Marque a opção incorreta.

A) Havia exclusão dos trabalhadores rurais do tratamento geral da CLT, mas no sistema constitucional atual há plena paridade jurídica entre os trabalhadores urbanos e os rurais, embora algumas especificidades ainda remanesçam.

B) No caso dos trabalhadores rurais, é devido adicional noturno definido em 25%, nos casos em que houver labor no horário compreendido entre 21 h e 5h, na agricultura, e 20h e 4h, na pecuária.

C) Em se considerando as empresas de reflorestamento, os trabalhadores serão considerados rurais, inclusive para eventual contagem diferenciada do prazo prescricional, quando se ativarem no campo, exercendo tarefas próprias aos rurícolas.

D) Também aos trabalhadores rurais é obrigatória a concessão de um intervalo mínimo de 1 (uma) hora para repouso e alimentação, em caso de trabalho contínuo de duração superior a 6 (seis) horas, observados os usos e costumes da região.

E) No caso dos trabalhadores domésticos, o FGTS e o seguro-desemprego estão previstos em norma de caráter dispositivo, motivo pelo qual dependem de ato voluntário do empregador.

RESPOSTA

Alternativa Letra C.
OJ nº 38 da SDI-I.

02. (TRT 4 - Juiz do Trabalho Substituto 4ª região/2016) Considere as assertivas abaixo sobre contrato de trabalho rural.

I - Prédio rústico é o destinado à exploração agrícola, pecuária e extrativa ou agroindustrial. Pode estar localizado no perímetro urbano, mas deve ser utilizado na atividade agroeconômica, diretamente ou por meio de preposto, com finalidade de lucro.

II - O empregado que trabalha em atividade diretamente ligada ao manuseio da terra é rurícola, ainda que o fruto de seu trabalho seja destinado à indústria e que sua empregadora seja enquadrada jurídica e administrativamente como urbana.

III - Sítio de lazer não é propriedade rural caso não haja venda de produtos rurais, sendo seus empregados domésticos. Se nessa propriedade rural existir comercialização da produção rural, seus empregados serão rurais.

Quais são corretas?

(A) Apenas I

(B) Apenas II

(C) Apenas III

(D) Apenas I e III

(E) I, II e III

RESPOSTA

Alternativa Letra E.
I – Doutrina.
II – OJ nº 38 da SDI-I.
III – Art. 2º e 3º da Lei nº 5.889/1973 e art. 1º da LC nº 150/2015.

03. (Juiz do Trabalho Substituto – TRT 16ª região/ 2011) Analise as afirmativas e assinale a alternativa correta:

I. Os empregados em empresas de florestamento e reflorestamento são considerados rurais, embora tais empresas sejam enquadradas como empresas urbanas.

II. Não se configura irregular a reversão do empregado ocupante de cargo de confiança ao antigo posto ocupado, desde que seja preservada a sua estabilidade financeira.

III. Não é lícito ao empregador doméstico efetuar descontos no salário do empregado por fornecimento de alimentação, vestuário, higiene ou moradia, exceto se o local de moradia for diverso da residência onde ocorra a prestação do serviço, desde que expressamente pactuado.

IV. São garantidos à mãe social os seguintes direitos: anotação na Carteira de Trabalho e Previdência Social; remuneração, em valor não inferior ao salário mínimo; repouso semanal remunerado de 24 (vinte e quatro) horas consecutivas; jornada de trabalho de 44 (quarenta e quatro) horas semanais e 08 (oito) horas diárias; apoio técnico, administrativo e financeiro no desempenho de suas funções; 30 (trinta) dias de férias anuais remuneradas; benefícios e serviços previdenciários, inclusive, em caso de acidente do trabalho, na qualidade de segurada obrigatória; 13º salário e depósitos de Fundos de Garantia do Tempo de Serviço.

A) Estão corretas apenas as afirmativas I e III.

B) Estão corretas apenas as afirmativas I e II.

C) Estão corretas apenas as afirmativas II, III e IV.

D) Estão corretas apenas as afirmativas III e IV.

E) Todas as afirmativas estão corretas.

↓RESPOSTA

Alternativa Letra A.
I – OJ nº 38 da SDI-I.
III – artigo 18, "caput" e §2º, LC nº 150/2015.

1.3.2. Prescrição do trabalhador rural

OJ Nº 271 DA SDI - I DO TST

Rurícola. Prescrição. Contrato de emprego extinto. Emenda constitucional nº 28/2000. Inaplicabilidade

O prazo prescricional da pretensão do rurícola, cujo contrato de emprego já se extinguira ao sobrevir a Emenda Constitucional nº 28, de 26/05/2000, tenha sido ou não ajuizada a ação trabalhista, prossegue regido pela lei vigente ao tempo da extinção do contrato de emprego.

OJ Nº 417 DA SDI - I DO TST

Prescrição. Trabalhador rural. Rurícola. Contrato de trabalho em curso. Emenda const. 28/2000. CF/88, art. 7º, XXIX. CLT, art. 11.

Não há prescrição total ou parcial da pretensão do trabalhador rural que reclama direitos relativos a contrato de trabalho que se encontrava em curso à época da promulgação da Emenda Constitucional 28, de 26/05/2000, desde que ajuizada a demanda no prazo de cinco anos de sua publicação, observada a prescrição bienal.

1.3.3. Salário-família rurícola

SÚMULA Nº 344 DO TST

Salário-família. Trabalhador rural

O salário-família é devido aos trabalhadores rurais somente após a vigência da Lei nº 8.213, de 24.07.1991.

1.4. Empregado Doméstico

SÚMULA Nº 377 DO TST

Preposto. Exigência da condição de empregado

Exceto quanto à reclamação de empregado doméstico, ou contra micro ou pequeno empresário, o preposto deve ser necessariamente empregado do reclamado. Inteligência do art. 843, § 1º, da CLT e do art. 54 da Lei Complementar nº 123, de 14 de dezembro de 2006.

2. EMPREGADOR

SÚMULA Nº 129 DO TST

Contrato de trabalho. Grupo econômico

A prestação de serviços a mais de uma empresa do mesmo grupo econômico, durante a mesma jornada de trabalho, não caracteriza a coexistência de mais de um contrato de trabalho, salvo ajuste em contrário.

OJ Nº 261 DA SDI – I DO TST

Bancos. Sucessão trabalhista

As obrigações trabalhistas, inclusive as contraídas à época em que os empregados trabalhavam para o banco sucedido, são de responsabilidade do sucessor, uma vez que a este foram transferidos os ativos, as agências, os direitos e deveres contratuais, caracterizando típica sucessão trabalhista.

OJ Nº 225 DA SDI – I DO TST

Contrato de concessão de serviço público. Responsabilidade trabalhista

Celebrado contrato de concessão de serviço público em que uma empresa (primeira concessionária) outorga a outra (segunda concessionária), o todo ou em parte, mediante arrendamento, ou qualquer outra forma contratual, a título transitório, bens de sua propriedade:

I – em caso de rescisão do contrato de trabalho após a entrada em vigor da concessão, a segunda concessionária, na condição de sucessora, responde pelos direitos decorrentes do contrato de trabalho, sem prejuízo da responsabilidade subsidiária da primeira concessionária pelos débitos trabalhistas contraídos até a concessão;

II – no tocante ao contrato de trabalho extinto antes da vigência da concessão, a responsabilidade pelos direitos dos trabalhadores será exclusivamente da antecessora.

OJ Nº 411 DA SDI – I DO TST

Sucessão trabalhista. Aquisição de empresa pertencente a grupo econômico. Responsabilidade solidária do sucessor por débitos trabalhistas de empresa não adquirida. Inexistência.

O sucessor não responde solidariamente por débitos trabalhistas de empresa não adquirida, integrante do mesmo grupo econômico da empresa sucedida, quando, à época, a empresa devedora direta era solvente ou idônea economicamente, ressalvada a hipótese de má-fé ou fraude na sucessão.

OJ Nº 92 DA SDI – I DO TST

Desmembramento de municípios. Responsabilidade trabalhista

Em caso de criação de novo município, por desmembramento, cada uma das novas entidades responsabiliza-se pelos direitos trabalhistas do empregado no período em que figurarem como real empregador.

SÚMULA Nº 430 DO TST

Administração pública indireta. Contratação. Ausência de concurso público. Nulidade. Ulterior privatização. Convalidação. Insubsistência do vício.

Convalidam-se os efeitos do contrato de trabalho que, considerado nulo por ausência de concurso público, quando celebrado originalmente com ente da Administração Pública Indireta, continua a existir após a sua privatização.

OJ Nº 343 DA SDI – I DO TST

Penhora. Sucessão. Art. 100 da CF/1988. Execução

É válida a penhora em bens de pessoa jurídica de direito privado, realizada anteriormente à sucessão pela União ou por Estado-membro, não podendo a execução prosseguir mediante precatório. A decisão que a mantém não viola o art. 100 da CF/1988.

SÚMULA Nº 51 DO TST

Norma regulamentar. Vantagens e opção pelo novo regulamento. Art. 468 da CLT

I – As cláusulas regulamentares, que revoguem ou alterem vantagens deferidas anteriormente, só atingirão os trabalhadores admitidos após a revogação ou alteração do regulamento.

II – Havendo a coexistência de dois regulamentos da empresa, a opção do empregado por um deles tem efeito jurídico de renúncia às regras do sistema do outro.

SÚMULA Nº 77 DO TST

Punição

Nula é a punição de empregado se não precedida de inquérito ou sindicância internos a que se obrigou a empresa por norma regulamentar.

⊙ QUESTÕES

01. (Cespe – Analista Judiciário – Área Judiciária – Oficial de Justiça Avaliador – TRT 8/2016) Assinale a opção correta de acordo com a legislação vigente e a jurisprudência do TST.

A) Em qualquer caso de aquisição de empresa pertencente a grupo econômico, o sucessor sempre responde solidariamente por débitos trabalhistas de empresa não adquirida que pertença ao mesmo grupo de empresas.

B) Na análise da existência de grupo econômico entre empresas, não se aplica a teoria da desconsideração da personalidade jurídica.

C) O conceito de grupo econômico, por pressupor a existência de duas ou mais empresas, é incompatível com a atividade e o meio rural.

D) A prestação de serviços a mais de uma empresa do mesmo grupo econômico, durante a mesma jornada de trabalho, não caracteriza a coexistência de mais de um contrato de trabalho, salvo ajuste em contrário.

E) Quando uma ou mais empresas com personalidades jurídicas próprias estiverem sob a direção, o controle ou a administração de outra, constituindo grupo industrial, comercial ou de qualquer outra atividade econômica, serão, para os efeitos da relação de emprego, subsidiariamente responsáveis a empresa principal e cada uma das subordinadas.

↓RESPOSTA

Alternativa Letra D.

Súmula nº 129 do TST.

02. (Cespe – Analista Judiciário – Administrativa – TRT 17/2013) Julgue os itens seguintes, relativos às normas que visam preservar a saúde e a integridade física dos trabalhadores.

1) Considera-se grupo econômico um conjunto de empresas coordenadas pelos mesmos sócios. Desse modo, salvo ajuste em contrário, não configura pluralidade de contratos de trabalho o caso de empregado que preste serviço a mais de uma empresa do grupo na mesma jornada de trabalho.

↓RESPOSTA

Item certo.

Súmula nº 129 do TST.

03. (FCC – Analista Judiciário – Oficial de Justiça Avaliador Federal – TRT 15/2013) Regis é empregado da empresa "FGF Ltda.". Regis presta serviços, durante a mesma jornada de trabalho, para a empresa empregadora e para a empresa "FTT Ltda.", empresa esta pertencente ao mesmo grupo econômico da empresa "FGF Ltda.". De acordo com entendimento sumulado do Tribunal Superior do Trabalho, em regra, a prestação de serviços de Regis para a empresa "FGF Ltda." e para a empresa "FTT Ltda.", durante a mesma jornada de trabalho,

A) não configura a coexistência de dois contratos de trabalho.

B) só configura a coexistência de dois contratos de trabalho, se Regis receber ordens direta de superior hierárquico contratado pela empresa "FTT Ltda", bem como houver controle de horário.

C) só configura a coexistência de dois contratos de trabalho, se Regis trabalhar mais de vinte e cinco horas semanais para a empresa "FTT Ltda", havendo controle de horário.

D) caracteriza a coexistência de dois contratos de trabalho em razão da simultaneidade na prestação de serviços.

E) só caracteriza a coexistência de dois contratos de trabalho, se Regis trabalhar mais de vinte horas semanais para a empresa "FTT Ltda", havendo controle de horário.

↓RESPOSTA

Alternativa Letra A.

Súmula nº 129 do TST.

04. (TRT 2 - Juiz do Trabalho Substituto 2ª região/2014) Em relação aos poderes do empregador, observe as proposições abaixo e responda a alternativa que contenha proposituras corretas:

I. O poder diretivo é só do empregador e não de seus prepostos, que apenas e tão somente cumprem as funções determinadas por aquele.

II. Faz parte do poder diretivo do empregador a sua função de controle das atividades profissionais de seus empregados, possibilitando a revista aos pertences em geral, e em certas situações, e com a devida cautela, à revista íntima.

III. Se o empregado se utiliza, no horário de serviço, do "e-mail" corporativo para enviar suas mensagens particulares, o empregador, comunicando ao empregado a fiscalização, poderá controlar os "sites" visitados, como também ter acesso às mensagens eletrônicas enviadas e recebidas.

IV. O sistema jurídico brasileiro permite, de forma indistinta, tendo em vista o avanço da tecnologia, o poder de direção do empregador por meio de aparelhos eletrônicos.

V. Não é nula a punição do empregado, não precedida de inquérito ou sindicância internos, quando inexistente na empresa norma regulamentar com estas exigências.

Está correta a alternativa:

A) I, II e IV.

B) I, III e V.

C) II, III e IV.

D) I, II e V.

E) III, IV e V.

↓RESPOSTA

Alternativa Letra B.

I – doutrina.

III – doutrina e jurisprudência.

V – Súmula nº 77 do TST

05. (TRT 8 – Juiz do Trabalho Substituto 8ª região/ 2013) Quanto à figura do empregador, analise as proposições abaixo e assinale a alternativa INCORRETA:

A) À luz do Código Civil Brasileiro, considera-se empresário quem exerce profissionalmente atividade econômica organizada para a produção ou a circulação de bens ou de serviços, excluídos os exercentes de profissão intelectual, de natureza científica, literária ou artística, ainda com o concurso de auxiliares ou colaboradores, salvo se o exercício da profissão constituir elemento de empresa. Sobre esse tema, a CLT equipara o empregador aos profissionais liberais que admitirem trabalhadores como empregados.

B) Os partidos políticos serão considerados empregadores por equiparação quando contratarem, assalariarem e dirigirem a prestação pessoal de serviços desenvolvidos de forma não eventual.

C) Os serviços notariais e de registro são exercidos em caráter privado, por delegação do Poder Público, sendo que o titular do cartório não oficializado que contrata, assalaria e dirige a prestação laboral dos auxiliares, equipara-se ao empregador comum.

D) Considerando que o grupo econômico é empregador único, o empregado está vinculado ao conjunto de empresa; assim, o trabalho prestado a mais de uma delas, durante a mesma jornada, não gera duplo contrato, ressalvada disposição em contrário.

E) Segundo entendimento consolidado pelo Tribunal Superior do Trabalho, o sucessor responde solidariamente por débitos trabalhistas de empresa não adquirida, pelo fato de integrar o mesmo grupo econômico da empresa sucedida, mesmo quando, à época, a empresa devedora direta era solvente ou idônea economicamente.

↓RESPOSTA

Alternativa Letra E.

Orientações Jurisprudenciais nº 225 e 261 da SDI-I.

06. (FCC – Analista Judiciário – Judiciária – TRT 18/2013) Diana trabalhou por dois anos para a empresa Delta Administradora de Créditos, controlada e administrada pelo Banco Delta, formando grupo econômico. Houve a dispensa sem justa causa e a empregada não recebeu as verbas rescisórias devidas. Nessa situação, quanto à dívida trabalhista é correto afirmar que

A) a CLT não prevê nenhum tipo de responsabilidade de empresas que pertençam ao mesmo grupo econômico por débitos trabalhistas, ficando a critério do juiz a aplicação de normas do direito comum.

B) a empresa Delta Administradora de Crédito será a única responsável pelo pagamento por ser a real empregadora de Diana.

C) o Banco Delta somente responderá pelo débito de forma subsidiária, caso ocorra a falência da empresa Delta Administradora de Créditos.

D) o Banco Delta responderá solidariamente em razão da formação do grupo econômico por expressa determinação da CLT.

E) a responsabilidade do Banco Delta será subsidiária por determinação prevista na CLT, após esgotado o patrimônio da empresa Delta Administradora de Créditos.

↓RESPOSTA

Alternativa Letra D.
Artigo 2º, § 2º CLT e Súmula nº 129 do TST

07. (FCC - TRT 24 - Analista Judiciário/2011) Considere as seguintes assertivas a respeito do Grupo Econômico:

I. O Grupo econômico, para fins trabalhistas, necessita de prova cabal de sua formal institucionalização cartorial, tal como holdings, consórcios, pools etc.

II. As associações, entidades beneficentes e sindicatos podem ser considerados como grupo de empresas, se presentes os requisitos legais.

III. Cada empresa do grupo é autônoma em relação às demais, mas o empregador real é o próprio grupo.

IV. Nada impede que a admissão do empregado seja feita em nome de uma empresa do grupo e a baixa em nome de outra.

Está correto o que consta APENAS em

A) I, III e IV.

B) I, II e III.

C) II, III e IV.

D) I e IV.

E) III e IV.

↓RESPOSTA

Alternativa Letra E.
III – artigo 2º, § 2º CLT, Súmula nº 129 do TST e doutrina.
IV – Súmula nº 129 TST e entendimentos doutrinário e jurisprudencial.

08. (FCC - TRT 22 - Analista Judiciário/2010) Joana presta serviços na qualidade de empregada para mais de uma empresa do mesmo grupo econômico, durante a mesma jornada de trabalho. Neste caso, salvo ajuste em contrário,

A) não está caracterizada a coexistência de mais de um contrato de trabalho.

B) está caracterizada a existência de mais de um contrato de trabalho, limitado em três, tendo em vista que as empresas possuem personalidades jurídicas distintas.

C) está caracterizada a existência de mais de um contrato de trabalho, limitado em dois, tendo em vista que as empresas possuem personalidades jurídicas distintas.

D) está caracterizada a existência de mais de um contrato de trabalho, sem limitação, em razão da prestação de serviços acontecer durante a mesma jornada de trabalho.

E) está caracterizada a existência de mais de um contrato de trabalho, sem limitação, tendo em vista que as empresas possuem personalidades jurídicas distintas.

↓RESPOSTA

Alternativa Letra A.
Súmula nº 129 do TST.

09. (Cespe - Auditor-Fiscal do Trabalho - MTE/2013) Julgue o item abaixo, a respeito da prestação de serviços para grupos econômicos.

1) O labor prestado pelo empregado a mais de uma empresa do mesmo grupo econômico, na mesma jornada de trabalho, não caracteriza a existência de mais de um vínculo contratual, salvo previsão em contrário, devidamente ajustada.

↓RESPOSTA

Item certo.
Súmula nº 129 do TST.

10. (Juiz do Trabalho Substituto - TRT 3ª região/ 2013) Sobre o direito do trabalho, leia as afirmações abaixo e, em seguida, assinale a alternativa correta, segundo a jurisprudência consolidada do TST:

I. A limitação legal da jornada suplementar a duas horas diárias não exime o empregador de pagar todas as horas trabalhadas.

II. Em caso de criação de novo município, por desmembramento, cada uma das novas entidades responsabiliza-se pelos direitos trabalhistas do empregado no período em que figuram como real empregador.

III. O trabalho prestado em domingos e feriados, não compensado, deve ser pago em dobro, sem prejuízo da remuneração relativa ao repouso semanal.

IV. Enquanto perdurar a substituição que não tenha caráter meramente eventual, inclusive nas férias, o empregado substituto fará jus ao salário contratual do substituído.

A) Somente as afirmativas I, II e III estão corretas.

B) Somente as afirmativas I, II e IV estão corretas.

C) Somente as alternativas I, III e IV estão corretas.

D) Somente as alternativas II, III e IV estão corretas.

E) Todas as afirmativas estão corretas.

↓RESPOSTA

Alternativa Letra E.
I – Súmula nº 376, I do TST.
II – OJ nº 92 da SDI-I.
III – Súmula nº 146 do TST.
IV – Súmula nº 159, I do TST.

11. (Juiz do Trabalho Substituto – TRT 8ª região/ 2012) A respeito da execução trabalhista, marque a alternativa CORRETA:

A) Em sede de sucessão trabalhista, especificamente quanto à aquisição de empresa pertencente a grupo econômico, a empresa sucessora não responde solidariamente, em qualquer hipótese, por débitos trabalhistas de empresa não adquirida, integrante do mesmo grupo econômico da empresa sucedida, desde que, à época, a empresa devedora direta fosse solvente ou idônea economicamente, consoante entendimento do Tribunal Superior do Trabalho, consolidado em Orientação Jurisprudencial.

B) A respeito da responsabilidade trabalhista em caso de celebração de contrato de concessão de serviço público, o Tribunal Superior do Trabalho, por meio de Orientação Jurisprudencial da SDI-I, consolidou entendimento de que, quando o contrato de trabalho tiver sido extinto antes da vigência da concessão, a responsabilidade pelos direitos dos trabalhadores será exclusivamente da antecessora.

C) Nos termos do art. 876 da CLT, é possível a execução na Justiça do Trabalho de títulos executivos extrajudiciais, como o cheque que tenha sido utilizado como meio de pagamento de salários.

D) Embora a execução provisória possa ser feita da mesma forma que a execução definitiva, nos termos da legislação processual, o Tribunal Superior do Trabalho consolidou entendimento de que fere direito líquido e certo do executado, em qualquer caso, a determinação de penhora em dinheiro quando se tratar de execução provisória, pois o executado tem direito a que a execução se processe da forma que lhe seja menos gravosa.

E) Em se tratando de embargos à execução, nos termos da CLT, a matéria a ser deduzida deverá ser restrita às alegações de cumprimento da decisão ou do acordo, quitação ou prescrição da dívida, não sendo admissível dilação probatória.

↓RESPOSTA

Alternativa Letra B.
OJ nº 225, II da SDI-I.

12. (Juiz do Trabalho Substituto – TRT 8ª região/ 2011) Quanto à figura do empregador, analise as proposições abaixo e assinale a alternativa CORRETA:

I. A prestação de serviços a duas empresas integrantes do mesmo grupo econômico, durante a mesma jornada de trabalho, salvo ajuste em contrário, não configura a existência de dois contratos de trabalho.

II. A empresa sucessora assume as obrigações trabalhistas da empresa sucedida e a sua posição em eventual processo judicial que estiver em curso, salvo disposição contratual em que seja atribuída ao sucedido a responsabilidade exclusiva pelo débito cobrado.

III. Do contexto da legislação trabalhista, pode-se inferir que não há uma qualidade especial exigida para que a pessoa física ou jurídica seja considerada empregadora. Basta que, de fato, utilize-se de força de trabalho contratada como empregada.

IV. Considerando-se que a sucessão trabalhista se configura como alteração contratual de origem unilateral (promovida pelo empregador), é pacificamente admissível a recusa do empregado que, por conseguinte, pode pleitear a rescisão indireta do contrato.

A) As alternativas I e IV estão corretas.

B) As alternativas II e IV estão corretas.

C) As alternativas I e III estão corretas.

D) As alternativas III e IV estão corretas.

E) As alternativas I e II estão corretas.

↓RESPOSTA

Alternativa Letra C.

I – Súmula nº 129 do TST.

III – artigo 2º, § 1º CLT.

Capítulo III
TERCEIRIZAÇÃO

Súmula nº 331 do TST[1]

Contrato de prestação de serviços. Legalidade

I – A contratação de trabalhadores por empresa interposta é ilegal, formando-se o vínculo diretamente com o tomador dos serviços, salvo no caso de trabalho temporário (Lei nº 6.019, de 03.01.1974).

II – A contratação irregular de trabalhador, mediante empresa interposta, não gera vínculo de emprego com os órgãos da administração pública direta, indireta ou fundacional (art. 37, II, da CF/1988).

III – Não forma vínculo de emprego com o tomador a contratação de serviços de vigilância (Lei nº 7.102, de 20.06.1983) e de conservação e limpeza, bem como a de serviços especializados ligados à atividade-meio do tomador, desde que inexistente a pessoalidade e a subordinação direta.

IV – O inadimplemento das obrigações trabalhistas, por parte do empregador, implica a responsabilidade subsidiária do tomador dos serviços, quanto àquelas obrigações, desde que hajam participado da relação processual e constem também do título executivo judicial (art. 71 da Lei nº 8.666, de 21.06.1993).

V – Os entes integrantes da administração pública direta e indireta respondem subsidiariamente, nas mesmas condições do item IV, caso evidenciada a sua conduta culposa no cumprimento das obrigações da Lei nº 8.666/93, especialmente na fiscalização do cumprimento das obrigações contratuais e legais da prestadora de serviço como empregadora. A aludida responsabilidade não decorre de mero inadimplemento das obrigações trabalhistas assumidas pela empresa regularmente contratada.

VI – A responsabilidade subsidiária do tomador de serviços abrange todas as verbas decorrentes da condenação referentes ao período da prestação laboral.

OJ nº 321 da SDI – I do TST

Vinculo empregatício com a administração pública. Período anterior à CF/88

Salvo os casos de trabalho temporário e de serviço de vigilância, previstos nas Leis nºs 6.019, de 03.01.74, e 7.102, de 20.06.83, é ilegal a contratação de trabalhadores por empresa interposta, formando-se o vínculo empregatício diretamente com o tomador dos serviços, inclusive ente público, em relação ao período anterior à vigência da CF/88.

OJ nº 185 da SDI – I do TST

Contrato de trabalho com a associação de pais e mestres – APM. Inexistência de responsabilidade solidária ou subsidiária do estado

O Estado-Membro não é responsável subsidiária ou solidariamente com a Associação de Pais e Mestres pelos encargos trabalhistas dos empregados contratados por esta última, que deverão ser suportados integral e exclusivamente pelo real empregador.

OJ nº 383 da SDI – I do TST

Terceirização. Empregados da empresa prestadora de serviços e da tomadora. Isonomia. Art. 12, "a", da Lei nº 6.019, de 03.01.1974

1 Em 31/03/2017, foi promulgada a Lei nº 13.429/2017, que altera a relação de trabalho temporário e passa a disciplinar a terceirização. Com essa nova legislação, a Súmula nº 331 do TST deve ser alterada pelo TST. Até o fechamento desta edição, não houve nenhuma alteração na redação da Súmula nº 331.

A contratação irregular de trabalhador, mediante empresa interposta, não gera vínculo de emprego com ente da Administração Pública, não afastando, contudo, pelo princípio da isonomia, o direito dos empregados terceirizados às mesmas verbas trabalhistas legais e normativas asseguradas àqueles contratados pelo tomador dos serviços, desde que presente a igualdade de funções. Aplicação analógica do art. 12, "a", da Lei nº 6.019, de 03.01.1974.

OJ Nº 191 DA SDI – I DO TST

Contrato de empreitada. Dono da obra de construção civil. Responsabilidade

Diante da inexistência de previsão legal específica, o contrato de empreitada de construção civil entre o dono da obra e o empreiteiro não enseja responsabilidade solidária ou subsidiária nas obrigações trabalhistas contraídas pelo empreiteiro, salvo sendo o dono da obra uma empresa construtora ou incorporadora.

QUESTÕES

01. (FCC – Analista Judiciário – Oficial de Justiça Avaliador – TRT 14/2016) Será considerada, respectivamente, a responsabilidade subsidiária e solidária de empresas quanto aos direitos trabalhistas, nos casos de

A) grupo econômico e falência da empresa de trabalho temporário.

B) recuperação judicial de empresa terceirizada e terceirização em órgão público.

C) grupo econômico e contrato de subempreitada.

D) sucessão de empregadores e contratação irregular de mão de obra terceirizada.

E) terceirização de serviços de vigilância e grupo econômico.

RESPOSTA

Alternativa Letra E.

Súmula nº 331, IV do TST, art. 5º-A, § 5º, Lei nº 6.019/1974 (Acrescentado pela Lei nº 13.429/2017) e art. 2º, § 2º, CLT.

02. (FCC – Analista Judiciário – Exec. Mandados – TRT 1/2013) NÃO corresponde ao entendimento sumulado pelo TST sobre terceirização:

A) A responsabilidade subsidiária do tomador dos serviços abrange apenas as verbas contratuais, referentes ao período da prestação laboral, não abrangendo indenizações por danos morais ou materiais eventualmente constantes de decisão judicial.

B) O inadimplemento das obrigações trabalhistas, por parte do empregador, implica a responsabilidade subsidiária do tomador dos serviços quanto aquelas obrigações, desde que haja participado da relação processual e conste do título executivo judicial.

C) A responsabilidade subsidiária dos entes integrantes da Administração pública não decorre de mero inadimplemento das obrigações trabalhistas assumidas pela empresa regularmente contratada.

D) A contratação irregular de trabalhador, mediante empresa interposta, não gera vínculo de emprego com os órgãos da Administração pública direta, indireta, ou fundacional.

E) Não forma vínculo de emprego com o tomador a contratação de serviços especializados ligados à atividade meio do tomador, desde que inexistente a pessoalidade e a subordinação direta.

RESPOSTA

Alternativa Letra A.

Súmula nº 331, VI do TST.[2]

03. (FCC – TRT 18 – Analista Judiciário – Área Judiciária – Especialidade Execução de Mandados/2008) Para que a empresa DAS, responsável solidária e integrante do grupo econômico GIU, seja sujeito passivo em execução trabalhista, esta

A) deverá obrigatoriamente participar da relação processual como reclamada, mas não

2 Em 31/03/2017, foi promulgada a Lei nº 13.429/2017, que alterou a o trabalho temporário e passou a disciplinar a terceirização. Com essa nova legislação, a Súmula nº 331 do TST deve ser revista pelo TST. Até o fechamento desta edição, não houve nenhuma alteração na redação da Súmula nº 331.

constará no título executivo judicial que se formará em face do grupo econômico.

B) poderá participar da relação processual como reclamada, sendo uma opção do reclamante que não acarretará nenhuma consequência para a fase executória.

C) poderá participar da relação processual como reclamada, sendo uma opção da própria empresa DAS que não acarretará nenhuma consequência para a fase executória.

D) poderá participar da relação processual como reclamada, sendo uma opção do grupo econômico que não acarretará nenhuma consequência para a fase executória.

E) deverá obrigatoriamente participar da relação processual como reclamada, constando no título executivo judicial.

↓RESPOSTA

Alternativa Letra E.
Súmula nº 331, IV do TST.[3]

04. (FGV - Exame de Ordem 2014.1) ABC Manutenção e Limpeza manteve contrato de fornecimento de mão de obra de limpeza com Aeroportos Brasileiros, empresa pública federal. Por ocasião da ruptura do contrato entre as empresas, Paulo, funcionário da ABC Manutenção e Limpeza, e que prestava serviços para Aeroportos Brasileiros, foi dispensado sem receber as verbas rescisórias. Ajuizou ação trabalhista em face de ambas as empresas, sendo a empregadora revel. A tomadora dos serviços apresentou defesa com robusta documentação, demonstrando a efetiva fiscalização do cumprimento do contrato e de aspectos legais, sendo certo que o contrato foi cancelado justamente em razão desta fiscalização.

Diante deste caso, assinale a afirmativa correta.

A) A empresa pública federal responde solidariamente por força da terceirização.

B) A empresa pública federal responde subsidiariamente por força da terceirização, haja vista o inadimplemento das obrigações trabalhistas por parte do empregador.

C) A empresa pública federal é parte ilegítima para figurar no polo passivo da demanda porque não tem vínculo de emprego com Paulo.

D) A empresa pública federal não responde pelo inadimplemento das verbas trabalhistas porque sua responsabilidade não decorre do simples inadimplemento contratual, tendo ficado provado, no caso, que houve efetiva fiscalização por parte da tomadora dos serviços.

↓RESPOSTA

Alternativa Letra D.
Súmula nº 331, item V, TST.

05. (Exame de Ordem 2011.1 - FGV) Paulo, empregado da empresa Alegria Ltda., trabalha para a empresa Boa Sorte Ltda., em decorrência de contrato de prestação de serviços celebrado entre as respectivas empresas. As atribuições por ele exercidas inserem-se na atividade-meio da tomadora, a qual efetua o controle de sua jornada de trabalho e dirige a prestação pessoal dos serviços, emitindo ordens diretas ao trabalhador no desempenho de suas tarefas.

Diante dessa situação hipotética, assinale a alternativa correta.

A) A terceirização é ilícita, acarretando a nulidade do vínculo de emprego com a empresa prestadora e o reconhecimento do vínculo de emprego diretamente com a empresa tomadora.

B) A terceirização é ilícita, acarretando a responsabilidade subsidiária da empresa tomadora pelas obrigações trabalhistas inadimplidas pela empresa prestadora.

C) A terceirização é lícita, acarretando a responsabilidade subsidiária da empresa tomadora pelas obrigações trabalhistas inadimplidas pela empresa prestadora.

D) A terceirização é lícita, não acarretando a responsabilidade subsidiária da empresa tomadora pelas obrigações trabalhistas inadimplidas pela empresa prestadora.

3 Em 31/03/2017, foi promulgada a Lei nº 13.429/2017, que alterou a o trabalho temporário e passou a disciplinar a terceirização. Com essa nova legislação, a Súmula nº 331 do TST deve ser revista pelo TST. Até o fechamento desta edição, não houve nenhuma alteração na redação da Súmula nº 331

RESPOSTA

Alternativa Letra A.
Súmula nº 331, I e III do TST.[4]

06. (Exame de Ordem 2010.3 – FGV) João da Silva decidiu ampliar o seu consultório médico e, para isso, contratou o serviço do empreiteiro Vivaldo Fortuna. Ambos ajustaram o valor de R$ 5.000,00, cujo pagamento seria feito da seguinte maneira: metade de imediato e a outra metade quando do encerramento do serviço. Logo no início dos trabalhos, Vivaldo contratou os serventes Reginaldo Nonato e Simplício de Deus, prometendo-lhes o pagamento de um salário mínimo mensal. Ocorre que, passados três meses, Reginaldo e Simplício nada receberam. Tentaram entrar em contato com Vivaldo, mas este tinha desaparecido. Por conta disso, abandonaram a obra e ajuizaram uma ação trabalhista em face de João da Silva, pleiteando os três meses de salários atrasados, além das verbas resilitórias decorrentes da rescisão indireta provocada por Vivaldo. Diante desse caso concreto, é correto afirmar que João da Silva

A) deve ser condenado a pagar os salários atrasados e as verbas resilitórias decorrentes da rescisão indireta, uma vez que é o sucessor trabalhista de Vivaldo Fortuna.

B) deve ser condenado a pagar apenas os salários atrasados, mas não as verbas resilitórias, uma vez que não foi ele quem deu causa à rescisão indireta.

C) não deve ser condenado a pagar os salários atrasados e as verbas resilitórias decorrentes da rescisão indireta, uma vez que a obra não foi devidamente encerrada.

D) não deve ser condenado a pagar os salários atrasados e as verbas resilitórias decorrentes da rescisão indireta, uma vez que é o dono da obra e não desenvolve atividade de construção ou incorporação.

RESPOSTA

Alternativa Letra D.
OJ nº 191 da SDI-I.

07. (FCC – Procurador do Estado – MT/2016) O Estado de Goiás contratou a empresa Vênus Limpadora Ltda., após processo de licitação, para prestar serviços de limpeza e portaria no prédio onde funciona a Secretaria Estadual de Educação. O empregado da empresa Vênus, Netuno de Tal, que presta serviços na portaria, ingressa com ação na Justiça do Trabalho, sem se afastar do emprego, pleiteando a rescisão indireta do seu contrato de trabalho, sob fundamento de que a sua empregadora vem descumprindo obrigações contratuais, colocando no polo passivo a empresa Vênus e o Estado de Goiás, requerendo a responsabilidade solidária e, alternativamente, subsidiária deste último. Pleiteia pelo pagamento de todas as verbas rescisórias decorrentes de uma dispensa sem justa causa por iniciativa da empregadora. Considerando a legislação trabalhista vigente e a jurisprudência sumulada do Tribunal Superior do Trabalho, na hipótese de descumprimento por parte do empregador de obrigações contratuais, é correto afirmar:

A) O pedido de rescisão indireta do contrato de trabalho só pode ser realizado após o empregado se afastar do trabalho e, neste caso, não responde de forma subsidiária o Estado de Goiás pelas verbas rescisórias eventualmente deferidas em Juízo, por ter havido regular procedimento licitatório para a contratação da empresa prestadora de serviços.

B) É possível o pleito de rescisão indireta do contrato de trabalho nessa hipótese permanecendo o trabalhador no emprego, desde que notifique a empresa Vênus Limpadora Ltda. por escrito com antecedência mínima de trinta dias, mas a responsabilidade subsidiária do Estado de Goiás não se verifica por ter havido regular procedimento licitatório para a contratação da empresa prestadora de serviços.

C) Não cabe pedido de rescisão indireta do contrato de trabalho quando a prestação de serviços se der em benefício de ente da Administração pública direta, pelo fato de ela possuir o dever legal de verificar o correto

4 Em 31/03/2017, foi promulgada a Lei nº 13.429/2017, que alterou a o trabalho temporário e passou a disciplinar a terceirização. Com essa nova legislação, a Súmula nº 331 do TST deve ser revista pelo TST. Até o fechamento desta edição, não houve nenhuma alteração na redação da Súmula nº 331

cumprimento por parte da empresa contratada com as obrigações contratuais relativas aos seus empregados.

D) É faculdade do trabalhador, quando esse for o fundamento do pedido de rescisão indireta do contrato de trabalho, ingressar com a ação pertinente sem se afastar do trabalho e, nesse caso, possível a condenação de forma subsidiária do Estado de Goiás pelas verbas eventualmente deferidas em Juízo, desde que comprovado que deixou de fiscalizar o regular cumprimento pela empresa contratada com as obrigações contratuais e legais em relação aos seus empregados.

E) É cabível requerer rescisão indireta do contrato de trabalho com tal fundamento, ainda que o faça sem se afastar do emprego e, nessa hipótese, o Estado de Goiás deverá responder de forma solidária com a empresa prestadora de serviços se configurada a ausência de fiscalização por parte do Estado de Goiás do regular cumprimento pela empresa contratada com as obrigações contratuais e legais em relação aos seus empregados.

RESPOSTA

Alternativa Letra D.

Art. 483, "d", CLT e Súmula nº 331, V e VI do TST[5].

08. (TRT 1 - Juiz do Trabalho Substituto 1ª região/2016) Maria Eduarda foi contratada pela empresa Tudo Limpo Prestadora de Serviços de Limpeza Ltda., em 24/04/2012. Por força de contrato celebrado por esta empresa com a Ora, Veja Materiais Ópticos S/A, para a realização de serviços de asseio e conservação, Maria Eduarda prestou serviços na sede da empresa tomadora dos serviços, do início do contrato de trabalho até 13/02/2014. Nesta data, em função do término do contrato de prestação de serviços entre as empresas já referidas, e por determinação da empregadora, Maria Eduarda passou a trabalhar, nas mesmas condições, em outra empresa para a qual sua empregadora prestava serviços: Rosa Rosa, Floricultura Ltda. Maria Eduarda trabalhou até 29/09/2014, quando novamente pelo término do contrato de prestação de serviços (entre Tudo Limpo e Rosa Rosa), por determinação de sua empregadora, passou, também, nas mesmas condições anteriores, a trabalhar para a Altos Móveis Armários Ltda. Maria Eduarda trabalhou até 20/09/2015, quando foi dispensada imotivadamente por sua empregadora.

Sem receber qualquer parcela decorrente da rescisão e se entendendo ainda credora de horas extras durante a integralidade do contrato de trabalho, Maria Eduarda ajuíza ação em face de Tudo Limpo Prestadora de Serviços de Limpeza Ltda. e, na qualidade de devedoras subsidiárias por todas as parcelas decorrentes do contrato, de Ora, Veja Materiais Ópticos, Rosa Rosa Floricultura e de Altos Móveis Armários.

Adotando-se o entendimento sumulado pelo TST, e partindo da premissa de que as alegações de Maria Eduarda foram comprovadas na instrução processual,

A) as três empresas tomadoras dos serviços são subsidiariamente responsáveis pela integralidade dos créditos reconhecidos em face da empresa Tudo Limpo Prestadora de Serviços de Limpeza Ltda.

B) a pluralidade de empresas tomadoras faz com que nenhuma delas seja responsável subsidiária pelos débitos da tomadora com a empregada.

C) a Altos Móveis Armários Ltda. é responsável subsidiária pela integralidade dos créditos reconhecidos à autora.

D) cada tomadora de serviços é responsável apenas pelas verbas relativas ao período em que Maria Eduarda lhes prestou serviços, mas as três tomadoras são responsáveis subsidiárias pelas verbas rescisórias.

E) a Ora, Veja Materiais Ópticos S/A somente é responsável subsidiária pelas parcelas que se constituíram no período em que Maria Eduarda prestou serviços em suas dependências.

5 Em 31/03/2017, foi promulgada a Lei nº 13.429/2017, que alterou a o trabalho temporário e passou a disciplinar a terceirização. Com essa nova legislação, a Súmula nº 331 do TST deve ser revista pelo TST. Até o fechamento desta edição, não houve nenhuma alteração na redação da Súmula nº 331.

↓ RESPOSTA

Alternativa Letra E.

Súmula nº 331, V e VI do TST e art. 5º-A, § 5º, Lei nº 6.019/1974 (Acrescentado pela Lei nº 13.429/2017)

09. (TRT 2 - Juiz do Trabalho Substituto 2ª região/2016) A empresa Deuses do Olimpo Limpeza e Conservação S/A venceu processo de licitação e celebrou contrato de prestação de serviços com o Município de Arquimedes para o fornecimento dos serviços de limpeza e conservação de vias públicas, pelo prazo de um ano, com jornadas diárias de 04 horas em período diurno. Simultaneamente, a mesma empresa prestadora firmou contrato com empresa privada Celta Comércio de Alimentos S/A para fornecimento de mão de obra de limpeza, também por um ano, com jornada de 04 horas em período noturno. Ocorre que, ao término dos contratos, houve o descumprimento parcial das obrigações trabalhistas em relação aos empregados da fornecedora de mão de obra. As tomadoras, prefeitura de Arquimedes e empresa Celta, não exerceram nenhuma fiscalização do cumprimento das obrigações legais e contratuais da prestadora de serviço enquanto empregadora. Os trabalhadores lesados ajuizaram ação trabalhista coletiva em face da empresa prestadora e das duas tomadoras. Nessa situação, com fulcro em entendimento sumulado do TST, as tomadoras da mão de obra:

A) Responderão ambas de forma solidária pelos débitos trabalhistas apenas em caso de falência da empresa prestadora dos serviços.

B) A prefeitura de Arquimedes responderá de forma solidária e a empresa Celta de forma subsidiária pelos débitos trabalhistas em razão de ser tomadora dos serviços, ainda que tivessem fiscalizado o contrato.

C) Responderão ambas de forma subsidiária pelos débitos trabalhistas da empresa prestadora dos serviços, a prefeitura de Arquimedes em razão de conduta culposa por ausência de fiscalização do contrato e a empresa Celta independentemente de fiscalização.

D) A prefeitura de Arquimedes não responderá sob qualquer modalidade, ou seja, nem de forma subsidiária ou solidária, por se tratar de órgão da administração pública direta; a empresa Celta responderá de forma solidária por falta de fiscalização.

E) A prefeitura de Arquimedes não terá qualquer responsabilidade trabalhista visto que firmou contrato regular de terceirização com a empresa prestadora, por meio de processo licitatório, nos termos da Lei nº 8.666/93 e será formado o vínculo empregatício diretamente com a empresa Celta por estar configurada a contratação irregular de trabalhador mediante empresa interposta.

↓ RESPOSTA

Alternativa Letra C.

Súmula nº 331, IV, V e VI do TST e art. 5º-A, § 5º, Lei nº 6.019/1974 (Acrescentado pela Lei nº 13.429/2017).

10. (TRT 4 - Juiz do Trabalho Substituto 4ª região/2016) A Faculdade Notório Saber decidiu ampliar seu campus e construir um novo prédio. Contratou, para tanto, a Construtora ABC Ltda., a qual, por sua vez, subcontratou a Empreiteira Faz Tudo Ltda., renomada pelo serviço de marcação do terreno e fundações. Considerando o material que seria utilizado na obra e da grande circulação de estudantes, a Faculdade ampliou seu quadro de seguranças terceirizados no local e demandou outros 3 (três) funcionários da empresa Serviços de Segurança Olho Aberto Ltda., para permanecerem 24 (vinte e quatro) horas por dia, em revezamento. Ao término da construção, a Empreiteira Faz Tudo Ltda. e a empresa Serviços de Segurança Olho Aberto Ltda. encerraram suas atividades, sem sequer terem efetuado o pagamento das parcelas resilitórias de seus empregados, os quais, por sua vez, ingressaram com ação trabalhista contra todos os envolvidos, pleiteando a responsabilidade solidária/subsidiária.

Quanto à responsabilidade, a Faculdade Notório Saber responderá

A) solidariamente pelos créditos advindos das ações ajuizadas pelos empregados da empresa Serviços de Segurança Olho Aberto e da Empreiteira Faz Tudo.

B) solidariamente pelos créditos advindos das ações ajuizadas pelos empregados da empresa Serviços de Segurança Olho Aberto e subsidiariamente pelos créditos advindos das ações ajuizadas pelos empregados da Empreiteira Faz Tudo.

C) subsidiariamente pelos créditos advindos das ações ajuizadas pelos empregados da empresa Serviços de Segurança Olho Aberto e solidariamente pelos créditos advindos das ações ajuizadas pelos empregados da Empreiteira Faz Tudo.

D) subsidiariamente pelos créditos advindos das ações ajuizadas pelos empregados da empresa Serviços de Segurança Olho Aberto e da Empreiteira Faz Tudo.

E) subsidiariamente pelos créditos advindos das ações ajuizadas pelos empregados da empresa Serviços de Segurança Olho Aberto e não terá qualquer responsabilidade pelos créditos advindos das ações ajuizadas pelos empregados da Empreiteira Faz Tudo.

RESPOSTA

Alternativa Letra E.

Súmula nº 331, IV e VI do TST, art. 5º-A, § 5º, Lei nº 6.019/1974 (Acrescentado pela Lei nº 13.429/2017) e OJ nº 191 da SDI.

11. (TRT 4 - Juiz do Trabalho Substituto 4ª região/2016) A Faculdade Notório Saber decidiu ampliar seu campus e construir um novo prédio. Contratou, para tanto, a Construtora ABC Ltda., a qual, por sua vez, subcontratou a Empreiteira Faz Tudo Ltda., renomada pelo serviço de marcação do terreno e fundações. Considerando o material que seria utilizado na obra e da grande circulação de estudantes, a Faculdade ampliou seu quadro de seguranças terceirizados no local e demandou outros 3 (três) funcionários da empresa Serviços de Segurança Olho Aberto Ltda., para permanecerem 24 (vinte e quatro) horas por dia, em revezamento. Ao término da construção, a Empreiteira Faz Tudo Ltda. e a empresa Serviços de Segurança Olho Aberto Ltda. encerraram suas atividades, sem sequer terem efetuado o pagamento das parcelas resilitórias de seus empregados, os quais, por sua vez, ingressaram com ação trabalhista contra todos os envolvidos, pleiteando a responsabilidade solidária/subsidiária.

Quanto à responsabilidade, a Construtora ABC

(A) responderá subsidiariamente pelos créditos advindos das ações ajuizadas pelos empregados da empresa Serviços de Segurança Olho Aberto e da Empreiteira Faz Tudo.

(B) responderá solidariamente pelos créditos advindos das ações ajuizadas pelos empregados da empresa Serviços de Segurança Olho Aberto e da Empreiteira Faz Tudo.

(C) não terá qualquer responsabilidade pelos créditos advindos das ações ajuizadas pelos empregados da empresa Serviços de Segurança Olho Aberto e responderá solidariamente pelos créditos advindos das ações ajuizadas pelos empregados da Empreiteira Faz Tudo.

(D) não terá qualquer responsabilidade pelos créditos advindos das ações ajuizadas pelos empregados da empresa Serviços de Segurança Olho Aberto e responderá subsidiariamente pelos créditos advindos das ações ajuizadas pelos empregados da Empreiteira Faz Tudo.

(E) não terá qualquer responsabilidade pelos créditos advindos das ações ajuizadas pelos empregados da empresa Serviços de Segurança Olho Aberto e da Empreiteira Faz Tudo.

RESPOSTA

Alternativa Letra C.

Súmula nº 331, IV e VI do TST, art. 5º-A, § 5º, Lei nº 6.019/1974 (Acrescentado pela Lei nº 13.429/2017).

12. (FCC - Juiz do Trabalho Substituto 24ª região/2015) Quanto à legalidade dos contratos de prestação de serviços celebrados por órgãos públicos, considere:

I. A contratação irregular de trabalhador, mediante empresa interposta, não gera vínculo de emprego com os órgãos da Administração pública direta, indireta ou fundacional (art. 37, II, da CF/1988).

II. Não forma vínculo de emprego com o tomador a contratação de serviços de vigilância (Lei nº 7.102/1983) e de conservação e limpeza, bem como a de serviços especializados ligados à atividade-meio do tomador, desde que existente a pessoalidade e a subordinação direta.

III. O inadimplemento das obrigações trabalhistas, por parte do empregador, implica a responsabilidade subsidiária do tomador dos serviços quanto àquelas obrigações, desde que haja participado da relação processual e conste também do título executivo judicial.

IV. Os entes integrantes da Administração pública direta e indireta respondem subsidiariamente, nas mesmas condições do item III (acima), caso evidenciada a sua conduta culposa no cumprimento das obrigações da Lei no 8.666/1993, especialmente na fiscalização do cumprimento das obrigações contratuais e legais da prestadora de serviço como empregadora. A aludida responsabilidade decorre de mero inadimplemento das obrigações trabalhistas assumidas pela empresa regularmente contratada.

V. A responsabilidade subsidiária do tomador de serviços abrange todas as verbas decorrentes da condenação referentes ao período da prestação laboral.

Está correto o que se afirma APENAS em

(A) I e II.

(B) II e III.

(C) I, III e V.

(D) II e IV.

(E) V.

↓RESPOSTA

Alternativa Letra C.

I – Súmula nº 331, II, do TST[6]
II – Súmula nº 331, III, do TST
III – Súmula nº 331, IV, do TST
IV – Súmula nº 331, V, do TST
V – Súmula nº 331, VI, do TST

13. (FCC - Juiz do Trabalho Substituto 1ª região/2014) A prefeitura de Safira, por meio de processo licitatório, firmou contrato de prestação de serviços com a empresa Delta Ômega Serviços Gerais, para o fornecimento dos serviços de copeiras e porteiros, pelo prazo de dois anos. Entretanto, findo o contrato, houve inadimplência das obrigações trabalhistas em relação aos empregados da fornecedora de mão de obra. A prefeitura de Safira não exerceu a fiscalização do cumprimento das obrigações legais e contratuais da prestadora de serviço como empregadora. Com fundamento em entendimento jurisprudencial sumulado do TST, em ação trabalhista movida pelos empregados contra a prestadora e a tomadora, a municipalidade de Safira

(A) não terá qualquer responsabilidade trabalhista visto que firmou contrato regular de terceirização com a empresa prestadora, independentemente de ser órgão da Administração pública.

(B) poderá responder de forma subsidiária ou até mesmo solidária pelos débitos trabalhistas apenas em caso de falência da empresa prestadora dos serviços.

(C) responderá de forma subsidiária pelos débitos trabalhistas da empresa prestadora dos serviços em razão de conduta culposa por ausência de fiscalização do contrato.

(D) responderá de forma solidária pelos débitos trabalhistas em razão de ser tomadora dos serviços, ainda que tivesse fiscalizado o contrato.

(E) não responderá sob qualquer modalidade, ou seja, nem de forma subsidiária ou solidária, por se tratar de órgão da Administração pública direta.

↓RESPOSTA

Alternativa Letra C.

Súmula nº 331, V do TST.[7]

6 Em 31/03/2017, foi promulgada a Lei nº 13.429/2017, que alterou a o trabalho temporário e passou a disciplinar a terceirização. Com essa nova legislação, a Súmula nº 331 do TST deve ser revista pelo TST. Até o fechamento desta edição, não houve nenhuma alteração na redação da Súmula nº 331.

7 Em 31/03/2017, foi promulgada a Lei nº 13.429/2017, que alterou a o trabalho temporário e passou a disciplinar a terceirização. Com essa nova legislação, a Súmula nº 331 do TST deve ser revista pelo TST. Até o fechamento desta edição, não houve nenhuma alteração na redação da Súmula nº 331

14. (Juiz do Trabalho Substituto - TRT 2ª região/ 2012) Sobre o instituto da terceirização no Direito do Trabalho, conforme entendimento sumulado pelo TST assinale a alternativa correta.

A) A contratação irregular de trabalhador, mediante empresa interposta, gera vínculo de emprego com o tomador dos serviços, seja empresa privada ou órgão da administração pública direta, indireta ou fundacional.

B) O inadimplemento das obrigações trabalhistas, por parte do empregador, implica a responsabilidade subsidiária do tomador dos serviços quanto àquelas obrigações, desde que haja participado da relação processual e conste também do título executivo judicial.

C) A contratação de trabalhadores por empresa interposta em caso de trabalho temporário é ilegal.

D) A contratação de trabalhadores por empresa interposta nos serviços de vigilância e nos serviços especializados ligados à atividade-fim do tomador, não forma vínculo de emprego com o tomador de serviços.

E) A responsabilidade subsidiária do tomador de serviços não abrange todas as verbas decorrentes da condenação referentes ao período da prestação laborai, visto que se excetuam dessa responsabilidade as multas e penalidades aplicadas ao empregador do trabalhador.

↓RESPOSTA

Alternativa Letra B.
Súmula nº 331, IV do TST.

15. (Juiz do Trabalho Substituto - TRT 8ª região/ 2011) Ante o fenômeno da terceirização nas relações econômico-produtivas, é CORRETO afirmar que:

A) A ordem jurídico-trabalhista, no acompanhamento de tal fenômeno, pacificamente admite que a empresa celebre contrato de prestação de serviços com uma terceira empresa, tendo por objeto qualquer atividade lícita, contanto que a contratada tenha idoneidade econômico-financeira, de modo a garantir o cumprimento de suas obrigações perante seus empregados.

B) Torna-se plenamente admissível, por conseguinte, revestida de licitude, a terceirização da atividade laboral, desde que, restrita à hipótese do trabalho temporário (Lei n. 6.019, de 1974) e ao trabalho de vigilância bancária (Lei n. 7.102, de 1983).

C) A empresa prestadora de serviços especializados, na condição de terceirizada, haverá de disponibilizar seus empregados que, na vigência do contrato celebrado com a tomadora, subordinados estarão a esta última sem cuja autorização não poderão ser substituídos, sob pena de infração contratual.

D) A jurisprudência pacificada do TST, direcionada a garantir a realização do crédito do trabalhador, via de regra, de natureza alimentar, atribui responsabilidade subsidiária à empresa beneficiária do labor despendido através da intermediação ilícita e fraudulenta.

E) Consoante a jurisprudência pacificada do TST, embora a contratação irregular de trabalhador, através de empresa interposta, não gere vínculo empregatício com ente da administração pública, pelo princípio da isonomia, impõe-se o direito dos empregados terceirizados às mesmas verbas trabalhistas, legais e normativas, asseguradas aos empregados do tomador dos serviços, desde que haja igualdade de funções.

↓RESPOSTA

Alternativa Letra E.
OJ nº 383 da SDI-I.

16. (Juiz do Trabalho Substituto - TRT 14ª região/ 2011) Em relação ao fenômeno da "terceirização" no Direito do Trabalho, conforme entendimento sumulado do TST assinale a alternativa correta.

A) A contratação indireta de mão de obra por empresa interposta é considerada irregular, formando-se o vínculo de emprego diretamente com o tomador dos serviços, ainda que este seja um órgão da administração pública direta, indireta ou fundacional.

B) Não forma vínculo de emprego com o tomador a contratação de serviços especializados ligados a atividade-meio do tomador, independente da existência da pessoalidade e a subordinação direta.

C) No caso de trabalho temporário (Lei nº 6.019, de 03.01.1974) a contratação de trabalhadores por empresa interposta é regular, não se formando o vínculo com o tomador dos serviços.

D) O inadimplemento das obrigações trabalhistas, por parte do empregador, implica a responsabilidade solidária do tomador dos serviços, quanto àquelas obrigações, inclusive quanto aos órgãos da administração direta, das autarquias, das fundações públicas, das empresas públicas e das sociedades de economia mista, desde que hajam participado da relação processual e constem também do título executivo judicial.

E) O inadimplemento das obrigações trabalhistas, por parte do empregador, implica a responsabilidade subsidiária do tomador dos serviços, quanto àquelas obrigações, exceto quanto aos órgãos da administração direta, das autarquias, das fundações públicas, das empresas públicas e das sociedades de economia mista.

↓RESPOSTA

Alternativa Letra C.
Súmula nº 331, I do TST.[8]

17. (Juiz do Trabalho Substituto – TRT 15ª região/ 2011) A respeito da responsabilidade solidária e subsidiária e considerando as orientações jurisprudenciais do TST, assinale a alternativa incorreta:

A) diante da inexistência de previsão legal, o contrato de empreitada entre o dono da obra e o empreiteiro não enseja responsabilidade solidária ou subsidiária nas obrigações trabalhistas contraídas pelo empreiteiro, salvo sendo o dono da obra uma empresa construtora ou incorporadora;

B) o Estado-membro é sempre responsável subsidiário pelos encargos trabalhistas dos empregados contratados pela Associação de Pais e Mestres;

C) celebrado contrato de concessão de serviço público em que uma empresa (primeira concessionária) outorga a outra (segunda concessionária), no todo ou em parte, mediante arrendamento ou qualquer outra forma contratual, a título transitório, bens de sua propriedade, a responsabilidade pelos direitos dos trabalhadores será exclusivamente da antecessora, no tocante aos contratos de trabalho extintos antes da vigência da concessão;

D) o sucessor não responde solidariamente por débitos trabalhistas de empresa não adquirida, integrante do mesmo grupo econômico da empresa sucedida, quando, à época, a empresa devedora direta era solvente ou idônea economicamente, ressalvada a hipótese de má-fé ou fraude na sucessão;

E) em caso de criação de novo município por desmembramento, cada uma das novas entidades responsabiliza-se pelos direitos trabalhistas do empregado no período em que figurarem como real empregador.

↓RESPOSTA

Alternativa Letra B.
OJ nº 185 da SDI-I.

18. (Juiz do Trabalho Substituto – TRT 16ª região/ 2011) Analise as alternativas e assinale a resposta correta:

I. A contratação de trabalhadores por empresa interposta é ilegal, formando-se o vínculo diretamente com o tomador dos serviços, exceto se este for órgão da Administração Pública direta, indireta ou fundacional.

II. O inadimplemento das obrigações trabalhistas, por parte do empregador, implica a responsabilidade subsidiária do tomador dos serviços quanto àquelas obrigações, desde que haja participado da relação processual e conste também do título executivo judicial, exceto quanto às obrigações de fazer ou indenizações substitutivas a estas.

III. Os entes integrantes da Administração Pública direta e indireta respondem subsidiariamente, caso evidenciada a sua conduta culposa no cumprimento das obrigações da Lei nº 8.666, de 21.06.1993, especialmente na

8 Em 31/03/2017, foi promulgada a Lei nº 13.429/2017, que alterou a o trabalho temporário e passou a disciplinar a terceirização. Com essa nova legislação, a Súmula nº 331 do TST deve ser revista pelo TST. Até o fechamento desta edição, não houve nenhuma alteração na redação da Súmula nº 331

fiscalização do cumprimento das obrigações contratuais e legais da prestadora de serviço como empregadora.

IV. Não forma vínculo de emprego com o tomador a contratação de serviços de vigilância e de conservação e limpeza, bem como a de serviços especializados ligados à atividade-meio do tomador, desde que inexistente a pessoalidade e a subordinação direta, bem como no caso de trabalho temporário previsto na Lei nº 6.019, de 03.01.1974.

A) Estão corretas apenas as alternativas I, III e IV.

B) Estão corretas apenas as alternativas I, II e III.

C) Estão corretas apenas as alternativas III e IV.

D) Está correta apenas a alternativa IV.

E) Todas estão corretas.

RESPOSTA

Alternativa Letra A.
I – Súmula nº 331, I e II do TST.[9]
III – Súmula nº 331, V do TST.
IV – Súmula nº 331, I e III do TST.

19. (MPT - Procurador do Trabalho/2013) Considerando-se o texto constitucional e a jurisprudência uniforme do TST, analise as proposições abaixo:

I. Diante da inexistência de previsão legal específica, o contrato de empreitada de construção civil entre o dono da obra e o empreiteiro não enseja responsabilidade solidária ou subsidiária nas obrigações trabalhistas contraídas pelo empreiteiro, salvo sendo o dono da obra uma construtora ou incorporadora.

II. Possui natureza indenizatória a parcela prevista no art. 71, § 4°, da CLT, com redação introduzida pela Lei n° 8.923/1994, quando não concedido ou reduzido pelo empregador o intervalo mínimo intrajornada para repouso e alimentação.

III. É dever dos responsáveis legais de menores, pais, mães, ou tutores, afastá-los de empregos que diminuam consideravelmente o seu tempo de estudo, reduzam o tempo de repouso necessário à sua saúde e constituição física, ou prejudiquem a sua educação moral.

IV. A indenização por frutos percebidos pela posse de má-fé mostra-se compatível com o Direito do Trabalho, sendo devida no caso de inadimplemento de verbas trabalhistas.

Marque a alternativa CORRETA:

A) apenas as assertivas I, III e IV estão corretas;

B) apenas as assertivas I e III estão corretas;

C) apenas as assertivas II e IV estão corretas;

D) todas as assertivas estão incorretas;

E) Não respondida.

RESPOSTA

Alternativa Letra B.
I – Correta. OJ nº 191 da SDI-I.
II – Incorreta. Súmula nº 437, III do TST.
III – Correta. Art. 424, CLT.
IV – Incorreta. Súmula nº 445 do TST.

20. (MPT - Procurador do Trabalho/2007) Segundo a jurisprudência do Tribunal Superior do Trabalho, são fatores que indicam a existência de fraude trabalhista, ou seja, de mera intermediação de mão de obra:

I. determinação pela tomadora do modo, tempo e forma que o trabalho deve ser realizado;

II. indicação pela tomadora da quantidade de trabalhadores e quais funções deverão ser preenchidas pela empresa prestadora;

III. saber-fazer específico ("Know-how") da empresa prestadora de serviços, com utilização de meios materiais próprios para a execução do contrato;

IV. repasse da atividade central da empresa tomadora à prestadora de serviços.

9 Em 31/03/2017, foi promulgada a Lei nº 13.429/2017, que alterou a o trabalho temporário e passou a disciplinar a terceirização. Com essa nova legislação, a Súmula nº 331 do TST deve ser revista pelo TST. Até o fechamento desta edição, não houve nenhuma alteração na redação da Súmula nº 331

Assinale a alternativa CORRETA:

A) somente as assertivas I, II e III estão corretas;

B) somente as assertivas I, III e IV estão corretas;

C) somente as assertivas I, II, e IV estão corretas;

D) somente as assertivas II, III e IV estão corretas;

E) não respondida.

↓RESPOSTA

Alternativa Letra C.

I – Súmula nº 331, III do TST.[10]

II – doutrina.

IV – Súmula nº 331, III do TST.

---

10 Em 31/03/2017, foi promulgada a Lei nº 13.429/2017, que alterou a o trabalho temporário e passou a disciplinar a terceirização. Com essa nova legislação, a Súmula nº 331 do TST deve ser revista pelo TST. Até o fechamento desta edição, não houve nenhuma alteração na redação da Súmula nº 331

Capítulo IV
CONTRATO DE TRABALHO

SUMÁRIO • 1. Identificação profissional de empregado. Carteira de trabalho e previdência social – CTPS – 2. Contrato de experiência e contrato por prazo determinado – 3. Da nulidade do contrato de trabalho – 4. Alteração do contrato de trabalho – 5. Suspensão e interrupção do contrato de trabalho.

1. IDENTIFICAÇÃO PROFISSIONAL DE EMPREGADO. CARTEIRA DE TRABALHO E PREVIDÊNCIA SOCIAL – CTPS

Súmula nº 12 do TST

Carteira profissional

As anotações apostas pelo empregador na carteira profissional do empregado não geram presunção juris et de jure, mas apenas juris tantum.

OJ nº 82 da SDI - I do TST

Aviso-prévio. Baixa na CTPS

A data de saída a ser anotada na CTPS deve corresponder à do término do prazo do aviso-prévio, ainda que indenizado.

2. CONTRATO DE EXPERIÊNCIA E CONTRATO POR PRAZO DETERMINADO

Súmula nº 188 do TST

Contrato de trabalho. Experiência. Prorrogação

O contrato de experiência pode ser prorrogado, respeitado o limite máximo de 90 dias.

Súmula nº 163 do TST

Aviso-prévio. Contrato de experiência

Cabe aviso prévio nas rescisões antecipadas dos contratos de experiência, na forma do art. 481 da CLT (ex-Prejulgado nº 42).

Súmula nº 125 do TST

Contrato de trabalho. Art. 479 da CLT

O art. 479 da CLT aplica-se ao trabalhador optante pelo FGTS admitido mediante contrato por prazo determinado, nos termos do art. 30, § 3º, do Decreto nº 59.820, de 20.12.1966.

QUESTÕES

01. (FCC – Analista Judiciário – Oficial de Justiça Avaliador - TRT 3/2015) No que tange ao contrato de experiência,

(A) trata-se de um período inicial do contrato por prazo indeterminado, havendo, contudo, regras especiais aplicáveis em razão da precariedade da relação laboral no aludido período.

(B) não se concebe hipótese de prorrogação do seu prazo, já que, em tal caso, o contrato se descaracterizaria.

(C) o seu prazo máximo de duração é de 60 dias, prorrogável uma única vez.

(D) pode ser prorrogado uma única vez, desde que respeitado o limite máximo de duração de 90 dias.

(E) somente pode ser celebrado excepcionalmente, nas hipóteses em que o empregado vai ocupar cargo de confiança, sendo necessária uma avaliação prévia de sua conduta pelo empregador.

↓ RESPOSTA

Alternativa Letra D.

Súmula nº 188 do TST.

02. (Cespe – Técnico Judiciário – Administrativa – TRT 17/2013) Julgue os itens seguintes, com relação ao contrato individual de trabalho.

1) O contrato de experiência, firmado por tempo determinado não superior a noventa dias, admite, dentro desse prazo, uma única prorrogação.

↓ RESPOSTA

Item certo.

Súmula nº 188 do TST.

03. (TRT 2 - Juiz do Trabalho Substituto 2ª região/2016) Posseidon firmou contrato de experiência com a empresa Cavalo de Tróia Produtora de Eventos, inicialmente por trinta dias, prorrogado por mais dois períodos de 30 dias cada um, totalizando 90 dias. Ao término do contrato a empresa dispensou o empregado sem justa causa. Nessa hipótese:

A) Não será devida a prévia comunicação do aviso prévio por se tratar de contrato a termo.

B) Será devido aviso prévio proporcional ao período de 90 dias, que será de 08 dias, visto que para contratos de 12 meses o período é de 30 dias, conforme Lei 12.506/2011.

C) Será devido o aviso prévio de 30 dias, somente se foi ajustado em contrato pelas partes, não cabendo reconsideração da parte notificante.

D) Será devido o aviso prévio de 30 dias, porque o contrato passou a viger por prazo indeterminado.

E) Não será devido aviso prévio porque não foi estipulada cláusula assecuratória do direito recíproco de rescisão antes de expirado o termo ajustado, nos termos do art. 481 da CLT.

↓ RESPOSTA

Alternativa Letra D.

Súmula nº 188 do TST, art. 451, CLT, art. 7º, XXI, CF/88 e art. 1º, Lei nº 12.506/2011..

04. (TRT 4 - Juiz do Trabalho Substituto 4ª região/2016) Considere as assertivas abaixo sobre contrato de experiência.

I - O contrato de experiência, por ser uma espécie excepcional de contrato, deve ser formalizado mediante contrato por escrito ou, ao menos, com o devido registro de tal condição na carteira de trabalho do empregado. Dessa forma, não se admite, em regra, a existência de contrato de experiência verbal, devendo haver prova de que a pactuação ocorreu por prazo determinado.

II - É lícita a previsão de prorrogação automática do contrato de experiência, desde que não ultrapassado o limite de 90 (noventa) dias.

III - No caso de rescisão antecipada do contrato de experiência, não se aplica o prazo de 10 (dez) dias para o pagamento de verbas rescisórias, independentemente da data de homologação da rescisão.

Quais são corretas?

(A) Apenas I

(B) Apenas II

(C) Apenas III

(D) Apenas I e II

(E) I, II e III

↓ RESPOSTA

Alternativa Letra D.

I – Jurisprudência e doutrina majoritária.

II – Súmula nº 188 do TST.

III – Art. 477, § 6º e 479, ambos da CLT.

3. DA NULIDADE DO CONTRATO DE TRABALHO

SÚMULA Nº 363 DO TST

Contrato nulo. Efeitos

A contratação de servidor público, após a CF/1988, sem prévia aprovação em concurso público, encontra óbice no respectivo art. 37, II e § 2º, somente lhe conferindo direito ao pagamento da contraprestação pactuada, em relação ao número de horas trabalhadas, respeitado o valor da hora do salário mínimo, e dos valores referentes aos depósitos do FGTS.

OJ Nº 335 DA SDI - I DO TST

Contrato nulo. Administração pública. Efeitos. Conhecimento do recurso por violação do art. 37, II e § 2º, da CF/88 A nulidade da contratação sem concurso público, após a CF/88, bem como a limitação de seus efeitos, somente poderá ser declarada por ofensa ao art. 37, II, se invocado concomitantemente o seu § 2º, todos da CF/88.

OJ Nº 65 DA SDI - I DO TST

Professor adjunto. Ingresso no cargo de professor titular. Exigência de concurso público não afastada pela constituição federal de 1988 (CF/1988, arts. 37, II e 206, V)

O acesso de professor adjunto ao cargo de professor titular só pode ser efetivado por meio de concurso público, conforme dispõem os arts. 37, inciso II, e 206, inciso V, da CF/88.

OJ Nº 366 DA SDI - I DO TST

Estagiário. Desvirtuamento do contrato de estágio. Reconhecimento do vínculo empregatício com a administração pública direta ou indireta. Período posterior à constituição federal de 1988. Impossibilidade

Ainda que desvirtuada a finalidade do contrato de estágio celebrado na vigência da Constituição Federal de 1988, é inviável o reconhecimento do vínculo empregatício com ente da Administração Pública direta ou indireta, por força do art. 37, II, da CF/1988, bem como o deferimento de indenização pecuniária, exceto em relação às parcelas previstas na Súmula nº 363 do TST, se requeridas.

OJ Nº 164 DA SDI - I DO TST

Oficial de justiça ad hoc. Inexistência de vínculo empregatício

Não se caracteriza o vínculo empregatício na nomeação para o exercício das funções de oficial de justiça ad hoc, ainda que feita de forma reiterada, pois exaure-se a cada cumprimento de mandado.

OJ Nº 199 DA SDI - I DO TST

Jogo do bicho. Contrato de trabalho. Nulidade. Objeto ilícito

É nulo o contrato de trabalho celebrado para o desempenho de atividade inerente à prática do jogo do bicho, ante a ilicitude de seu objeto, o que subtrai o requisito de validade para a formação do ato jurídico.

SÚMULA Nº 386 DO TST

Policial militar. Reconhecimento de vínculo empregatício com empresa privada

Preenchidos os requisitos do art. 3º da CLT, é legítimo o reconhecimento de relação de emprego entre policial militar e empresa privada, independentemente do eventual cabimento de penalidade disciplinar prevista no Estatuto do Policial Militar.

SÚMULA Nº 430 DO TST

Administração pública indireta. Contratação. Ausência de concurso público. Nulidade. Ulterior privatização. Convalidação. Insubsistência do vício.

Convalidam-se os efeitos do contrato de trabalho que, considerado nulo por ausência de concurso público, quando celebrado originalmente com ente da Administração Pública Indireta, continua a existir após a sua privatização.

⊙ QUESTÕES

01. (FCC - Analista Judiciário - Oficial de Justiça Avaliador - TRT 3/2015) Anacleto, policial militar, trabalhou para a empresa Indústria Mundo Novo Ltda. como agente de segurança, nos horários em que não estava a serviço da corporação militar. Na referida empresa, Anacleto cumpria expressamente as ordens emanadas da direção, recebia um salário mensal, e trabalhava de forma contínua e ininterrupta, todas as vezes que não estava escalado na corporação. Considerando a situação apresentada,

(A) estando presentes as características da relação de emprego, existe vínculo empregatício entre a empresa Indústria Mundo Novo Ltda. e Anacleto, porém a situação de militar de Anacleto impede o reconhecimento desse vínculo.

(B) não existe vínculo empregatício entre a empresa Indústria Mundo Novo Ltda. e Anacleto, já que o trabalho prestado por Anacleto para essa empresa ocorria apenas nas ocasiões em que Anacleto não estava escalado na corporação, caracterizando, portanto, trabalho eventual.

(C) não existe vínculo empregatício entre a empresa Indústria Mundo Novo Ltda. e Anacleto, já que o trabalho prestado por Anacleto para essa empresa constitui trabalho autônomo.

(D) o vínculo de emprego entre a empresa Indústria Mundo Novo Ltda. e Anacleto somente pode ser reconhecido nos períodos em que Anacleto não estava escalado na corporação e em que houve trabalho efetivo em favor da empresa Indústria Mundo Novo Ltda.

(E) estando presentes as características da relação de emprego, é legítimo o reconhecimento do vínculo de emprego entre a empresa Indústria Mundo Novo Ltda. e Anacleto, independentemente do eventual cabimento de penalidade disciplinar prevista no estatuto do policial militar.

↓RESPOSTA

Alternativa Letra E.

Súmula nº 386 do TST.

02. (FGV - Exame de Ordem 2014.2) O novo prefeito de Tribobó do Oeste decidiu contratar quatro coveiros para o cemitério público da cidade, o que fez diretamente pelo regime celetista, sem a realização de concurso público. Após um ano de trabalho, os coveiros foram dispensados e ajuizaram reclamação trabalhista, postulando férias vencidas mais 1/3, aviso prévio, 13° salário e depósitos do FGTS, já que sempre receberam os salários em dia.

Assinale a opção que contempla a(s) verba(s) de direito a que os coveiros efetivamente fazem jus.

A) Todas as verbas indicadas, pois decorrem do contrato de trabalho celetista.

B) Aviso prévio, 13° salário e FGTS, por terem efetivo cunho rescisório.

C) Apenas os depósitos de FGTS.

D) Apenas os depósitos de FGTS e férias vencidas mais 1/3, por ter o FGTS natureza salarial e as férias serem direito adquirido pelo ano trabalhado.

↓RESPOSTA

Alternativa Letra D.

Súmula nº 363 do TST.

03. (FGV - Exame de Ordem 2014.2) Em 2012, Maria Júlia foi contratada como estagiária de direito em uma empresa pública federal, que explora atividade bancária. Sua tarefa consistia em permanecer parte do tempo em um caixa para receber o pagamento de contas de água, luz e telefone e, na outra parte, no auxílio de pessoas com dificuldade no uso dos caixas eletrônicos.

Com base na hipótese, assinale a opção correta.

A) Trata-se de estágio desvirtuado que, assim, gerará como consequência o reconhecimento do vínculo empregatício com a empresa, com anotação da CTPS e pagamento de todos os direitos devidos.

B) Diante da situação, o Juiz do Trabalho poderá determinar que o administrador responsável pelo desvirtuamento do estágio pague diretamente uma indenização a Maria Júlia, haja vista o princípio constitucional da moralidade.

C) Não há desvirtuamento de estágio porque, tratando-se a concedente de uma instituição bancária, a atividade de recebimento de contas e auxílio a clientes está inserida na atividade do estagiário.

D) Não é possível o reconhecimento do vínculo empregatício, haja vista a natureza jurídica daquele que concedeu o estágio, que exige a prévia aprovação em concurso público.

↓RESPOSTA

Alternativa Letra D.

Orientação Jurisprudencial nº 366 da SDI-I do TST e Súmula nº 363 do TST.

04. (TRT 2 - Juiz do Trabalho Substituto 2ª região/2016) Conforme entendimento doutrinário e jurisprudencial dominante em relação às formas de invalidade do contrato de emprego é correto afirmar que:

A) Não é legítimo o reconhecimento de relação de emprego entre policial militar e empresa privada, ainda que preenchidos os requisitos da CLT, em razão de exercício de trabalho ilícito por expressa vedação legal, cabendo penalidade disciplinar prevista no Estatuto do Policial Militar.

B) É possível o reconhecimento de relação de emprego de "apontador de jogo do bicho" uma vez que não se trata de objeto ilícito, mas sim um vício que gera nulidade relativa.

C) A contratação de servidor público, sem prévia aprovação em concurso público, encontra óbice no respectivo art. 37, II e § 2o da CF, sendo afastada a teoria trabalhista das nulidades e restando negada qualquer repercussão justrabalhista, porque o valor protegido é a realização da ordem pública.

D) A contratação do serviço suplementar, tanto na admissão quanto no curso do contrato do trabalhador bancário, não é considerada nula, por conseqüência, não gera efeito pecuniário em razão do princípio da livre autonomia da vontade contratual que determina que as relações contratuais de trabalho podem ser objeto de livre estipulação das partes interessadas.

E) Convalidam-se os efeitos do contrato de trabalho que, considerado nulo por ausência de concurso público, quando celebrado originalmente com ente da Administração Pública Indireta, continua a existir após a sua privatização.

↓ RESPOSTA

Alternativa Letra E.

Súmula nº 430 do TST.

05. (FCC - Juiz do Trabalho Substituto 23ª região/2015) Jurandir foi contratado pelo Município de Cuiabá para exercer a função de vigia noturno nos quadros da Administração pública municipal, sem se submeter a concurso público. Trabalhou por dois anos e meio, com jornada de 2ª a 6ª feira das 18 horas até às 6 horas do dia seguinte e também dois sábados e dois domingos por mês, no mesmo horário. Dispensado sem justa causa, pretende o recebimento de verbas rescisórias, de FGTS, de férias acrescidas da gratificação de 1/3, de 13º salários, das horas laboradas além da jornada normal, de adicional noturno e de indenização por danos morais em razão da ilicitude da contratação. Nesse contexto, Jurandir

(A) tem direito ao recebimento dos direitos pretendidos, tendo em vista que o contrato de trabalho, por ter vigorado por mais de dois anos, tornou-se válido, não importando o fato de não ter havido prévia aprovação em concurso público.

(B) tem direito ao recebimento apenas de FGTS, das férias vencidas, acrescidas da gratificação de 1/3, das horas laboradas além da jornada normal e do adicional noturno, tendo em vista que o contrato de trabalho é nulo em razão da contratação sem a prévia aprovação em concurso público.

(C) tem direito de receber apenas o FGTS e todas as horas laboradas além da jornada normal, tendo em vista que o contrato de trabalho é nulo em razão da contratação sem a prévia aprovação em concurso público.

(D) não tem direito de receber qualquer verba trabalhista, tendo em vista a nulidade do contrato de trabalho decorrente da contratação sem a prévia aprovação em concurso público, nem tampouco a indenização por dano moral pretendida.

(E) não tem direito de receber qualquer verba trabalhista, tendo em vista a nulidade do contrato de trabalho decorrente da contratação sem a prévia aprovação em concurso público, mas tem direito à indenização por dano moral pretendida.

↓ RESPOSTA

Alternativa Letra C.

Súmula nº 363 do TST.

06. (Juiz do Trabalho Substituto – TRT 8ª região/ 2012) Assinale a alternativa INCORRETA:

A) O representante comercial adquire o direito às comissões quando do pagamento dos pedidos ou propostas, devendo esse pagamento, nos termos da legislação aplicável, ser efetuado até o dia 15 do mês subsequente ao da liquidação da fatura, acompanhada das respectivas cópias das notas fiscais.

B) A pessoalidade é um dos elementos essenciais ao reconhecimento da relação de emprego, caracterizando-se pelo dever jurídico que uma parte tem de prestar serviços em favor de outrem pessoalmente, todavia, não se pode considerar empregado o médico que presta serviços à pessoa ou à família no âmbito residencial destas, pois, não obstante essa prestação laboral possa ser pessoal, devem estar presentes os demais elementos configuradores do vínculo empregatício, tais como a natureza não eventual do serviço, seu caráter oneroso e a subordinação jurídica.

C) Consoante jurisprudência consolidada do Tribunal Superior do Trabalho, é aplicável a prescrição bienal, prevista no art. 7º, inc. XXIX, da Constituição Federal ao trabalhador avulso, tendo, como marco inicial, a cessação do trabalho ultimado para cada tomador de serviço.

D) É assegurado ao estagiário, sempre que o estágio tenha duração igual ou superior a 1 (um) ano, período de recesso de 30 (trinta) dias, a ser gozado preferencialmente durante suas férias escolares e, no caso do estágio possuir duração inferior a 1(um) ano, os dias de recesso serão concedidos de maneira proporcional.

E) Consoante jurisprudência consolidada do Tribunal Superior do Trabalho, a contratação de servidor público, após a Constituição Federal de 1988, sem prévia aprovação em concurso público, encontra óbice no respectivo art. 37, inc. II e § 2º, somente lhe conferindo direito ao pagamento da contraprestação pactuada, em relação ao número de horas trabalhadas, respeitado o valor da hora do salário mínimo.

↓RESPOSTA

Alternativa Letra E.
Súmula nº 363 do TST.

07. (FCC – Juiz do Trabalho Substituto 11ª região/ 2012) Sobre a validade do contrato de trabalho, considere:

I. Se o trabalho prestado se enquadra em um tipo legal criminal, a ordem justrabalhista, como regra geral, rejeita reconhecimento jurídico à relação socioeconômica formada, negando-lhe repercussão de caráter trabalhista.

II. Trabalho ilícito é aquele que compõe um tipo legal penal ou concorre diretamente para ele, e trabalho irregular é aquele que se realiza em desrespeito à norma imperativa vedatória de labor em determinadas situações.

III. O trabalho irregular importa em afronta às normas proibitivas expressas do Estado a respeito.

IV. O trabalho executado por estrangeiro sem autorização administrativa para prestação de serviços é exemplo de trabalho irregular.

V. O trabalho executado por menores em período noturno é exemplo de trabalho irregular ou proibido.

Está correto o que se afirma em

A) II, III, IV e V, apenas.

B) I, II, IV e V, apenas.

C) I, III, IV e V, apenas.

D) I, II, III e V, apenas.

E) I, II, III, IV e V.

↓RESPOSTA

Alternativa Letra E.
I – OJ nº 199 da SDI-I.
II – doutrina. III – doutrina.
IV – artigos 30, 97 e 100 da Lei nº 6.815/80.
V – artigo 7º, XXXIII CF.

08. (Juiz do Trabalho Substituto – TRT 15ª região/ 2012) Aponte a alternativa incorreta, considerando o entendimento jurisprudencial consolidado do C. TST:

A) As normas relativas à complementação de aposentadoria, inseridas no Manual de Pessoal da Petrobras, têm caráter meramente programático, delas não resultando direito à referida complementação.

B) Preenchidos todos os pressupostos para a aquisição de estabilidade decorrente de acidente ou doença profissional, ainda durante a vigência do instrumento normativo, goza o empregado de estabilidade mesmo após ó término da vigência desta.

C) A deliberação da diretoria da Empresa Brasileira de Correios e Telégrafos – ECT, prevista no Plano de Carreira, Cargos e Salários como requisito necessário para a concessão de progressão por antiguidade, por se tratar de condição puramente potestativa, não constitui óbice ao deferimento da progressão horizontal por antiguidade aos empregados, quando preenchidas as demais condições dispostas no aludido plano.

D) A parcela denominada "sexta parte", instituída pelo art. 129 da Constituição do Estado de São Paulo, é devida apenas aos servidores estaduais, celetistas e estatutários da Administração Pública direta, das fundações e das autarquias, conforme disposição contida no art. 124 da Constituição Estadual, não se estendendo aos empregados de sociedade de economia mista e de empresa pública, integrantes da Administração Pública indireta, submetidas ao regime jurídico próprio das empresas privadas, nos termos do art. 173, § 1º, II, da Constituição Federal.

E) Ainda que preenchidos os requisitos do art. 3º da CLT, não será reconhecida a relação de emprego entre policial militar e empresa privada.

RESPOSTA

Alternativa Letra E.
Súmula nº 386 do TST.

09. (FCC - Juiz do Trabalho Substituto 20ª região/ 2012) Relação de Trabalho e Relação de Emprego. Segundo a jurisprudência dominante, pode ser considerada como típica relação de trabalho, mesmo quando não preenchidos os requisitos para o reconhecimento do vínculo empregatício, a relação jurídica que envolve

A) a corretagem de imóveis, acertada diretamente entre o corretor e o proprietário do imóvel.

B) o presidiário e a penitenciária através de processo socioeducativo e produtivo, para que o primeiro possa ser reintegrado à sociedade.

C) policial militar e empresa privada, independentemente do eventual cabimento de penalidade disciplinar prevista no Estatuto do Policial.

D) o parceiro e o proprietário do imóvel rural.

E) o paciente e o médico.

RESPOSTA

Alternativa Letra C.
Súmula nº 386 do TST.

10. (MPT - Procurador do Trabalho/2015) Analise as assertivas abaixo:

1) Ainda que desvirtuada a finalidade do contrato de estágio celebrado na vigência da Constituição da República, é inviável o reconhecimento do vínculo com ente da Administração Pública direta, sendo, porém, indevida a indenização pecuniária, exceto em relação ao pagamento da contraprestação pactuada, em relação ao número de horas trabalhadas, respeitado o valor da hora do salário mínimo e dos valores referentes aos depósitos do FGTS.

2) A responsabilidade subsidiária da tomadora de serviços abrange as verbas não adimplidas pelo devedor principal, inclusive as verbas rescisórias, com exceção das multas previstas na CLT, por terem caráter indenizatório.

3) O empregado que recebe remuneração mista, ou seja, uma parte fixa e outra variável, tem direito a horas extras pelo trabalho em sobrejornada, sendo-lhe devidas, em ambas as partes, as horas simples acrescidas do adicional de horas extras.

4) O inadimplemento das obrigações trabalhistas, por parte do empregador, implica responsabilidade subsidiária do tomador de serviços quanto àquelas obrigações, ainda que ambas as empresas, tomadora de serviços e terceirizada, pertençam ao mesmo grupo econômico.

Marque a alternativa CORRETA:

a) apenas as assertivas 1 e 4 estão corretas;
b) apenas as assertivas 2 e 3 estão corretas;
c) apenas a assertiva 1 está correta;
d) apenas a assertiva 4 está correta.
e) Não respondida.

RESPOSTA

Alternativa Letra C.

I - OJ nº 366 da SDI-I do TST.
II – Súmula nº 331, VI, do TST[11]
III – OJ nº 397 da SDI-I do TST
IV – art. 2º, § 2º, CLT

11 Em 31/03/2017, foi promulgada a Lei nº 13.429/2017, que alterou a o trabalho temporário e passou a disciplinar a terceirização. Com essa nova legislação, a Súmula nº 331 do TST deve ser revista pelo TST. Até o fechamento desta edição, não houve nenhuma alteração na redação da Súmula nº 331.

11. (MPT – Procurador do Trabalho/2012) De acordo com as normas legais e a jurisprudência uniformizada do Tribunal Superior do Trabalho sobre contrato de trabalho, assinale a alternativa INCORRETA:

A) Quando a reintegração do empregado estável for desaconselhável, dado o grau de incompatibilidade resultante do dissídio, especialmente quando for o empregador pessoa física, o tribunal do trabalho poderá converter aquela obrigação em indenização por rescisão do contrato por prazo indeterminado, paga em dobro.

B) A transferência para o período diurno de trabalho implica a perda do direito ao adicional noturno.

C) A contratação de servidor público, sem prévia aprovação em concurso público, encontra óbice no art. 37, II e § 2º da Constituição da República, somente lhe conferindo direito ao pagamento da contraprestação pactuada, em relação ao número de horas trabalhadas, respeitado o valor da hora do salário mínimo, e dos valores referentes aos depósitos e multa do FGTS.

D) O empregado acusado de falta grave poderá ser suspenso de suas funções, mas a sua despedida só se tornará efetiva após o inquérito em que se verifique a procedência da acusação. A suspensão perdurará até a decisão final do processo. Reconhecida a inexistência de falta grave praticada pelo empregado, fica o empregador obrigado a readmiti-lo no serviço e a pagar-lhe os salários a que teria direito no período da suspensão.

E) Não respondida.

↓RESPOSTA

Alternativa Letra C.
Súmula nº 363 do TST.

12. (MPT – Procurador do Trabalho/2007) O fenômeno da relação de emprego somente se completa do ponto de vista de seus plenos efeitos jurídicos, se reunidos, na mesma relação os elementos fáticos e jurídicos. Assim considerando, podemos afirmar que:

I. a lei que disciplina o trabalho do atleta profissional de futebol proíbe a contratação de adolescentes de 16 anos. Entre 16 e 20 anos, a contratação necessita de consentimento expresso do responsável legal.

II. para a jurisprudência dominante, o trabalho realizado pelo menor de 16 anos é proibido, salvo na condição de aprendiz, a partir dos 14 anos. Assim, o contrato firmado nestas circunstâncias é nulo, mas produz todos os efeitos trabalhistas, a fim de impedir o enriquecimento ilícito do empregador.

III. segundo Orientação Jurisprudencial do Tribunal Superior do Trabalho, o contrato de trabalho celebrado entre o bicheiro e o apontador do "jogo do bicho" é nulo, porque o objeto é ilícito, por traduzir contravenção penal.

IV. o entendimento do Tribunal Superior do Trabalho é no sentido de que a contratação de servidor público, após a Constituição da República de 1988, sem prévia aprovação em concurso público e para atender necessidade temporária de excepcional interesse público é nula, razão pela qual, o trabalhador só terá direito ao pagamento da contraprestação pactuada em relação ao número de horas trabalhadas e dos valores referentes aos depósitos do FGTS.

Assinale a alternativa CORRETA:

A) apenas uma das assertivas está correta;

B) apenas duas das assertivas estão corretas;

C) apenas três das assertivas estão corretas;

D) todas as assertivas estão corretas;

E) não respondida.

↓RESPOSTA

Alternativa Letra C.
II – artigo 7º, XXXIII CF e doutrina.
III – OJ nº 199 da SDI-I.
IV – Súmula nº 363 do TST.

4. ALTERAÇÃO DO CONTRATO DE TRABALHO

SÚMULA Nº 372 DO TST

Gratificação de função. Supressão ou redução. Limites

I – Percebida a gratificação de função por dez ou mais anos pelo empregado, se o empregador, sem justo motivo, revertê-lo a seu cargo efetivo, não poderá retirar-lhe a gratificação tendo em vista o princípio da estabilidade financeira.

II – Mantido o empregado no exercício da função comissionada, não pode o empregador reduzir o valor da gratificação.

OJ Nº 208 DA SDI – I DO TST

Radiologista. Gratificação de raios X. Redução. Lei nº 7.923/89.

A alteração da gratificação por trabalho com raios X, de quarenta para dez por cento, na forma da Lei nº 7.923/89, não causou prejuízo ao trabalhador porque passou a incidir sobre o salário incorporado com todas as demais vantagens.

SÚMULA Nº 265 DO TST

Adicional noturno. Alteração de turno de trabalho. Possibilidade de supressão

A transferência para o período diurno de trabalho implica a perda do direito ao adicional noturno.

OJ Nº 308 DA SDI – I DO TST

Jornada de trabalho. Alteração. Retorno à jornada inicialmente contratada. Servidor público

O retorno do servidor público (administração direta, autárquica e fundacional) à jornada inicialmente contratada não se insere nas vedações do art. 468 da CLT, sendo a sua jornada definida em lei e no contrato de trabalho firmado entre as partes.

OJ Nº 244 DA SDI – I DO TST

Professor. Redução da carga horária. Possibilidade

A redução da carga horária do professor, em virtude da diminuição do número de alunos, não constitui alteração contratual, uma vez que não implica redução do valor da hora-aula.

OJ Nº 159 DA SDI – I DO TST

Data de pagamento. Salários. Alteração

Diante da inexistência de previsão expressa em contrato ou em instrumento normativo, a alteração da data de pagamento pelo empregador não viola o art. 468, desde que observado o parágrafo único do art. 459, ambos da CLT.

SÚMULA Nº 381 DO TST

Correção monetária. Salário. Art. 459 da CLT

O pagamento dos salários até o 5º dia útil do mês subseqüente ao vencido não está sujeito à correção monetária. Se essa data limite for ultrapassada, incidirá o índice da correção monetária do mês subseqüente ao da prestação dos serviços, a partir do dia 1º.

OJ Nº 28 DA SDI – I DO TST

Correção monetária sobre as diferenças salariais. Universidades federais. Devida. Lei nº 7.596/1987

Incide correção monetária sobre as diferenças salariais dos servidores das universidades federais, decorrentes da aplicação retroativa dos efeitos financeiros assegurados pela Lei nº 7.596/87, pois a correção monetária tem como escopo único minimizar a desvalorização da moeda em decorrência da corrosão inflacionária.

SÚMULA Nº 43 DO TST

Transferência

Presume-se abusiva a transferência de que trata o § 1º do art. 469 da CLT, sem comprovação da necessidade do serviço.

OJ Nº 113 DA SDI – I DO TST

Adicional de transferência. Cargo de confiança ou previsão contratual de transferência. Devido. Desde que a transferência seja provisória

O fato de o empregado exercer cargo de confiança ou a existência de previsão de transferência no contrato de trabalho não exclui o direito ao adicional. O pressuposto legal apto a legitimar a percepção do mencionado adicional é a transferência provisória.

SÚMULA Nº 29 DO TST

Transferência

Empregado transferido, por ato unilateral do empregador, para local mais distante de sua residência, tem direito a suplemento salarial correspondente ao acréscimo da despesa de transporte.

⊙ QUESTÕES

01. (FCC – Analista Judiciário – Oficial de Justiça Avaliador Federal – TRT 23/2016) Considerando o entendimento jurisprudencial pacífico sobre alteração do contrato de trabalho,

a) a prescrição a ser considerada em ação que envolva pedido de prestações sucessivas decorrente de alteração do contrato de trabalho é a parcial, salvo quando a parcela esteja assegurada por lei, quando então deve ser considerada a prescrição total.

b) as cláusulas do novo regulamento instituído pela empresa atingem os contratos de trabalho de todos os empregados, não caracterizando alteração contratual ilícita, tendo em vista que decorre do legítimo exercício do poder de direção do empregador.

c) empregado que trabalha há cinco anos no período noturno e é transferido pelo empregador para o período diurno terá o adicional noturno incorporado à remuneração, sob pena de restar caracterizada redução salarial e ofensa ao direito adquirido.

d) havendo diminuição do número de alunos, a redução da carga horária do professor é válida, não caracterizando alteração contratual ilícita, tendo em vista que o valor da hora-aula não sofre redução.

e) é ilícita a alteração da jornada de trabalho, com o retorno à jornada inicialmente contratada, de servidor público da Administração direta.

↓ RESPOSTA

Alternativa Letra D.
OJ nº 244 da SDI-I.

02. (FCC – Analista Judiciário – Área Judiciária – TRT 23/2016) Associação de Ensino assina acordo coletivo de trabalho com o Sindicato dos Trabalhadores em estabelecimentos de ensino do qual consta autorização expressa para pagamento dos salários de seus empregados administrativos até o décimo dia do mês subsequente ao vencido. A negociação da referida cláusula fundamentou-se na ausência de liquidez para a efetivação da folha de pagamento, tendo em vista que as mensalidades dos alunos vencem no quinto dia útil de cada mês. A cláusula coletiva é

A) inválida, pois trata-se de alteração do contrato de trabalho, razão pela qual a modificação somente poderia ser aceita mediante a concordância individual de cada um dos trabalhadores abrangidos.

B) válida, tendo em vista que a Constituição Federal autoriza a flexibilização dos direitos trabalhistas, e reconhece expressamente a validade da pactuação coletiva, até mesmo para efeito de redução salarial, razão pela qual a simples alteração da data do pagamento dos salários pode ser estabelecida por regular negociação coletiva.

C) válida, porque a mudança da data de pagamento dos salários não constitui direito indisponível dos trabalhadores, visando apenas uma adequação, e não a supressão do pagamento.

D) inválida, pois, se a lei já amplia o prazo para pagamento dos salários, garantindo ao empregador um intervalo entre a prestação dos serviços e a contraprestação pecuniária correspondente, a regra não pode ser alterada em prejuízo do trabalhador, ainda que por negociação coletiva.

E) inválida, pois restringe a alteração da data de pagamento aos empregados administrativos, sendo necessário, para sua validade, que abrangesse todos os empregados indistintamente.

↓ RESPOSTA

Alternativa Letra D.
OJ nº 159 da SDI-I.

03. (Cespe – Analista Judiciário – Área Administrativa – TRT 8/2016) Acerca da alteração do contrato de trabalho, assinale a opção correta.

A) O jus variandi, decorrente do poder de direção do empregador, permite que o empregador faça unilateralmente qualquer alteração no contrato de trabalho de seus empregados.

B) O fato de o empregado exercer cargo de confiança ou a existência de previsão de transferência no contrato de trabalho excluem o direito ao adicional de transferência.

C) O mútuo consentimento é o único requisito indispensável para que se considere lícita qualquer alteração das condições elencadas no contrato individual de trabalho.

D) Transferência que acarrete mudança de domicílio garante ao empregado o pagamento de um adicional não inferior a 35% dos salários que ele percebia na localidade de origem.

E) Tem direito a suplemento salarial correspondente ao acréscimo da despesa de transporte o empregado transferido, por ato unilateral do empregador, para local mais distante de sua residência.

↓ RESPOSTA

Alternativa Letra E.
Súmula nº 29 do TST.

04. (FCC – Técnico Judiciário – Área Administrativa – TRT 9/2015) Juliana, gerente regional de vendas e exercente de cargo de confiança, foi informada de que iria ser transferida para trabalhar na filial de sua empregadora, acarretando a mudança de seu domicílio, sem que fosse comprovada, pela empresa, a real necessidade de serviço naquele lugar e sem a sua anuência. Diante da situação apresentada, Juliana

A) é obrigada a aceitar a transferência, desde que receba o adicional de transferência de 25% sobre seu salário.

B) é obrigada a aceitar a transferência, uma vez que exerce cargo de confiança.

C) não é obrigada a aceitar a transferência, pois o cargo de confiança está restrito à região para a qual foi contratada.

D) não é obrigada a aceitar a transferência, sendo requisito essencial a comprovação pelo empregador da real necessidade de serviço.

E) é obrigada a aceitar a transferência, pois decorre do jus variandi do empregador, independendo da vontade da trabalhadora.

↓ RESPOSTA

Alternativa Letra D.
Súmula nº 43 do TST e art. 469, § 1º, CLT.

05. (FCC – Analista Judiciário – Área Judiciária - TRT 4/2015) O jus variandi é um conceito doutrinário embasado na faculdade-poder conferida ao empregador de dirigir a prestação de serviços, como reflexo do "dirigismo contratual", nos termos previstos no artigo 2º da Consolidação das Leis do Trabalho. Assim, conforme a doutrina, a legislação e a jurisprudência sumulada do TST, o jus variandi será exercido de forma lícita em caso de

A) alteração do horário de trabalho noturno para diurno, ocasionando ao empregado apenas o prejuízo material da supressão do pagamento de adicional noturno.

B) redução salarial por motivo de crise econômica da empresa para evitar demissão, independente de acordo ou convenção coletiva de trabalho.

C) transferência do empregado, por ato unilateral do empregador, para local mais distante de sua residência, sem o suplemento salarial correspondente ao acréscimo da despesa de transporte.

D) supressão da jornada extraordinária prestada com habitualidade durante dois anos sem assegurar ao empregado o direito à indenização em razão das horas suprimidas.

E) transferência do empregado contratado com cláusula explícita de transferência, sem a sua anuência, para localidade diversa da que resultar do contrato, implicando em mudança de domicílio, independente da comprovação de real necessidade do serviço.

↓ RESPOSTA

Alternativa Letra A.
Súmula nº 265 do TST.

06. (FCC – Analista Judiciário – Área Judiciária – Oficial de Justiça - TRT 12/2013) Acerca das normas legais referentes às alterações, suspensões e interrupções dos contratos individuais do trabalho,

A) a alteração das condições contratuais só será lícita se houver mútuo consentimento, ainda que venha resultar, direta ou indiretamente, prejuízos ao empregado que consentiu com as alterações.

B) não se considera alteração unilateral a determinação do empregador para que o respectivo empregado reverta ao cargo efetivo, anteriormente ocupado, deixando o exercício de função de confiança.

C) é vedada a transferência do empregado, sem a sua anuência, para localidade diversa da que resultar do contrato, ainda que ocorra a extinção do estabelecimento em que ele trabalhava.

D) nos contratos por prazo determinado, o tempo de afastamento sempre será computado na contagem do prazo para a respectiva terminação.

E) o afastamento do empregado em virtude das exigências do serviço militar, ou de outro encargo público, por se tratar de alteração contratual, constitui motivo justo para rescisão do contrato de trabalho por parte do empregador.

↓RESPOSTA

Alternativa Letra B.

Art. 468, parágrafo único, CLT e Súmula nº 372, I, TST.

07. (Cespe – Técnico Judiciário – Administrativa – TRT 17/2013) Julgue os itens seguintes, com relação ao contrato individual de trabalho.

1) Suponha que uma empresa pague os salários de seus empregados no último dia do mês trabalhado e, posteriormente, resolva alterar o dia do pagamento para o quinto dia útil do mês seguinte ao da prestação de serviço dos empregados. Nessa situação hipotética, caracteriza-se alteração contratual lesiva.

↓RESPOSTA

Item errado.

Art. 459, § 1º, CLT e Orientação Jurisprudencial nº 159 do TST.

08. (FGV - Exame de Ordem 2016.2 – Prova reaplicada Salvador-BA) Lívia trabalha em uma empresa de jornalismo, cumprindo jornada de 23h00min às 5h00min, recebendo regularmente o adicional noturno. Após 12 meses nessa jornada, o empregador resolveu transferi-la para o horário de 10h00min às 16h00min.

Diante do caso e do entendimento consolidado do TST, assinale a afirmativa correta.

A) Lívia tem direito adquirido ao adicional noturno porque nele permaneceu 12 meses, de modo que o seu pagamento não pode ser suprimido.

B) A supressão do adicional noturno exigiria, no caso, o pagamento de uma indenização de 1 mês de adicional noturno.

C) O adicional noturno poderá ser suprimido porque Lívia não mais se ativa em horário noturno.

D) O adicional noturno deva ser pago pela metade, segundo determinação do TST.

↓RESPOSTA

Alternativa Letra C.

Súmula nº 265 do TST.

09. (FGV - Exame de Ordem 2016.2) Joana é empregada da sociedade empresária XYZ Ltda., que possui diversas filiais em sua cidade. Como trabalha na filial a 100 m de sua residência, não optou pelo vale-transporte. Dois anos depois, por ato unilateral do empregador, foi transferida para uma filial localizada a 30 km de sua residência. Para chegar ao local de trabalho necessita utilizar duas linhas de ônibus que têm custos distintos.

Com base no caso apresentado, assinale a afirmativa correta.

A) Como Joana não optou por receber o vale-transporte, deverá custear suas despesas de transporte ou utilizar meio alternativo.

B) A empresa deverá custear apenas uma tarifa modal de transporte, de acordo com a lei do vale-transporte.

C) Como o local de residência de Joana é o problema, porque não é servido por transporte público regular, a empresa está obrigada a pagar apenas a tarifa modal.

D) Se Joana é transferida por determinação do empregador para local mais distante, tem direito de receber o acréscimo que terá na despesa com transporte.

↓RESPOSTA

Alternativa Letra D.

Súmula nº 29 do TST.

10. (FGV - Exame de Ordem 2015.2) Maria trabalha para a sociedade empresária Alfa S.A. como chefe de departamento. Então, é informada pelo empregador que será transferida de forma definitiva para uma nova unidade da empresa, localizada em outro estado da Federação. Para tanto, Maria, obrigatoriamente, terá de alterar o seu domicílio.

Diante da situação retratada e do entendimento consolidado do TST, assinale a afirmativa correta.

A) Maria receberá adicional de, no mínimo, 25%, mas tal valor, por ter natureza indenizatória, não será integrado ao salário para fim algum.

B) A empregada não fará jus ao adicional de transferência porque a transferência é definitiva, o que afasta o direito.

C) A obreira terá direito ao adicional de transferência, mas não à ajuda de custo, haja vista o caráter permanente da alteração.

D) Maria receberá adicional de transferência de 25% do seu salário enquanto permanecer na outra localidade.

↓RESPOSTA

Alternativa Letra B.

OJ nº 113 da SDI-I do TST

11. (FGV - Exame de Ordem 2014.3) Samuel trabalha numa loja de departamentos. Ele foi contratado como vendedor e, após três anos, promovido a gerente, quando, então, teve aumento de 50%, cujo valor era pago sob a rubrica "gratificação de função". Nessa condição, trabalhou por oito anos, findos os quais o empregador, para dar oportunidade a outra pessoa, resolveu reverter Samuel ao cargo de origem (vendedor).

Diante do caso apresentado, assinale a afirmativa correta.

A) A atitude do empregador é legítima e ele pode suprimir a gratificação de função, já que o valor não foi percebido por mais de dez anos.

B) O empregador não pode rebaixar Samuel, devendo mantê-lo como gerente, mas pode reduzir a gratificação de função.

C) O empregador pode revertê-lo ao cargo de origem, mas a gratificação deve ser mantida, pois recebida há mais de cinco anos.

D) A atitude do empregador é ilícita, pois está rebaixando o empregado, em atitude contrária às normas trabalhistas.

↓RESPOSTA

Alternativa Letra A.

Súmula nº 372, inciso I, do TST.

12. (FCC – Procurador do Estado – MT/2016) Sócrates é professor de Matemática na Escola Sol Nascente, contratado pelo regime da Consolidação das Leis do Trabalho. Celebrado o contrato de trabalho, foi prevista uma carga horária de 40 horas-aula semanais, com valor R$ 20,00 por hora-aula. Em virtude da diminuição do número de alunos, a direção da escola reduz a carga horária de Sócrates para 20 horas semanais, sem consultar o empregado, mantendo o valor pago por hora-aula. Levando-se em conta a legislação vigente e orientação jurisprudencial da SDI-1 do Tribunal Superior do Trabalho,

(A) é lícita esta alteração contratual com redução de carga horária uma vez que o empregador, mesmo sem o consentimento do empregado, sempre pode alterar as cláusulas do contrato de trabalho, por ser detentor do jus variandi.

(B) não se trata na hipótese de alteração contratual, uma vez que a redução de carga horária em decorrência da redução do número de alunos não implica alteração contratual, já que não acarretou redução do valor da hora-aula.

(C) é ilícita esta redução de carga horária, uma vez que o único requisito de toda alteração contratual perpetrada pelo empregador é o mútuo consentimento entre ele e o empregado.

(D) é ilícita esta alteração contratual uma vez que o empregado terá reduzida a sua remuneração mensal, o que só é permitida mediante acordo ou convenção coletiva, conforme previsão na Constituição Federal de 1988.

(E) é ilícita esta redução de carga horária, uma vez que o empregador deve assumir os riscos do negócio, não sendo possível transferir ao empregado o prejuízo causado pela redução do número de alunos, que deve ser suportado por ele.

↓ RESPOSTA

Alternativa Letra B.
OJ nº 244 da SDI-I.

13. (TRT 2 - Juiz do Trabalho Substituto 2ª região/2016) O jus variandi é um conceito doutrinário embasado na faculdade-poder conferido ao empregador de dirigir a prestação de serviços, como reflexo do "dirigismo contratual". Dessa forma, o jus variandi será exercido de forma lícita na hipótese de:

A) Transferência do empregado contratado com cláusula explícita de transferência, sem a sua anuência, para localidade diversa da que resultar do contrato, implicando em mudança de domicílio, independente da comprovação de real necessidade do serviço.

B) Transferência do empregado, por ato unilateral do empregador, para local mais distante de sua residência, sem o suplemento salarial correspondente ao acréscimo da despesa de transporte.

C) Redução salarial por acordo negociado entre empresa e seus trabalhadores em virtude de crise econômica nacional que afeta a empresa, objetivando evitar demissões, independente de acordo ou convenção coletiva de trabalho.

D) Supressão da jornada extraordinária prestada com habitualidade durante dois anos sem assegurar ao empregado o direito à indenização em razão das horas suprimidas.

E) Alteração do horário de trabalho noturno para diurno, ocasionando ao empregado apenas o prejuízo material da supressão do pagamento de adicional noturno.

↓ RESPOSTA

Alternativa Letra E.
Súmula nº 265 do TST.

14. (TRT 1 - Juiz do Trabalho Substituto 1ª região/2016) Em relação às alterações nas cláusulas e condições de trabalho, de acordo com a CLT e com o entendimento sumulado pelo TST, é correto afirmar:

(A) É lícita a supressão do adicional noturno, mesmo implicando redução da remuneração mensal, por alteração do contrato de trabalho que transfere o empregado do horário noturno para o diurno.

(B) Ofende o princípio da igualdade salarial o empregador que expressamente extingue determinada vantagem prevista em regulamento interno e, após, admite empregado para exercer idênticas atividades a outro que, admitido menos de dois anos antes, a execute, com a mesma produtividade e perfeição técnica.

(C) No curso do mandato sindical, é sempre vedado à empresa reverter dirigente sindical que exerce função de confiança ao seu cargo efetivo.

(D) Se o regulamento anterior não tiver sido revogado, para que o empregado possa se valer das regras de um novo regulamento instituído pela empresa, é necessário que manifeste expressamente sua renúncia ao primeiro e adesão ao segundo, eis que impossível ser regido concomitantemente por ambos.

(E) Em relação à empregada gestante, é ilícita qualquer transferência de localidade da prestação de serviço que decorra do contrato.

↓ RESPOSTA

Alternativa Letra A.
Súmula nº 265 do TST.

15. (FCC - Juiz do Trabalho Substituto 18ª região/2014) A regra geral da intransferibilidade do empregado é amenizada pelo próprio legislador, que expressamente estipula hipóteses em que é possível haver a transferência. Em razão disso, e das diversas questões derivadas dessas transferências, a jurisprudência do Tribunal Superior do Trabalho fixou alguns entendimentos, entre os quais NÃO se inclui:

A) O fato de o empregado exercer cargo de confiança ou a existência de previsão de transferência no contrato de trabalho exclui o direito ao adicional de transferência.

B) O empregado transferido para o exterior tem direito ao FGTS incidente sobre todas as parcelas de natureza salarial que lhe são pagas em virtude da prestação dos serviços.

C) Empregado transferido, por ato unilateral do empregador, para local mais distante de sua residência, tem direito a suplemento salarial correspondente ao acréscimo da despesa de transporte.

D) Presume-se abusiva a transferência de empregado que exerce cargo de confiança, sem a comprovação da necessidade do serviço.

E) Presume-se abusiva a transferência do empregado cujo contrato contenha cláusula expressa de transferência, sem a comprovação da necessidade do serviço.

↓RESPOSTA

Alternativa Letra A.
Orientação Jurisprudencial nº 113 da SDI-I do TST.

16. (Exame de Ordem 2012.3 – FGV) Um determinado empregador paga os salários dos seus empregados no primeiro dia útil do mês seguinte ao vencido. Encontrando-se em situação financeira delicada, pretende passar a honrar esta obrigação no 5º dia útil do mês subsequente ao vencido, como normalmente fazem os seus concorrentes.

A partir da hipótese apresentada, assinale a afirmativa correta.

A) A alteração contratual por ser lesiva à classe trabalhadora, é invalida diante do princípio da proteção.

B) A alteração é válida, pois a nova data pretendida encontra-se no limite legal.

C) A alteração somente pode ser realizada se houver previsão em acordo coletivo.

D) A alteração de data somente prevalecerá para os admitidos posteriormente à mudança pretendida.

↓RESPOSTA

Alternativa Letra B.
OJ nº 159 da SDI-I.

17. (ESAF – MTE – Auditor-Fiscal do Trabalho/ 2010) Acerca do contrato de trabalho e considerando a jurisprudência do Tribunal Superior do Trabalho, assinale a opção correta.

A) A sucessão de empregador é hipótese de alteração objetiva do contrato de trabalho.

B) Percebida a gratificação de função por dez ou mais anos pelo empregado, se o empregador, sem justo motivo, revertê-lo ao cargo efetivo, não poderá retirar-lhe a gratificação, tendo em vista o princípio da estabilidade financeira.

C) O fato de o empregado exercer cargo de confiança, ou a existência de previsão de transferência no contrato de trabalho, afasta seu direito à percepção do adicional correspondente em caso de alteração do local da prestação de serviços.

D) A supressão, pelo empregador, do serviço suplementar prestado com habitualidade, durante pelo menos seis meses, assegura ao empregado o direito à indenização correspondente ao valor de um mês das horas extras suprimidas para cada seis meses de prestação de serviço acima da jornada normal.

E) A transferência do empregado para o período diurno de trabalho não implica a perda do direito ao adicional noturno, tendo em vista o princípio da inalterabilidade contratual lesiva.

↓RESPOSTA

Alternativa Letra B.
Súmula nº 372, I do TST.

18. (TRT 14 – Juiz do Trabalho Substituto 14ª região/ 2013) Observe as asserções abaixo e marque a única correta:

I. Existindo efetivo controle de horário, o empregado exercente de cargo de confiança não poderá ser excluído das regras pertinentes às horas extras, sendo relevante perquirir, para tanto, acerca da existência de exercício de comando ou direção.

II. Em razão do exercício do cargo de confiança, não é devido o adicional de transferência (25%) porque se presume, em tal posição, a existência da possibilidade da transferência, especialmente em caso de empresas com diversas filiais.

III. Nos termos da atual jurisprudência do Tribunal Superior do Trabalho, o gerente geral de agência bancária tem direito ao pagamento de horas extras, desde que se trate das excedentes da 8a diária.

IV. Não excedendo de 6h (seis horas) o trabalho, será obrigatório um intervalo de 1h00 (uma hora) quando a duração ultrapassar 4h (quatro horas).

A) Apenas o item I é verdadeiro.

B) Apenas o item II é verdadeiro.

C) Apenas o item III é verdadeiro.

D) Apenas o item IV é verdadeiro.

E) Todos os itens são falsos.

↓RESPOSTA

Alternativa Letra E.
I – art. 62, II, CLT.
II – OJ nº 113 da SDI-I.
III – Súmula nº 287 do TST.
IV – art. 71, § 1º, CLT.

19. (TRT 8 – Juiz do Trabalho Substituto 8ª região/ 2013) Sobre alteração do contrato de emprego, é INCORRETO afirmar que:

A) O rebaixamento, que consiste em reverter o empregado a nível inferior ao que ocupava na empresa, por motivo de imperícia ou punição, é vedado no Direito do Trabalho, ainda que o contrato seja de experiência.

B) Em face do princípio da alteração contratual lesiva, é vedada a redução salarial do empregado, mesmo em caso de reversão ao cargo efetivo, de que se encontrava afastado para exercer outro de confiança ou de provimento interino.

C) Remoção, ao contrário da transferência, não implica mudança de domicílio, não obstante possa haver mudança de localidade.

D) Ao decidir, por meio de entendimento consolidado, que a transferência do empregado para período diurno de trabalho implica a perda do adicional respectivo, o Tribunal Superior do Trabalho, autoriza implicitamente a alteração qualitativa do contrato de emprego.

E) É lícita a transferência do empregado em caso de extinção do estabelecimento, equivalendo a recusa do empregado nesta hipótese a pedido de demissão, salvo se portador de estabilidade decenária.

↓RESPOSTA

Alternativa Letra B.
Súmula nº 372, I do TST.

20. (Juiz do Trabalho Substituto – TRT 16ª região/ 2011) Analise as alternativas e assinale a resposta correta:

I. A jornada reduzida de que trata o art. 227 da CLT não é aplicável, por analogia, ao operador de televendas, que não exerce suas atividades exclusivamente como telefonista, pois, naquela função, não opera mesa de transmissão, fazendo uso apenas dos telefones comuns para atender e fazer as ligações exigidas no exercício da função.

II. Os empregados que trabalham em minas de subsolo tem direito a intervalo intrajornada de quinze minutos a cada período de quatro horas consecutivas trabalhadas.

III. Os empregados de empresas corretoras e distribuidoras de valores mobiliários realizam atividades de mera intermediação, e por este motivo não são equiparados a bancários para fim de gozo de jornada especial.

IV. Segundo a Jurisprudência consolidada do Tribunal Superior do Trabalho, a redução da carga horária do professor, cujo salário é fixado por número de horas-aulas não implica em alteração contratual ilícita.

A) Estão corretas apenas as alternativas I, II e III.

B) Estão corretas apenas as alternativas I e IV.

C) Estão corretas apenas as alternativas III e IV.

D) Estão corretas apenas as alternativas II e IV.

E) Todas estão corretas.

↓RESPOSTA

Alternativa Letra C.
III – Súmula nº 119 do TST.
IV – OJ nº 244 da SDI-I.

5. SUSPENSÃO E INTERRUPÇÃO DO CONTRATO DE TRABALHO

SÚMULA Nº 155 DO TST

Ausência ao serviço

As horas em que o empregado falta ao serviço para comparecimento necessário, como parte, à Justiça do Trabalho não serão descontadas de seus salários.

Súmula nº 160 do TST

Aposentadoria por invalidez

Cancelada a aposentadoria por invalidez, mesmo após cinco anos, o trabalhador terá direito de retornar ao emprego, facultado, porém, ao empregador, indenizá-lo na forma da lei.

OJ nº 375 da SDI – I do TST

Auxílio-doença. Aposentadoria por invalidez. Suspensão do contrato de trabalho. Prescrição. Contagem

A suspensão do contrato de trabalho, em virtude da percepção do auxílio-doença ou da aposentadoria por invalidez, não impede a fluência da prescrição quinquenal, ressalvada a hipótese de absoluta impossibilidade de acesso ao Judiciário.

Súmula nº 440 do TST

Auxílio-doença acidentário. Aposentadoria por invalidez. Suspensão do contrato de trabalho. Reconhecimento do direito à manutenção de plano de saúde ou de assistência médica

Assegura-se o direito à manutenção de plano de saúde, ou de assistência médica, oferecido pela empresa ao empregado, não obstante suspenso o contrato de trabalho em virtude de auxílio-doença acidentário ou de aposentadoria por invalidez.

⊙ QUESTÕES

01. (FCC – Analista Judiciário – Área Judiciária – TRT 23/2016) Considerando a jurisprudência sumulada do TST sobre abono de faltas, considere:

I. A justificação da ausência do empregado motivada por doença, para a percepção do salário-enfermidade e da remuneração do repouso semanal, deve observar a ordem preferencial dos atestados médicos estabelecida em lei.

II. As faltas ou ausências decorrentes de acidente do trabalho não são consideradas para os efeitos de duração de férias, mas serão para fins de cálculo da gratificação natalina.

III. As faltas justificadas pela lei são consideradas como ausências legais e, por isso, não serão descontadas para o cálculo do período de férias.

IV. Empregado intimado a comparecer como testemunha à Justiça do Trabalho não terá as horas em que faltar ao serviço descontadas de seus salários.

V. Os primeiros 15 dias de ausência ao trabalho devem ser abonados por médico a serviço de repartição federal, estadual ou municipal de saúde.

Está correto o que consta APENAS em:

a) I, III e IV.

b) II, III e IV.

c) I, III e V.

d) II, IV e V.

e) I, II e V.

RESPOSTA

Alternativa Letra A.

I – Súmula nº 15 do TST.

III – Súmula nº 89 do TST.

IV – Súmula nº 155 do TST.

02. (FCC – Analista Judiciário – Judicial – TRT 15/2013) Alice, Fabiana e Vera são empregadas da empresa "XXZ Ltda.". As três empregadas recebem, além do salário mensal, assistência médica oferecida pela empresa através de seguro-saúde. Alice está afastada de seu emprego e recebendo auxílio-doença há quatro meses; Fabiana também está afastada de seu emprego e recebendo auxílio-doença há dez meses e Vera está aposentada por invalidez. Neste caso, de acordo com o entendimento sumulado do Tribunal Superior do Trabalho, no tocante a assistência médica fornecida através do seguro-saúde, a empresa

A) poderá deixar de fornecer somente para Alice e Fabiana.

B) poderá deixar de fornecer somente para Fabiana e Vera.

C) não poderá deixar de fornecer para as três empregadas.

D) poderá deixar de fornecer para as três empregadas.

E) poderá deixar de fornecer somente para Vera.

↓RESPOSTA

Alternativa Letra C.

Súmula nº 440 do TST.

03. (FGV - Exame de Ordem 2016.1) Maria trabalha para a sociedade empresária Beta e recentemente foi aposentada por invalidez. Diante desse fato, a empresa cancelou o plano de saúde de Maria.

Em relação à hipótese retratada e de acordo com a lei e o entendimento sumulado do TST, assinale a afirmativa correta.

A) A sociedade empresária agiu corretamente, pois a aposentadoria por invalidez rompeu o contrato de trabalho.

B) A sociedade empresária poderia, diante da situação retratada e a seu exclusivo critério, manter ou não o plano de saúde.

C) A sociedade empresária terá obrigação de manter o plano por 12 meses, quando terminaria a estabilidade da obreira.

D) A sociedade empresária se equivocou, porque o contrato está suspenso, devendo ser mantido o plano de saúde.

↓RESPOSTA

Alternativa Letra D.

Súmula nº 440 do TST.

04. (TRT 8 - Juiz do Trabalho Substituto 8ª região/2014) No tocante à interrupção e suspensão do contrato de trabalho, assinale a alternativa INCORRETA:

A) A jurisprudência do Colendo Tribunal Superior do Trabalho já se posicionou no sentido de que a suspensão do contrato de trabalho, importa em suspensão das suas obrigações principais - como a prestação dos serviços e o pagamento de salário. A única exceção a esta regra constitui a hipótese de suspensão em face do percebimento de auxílio- doença acidentário com relação ao direito de acesso ao plano de saúde, que decorre diretamente do contrato de emprego e não depende da prestação de serviços para sua manutenção, o qual deve ser resguardado enquanto durar a concessão do benefício previdenciário.

B) As ausências ao trabalho dos representantes dos trabalhadores no conselho curador do FGTS, em decorrência das atividades desse órgão, serão abonadas, devendo ser considerada como jornada efetivamente trabalhada, sendo caso de interrupção do contrato de trabalho.

C) A suspensão do contrato de trabalho, em virtude de concessão de auxílio- doença e posterior aposentadoria por invalidez, não implica em suspensão do prazo prescricional quinquenal, relativamente a parcelas que são exigíveis, independentemente da rescisão do contrato de trabalho, exceto quando se está diante de um afastamento por doença que impede o empregado de praticar os atos normais da vida civil, inclusive o de ajuizar ação.

D) O contrato de trabalho poderá ser suspenso, por um período de dois a cinco meses, para participação do empregado em curso ou programa de qualificação profissional oferecido pelo empregador, com duração equivalente à suspensão contratual, mediante previsão em convenção ou acordo coletivo de trabalho e aquiescência formal do empregado, observado o disposto no art. 471 da CLT. O prazo limite (de dois a cinco meses) poderá ser prorrogado mediante convenção ou acordo coletivo de trabalho e aquiescência formal do empregado, desde que o empregador arque com o ônus correspondente ao valor da bolsa de qualificação profissional, no respectivo período.

E) O empregado que for aposentado por invalidez terá suspenso o seu contrato de trabalho durante o prazo fixado pelas leis de previdência social para a efetivação do benefício. Cancelada a aposentadoria por invalidez, mesmo após cinco anos, o trabalhador terá direito de retornar ao emprego, facultado, porém, ao empregador, indenizá-lo na forma da lei.

↓RESPOSTA

Alternativa Letra A.

Súmula nº 440 do TST

Capítulo V
DURAÇÃO DO TRABALHO

SUMÁRIO • 1. Duração do trabalho: 1.1 Sobreaviso – 2. Fiscalização da jornada – 3. Horas in itinere – 4. Motorista, gerente e ferroviário submetidos ao art. 62 da CLT – 5. Turnos ininterruptos de revezamento – 6. Trabalho noturno – 7. Compensação de jornada – 8. Jornada do telefonista, jornalista e advogado: 8.1. Intervalos; 8.2. Descanso semanal remunerado e feriados (Lei nº 605/1949); 8.3. Férias.

1. DURAÇÃO DO TRABALHO

SÚMULA Nº 429 DO TST

Tempo à disposição do empregador. Art. 4º da CLT. Período de deslocamento entre a portaria e o local de trabalho.

Considera-se à disposição do empregador, na forma do art. 4º da CLT, o tempo necessário ao deslocamento do trabalhador entre a portaria da empresa e o local de trabalho, desde que supere o limite de 10 minutos diários.

⊙ QUESTÕES

01. (FCC - TRT 6 - Técnico Judiciário - Área Administrativa/ 2012) Os empregados da empresa "ACA", após transporem a portaria da empresa, deslocam-se, ainda, alguns metros para chegarem ao local de trabalho, em razão do enorme terreno em que a referida empresa está localizada. Este tempo de deslocamento do empregado entre a portaria da empresa e o local de trabalho

A) só será considerado tempo à disposição do empregador, se houver previsão em Convenção Coletiva de Trabalho, em razão das peculiaridades existentes em cada categoria.

B) será sempre considerado tempo à disposição do empregador, uma vez que se o empregado atravessou a portaria da empresa pressupõe-se que se encontra disponível.

C) não é considerado tempo à disposição do empregador, uma vez que a jornada de trabalho somente se inicia com a chegada efetiva do empregado no local de trabalho.

D) é considerado tempo à disposição do empregador, desde que supere o limite de 5 minutos diários.

E) é considerado tempo à disposição do empregador, desde que supere o limite de 10 minutos diários.

↓ RESPOSTA

Alternativa Letra E.
Súmula nº 429 do TST.

02. (Juiz do Trabalho Substituto - TRT 2ª região/ 2011) Analise as seguintes proposições:

I. Considera-se à disposição do empregador, na forma do art. 4º consolidado, o tempo necessário ao deslocamento do trabalhador entre a portaria da empresa e o local de trabalho, desde que gaste para tanto dez minutos ou mais.

II. Ocorrendo necessidade imperiosa, poderá a duração do trabalho exceder do limite legal ou convencionado, seja para fazer face a motivo de força maior, seja para atender à realização ou conclusão de serviços inadiáveis, casos em que a remuneração da hora excedente não será inferior à da hora normal, desde que respeitado o limite máximo de duas horas prorrogadas por dia, por período não superior a 60 (sessenta) dias.

III. O empregado contratado sob o regime de tempo parcial, após cada período de doze meses de vigência do contrato de trabalho, terá direito às férias na mesma proporção dos demais empregados, ainda que com mais de 7 (sete) faltas injustificadas.

IV. Todo o empregado, independentemente de contratado em regime de tempo parcial ou não, pode converter 1/3 (um terço) do período de férias a que tiver direito em abono pecuniário, desde que o requeira até quinze dias antes do término do período aquisitivo.

Responda:

A) Todas as assertivas estão corretas.

B) Todas as assertivas estão erradas.

C) Somente as assertivas I e III estão corretas.

D) Somente as assertivas III e IV estão corretas.

E) Somente as assertivas II e IV estão corretas.

↓RESPOSTA

Alternativa Letra B.
I – Súmula nº 429 do TST.
II – artigo 61, caput e §§ 2º e 3º CLT.
III – artigo 130-A, parágrafo único CLT.
IV – artigo 143, § 3º CLT.

03. (MPT – Procurador do Trabalho/2012) Acerca da duração do trabalho, considerando a jurisprudência uniformizada do Tribunal Superior do Trabalho (TST) e a legislação trabalhista, assinale a alternativa CORRETA:

A) Os meios telemáticos e informatizados de comando, controle e supervisão não se equiparam, para fins de subordinação jurídica, aos meios pessoais e diretos de comando, controle e supervisão do trabalho alheio.

B) Aplica-se o divisor 220 (duzentos e vinte) para o cálculo do valor do salário-hora do empregado sujeito a 40 (quarenta) horas semanais de trabalho.

C) O uso de aparelho de intercomunicação, a exemplo de BIP, "pager" ou aparelho celular, pelo empregado, caracteriza o regime de sobreaviso, uma vez que o empregado pode ser, a qualquer momento, convocado para o serviço.

D) Considera-se à disposição do empregador o tempo necessário ao deslocamento do trabalhador entre a portaria da empresa e o local de trabalho, desde que supere o limite de 10 (dez) minutos diários.

E) Não respondida.

↓RESPOSTA

Alternativa Letra D.
Súmula nº 429 do TST.

1.1. Sobreaviso

SÚMULA Nº 229 DO TST

Sobreaviso. Eletricitários

Por aplicação analógica do art. 244, § 2º, da CLT, as horas de sobreaviso dos eletricitários são remuneradas à base de 1/3 sobre a totalidade das parcelas de natureza salarial.

SÚMULA Nº 428 DO TST

Sobreaviso. Aplicação Analógica do art. 244, § 2º da CLT

I – O uso de instrumentos telemáticos ou informatizados fornecidos pela empresa ao empregado, por si só, não caracteriza regime de sobreaviso.

II – Considera-se em sobreaviso o empregado que, à distancia e submetido a controle patronal por instrumentos telemáticos ou informatizados, permanecer em regime de plantão ou equivalente, aguardando a qualquer momento o chamado para o serviço durante o período de descanso.

QUESTÕES

01. (TRT 15 – Juiz do Trabalho Substituto 15ª região/ 2013) Como resultado da utilização da analogia, como método de integração, e considerando a posição atual da jurisprudência dominante, é incorreto afirmar:

A) é garantido o direito à jornada reduzida de 06 (seis) horas para a telefonista de mesa de empresa que não explora o serviço de telefonia, por aplicação do art. 227, da CLT, que regula o serviço de telefonia, telegrafia submarina e subfluvial, radiotelegrafia e radiotelefonia;

B) é garantido o direito à jornada reduzida de 06 (seis) horas para o operador de telemarketing, por aplicação do art. 227, da CLT, que regula o serviço de telefonia, telegrafia submarina e subfluvial, radiotelegrafia e radiotelefonia;

C) é garantido o direito ao intervalo intrajornada previsto no "caput" do art. 253, da CLT, para o empregado submetido a trabalho contínuo em ambiente artificialmente frio, conforme definição legal, destinado aos empregados que trabalham rio interior de câmaras frigoríficas;

D) é garantido o direito-aos intervalos de. 10 minutos a cada 90 minutos de trabalho consecutivo, para os digitadores, por aplicação do art. 72, da CLT, destinado aos trabalhadores nos serviços de mecanografia;

E) é garantido o direito ao sobreaviso para o empregado durante o período em que presta trabalho à distância, estando submetido a controle patronal por instrumentos telemáticos ou informatizados, com apoio na previsão do § 2°. do art. 244, da CLT, alusivo aos ferroviários.

RESPOSTA

Alternativa Letra E.
Súmula nº 428, I e II do TST.

02. (Juiz do Trabalho Substituto - TRT 3ª região/ 2013) Sobre o direito do trabalho, leia as afirmações abaixo e, em seguida, assinale a alternativa correta, segundo a jurisprudência do TST:

I. Para os empregados a que alude o art. 58, caput, da CLT, quando sujeitos a 40 (quarenta) horas semanais de trabalho, aplica-se o divisor 200 (duzentos) para o cálculo do valor do salário-hora.

II. É válida, em caráter excepcional, a jornada de 12 (doze) horas de trabalho por 36 (trinta e seis) de descanso, prevista em lei ou ajustada preferencialmente mediante acordo coletivo de trabalho ou convenção coletiva de trabalho, assegurada a remuneração em dobro dos feriados trabalhados. O empregado não tem direito ao pagamento de adicional referente ao labor prestado na décima primeira e décima segunda horas.

III. O empregado submetido a trabalho contínuo em ambiente artificialmente frio, nos termos do parágrafo único do art. 253 da CLT, ainda que não labore em câmara frigorífica, tem direito ao intervalo previsto no caput do art. 253 da CLT.

IV. O uso de instrumentos telemáticos ou informatizados fornecidos pela empresa ao empregado, por si só, não caracteriza o regime de sobreaviso.

A) Todas as afirmações estão corretas.

B) Somente estão corretas as afirmações I e IV.

C) Somente estão corretas as afirmações II, III e IV.

D) Somente estão corretas as afirmações III e IV.

E) Somente estão corretas as afirmações I, III e IV.

RESPOSTA

Alternativa Letra E.
I – Súmula nº 431 do TST.
III – Súmula nº 438 do TST.
IV – Súmula nº 428, I do TST.

03. (Juiz do Trabalho Substituto - TRT 3ª região/ 2012) Ainda a respeito da duração do trabalho, leia as afirmações abaixo e, em seguida, assinale a alternativa correta, de acordo com a lei e a jurisprudência cristalizada do Tribunal Superior do Trabalho:

I. Ultrapassada, ainda que eventualmente, a jornada contratual de seis horas de trabalho, é devido o gozo do intervalo intrajornada mínimo de uma hora, obrigando o empregador a remunerar o período para descanso e alimentação não usufruído como extra, acrescido do respectivo adicional.

II. Não serão descontadas nem computadas como jornada extraordinária as variações de horário no registro de ponto não excedentes de cinco minutos, observado o limite máximo de dez minutos diários. Se ultrapassado esse limite, será considerada como extra a totalidade do tempo que exceder a jornada normal.

III. A jurisprudência interpretou a lei e estabeleceu que se considera à disposição do empregador o tempo necessário ao deslocamento do trabalhador entre a portaria da empresa e o local de trabalho, desde que supere o limite de 10 (dez) minutos diários.

IV. Nos termos da súmula do Tribunal Superior do Trabalho, caracteriza o regime de sobreaviso o uso de aparelho de intercomunicação, a exemplo de BIP, "pager" ou aparelho celular, pelo empregado.

V. Tendo em vista que as legislações específicas não estipulam a jornada reduzida, mas apenas estabelecem o salário mínimo da categoria para uma jornada de 4 horas para os médicos e de 6 horas para os engenheiros, não há que se falar em horas extras, salvo as excedentes à oitava, desde que seja respeitado o salário mínimo/horário das categorias.

A) Somente as afirmativas I e IV estão falsas

B) Somente a afirmativa IV está falsa

C) Somente as afirmativas III e IV estão falsas

D) Somente as afirmativas IV e V estão falsas

E) Somente as afirmativas III e V estão falsas

↓RESPOSTA

Alternativa Letra A.
I – Súmula nº 437, IV do TST.
IV – Súmula nº 428, I do TST.

04. (MPT – Procurador do Trabalho/2013) A partir das normas constitucionais e legais, além da jurisprudência consolidada do TST e do STF analise as assertivas:

I. Não será considerada falta ao serviço, para efeito de cálculo dos dias de férias do empregado, a ausência durante a suspensão preventiva para responder a inquérito administrativo ou de prisão preventiva.

II. Considera-se em sobreaviso o empregado que, à distância e submetido a controle patronal por instrumentos telemáticos ou informatizados, permanecer em regime de plantão ou equivalente, aguardando a qualquer momento o chamado para o serviço durante o período de descanso.

III. O pagamento dos salários até o 5° dia útil do mês subsequente ao vencido não está sujeito à correção monetária. Se essa data limite for ultrapassada, incidirá o índice da correção monetária do mês subsequente ao da prestação dos serviços, a partir do dia 1°.

IV. Percebida a gratificação de função por dez ou mais anos pelo empregado, se o empregador, revertê-lo a seu cargo efetivo, não poderá retirar-lhe a gratificação tendo em vista o princípio da estabilidade financeira.

Assinale a alternativa CORRETA:

A) apenas as assertivas II e IV estão erradas;

B) apenas as assertivas I e III estão erradas;

C) apenas as assertivas I e IV estão erradas;

D) todas as assertivas estão corretas;

E) Não respondida.

↓RESPOSTA

Alternativa Letra C.
I – Art. 131, V, CLT.
II – Súmula nº 428, II, TST.
III – Súmula nº 381 do TST.
IV – Súmula nº 372, I do TST.

2. FISCALIZAÇÃO DA JORNADA

SÚMULA Nº 338 DO TST

Fiscalização da jornada. Registro. Ônus da prova.

I – É ônus do empregador que conta com mais de 10 (dez) empregados o registro da jornada de trabalho na forma do art. 74, § 2º, da CLT. A não apresentação injustificada dos controles de frequência gera presunção relativa de veracidade da jornada de trabalho, a qual pode ser elidida por prova em contrário.

II – A presunção de veracidade da jornada de trabalho, ainda que prevista em instrumento normativo, pode ser elidida por prova em contrário.

III – Os cartões de ponto que demonstram horários de entrada e saída uniformes são inválidos como meio de prova, invertendo-se o ônus da prova, relativo às horas extras, que passa a ser do empregador, prevalecendo a jornada da inicial se dele não se desincumbir.

SÚMULA Nº 366 DO TST

CARTÃO DE PONTO. REGISTRO. HORAS EXTRAS. MINUTOS QUE ANTECEDEM E SUCEDEM A JORNADA DE TRABALHO (nova redação)

Não serão descontadas nem computadas como jornada extraordinária as variações de horário do registro de ponto não excedentes de cinco minutos, observado o limite máximo de dez minutos diários. Se ultrapassado esse limite, será considerada como extra a totalidade do tempo que exceder a jornada normal, pois configurado tempo à disposição do empregador, não importando as atividades desenvolvidas pelo empregado ao longo do tempo residual (troca de uniforme, lanche, higiene pessoal, etc).

SÚMULA Nº 449 DO TST

Minutos que antecedem e sucedem a jornada de trabalho. Lei nº 10.243, de 19.06.2001. Norma coletiva. Flexibilização. Impossibilidade

A partir da vigência da Lei nº 10.243, de 27.06.2001, que acrescentou o § 1º ao art. 58 da CLT, não mais prevalece cláusula prevista em convenção ou acordo coletivo que elastece o limite de 5 minutos que antecedem e sucedem a jornada de trabalho para fins de apuração das horas extras.

⊙QUESTÕES

01. (Cespe - Analista Judiciário - Área Judiciária - Oficial de Justiça Avaliador - TRT 8/2016) Considerando a jurisprudência pacificada do TST, assinale a opção correta.

A) O repouso semanal remunerado concedido após o sétimo dia consecutivo de trabalho deve ser pago com o adi-cional de 50% constitucional.

B) Não devem ser descontadas nem computadas como jornada extraordinária as variações de horário do registro de ponto não excedentes de cinco minutos, observado o limite máximo de dez minutos diários; ultrapassado esse limite, será considerada como extra a totalidade do tempo que exceder a jornada normal.

C) No caso de cumprimento integral da jornada noturna, com prorrogação até o período diurno, o adicional noturno não será devido quanto às horas prorrogadas.

D) A compensação de jornada de trabalho se dá por meio do chamado banco de horas e deve ser ajustada por acordo individual escrito, acordo coletivo ou convenção coletiva, sob pena de nulidade.

E) Por se tratar de um instituto próprio e com regras específicas, as horas in itinere são computáveis na jornada de trabalho, sendo o tempo que extrapola a jornada legal pago com adicional de 25% mensal estabelecido, e não com o adicional de horas extras previsto na CF.

RESPOSTA

Alternativa Letra B.

Art. 58, § 1º, CLT e Súmula nº 366 do TST.

02. (FCC - Analista Judiciário - Administrativa - TRT 15/2013) Simone e Flaviana são empregadas da empresa "MNL Ltda" e possuem jornada de trabalho de oito horas diárias. De acordo com os cartões de ponto das empregadas, ontem, Simone chegou à empresa cinco minutos adiantada e deixou a empresa quinze minutos além de sua jornada de trabalho. Flaviana, por sua vez, chegou à empresa cinco minutos adiantada e deixou a empresa quatro minutos após o término da sua jornada de trabalho. Nestes casos,

A) apenas Simone terá direito ao pagamento de horas extraordinárias uma vez que ultrapassou a jornada normal de trabalho.

B) Simone e Flaviana terão direito ao pagamento de horas extraordinárias uma vez que ultrapassaram a jornada normal de trabalho, bem como a variação de jornada legal permitida de cinco minutos diários.

C) nenhuma das empregadas terá direito ao pagamento de horas extraordinárias, uma vez que não serão descontadas nem computadas como jornada extraordinária as variações de horário no registro de ponto não excedentes de quinze minutos diários.

D) nenhuma das empregadas terá direito ao pagamento de horas extraordinárias, uma vez que não serão descontadas nem computadas como jornada extraordinária as variações de horário no registro de ponto não excedentes de quinze minutos, observado o limite máximo de vinte minutos diários.

E) nenhuma das empregadas terá direito ao pagamento de horas extraordinárias, uma vez que ambas chegaram na empresa antes do horário de trabalho, iniciando o labor a revelia da empresa empregadora.

↓RESPOSTA

Alternativa Letra A.

Art. 58, § 1º, CLT, Súmulas nº 366 e 449 do TST.

03. (FCC – Analista Judiciário – Judicial – TRT 15/2013) Maria Marta é empregada do hotel fazenda "Vale das Águas Claras", hotel este localizado em área urbana. Maria Marta exerce a função de cozinheira e, sendo assim, todo dia se desloca a pé da portaria do hotel até a cozinha que fica no final do terreno. Neste trajeto, Maria Marta demora diariamente cerca de quinze minutos. Neste caso, de acordo com o entendimento sumulado do Tribunal Superior do Trabalho, o tempo necessário ao deslocamento de Maria Marta entre a portaria do hotel e o local de trabalho

A) considera-se à disposição do empregador uma vez que ultrapassou dez minutos.

B) considera-se à disposição do empregador em qualquer hipótese.

C) só será considerado tempo à disposição do empregador se ultrapassar trinta minutos.

D) não se considera à disposição do empregador, em nenhuma hipótese.

E) só será considerado tempo à disposição do empregador se ultrapassar vinte minutos.

↓RESPOSTA

Alternativa Letra A.

Art. 58, § 1º, CLT, Súmulas nº 366 e 449 do TST.

04. (FCC - Juiz do Trabalho Substituto 6ª região/2015) A ampliação da negociação coletiva pela Constituição Federal é inegável. No entanto, de acordo com o entendimento da jurisprudência pacificada, tal ampliação não é irrestrita. Nesse sentido,

(A) a validade de acordo coletivo ou convenção coletiva de compensação de jornada de trabalho em atividade insalubre independe da inspeção prévia da autoridade competente em matéria de higiene do trabalho.

(B) a estabilidade decorrente de acidente ou doença profissional vigora pelo prazo de vigência do acordo coletivo ou da convenção coletiva, ainda que a previsão normativa da estabilidade seja por prazo maior.

(C) tendo em vista que o tema passou a ser previsto por lei, não mais prevalece cláusula prevista em convenção ou acordo coletivo que elastece o limite de cinco minutos que antecedem e sucedem a jornada de trabalho para fins de apuração das horas extras.

(D) é válida cláusula de acordo ou convenção coletiva de trabalho contemplando a redução do intervalo intrajornada, exceto para os condutores e cobradores de veículos rodoviários, empregados de empresas de transporte público coletivo urbano.

(E) as vantagens previstas em instrumento coletivo são asseguradas também aos empregados integrantes de categoria profissional diferenciada.

↓RESPOSTA

Alternativa Letra C.
Súmula nº 449 do TST.

05. (TRT 3 – Juiz do Trabalho Substituto 3ª região/ 2013) Sobre o direito do trabalho, leia as afirmações abaixo e, em seguida, assinale a alternativa correta, segundo a jurisprudência do TST:

I. Mesmo a partir da vigência da Lei 10.243, de 27.06.2001, que acrescentou o § 1° ao art. 58 da CLT, prevalece cláusula prevista em convenção ou acordo coletivo que elastece o limite de 5 minutos que antecedem e sucedem a jornada de trabalho para fins de apuração das horas extras.

II. O delegado sindical é beneficiário da estabilidade provisória prevista no art. 8°, VIII, da CF/1988.

III. Membro do conselho fiscal de sindicato não tem direito à estabilidade prevista nos arts. 543, § 1°, da CLT e 8°, VIII, da CF/1988.

IV. Os créditos tipicamente trabalhistas reconhecidas em juízo são suscetíveis de compensação com a indenização paga em decorrência de adesão do trabalhador a Programa de Incentivo à Demissão Voluntária.

A) Somente a afirmativa III está correta.

B) Somente as afirmativas I, II e III estão corretas.

C) Somente as afirmativas II e III estão corretas.

D) Somente as afirmativas III e IV estão corretas.

E) Todas as afirmativas estão corretas.

RESPOSTA

Alternativa Letra A.

I – Incorreta. Súmula nº 449 do TST.

II – Incorreta. OJ nº 369 da SDI-I.

III – Correta. OJ nº 365 da SDI-I

IV – Incorreta. OJ nº 356 da SDI-I.

06. (Juiz do Trabalho Substituto – TRT 15ª região/ 2011) A respeito da jornada de trabalho, considerando a lei e a jurisprudência dominante, analise as seguintes assertivas.

I. Não serão descontadas nem computadas como jornada extraordinária as variações de horário no registro de ponto, observado o limite máximo de quinze minutos diários.

II. O tempo despendido pelo empregado até o local de trabalho e para o seu retorno, por qualquer meio de transporte, não será computado na jornada de trabalho, salvo quando, tratando-se de local de difícil acesso ou não servido por transporte público, o empregador fornecer a condução.

III. Poderá ser dispensado o acréscimo de salário se, por força de acordo ou convenção coletiva de trabalho, o excesso de horas em um dia for compensado pela correspondente diminuição em outro dia, de maneira que não exceda, no período máximo de 1 (um) ano, à soma das jornadas semanais de trabalho previstas, nem seja ultrapassado o limite máximo de dez horas diárias.

IV. Na hipótese de rescisão do contrato de trabalho sem que tenha havido a compensação integral da jornada extraordinária, havendo regular adoção de banco de horas, fará o trabalhador jus ao pagamento das horas extras não compensadas, calculadas sobre o valor da remuneração devida à época da prestação das horas extras, devidamente atualizada.

V. Nas atividades insalubres, assim consideradas as constantes dos quadros mencionados no capítulo "Da Segurança e da Medicina do Trabalho", ou que neles venham a ser incluídas por ato do Ministro do Trabalho e Previdência Social, fica vedada a exigência de cumprimento de horas extras, salvo comunicação expressa feita pelo empregador ao sindicato representativo da categoria profissional, com antecedência de quinze dias.

Agora responda:

A) apenas a assertiva I está incorreta;

B) as assertivas I, II, III, IV e V estão incorretas;

C) as assertivas I, II, III, IV e V estão corretas;

D) as assertivas I, IV e V estão incorretas;

E) apenas a assertiva IV está correta.

RESPOSTA

Alternativa Letra D.

I – Súmula nº 366 do TST.

IV – artigo 59, § 3º CLT.

V – artigo 60 CLT.

3. HORAS *IN ITINERE*

SÚMULA Nº 90 DO TST

Horas in itinere. Tempo de serviço

I – O tempo despendido pelo empregado, em condução fornecida pelo empregador, até o local de trabalho de difícil acesso, ou não servido por transporte público regular, e para o seu retorno é computável na jornada de trabalho.

II – A incompatibilidade entre os horários de início e término da jornada do empregado e os do transporte público regular é circunstância que também gera o direito às horas "in itinere".

III – A mera insuficiência de transporte público não enseja o pagamento de horas "in itinere".

IV – Se houver transporte público regular em parte do trajeto percorrido em condução da empresa, as horas "in itinere" remuneradas limitam-se ao trecho não alcançado pelo transporte público.

V – Considerando que as horas "in itinere" são computáveis na jornada de trabalho, o tempo que extrapola a jornada legal é considerado como extraordinário e sobre ele deve incidir o adicional respectivo.

SÚMULA Nº 320 DO TST

Horas in itinere. Obrigatoriedade de cômputo na jornada de trabalho

O fato de o empregador cobrar, parcialmente ou não, importância pelo transporte fornecido, para local de difícil acesso ou não servido de transporte regular, não afasta o direito à percepção das horasin itinere.

⊙ QUESTÕES

01. (FCC – Analista Judiciário – Área Judiciária - TRT 12/2013) Hércules trabalha na empresa "Semideuses Produções Ltda.", cumprindo jornada legal de oito horas por dia. Ele gasta vinte minutos para se deslocar de sua residência até o local de trabalho e o mesmo tempo para o seu retorno, utilizando ônibus fretado pago pela empresa, embora pudesse utilizar transporte público coletivo para fazer o trajeto, diante da proximidade da empresa e de sua casa do ponto de ônibus. Nessa situação, conforme norma legal,

A) somente em caso de previsão em cláusula de acordo ou convenção coletiva é que o tempo de trajeto e o seu retorno será computado na jornada de trabalho.

B) será computado na jornada de trabalho o tempo gasto no deslocamento e para seu retorno visto que foi excedente de cinco minutos, observado o limite máximo de dez minutos diários.

C) diante do fornecimento da condução pelo empregador, o período de deslocamento será computado na jornada de trabalho, ainda que haja a possibilidade de utilização de transporte público.

D) o tempo de deslocamento da residência ao local de trabalho e o seu retorno será considerado na jornada de trabalho do empregado, visto que não ultrapassa 30 minutos.

E) o tempo despendido pelo empregado até o local de trabalho e para o seu retorno, não será computado na jornada de trabalho.

↓RESPOSTA

Alternativa Letra E.
Art. 58, § 2º, CLT e Súmula nº 90, item I, TST.

02. (FCC – TRT 22 – Analista Judiciário/2010) A empresa MAR fornece transporte privado especial para que sua empregada, Milena, e seu empregado, Matias, se desloquem até o serviço. No caso de Milena, parte do trajeto percorrido em condução fornecida pela empregadora possui transporte público regular e outra parte não possui e, no caso de Matias, todo o percurso percorrido não possui transporte público regular. Neste caso,

A) será devida a remuneração das horas in itinere de todo o trajeto percorrido para ambos os empregados.

B) não será devida a remuneração das horas in itinere para ambos os empregados, em razão do fornecimento de condução privada adequada.

C) será devida a remuneração das horas in itinere para Milena e Matias, sendo que para Milena estas horas serão limitadas ao trecho não alcançado pelo transporte público e para Matias elas abrangerão todo o trajeto.

D) será devida a remuneração das horas in itinere apenas para Matias, abrangendo todo o trajeto.

E) será devida a remuneração das horas in itinere apenas para Milena, abrangendo a parte do trajeto percorrido que não possui transporte público.

↓RESPOSTA

Alternativa Letra C.
Súmula nº 90, IV do TST.

03. (Exame de Ordem 2012.1 – FGV) Determinada empresa encontra-se instalada em local de difícil acesso, não servida por transporte público regular. Em razão disso, fornece condução para o deslocamento dos seus empregados, da residência ao trabalho e vice-versa, mas cobra deles

50% do valor do custo do transporte. Na hipótese, é correto afirmar que

A) o tempo de deslocamento será considerado hora in itinere.

B) o tempo de deslocamento não será considerado hora in itinere porque é custeado pelo empregado, ainda que parcialmente.

C) o empregado tem direito ao recebimento do vale – transporte.

D) metade do tempo de deslocamento será considerada hora in itinere porque é a proporção da gratuidade do transporte oferecido.

↓ RESPOSTA

Alternativa Letra A.
Súmula nº 320 do TST.

04. (ESAF – MTE – Auditor-Fiscal do Trabalho/2006) O tempo despendido pelo empregado até o local de trabalho e para o seu retorno:

A) Será computado na jornada de trabalho quando o local não for servido de transporte público e o empregador fornecer a condução.

B) Será computado na jornada de trabalho quando o local for de difícil acesso e o empregado se deslocar por meios próprios.

C) Será computado na jornada de trabalho, salvo quando o empregador fornecer a condução.

D) Será devido como hora extra in itinere.

E) Será computado na jornada de trabalho dependendo do meio de transporte utilizado.

↓ RESPOSTA

Alternativa Letra A.
Súmula nº 90, I do TST.

05. (CESPE – Juiz do Trabalho Substituto 5ª região/2013) Acerca de horas in itinere, assinale a opção correta.

A) As horas in itinere são computadas na jornada de trabalho, podendo ou não constituir horas extras.

B) O fato de o empregador oferecer ao empregado condução de sua residência até o trabalho e vice-versa é suficiente para caracterizar a ocorrência de hora in itinere.

C) A hora in itinere ocorre quando o empregador instala-se em local distante da residência do empregado e oferece transporte a este.

D) A insuficiência de transporte público para o local de trabalho enseja a hora in itinere.

E) Caso os empregados X e Y embarquem, respectivamente, às 6 h 30 min e às 7 h 30 min, nas imediações de suas residências, em condução fornecida pelo empregador para levá-los ao seu local de trabalho, o empregado X deverá receber maior valor pelas horas in itinere.

↓ RESPOSTA

Alternativa Letra A.
Súmula nº 90, I e V do TST.

06. (Juiz do Trabalho Substituto – TRT 3ª região/ 2012) Sobre as horas extras "in itinere", leia as afirmações abaixo e, em seguida, assinale a alternativa correta, de acordo com a lei e a jurisprudência cristalizada do Tribunal Superior do Trabalho:

I. O tempo despendido pelo empregado até o local de trabalho e para o seu retorno, por qualquer meio de transporte, não será computado na jornada de trabalho, salvo quando, tratando-se de local de difícil acesso ou não servido por transporte público, o empregador fornecer a condução.

II. Poderão ser fixados, para as empresas de grande porte, por meio de acordo ou convenção coletiva, em caso de transporte fornecido pelo empregador, em local de difícil acesso ou não servido por transporte público, o tempo médio despendido pelo empregado, bem como a forma e a natureza da remuneração.

III. A insuficiência de transporte público é circunstância que também gera o direito às horas "in itinere", mas a mera incompatibilidade entre os horários de início e término da jornada do empregado e os do transporte público regular não enseja o pagamento de horas "in itinere".

IV. O fato de o empregador cobrar importância não simbólica pelo transporte fornecido, para local de difícil acesso ou não servido por transporte regular, afasta o direito à percepção das horas "in itinere".

V. Se não houver transporte público regular em parte do trajeto percorrido em condução da empresa, as horas "in itinere" remuneradas abarcarão a totalidade do trajeto, considerando-se que são computáveis na jornada de trabalho. Assim, o tempo que extrapola a jornada legal é considerado como extraordinário e sobre ele deve incidir o adicional respectivo.

A) Somente a afirmativa I está correta.

B) Somente as afirmativa I e II estão corretas

C) Somente as afirmativas I, II e III estão corretas

D) Somente as afirmativas I, II, III e IV estão corretas

E) Somente as afirmativas II, III e V estão corretas

RESPOSTA

Alternativa Letra A.
I – Súmula nº 90, I do TST.

07. (FCC – Juiz do Trabalho Substituto 4ª região/ 2012) Segundo a lei e a jurisprudência dominante do Tribunal Superior do Trabalho, quanto às horas in itinere, é correto afirmar:

A) O tempo despendido pelo empregado, em condução fornecida pelo empregador, até o local de trabalho de difícil acesso, ou não servido por transporte público regular, e para o seu retorno não é computável na jornada de trabalho.

B) As microempresas e empresas de pequeno ou médio porte poderão fixar, por meio de acordo ou convenção coletiva, em caso de transporte fornecido pelo empregador, em local de difícil acesso ou não servido por transporte público, o tempo médio despendido pelo empregado, bem como a forma e a natureza da remuneração.

C) Se as horas in itinere extrapolarem a jornada legal, o período gasto será considerado extraordinário e sobre ele deverá incidir o adicional respectivo.

D) Se o empregador cobrar, na sua totalidade ou não, a importância gasta com o transporte fornecido ao empregado para local de difícil acesso ou não servido por transporte regular, este não terá o direito à percepção das horas in itinere.

E) A insuficiência de transporte público em parte do trajeto percorrido pelo empregado para chegar até a empresa garante o pagamento das horas in itinere.

RESPOSTA

Alternativa Letra C.
Súmula nº 90, V do TST.

08. (Juiz do Trabalho Substituto – TRT 8ª região/ 2011) Com relação às horas "in itinere", é CORRETO dizer que:

A) A remuneração do tempo dispendido pelo empregado nos deslocamentos para o local de trabalho e retorno à residência vem a ser exemplo marcante da construção jurisprudencial que, sedimentada em súmula do TST, constitui o fundamento único para o deferimento judicial desse direito.

B) O direito às horas "in itinere" não pode ser suprimido pela circunstância de o empregador, ao fornecer o transporte, cobrar o preço da passagem, consoante jurisprudência pacificada do Tribunal Superior do Trabalho.

C) Conforme jurisprudência pacificada do Tribunal Superior do Trabalho, a insuficiência do transporte público oferecido para o deslocamento do trabalhador constitui um dos requisitos para a configuração do direito às horas de percurso, pois, em tal hipótese, inevitavelmente, haverá incompatibilidade entre os horários do transporte e aqueles correspondentes à jornada de trabalho.

D) Ainda que o percurso residência-trabalho-residência seja, em parte, servido por transporte público considerado regular, as horas "in itinere" deverão ser remuneradas como horas extraordinárias correspondentes à integralidade do percurso.

E) As horas "in itinere", por seu caráter extraordinário, haverão de ser remuneradas na forma prevista no art. 7º, inc. XVI, da Constituição da República, salvo convenção ou acordo coletivo de trabalho que disponham sobre compensação de horário.

RESPOSTA

Alternativa Letra B.
Súmula nº 320 do TST.

09. (Juiz do Trabalho Substituto - TRT 14ª região/ 2011) Sobre duração do trabalho, nos termos da legislação e da jurisprudência sumulada do TST, analise as proposições seguintes e responda:

I. A majoração do valor do repouso semanal remunerado, em razão da integração das horas extras habitualmente prestadas, não repercute no cálculo das férias, da gratificação natalina, do aviso prévio e do FGTS, sob pena de caracterização de "bis in idem".

II. A incompatibilidade entre os horários de início e término da jornada do empregado e os do transporte público regular é circunstância que não gera o direito às horas "in itinere".

III. Tendo em vista que as Leis nº 3.999/1961 e 4.950/1966 não estipulam a jornada reduzida, mas apenas estabelecem o salário mínimo da categoria para uma jornada de 4 (quatro) horas para os médicos e de 6 (seis) horas para os engenheiros, não há que se falar em horas extras, salvo as excedentes à oitava, desde que seja respeitado o salário mínimo/horário das categorias.

IV. O fato de o empregador cobrar, parcialmente ou não, importância pelo transporte fornecido, para local de difícil acesso ou não servido por transporte regular, afasta o direito à percepção das horas "in itinere".

V. Não serão descontadas nem computadas como jornada extraordinária as variações de horário do registro de ponto não excedentes de cinco minutos, observado o limite máximo de dez minutos diários. Se ultrapassado esse limite, será considerada como extra a totalidade do tempo que exceder a jornada normal.

A) Apenas as assertivas I, II e III são corretas.

B) Apenas as assertivas II e IV são corretas.

C) Apenas as assertivas II e V são incorretas.

D) Apenas as assertivas IV e V são corretas.

E) Apenas as assertivas II e IV são incorretas.

RESPOSTA

Alternativa Letra E.
II – Súmula nº 90, II do TST.
IV – Súmula nº 320 do TST.

4. MOTORISTA, GERENTE E FERROVIÁRIO SUBMETIDOS AO ART. 62 DA CLT

OJ Nº 332 DA SDI - I DO TST

Motorista. Horas extras. Atividade externa. Controle de jornada por tacógrafo. Resolução nº 816/1986 do Contran

O tacógrafo, por si só, sem a existência de outros elementos, não serve para controlar a jornada de trabalho de empregado que exerce atividade externa.

SÚMULA Nº 287 DO TST

Jornada de trabalho. Gerente bancário

A jornada de trabalho do empregado de banco gerente de agência é regida pelo art. 224, § 2º, da CLT. Quanto ao gerente-geral de agência bancária, presume-se o exercício de encargo de gestão, aplicando-se-lhe o art. 62 da CLT.

SÚMULA Nº 61 DO TST

Ferroviário

Aos ferroviários que trabalham em estação do interior, assim classificada por autoridade competente, não são devidas horas extras (art. 243 da CLT).

QUESTÕES

01. (TRT 2 - Juiz do Trabalho Substituto 2ª região/2016) A respeito das profissões regulamentadas, conforme legislação aplicável e o entendimento sumulado do TST é correto afirmar que

A) Ao aeronauta é assegurado em lei o direito à conversão de parte de suas férias em abono pecuniário durante a vigência do pacto laborai e não apenas em caso de rescisão do contrato.

B) O trabalho para empregados em minas de subsolo somente será permitido a homens, com idade compreendida entre 18 (dezoito) e 50 (cinqüenta) anos, assegurada a transferência para a superfície por motivo de saúde, nos termos da lei.

C) A duração normal do trabalho dos músicos não poderá exceder de 5 (cinco) horas, excetuados os casos previstos na Lei, e o tempo destinado aos ensaios dos músicos não é computado como de serviço efetivo.

D) A permanência do tripulante a bordo do navio, no período de repouso, além da jornada, importa presunção de que esteja à disposição do empregador ou em regime de prorrogação de horário.

E) Para os empregados ferroviários de estações do interior assim classificadas por autoridade competente, cujo serviço for de natureza intermitente ou de pouca intensidade, não se aplicam os preceitos gerais sobre duração do trabalho, não sendo devidas horas extras.

↓RESPOSTA

Alternativa Letra E.

Súmula nº 61 do TST.

02. (Juiz do Trabalho Substituto – TRT 3ª região/ 2013) Com base na jurisprudência dominante do Tribunal Superior do Trabalho, assinale a alternativa incorreta:

A) Aos ferroviários que trabalham em estação do interior, assim classificada por autoridade competente, são devidas horas extras.

B) É valida, em caráter excepcional, a jornada de doze horas de trabalho por trinta e seis de descanso, prevista em lei ou ajustada exclusivamente mediante acordo coletivo de trabalho ou convenção coletiva de trabalho, assegurada a remuneração em dobro dos feriados trabalhados. O empregado não tem direito ao pagamento de adicional referente ao labor prestado na décima primeira e décima segunda horas.

C) No regime de revezamento, as horas trabalhadas em seguida ao repouso semanal de 24 horas, com prejuízo do intervalo mínimo de 11 horas consecutivas para descanso entre jornadas, devem ser remuneradas como extraordinárias, inclusive com o respectivo adicional.

D) A supressão total ou parcial, pelo empregador, de serviço suplementar prestado com habitualidade, durante pelo menos 1 (um) ano, assegura ao empregado o direito à indenização correspondente ao valor de 1 (um) mês das horas suprimidas, total ou parcialmente, para cada ano ou fração igual ou superior a seis meses de prestação de serviço acima da jornada normal. O cálculo observará a média das horas suplementares nos últimos 12 (doze) meses anteriores à mudança, multiplicada pelo valor da hora extra do dia da supressão.

E) Os empregados de empresas distribuidoras e corretoras de títulos e valores mobiliários não têm direito à jornada especial dos bancários.

↓RESPOSTA

Alternativa Letra A.

Súmula nº 61 do TST.

03. (Juiz do Trabalho Substituto – TRT 8ª região/ 2012) Segundo as Súmulas do Tribunal Superior do Trabalho, assinale a alternativa CORRETA:

A) Integra a remuneração do bancário a vantagem pecuniária por ele auferida na colocação ou na venda de papéis ou valores mobiliários de quaisquer outras empresas, se exercida essa atividade com o consentimento, tácito ou expresso, do banco empregador.

B) Aos ferroviários que trabalham em estação do interior, assim classificada por autoridade competente, não são devidas horas extras (art. 243 da CLT).

C) As faltas ou ausências decorrentes de acidente do trabalho são consideradas para os efeitos de duração de férias e cálculo da gratificação natalina.

D) O trabalho executado em condições insalubres, em caráter intermitente, autoriza o pagamento do adicional de insalubridade de forma proporcional ao tempo de exposição ao risco.

E) As empresas de crédito, financiamento ou investimento, também denominadas financeiras, não se equiparam aos estabelecimentos bancários para os efeitos da duração normal do trabalho dos empregados em bancos.

↓RESPOSTA

Alternativa Letra B.

Súmula nº 61 do TST.

04. (Juiz do Trabalho Substituto - TRT 14ª região/ 2011) Ainda sobre profissões regulamentadas, conforme legislação aplicável e o entendimento sumulado do TST, assinale a alternativa correta.

A) Conforme dispõe a Lei 9.615/98 (Lei Pelé), em relação ao contrato do atleta profissional a mora contumaz não será considerada pelo não recolhimento do FGTS e das contribuições previdenciárias.

B) Para o ferroviário, considera-se de "sobreaviso" o trabalhador que ficar nas dependências da estrada de ferro, aguardando ordens na escala máxima de 12 (doze) horas, sendo que tais horas serão contadas à razão de 2/3 (dois terços) do salário-hora normal.

C) Para os empregados ferroviários de estações do interior, cujo serviço for de natureza intermitente ou de pouca intensidade, não se aplicam os preceitos gerais sobre duração do trabalho, não sendo devidas horas extras.

D) A permanência do tripulante a bordo do navio, no período de repouso, além da jornada, importa presunção de que esteja à disposição do empregador ou em regime de prorrogação de horário.

E) O trabalho no subsolo somente será permitido a homens, com idade compreendida entre 18 (dezoito) e 50 (cinquenta) anos, assegurada a transferência para a superfície por motivo de saúde, nos termos da lei.

↓RESPOSTA

Alternativa Letra C.
Súmula nº 61 do TST e artigo 243 CLT.

5. TURNOS ININTERRUPTOS DE REVEZAMENTO

SÚMULA Nº 423 DO TST

Turno ininterrupto de revezamento. Fixação de jornada de trabalho mediante negociação coletiva. Validade.

Estabelecida jornada superior a seis horas e limitada a oito horas por meio de regular negociação coletiva, os empregados submetidos a turnos ininterruptos de revezamento não têm direito ao pagamento da 7ª e 8ª horas como extras.

OJ Nº 420 DA SDI - I DO TST

Turnos ininterruptos de revezamento. Elastecimento da jornada de trabalho. Norma coletiva com eficácia retroativa. invalidade.

É inválido o instrumento normativo que, regularizando situações pretéritas, estabelece jornada de oito horas para o trabalho em turnos ininterruptos de revezamento

OJ Nº 360 DA SDI - I DO TST

Turno ininterrupto de revezamento. Dois turnos. Horário diurno e noturno. Caracterização

Faz jus à jornada especial prevista no art. 7º, XIV, da CF/1988 o trabalhador que exerce suas atividades em sistema de alternância de turnos, ainda que em dois turnos de trabalho, que compreendam, no todo ou em parte, o horário diurno e o noturno, pois submetido à alternância de horário prejudicial à saúde, sendo irrelevante que a atividade da empresa se desenvolva de forma ininterrupta.

SÚMULA Nº 360 DO TST

Turnos ininterruptos de revezamento. Intervalos intrajornada e semanal

A interrupção do trabalho destinada a repouso e alimentação, dentro de cada turno, ou o intervalo para repouso semanal, não descaracteriza o turno de revezamento com jornada de 6 (seis) horas previsto no art. 7º, XIV, da CF/1988.

OJ Nº 395 DA SDI - I DO TST

Turno ininterrupto de revezamento. Hora noturna reduzida. Incidência.

O trabalho em regime de turnos ininterruptos de revezamento não retira o direito à hora noturna reduzida, não havendo incompatibilidade entre as disposições contidas nos arts. 73, § 1º, da CLT e 7º, XIV, da Constituição Federal.

OJ Nº 275 DA SDI - I DO TST

Turno ininterrupto de revezamento. Horista. Horas extras e adicional. Devidos

Inexistindo instrumento coletivo fixando jornada diversa, o empregado horista submetido a turno ininterrupto de revezamento faz jus ao pagamento das horas extraordinárias laboradas além da 6ª, bem como ao respectivo adicional.

OJ Nº 396 DA SDI – I DO TST

Turnos ininterruptos de revezamento. Alteração da jornada de 8 para 6 horas diárias. Empregado horista. Aplicação do divisor 180.

Para o cálculo do salário hora do empregado horista, submetido a turnos ininterruptos de revezamento, considerando a alteração da jornada de 8 para 6 horas diárias, aplica-se o divisor 180, em observância ao disposto no art. 7º, VI, da Constituição Federal, que assegura a irredutibilidade salarial.

OJ Nº 274 DA SDI – I DO TST

Turno ininterrupto de revezamento. Ferroviário. Horas extras. Devidas

O ferroviário submetido a escalas variadas, com alternância de turnos, faz jus à jornada especial prevista no art. 7º, XIV, da CF/1988.

SÚMULA Nº 391 DO TST

Petroleiros. Lei nº 5.811/1972. Turno ininterrupto de revezamento. Horas extras e alteração da jornada para horário fixo

I – A Lei nº 5.811/1972 foi recepcionada pela CF/88 no que se refere à duração da jornada de trabalho em regime de revezamento dos petroleiros.

II – A previsão contida no art. 10 da Lei nº 5.811/1972, possibilitando a mudança do regime de revezamento para horário fixo, constitui alteração lícita, não violando os arts. 468 da CLT e 7º, VI, da CF/1988.

⊙ QUESTÕES

01. (FCC – Técnico Judiciário – Área Administrativa – TRT 23/2016) Estabelecida jornada superior a seis horas e limitada a oito horas por meio de regular negociação coletiva, os empregados submetidos a turnos ininterruptos de revezamento

(A) têm direito ao pagamento da 7a e 8a horas como extras, sendo devido o referido adicional em sua integralidade.

(B) não têm direito ao pagamento da 7a e 8a horas como extras.

(C) têm direito ao pagamento apenas da 7a hora como extra.

(D) têm direito ao pagamento apenas da 8a hora como extra.

(E) têm direito ao pagamento da 7a e 8a horas como extras, sendo devido apenas 50% do referido adicional.

RESPOSTA

Alternativa Letra B.

Súmula nº 423 do TST.

02. (Cespe – Analista Judiciário – Judicial – TRT 17/2013) Julgue os próximos itens, relativos aos direitos trabalhistas.

1) A jornada máxima de seis horas diárias de trabalho, estabelecida por norma constitucional para o regime de revezamento ininterrupto de turnos, pode, por meio de convenção ou acordo coletivo, ser majorada para oito horas diárias, devendo-se a sétima e a oitava horas serem pagas como horas extraordinárias.

RESPOSTA

Item errado.
Súmula nº 423, TST.

03. (FCC – TRT 6 – Técnico Judiciário – Área Administrativa/ 2012) Na hipótese de se estabelecer jornada de oito horas, por meio de regular negociação coletiva, os empregados submetidos a turnos ininterruptos de revezamento

A) têm direito ao pagamento da 8ª hora com acréscimo de, no mínimo, 50% sobre a hora normal.

B) têm direito ao pagamento da 7ª e 8ª horas com acréscimo de, no mínimo, 60% sobre a hora normal.

C) têm direito ao pagamento da 7ª e 8ª horas com acréscimo de 50% sobre a hora normal.

D) não têm direito ao pagamento da 7ª e 8ª horas como horas extras.

E) têm direito ao pagamento da 8ª hora com acréscimo de 30% sobre a hora normal.

↓ RESPOSTA

Alternativa Letra D.
Súmula nº 423 do TST.

04. (Exame de Ordem 2011.2 – FGV) João da Silva, empregado da empresa Alfa Ltda., exerce suas atribuições funcionais em dois turnos de trabalho alternados de oito horas cada, que compreendem o horário diurno e o noturno. Considerando que a atividade de seu empregador não se desenvolve de forma ininterrupta e que não existe norma coletiva disciplinando a jornada de trabalho, assinale a alternativa correta.

A) João não tem direito ao pagamento de horas extras e à redução da hora noturna.

B) João tem direito ao pagamento de horas extras, mas não tem direito à redução da hora noturna.

C) João não tem direito ao pagamento de horas extras, mas tem direito à redução da hora noturna.

D) João tem direito ao pagamento de horas extras e à redução da hora noturna.

↓ RESPOSTA

Alternativa Letra D.
Súmula nº 423 do TST e Orientações Jurisprudenciais nº 360 e 395 da SDI-I.

05. (ESAF – MTE – Auditor-Fiscal do Trabalho/2006) Quanto ao turno ininterrupto de revezamento, é correto afirmar que:

A) o turno de revezamento tem adoção restrita aos petroleiros.

B) a adoção de turno ininterrupto de revezamento na empresa depende de negociação coletiva.

C) o intervalo intrajornada descaracteriza o turno ininterrupto de revezamento.

D) o intervalo para descanso semanal descaracteriza o turno ininterrupto de revezamento.

E) mediante negociação coletiva, é válida a fixação de jornada superior a seis horas para turno ininterrupto de revezamento.

↓ RESPOSTA

Alternativa Letra E.
Súmula nº 423 do TST.

06. (TRT 8 – Juiz do Trabalho Substituto 8ª região/ 2013) No que pertine à duração do trabalho, é INCORRETO afirmar que:

A) Ao considerar como tempo de serviço o período em que o empregado esteja à disposição do empregador ou aguardando ordens, a legislação brasileira afastou, como critério para fixação da jornada, o tempo efetivamente trabalhado.

B) Segundo entendimento consolidado do Tribunal Superior do Trabalho, quanto aos critérios especiais de fixação de jornada, o uso de instrumentos telemáticos ou informatizados fornecidos pela empresa ao empregado, por si só, não caracteriza o regime de sobreaviso. Considera-se em sobreaviso o empregado que, à distância e submetido a controle patronal por instrumentos telemáticos ou informatizados, permanecer em regime de plantão ou equivalente, aguardando a qualquer momento o chamado para o serviço durante o período de descanso.

C) O legislador brasileiro considerou que apenas as variações até cinco minutos, totalizando 10 minutos, não serão consideradas para qualquer efeito, isto é, somente a partir do limite de 5 minutos, no começo e no fim da jornada, o tempo lançado no cartão de ponto será considerado à disposição do empregador.

D) Considera-se trabalho em regime de tempo parcial aquele cuja duração não exceda a 25 horas semanais. A contratação de trabalhador sob o regime de tempo parcial resultará de ajuste direto entre ele e o empregador, porém para aqueles empregados que já estavam laborando no regime antigo, a alteração contratual, visando a fixação de jornada inferior, somente poderá ocorrer na conformidade do estipulado em acordo ou convenção coletiva.

E) Turno ininterrupto de revezamento consiste no sistema de trabalho que coloque o empregado, alternadamente, em cada semana, quinzena ou mês, em contato com as diversas fases do dia e da noite, cobrindo as 24 horas integrantes da composição dia/noite. Todavia, a existência de intervalos intrajornada prejudica a tipificação da figura jurídica, em face da ideia de falta de interrupção dos turnos que existe em tal sistema.

↓RESPOSTA

Alternativa Letra E.
Súmula nº 360 do TST.

07. (TRT 14 – Juiz do Trabalho Substituto 14ª região/ 2013) Assinale a alternativa INCORRETA:

A) Segundo a jurisprudência dominante do Tribunal Superior do Trabalho, para o cálculo das horas extras prestadas pelos trabalhadores portuários, observar-se-á somente o salário básico percebido, excluídos os adicionais de risco e produtividade.

B) Segundo a jurisprudência dominante do Tribunal Superior do Trabalho, os tempos vagos (janelas) em que o professor ficar à disposição do curso serão remunerados como aula, no limite de 1 (uma) hora diária por unidade.

C) Segundo a jurisprudência dominante do Tribunal Superior do Trabalho, a previsão contida no art. 10 da Lei nº 5.811/1972, que trata dos petroleiros e possibilita a mudança do regime de revezamento para horário fixo, constitui alteração ilícita do contrato de trabalho, violando os artigos 468 da CLT e 7º, VI, da CF/1988.

D) Segundo a jurisprudência dominante do Tribunal Superior do Trabalho, o empregado que trabalha em empresa de reflorestamento, cuja atividade está diretamente ligada ao manuseio da terra e de matéria prima, é rurícola e não industriário, pouco importando que o fruto de seu trabalho seja destinado à indústria.

E) Segundo a jurisprudência dominante do Tribunal Superior do Trabalho, aos ferroviários que trabalham em estação do interior, assim classificadas por autoridade competente, não são devidas horas extras.

↓RESPOSTA

Alternativa Letra C.
Súmula nº 391, II, do TST.

08. (CESPE – Juiz do Trabalho Substituto 5ª região/2013) No que se refere à atuação das entidades sindicais, assinale a opção correta com base no disposto na CF.

A) A base territorial mínima dos sindicatos brasileiros é de três municípios, distantes, no máximo, 100 km um do outro.

B) Embora haja previsão constitucional de jornada máxima de seis horas para o empregado que exerça suas atividades em turnos ininterruptos de revezamento, os sindicatos, por meio de negociação coletiva de trabalho, podem estabelecer jornada de oito horas para esses empregados, sem o pagamento da sétima e da oitava hora como extras.

C) Não é necessária negociação coletiva para instituição de banco de horas em empresas em que a jornada seja de doze horas de trabalho por trinta e seis horas de descanso.

D) Ao sindicato não cabe negociar questões inferiores às previstas em lei.

E) Os sindicatos representantes de todas as categorias dos empregados podem negociar intervalo intrajornada menor que o legalmente previsto, uma vez que esse intervalo não é computado na jornada de trabalho dos empregados.

↓RESPOSTA

Alternativa Letra B.
Art. 7º, inciso XIV, CF/88 e
Súmula nº 423 do TST.

09. (TRT 14 – Juiz do Trabalho Substituto 14ª região/2013) Sobre negociação coletiva de trabalho, assinale a opção INCORRETA:

A) Segundo a jurisprudência dominante do Tribunal Superior do Trabalho, é válido o instrumento normativo que, regularizando situações pretéritas, estabelece jornada de oito horas para o trabalho em turnos ininterruptos de revezamento.

B) Segundo a jurisprudência dominante do Tribunal Superior do Trabalho, não constitui óbice à equiparação salarial a existência de plano de cargos e salários que, referendado por norma coletiva, prevê critério de promoção apenas por merecimento ou antiguidade, não atendendo, portanto, o requisito de alternância dos critérios, previsto no art. 461, § 2°, da CLT.

C) Segundo a jurisprudência dominante do Tribunal Superior do Trabalho, a pactuação em norma coletiva conferindo caráter indenizatório à parcela "auxílio-alimentação" ou a adesão posterior do empregador ao Programa de Alimentação do Trabalhador - PAT - não altera a natureza salarial da verba, instituída em momento anterior, para aqueles empregados que, de forma habitual, já percebiam o benefício.

D) Segundo a jurisprudência dominante do Tribunal Superior do Trabalho, uma vez estabelecida jornada superior a seis horas e limitada a oito horas por meio de regular negociação coletiva, os empregados submetidos a turnos ininterruptos de revezamento não tem direito ao pagamento da 7a e 8a horas como extras.

E) Segundo a jurisprudência dominante do Tribunal Superior do Trabalho, as cláusulas normativas dos acordos coletivos ou convenções coletivas integram os contratos individuais de trabalho e somente poderão ser modificadas ou suprimidas mediante negociação coletiva de trabalho.

RESPOSTA

Alternativa Letra A.
OJ nº 420 da SDI-1 do TST.

10. (Juiz do Trabalho Substituto - TRT 15ª região/ 2012) Relativamente à jornada de trabalho, analise as assertivas que seguem e, após responda:

I. Ao trabalhador rurícola menor, atuando no ramo da pecuária, é vedado o trabalho após as 20h00.

II. É possível e legalmente admissível substituir-se a redução da jornada de trabalho no período do aviso prévio pelo pagamento, como extras, das horas correspondentes à redução.

III. Segundo entendimento jurisprudencial do E. TST, os casos de labor em turnos ininterruptos de revezamento não dão ensejo à redução da hora noturna prevista no art. 73, da CLT.

IV. Estabelecida jornada superior a seis horas e limitada a oito horas por meio de regular negociação coletiva, os empregados submetidos a turnos ininterruptos de revezamento não têm direito ao pagamento da 7ª e 8a horas como extras.

V. A contratação do serviço suplementar, quando da admissão do trabalhador bancário, é nula. Os valores, assim ajustados apenas remuneram a jornada normal, sendo devidas as horas extras com o adicional de, no mínimo 50% (cinquenta por cento), as quais não configuram pré-contratação se pactuadas após a admissão do bancário.

A) Estão corretas apenas as assertivas II, III e V.

B) Estão, erradas apenas as afirmações I, III e V.

C) Estão corretas apenas as afirmações I, IV V.

D) Está correta apenas a afirmação V.

E) Está correta apenas a afirmação I.

RESPOSTA

Alternativa Letra C.
I – artigos 7º e 8º da Lei nº 5.889/73.
IV – Súmula nº 423 do TST.
V – Súmula nº 199, I do TST.

11. (Juiz do Trabalho Substituto - TRT 15ª região/ 2012) Aponte a alternativa incorreta, tomando-se por base as Orientações Jurisprudenciais do Colendo TST.

A) O art. 195 da CLT não faz qualquer distinção entre o médico e o engenheiro para efeito de caracterização e classificação da insalubridade e periculosidade, bastando para a elaboração do laudo seja o profissional devidamente qualificado.

B) A redução da carga horária do professor, em virtude da diminuição do número de alunos, não constitui alteração contratual, uma vez que não implica redução do valor da hora-aula.

C) O ferroviário submetido a escalas variadas, com alternância de turnos, não faz jus à jornada especial prevista no art. 7º, XIV, da CF/1988 (turnos ininterruptos de revezamento).

D) A jornada reduzida de que trata o art. 227 da CLT não é aplicável, por analogia ao operador de televendas, que não exerce suas atividades exclusivamente como telefonista, pois, naquela função, não opera mesa de transmissão fazendo uso apenas dos telefones comuns para atender e fazer as ligações exigidas no exercício da função.

E) A partir da vigência da Lei nº 10.243, de 19.06.2001, que acrescentou o § 1º ao art. 58 da CLT, não mais prevalece cláusula prevista em convenção ou acordo coletivo que elastece o limite de 5 minutos que antecedem e sucedem a jornada de trabalho para fins de apuração das horas extras.

↓RESPOSTA

Alternativa Letra C.
OJ nº 274 da SDI-I.

12. (Juiz do Trabalho Substituto – TRT 14ª região/ 2011) Considerando a lei e o entendimento sumulado do TST, assinale a alternativa correta.

A) O trabalho noturno dos empregados nas atividades de exploração, perfuração, produção e refinação do petróleo, industrialização do xisto, indústria petroquímica e transporte de petróleo e seus derivados, por meio de dutos, é regulado pela Lei nº 5.811, de 11.10.1972, sendo-lhe aplicada a hora reduzida de 52 minutos e 30 segundos prevista no art. 73, § 2º, da CLT.

B) A interrupção do trabalho destinada a repouso e alimentação, dentro de cada turno, ou o intervalo para repouso semanal, não descaracteriza o turno de revezamento com jornada de 6 (seis) horas previsto no art. 7º, XIV, da CF/1988.

C) O adicional de periculosidade, pago em caráter permanente, integra o cálculo de indenização e de horas extras, inclusive das horas de sobreaviso.

D) O professor que recebe salário mensal à base de hora-aula tem direito ao acréscimo de 1/6 a título de repouso semanal remunerado, considerando-se para esse fim o mês de quatro semanas.

E) O sábado do bancário é dia útil não trabalhado, não dia de repouso remunerado, razão pela qual, cabe a repercussão do pagamento de horas extras habituais em sua remuneração.

↓RESPOSTA

Alternativa Letra B.
Súmula nº 360 do TST.

13. (Juiz do Trabalho Substituto – TRT 15ª região/ 2011) A respeito do trabalho em regime de revezamento, assinale a alternativa incorreta:

A) faz jus à jornada especial de 6 (seis) horas diárias o trabalhador que exerce suas atividades em sistema de alternância de horários, ainda que em dois turnos de trabalho, que compreendam, no todo ou em parte, o horário diurno e o noturno;

B) a interrupção do trabalho destinada a repouso e alimentação, dentro de cada turno, ou o intervalo para repouso semanal, não descaracteriza o turno de revezamento com jornada de 6 (seis) horas previsto no art. 7º, XIV, da CF/1988;

C) estabelecida jornada superior a 6 (seis) horas e limitada a 8 (oito) horas por meio de regular negociação coletiva, os empregados submetidos a turnos ininterruptos de revezamento não têm direito ao pagamento da 7ª e 8ª horas como extras;

D) no regime de revezamento, as horas trabalhadas em seguida ao repouso semanal de 24 (vinte e quatro) horas, com prejuízo do intervalo mínimo de 11 (onze) horas consecutivas para descanso entre jornadas, devem ser remuneradas como extraordinárias, inclusive com o respectivo adicional;

E) o trabalho em regime de turnos ininterruptos de revezamento é incompatível com o cômputo reduzido da hora noturna.

↓RESPOSTA

Alternativa Letra E.
OJ nº 395 da SDI-I.

14. (MPT – Procurador do Trabalho/2015) Leia e analise as assertivas abaixo:

1) A prorrogação do horário normal de trabalho da mulher deve ser precedida de intervalo de 15 (quinze) minutos no mínimo.

2) Por acordo individual de trabalho, o empregador poderá instituir a jornada de 8 (oito) horas diárias para os turnos ininterruptos de revezamento.

3) É possível instituir jornada inferior à legal por contrato coletivo celebrado entre a central sindical com confederação patronal para a sua base de representação.

4) Poderá haver prorrogação da jornada legal ou contratual para atendimento de necessidade imperiosa, desde que haja acordo ou convenção coletivos de trabalho e aviso à autoridade competente em 10 (dez) dias.

Marque a alternativa CORRETA:

a) apenas a assertiva 1 está correta;

b) apenas as assertivas 2 e 3 estão corretas;

c) apenas as assertivas 1 e 4 estão incorretas;

d) todas as assertivas estão incorretas.

e) Não respondida.

RESPOSTA

Alternativa Letra A.
I – art. 384 da CLT
II – Súmula nº 423 do TST
III – art. 1º da Lei nº 11.648/2008
IV – art. 61 da CLT

6. TRABALHO NOTURNO

OJ Nº 127 DA SDI - I DO TST

Hora noturna reduzida. Subsistência após a CF/1988

O art. 73, § 1º da CLT, que prevê a redução da hora noturna, não foi revogado pelo inciso IX do art. 7º da CF/1988

SÚMULA Nº 265 DO TST

Adicional noturno. Alteração de turno de trabalho. Possibilidade de supressão

A transferência para o período diurno de trabalho implica a perda do direito ao adicional noturno.

OJ Nº 388 DA SDI - I DO TST

Jornada 12x36. Jornada mista que compreenda a totalidade do período noturno. Adicional noturno. Devido.

O empregado submetido à jornada de 12 horas de trabalho por 36 de descanso, que compreenda a totalidade do período noturno, tem direito ao adicional noturno, relativo às horas trabalhadas após as 5 horas da manhã.

SÚMULA Nº 112 DO TST

Trabalho noturno. Petróleo

O trabalho noturno dos empregados nas atividades de exploração, perfuração, produção e refinação do petróleo, industrialização do xisto, indústria petroquímica e transporte de petróleo e seus derivados, por meio de dutos, é regulado pela Lei 5.811/72, não se lhe aplicando a hora reduzida de 52 (cinquenta e dois) minutos e 30 (trinta) segundos do art. 73, § 2º, da CLT.

OJ Nº 60 DA SDI - I DO TST

Portuários. Hora noturna. Horas extras. (Lei nº 4.860/65, arts. 4º e 7º, § 5º)

I – A hora noturna no regime de trabalho no porto, compreendida entre dezenove horas e sete horas do dia seguinte, é de sessenta minutos.

II – Para o cálculo das horas extras prestadas pelos trabalhadores portuários, observar-se-á somente o salário básico percebido, excluídos os adicionais de risco e produtividade.

QUESTÕES

01. (FCC - Analista Judiciário - Administrativa - TRT 5/2013) Conforme normas contidas na Constituição Federal e na Consolidação das Leis do Trabalho,

A) é considerado trabalho em regime de tempo parcial aquele cuja duração não exceda a 30 horas semanais.

B) a duração normal do trabalho poderá ser acrescida por até quatro horas suplementares por dia, mediante acordo verbal ou escrito entre empregado e empregador.

C) os empregados sob o regime de tempo parcial poderão prestar até duas horas extras por dia, desde que haja ajuste por meio de norma coletiva.

D) a hora do trabalho noturno será computada como de 52 minutos e 30 segundos.

E) as variações de horário no registro de ponto não excedentes de cinco minutos, observado o limite máximo de dez minutos diários, serão descontadas, bem como computadas como jornada extraordinária.

↓RESPOSTA

Alternativa Letra D.
Art. 73, § 1º, CLT e Súmula nº 112 do TST.

02. (TRT 8 - Juiz do Trabalho Substituto 8ª região/2015) A respeito de alteração contratual e considerando a jurisprudência consolidada do TST, analise as proposições abaixo e assinale a alternativa CORRETA:

I - Em caso de necessidade de serviço o empregador poderá transferir temporariamente empregado para localidade diversa da que resultar do contrato, estando dispensado do pagamento de adicional de transferência.

II - A redução da carga horária do professor, em razão da diminuição do número de alunos, constitui alteração ilícita do contrato de trabalho.

III - A transferência para o período diurno de trabalho implica a perda do direito ao adicional noturno.

IV - A supressão total ou parcial, pelo empregador, de serviço suplementar prestado com habitualidade, durante pelo menos 1 (um) ano, assegura ao empregado o direito à indenização correspondente ao valor de 1 (um) mês das horas suprimidas, total ou parcialmente, para cada ano ou fração igual ou superior a seis meses de prestação de serviço acima da jornada normal. O cálculo observará a média das horas suplementares nos últimos 12 (doze) meses anteriores à mudança, multiplicada pelo valor da hora extra do dia da supressão.

V - Havendo a coexistência de dois ou mais regulamentos da empresa, a opção do empregado por um deles tem efeito jurídico de renúncia às regras do sistema do outro, salvo se lhe forem mais prejudiciais.

a) Somente as alternativas III e IV estão corretas.

b) Somente as alternativas I, III e IV estão corretas.

c) Somente as alternativas II, III e V estão corretas.

d) Somente as alternativas II e III estão corretas.

e) Somente as alternativas III, IV e V estão corretas.

↓RESPOSTA

Alternativa Letra A.
I – art. 469, § 3º, CLT
II – OJ nº 244 da ADI-I do TST
III – Súmula nº 265 do TST
IV – Súmula nº 291 do TST
V – Súmula nº 51, II, do TST

03. (Juiz do Trabalho Substituto – TRT 3ª região/ 2012) Acerca da alteração do contrato de trabalho, leia as afirmações abaixo e, em seguida, assinale a alternativa correta, de acordo com a jurisprudência cristalizada do Tribunal Superior do Trabalho:

I. As cláusulas regulamentares, que revoguem ou alterem vantagens deferidas anteriormente, só atingirão os trabalhadores admitidos após a revogação ou alteração do regulamento, salvo se mais benéficas aos demais empregados.

II. Havendo a coexistência de dois ou mais regulamentos da empresa, a opção do empregado por um deles tem efeito jurídico de renúncia às regras do sistema do outro, salvo se lhe forem mais prejudiciais.

III. A redução da carga horária do professor, em virtude da diminuição do número de alunos, constitui alteração contratual, uma vez que implica redução do valor da remuneração mensal.

IV. O retorno do servidor público celetista (administração direta, autárquica e fundacional) à jornada inicialmente contratada não é lícito, sendo a sua jornada definida em lei e no contrato de trabalho firmado entre as partes.

V. A transferência para o período diurno de trabalho implica a perda do direito ao adicional noturno.

A) Somente as afirmativas III e V estão corretas.

B) Somente as afirmativas I, II e V estão corretas.

C) Somente as afirmativas I, III e V estão corretas.

D) Somente as afirmativas I, II, III e IV estão corretas.

E) Somente a afirmativa V está correta.

↓RESPOSTA

Alternativa Letra E.
V – Súmula nº 265 do TST.

04. (MPT – Procurador do Trabalho/2015) Sobre os trabalhadores portuários analise as assertivas abaixo:

1) Os trabalhadores portuários que operam terminal privativo fazem jus ao adicional de risco previsto em lei.

2) A hora noturna no regime de trabalho no porto compreendida entre dezenove horas e sete horas do dia seguinte é de cinquenta e três minutos e trinta segundos.

3) Para o cálculo das horas extras prestadas pelo trabalhador portuário, será observado o salário básico percebido, excluindo-se os adicionais de risco e produtividade.

Marque a alternativa CORRETA:

a) todas as assertivas estão corretas;

b) apenas as assertivas 2 e 3 estão corretas;

c) apenas a assertiva 3 está correta;

d) apenas as assertivas 1 e 2 estão corretas.

e) Não respondida.

↓RESPOSTA

Alternativa Letra C.
I – OJ nº 402 da SDI-I do TST.
II – OJ nº 60, I, da SDI-I do TST.
III – OJ nº 60, II, da SDI-I do TST

7. COMPENSAÇÃO DE JORNADA

SÚMULA Nº 85 DO TST

Compensação de jornada

I – A compensação de jornada de trabalho deve ser ajustada por acordo individual escrito, acordo coletivo ou convenção coletiva.

II – O acordo individual para compensação de horas é válido, salvo se houver norma coletiva em sentido contrário.

III – O mero não-atendimento das exigências legais para a compensação de jornada, inclusive quando encetada mediante acordo tácito, não implica a repetição do pagamento das horas excedentes à jornada normal diária, se não dilatada a jornada máxima semanal, sendo devido apenas o respectivo adicional.

IV – A prestação de horas extras habituais descaracteriza o acordo de compensação de jornada. Nesta hipótese, as horas que ultrapassarem a jornada semanal normal deverão ser pagas como horas extraordinárias e, quanto àquelas destinadas à compensação, deverá ser pago a mais apenas o adicional por trabalho extraordinário.

V – As disposições contidas nesta súmula não se aplicam ao regime compensatório na modalidade "banco de horas", que somente pode ser instituído por negociação coletiva.

VI - Não é válido acordo de compensação de jornada em atividade insalubre, ainda que estipulado em norma coletiva, sem a necessária inspeção prévia e permissão da autoridade competente, na forma do art. 60 da CLT.

SÚMULA Nº 444 DO TST

Jornada de trabalho. Escala 12 por 36. Validade

É valida, em caráter excepcional, a jornada de 12 horas de trabalho por trinta e seis de descanso, prevista em lei ou ajustada exclusivamente mediante acordo coletivo de trabalho ou convenção coletiva de trabalho, assegurada a remuneração em dobro dos feriados trabalhados. O empregado não tem direito ao pagamento de adicional referente ao labor prestado na décima primeira e décima segunda horas.

OJ Nº 323 DA SDI - I DO TST

Acordo de compensação de jornada. "Semana espanhola". Validade

É válido o sistema de compensação de horário quando a jornada adotada é a denominada "semana espanhola", que alterna a prestação de

48 horas em uma semana e 40 horas em outra, não violando os arts. 59, § 2º, da CLT e 7º, XIII, da CF/1988 o seu ajuste mediante acordo ou convenção coletiva de trabalho.

⊙ QUESTÕES

01. (FCC – Analista Judiciário – Área Judiciária – TRT 14/2016) Para trabalhadores que fazem a jornada legal prevista no artigo 7º, inciso XIII da Constituição Federal, a compensação de jornada denominada "banco de horas" sem a remuneração de horas suplementares e observada a soma das jornadas semanais de trabalho previstas, será legalmente possível, desde que mediante:

a) acordo individual, observado o período máximo de um mês e não seja ultrapassado o limite máximo de 12 horas diárias.

b) acordo judicial, observado o período máximo de um ano e não seja ultrapassado o limite máximo de 12 horas diárias.

c) acordo individual, observado o período máximo de seis meses e não seja ultrapassado o limite máximo de 8 horas diárias.

d) acordo coletivo de trabalho ou convenção coletiva de trabalho, observado o período máximo de dois anos e não seja ultrapassado o limite máximo de 10 horas diárias.

e) convenção coletiva de trabalho ou acordo coletivo de trabalho, observado o período máximo de um ano e não ultrapasse o limite máximo de 10 horas diárias.

RESPOSTA

Alternativa Letra E.

Súmula nº 85, V, do TST e art. 59, § 2º, CLT.

02. (Cespe – Analista Judiciário – Área Judiciária – TRT 8/2013) Em relação aos direitos constitucionais dos trabalhadores, assinale a opção correta.

A) Embora a CF disponha que a duração do trabalho normal não deva superar oito horas diárias e quarenta e quatro semanais, o TST admite a jornada de doze horas de trabalho por trinta e seis de descanso, prevista em lei ou ajustada por acordo coletivo de trabalho ou convenção coletiva de trabalho.

B) Segundo a CF, a relação de emprego é protegida contra a despedida sem justa causa, que ocorre quando o empregado pratica um ato faltoso que acarreta o rompimento do pacto de emprego.

C) O seguro-desemprego, direito trabalhista previsto na CF, tem por finalidade prover assistência financeira temporária ao trabalhador desempregado em virtude de dispensa sem justa causa, não se aplicando à despedida indireta.

D) O constituinte federal assegurou aos empregados domésticos, independentemente de condições estabelecidas em lei, que a remuneração do trabalho noturno seja superior à do diurno.

E) A remuneração do serviço extraordinário deverá ser cinquenta por cento superior à do normal, não podendo norma coletiva estabelecer percentual maior que o previsto constitucionalmente.

RESPOSTA

Alternativa Letra A.

Súmula nº 444 do TST.

03. (FCC – Analista Judiciário – Judiciária – TRT 1/2013) De acordo com o entendimento sumulado do TST, em relação à compensação de jornada é correto afirmar:

A) O regime compensatório na modalidade "banco de horas" somente pode ser instituído por negociação coletiva.

B) A prestação de horas extras habituais não descaracteriza o acordo de compensação de jornada.

C) O acordo individual para compensação na modalidade "banco de horas" é válido, salvo se houver norma coletiva em sentido contrário.

D) É válido acordo tácito para compensação de jornada, exceto na modalidade "banco de horas".

E) A descaracterização do acordo de compensação em razão da prestação de horas extras habituais implica o pagamento em dobro das horas excedentes à jornada normal, inclusive em relação às que tenham sido compensadas.

↓ RESPOSTA

Alternativa Letra A.
Súmula nº 85, V do TST.

04. (Exame de Ordem 2012.1 – FGV) Com relação às normas de duração do trabalho, assinale a alternativa correta.

A) A concessão de intervalos para repouso e alimentação durante a jornada de seis horas descaracteriza o regime de turno ininterrupto de revezamento.

B) Considera-se de "prontidão" o empregado que permanecer em sua própria casa, aguardando a qualquer momento o chamado para o serviço, com escala de, no máximo, vinte e quatro horas, sendo contadas as respectivas horas à razão de 1/3 (um terço) do salário normal.

C) A compensação de jornada de trabalho pode ser ajustada por acordo individual escrito, acordo coletivo ou convenção coletiva.

D) A mera insuficiência de transporte público regular enseja o pagamento de horas in itinere.

↓ RESPOSTA

Alternativa Letra C.
Súmula nº 85, I do TST.

05. (ESAF – MTE – Auditor-Fiscal do Trabalho/2010) Certo empregado celebrou, com o respectivo empregador, acordo escrito de compensação de jornada. Entretanto, após a pactuação, o acordo foi reiteradamente descumprido, diante da prestação habitual de horas extras, inclusive acima do limite previsto no acordo, sem que houvesse qualquer compensação de horário. Considerando as normas relativas à jornada de trabalho, a situação hipotética descrita e a jurisprudência do Tribunal Superior do Trabalho, assinale a opção correta.

A) O acordo de compensação de jornada poderia ter sido firmado tacitamente entre empregado e empregador, o que não afetaria sua validade.

B) A prestação habitual de horas extras descaracteriza o acordo de compensação de horário, tendo o empregado direito ao pagamento como horas extraordinárias das que ultrapassarem a duração semanal normal.

C) É requisito de validade do acordo de compensação de jornada a previsão de que, em caso de não-compensação das horas excedentes, o empregado terá direito a percebê-las com o adicional de no mínimo 75% (setenta e cinco por cento) do valor da hora normal de trabalho.

D) O acordo individual de compensação de horário é inválido, exigindo a legislação pertinente a celebração via convenção ou acordo coletivo de trabalho.

E) Em caso de força maior para atender à realização ou conclusão de serviços inadiáveis, poderá o empregador exigir horas extras do empregado, além do limite legal, contratual ou convencional, desde que haja previsão nesse sentido em convenção ou acordo coletivo de trabalho.

↓ RESPOSTA

Alternativa Letra B.
Súmula nº 85, IV do TST.

06. (ESAF – MTE – Auditor-Fiscal do Trabalho/2003) Sobre as hipóteses de prorrogação e compensação da jornada de trabalho e seus efeitos, assinale a opção correta.

A) Mediante acordo individual firmado entre trabalhador e empregador, é lícita a adoção de regime de prorrogação e compensação da jornada, de tal sorte que não seja suplantado o limite semanal máximo previsto em lei.

B) O acordo tácito celebrado entre empregado e empregador, destinado a viabilizar a adoção de regime de prorrogação e compensação de jornada, apenas será válido se não for suplantado o limite semanal máximo previsto em lei.

C) O limite diário para a dilação da jornada diária é de duas horas, razão por que eventuais horas excedentes desse limite, embora devam ser pagas, não poderão ser computadas para fins reflexos sobre o FGTS.

D) A adoção de regime de prorrogação e compensação de jornada concomitantemente à prestação habitual de horas excedentes é perfeitamente válida, apenas sendo devido o pagamento dessas últimas, não alcançadas pelo acordo celebrado.

E) Apenas por acordo e convenção coletivos de trabalho é possível prever regimes de prorrogação e compensação da jornada para as trabalhadoras mulheres.

↓RESPOSTA

Alternativa Letra A.

Súmula nº 85, I e II do TST e artigo 59, caput e § 2º CLT.

07. (FCC – Procurador do Estado – MT/2016) João de Deus é empregado da empresa Gama Serviços de Limpeza Ltda. laborando na jornada das 7 às 19 horas em escala de 12 x 36, na função de auxiliar de limpeza, jornada esta pactuada mediante acordo coletivo de trabalho. A empresa fornece ônibus fretado nos percursos de ida e volta para o trabalho, tendo em vista que o posto de serviço se situa em local de difícil acesso, mas servido por transporte público regular. A empresa efetua cobrança parcial dos empregados para custeio da tarifa de transporte. Nesse caso, considerando a legislação vigente e a jurisprudência sumulada do Tribunal Superior do Trabalho, as horas relativas ao percurso servido pelo ônibus fretado da empresa para a ida e volta ao trabalho

(A) se computam na jornada de trabalho do empregado, por se tratar o posto de local de difícil acesso, sendo irrelevante o fato de ser cobrada em parte a tarifa do empregado, e faz jus o mesmo à remuneração dobrada relativa aos feriados trabalhados.

(B) não se computam na jornada de trabalho do empregado, por ser cobrado parcialmente do mesmo pela tarifa de transporte fornecido pela empresa, e os feriados laborados devem ser pagos de forma simples, por estarem compreendidos na escala 12 x 36.

(C) não se computam na jornada de trabalho do empregado, por haver transporte público regular que serve a localidade do posto de trabalho, e faz jus o mesmo à remuneração em dobro dos feriados trabalhados por força desta escala 12 x 36.

(D) se computam na jornada de trabalho do empregado, por representar tempo à disposição do empregador, mas quanto à escala de 12 x 36, a mesma não pode ser imposta ao empregado pelo fato de não estar prevista em lei, nem estar pactuada por acordo individual de trabalho.

(E) nunca se computam na jornada de trabalho do empregado, quando houver cobrança, ainda que parcial, por parte da empresa, relativa ao custeio deste transporte, e ele faz jus à remuneração dobrada dos feriados laborados por força desta escala 12 x 36.

↓RESPOSTA

Alternativa Letra A.

Art. 58, § 2º, CLT, Súmulas nº 90, I e 444 do TST.

08. (TRT 4 - Juiz do Trabalho Substituto 4ª região/2016) João foi contratado pela empresa Serviços de Vigilância Alerta Ltda., em 05/03/2014, tendo sempre se submetido ao regime de 12 (doze) horas de trabalho intercaladas por 36 (trinta e seis) horas de descanso, devidamente autorizado por norma coletiva da categoria. Trabalhava sozinho em um dos postos existentes em um shopping center local. A empregadora exigia que chegasse, ao menos, 15 (quinze) minutos antes do horário de início da jornada, para troca de turno e ciência das ocorrências do shopping até então. Ainda assim, costumava chegar em torno de 30 (trinta) minutos antes, pois gostava de tomar banho e fazer um lanche antes de começar a trabalhar, o que o mantinha desperto durante a noite de trabalho, já que não havia outro colega para rendê-lo. Não mantinha contato com os outros trabalhadores no local, pois um posto ficava bastante distante do outro. A partir de 07/01/2015, em função dos constantes atrasos do colega que assumia no turno de trabalho subsequente ao seu, passou a estender sua jornada por, pelo menos, 1 (uma) hora. Asseverou que, desde o início, sua jornada poderia ocorrer em domingos e/ou feriados, conforme escala, sem que gozasse outro dia de folga compensatória. No dia 14/04/2016, João foi despedido sem justa causa e, logo em seguida, decidiu ingressar com ação trabalhista contra sua antiga empregadora.

Assinale a assertiva correta sobre o trabalho de João aos domingos e feriados.

(A) É devida a remuneração em dobro dos feriados trabalhados, ainda que compensados.

(B) É devida a remuneração em dobro dos feriados trabalhados e não compensados.

(C) É devida a remuneração em dobro dos domingos trabalhados e não compensados.

(D) Consideram-se automaticamente compensados os domingos e feriados trabalhados, sendo indevida a remuneração em dobro.

(E) O trabalhador tem direito a receber a remuneração em dobro dos domingos e feriados trabalhados, sem gozo de folga compensatória.

↓RESPOSTA

Alternativa Letra B.

Súmula nº 444 do TST.

09. (FCC - Juiz do Trabalho Substituto 15ª região/2015) No que se refere ao acordo de compensação de horas de trabalho, tendo em vista a legislação vigente e o entendimento pacificado do TST, considere:

I. É reconhecido o regime específico de compensação de jornada denominado de "semana espanhola", que alterna a prestação de 48 horas em uma semana e 44 horas em outra, não violando o art. 59, § 2o da CLT.

II. A compensação de jornada de trabalho depende, para sua validade, de ajuste específico, por escrito. No entanto, o acordo individual para compensação de jornada de trabalho só será válido se não houver norma coletiva em sentido contrário.

III. A compensação de jornada de trabalho dos menores de 18 anos só pode ocorrer se houver previsão específica a respeito em convenção ou acordo coletivo de trabalho.

Está correto o que consta APENAS em

(A) II.

(B) I e III.

(C) I e II.

(D) II e III.

(E) III.

↓RESPOSTA

Alternativa Letra D.

I – OJ nº 323 da SDI-I do TST
II – Súmula nº 85, II, do TST
III – art. 413 da CLT

10. (FCC - Juiz do Trabalho Substituto 24ª região/2015) Com base na jurisprudência consolidada (súmula) do Colendo Tribunal Superior do Trabalho, em relação à compensação de jornada de trabalho é INCORRETO afirmar:

(A) A compensação de jornada de trabalho deve ser ajustada por acordo individual escrito, acordo coletivo ou convenção coletiva.

(B) O acordo individual para compensação de horas é válido, salvo se houver norma coletiva em sentido contrário.

(C) O mero atendimento das exigências legais para a compensação de jornada, inclusive quando encetada mediante acordo tácito, não implica a repetição do pagamento das horas excedentes à jornada normal diária, se não dilatada a jornada máxima semanal, sendo devido apenas o respectivo adicional.

(D) A prestação de horas extras habituais descaracteriza o acordo de compensação de jornada. Nesta hipótese, as horas que ultrapassarem a jornada semanal normal deverão ser pagas como horas extraordinárias e, quanto àquelas destinadas à compensação, deverá ser pago a mais apenas o adicional por trabalho extraordinário.

(E) O regime compensatório na modalidade "banco de horas", somente pode ser instituído por negociação coletiva.

↓RESPOSTA

Alternativa Letra C.

Súmula nº 85, III, do TST.

11. (TRT 14 – Juiz do Trabalho Substituto 14ª região/ 2013) Sobre jornada de trabalho, assinale a opção INCORRETA:

A) Segundo a jurisprudência dominante do Tribunal Superior do Trabalho, o mero não atendimento das exigências legais para a compensação de jornada, inclusive quando encetada mediante acordo tácito, não implica a repetição do pagamento das horas excedentes à jornada normal, se não dilatada a duração máxima semanal, sendo devido apenas o respectivo adicional.

B) Segundo a jurisprudência dominante do Tribunal Superior do Trabalho, o tempo despendido pelo empregado, em condução fornecida pelo empregador, até o local de trabalho de difícil acesso, ou não servido por transporte público regular, e para o seu retorno é computável na jornada de trabalho.

C) Os empregados sob o regime de tempo parcial não poderão prestar horas extras.

D) Segundo a jurisprudência dominante do Tribunal Superior do Trabalho, o regime compensatório denominado "banco de horas" pode ser instituído por negociação coletiva ou acordo individual.

E) Não serão descontadas nem computadas como jornada extraordinária as variações de horário no registro de ponto não excedentes de cinco minutos, observado o limite máximo de dez minutos diários.

↓RESPOSTA

Alternativa Letra D.
Súmula nº 85, V do TST.

12. (FCC – Juiz do Trabalho Substituto 6ª região/2013) Considerando o entendimento adotado pelo TST em relação à jornada de 12 por 36, prevista em lei ou ajustada exclusivamente mediante acordo coletivo de trabalho ou convenção coletiva de trabalho, é correto afirmar que a mesma é

A) válida se decorrente de previsão em lei e inválida se prevista em norma coletiva.

B) sempre válida, assegurada a remuneração em dobro dos feriados trabalhados.

C) válida, em caráter excepcional, assegurada a remuneração em dobro dos feriados trabalhados.

D) sempre inválida, ainda que haja o pagamento da remuneração em dobro dos feriados trabalhados.

E) válida, se houver o pagamento do adicional referente ao labor prestado na décima primeira e décima segunda horas.

↓RESPOSTA

Alternativa Letra C.
Súmula nº 444 do TST.

13. (Juiz do Trabalho Substituto – TRT 2ª região/ 2012) Em relação aos institutos da renúncia e transação no Direito Individual do Trabalho, conforme jurisprudência sumulada do TST, é INCORRETO afirmar que:

A) o Direito Individual do Trabalho tem na indisponibilidade de direitos trabalhistas por parte do empregado um de seus princípios mais destacados;

B) em face do exercício de prerrogativa legal pelo devedor trabalhista, a prescrição e a decadência geram a supressão dos direitos laborais, sem afronta ao princípio básico da indisponibilidade;

C) a renúncia caracteriza-se por ato unilateral da parte, por meio do qual ela se despoja de um direito de que é titular, sem correspondente concessão pela parte beneficiada pela renúncia;

D) a transação constitui-se em ato bilateral ou plurilateral, pelo qual se acertam direitos e obrigações entre as partes acordantes, mediante concessões recíprocas, envolvendo questões fáticas ou jurídicas duvidosas;

E) em razão da possibilidade da realização de atos contratuais trabalhistas de forma tácita, nos moldes do artigo 442 da CLT, a transação sobre a modalidade de cumprimento de jornada em regime de compensação pode ser pactuado tacitamente, não se exigindo a forma escrita.

↓RESPOSTA

Alternativa Letra E.
Súmula nº 85, I do TST.

14. (Juiz do Trabalho Substituto – TRT 15ª região/ 2012) Com fundamento na jurisprudência consolidada do C. TST, aponte a alternativa correta, a respeito de compensação de jornada:

A) A compensação de jornada de trabalho só pode ser ajustada por acordo coletivo ou convenção coletiva.

B) O acordo individual para compensação de horas não é válido, salvo se houver norma coletiva em sentido contrário.

C) O mero não atendimento das exigências legais para a compensação de jornada, inclusive quando encetada mediante acordo tácito, não implica a repetição do pagamento das horas excedentes à jornada normal diária, sé não dilatada a jornada máxima semanal, sendo devido apenas o respectivo adicional.

D) A prestação de horas extras habituais descaracteriza o acordo de compensação de jornada. Nesta hipótese, as horas que ultrapassarem a jornada semanal normal deverão ser pagas como horas extraordinárias, assim como aquelas destinadas à compensação.

E) O regime compensatório na modalidade "banco de horas" pode ser instituído por acordo individual escrito, bem como por acordo ou convenção coletiva.

↓RESPOSTA

Alternativa Letra C.
Súmula nº 85, III do TST.

15. (Juiz do Trabalho Substituto - TRT 2ª região/ 2011) A respeito da compensação de jornada, consoante entendimento sumulado, é correto afirmar:

A) O "banco de horas" pode ser instituído por negociação coletiva ou por acordo individual.

B) A compensação de jornada de trabalho deve ser ajustada por acordo individual, escrito ou tácito, acordo coletivo ou convenção coletiva.

C) O mero não atendimento das exigências legais para a compensação de jornada não implica a repetição do pagamento das horas excedentes à jornada normal diária, mesmo que dilatada a jornada máxima semanal, sendo devido apenas o respectivo adicional.

D) O acordo individual, escrito, para compensação de horas é válido, mesmo se houver norma coletiva em sentido contrário.

E) Nenhuma das anteriores está correta.

↓RESPOSTA

Alternativa Letra E.
A – Súmula nº 85, V do TST.
B – Súmula nº 85, I do TST.
C – Súmula nº 85, III do TST.
D – Súmula nº 85, II do TST.

16. (Juiz do Trabalho Substituto - TRT 8ª região/ 2011) A propósito de regimes de prorrogação e compensação de jornada de trabalho, é CORRETO afirmar que:

A) O regime de trabalho de 12 por 36 horas, quando amparado em convenção coletiva de trabalho, é amplamente reconhecido em atividades que não exigem esforço constante e intenso, devido às vantagens que proporciona ao trabalhador, a saber, descanso de 36 horas entre as jornadas, menor número de deslocamentos residência-trabalho-residência e duração do trabalho semanal inferior a 44 horas. Em tal hipótese, não há pagamento de horas extraordinárias a partir da oitava diária, observado o limite pactuado.

B) O acordo individual de prorrogação de jornada, previsto no art. 59 da CLT, de forma tácita ou escrita, contempla a possibilidade de prorrogação de jornada até o limite de doze horas diárias, desde que não ultrapasse 44 horas semanais.

C) A jornada de seis horas em turnos ininterruptos de revezamento, desde que negociada coletivamente, conforme jurisprudência sumulada do TST, poderá ser elastecida até dez horas, sem qualquer acréscimo salarial a partir da oitava hora trabalhada.

D) Na hipótese de rescisão contratual, o trabalhador submetido ao regime de compensação anual ou banco de horas, fará jus ao pagamento das horas extraordinárias não compensadas, calculadas sobre o valor da remuneração da época da prestação do trabalho, acrescido de juros e de correção monetária.

E) Pelo texto consolidado, é permitido prorrogar habitualmente o trabalho do menor, mediante compensação, através de convenção ou acordo coletivo, desde que observado o limite diário de dez horas e o limite semanal de 44 horas.

↓RESPOSTA

Alternativa Letra A.
Súmula nº 444 do TST.

17. (MPT - Procurador do Trabalho/2015) Sobre o banco de horas, analise as seguintes assertivas:

1) A jurisprudência sumulada do TST admite a celebração de acordo individual com o trabalhador para a instituição do banco de horas.

2) Se o acordo coletivo de trabalho que instituiu o banco de horas tiver vigência de dois anos, o módulo de compensação da jornada respectivo poderá ser bienal.

3) No regime do banco de horas as jornadas totais laboradas pelos empregados em cada semana não podem ultrapassar as 44 horas.

4) Se o empregado for despedido antes do término do módulo anual de compensação e estiver com saldo negativo no banco de horas, a lei autoriza que o valor correspondente às horas não trabalhadas seja deduzido das verbas rescisórias.

Assinale a alternativa CORRETA:

a) apenas as assertivas 1 e 3 estão corretas;

b) apenas a assertiva 2 está correta;

c) apenas a assertiva 4 está correta;

d) nenhuma das assertivas está correta.

e) Não respondida.

↓RESPOSTA

Alternativa Letra D.

I – Súmula nº 85, V, do TST.
II – art. 59, § 2º, CLT.
III – art. 59, § 2º, CLT.
IV – art. 59, § 3º, CLT.

18. (MPT – Procurador do Trabalho/2013) Considerando-se a jurisprudência uniforme do TST, analise as assertivas seguintes:

I. O intervalo intrajornada especial para os empregados que trabalham no interior de câmaras frigoríficas aplica-se analogicamente ao empregado submetido a ambiente artificialmente frio, mesmo que a atividade deste não se desenvolva em câmara fria, porém, em virtude da ausência de norma expressa, referido intervalo não é computado como tempo de trabalho efetivo.

II. É válida a adoção da jornada de 12 (doze) horas de trabalho por 36 (trinta e seis) horas de descanso, exclusivamente mediante acordo coletivo de trabalho ou convenção coletiva de trabalho, em caráter excepcional e cujo costume já consagrou o labor na escala de 12 x 36.

III. É válido o sistema de compensação de jornada com a adoção da denominada "semana espanhola", pela qual se alterna a prestação de 48 horas em uma semana e 40 horas em outra, mediante acordo ou convenção coletiva de trabalho.

IV. Para a compensação de jornada com vistas a adotar o sábado livre, de forma semelhante à da denominada semana inglesa, é válido acordo individual de compensação de horas, salvo se houver norma coletiva em sentido contrário.

Assinale a alternativa CORRETA:

A) apenas as assertivas I e II estão incorretas;

B) apenas as assertivas I e III estão incorretas;

C) apenas as assertivas II e III estão incorretas;

D) apenas as assertivas III e IV estão incorretas;

E) não respondida.

↓RESPOSTA

Alternativa Letra A.
I – Incorreta. Art. 253, CLT.
II – Incorreta. Súmula nº 444 do TST.
III – Correta. OJ nº 323 da SDI-I.
IV – Correta. Art. 59, § 2º, CLT e Súmula nº 85, I, TST.

8. JORNADA DO TELEFONISTA, JORNALISTA E ADVOGADO

SÚMULA Nº 178 DO TST

Telefonista. Art. 227, e parágrafos, da CLT. Aplicabilidade

É aplicável à telefonista de mesa de empresa que não explora o serviço de telefonia o disposto no art. 227, e seus parágrafos, da CLT

OJ Nº 213 DA SDI – I DO TST

Telex. Operadores. Art. 227 da CLT. Inaplicável

O operador de telex de empresa, cuja atividade econômica não se identifica com qualquer uma das previstas no art. 227 da CLT, não se beneficia de jornada reduzida.

OJ Nº 407 DA SDI - I DO TST

Jornalista. Empresa não jornalística. Jornada de trabalho reduzida. Arts. 302 e 303 da CLT

O jornalista que exerce funções típicas de sua profissão, independentemente do ramo de atividade do empregador, tem direito à jornada reduzida prevista no artigo 303 da CLT.

OJ Nº 403 DA SDI - I DO TST

Advogado empregado. Contratação anterior a Lei nº 8.906, de 04.07.1994. Jornada de trabalho mantida com o advento da lei. Dedicação exclusiva. Caracterização

O advogado empregado contratado para jornada de 40 horas semanais, antes da edição da Lei nº 8.906, de 04.07.1994, está sujeito ao regime de dedicação exclusiva disposto no art. 20 da referida lei, pelo que não tem direito à jornada de 20 horas semanais ou 4 diárias.

8.1. Intervalos

SÚMULA Nº 118 DO TST

Jornada de trabalho. Horas extras

Os intervalos concedidos pelo empregador na jornada de trabalho, não previstos em lei, representam tempo à disposição da empresa, remunerados como serviço extraordinário, se acrescidos ao final da jornada.

SÚMULA Nº 437 DO TST

Intervalo intrajornada para repouso e alimentação. Aplicação do art. 71 da CLT.

I - Após a edição da Lei nº 8.923/94, a não concessão total ou a concessão parcial do intervalo intrajornada mínimo, para repouso e alimentação, a empregados urbanos e rurais, implica o pagamento total do período correspondente, e não apenas daquele suprimido, com acréscimo de, no mínimo, 50% sobre o valor da remuneração da hora normal de trabalho (art. 71 da CLT), sem prejuízo do cômputo da efetiva jornada de labor para efeito de remuneração.

II - É inválida cláusula de acordo ou convenção coletiva de trabalho contemplando a supressão ou redução do intervalo intrajornada porque este constitui medida de higiene, saúde e segurança do trabalho, garantido por norma de ordem pública (art. 71 da CLT e art. 7º, XXII, da CF/1988), infenso à negociação coletiva.

III - Possui natureza salarial a parcela prevista no art. 71, § 4º, da CLT, com redação introduzida pela Lei nº 8.923, de 27 de julho de 1994, quando não concedido ou reduzido pelo empregador o intervalo mínimo intrajornada para repouso e alimentação, repercutindo, assim, no cálculo de outras parcelas salariais.

IV - Ultrapassada habitualmente a jornada de seis horas de trabalho, é devido o gozo do intervalo intrajornada mínimo de uma hora, obrigando o empregador a remunerar o período para descanso e alimentação não usufruído como extra, acrescido do respectivo adicional, na forma prevista no art. 71, caput e § 4º da CLT.

SÚMULA Nº 346 DO TST

Digitador. Intervalos intrajornada. Aplicação analógica do art. 72 da CLT

Os digitadores, por aplicação analógica do art. 72 da CLT, equiparam-se aos trabalhadores nos serviços de mecanografia (datilografia, escrituração e cálculo), razão pela qual têm direito a intervalos de descanso de 10 (dez) minutos a cada 90 (noventa) de trabalho consecutivo.

OJ Nº 355 DA SDI - I DO TST

Intervalo interjornadas. Inobservância. Horas extras. Período pago como sobrejornada. Art. 66 da CLT. Aplicação analógica do § 4º do art. 71 da CLT.

O desrespeito ao intervalo mínimo interjornadas previsto no art. 66 da CLT acarreta, por analogia, os mesmos efeitos previstos no § 4º do art. 71 da CLT e na Súmula nº 110 do TST, devendo-se pagar a integralidade das horas que foram subtraídas do intervalo, acrescidas do respectivo adicional.

SÚMULA Nº 438 DO TST

Intervalo para recuparação térmica do empregado. Ambiente artificialmente frio. Horas extras. Art. 253 da CLT. Aplicação analogical

O empregado submetido a trabalho contínuo em ambiente artificialmente frio, nos termos do parágrafo único do art. 253 da CLT, ainda que não labore em câmara frigorífica, tem direito ao intervalo intrajornada previsto no caput do art. 253 da CLT.

SÚMULA Nº 110 DO TST

Jornada de trabalho. Intervalo.

No regime de revezamento, as horas trabalhadas em seguida ao repouso semanal de 24 horas, com prejuízo do intervalo mínimo de 11 horas consecutivas para descanso entre jornadas, devem ser remuneradas como extraordinárias, inclusive com o respectivo adicional.

SÚMULA Nº 446 DO TST

Maquinista Ferroviário. Intervalo Intrajornada. Supressão Parcial ou Total. Horas extras devidas. Compatibilidade entre os arts. 71, § 4º, e 238, § 5º, da CLT.

A garantia ao intervalo intrajornada, prevista no art. 71 da CLT, por constituir-se em medida de higiene, saúde e segurança do empregado, é aplicável também ao ferroviário maquinista integrante da categoria "c" (equipagem de trem em geral), não havendo incompatibilidade entre as regras inscritas nos arts. 71, § 4º, e 238, § 5º, da CLT.

⊙ QUESTÕES

01. (FCC – Técnico Judiciário – Área Administrativa – TRT 23/2016) No tocante ao intervalo para repouso e alimentação, considere:

I. A não-concessão ou a concessão parcial do intervalo intrajornada mínimo, para repouso e alimentação, a empregados urbanos e rurais, implica o pagamento do período apenas suprimido, com acréscimo de, no mínimo, 50% sobre o valor da remuneração da hora normal de trabalho, sem prejuízo do cômputo da efetiva jornada de labor para efeito de remuneração.

II. É válida cláusula de acordo ou convenção coletiva de trabalho contemplando a redução do intervalo intrajornada, tratando-se de direito disponível passível de ser negociado coletivamente.

III. Ultrapassada habitualmente a jornada de seis horas de trabalho, é devido o gozo do intervalo intrajornada mínimo de uma hora, obrigando o empregador a remunerar o período para descanso e alimentação não usufruído como extra, acrescido do respectivo adicional na forma legal.

Está correto o que consta APENAS em

(A) I e II.

(B) I.

(C) III.

(D) II e III.

(E) I e III.

↓ RESPOSTA

Alternativa Letra C.

III – Súmula nº 437, inciso III, do TST.

02. (FCC – Analista Judiciário – Área Judiciária - TRT 3/2015) Uma empresa, através de acordo coletivo celebrado com o Sindicato, reduziu o intervalo intrajornada para refeição e descanso de seus empregados para 40 minutos. Em relação a esta situação,

(A) a norma coletiva estabeleceu condições que não implicam ofensa à saúde, à segurança e à dignidade do trabalhador, e no caso concreto, o negociado deve ser preservado, pois ele não colide com normas fundamentais e indisponíveis.

(B) a redução do intervalo somente teria validade se prevista em convenção coletiva de trabalho, valendo para toda a categoria e não apenas para uma parcela dos trabalhadores.

(C) a redução do intervalo, assim como o fracionamento do mesmo, são válidos e passíveis de negociação coletiva, tendo em vista que não regulado por norma de ordem pública.

(D) somente a supressão do intervalo é vedada, sendo que a redução e o fracionamento do mesmo podem ocorrer por meio de negociação coletiva, mas somente para os empregados no setor de transporte coletivo de passageiros.

(E) a redução é inválida, porque o intervalo constitui medida de higiene, saúde e segurança do trabalho, garantido por norma de ordem pública.

↓RESPOSTA

Alternativa Letra E.

Súmula nº 437, inciso II, do TST.

03. (Cespe – Analista Judiciário – Área Administrativa – TRT 8/2013) À luz da jurisprudência do TST a respeito da jornada de trabalho, assinale a opção correta.

A) Ao empregado que labore, habitualmente, por seis horas durante o dia é garantido o direito de gozo de intervalo intrajornada mínimo de uma hora.

B) A jornada de trabalho em escala de doze horas de trabalho por trinta e seis horas de descanso excepcionalmente descrita em norma coletiva é inválida, devendo ao empregado ser pago adicional de horas extras relativo à décima primeira e à décima segunda hora de trabalho.

C) O adicional de horas extras devido pelo empregador em virtude da não concessão de intervalo para repouso e alimentação ao empregado possui natureza salarial, repercutindo no cálculo de outras parcelas salariais.

D) A concessão parcial do intervalo intrajornada implica o pagamento apenas do período de intervalo suprimido, com acréscimo de, no mínimo, 50% sobre o valor da remuneração da hora normal.

E) Em virtude do poder regulamentar concedido aos sindicatos, cláusula de acordo ou convenção coletiva que determine a supressão do intervalo intrajornada é considerada válida e eficaz.

↓RESPOSTA

Alternativa Letra C.
Súmula nº 437, inciso III, do TST.

04. (FCC – Analista Judiciário – Judicial – TRT 15/2013) Leonardo é empregado rural da fazenda "Aves raras Ltda.", tendo sido contratado em abril de 2008. No ano de 2009, Leonardo começou a usufruir de apenas trinta minutos de intervalo intrajornada. Neste caso, conforme jurisprudência sumulada do Tribunal Superior do Trabalho, o intervalo intrajornada

A) está sendo concedido de forma regular, uma vez que se trata de empregado rural e não urbano.

B) não está sendo concedido de acordo com a competente legislação, implicando no pagamento total do período correspondente, com acréscimo de, no mínimo, 50% sobre o valor da remuneração da hora normal de trabalho, sem prejuízo do cômputo da efetiva jornada de labor para efeito de remuneração.

C) não está sendo concedido de acordo com a competente legislação, implicando o pagamento apenas do período suprimido, com acréscimo de, no mínimo, 50% sobre o valor da remuneração da hora normal de trabalho, com prejuízo do cômputo da efetiva jornada de labor para efeito de remuneração.

D) não está sendo concedido de acordo com a competente legislação, implicando o pagamento apenas do período suprimido, com acréscimo de, no mínimo, 50% sobre o valor da remuneração da hora normal de trabalho, sem prejuízo do cômputo da efetiva jornada de labor para efeito de remuneração.

E) só estará sendo concedido de forma regular se houver norma coletiva autorizando a redução do respectivo intervalo.

↓RESPOSTA

Alternativa Letra B.
Súmula nº 437, item I, do TST.

05. (FCC – Analista Judiciário – Judiciária – TRT 9/2013) Em relação ao intervalo para repouso e alimentação, é INCORRETO afirmar:

A) Em qualquer trabalho contínuo cuja duração exceda de seis horas, é obrigatória a concessão de um intervalo de no mínimo uma hora e, salvo acordo escrito ou contrato coletivo em contrário, de no máximo duas horas.

B) Não excedendo de seis horas o trabalho, será obrigatório um intervalo de quinze minutos quando a duração ultrapassar de quatro horas.

C) A não concessão do intervalo para repouso e alimentação implica em mera sanção administrativa, com imposição de multa ao empregador.

D) Os intervalos para repouso e alimentação previstos na Consolidação das Leis do Trabalho não serão computados na duração do trabalho.

E) O trabalho em horas extras pelos empregados impede a redução do intervalo dos mesmos para período inferior a uma hora.

↓RESPOSTA

Alternativa Letra C.
Art. 71, § 4º, CLT e Súmula nº 437, II, do TST.

06. (FCC – TRT 8 – Analista Judiciário/2010) Mário é empregado da empresa M e labora em regime de revezamento. Semana passada, ele laborou em seguida ao repouso semanal de vinte e quatro horas, havendo prejuízo do intervalo mínimo de onze horas consecutivas para descanso entre jornadas. Neste caso, essas horas trabalhadas em seguida ao repouso semanal de vinte e quatro horas devem ser remuneradas

A) como extraordinárias, inclusive com o respectivo adicional em sua integralidade.

B) como extraordinárias, mas sem o respectivo adicional em razão do trabalho em regime de revezamento.

C) normalmente, não sendo consideradas extraordinárias em razão do trabalho em regime de revezamento.

D) como extraordinárias, mas com redução de 50% do respectivo adicional, tratando-se de norma específica aplicada ao empregado que labora em regime de revezamento.

E) como extraordinárias, mas na base de 1/3 sobre o respectivo adicional, tratando-se de norma específica aplicada ao empregado que labora em regime de revezamento.

↓RESPOSTA

Alternativa Letra A.
Súmula nº 110 do TST.

07. (CESPE – TRT 21 – Analista Judiciário/2010) Com relação a duração do trabalho, intervalo e descanso semanal remunerado, julgue os itens subsequentes.

I. De acordo com previsão legal, o cabineiro de elevador, também denominado ascensorista, tem jornada especial de 6 horas diárias e de até 36 horas semanais.

II. O bancário tem como regra dois dias de repouso semanal remunerado, considerando-se previsão de inexistência de trabalho aos sábados e aos domingos.

III. Considere que Jacinto esteja sujeito ao turno ininterrupto de revezamento e tenha trabalhado das 16 horas às 22 horas do sábado e retornado ao trabalho na segunda-feira seguinte para cumprir jornada das 6 horas às 12 horas. Nessa situação, Jacinto não tem direito ao pagamento de hora extra.

↓RESPOSTA

CERTO/ ERRADO/ ERRADO.
I – artigo 1º da Lei nº 3.270/57.
II – Súmula nº 113 do TST.
III – Súmula nº 110 do TST.

08. (FGV - Exame de Ordem 2014.2) Jerônimo trabalha na Metalúrgica Pereira como soldador, com a seguinte jornada: de 2ª a 6ª-feira, das 9h às 18h, com quatro intervalos diários de quinze minutos, destinados à alimentação (das 9h45min às 10h, das 11h45min às 12h, das 14h45min às 15h e das 16h30min às 16h45min).

Na hipótese em questão, de acordo com o entendimento sumulado do TST,

A) o intervalo intrajornada mínimo de uma hora foi respeitado, daí porque não há horas extras a pagar.

B) o empregado terá direito ao pagamento de uma hora extra diária pela concessão inadequada da pausa alimentar.

C) a possibilidade de fracionamento do intervalo intrajornada em 4 períodos depende de autorização do Ministério do Trabalho e Emprego.

D) se o fracionamento ou a supressão do intervalo estivessem previstos em convenção coletiva, a empresa estaria dispensada de pagar a hora extra.

↓RESPOSTA

Alternativa Letra B.
Súmula nº 437, I, TST.

09. (Cespe – Auditor-Fiscal do Trabalho – MTE/2013) Julgue os seguintes itens, referentes à duração do trabalho e ao aviso prévio.

1) O aviso prévio será de trinta dias, independentemente do lapso de tempo em que tenha perdurado o contrato de trabalho.

2) Para jornada de trabalho de até seis horas contínuas, é obrigatória a concessão de intervalo de uma hora para descanso.

↓RESPOSTA

ERRADO/ ERRADO.
1 – art. 7º, XXI, CF/88; art. 1º da Lei nº 12.506/2011.
2 – Súmula nº 437, II, TST.

10. (ESAF – MTE – Auditor-Fiscal do Trabalho/2006) Quanto ao intervalo intrajornada, é correto afirmar que:

A) os digitadores estão sujeitos ao regime legal de intervalo de 10 minutos de descanso a cada 90 de trabalho consecutivo, não computado na jornada de trabalho.

B) os intervalos concedidos pelo empregador na jornada de trabalho, não previstos em lei, constituem benefício adicional e não são computados na jornada diária.

C) o intervalo intrajornada legal não pode ser suprimido por cláusula de convenção coletiva.

D) o intervalo intrajornada legal do bancário, de 15 minutos, é computado na jornada de trabalho.

E) o intervalo intrajornada legal não pode ser ampliado por cláusula de convenção coletiva.

↓RESPOSTA

Alternativa Letra C.
Súmula nº 437, II do TST.

11. (ESAF – MTE – Auditor-Fiscal do Trabalho/2003) Tendo em vista a jurisprudência sumulada do Colendo TST, aponte a opção correta.

A) No regime de revezamento, as horas trabalhadas em seguida ao repouso semanal de vinte e quatro horas, sem prejuízo do intervalo mínimo de onze horas consecutivas para descanso entre jornadas, devem ser remuneradas como extraordinárias, inclusive com o respectivo adicional.

B) No regime de revezamento, as horas trabalhadas em seguida ao repouso semanal de vinte e quatro horas, com prejuízo do intervalo mínimo de doze horas consecutivas para descanso entre jornadas, devem ser remuneradas como extraordinárias, inclusive com o respectivo adicional.

C) No regime de revezamento, as horas trabalhadas em seguida ao repouso semanal de vinte e quatro horas, com prejuízo do intervalo mínimo de onze horas consecutivas para descanso entre jornadas, devem ser remuneradas como extraordinárias, todavia sem o respectivo adicional.

D) No regime de revezamento, as horas trabalhadas em seguida ao repouso semanal de vinte e quatro horas, com prejuízo do intervalo mínimo de onze horas consecutivas para descanso entre jornadas, devem ser remuneradas como extraordinárias, inclusive com o respectivo adicional.

E) No regime de revezamento, as horas trabalhadas em seguida ao repouso semanal de dezoito horas, com prejuízo do intervalo mínimo de onze horas consecutivas para descanso entre jornadas, devem ser remuneradas como extraordinárias, inclusive com o respectivo adicional.

↓RESPOSTA

Alternativa Letra D.
Súmula nº 110 do TST.

12. (TRT 4 - Juiz do Trabalho Substituto 4ª região/2016) João foi contratado pela empresa Serviços de Vigilância Alerta Ltda., em 05/03/2014, tendo sempre se submetido ao regime de 12 (doze) horas de trabalho intercaladas por 36 (trinta e seis) horas de descanso, devidamente autorizado por norma coletiva da categoria. Trabalhava sozinho em um dos postos existentes em um shopping center local. A empregadora exigia que chegasse, ao menos, 15 (quinze) minutos antes do horário de início da jornada, para troca de turno e ciência das ocorrências do shopping até então. Ainda assim, costumava chegar em torno de 30 (trinta) minutos antes, pois gostava de tomar banho e fazer um lanche antes de começar a trabalhar, o que o mantinha desperto durante a noite de trabalho, já que não havia outro colega para rendê-lo. Não mantinha contato com os outros trabalhadores no local, pois um posto ficava bastante distante do outro. A partir de 07/01/2015, em função dos constantes atrasos do colega que assumia no turno de trabalho subsequente ao seu, passou a estender sua jornada por, pelo menos, 1 (uma) hora. Asseverou que, desde o início, sua jornada poderia ocorrer em domingos e/ou feriados, conforme escala, sem que gozasse outro dia de folga compensatória. No dia 14/04/2016, João foi despedido sem justa causa e, logo em seguida, decidiu ingressar com ação trabalhista contra sua antiga empregadora.

Considere as assertivas abaixo sobre a jornada de trabalho de João.

I - A concessão parcial do intervalo interjornada mínimo implica o pagamento apenas do período residual como horas extras.

II - Quando prorrogado o horário normal, também é devido, como horas extras, o descanso obrigatório de 15 (quinze) minutos suprimido, antes do início do trabalho extraordinário.

III - Os 30 (trinta) minutos que antecediam sua jornada são considerados tempo à disposição e, por isso, deverão ser computados na jornada de trabalho.

Quais são corretas?

(A) Apenas I

(B) Apenas II

(C) Apenas III

(D) Apenas I e II

(E) I, II e III

↓RESPOSTA

Alternativa Letra A.

I – OJ nº 355 da SDI-I do TST.

13. (TRT 8 - Juiz do Trabalho Substituto 8ª região/2015) À luz da legislação pertinente e da jurisprudência consolidada do TST, assinale a alternativa CORRETA:

a) Reconhecida a culpa recíproca na rescisão do contrato de trabalho, o empregado tem direito a 5 0% (cinquenta por cento) do valor do aviso- prévio, do décimo terceiro salário e das férias proporcionais e integrais.

b) O empregado submetido a contrato de trabalho por tempo determinado não goza da garantia provisória de emprego, decorrente de acidente de trabalho, prevista no art. 118 da Lei nº 8.213/1991.

c) O empregado submetido a trabalho contínuo em ambiente artificialmente frio, nos termos do parágrafo único do art. 253 da CLT, ainda que não labore em câmara frigorífica, tem direito ao intervalo previsto no caput do art. 253 da CLT.

d) O ferroviário submetido a escalas variadas, com alternância de turnos, não faz jus à jornada especial prevista no art. 7º, XIV, da CF/1988 (turnos ininterruptos de revezamento).

e) Os empregados sob o regime de tempo parcial não poderão prestar serviços no horário noturno.

↓RESPOSTA

Alternativa Letra C.

Súmula nº 438 do TST.

14. (FCC - Juiz do Trabalho Substituto 23ª região/2015) Marcos trabalha para a empresa A das 9:00 horas às 18:00 horas, com uma hora de intervalo para refeição e descanso, de segunda a sexta-feira, e aos sábados, das 9:00 horas às 13:00 horas. Existe acordo individual de compensação de jornada. Em razão do aumento extraordinário de serviços, por determinação da empresa, Marcos trabalhou na quinta-feira, das 9:00 horas às 21:00 horas, com uma hora de intervalo para refeição e descanso e, na sexta-feira, iniciou a prestação de serviços às 06:00 horas, laborando até às 18:00 horas, com uma hora de intervalo. No domingo, dia do seu descanso semanal remunerado, Marcos trabalhou das 9:00 horas às 17:00 horas, com uma hora de intervalo para refeição e descanso, porque a empresa estava de mudança. Marcos trabalhou durante toda a semana seguinte, sem qualquer dia de folga. Marcos tem direito a

(A) três horas extras referentes ao trabalho na quinta-feira, três horas extras referente ao trabalho na sexta-feira e duas horas extras relativas às horas subtraídas do intervalo interjornadas, todas com adicional de 50% sobre o valor da hora normal, mais sete horas remuneradas em dobro referentes ao trabalho no dia do descanso semanal remunerado.

(B) quatro horas extras referentes ao trabalho na quinta-feira, três horas extras referente ao trabalho na sexta-feira e duas horas extras relativas às horas subtraídas do intervalo interjornadas, todas com adicional de 50% sobre o valor da hora normal, mais oito horas remuneradas em dobro referentes ao trabalho no dia do descanso semanal remunerado.

(C) três horas extras referentes ao trabalho na quinta-feira, mais duas horas extras relativas às horas subtraídas do intervalo interjornadas todas com adicional de 50% sobre o valor da hora normal sete horas referentes ao trabalho no dia do descanso semanal remunerada, remuneradas em dobro.

(D) quatro horas extras referentes ao trabalho na quinta-feira, com adicional de 50% sobre o valor da hora normal, mais duas horas extras relativas às horas subtraídas do intervalo interjornadas e oito horas referentes ao trabalho no dia do descanso semanal remunerada, remuneradas em dobro.

(E) três horas extras referentes ao trabalho na quinta-feira, com adicional de 50% sobre o valor da hora normal, mais duas horas extras relativas às horas subtraídas do intervalo interjornadas. Como há acordo individual de compensação de jornada, as horas referentes ao trabalho no repouso semanal remunerado podem ser levadas ao banco de horas para serem compensadas posteriormente.

↓RESPOSTA

Alternativa Letra A.

Súmula nº 146 do TST e OJ nº 355 da SDI-I do TST.

15. (TRT 3 - Juiz do Trabalho Substituto 3ª região/2014) Nos termos do §5º do art. 238 da CLT, o "tempo concedido para refeição não se computa como de trabalho efetivo, senão para o pessoal da categoria c, quando as refeições forem tomadas em viagem ou nas estações durante as paradas. Esse tempo não será inferior a 1 hora, exceto para o pessoal da referida categoria em serviço de trens". A partir da interpretação dada àquele dispositivo por súmula do TST, é correto afirmar:

A) A garantia ao intervalo intrajornada, prevista no art. 71 da CLT, não é aplicável ao ferroviário maquinista integrante da categoria "c" (equipagem de trem em geral).

B) As regras inscritas nos arts. 71, §4º, e 238, §5º, da CLT são incompatíveis, prevalecendo a primeira delas por constituir-se em medida de higiene, saúde e segurança do empregado.

C) A garantia ao intervalo intrajornada, prevista no art. 71 da CLT, é aplicável ao ferroviário maquinista integrante da categoria "c" (equipagem de trem em geral), não havendo incompatibilidade entre as regras inscritas nos arts. 71, §4º, e 238, §5º, da CLT.

D) As regras inscritas nos arts. 71, §4º, e 238, §5º, da CLT são incompatíveis, prevalecendo a segunda delas por constituir-se em norma específica para aquela categoria específica de profissionais.

E) Nenhuma das opções.

↓RESPOSTA

Alternativa Letra C.

Súmula nº 446 do TST.

16. (TRT 14 – Juiz do Trabalho Substituto 14ª região/ 2013) Assinale a opção correta:

A) Segundo a jurisprudência dominante do Tribunal Superior do Trabalho, para os empregados a que alude o art. 58, "caput", da CLT, quando sujeitos a 40 horas semanais de trabalho, aplica-se o divisor 210 (duzentos e dez) para o cálculo do valor do salário-hora.

B) Segundo a jurisprudência dominante do Tribunal Superior do Trabalho, o empregado submetido a trabalho contínuo em ambiente artificialmente frio, na forma do art. 253, parágrafo único, da CLT, ainda que não labore em câmara frigorífica, tem direito ao intervalo intrajornada previsto no art. 253, caput, da CLT.

C) Segundo a jurisprudência dominante do Tribunal Superior do Trabalho, o direito ao aviso prévio proporcional ao tempo de serviço somente é assegurado aos contratos de trabalho iniciados a partir da publicação da Lei n° 12.506, em 13 de outubro de 2011.

D) Segundo a jurisprudência dominante do Tribunal Superior do Trabalho, não se admite a presunção de discriminação na despedida de empregado portador do vírus HIV ou de outra doença grave que suscite estigma ou preconceito.

E) Segundo a jurisprudência dominante do Tribunal Superior do Trabalho, o adicional de risco previsto no artigo 14 da Lei n° 4.860, de 26.11.1965, aplica-se tanto aos portuários que trabalham em portos organizados como aos que operam terminal privativo.

↓RESPOSTA

Alternativa Letra B.
Súmula nº 438 do TST.

17. (TRT 15 – Juiz do Trabalho Substituto 15ª região/ 2013) Interessante falar em pausa para o descanso, em uma prova de concurso público, sabendo que os candidatos não têm esse direito. Mas, exatamente por isso, pode ser mais fácil imaginar o quanto representa para o empregado, ligado a uma atividade cotidiana, durante várias horas, preservar a efetividade dos períodos de descanso, seja por uma razão humana ou até mesmo por uma lógica produtiva. Assim, do ponto de vista da posição sumulada pelo TST a respeito do assunto, é incorreto dizer:

A) após a edição da Lei n° 8.923/94, a não concessão ou a concessão parcial do intervalo intrajornada mínimo, para repouso e alimentação, a empregados urbanos e rurais, implica o pagamento total do período correspondente, e não apenas daquele suprimido, com acréscimo de, no mínimo, 50% (cinquenta por cento) sobre o valor da remuneração da hora normal de trabalho (art. 71 da CLT), sem prejuízo do cômputo da efetiva jornada de labor para efeito de remuneração;

B) é inválida cláusula de acordo ou convenção coletiva de trabalho-contemplando a supressão ou a redução do intervalo intrajornada porque este constitui medida de higiene, saúde e segurança do trabalho, garantido por norma de ordem pública (art. 71 da CLT e art. 7º, XXII, da CF/1988), infenso à negociação coletiva;

C) possui natureza salarial a parcela prevista no art. 71, § 4º, da CLT, com redação introduzida pela Lei n° 8.923, de 27 de julho de 1994, quando não concedido ou reduzido pelo empregador o intervalo mínimo intrajornada para repouso e alimentação, repercutindo, assim, no cálculo de outras parcelas salariais;

D) ultrapassada habitualmente a jornada de seis horas de trabalho, é devido o gozo do intervalo intrajornada mínimo de uma hora, obrigando o empregador a remunerar o período para descanso e alimentação não usufruído como extra, acrescido do respectivo adicional, na forma prevista no art. 71, caput e § 4º da CLT;

E) o desrespeito ao intervalo mínimo de onze horas entre uma jornada de trabalho e outra (artigo 66 da CLT) acarreta, por analogia, os mesmos efeitos previstos no § 4°, do art. 71, da CLT na Súmula 110 dó TST, devendo-se pagar a integralidade das horas destinadas ao intervalo acrescidas do respectivo adicional.

↓RESPOSTA

Alternativa Letra E.
OJ nº 355 da SDI-I.

18. (Juiz do Trabalho Substituto – TRT 3ª região/ 2013) Com base no direito legislado e no direito sumulado pelo TST, assinale a alternativa incorreta.

A) O empregado submetido a trabalho contínuo em ambiente artificialmente frio, nos termos do parágrafo único do art. 253 da CLT, desde que labore em câmara frigorífica, tem direito ao intervalo intrajornada previsto no caput do art. 253 da CLT.

B) Ultrapassada habitualmente a jornada de seis horas de trabalho, é devido o gozo do intervalo intrajornada mínimo de uma hora, obrigando o empregador a remunerar o período para descanso e alimentação não usufruído como extra, acrescido do respectivo adicional, na forma prevista no art. 71, caput e § 4º da CLT.

C) No regime de revezamento, as horas trabalhadas em seguida ao repouso semanal de 24 horas, com prejuízo do intervalo mínimo de 11 horas consecutivas para descanso entre jornadas, devem ser remuneradas como extraordinárias, inclusive com o respectivo adicional.

D) Os intervalos concedidos pelo empregador na jornada de trabalho, não previstos em lei, representam tempo à disposição da empresa, remunerados como serviço extraordinário, se acrescidos ao final da jornada.

E) Os intervalos para repouso e alimentação poderão ser fracionados quando compreendidos entre o término da primeira hora trabalhada e o início da última hora trabalhada, desde que previsto em convenção ou acordo coletivo de trabalho, ante a natureza do serviço e em virtude das condições especiais do trabalho a que são submetidos estritamente os motoristas, cobradores, fiscalização de campo e afins nos serviços de operação de veículos rodoviários, empregados no setor de transporte coletivo de passageiros, mantida a mesma remuneração e concedidos intervalos para descanso menores e fracionados ao final de cada viagem, não descontados da jornada.

↓RESPOSTA

Alternativa Letra A.
Súmula nº 438 do TST.

19. (Juiz do Trabalho Substituto - TRT 3ª região/ 2012) A respeito da duração do trabalho, leia as afirmações abaixo e, em seguida, assinale a alternativa correta, de acordo com a jurisprudência cristalizada do Tribunal Superior do Trabalho:

I. No regime de revezamento, as horas trabalhadas em seguida ao repouso semanal de 24 horas, com prejuízo do intervalo mínimo de 11 horas consecutivas para descanso entre jornadas, devem ser remuneradas como extraordinárias, inclusive com o respectivo adicional.

II. Os digitadores equiparam-se aos trabalhadores nos serviços de mecanografia (datilografia, escrituração ou cálculo), razão pela qual têm direito a intervalos de descanso de 10 (dez) minutos a cada 90 (noventa) de trabalho consecutivo.

III. O operador de telex, qualquer que seja a atividade econômica da empresa, se beneficia de jornada reduzida, por aplicação analógica aos empregados nos serviços de telefonia.

IV. Por aplicação analógica aos empregados nos serviços de telefonia, a jornada reduzida é aplicável ao operador de "telemarketing".

V. O jornalista que exerce funções típicas de sua profissão, independentemente do ramo de atividade do empregador, tem direito à jornada legal reduzida de 5 horas.

A) Todas as afirmativas estão corretas.

B) Somente as afirmativas I e II estão corretas.

C) Somente as afirmativas I, II e III estão corretas.

D) Somente as afirmativas II, III e V estão corretas.

E) Somente as afirmativas I, II e V estão corretas.

↓RESPOSTA

Alternativa Letra E.
I – Súmula nº 110 do TST.
II – Súmula nº 346 do TST.
V – OJ nº 407 da SDI-I.

20. (Juiz do Trabalho Substituto - TRT 21ª região/ 2012) Leia as assertivas abaixo, e assinale a correta:

I. A falta de concessão de parte do intervalo intrajornada mínimo, para repouso e alimentação, implica o pagamento do período total correspondente, com acréscimo, no mínimo, de 50% (cinquenta por cento) sobre o valor da hora normal de trabalho.

II. Por meio de acordo ou convenção coletiva de trabalho, o direito ao intervalo pode ser substituído pelo pagamento do intervalo mínimo como hora extra, com o adicional de, no mínimo, 50% (cinquenta por cento).

III. Os empregados condutores de veículos de transporte rodoviário de passageiros podem ter o intervalo intrajornada suprimido, por intermédio de acordo ou convenção coletiva de trabalho, desde que haja a correspondente redução da jornada de trabalho.

IV. Na jornada contratual de seis horas diárias, havendo prorrogação, ainda que esporádica, o empregado tem direito ao intervalo intrajornada mínimo de uma hora, ou ao pagamento, como hora extra, do período mínimo de uma hora, acrescido do adicional de horas extras, nos dias em que ocorrer a prorrogação da jornada de trabalho.

A) apenas a assertiva I está correta;

B) apenas as assertivas II e III estão corretas;

C) apenas a assertiva IV está correta;

D) apenas as assertivas II e IV estão corretas;

E) apenas a assertiva III está correta.

↓ RESPOSTA

Alternativa Letra A.
Súmula nº 437, I do TST.

8.2. Descanso semanal remunerado e feriados (Lei nº 605/1949)

SÚMULA Nº 15 DO TST

Atestado médico

A justificação da ausência do empregado motivada por doença, para a percepção do salário-enfermidade e da remuneração do repouso semanal, deve observar a ordem preferencial dos atestados médicos estabelecida em lei.

SÚMULA Nº 282 DO TST

Abono de faltas. Serviço médico da empresa

Ao serviço médico da empresa ou ao mantido por esta última mediante convênio compete abonar os primeiros 15 (quinze) dias de ausência ao trabalho.

SÚMULA Nº 146 DO TST

Trabalho em domingos e feriados, não compensado

O trabalho prestado em domingos e feriados, não compensado, deve ser pago em dobro, sem prejuízo da remuneração relativa ao repouso semanal.

OJ Nº 410 DA SDI – I DO TST

Repouso semanal remunerado. Concessão após o sétimo dia consecutivo de trabalho. Art. 7º, XV, da CF. Violação

Viola o art. 7º, XV, da CF a concessão de repouso semanal remunerado após o sétimo dia consecutivo de trabalho, importando no seu pagamento em dobro.

SÚMULA Nº 225 DO TST

Repouso semanal. Cálculo. Gratificações por tempo de serviço e produtividade

As gratificações por tempo de serviço e produtividade, pagas mensalmente, não repercutem no cálculo do repouso semanal remunerado.

OJ Nº 103 DA SDI – I DO TST

Adicional de insalubridade. Repouso semanal e feriados

O adicional de insalubridade já remunera os dias de repouso semanal e feriados.

SÚMULA Nº 172 DO TST

Repouso remunerado. Horas extras. Cálculo

Computam-se no cálculo do repouso semanal remunerado as horas extras habitualmente prestadas.

OJ Nº 394 DA SDI – I DO TST

Repouso semanal remunerado – RSR. Integração das horas extras. Não repercussão no cálculo das férias, do décimo terceiro salário, do aviso-prévio e dos depósitos do FGTS

A majoração do valor do repouso semanal remunerado, em razão da integração das horas extras habitualmente prestadas, não repercute no cálculo das férias, da gratificação natalina, do aviso prévio e do FGTS, sob pena de caracterização de bis in idem.

SÚMULA Nº 27 DO TST

Comissionista

É devida a remuneração do repouso semanal remunerado e dos dias feriados ao empregado comissionista, ainda que pracista.

SÚMULA Nº 354 DO TST[12]

Gorjetas. Natureza jurídica. Repercussões

As gorjetas, cobradas pelo empregador na nota de serviço ou oferecidas espontaneamente pelos clientes, integram a remuneração do empregado, não servindo de base de cálculo para as parcelas de aviso-prévio, adicional noturno, horas extras e repouso semanal remunerado.

SÚMULA Nº 351 DO TST

Professor. Repouso semanal remunerado. Art. 7º, § 2º, da Lei nº 605, de 05.01.1949 e art. 320 da CLT

O professor que recebe salário mensal à base de hora-aula tem direito ao acréscimo de 1/6 a título de repouso semanal remunerado, considerando-se para esse fim o mês de quatro semanas e meia.

SÚMULA Nº 113 DO TST

Bancário. Sábado. Dia útil

O sábado do bancário é dia útil não trabalhado, não dia de repouso remunerado. Não cabe a repercussão do pagamento de horas extras habituais em sua remuneração.

⊙ QUESTÕES

01. (FCC – Analista Judiciário – Área Administrativa - TRT 4/2015) Considere:

I. Adicional noturno.

II. Horas-extras.

III. Repouso Semanal Remunerado.

Conforme súmula do TST, as gorjetas oferecidas espontaneamente pelos clientes, NÃO servem de base de cálculo para as verbas indicadas em

(A) II e III, apenas.

(B) II, apenas.

(C) I, II e III.

(D) I e III, apenas.

(E) III, apenas.

↓ RESPOSTA

Alternativa Letra C.
Súmula nº 354 do TST.

02. (FCC – Analista Judiciário – Judicial – TRT 15/2013) Milena, Miranda e Gustavo são irmãos e empregados de empresas distintas. Além do salário mensal, Milena recebe gratificação por tempo de serviço paga mensalmente; Miranda recebe gratificação por produtividade pagas mensalmente e Gustavo recebe gorjetas mensalmente cobradas pelo empregador na nota de serviços. Nestes casos, de acordo com o entendimento Sumulado do Tribunal Superior do Trabalho,

A) apenas as gorjetas recebidas por Gustavo não repercutem no cálculo do repouso semanal remunerado.

B) apenas a gratificação recebida por Miranda repercute no cálculo do repouso semanal remunerado.

C) as gratificações recebidas por Milena e Miranda e as gorjetas recebidas por Gustavo não repercutem no cálculo do repouso semanal remunerado.

D) as gratificações recebidas por Milena e Miranda e as gorjetas recebidas por Gustavo repercutem no cálculo do repouso semanal remunerado.

E) apenas a gratificação recebida por Milena repercute no cálculo do repouso semanal remunerado.

E) irrenunciabilidade de direitos.

↓ RESPOSTA

Alternativa Letra C.
Súmula nº 225 do TST.

12 Em 13/03/2017, foi promulgada a Lei nº 13.419/2017, também denominado "Lei das Gorjetas", que alterou a redação do art. 457 da CLT e trouxe a regulamentação do pagamento das gorjetas, antes omisso na CLT. Nesse sentido, ganha destaque a obrigação legal de reverter toda a gorjeta aos empregados. A nova redação do art. 457, § 3º e 4º da CLT esclarece que o valor recebido a título de gorjetas, seja como serviço ou adicional, constitui receita exclusiva dos empregados. A Súmula nº 354 do TST não deve sofrer alteração com a nova lei.

03. (FCC – Técnico Judiciário – TRT 24/ 2011) A respeito do repouso semanal remunerado, considere:

I. É assegurado aos empregados um descanso semanal de 24 horas consecutivas, obrigatoriamente aos domingos.

II. A gratificação por tempo de serviço, paga mensalmente, não repercute no cálculo do repouso semanal remunerado.

III. As gorjetas cobradas pelo empregador na nota de serviço integram a remuneração do empregado, servindo de base de cálculo para o repouso semanal remunerado.

IV. A gratificação de produtividade paga mensalmente não repercute no cálculo do repouso semanal remunerado.

Está correto o que consta APENAS em

A) III e IV.

B) I, II e III.

C) II, III e IV.

D) I e IV.

E) II e IV.

↓RESPOSTA

Alternativa Letra E.

II e IV – Súmula nº 225 do TST.

04. (FGV - Exame de Ordem 2014.2) Jefferson é balconista numa loja e, por determinação do empregador e necessidade do serviço, precisou trabalhar 8 horas em um domingo. Agora Jefferson fará, na mesma semana, a compensação dessas horas.

Sobre essa situação, assinale a opção correta.

A) Uma vez que as horas foram prestadas no dia de domingo, a compensação deverá ser feita em dobro, ou seja, em 16 horas.

B) Por imposição legal, as horas devidas devem ser compensadas e pagas ao trabalhador, com acréscimo de 100%, em função do seu sacrifício.

C) A compensação deve ser feita pela hora simples (8 horas), pois não deve ser confundida com o pagamento, que, no caso, receberia acréscimo de 100%.

D) Se a empresa estivesse em dificuldade financeira e não quisesse realizar a compensação, poderia criar um banco de horas extras diretamente com o empregado, e lançar nelas as horas extraordinárias.

↓RESPOSTA

Alternativa Letra C.

Súmula nº 146 do TST.

05. (TRT 8 - Juiz do Trabalho Substituto 8ª região/2015) No tocante a salário e remuneração, assinale a opção CORRETA:

a) A habitação e a alimentação fornecidas como salário-utilidade deverão atender aos fins que se destinam e não poderão exceder, respectivamente, a 20% e 25% do salário-contratual.

b) Por constituírem ajuda de custo, de natureza indenizatória, as diárias para viagem não integram o salário do empregado, em qualquer hipótese.

c) As gorjetas cobradas pelo empregador na nota de serviço ou oferecidas espontaneamente pelos clientes não fazem parte da base de cálculo do repouso semanal remunerado.

d) O veículo fornecido pelo empregador ao empregado, quando indispensável à realização do trabalho, não tem natureza salarial, exceto se utilizado pelo empregado para fins particulares.

e) O vale para refeição, fornecido por força do contrato de trabalho, não tem caráter salarial, e, por isso, não integra a remuneração do empregado, para todos os efeitos legais.

↓RESPOSTA

Alternativa Letra C.

Súmula nº 354 do TST.

06. (TRT 14 – Juiz do Trabalho Substituto 14ª região/ 2013) Sobre repouso semanal remunerado e feriados, assinale a opção correta:

A) Segundo a jurisprudência dominante do Tribunal Superior do Trabalho, as gratificações por tempo de serviço e produtividade, pagas mensalmente, repercutem no cálculo do repouso semanal remunerado.

B) A remuneração do repouso semanal corresponderá, para os que trabalham por hora, à de sua jornada normal de trabalho, não computadas as horas extraordinárias.

C) Segundo a jurisprudência dominante do Tribunal Superior do Trabalho, viola o art. 7°, XV, da CF a concessão de repouso semanal remunerado após o sétimo dia consecutivo de trabalho, importando no seu pagamento em dobro.

D) Segundo a jurisprudência dominante do Tribunal Superior do Trabalho, é válida, em caráter excepcional, a jornada de doze horas de trabalho por trinta e seis de descanso, prevista em lei ou ajustada exclusivamente mediante acordo coletivo de trabalho ou convenção coletiva de trabalho, não sendo devida a remuneração em dobro dos feriados trabalhados.

E) Segundo a jurisprudência dominante do Tribunal Superior do Trabalho, o pagamento em dobro, concedido por liberalidade da empresa, dos domingos e feriados trabalhados de forma habitual pelo empregado submetido ao regime de turnos ininterruptos de revezamento pode ser suprimido unilateralmente, não se tratando de vantagem incorporada ao contrato de trabalho.

↓RESPOSTA

Alternativa Letra C.
OJ nº 410 da SDI-I.

07. (Juiz do Trabalho Substituto – TRT 14ª região/ 2012) Assinale a única alternativa correta:

A) A supressão total ou parcial, pelo empregador, de serviço suplementar prestado com habitualidade, durante pelo menos 1 (um) ano, assegura ao empregado o direito à indenização correspondente ao valor de 1 (um) mês das horas suprimidas, total ou parcialmente, para cada ano ou fração igual ou superior a seis meses de prestação de serviço acima da jornada normal, cujo cálculo observará a média das horas suplementares nos últimos 12 (doze) meses anteriores à mudança, multiplicada pelo valor atualizado da hora extra à época da fixação por sentença.

B) O professor que recebe salário mensal à base de hora-aula tem direito ao acréscimo de 1/6 a título de repouso semanal remunerado, considerando-se para esse fim o mês de quatro semanas e meia.

C) Nos termos da atual súmula do TST, a validade de acordo coletivo ou convenção coletiva de compensação de jornada de trabalho em atividade insalubre prescinde da inspeção prévia da autoridade competente em matéria de higiene do trabalho.

D) Independentemente do período gasto, considera-se à disposição do empregador, na forma do art. 4º da CLT, o tempo necessário ao deslocamento do trabalhador entre a portaria da empresa e o local de trabalho.

E) Aplica-se, em razão da peremptoriedade da Constituição de 1988, o divisor 220 para o cálculo do valor do salário-hora do empregado sujeito a 8 horas diárias e 40 horas semanais de trabalho, restando, por isso, superado o antigo divisor 240 da Constituição de 1967/69.

↓RESPOSTA

Alternativa Letra B.
Súmula nº 351 do TST.

08. (Juiz do Trabalho Substituto – TRT 15ª região/ 2012) Determinado trabalhador foi contratado como atendente em um estabelecimento comercial, em 02.03.2011, com remuneração mensal inicial de R$ 750,00, valor este que, à época, correspondia ao piso salarial da categoria. Após um ano de serviço passou a auferir mensalmente, o valor de R$ 1.060,00. O acréscimo se deu em razão de reajuste negociado coletivamente vigente a partir da data-base, 01.03.2012, no percentual 8,0%, e o restante a aumento espontâneo concedido pelo empregador em razão do desempenho do trabalhador, promovido à função de gerente, sem controle de sua jornada de trabalho. Da remuneração de R$ 1.060,00, RS 810,00 corresponde ao salário efetivo e R$ 250,00 à gratificação de função. O valor do salário mínimo nacional vigente na época do reajuste era R$ 622,00 e o piso salarial a partir de 01.03.2012 passou a R$ 810,00.

Análise as afirmações, considerando o período em que o empregado passou a exercer as funções de gerente. Após, responda:

I. O trabalhador não tem direito ao recebimento de horas extras, independentemente do limite de sua jornada, em razão da função gerencial desempenhada, configurando-se a exceção legal.

II. O trabalhador tem direito à limitação da jornada, segundo o regime previsto no art. 7º, da Constituição Federal.

III. O trabalhador não é abrangido pelas disposições do Capítulo II, da CLT, (DA DURAÇÃO DO TRABALHO), mas tem direito ao repouso semanal remunerado, nos termos do art. 7º, Inciso V, da Constituição Federal.

IV. O trabalhador tem direito ao recebimento de eventuais repousos semanais remunerados, em dobro, na hipótese de não obter folga nos dias correspondentes sem a respectiva compensação.

V. O trabalhador não tem direito ao recebimento do adicional noturno mesmo, na prestação de serviços entre 22h00 e 5h00.

A) Apenas a proposição III está correta.

B) Estão corretas apenas as proposições III, IV e V.

C) Estão corretas apenas as proposições II e IV.

D) Estão corretas apenas as proposições I e II.

E) Apenas a proposição II está errada.

↓RESPOSTA

Alternativa Letra C.
II – artigo 7º, XIII CF.
IV – Súmula nº 146 do TST.

09. (Juiz do Trabalho Substituto – TRT 15ª região/ 2012) Sob a ótica das Súmulas do TST, aponte a alternativa incorreta:

A) A justificação da ausência do empregado motivada por doença, para a percepção do salário-enfermidade e da remuneração do repouso semanal, deve observar a ordem preferencial dos atestados médicos estabelecida em lei.

B) É devida a remuneração do repouso semanal e dos dias feriados ao empregado comissionista, exceto se pracista.

C) Aos ferroviários que trabalham em estação do interior, assim classificada por autoridade competente, não são devidas horas extras.

D) Chefe de trem, regido pelo estatuto dos ferroviários, não tem direito à gratificação prevista no respectivo estatuto.

E) Se as faltas já são justificadas pela lei, consideram-se como ausências legais e não serão descontadas para o cálculo do período de férias.

↓RESPOSTA

Alternativa Letra B.
Súmula nº 27 do TST.

10. (Juiz do Trabalho Substituto – TRT 15ª região/ 2012) Com base em Súmulas de Jurisprudência do TST, não é correto afirmar:

A) O professor que recebe, salário mensal à base de hora-aula, tem direito ao acréscimo de 1/6 a título de repouso semanal remunerado, considerando-se para esse fim o mês de quatro semanas.

B) É inválida e concessão do aviso prévio na fluência da garantia desemprego, ante a incompatibilidade dos dois institutos.

C) O advogado empregado de banco, pelo simples exercício da advocacia, não exerce cargo de confiança, não se enquadrando, portanto, ha hipótese do parágrafo 2º do art. 224 dá CLT.

D) Os empregados de empresas distribuidoras e corretoras de títulos e valores mobiliários não tem direito a jornada especial dos bancários.

E) O trabalho noturno dos empregados nas atividades de exploração, perfuração, produção e refinação do petróleo, industrialização do xisto, indústria petroquímica e transporte de petróleo e seus derivados, por meio de dutos, é regulado pela Lei nº 5.811, de 11.10.1972, não se lhe aplicando a hora reduzida de 52 minutos e 30 segundos prevista no art. 73, § 1º, da CLT.

↓RESPOSTA

Alternativa Letra A.
Súmula nº 351 do TST.

11. (Juiz do Trabalho Substituto - TRT 16ª região/ 2011) Analise as alternativas e assinale a resposta correta:

A) O empregado estudante terá direito a fazer coincidir suas férias com as férias escolares.

B) O empregado demitido por justa causa ou que se demite antes de complementar 12 (doze) meses de serviço não tem direito a férias proporcionais.

C) As empresas legalmente autorizadas a funcionar aos domingos são obrigadas a organizar escalas de revezamento, a fim de que, cada empregado usufrua de pelo menos dois domingos de folga no mês, sendo as restantes em outros dias da semana.

D) O trabalho prestado em domingos e feriados sem folga compensatória, deve ser pago em dobro, independente do salário fixo mensal e das sanções de ordem administrativa.

E) Todas as anteriores estão incorretas.

↓RESPOSTA

Alternativa Letra D.
Súmula nº 146 do TST.

8.3. Férias

SÚMULA Nº 89 DO TST

Falta ao serviço

Se as faltas já são justificadas pela lei, consideram-se como ausências legais e não serão descontadas para o cálculo do período de férias.

SÚMULA Nº 46 DO TST

Acidente de trabalho

As faltas ou ausências decorrentes de acidente do trabalho não são consideradas para os efeitos de duração de férias e cálculo da gratificação natalina.

SÚMULA Nº 328 DO TST

Férias. Terço constitucional

O pagamento das férias, integrais ou proporcionais, gozadas ou não, na vigência da CF/88, sujeita-se ao acréscimo do terço previsto no respectivo art. 7º, XVII.

SÚMULA Nº 149 DO TST

Tarefeiro. Férias

A remuneração das férias do tarefeiro deve ser calculada com base na média da produção do período aquisitivo, aplicando-se-lhe a tarifa da data da concessão.

SÚMULA Nº 81 DO TST

Férias

Os dias de férias gozados após o período legal de concessão deverão ser remunerados em dobro.

SÚMULA Nº 450 DO TST

Férias. Gozo na época própria. Pagamento fora do prazo. Dobra devida. Arts. 137 e 145 da CLT.

É devido o pagamento em dobro da remuneração de férias, incluído o terço constitucional, com base no art. 137 da CLT, quando, ainda que gozadas na época própria, o empregador tenha descumprido o prazo previsto no art. 145 do mesmo diploma legal.

SÚMULA Nº 7 DO TST

Férias

A indenização pelo não-deferimento das férias no tempo oportuno será calculada com base na remuneração devida ao empregado na época da reclamação ou, se for o caso, na da extinção do contrato.

SÚMULA Nº 171 DO TST

Férias proporcionais. Contrato de trabalho. Extinção

Salvo na hipótese de dispensa do empregado por justa causa, a extinção do contrato de trabalho sujeita o empregador ao pagamento da remuneração das férias proporcionais, ainda que incompleto o período aquisitivo de 12 (doze) meses.

SÚMULA Nº 261 DO TST

Férias proporcionais. Pedido de demissão. Contrato vigente há menos de um ano

O empregado que se demite antes de completar 12 (doze) meses de serviço tem direito a férias proporcionais.

SÚMULA Nº 10 DO TST

Professor. Dispensa sem justa causa. Término do ano letivo ou no curso de férias escolares. Aviso-prévio

O direito aos salários assegurados (artigo 322, caput e parágrafo 3º da CLT) não exclui o direito também ao aviso-prévio, na hipótese de dispensa sem justa causa ao término do ano letivo ou no curso das férias escolares.

OJ Nº 195 DA SDI – I DO TST

Férias indenizadas. FGTS. Não-incidência

Não incide a contribuição para o FGTS sobre as férias indenizadas.

⊙ QUESTÕES

01. (Cespe – Analista Judiciário – Área Judiciária – Oficial de Justiça Avaliador – TRT 8/2016) Acerca do descanso legal do trabalhador, assinale a opção correta.

A) As férias podem ser concedidas em três períodos, se cada período não for inferior a dez dias, salvo no caso do menor de dezoito anos de idade e dos maiores de cinquenta anos de idade, caso em que serão sempre concedidas de uma só vez.

B) O adicional de horas extras, o adicional noturno e o adicional de insalubridade ou periculosidade não integram a base de cálculo da remuneração das férias.

C) Na hipótese de cessação do trabalho por culpa recíproca, o empregado tem direito a 50% do aviso prévio e do décimo terceiro, sendo devida a integralidade das férias proporcionais.

D) A remuneração das férias do tarefeiro deve ser calculada com base na média da produção do período aquisitivo, aplicando-se-lhe a tarifa da data da concessão.

E) As faltas decorrentes do acidente de trabalho são consideradas para efeito de duração de férias.

↓RESPOSTA

Alternativa Letra D.

Súmula nº 149 do TST.

02. (FCC – Técnico Judiciário – Área Administrativa - TRT 4/2015) Com relação às férias, considere:

I. Os dias de férias gozados após o período legal de concessão deverão ser remunerados em dobro.

II. O empregado que se demite antes de complementar doze meses de serviço não tem direito a férias proporcionais.

III. A gratificação semestral não repercute no cálculo das férias.

IV. As faltas ou ausências decorrentes de acidente do trabalho não são consideradas para os efeitos de duração de férias.

De acordo com o entendimento sumulado do TST, está correto o que se afirma APENAS em

(A) I e II.

(B) I, III e IV.

(C) II e IV.

(D) I, II e III.

(E) III e IV.

↓RESPOSTA

Alternativa Letra B.

I – art. 134 da CLT.

II - Súmulas nº 171 e 261 do TST.

III – Súmula nº 253 do TST.

IV – Súmula nº 46 do TST.

03. (FCC – Analista Judiciário – Oficial de Justiça Avaliador - TRT 3/2015) Arnaldo foi admitido em 13/01/2014 e pediu demissão em 29/10/2014. Em razão do pedido de demissão

(A) recebeu férias proporcionais de 9/12, acrescidas de 1/3 a mais do que o salário normal.

(B) recebeu férias proporcionais de 10/12, acrescidas de 1/3 a mais do que o salário normal.

(C) recebeu férias proporcionais de 8/12, acrescidas de 1/3 a mais do que o salário normal.

(D) não recebeu férias proporcionais, pois o pedido de demissão lhe retirou esse direito.

(E) não recebeu férias proporcionais, pois pediu demissão antes de completar um ano de vigência do contrato de trabalho.

↓RESPOSTA

Alternativa Letra B.

Súmulas nº 171 e 261 do TST.

04. (Cespe – Analista Judiciário – Área Judiciária – TRT 8/2013) Acerca das férias, assinale a opção correta.

A) A indenização pelo não deferimento das férias no tempo oportuno deve ser calculada com base no salário-base devido ao empregado na época da reclamação, ou, se for o caso, na época da extinção do contrato.

B) O abono de férias, instituto que equivale ao terço constitucional de férias, é direito irrenunciável pelo empregado e independe de concordância do empregador.

C) Por serem do empregador os riscos do empreendimento, ocorrendo rescisão do contrato de trabalho por falência do empregador, são devidas ao empregado férias proporcionais, ainda que tenha trabalhado na empresa menos de um ano.

D) As faltas ou ausências decorrentes de acidente do trabalho não são consideradas para efeito de duração de férias; para o cálculo da gratificação natalina, sim.

E) O empregado perde o direito a férias caso goze de licença não remunerada por período de até trinta dias.

↓RESPOSTA

Alternativa Letra C.

Súmula nº 171 do TST.

05. (Cespe – Analista Judiciário – Judicial – TRT 17/2013) No que se refere à remuneração do empregado, julgue os itens a seguir.

1) As férias do empregado devem ser remuneradas em dobro caso sua concessão ultrapasse o período de doze meses subsequentes ao do período aquisitivo.

↓RESPOSTA

Item certo.

Súmula nº 81 do TST.

06. (FCC – TRT 8 – Analista Judiciário/2010) Violeta laborava por dois anos e seis meses para a empresa Flor, quando a mesma começou a não pagar seu salário mensal. Ajuizou reclamação trabalhista requerendo a extinção do contrato de trabalho por culpa exclusiva da empresa Flor, bem como, requerendo, dentre outras verbas, suas férias vencidas. Considerando que Violeta permaneceu trabalhando durante o curso de sua reclamação trabalhista, em regra, as férias vencidas serão calculadas com base na remuneração devida para Violeta

A) quando da sua contratação, acrescidas de 50%.

B) na época da reclamação, acrescidas de 50%.

C) quando as férias deveriam ter sido gozadas e em dobro.

D) quando as férias deveriam ter sido gozadas, acrescidas de 50%.

E) na época da reclamação e em dobro.

↓RESPOSTA

Alternativa Letra E.

Súmula nº 7 do TST e artigo 137, caput CLT.

07. (Exame de Ordem 2010.2 – FGV) Com relação ao regime de férias, é correto afirmar que:

A) as férias devem ser pagas ao empregado com adicional de 1/3 até 30 dias antes do início do seu gozo.

B) salvo para as gestantes e os menores de 18 anos, as férias podem ser gozadas em dois períodos.

C) o empregado que pede demissão antes de completado seu primeiro período aquisitivo faz jus a férias proporcionais.

D) as férias podem ser convertidas integralmente em abono pecuniário, por opção do empregado.

↓RESPOSTA

Alternativa Letra C.

Súmula nº 261 do TST.

08. (ESAF – MTE – Auditor-Fiscal do Trabalho/2010) Marque a opção correta.

A) Após o advento da Constituição de 1988, foi superada, no Direito do Trabalho, a regra geral baseada no critério da dispensa imotivada, motivo pelo qual, nos casos de contratos de duração indeterminada, com ruptura de iniciativa do empregador, há necessidade, para a sua validação, da indicação dos motivos que a ensejaram.

B) Nos contratos a prazo determinado sem cláusula assecuratória do direito recíproco de rescisão, ocorrendo a chamada extinção anormal, isto é, quando há antecipação por vontade do empregador ou do empregado, não há direito ao levantamento do FGTS.

C) Nos contratos a prazo indeterminado, havendo pedido de demissão do empregado, devem ser pagos o décimo terceiro salário proporcional e as férias proporcionais, acrescidas do 1/3 constitucional, mas o trabalhador perde a proteção, de que eventualmente fosse destinatário, das garantias de emprego, e ainda deve conceder aviso prévio de 30 (trinta) dias ao empregador.

D) Nos contratos a prazo determinado, com cláusula assecuratória do direito recíproco de rescisão, quando há pedido de demissão do contratado, embora sejam devidas férias proporcionais, acrescidas do 1/3 constitucional, e décimo terceiro também proporcional ao período, o trabalhador indenizará o empregador dos prejuízos decorrentes do rompimento.

E) Nos contratos a prazo determinado, na hipótese de antecipação empresarial em razão de justa causa do trabalhador, não são devidas parcelas trabalhistas remanescentes do período.

↓RESPOSTA

Alternativa Letra C.
Súmulas nº 261 e 328 do TST, artigo 487, II CLT e artigo 3º da Lei nº 4.090/62.

09. (ESAF – MTE – Auditor-Fiscal do Trabalho/2003) Assinale a opção correta considerando a jurisprudência sumulada do Colendo TST.

A) O pagamento das férias, integrais, não gozadas, na vigência da Constituição da República de 1988, não se sujeita ao acréscimo do terço previsto em seu artigo 7, inciso XVII.

B) O pagamento das férias, integrais ou proporcionais, não gozadas, mesmo antes da vigência da Constituição da República de 1988, sujeitava-se ao acréscimo do terço previsto em seu artigo 7, inciso XVII.

C) O pagamento das férias, integrais ou proporcionais, gozadas ou não, na vigência da Constituição da República de 1988, sujeita-se ao acréscimo do terço previsto em seu artigo 7, inciso XVII.

D) O pagamento das férias, proporcionais, não gozadas, na vigência da Constituição da República de 1988, não se sujeita ao acréscimo do terço previsto em seu artigo 7, inciso XVII.

E) O pagamento das férias, proporcionais, não gozadas, na vigência da Constituição da República de 1988, somente sujeita-se ao acréscimo do terço das férias previsto em seu artigo 7, inciso XVII, desde que requerida por escrita ao empregador.

↓RESPOSTA

Alternativa Letra C.
Súmula nº 328 do TST.

10. (TRT 8 - Juiz do Trabalho Substituto 8ª região/2015) Sob a ótica da jurisprudência consolidada no TST, analise as proposições abaixo e assinale a alternativa CORRETA:

I. O advogado empregado de banco, pelo simples exercício da advocacia, não exerce cargo de confiança, não se enquadrando, portanto, na hipótese do parágrafo 2º do art. 22 4, da CLT.

II. Se as faltas já estão justificadas pela lei, consideram-se como ausências legais e não serão descontadas para o cálculo do período de férias.

III. O uso de instrumentos telemáticos ou informatizados fornecidos pela empresa ao empregado, por si só, não caracteriza o regime de sobreaviso.

IV. O professor que recebe salário mensal à base de hora-aula tem direito ao acréscimo de 1/6 a título de repouso semanal remunerado, considerando-se para esse fim o mês de quatro semanas.

V. A interrupção do trabalho destinada a repouso e alimentação, dentro de cada turno, ou o intervalo para repouso semanal, descaracteriza o turno de revezamento com jornada de 6 horas previsto no art. 7°, inciso XIV, da Constituição da República de 1988.

a) Somente as alternativas I e II estão corretas.

b) Somente as alternativas I, II e III estão corretas.

c) Somente as alternativas II, IV e V estão corretas.

d) Somente as alternativas II e III estão corretas.

e) Somente as alternativas II, III e IV estão corretas.

↓RESPOSTA

Alternativa Letra B.

I – Súmula nº 102, V, do TST
II - Súmula nº 89 do TST
III – Súmula nº 428, I, do TST
IV – Súmula nº 351 do TST
V – Súmula nº 360 do TST

11. (FCC – Juiz do Trabalho Substituto 6ª região/2013) Entre as afirmações abaixo, é entendimento sumulado pelo Tribunal Superior do Trabalho, em relação às férias:

A) O empregado que se demite antes de completar doze meses de serviço não tem direito a férias proporcionais.

B) A remuneração das férias do tarefeiro deve ser calculada com base na média da produção do período aquisitivo, aplicando-se-lhe a tarifa da data da aquisição do direito.

C) A indenização pelo não deferimento das férias no tempo oportuno será calculada com base na remuneração devida ao empregado na época da aquisição do direito.

D) Os dias de férias gozados após o período legal de concessão deverão ser remunerados em dobro.

E) As faltas ao serviço justificadas por lei não serão descontadas da remuneração das férias, mas serão descontadas para o cálculo do período de férias do empregado.

↓RESPOSTA

Alternativa Letra D.
Súmula nº 81 do TST.

12. (Juiz do Trabalho Substituto – TRT 3ª região/ 2012) ENRICO, empregado celetista, trabalhou para a empresa PÃO DE QUEIJO MINAS GERAIS LTDA. de 17/02/2011 a 12/12/2011, quando se demitiu do emprego. A empresa não pagou as verbas decorrentes da ruptura e ENRICO ajuizou reclamação trabalhista. Na audiência, para a realização da proposta conciliatória, o juiz faz o cálculo dos haveres e confere a petição inicial. Assinale a alternativa correta relativamente às frações de 13º salário e de férias a que ENRICO tem direito, sabendo-se que ele teve cinco faltas injustificadas no período:

A) ENRICO tem direito a receber 11/12 de férias proporcionais + 1/3 e 10/12 de 13º salário de 2011

B) ENRICO tem direito a receber 10/12 de férias proporcionais + 1/3 e 10/12 de 13º salário de 2011

C) ENRICO tem direito a receber 11/12 de férias proporcionais + 1/3 e 09/12 de 13º salário de 2011

D) ENRICO tem direito a receber 10/12 de férias proporcionais + 1/3 e 9/12 de 13º salário de 2011

E) ENRICO tem direito a 10/12 de 13º salário de 2011, mas não tem direito a receber férias, porque se demitiu antes de completar o primeiro ano no emprego.

↓RESPOSTA

Alternativa Letra D.
Súmulas nº 157 e 261 do TST, OJ nº 82 da SDI-I, artigo 146, parágrafo único da CLT e artigo 3º da Lei nº 4.090/62.

13. (Juiz do Trabalho Substituto – TRT 3ª região/ 2012) A respeito da suspensão e da interrupção do contrato de trabalho, leia as afirmações abaixo e, em seguida, assinale a alternativa correta:

I. A concessão de auxílio-doença no curso do aviso prévio não impede a extinção da relação de emprego, em face do término do prazo.

II. Se as faltas já são justificadas pela lei, consideram-se como ausências legais e não serão descontadas para o cálculo do período de férias.

III. As faltas ou ausências decorrentes de acidente do trabalho não são consideradas para os efeitos de duração de férias e cálculo da gratificação natalina.

IV. Os efeitos financeiros da anistia concedida pela Lei nº 8.878/94 somente serão devidos a partir do efetivo retorno à atividade, vedada a remuneração em caráter retroativo.

V. Embora a suspensão do contrato implique na descontinuidade das cláusulas contratuais, algumas obrigações subsistem, como é o caso das regras que impõem obrigações de lealdade e fidelidade contratuais.

A) Todas as afirmativas estão corretas.

B) Somente as afirmativas I, II, III e IV estão corretas.

C) Somente as afirmativas I, III, IV e V estão corretas.

D) Somente as afirmativas II, III e V estão corretas.

E) Somente as afirmativas II, III, IV e V estão corretas.

↓RESPOSTA

Alternativa Letra E.
II – Súmula nº 89 do TST.
III – Súmula nº 46 do TST.
IV – OJ nº 56 da SDI-I-Transitória.
V – entendimento jurisprudencial e doutrinário.

14. (Juiz do Trabalho Substituto – TRT 3ª região/ 2012) A filha de MÁRCIA, empregada terceirizada da empresa UNIÃO AÇUCAREIRA PARATANGUIRA S.A., admitida em 27/06/2009, nasceu no dia 30/12/2010. MÁRCIA gozou todo o tempo de licença maternidade de 120 dias após o parto. Tendo retornado ao trabalho, sofreu acidente do trabalho no dia 12/05/2011, tendo permanecido em gozo de salário enfermidade durante os primeiros 15 dias e, em seguida, em gozo de auxílio – doença acidentário até o dia 26/10/2011, quando teve alta do INSS. Logo que retornou ao trabalho, MÁRCIA conversou com sua empregadora, porque queria gozar férias, apesar de estar ciente de que a época da concessão das férias seria a que melhor atendesse aos interesses da empregadora. Assinale a alternativa correta para a situação descrita:

A) MÁRCIA somente tem direito a gozar férias relativas ao período aquisitivo 2009/2010

B) MÁRCIA somente tem direito a gozar férias relativas ao período aquisitivo 2010/2011

C) MÁRCIA tem direito a gozar férias relativas a dois períodos aquisitivos

D) MÁRCIA não tem direito a qualquer período de férias, porque percebeu da Previdência Social prestações por mais de 6 (seis) meses, embora descontínuos

E) Nenhuma das alternativas anteriores está correta

↓RESPOSTA

Alternativa Letra C.
Súmula nº 46 do TST e artigos 392, caput e 393 da CLT.

15. (FCC – Juiz do Trabalho Substituto 4ª região/ 2012) Segundo a lei e a jurisprudência dominante do Tribunal Superior do Trabalho, quanto às férias é correto afirmar:

A) Os dias feriados, oficiais ou costumeiros não serão computados como parte do período mínimo de férias anuais remuneradas.

B) A época de concessão das férias será determinada pelo empregador, levando-se em conta as necessidades do trabalho e as possibilidades de repouso e diversão dos empregados, após consulta ao empregado interessado ou ao seu sindicato.

C) A indenização pelo não deferimento das férias no tempo oportuno será calculada com base na remuneração devida ao empregado na época da reclamação ou, se for o caso, na da extinção do contrato.

D) Na rescisão do contrato de trabalho, o empregado tem direito à remuneração relativa ao período incompleto das férias, na proporção de 1/12 por mês de serviço ou fração superior a 14 dias, acrescida da gratificação constitucional, desde que não tenha sido dispensado por justa causa, antes de completar seis meses de trabalho.

E) As férias coletivas poderão ser gozadas em dois períodos anuais, desde que nenhum deles seja inferior a quinze dias corridos.

↓RESPOSTA

Alternativa Letra C.
Súmula nº 7 do TST.

16. (Juiz do Trabalho Substituto – TRT 14ª região/ 2011) Assinale a alternativa incorreta em relação às férias anuais remuneradas, à luz das normas que regulam o tema e posicionamento jurisprudencial sumulado do TST.

A) As faltas ou ausências decorrentes de acidente do trabalho não são consideradas para os efeitos de duração de férias e cálculo da gratificação natalina.

B) Somam-se dois períodos descontínuos de trabalho, desde que o interregno entre eles não seja superior a sessenta dias, para aquisição de direito de férias, ainda que um deles se origine de contrato a prazo.

C) Salvo nas hipóteses de dispensa do empregado por justa causa ou quando ele se demite, a extinção do contrato de trabalho sujeita o empregador ao pagamento da remuneração das férias proporcionais, ainda que incompleto o período aquisitivo de doze meses.

D) Não terá direito a férias o empregado que, no curso do período aquisitivo, tiver percebido da Previdência Social prestações de acidente de trabalho ou de auxílio-doença por mais de seis meses, embora descontínuos. Nesta situação, iniciar-se-á o decurso de novo período aquisitivo quando o empregado, retornar ao serviço.

E) O tempo de trabalho anterior à apresentação do empregado para serviço militar obrigatório será computado no período aquisitivo, desde que ele compareça ao estabelecimento dentro de noventa dias da data em que se verificar a respectiva baixa.

↓RESPOSTA

Alternativa Letra C.
Súmula nº 171 do TST.

17. (Juiz do Trabalho Substituto – TRT 14ª região/ 2011) Conforme entendimento sumulado do TST assinale a alternativa que não está correta.

A) Presume-se abandono de emprego se o trabalhador não retornar ao serviço no prazo de trinta dias após a cessação do benefício previdenciário nem justificar o motivo de não o fazer.

B) A ocorrência de justa causa, salvo a de abandono de emprego, no decurso do aviso prévio dado pelo empregador, retira do empregado qualquer direito às verbas rescisórias de natureza indenizatória.

C) O empregado que se demite antes de completar doze meses de serviço perde o direito a férias proporcionais.

D) A indenização adicional, prevista no artigo 9º da Lei nº 6.708/79 e no art. 9º da Lei nº 7.238/84, corresponde ao salário mensal, no valor devido na data da comunicação do despedimento, integrado pelos adicionais legais ou convencionados, ligados à unidade de tempo mês, não sendo computável a gratificação natalina.

E) A garantia de emprego à gestante só autoriza a reintegração se esta se der durante o período de estabilidade. Do contrário, a garantia restringe-se aos salários e demais direitos correspondentes ao período de estabilidade.

↓RESPOSTA

Alternativa Letra C.
Súmula nº 261 do TST.

Capítulo VI
REMUNERAÇÃO

SUMÁRIO • 1. Salário e remuneração – 2. Aumento salarial concedido pela empresa e salário utilidade – 3. Comissões – 4. Gratificações – 5. Adicional de risco do portuário – 6. Adicional por tempo de serviço e adicional regional – 7. Abono previsto em norma coletiva – 8. Gratificação natalina ou décimo terceiro salário – 9. Adicionais: 9.1. Adicional de horas extraordinárias; 9.2. Adicional noturno; 9.3. Adicional de transferência – 10. Adicional de periculosidade: 10.1. Integração do Adicional de Periculosidade; 10.2. Classificação de atividades perigosas: 10.2.1. Eletricitários; 10.2.2. Portuários; 10.2.3. Bomba de gasolina; 10.2.4. Sistema elétrico de potência; 10.2.5. Radiação ionizante ou substância radioativa; 10.2.6. Armazenamento de líquido inflamável no prédio. Construção Vertical; 10.3. Perícia – 11. Adicional de insalubridade: 11.1. Integração; 11.2. Base de cálculo; 11.3. Perícia; 11.4. Classificação da atividade insalubre. Relação oficial elaborada pelo MTE: 11.4.1. Lixo urbano; 11.4.2. Raios solares; 11.4.3. Óleos minerais; 11.4.4. Direito adquirido; 11.5. Fornecimento de aparelho de proteção; 11.6. Substituição processual; 11.7. Causa de pedir – 12. Parcelas indenizatórias: 12.1. Participação nos lucros e resultados; 12.2. Diárias; 12.3. Vale-transporte; 12.4. Salário-família; 12.5. Seguro-desemprego; 12.6. Auxílio-alimentação – 13. Equiparação salarial – 14. Descontos salariais: 14.1 Multa prevista nos artigos 467 e 477; 14.2 Rescisão do contrato. Pagamento das verbas rescisórias – 15. Reajustes salariais e planos econômicos – 16. Efeitos financeiros da anistia. Emenda constitucional nº 26/1985

1. SALÁRIO E REMUNERAÇÃO

Súmula nº 354 do TST

Gorjetas. Natureza jurídica. Repercussões

As gorjetas, cobradas pelo empregador na nota de serviço ou oferecidas espontaneamente pelos clientes, integram a remuneração do empregado, não servindo de base de cálculo para as parcelas de aviso-prévio, adicional noturno, horas extras e repouso semanal remunerado.

OJ nº 358 da SDI – I do TST

Salário mínimo e piso salarial proporcional à jornada reduzida. Empregado. Servidor Público.

I –Havendo contratação para cumprimento de jornada reduzida, inferior à previsão constitucional de oito horas diárias ou quarenta e quatro semanais, é lícito o pagamento do piso salarial ou do salário-mínimo proporcional ao tempo trabalhado.

II – Na Administração Pública direta, autárquica e fundacional não é válida remuneração de empregado público inferior ao salário mínimo, ainda que cumpra jornada de trabalho reduzida. Precedentes do Supremo Tribunal Federal.

OJ nº 393 da SDI – I do TST[1]

Professor. Jornada de trabalho especial. Art. 318 da CLT. Salário mínimo. Proporcionalidade.

A contraprestação mensal devida ao professor, que trabalha no limite máximo da jornada prevista no art. 318 da CLT, é de um salário mínimo integral, não se cogitando do pagamento proporcional em relação a jornada prevista no art. 7º, XIII, da Constituição Federal.

OJ nº 244 da SDI – I do TST

Professor. Redução da carga horária. Possibilidade

A redução da carga horária do professor, em virtude da diminuição do número de alunos,

---

1 Em 17/02/2017, foi promulgada a Lei nº 13.415/2017 que alterou a redação do art. 318 da CLT. Assim, a jornada do professor passou a ser a mesma dos demais empregados regidos pela CLT, qual seja, 8 horas diárias e 44 horas semanais. Em razão disso, deve ser aplicada a previsão do salário-mínimo proporcional ao professor. Até o fechamento desta edição, a OJ nº 393 da SDI-I do TST não foi alterada.

não constitui alteração contratual, uma vez que não implica redução do valor da hora-aula.

SÚMULA Nº 370 DO TST

Médico e engenheiro. Jornada de trabalho. Leis nºs 3.999/1961 e 4.950-A/1966

Tendo em vista que as Leis nº 3.999/1961 e 4.950-A/1966 não estipulam a jornada reduzida, mas apenas estabelecem o salário mínimo da categoria para uma jornada de 4 horas para os médicos e de 6 horas para os engenheiros, não há que se falar em horas extras, salvo as excedentes à oitava, desde que seja respeitado o salário mínimo/horário das categorias.

SÚMULA Nº 143 DO TST

Salário profissional

O salário profissional dos médicos e dentistas guarda proporcionalidade com as horas efetivamente trabalhadas, respeitado o mínimo de 50 (cinqüenta) horas.

SÚMULA Nº 358 DO TST

Radiologista. Salário profissional. Lei nº 7.394, de 29.10.1985

O salário profissional dos técnicos em radiologia é igual a 2 (dois) salários mínimos e não a 4 (quatro).

SÚMULA Nº 91 DO TST

Salário complessivo

Nula é a cláusula que fixa determinada importância ou percentagem para atender englobadamente vários direitos legais ou contratuais do trabalhador.

⊙ QUESTÕES

01. (FCC – Técnico Judiciário – TRT 20/ 2011) Considere:

I. Aviso prévio.

II. Repouso semanal remunerado.

III. Horas extras.

De acordo com entendimento Sumulado do Tribunal Superior do Trabalho, as gorjetas, cobradas pelo empregador na nota de serviço ou oferecidas espontaneamente pelos clientes, integram a remuneração do empregado, não servindo de base de cálculo para os itens

A) I e II, apenas.

B) I e III, apenas.

C) II e III, apenas.

D) III, apenas.

E) I, II e III.

↓ RESPOSTA

Alternativa Letra E.
Súmula nº 354 do TST.

02. (FCC – TRT 22 – Analista Judiciário/2010) O contrato de trabalho A possui cláusula contratual que fixa determinada importância para atender englobadamente vários direitos legais do trabalhador. O contrato de trabalho B possui cláusula contratual que fixa determinada percentagem para atender englobadamente vários direitos contratuais do trabalhador. E, o contrato C possui cláusula contratual que fixa determinada percentagem para atender englobadamente vários direitos legais e contratuais do trabalhador. Nestes casos, são nulas as cláusulas previstas

A) no contrato A, apenas.

B) no contrato C, apenas.

C) nos contratos A e B, apenas.

D) nos contratos B e C, apenas.

E) nos contratos A, B e C.

↓ RESPOSTA

Alternativa Letra E.
Súmula nº 91 do TST.

03. (FGV - Exame de Ordem 2014.1) Os garçons e empregados do restaurante Come Bem Ltda. recebem as gorjetas dadas pelos clientes, de forma espontânea, uma vez que não há a cobrança obrigatória na nota de serviço.

Diante da hipótese apresentada, assinale a afirmativa correta.

A) As gorjetas integram a remuneração, mas não servem de base de cálculo para o pagamento do aviso prévio, adicional noturno, horas-extras e repouso semanal remunerado.

B) As gorjetas não integram a remuneração, uma vez que são espontâneas, pois não há o controle das quantias concedidas.

C) As gorjetas são integradas, para todos os efeitos, na remuneração do empregado, repercutindo, assim, no pagamento de todos os direitos trabalhistas.

D) As gorjetas integram a remuneração apenas para efeitos de aviso prévio trabalhado, adicional noturno, horas-extras e repouso semanal remunerado, pois as demais parcelas não estão relacionadas com o dia a dia de trabalho efetivo; não havendo trabalho, não há gorjeta.

↓RESPOSTA

Alternativa Letra A.

Art. 457, caput, CLT e Súmula nº 354 do TST.

04. (ESAF – MTE – Auditor-Fiscal do Trabalho/2003) Considerando o entendimento sedimentado na jurisprudência sumulada do Colendo TST, assinale a opção correta.

A) A interrupção do trabalho destinada a repouso e alimentação, dentro de cada turno, ou o intervalo para repouso semanal descaracterizam o turno de revezamento com jornada de 6 horas previsto no art. 7, inciso XIV, da Constituição da República de 1988.

B) Integram o salário, pelo seu valor total e para efeitos indenizatórios, as diárias de viagem que excedam a 60% (sessenta por cento) do salário do empregado.

C) Os dias de férias, gozados após o período legal de concessão, serão remunerados de forma simples.

D) O adicional noturno, ainda que habitual, não integra o salário do empregado para todos os efeitos.

E) Nula é a cláusula contratual que fixa determinada importância ou percentagem para atender englobadamente vários direitos legais ou contratuais do trabalhador.

↓RESPOSTA

Alternativa Letra E.

Súmula nº 91 do TST.

05. (CESPE – Juiz do Trabalho Substituto 5ª região/2013) No tocante a salário e remuneração, assinale a opção correta.

A) As gorjetas cobradas pelo empregador na nota de serviço ou oferecidas espontaneamente pelos clientes servem de base de cálculo do aviso prévio.

B) As gorjetas cobradas pelo empregador na nota de serviço ou oferecidas espontaneamente pelos clientes não fazem parte da base de cálculo do repouso semanal remunerado.

C) Por constituírem ajuda de custo, as diárias para viagem não integram o salário do empregado.

D) O valor correspondente ao vale cultura integra o salário do empregado.

E) O valor da alimentação fornecida como salário utilidade não poderá exceder 25% do salário contratual.

↓RESPOSTA

Alternativa Letra B.

Súmula nº 354 do TST.

06. (FCC - Juiz do Trabalho Substituto 23ª região/2015) Joaquina foi contratada como copeira, para cumprimento de jornada de 6 horas diárias e 30 horas semanais e com salário mensal de R$ 600,00, montante inferior ao piso salarial fixado em instrumento coletivo, no valor de R$ 850,00. Considerando que a jornada máxima cumprida pelos empregados da categoria é de 8 horas diárias e 44 horas semanais, Joaquina, em relação a todo o período laborado,

(A) tem direito às diferenças salariais e reflexos, porque a redução salarial foi ilícita, não se compatibilizando com o ordenamento jurídico.

(B) tem direito às diferenças salariais e reflexos, porque a jurisprudência do TST adotou entendimento não permitindo o pagamento proporcional do salário em qualquer hipótese.

(C) tem direito às diferenças salariais e reflexos, porque a jurisprudência do TST adotou entendimento não permitindo o pagamento proporcional, exceto se o empregado tiver sido contrato por tempo parcial, com jornada máxima de 25 horas na semana.

(D) não tem direito às diferenças salariais e reflexos, porque, segundo a jurisprudência do TST, havendo a contratação para cumprimento de jornada reduzida, inferior à previsão constitucional de 8 horas diárias e 44 horas semanais, é lícito o pagamento de piso salarial proporcional ao tempo trabalhado.

(E) não tem direito às diferenças salariais e reflexos, porque a jurisprudência do TST adotou entendimento permitindo o pagamento proporcional quando o empregado tiver sido contrato por tempo parcial, com jornada máxima de 30 horas na semana.

RESPOSTA

Alternativa Letra D.

OJ nº 358, I, SDI-I do TST.

07. (TRT 23 - Juiz do Trabalho Substituto 23ª região/ 2014) Com base na jurisprudência dominante do TST, analise as assertivas abaixo:

I. Apenas as gorjetas cobradas pelo empregador nas notas de serviço integram a remuneração do empregado, já que aquelas pagas espontaneamente pelos clientes são tidas como mera liberalidade, não onerando o empregador com reflexos em quaisquer outras verbas;

II. Tanto as gorjetas cobradas pelo empregador nas notas de serviço quanto as oferecidas espontaneamente pelos clientes integram a remuneração do empregado, servindo como base de cálculo do aviso-prévio, adicional noturno, horas extras e repouso semanal remunerado;

III. O trabalhador contratado para laborar por cinco horas diárias, de segunda-feira a sexta-feira, não pode receber valor inferior a R$ 724,00, estipulado por lei como salário mínimo nacional vigente, diante da garantia constitucional inserta no artigo 7o, IV da Carta Magna;

IV. O salário profissional dos médicos e dentistas é proporcional às horas efetivamente trabalhadas, respeitando-se o mínimo de 50 horas mensais, de modo que, ultrapassado esse limite o empregado em questão faz jus às diferenças salariais e não a horas extras, desde que não ultrapasse o limite constitucional de 8 horas diárias e 44 semanais;

V. Anderson é técnico em telefonia da empresa Telefonia Alfa e utiliza veículo próprio para realizar as instalações das linhas telefônicas. Por conta disso propõe ação trabalhista requerendo o pagamento de determinado valor por utilização do bem a serviço da empresa, atitude correta já que se caracteriza, no caso, o salário-utilidade.

Assinale a alternativa CORRETA:

a) I e II;

b) Apenas I;

c) Apenas IV;

d) III e IV;

e) II e III.

RESPOSTA

Alternativa Letra C.

IV – Súmula nº 143 do TST

08. (Juiz do Trabalho Substituto – TRT 3ª região/ 2012) Um empregado admitido no dia 20/10/2001 foi dispensado, sem justa causa, em 21/12/2011, mediante aviso prévio indenizado, quando recebia salário-base de R$ 1.500,00 mensais, mais gorjetas oferecidas espontaneamente pelos clientes na média de R$ 300,00 mensais. Assinale a alternativa correta referente ao total do aviso prévio a que tem direito este empregado:

A) Terá direito ao valor de R$ 3.150,00, correspondentes a 63 dias.

B) Terá direito ao valor de R$ 3.000,00, correspondentes a 60 dias.

C) Terá direito ao valor de R$ 2.850,00, correspondentes a 57 dias.

D) Terá direito ao valor de R$ 3.420,00, correspondentes a 57 dias.

E) Terá direito ao valor de R$ 3.600,00, correspondentes a 60 dias.

RESPOSTA

Alternativa Letra C.
Súmulas nº 354 e 441 do TST e artigo 1º da Lei nº 12.506/2011.

09. (Juiz do Trabalho Substituto – TRT 8ª região/ 2012) Assinale a alternativa CORRETA:

A) Segundo a jurisprudência unificada do Tribunal Superior do Trabalho, a concessão do intervalo interjornada, em período menor do que o previsto em lei, confere ao empregado o direito ao recebimento apenas do adicional por trabalho extraordinário, sem prejuízo do direito ao recebimento do valor da multa administrativa, a ser imposta pela Superintendência Regional do Trabalho e Emprego.

B) A concessão das férias é matéria de ordem pública, portanto, a penalidade da dobra, na proporção de duas vezes a remuneração normal, acrescida de dois terços, deverá ser aplicada inclusive nas hipóteses em que empregado e empregador acordarem o pagamento das férias sem o efetivo descanso.

C) Segundo a jurisprudência consolidada do Tribunal Superior do Trabalho, o repouso semanal remunerado repercute no cálculo das gratificações por tempo de serviço e de produtividade, quando pagas mensalmente.

D) Consoante súmula do Tribunal Superior do Trabalho, as gorjetas, cobradas pelo empregador na nota de serviço ou oferecidas espontaneamente pelos clientes, integram a remuneração do empregado, não servindo de base de cálculo para as parcelas de aviso prévio, adicional noturno, horas extras e repouso semanal remunerado.

E) Para fins de apuração do salário pago por tarefa, tomar-se-á por base a média da produção no período aquisitivo do direito a férias, aplicando-se o valor da remuneração da tarefa, no mês imediatamente anterior à concessão das férias.

↓ RESPOSTA

Alternativa Letra D.
Súmula nº 354 do TST.

10. (FCC – Juiz do Trabalho Substituto 11ª região/ 2012) Considere:

I. Repouso semanal remunerado.

II. Aviso Prévio.

III. 13º Salário.

IV. Adicional noturno.

V. Férias gozadas.

VI. Depósitos mensais do FGTS.

VII. Horas extraordinárias.

De acordo com o entendimento Sumulado do Tribunal Superior do Trabalho, as gorjetas não comporão a base de cálculo das verbas indicadas APENAS em

A) I, II, IV e VII.

B) II, IV, V e VI.

C) I, III, IV e VII.

D) I, II e VII.

E) III, V e VI.

↓ RESPOSTA

Alternativa Letra A.
Súmula nº 354 do TST.

11. (Juiz do Trabalho Substituto – TRT 15ª região/ 2012) Considerando o conceito de remuneração, analise as assertivas abaixo. Após, responda:

I. O entendimento jurisprudencial dominante relativo às gorjetas é de que possuem caráter remuneratório, integrando a remuneração do trabalhador que as receba, integração esta que se dá para todos os efeitos, inclusive repercussão em todas as verbas também de cunho remuneratório devidas no pacto.

II. As stock options são consideradas remuneração, tendo em vista que sua concessão representa uma forma de o empregador dividir com o empregado o risco do negócio, estando, assim, contrariado o disposto no art. 2º, da CLT.

III. As gueltas não integram a base de cálculo dos repousos semanais remunerados.

IV. A Jurisprudência do E. TST tem atribuído natureza jurídica indenizatória à parcela paga ao atleta decorrente do denominado direito de arena.

A) Todas as assertivas estão corretas.

B) Apenas as assertivas I, II e IV estão corretas.

C) Apenas a assertiva III está correta.

D) Apenas a assertiva II está correta.

E) Todas as assertivas estão erradas.

↓RESPOSTA

Alternativa Letra C.

III – Súmula nº 354 do TST e entendimento jurisprudencial e doutrinário.

12. (Juiz do Trabalho Substituto – TRT 15ª região/ 2012) Aponte a alternativa incorreta, com base em Súmulas do TST:

A) O salário profissional dos médicos e dentistas guarda proporcionalidade com as horas efetivamente trabalhadas, respeitado o mínimo de 44 horas mensais.

B) A correção monetária não incide sobre o débito do trabalhador reclamante.

C) A gratificação semestral não repercute no cálculo das horas extras, das férias e do aviso prévio, ainda que indenizados. Repercute, contudo, pelo seu duodécimo na indenização por antiguidade e na gratificação natalina.

D) O empregado que se demite antes de completar 12 meses de serviço tem direito a férias proporcionais.

E) Em se tratando de pedido de reenquadramento, a prescrição é total, contada da data do enquadramento do empregado.

↓RESPOSTA

Alternativa Letra A.

Súmula nº 143 do TST.

13. (Juiz do Trabalho Substituto – TRT 19ª região/ 2012) À luz do quanto cristalizado na jurisprudência do TST, assinale a alternativa incorreta:

A) Havendo contratação para cumprimento de jornada reduzida, inferior à previsão constitucional de oito horas diárias ou quarenta e quatro semanais, não é lícito o pagamento do piso salarial ou do salário mínimo proporcional ao tempo trabalhado.

B) Tendo em vista que as Leis nº 3.999/1961 e 4.950-A/1966 não estipulam a jornada reduzida, mas apenas estabelecem o salário mínimo da categoria para uma jornada de 4 horas para os médicos e de 6 horas para os engenheiros, não há que se falar em horas extras, salvo as excedentes à oitava, desde que seja respeitado o salário mínimo/horário das categorias.

C) Inexistindo instrumento coletivo fixando jornada diversa, o empregado horista submetido a turno ininterrupto de revezamento faz jus ao pagamento das horas extraordinárias laboradas além da sexta, bem como ao respectivo adicional.

D) No regime de revezamento, as horas trabalhadas em seguida ao repouso semanal de 24 (vinte e quatro) horas, com prejuízo do intervalo mínimo de 11 horas consecutivas para descanso entre jornadas, devem ser remuneradas como extraordinárias, inclusive com o respectivo adicional.

E) Os intervalos concedidos pelo empregador na jornada de trabalho, não previstos em lei, representam tempo à disposição da empresa, remunerados como serviço extraordinário, se acrescidos ao final da jornada.

↓RESPOSTA

Alternativa Letra A.

OJ nº 358, I, da SDI-I do TST.

14. (MPT – Procurador do Trabalho/2012) Assinale a alternativa CORRETA:

A) Conforme entendimento uniformizado do Tribunal Superior do Trabalho, as gorjetas integram a remuneração do trabalhador para todos os efeitos legais, pela sua média anual, servindo de base de cálculo para a remuneração do repouso semanal remunerado, das férias acrescidas do terço, do 13º salário, do aviso prévio e do FGTS.

B) Tem caráter retributivo o bem ou serviço fornecido em atendimento de dever legal do empregador, como por exemplo, os equipamentos de proteção e os uniformes de uso obrigatório na empresa, que devem ter o valor estimado considerado na remuneração de férias e décimo terceiro salários.

C) O salário complessivo é vedado pelo ordenamento laboral pátrio, entre outros motivos, porque ao atender englobadamente vários direitos legais ou contratuais do trabalhador, como salário – base, adicional de insalubridades e horas extras, facilita fraudes, dificultando ao trabalhador a verificação da correção do pagamento das diferentes parcelas.

D) A participação nos lucros e resultados pode ser paga até quatro vezes no mesmo ano civil e considera para sua fixação os índices de produtividade, qualidade ou lucratividade da empresa, assim como os programas de metas, resultados e prazos, pactuados previamente.

E) Não respondida.

↓RESPOSTA

Alternativa Letra C.
Súmula nº 91 do TST.

2. AUMENTO SALARIAL CONCEDIDO PELA EMPRESA E SALÁRIO UTILIDADE

OJ Nº 325 DA SDI - I DO TST

Aumento salarial concedido pela empresa. Compensação no ano seguinte em antecipação sem a participação do sindicato profissional. Impossibilidade

O aumento real, concedido pela empresa a todos os seus empregados, somente pode ser reduzido mediante a participação efetiva do sindicato profissional no ajuste, nos termos do art. 7º, VI, da CF/1988.

SÚMULA Nº 258 DO TST

Salário-utilidade. Percentuais

Os percentuais fixados em lei relativos ao salário in natura apenas se referem às hipóteses em que o empregado percebe salário-mínimo, apurando-se, nas demais, o real valor da utilidade.

SÚMULA Nº 367 DO TST

Utilidades "in natura". Habitação. Energia elétrica. Veículo. Cigarro. Não integração ao salário

I - A habitação, a energia elétrica e veículo fornecidos pelo empregador ao empregado, quando indispensáveis para a realização do trabalho, não têm natureza salarial, ainda que, no caso de veículo, seja ele utilizado pelo empregado também em atividades particulares.

II – O cigarro não se considera salário-utilidade em face de sua nocividade à saúde.

SÚMULA Nº 241 DO TST

Salário-utilidade. Alimentação

O vale refeição, fornecido por força do contrato de trabalho, tem caráter salarial, integrando a remuneração do empregado para todos os efeitos legais.

OJ Nº 123 DA SDI - I DO TST

Bancários. Ajuda alimentação

A ajuda-alimentação prevista em norma coletiva em decorrência de prestação de horas extras tem natureza indenizatória e, por isso, não integra o salário do empregado bancário.

OJ Nº 133 DA SDI - I DO TST

Ajuda alimentação. PAT. Lei nº 6.321/76. Não integração ao salário

A ajuda-alimentação fornecida por empresa participante do programa de alimentação ao trabalhador, instituído pela Lei nº 6.321/76, não tem caráter salarial. Portanto, não integra o salário para nenhum efeito legal.

OJ Nº 413 DA SDI - I DO TST

Auxílio-alimentação. Alteração da natureza jurídica. Norma coletiva ou adesão ao PAT. (DEJT divulgado em 14, 15 e 16.02.2012)

A pactuação em norma coletiva conferindo caráter indenizatório à verba "auxílio-alimentação" ou a adesão posterior do empregador ao Programa de Alimentação do Trabalhador - PAT - não altera a natureza salarial da parcela, instituída anteriormente, para aqueles empregados que, habitualmente, já percebiam o benefício, a teor das Súmulas nos 51, I, e 241 do TST.

⊙QUESTÕES

01. (FCC - Analista Judiciário - Área Administrativa - TRT 4/2015) No tocante ao salário-utilidade, conforme Consolidação das Leis do Trabalho e jurisprudência do TST, considere:

I. Os percentuais fixados em lei relativos ao salário in natura apenas se referem às hipóteses em que o empregado percebe salário mínimo, apurando-se, nas demais, o real valor da utilidade.

II. Não é considerado como salário o valor correspondente ao vale-cultura.

III. São considerados como salário os seguros de vida e de acidentes pessoais, bem como a previdência privada.

IV. O vale para refeição, fornecido por força do contrato de trabalho, tem caráter salarial, integrando a remuneração do empregado, para todos os efeitos legais.

Está correto o que se afirma APENAS em

(A) II, III e IV.

(B) II e III.

(C) I, II e IV.

(D) I e II.

(E) III e IV.

↓RESPOSTA

Alternativa Letra C.

I – Súmula nº 258 do TST.
II – art. 458, § 2º, VIII, CLT.
III – art. 458, § 2º. V e VI, CLT.
IV – Súmula nº 241 do TST.

02. (FCC – Analista Judiciário – Área Judiciária - TRT 3/2015) Gustavo trabalha como representante de vendas do Laboratório "B". Além do seu salário fixo mensal, recebe uma porcentagem pelas vendas feitas, além de diárias de viagem, sendo estas últimas no valor equivalente a 50% do seu salário. Utiliza carro da empresa para realizar as viagens de trabalho, veículo este que utiliza também aos finais de semana e nas férias. Em relação a tais verbas e benefícios,

(A) as porcentagens e as diárias para viagem têm natureza salarial.

(B) as porcentagens, as diárias para viagem e o valor correspondente ao benefício do carro (salário utilidade) têm natureza salarial.

(C) o carro não constitui salário utilidade, tendo em vista que é ferramenta de trabalho, apesar de também ser utilizado para fins particulares.

(D) as diárias para viagem, por equivalerem a 50% do valor do salário, têm natureza salarial.

(E) as diárias para viagem somente poderiam ser consideradas salário se pagas em valores variáveis, de acordo com as viagens efetivamente realizadas.

↓RESPOSTA

Alternativa Letra C.

Súmula nº 367, item I, TST e art. 457, § 1º e 2º da CLT.

03. (FCC – Analista Judiciário – Área Judiciária - TRT 16/2014) Jussara é empregada da empresa X exercendo o cargo de vendedora externa de produtos, visitando todos os dias diversos clientes, em suas residências, escritórios e consultórios. Para o desempenho de suas atividades, Jussara utiliza-se de um veículo fornecido pelo empregador. Considerando que Jussara, além de utilizar-se do veículo para a realização de seu trabalho também o faz em atividades particulares, neste caso, o veículo fornecido

A) possui natureza salarial, incorporando-se na sua remuneração apenas para alguns efeitos.

B) possui natureza salarial, incorporando-se na sua remuneração para todos os efeitos.

C) não tem natureza salarial.

D) somente não terá natureza salarial se a empresa fornecer o combustível como ajuda de custo.

E) somente terá natureza salarial se utilizado com habitualidade e exclusivamente pela empregada.

↓RESPOSTA

Alternativa Letra C.

Súmula nº 367, item I, TST.

04. (FCC - Juiz do Trabalho Substituto 23ª região/2015) Em relação ao alcance da negociação coletiva de trabalho, com fundamento no entendimento pacífico da jurisprudência do TST,

(A) é válido o instrumento normativo que, regulando situações pretéritas, estabelece jornada de oito horas para o trabalho em turnos ininterruptos de revezamento.

(B) é válida cláusula de convenção ou acordo coletivo que elastece o limite de cinco minutos que antecedem e sucedem a jornada de trabalho para fins de apuração das horas extras.

(C) empregado integrante de categoria diferenciada tem direito de haver do empregador vantagens previstas em instrumento coletivo aplicável à categoria diferenciada, em tudo o que não seja incompatível com o instrumento coletivo aplicável à categoria preponderante.

(D) é válida a redução do intervalo intrajornada por meio de regular negociação coletiva.

(E) a pactuação em norma coletiva conferindo caráter indenizatório à verba auxílio-alimentação não altera a natureza salarial da parcela, instituída anteriormente, para aqueles empregados que, habitualmente, já percebiam o benefício.

↓RESPOSTA

Alternativa Letra E.
OJ nº 413 da SDI-I do TST.

05. (Juiz do Trabalho Substituto – TRT 14ª região/ 2012) No que diz respeito à remuneração e ao salário, assinale a única alternativa correta:

A) A habitação, a energia elétrica e o veículo fornecidos pelo empregador ao empregado, quando indispensáveis para a realização do trabalho, têm natureza salarial, especialmente quando, no caso de veículo, seja ele utilizado pelo empregado também em atividades particulares.

B) Os percentuais fixados em lei relativos ao salário in natura apenas se referem às hipóteses em que o empregado percebe salário mínimo, apurando-se, nas demais, o real valor da utilidade, sendo certo, ainda, que não pode ser considerado válida retribuição pelo trabalho baseada exclusivamente em bens e/ou serviços.

C) Nos termos da jurisprudência do Tribunal Superior do Trabalho, expressa em súmula, em geral podem ser considerados, com razoável consenso, como requisitos centrais à caracterização do chamado salário utilidade a habitualidade, a causa e/ou objetivos contraprestativos e a onerosidade, sendo que essa última pode ser aferida quando o trabalhador contribui com pelo menos 25% da sua remuneração para ter acesso ao benefício.

D) Afastam o caráter salarial do benefício do salário utilidade os seguintes fornecimentos: vale – transporte; Equipamentos de Proteção Individual; seguros de vida e de acidentes pessoais; e previdência privada; porém, de modo diverso, tem-se os serviços educacionais e a assistência médica, porque nessas duas hipóteses está expresso o chamado interesse comunitário.

E) A refeição in natura fornecida em frentes de trabalho de difícil acesso tem necessariamente caráter salarial.

↓RESPOSTA

Alternativa Letra B.
Súmula nº 258 do TST e artigo 458, § 1º CLT.

06. (Juiz do Trabalho Substituto – TRT 15ª região/ 2012) Analise as proposições abaixo. Considere, também, a liberdade das negociações coletivas, a teoria do conglobamento e o princípio da proteção ao trabalhador. Após, responda:

I. Considere a hipótese de uma empregadora, pessoa jurídica, inscrita no Programa de Alimentação do Trabalhador – PAT, instituído pela Lei nº 6.321, de 14 de abril de 1976 e regulamentado pelo Decreto nº 5, de 14 de janeiro de 1991. Esta empregadora pode, por força de norma coletiva, efetuar o pagamento do benefício em pecúnia, juntamente com o salário, ou na forma de adiantamento, de acordo com as normas do PAT.

II. O valor pago em dinheiro ao empregado, a título do beneficio decorrente do PAT, tem caráter remuneratório para fins de integração à remuneração para todos os efeitos, inclusive base de cálculo da gratificação natalina e do FGTS.

III. A ajuda-alimentação prevista em norma coletiva em decorrência de prestação de horas extras tem natureza indenizatória e, por isso, não integra o salário do empregado bancário.

IV. O vale para refeição, fornecido por força do contrato de trabalho, tem caráter salarial, integrando a remuneração do empregado, para todos os efeitos legais.

V. Independente do conteúdo da norma coletiva, o benefício poderá ter caráter meramente indenizatório, ainda que pago em pecúnia, caso a empregadora seja integrante do PAT.

A) Está correta apenas a proposição I.

B) Estão corretas apenas as proposições I e IV.

C) Estão incorretas apenas as proposições II e III.

D) Estão corretas apenas as proposições II, III e IV.

E) Estão corretas apenas as proposições III e V.

↓RESPOSTA

Alternativa Letra D.

II – Súmula nº 241 do TST e artigo 457, § 1º CLT.

III – OJ nº 123 da SDI-I.

IV – Súmula nº 241 do TST.

07. (Juiz do Trabalho Substituto – TRT 15ª região/ 2011) A respeito do salário utilidade e considerando a jurisprudência dominante do TST, analise as seguintes assertivas.

I. O veículo fornecido pelo empregador ao empregado, quando indispensável à realização do trabalho, não tem natureza salarial, ainda que seja também utilizado em atividades particulares.

II. O veículo fornecido pelo empregador ao empregado para a realização do trabalho será sempre considerado salário utilidade, desde que seja também utilizado em atividades particulares.

III. A apuração do salário in natura á sempre realizada com base no real valor da utilidade.

IV. A ajuda alimentação fornecida por empresa participante do Programa de Alimentação do Trabalhador – PAT – não integra o salário para nenhum efeito legal.

V. O vale para refeição, fornecido por força do contrato de trabalho, tem caráter salarial, integrando a remuneração do empregado para todos os efeitos legais.

Agora responda:

A) as assertivas I e III estão corretas;

B) as assertivas II e IV estão corretas;

C) as assertivas III e IV estão corretas;

D) as assertivas I, IV e V estão corretas;

E) apenas a assertiva I está correta.

↓RESPOSTA

Alternativa Letra D.

I – Súmula nº 367, I do TST.

IV – OJ nº 133 da SDI-I.

V – Súmula nº 241 do TST.

3. COMISSÕES

OJ Nº 181 DA SDI – I DO TST

Comissões. Correção monetária. Cálculo

O valor das comissões deve ser corrigido monetariamente para em seguida obter-se a média para efeito de cálculo de férias, 13º salário e verbas rescisórias.

SÚMULA Nº 27 DO TST

Comissionista

É devida a remuneração do repouso semanal remunerado e dos dias feriados ao empregado comissionista, ainda que pracista.

SÚMULA Nº 340 DO TST

Comissionista. Horas extras

O empregado, sujeito a controle de horário, remunerado à base de comissões, tem direito ao adicional de, no mínimo, 50% (cinquenta por cento) pelo trabalho em horas extras, calculado sobre o valor-hora das comissões recebidas no mês, considerando-se como divisor o número de horas efetivamente trabalhadas.

OJ Nº 235 DA SDI – I DO TST

Horas extras. Salário por produção

O empregado que recebe salário por produção e trabalha em sobrejornada tem direito à percepção apenas do adicional de horas extras, exceto no caso do empregado cortador de cana, a quem é devido o pagamento das horas extras e do adicional respectivo.

OJ Nº 397 DA SDI - I DO TST

Comissionista misto. Horas extras. Base de cálculo. Aplicação da Súmula nº 340 do TST

O empregado que recebe remuneração mista, ou seja, uma parte fixa e outra variável, tem direito a horas extras pelo trabalho em sobrejornada. Em relação à parte fixa, são devidas as horas simples acrescidas do adicional de horas extras. Em relação à parte variável, é devido somente o adicional de horas extras, aplicando-se à hipótese o disposto na Súmula nº 340 do TST.

⊙QUESTÕES

01. (FCC - TRT 23 - Analista Judiciário/2011) O empregado, sujeito a controle de horário, remunerado à base de comissões, tem direito ao adicional de, no mínimo,

A) 50% pelo trabalho em horas extras, calculado sobre o valor-hora das comissões recebidas na semana, considerando-se como divisor o número de horas efetivamente trabalhadas dividido por quatro.

B) 50% pelo trabalho em horas extras, calculado sobre o valor-hora das comissões recebidas na semana, considerando-se como divisor a média do número de horas efetivamente trabalhadas.

C) 50% pelo trabalho em horas extras, calculado sobre o valor-hora das comissões recebidas no mês, considerando-se como divisor o número de horas efetivamente trabalhadas.

D) 60% pelo trabalho em horas extras, calculado sobre o valor-hora das comissões recebidas na semana, considerando-se como divisor o número de horas efetivamente trabalhadas dividido por quatro.

E) 60% pelo trabalho em horas extras, calculado sobre o valor-hora das comissões recebidas no mês, considerando-se como divisor a média do número de horas efetivamente trabalhadas.

↓RESPOSTA

Alternativa Letra C.
Súmula nº 340 do TST.

02. (TRT 3 - Juiz do Trabalho Substituto 3ª região/2014) Um bancário, comissionista misto, sujeito a jornada de 8 horas, reivindica horas extras por excesso de jornada. A partir das súmulas e das orientações jurisprudenciais da SBDI-1 do TST é correto afirmar:

A) Será devida a hora mais o adicional sobre o salário fixo e apenas o adicional sobre as comissões.

B) O divisor será o 150 sobre o salário fixo e o número total de horas sobre as comissões.

C) Incidirão reflexos das horas extras sobre o sábado, que é considerado repouso semanal remunerado.

D) Não incidirão reflexos das horas extras sobre a gratificação semestral.

E) Incidirão reflexos do repouso semanal remunerado majorado pelas horas extras habituais em férias, gratificação natalina, aviso prévio e FGTS.

↓RESPOSTA

Alternativa Letra A.

Orientação Jurisprudencial nº 397 da SDI-I do TST

03. (Juiz do Trabalho Substituto - TRT 3ª região/ 2012) MARIA, balconista que recebe comissão de 2% sobre as vendas que realiza, é empregada urbana de FÁBRICA DE CHOCOLATES LTDA., com jornada legal de 8 (oito) horas e duração de 44 horas semanais. Ela trabalhou, no período diurno, no dia 7/7/2008, durante 2 horas extras além das 8 normais, período no qual realizou vendas equivalentes à média das alcançadas no mês. As vendas que obteve no mês deram-lhe o direito de receber o pagamento de R$1776,00, a título de comissões. O adicional da hora extra da categoria profissional de MARIA era de 50%. Informe o valor correto bruto do salário devido a MARIA, pelo trabalho realizado, no dia 7/7/2008, ou seja, comissão pelo trabalho normal, mais remuneração do trabalho extra, sem atualização monetária ou juros.

A) R$84,00

B) R$130,00

C) R$24,00

D) R$88,00

E) Nenhuma das alternativas anteriores está correta

↓RESPOSTA

Alternativa Letra E.
Súmula nº 340 do TST.

04. (Juiz do Trabalho Substituto – TRT 15ª região/ 2011) O empregado remunerado por salário misto (fixo e comissões), que trabalha em jornada alentada e não usufrui o direito ao intervalo intrajornada, deve receber:

A) apenas adicional devido para o labor extraordinário, nele inserido o período destinado ao intervalo não usufruído, tudo apurado pelo divisor correspondente ao número de horas efetivamente laboradas;

B) adicional de horas extras, calculado sobre as comissões pagas; horas extras (hora e adicional), com relação ao salário fixo, para as trabalhadas além da jornada legal e intervalo para refeição, este último não incluído nos pagamentos ora indicados;

C) apenas o adicional devido para o labor extraordinário, calculado sobre a integralidade da remuneração auferida;

D) apenas o intervalo não usufruído, calculado sobre o tempo efetivamente laborado;

E) horas extras, calculadas sobre a integralidade da remuneração, direito que já abrange o intervalo para refeição não usufruído.

↓RESPOSTA

Alternativa Letra B.
Súmula nº 437, I e III do TST e OJ nº 397 da SDI-I.

4. GRATIFICAÇÕES

SÚMULA Nº 152 DO TST

Gratificação. Ajuste tácito

O fato de constar do recibo de pagamento de gratificação, o caráter de liberalidade não basta, por si só, para excluir a existência de um ajuste tácito.

SÚMULA Nº 225 DO TST

Repouso semanal. Cálculo. Gratificações por tempo de serviço e produtividade

As gratificações por tempo de serviço e produtividade, pagas mensalmente, não repercutem no cálculo do repouso semanal remunerado.

SÚMULA Nº 203 DO TST

Gratificação por tempo de serviço. Natureza salarial

A gratificação por tempo de serviço integra o salário para todos os efeitos legais.

SÚMULA Nº 226 DO TST

Bancário. Gratificação por tempo de serviço. Integração no cálculo das horas extras

A gratificação por tempo de serviço integra o cálculo das horas extras.

SÚMULA Nº 202 DO TST

Gratificação por tempo de serviço. Compensação

Existindo, ao mesmo tempo, gratificação por tempo de serviço outorgada pelo empregador e outra da mesma natureza prevista em acordo coletivo, convenção coletiva ou sentença normativa, o empregado tem direito a receber, exclusivamente, a que lhe seja mais benéfica.

SÚMULA Nº 372 DO TST

Gratificação de função. Supressão ou redução. Limites

I – Percebida a gratificação de função por dez ou mais anos pelo empregado, se o empregador, sem justo motivo, revertê-lo a seu cargo efetivo, não poderá retirar-lhe a gratificação tendo em vista o princípio da estabilidade financeira.

II – Mantido o empregado no exercício da função comissionada, não pode o empregador reduzir o valor da gratificação.

SÚMULA Nº 67 DO TST

Gratificação. Ferroviário

Chefe de trem, regido pelo estatuto dos ferroviários (Decreto nº 35.530, de 19.09.1959), não tem direito à gratificação prevista no respectivo art. 110.

⊙ QUESTÕES

01. (TRT 2 - Juiz do Trabalho Substituto 2ª região/ 2013) Com base nas Súmulas do TST, observe as proposições abaixo e ao final responda. Aponte a alternativa que contenha as propoituras incorretas:

I. Computam-se no cálculo do repouso remunerado as horas extras habitualmente prestadas.

II. É aplicável à telefonista de mesa de empresa que não explora o serviço de telefonia a regra de que o trabalho em domingos, feriados e dias santos de guarda será considerado extraordinário.

III. As gratificações por tempo de serviço e produtividade, pagas mensalmente, repercutem no cálculo do repouso semanal remunerado.

IV. Os percentuais fixados em lei relativos ao salário "in natura" apenas se referem às hipóteses em que o empregado percebe o salário mínimo, apurando-se nas demais, o real valor da utilidade.

V. A gratificação por tempo de serviço não integra o cálculo das horas extras.

As proposituras incorretas estão na alternativa:

A) I e II.

B) II e III.

C) III e V.

D) I e IV.

E) II e V.

↓RESPOSTA

Alternativa Letra C.
I – Súmula nº 172 do TST.
II – Súmula nº 178 do TST.
III – Súmula nº 225 do TST.
IV – Súmula nº 258 do TST.
V – Súmula nº 226 do TST.

02. (Juiz do Trabalho Substituto - TRT 15ª região/ 2012) Relativamente à remuneração, analise as afirmações e, após responda:

I. O trabalhador readaptado em nova função, por motivo de deficiência física ou mental atestada pelo órgão competente da Previdência Social, poderá servir de paradigma para fins de equiparação salarial.

II. Na falta de estipulação do salário ou não havendo prova sobre a importância ajustada, o empregado terá direito a perceber salário igual ao daquele que, na mesma empresa, fizer serviço equivalente, ou do que for habitualmente pago para serviço semelhante.

III. Percebida a gratificação de função por dez ou mais anos pelo empregado, se o empregador, sem justo motivo, revertê-lo a seu cargo efetivo, não poderá retirar-lhe a gratificação tendo em vista o principio da estabilidade financeira.

IV. A atuação do empregado com dolo autoriza o desconto em seu salário do dano causado ao empregador. Idem relativamente à culpa. Imprescindível, em ambos os casos, o ajuste prévio.

V. É ilícito o desconto salarial referente à devolução de cheques sem fundos, quando o frentista não observar as recomendações previstas em instrumento coletivo.

A) Estão corretas apenas as afirmações I, II e V.

B) Estão corretas apenas as afirmações I e II.

C) Estão corretas apenas as afirmações II e III.

D) Estão corretas apenas as afirmações III e IV.

E) Todas as afirmações estão incorretas.

↓RESPOSTA

Alternativa Letra C.
II – artigo 460 CLT.
III – Súmula nº 372, I do TST.

03. (Juiz do Trabalho Substituto - TRT 21ª região/ 2012) João Felix exerceu, durante 05 (cinco) anos, uma função comissionada no

Banco Brasileiro S/A. Afastou-se do cargo efetivo e da função comissionada para exercer o cargo de presidente do sindicato dos bancários. Durante o período de 08 (oito) anos, em que esteve afastado do emprego, por causa do exercício de dois mandatos sindicais, recebeu remuneração paga pelo Banco, na qual estava incluída a gratificação de função comissionada, por força de previsão em acordo coletivo de trabalho. Ao término do segundo mandato sindical, João Felix retornou ao serviço no Banco, que o reverteu para o cargo de carreira, com perda da função comissionada. João Felix requereu judicialmente a incorporação da gratificação de função comissionada suprimida. De acordo com a jurisprudência pacificada do TST, há fundamento jurídico para a pretensão de João Felix?

A) não, porque o empregado somente exerceu, efetivamente, a função comissionada por cinco anos;

B) sim, porque o empregado recebeu o pagamento da função comissionada por 13 (treze) anos, e o período de exercício de mandato sindical é computado como tempo de serviço, podendo o empregador, nesse caso, calcular a média do valor da função comissionada, no período de afastamento, para efeito de incorporação da gratificação de função à remuneração, e não simplesmente suprimi-la;

C) sim, porque o empregado recebeu a gratificação de função por 13 (anos) anos e há direito à incorporação de gratificação de função percebida por 10 (dez) anos, ou mais, e suprimida sem justo motivo pelo empregador;

D) não, porque embora tenha havido a percepção da gratificação de função por 13 (treze) anos, não ocorreu incorporação ao patrimônio jurídico do trabalhador, pois parte do período de percepção da gratificação não foi de efetivo exercício da atividade profissional, não sendo lícita a contagem fictícia de tempo de serviço além das hipóteses previstas, taxativamente, no art. 4º e parágrafo único da CLT;

E) nenhuma das assertivas está correta.

RESPOSTA

Alternativa Letra C.
Súmula nº 372, I do TST.

5. ADICIONAL DE RISCO DO PORTUÁRIO

OJ Nº 316 DA SDI – I DO TST

Portuários. Adicional de risco. Lei nº 4.860/65

O adicional de risco dos portuários, previsto no art. 14 da Lei nº 4.860/65, deve ser proporcional ao tempo efetivo no serviço considerado sob risco e apenas concedido àqueles que prestam serviços na área portuária.

6. ADICIONAL POR TEMPO DE SERVIÇO E ADICIONAL REGIONAL

SÚMULA Nº 52 DO TST

Tempo de serviço

O adicional de tempo de serviço (qüinqüênio) é devido, nas condições estabelecidas no art. 19 da Lei nº 4.345, de 26.06.1964, aos contratados sob o regime da CLT, pela empresa a que se refere a mencionada lei, inclusive para o fim de complementação de aposentadoria.

SÚMULA Nº 84 DO TST

Adicional regional

O adicional regional, instituído pela Petrobras, não contraria o art. 7º, XXXII, da CF/1988.

7. ABONO PREVISTO EM NORMA COLETIVA

OJ Nº 346 DA SDI – I DO TST

Abono previsto em norma coletiva. Natureza indenizatória. Concessão apenas aos empregados em atividade. Extensão aos inativos. Impossibilidade

A decisão que estende aos inativos a concessão de abono de natureza jurídica indenizatória, previsto em norma coletiva apenas para os empregados em atividade, a ser pago de uma única vez, e confere natureza salarial à parcela, afronta o art. 7º, XXVI, da CF/88.

8. GRATIFICAÇÃO NATALINA OU DÉCIMO TERCEIRO SALÁRIO

SÚMULA Nº 45 DO TST

Serviço suplementar

A remuneração do serviço suplementar, habitualmente prestado, integra o cálculo da gratificação natalina prevista na Lei nº 4.090/62.

SÚMULA Nº 253 DO TST

Gratificação semestral. Repercussões

A gratificação semestral não repercute no cálculo das horas extras, das férias e do aviso-prévio, ainda que indenizados. Repercute, contudo, pelo seu duodécimo na indenização por antiguidade e na gratificação natalina.

SÚMULA Nº 46 DO TST

Acidente de trabalho

As faltas ou ausências decorrentes de acidente do trabalho não são consideradas para os efeitos de duração de férias e cálculo da gratificação natalina.

SÚMULA Nº 157 DO TST

Gratificação

A gratificação instituída pela Lei nº 4.090, de 13.7.62, é devida na resilição contratual de iniciativa do empregado.

SÚMULA Nº 14 DO TST

Culpa recíproca

Reconhecida a culpa recíproca na rescisão do contrato de trabalho (art. 484 da CLT), o empregado tem direito a 50% (cinquenta por cento) do valor do aviso prévio, do décimo terceiro salário e das férias proporcionais.

SÚMULA Nº 148 DO TST

Gratificação natalina

É computável a gratificação de Natal para efeito de cálculo de indenização.

SÚMULA Nº 242 DO TST

Indenização adicional. Valor

A indenização adicional, prevista no art. 9º da Lei nº 6.708, de 30.10.1979 e no art. 9º da Lei nº 7.238 de 28.10.1984, corresponde ao salário mensal, no valor devido na data da comunicação do despedimento, integrado pelos adicionais legais ou convencionados, ligados à unidade de tempo mês, não sendo computável a gratificação natalina.

SÚMULA Nº 50 DO TST

Gratificação natalina

A gratificação natalina, instituída pela Lei nº 4.090, de 13.07.1962, é devida pela empresa cessionária ao servidor público cedido enquanto durar a cessão.

⊙ QUESTÕES

01. (Cespe – Analista Judiciário – Administrativa – TRT 17/2013) Julgue os itens seguintes, relativos às normas que visam preservar a saúde e a integridade física dos trabalhadores.

1) As faltas cometidas por empregado em decorrência de acidente de trabalho não são consideradas para fins de concessão de férias e de gratificação natalina, salvo se o trabalhador tiver percebido auxílio - doença ou prestação de acidente de trabalho durante seis meses, ainda que de forma descontínua.

RESPOSTA

Item certo.

Súmula nº 46 do TST.

02. (Cespe – Analista Judiciário – Área Administrativa – TRT 8/2013) No que se refere a salário e remuneração, assinale a opção correta.

A) O fornecimento de veículo pelo empregador ao empregado para o serviço e para atividades particulares tem natureza salarial.

B) Assistência médica, hospitalar e odontológica prestada diretamente pelo empregador ou mediante seguro de saúde é considerada parcela salarial na modalidade prestação in natura.

C) Segundo entendimento consolidado do TST, o décimo terceiro salário é devido pela empresa cessionária ao servidor público cedido, enquanto durar a cessão.

D) Para se apurar o salário-hora do empregado que, sujeito ao regime geral de trabalho, labore por quarenta horas semanais, será utilizado o divisor 220.

E) Não se considera horário de trabalho o tempo necessário ao deslocamento do trabalhador entre a portaria da empresa e o local de trabalho, razão por que não será esse período computado em seu labor diário em nenhuma hipótese.

↓RESPOSTA

Alternativa Letra C.

Súmula nº 50 do TST.

03. (Cespe – Analista Judiciário – Área Judiciária – TRT 8/2013) Acerca do entendimento jurisprudencial do TST sobre a duração do trabalho, assinale a opção correta.

A) A mera incompatibilidade entre os horários de início e término da jornada do empregado e os do transporte público regular é circunstância que não gera direito às horas in itinere.

B) A compensação de jornada de trabalho somente é válida se ajustada por acordo coletivo ou convenção coletiva de trabalho, sendo vedado acordo individual escrito para tal fim.

C) As horas extras habituais incorporam-se à remuneração do empregado para fins de gratificação natalina e repouso semanal remunerado.

D) No regime de revezamento, as horas trabalhadas em seguida ao repouso semanal de vinte e quatro horas, com prejuízo do intervalo mínimo de onze horas consecutivas para descanso entre jornadas, não são remuneradas como extraordinárias.

E) A concessão, pelo empregador, de intervalos na jornada de trabalho não previstos em lei não representa tempo à disposição da empresa e, consequentemente, não deve ser considerada serviço extraordinário.

↓RESPOSTA

Alternativa Letra C.

Súmulas nº 45 e 172 do TST.

04. (FCC – Técnico Judiciário – TRT 4/ 2011) Considere as seguintes assertivas a respeito do 13º salário:

I. O 13º salário proporcional incide nas rescisões indiretas do contrato de trabalho, bem como nos pedidos de demissão.

II. Entre os meses de fevereiro e novembro de cada ano, o empregador pagará, como adiantamento do 13º salário, de uma só vez, metade do salário recebido pelo respectivo empregado no mês anterior.

III. O empregador estará obrigado a pagar o adiantamento referente ao 13º salário, no mesmo mês, a todos os seus empregados.

IV. O adiantamento será pago ao ensejo das férias do empregado, sempre que este o requerer no mês de janeiro do correspondente ano.

Está correto o que se afirma SOMENTE em:

A) II, III e IV.

B) I, II e IV.

C) I e IV.

D) I e II.

E) I, III e IV.

↓RESPOSTA

Alternativa Letra B.

I – Súmula nº 157 do TST.

II – artigo 2º, caput da Lei nº 4.749/65.

IV – artigo 2º, § 2º da Lei nº 4.749/65.

05. (FCC – TRT 12 – Analista Judiciário/2010) A gratificação semestral repercute pelo seu duodécimo

A) na gratificação natalina.

B) no cálculo das horas extras.

C) nas férias gozadas.

D) no aviso prévio.

E) nas férias indenizadas.

↓RESPOSTA

Alternativa Letra A.

Súmula nº 253 do TST.

06. (TRT 2 – Juiz do Trabalho Substituto 2ª região/ 2013) Com base nas Súmulas do TST, observe as proposições abaixo e ao final responda. Aponte a alternativa que só contenha proposituras corretas:

I. Só é válido o quadro do pessoal organizado em carreira das empresas particulares e das entidades de direito público da administração direta e indireta, quando homologado pelo Ministério Público do Trabalho.

II. O adicional regional instituído pela Petrobrás não contraria o art. 7º, XXXII, da CF/1988 (proibição de distinção entre trabalho manual, técnico e intelectual ou entre os profissionais respectivos).

III. A gratificação natalina, instituída pela Lei nº 4.090, de 13.07.1962, é devida pela empresa cessionária ao servidor público cedido, enquanto durar a cessão.

IV. É devida a remuneração do repouso semanal e dos dias feriados ao empregado comissionista, salvo se pracista.

V. A licença-prêmio, na vigência do contrato de trabalho, não pode ser convertida em pecúnia, mesmo se expressamente admitida a conversão no regulamento da empresa.

Está correta a alternativa:

A) I e V.

B) II e III.

C) I e IV.

D) IV e V.

E) II e V.

↓RESPOSTA

Alternativa Letra B.

I – Súmula nº 6, I, TST.
II – Súmula nº 84 do TST.
III – Súmula nº 50 do TST.
IV – Súmula nº 27 do TST.
V – Súmula nº 186 do TST.

07. (Juiz do Trabalho Substituto - TRT 14ª região/ 2012) Analise as assertivas abaixo e após marque a única alternativa correta:

I. Nos termos da jurisprudência sumulada pelo Tribunal Superior do Trabalho, a gratificação natalina é devida pela empresa cessionária ao servidor público cedido enquanto durar a cessão.

II. Nos termos da jurisprudência sumulada pelo Tribunal Superior do Trabalho, não tem direito a percepção da gratificação de produtividade, na forma do regime estatutário, o servidor de ex – autarquia administradora de porto que opta pelo regime jurídico da Consolidação das Leis do Trabalho.

III. Nos termos da jurisprudência sumulada pelo Tribunal Superior do Trabalho, o fato de constar expressamente no recibo de pagamento de gratificação o caráter de liberalidade é suficiente para excluir a existência de ajuste tácito.

IV. Nos termos da jurisprudência sumulada pelo Tribunal Superior do Trabalho, como se tratam de fontes jurídicas diversas, existindo, ao mesmo tempo, gratificação por tempo de serviço outorgada pelo empregador e outra da mesma natureza prevista em acordo coletivo, convenção coletiva ou sentença normativa, o empregado tem direito ao recebimento de ambas.

A) Apenas o item I é verdadeiro.

B) Apenas o item II é verdadeiro.

C) Apenas o item III é verdadeiro.

D) Apenas o item IV é verdadeiro.

E) Todos os itens são falsos.

↓RESPOSTA

Alternativa Letra A.
I – Súmula nº 50 do TST.

9. ADICIONAIS

9.1. Adicional de horas extraordinárias

SÚMULA Nº 347 DO TST

Horas extras habituais. Apuração. Média física

O cálculo do valor das horas extras habituais, para efeito de reflexos em verbas trabalhistas, observará o número de horas efetivamente prestadas e a ele aplica-se o valor do salário-hora da época do pagamento daquelas.

SÚMULA Nº 264 DO TST

Hora suplementar. Cálculo

A remuneração do serviço suplementar é composta do valor da hora normal, integrado por parcelas de natureza salarial e acrescido do adicional previsto em lei, contrato, acordo, convenção coletiva ou sentença normativa.

OJ Nº 97 DA SDI – I DO TST

Horas extras. Adicional noturno. Base de cálculo

O adicional noturno integra a base de cálculo das horas extras prestadas no período noturno.

OJ Nº 47 DA SDI – I DO TST

Hora extra. Adicional de insalubridade. Base de cálculo

A base de cálculo da hora extra é o resultado da soma do salário contratual mais o adicional de insalubridade.

SÚMULA Nº 132 DO TST

Adicional de periculosidade. Integração

I – O adicional de periculosidade, pago em caráter permanente, integra o cálculo de indenização e de horas extras.

II – Durante as horas de sobreaviso, o empregado não se encontra em condições de risco, razão pela qual é incabível a integração do adicional de periculosidade sobre as mencionadas horas.

SÚMULA Nº 376 DO TST

Horas extras. Limitação. Art. 59 da CLT. Reflexos

I – A limitação legal da jornada suplementar a duas horas diárias não exime o empregador de pagar todas as horas trabalhadas.

II – O valor das horas extras habitualmente prestadas integra o cálculo dos haveres trabalhistas, independentemente da limitação prevista no "caput" do art. 59 da CLT.

SÚMULA Nº 172 DO TST

Repouso remunerado. Horas extras. Cálculo

Computam-se no cálculo do repouso semanal remunerado as horas extras habitualmente prestadas.

OJ Nº 394 DA SDI – I DO TST

Repouso semanal remunerado – RSR. Integração das horas extras. Não repercussão no cálculo das férias, do décimo terceiro salário, do aviso-prévio e dos depósitos do FGTS

A majoração do valor do repouso semanal remunerado, em razão da integração das horas extras habitualmente prestadas, não repercute no cálculo das férias, da gratificação natalina, do aviso prévio e do FGTS, sob pena de caracterização de bis in idem.

SÚMULA Nº 45 DO TST

Serviço suplementar

A remuneração do serviço suplementar, habitualmente prestado, integra o cálculo da gratificação natalina prevista na Lei nº 4.090/62.

SÚMULA Nº 63 DO TST

Fundo de Garantia

A contribuição para o Fundo de Garantia do Tempo de Serviço incide sobre a remuneração mensal devida ao empregado, inclusive horas extras e adicionais eventuais.

SÚMULA Nº 115 DO TST

Horas extras. Gratificações semestrais

O valor das horas extras habituais integra a remuneração do trabalhador para cálculo das gratificações semestrais.

SÚMULA Nº 253 DO TST

Gratificação semestral. Repercussões

A gratificação semestral não repercute no cálculo das horas extras, das férias e do aviso-prévio, ainda que indenizados. Repercute, contudo, pelo seu duodécimo na indenização por antiguidade e na gratificação natalina.

SÚMULA Nº 24 DO TST

Serviço extraordinário

Insere-se no cálculo da indenização por antigüidade o salário relativo a serviço extraordinário, desde que habitualmente prestado.

SÚMULA Nº 291 DO TST

Horas extras. Habitualidade. Supressão. Indenização

A supressão total ou parcial, pelo empregador, do serviço suplementar prestado com habitualidade, durante pelo menos 1 (um) ano, assegura ao empregado o direito à indenização correspondente ao valor de 1 (um) mês das horas suprimidas, total ou parcialmente, para cada ano ou fração igual ou superior a seis meses de prestação de serviço acima da jornada normal. O cálculo observará a média das horas suplementares efetivamente trabalhadas nos últimos 12 (doze) meses, anteriores à mudança, multiplicada pelo valor da hora extra do dia da supressão.

OJ Nº 206 DA SDI - I DO TST

Professor. Horas extras. Adicional de 50%

Excedida a jornada máxima (art. 318 da CLT), as horas excedentes devem ser remuneradas com o adicional de, no mínimo, 50% (art. 7º, XVI, CF/1988).

SÚMULA Nº 96 DO TST

Marítimo

A permanência do tripulante a bordo do navio, no período de repouso, além da jornada, não importa presunção de que esteja à disposição do empregador ou em regime de prorrogação de horário, circunstâncias que devem resultar provadas, dada a natureza do serviço.

OJ Nº 233 DA SDI - I DO TST

Horas extras. Comprovação de parte do período alegado

A decisão que defere horas extras com base em prova oral ou documental não ficará limitada ao tempo por ela abrangido, desde que o julgador fique convencido de que o procedimento questionado superou aquele período.

SÚMULA Nº 431 DO TST

Salário-hora. Empregado sujeito ao regime geral de trabalho. (art. 58, caput, da CLT). 40 horas semanais. Cálculo. Aplicação do divisor 200.

Para os empregados a que alude o art. 58, caput, da CLT, quando sujeitos a 40 horas semanais de trabalho, aplica-se o divisor 200 (duzentos) para o cálculo do valor do salário-hora.

OJ Nº 415 DA SDI - I DO TST

Horas extras. Reconhecimento em juízo. Critério de dedução/abatimento dos valores comprovadamente pagos no curso do contrato de trabalho.

A dedução das horas extras comprovadamente pagas daquelas reconhecidas em juízo não pode ser limitada ao mês de apuração, devendo ser integral e aferida pelo total das horas extraordinárias quitadas durante o período imprescrito do contrato de trabalho.

⊙ QUESTÕES

01. (FCC - Técnico Judiciário - Área Administrativa - TRT 23/2016) De acordo com o artigo 58 caput da Consolidação das Leis do Trabalho "a duração normal do trabalho, para os empregados em qualquer atividade privada, não excederá de oito horas diárias, desde que não seja fixado expressamente outro limite". Segundo entendimento Sumulado do TST, para estes empregados quando sujeitos a 40 horas semanais de trabalho, para o cálculo do valor do salário-hora aplica-se o divisor

(A) 200

(B) 220

(C) 176.

(D) 1 60

(E) 170.

RESPOSTA

Alternativa Letra A.

Súmula nº 431 do TST.

02. (FCC – Técnico Judiciário – Área Administrativa - TRT 4/2015) Dalia prestou serviços suplementares com habitualidade para sua empregadora, a empresa X, durante 15 meses consecutivos. Conforme jurisprudência sumulada do TST, neste caso, a supressão parcial pelo empregador deste serviço suplementar

(A) não assegura a Dalia qualquer direito a indenização uma vez que a supressão foi parcial e não total.

(B) não assegura a Dalia qualquer direito a indenização uma vez que se trata de serviço suplementar.

(C) assegura a Dalia o direito a indenização correspondente ao valor de um mês das horas suprimidas parcialmente.

(D) assegura a Dalia o direito a indenização correspondente ao valor de dois meses das horas suprimidas parcialmente.

(E) assegura a Dalia o direito a indenização correspondente ao valor de seu último salário.

↓RESPOSTA

Alternativa Letra C.
Súmula nº 291 do TST.

03. (FCC – Analista Judiciário – Judicial – TRT 15/2013) João é empregado da empresa "SSS Ltda.", sujeito ao regime geral de trabalho, exercendo a função de auxiliar de montagem, mediante salário mensal de R$ 900,00 e jornada de trabalho de 40 horas semanais. De acordo com o entendimento Sumulado do Tribunal Superior do Trabalho, o valor do salário-hora de João é

A) R$ 4,00.

B) R$ 5,65.

C) R$ 5,62.

D) R$ 4,50.

E) R$ 5,11.

↓RESPOSTA

Alternativa Letra D.
Súmula nº 431 do TST.

04. (FCC – TRT 6 – Técnico Judiciário – Área Administrativa/ 2012) De acordo com entendimento Sumulado do Tribunal Superior do Trabalho, para o trabalhador sujeito à carga semanal de 40 horas, o divisor para cálculo das horas extras é

A) 225.

B) 220.

C) 200.

D) 210.

E) 205.

↓RESPOSTA

Alternativa Letra C.
Súmula nº 431 do TST.

05. (FGV - Exame de Ordem 2016.1) Maria trabalha como soldadora em uma empresa há 7 anos. Sua jornada contratual deveria ser de segunda a sexta-feira, das 9 às 18h, com intervalo de uma hora para refeição e, aos sábados, das 8 às 12h. Nos últimos 3 anos, no entanto, o empregador vem exigindo de Maria a realização de uma hora extra diária, pois realizou um grande negócio de exportação e precisa cumprir rigorosamente os prazos fixados. Findo o contrato de exportação, o empregador determinou que Maria retornasse à sua jornada contratual original.

Nesse caso, considerando o entendimento consolidado do TST, assinale a afirmativa correta.

A) As horas extras se incorporaram ao salário de Maria e dela não podem ser retiradas, sendo vedada a alteração maléfica.

B) O empregador deverá pagar a Maria uma indenização de 1 mês de horas extras por cada ano de horas extras trabalhadas e, assim, suprimir o pagamento da sobrejornada.

C) O empregador deverá conceder uma indenização à empregada pelo prejuízo financeiro, que deverá ser arbitrada de comum acordo entre as partes e homologada no sindicato.

D) Maria terá de continuar a trabalhar em regime de horas extras, pois não se admite a novação objetiva na relação de emprego.

↓RESPOSTA

Alternativa Letra B.
Súmula nº 291 do TST.

06. (ESAF – MTE – Auditor-Fiscal do Trabalho/2006) No que diz respeito à disciplina normativa e ao entendimento jurisprudencial sobre a remuneração, é correto afirmar:

A) A mora salarial contumaz pode dar ensejo à rescisão indireta do contrato de trabalho, mas pode ser elidida com o pagamento dos atrasados realizado na primeira audiência designada em processo trabalhista.

B) O chamado salário complessivo é admissível no caso em que haja consentimento inequívoco do empregado.

C) O salário-família tem natureza previdenciária e é devido aos trabalhadores rurais desde que haja previsão contratual ou convencional a esse respeito.

D) O adicional noturno integra a base de cálculo das horas extras prestadas no período noturno.

E) O vale-refeição, fornecido para o trabalho, tem caráter salarial e integra a remuneração do trabalhador, gerando reflexos, entre outras parcelas, em repousos semanais remunerados, horas extras, férias, aviso prévio, FGTS e gratificação natalina.

↓ RESPOSTA

Alternativa Letra D.
OJ nº 97 da SDI-I.

07. (Juiz do Trabalho Substituto – TRT 2ª região/ 2012) Com base na lei e no entendimento sumulado do TST, assinale a alternativa INCORRETA:

A) A transferência para o período diurno de trabalho implica a perda do direito ao adicional noturno.

B) Não será considerada como transferência a alteração do local de trabalho que não acarrete necessariamente a mudança do domicílio do trabalhador.

C) Por necessidade de serviço será permitida a transferência do empregado para localidade diversa daquela prevista no contrato, ficando o empregador sujeito a um pagamento suplementar não inferior a 25% dos salários do empregado, enquanto durar a transferência.

D) A supressão, pelo empregador, do serviço extraordinário prestado com habitualidade, durante pelo menos 1 (um) ano, não assegura ao empregado o direito à indenização, visto que a prorrogação de jornada é situação prejudicial ao trabalhador.

E) É lícita a transferência quando ocorrer extinção do estabelecimento em que trabalhar o empregado.

↓ RESPOSTA

Alternativa Letra D.
Súmula nº 291 do TST.

08. (Juiz do Trabalho Substituto – TRT 3ª região/ 2012) O executivo PEDRO, engenheiro de uma grande empresa, está sujeito à jornada de 8h e percebe o salário mensal de R$22.000,00. Ele trabalhou extraordinária e habitualmente das 22h às 24h. O adicional da hora extra é 50% e o adicional da hora noturna 20%. Informe, de acordo com a jurisprudência sumulada do Tribunal Superior do Trabalho, o valor correto bruto da remuneração devida a PEDRO, pelo trabalho noturno extra informado relativamente a um único dia, sem atualização monetária ou juros, podendo haver desconsideração de diferenças até R$5,00.

A) R$205,00

B) R$360,00

C) R$180,00

D) R$411,00

E) Nenhuma das alternativas anteriores está correta

↓ RESPOSTA

Alternativa Letra D.
Súmula nº 264 do TST e artigo 73, § 1º CLT.

09. (Juiz do Trabalho Substituto – TRT 3ª região/ 2012) A respeito dos reflexos das horas extras, leia as afirmações abaixo e, em seguida, assinale a alternativa correta:

I. O valor das horas extras habitualmente prestadas integra o cálculo dos haveres trabalhistas, independentemente da limitação legal de duas horas extras diárias.

II. O sábado do bancário é dia útil não trabalhado, não dia de repouso remunerado. Em nenhuma hipótese, pois, caberá a repercussão do pagamento de horas extras habituais em sua remuneração.

III. O valor das horas extras habituais integra a remuneração do trabalhador para o cálculo das gratificações semestrais.

IV. A gratificação semestral repercute no cálculo das horas extras.

V. O valor das horas extras, ainda que eventuais, repercute no cálculo do FGTS.

A) Somente as afirmativas I e III estão corretas.

B) Somente as afirmativas III e V estão corretas.

C) Somente as afirmativas I, III e V estão corretas.

D) Somente as afirmativas I, II, III e V estão corretas.

E) Somente a afirmativa IV está correta.

↓RESPOSTA

Alternativa Letra C.
I – Súmula nº 376, II do TST.
III – Súmula nº 115 do TST.
V – Súmula nº 63 do TST.

10. (Juiz do Trabalho Substituto – TRT 3ª região/ 2012) Integram a base de cálculo das horas extras as seguintes verbas, quando devidas, exceto:

A) O adicional de periculosidade pago em caráter permanente.

B) A gratificação por tempo de serviço.

C) A gratificação recebida por caixa bancário.

D) A gratificação semestral.

E) O adicional noturno.

↓RESPOSTA

Alternativa Letra D.
Súmula nº 253 do TST.

11. (Juiz do Trabalho Substituto – TRT 3ª região/ 2012) A respeito do cálculo das horas extraordinárias, leia as afirmações abaixo e, em seguida, assinale a alternativa correta, de acordo com a jurisprudência cristalizada do Tribunal Superior do Trabalho:

I. Para efeito de reflexos em verbas trabalhistas, o cálculo do valor das horas extras eventuais observará o número de horas efetivamente prestadas e a ele aplica-se o valor do salário-hora da época do pagamento daquelas verbas.

II. A remuneração do serviço suplementar é composta do valor da hora normal, integrado por parcelas de natureza remuneratória e acrescido do adicional previsto em lei, contrato, acordo, convenção coletiva ou sentença normativa.

III. A remuneração do serviço suplementar, habitualmente prestado, integra o cálculo da gratificação natalina prevista na Lei nº 4.090, bem como do repouso remunerado.

IV. Para o cálculo do valor do salário-hora do bancário mensalista sujeito à duração normal da jornada, o divisor a ser adotado é 180 (cento e oitenta).

V. As horas extras habituais refletirão no cálculo do repouso semanal remunerado e, acrescidas destes, repercutem no cálculo das férias, do décimo terceiro salário e do aviso prévio.

A) Todas as afirmativas estão falsas.

B) Somente as afirmativas I, II e V estão falsas

C) Somente as afirmativas I, III e V estão falsas

D) Somente as afirmativas I e V estão falsas

E) Somente as afirmativas II, III e IV estão falsas

↓RESPOSTA

Alternativa Letra B.
I – Súmula nº 347 do TST.
II – Súmula nº 264 do TST.
V – OJ nº 394 da SDI-I.

12. (Juiz do Trabalho Substituto – TRT 14ª região/ 2011) Com base na lei e no entendimento sumulado do TST, assinale a alternativa que não está correta.

A) Não será considerada como transferência a alteração do local de trabalho que não acarrete necessariamente a mudança do domicílio do trabalhador.

B) A transferência para o período diurno de trabalho implica a perda do direito ao adicional noturno.

C) Caso o empregador determine a supressão do serviço extraordinário prestado com habitualidade, durante pelo menos 1 (um) ano, não ficará assegurado ao empregado o direito à indenização.

D) É permitida a transferência do empregado quando ocorrer extinção do estabelecimento em que o mesmo trabalhava.

E) Por necessidade de serviço será permitida a transferência do empregado para localidade diversa daquela prevista no contrato, ficando o empregador sujeito a um pagamento suplementar não inferior a 25% dos salários do empregado, enquanto durar a transferência.

RESPOSTA

Alternativa Letra C.
Súmula nº 291 do TST.

9.2. Adicional noturno

SÚMULA Nº 60 DO TST

Adicional noturno. Integração no salário e prorrogação em horário diurno

I – O adicional noturno pago com habitualidade integra o salário do empregado para todos os efeitos.

II – Cumprida integralmente a jornada no período noturno e prorrogada esta, devido é também o adicional quanto às horas prorrogadas. Exegese do art. 73, § 5º, da CLT.

OJ Nº 259 DA SDI – I DO TST

Adicional noturno. Base de cálculo. Adicional de periculosidade. Integração

O adicional de periculosidade deve compor a base de cálculo do adicional noturno, já que também neste horário o trabalhador permanece sob as condições de risco.

OJ Nº 395 DA SDI – I DO TST

Turno ininterrupto de revezamento. Hora noturna reduzida. Incidência.

O trabalho em regime de turnos ininterruptos de revezamento não retira o direito à hora noturna reduzida, não havendo incompatibilidade entre as disposições contidas nos arts. 73, § 1º, da CLT e 7º, XIV, da Constituição Federal.

SÚMULA Nº 140 DO TST

Vigia

É assegurado ao vigia, sujeito ao trabalho noturno, o direito ao respetivo adicional.

SÚMULA Nº 65 DO TST

Vigia

O direito à hora reduzida de 52 minutos e 30 segundos aplica-se ao vigia noturno.

QUESTÕES

01. (Cespe – Analista Judiciário – Administrativa – TRT 17/2013) Julgue os itens a seguir, relativos aos direitos trabalhistas.

1) O vigia noturno que cumpra jornada de trabalho entre 19 h de um dia e 7 h do dia seguinte faz jus ao adicional noturno somente até às 5 h da manhã.

RESPOSTA

Item errado.
Súmula nº 60, item II, do TST.

02. (FCC – Técnico Judiciário – Administrativa – TRT 1/2013) Conforme normas legais vigentes, o adicional

A) noturno equivale a cinquenta por cento, pelo menos, sobre o valor da hora diurna.

B) noturno equivale a vinte por cento, pelo menos, sobre o valor da hora diurna.

C) noturno equivale a vinte por cento, no mínimo, sobre o valor do salário mínimo.

D) de horas extras equivale a vinte e cinco por cento sobre o valor da hora normal, de acordo com a Constituição Federal.

E) de horas extras incorpora-se ao salário após um ano de pagamento habitual, de acordo com a Constituição Federal.

RESPOSTA

Alternativa Letra B.
Art. 73, "caput", CLT e
Súmula nº 60, I, do TST.

03. (FCC – Analista Judiciário – Exec. Mandados – TRT 1/2013) Considerando as normas da CLT e o entendimento sumulado do TST, é correto afirmar:

A) A remuneração do trabalho noturno terá um acréscimo de trinta por cento, pelo menos, sobre a hora diurna.

B) Para os estabelecimentos com mais de quinze empregados é obrigatório o controle de jornada de trabalho.

C) Considera-se trabalho noturno o executado entre às vinte e duas horas de um dia e às quatro horas do dia seguinte.

D) Cumprida integralmente a jornada no período noturno e prorrogada esta, devido é também o adicional quanto às horas prorrogadas.

E) O empregado transferido para o período diurno de trabalho não pode deixar de receber o adicional noturno, sob pena de redução salarial.

↓RESPOSTA

Alternativa Letra D.
Súmula nº 60, II, do TST.

04. (FCC – TRT 6 – Técnico Judiciário – Área Administrativa/ 2012) Héstia é empregada da Lanchonete "ABA" e trabalha como balconista, possuindo horário de trabalho no período noturno, das 22 às 5 horas. A Lanchonete "ABA" é frequentada por consumidores que normalmente voltam de outras programações noturnas, tendo em vista que a lanchonete possui horário de funcionamento até às 5 horas. Porém, a Lanchonete só encerra suas atividades após o atendimento do último cliente. Assim, Héstia frequentemente estende seu horário de trabalho até às 6 horas. Neste caso,

A) não será devido o adicional noturno sobre a hora prorrogada, uma vez que é expressamente proibido o trabalho extraordinário para empregado que possui jornada de trabalho integral em horário noturno.

B) será devido o adicional noturno também sobre a hora prorrogada uma vez que Héstia cumpre seu horário de trabalho integralmente no horário noturno.

C) não será devido o adicional noturno sobre a hora prorrogada uma vez que, de acordo com a CLT, a hora noturna é das 22 às 5 horas, sendo considerada a hora como 52 minutos e 30 segundos.

D) não será devido o adicional noturno sobre a hora prorrogada uma vez que, de acordo com a CLT, a hora noturna é das 22 às 5 horas, sendo considerada a hora como 55 minutos e 50 segundos.

E) só será devido o adicional noturno também sobre a hora prorrogada, se houver expressa previsão contratual neste sentido e previsão em norma coletiva.

↓RESPOSTA

Alternativa Letra B.
Súmula nº 60, II do TST.

05. (FCC – Técnico Judiciário – TRT 4/ 2011) Gislene é empregada da empresa V. Ontem, ela laborou das 22:00hs às 06:00hs. Neste caso, em regra, de acordo com a Consolidação das Leis do Trabalho

A) será devido o adicional noturno de 30% também quanto às horas extras feitas por Gislene, após às 04:00hs, em razão da prorrogação de sua jornada.

B) será devido o adicional noturno de 30% também quanto à hora extra feita por Gislene, após às 05:00hs em razão da prorrogação de sua jornada.

C) será devido o adicional noturno de 20%, também quanto à hora extra feita por Gislene, após às 05:00hs, em razão da prorrogação de sua jornada.

D) não será devido o adicional noturno quanto às horas extras feitas por Gislene após às 05:00hs, tendo em vista o término do horário noturno legalmente previsto.

E) não será devido o adicional noturno quanto às horas extras feitas por Gislene após às 04:00hs tendo em vista o término do horário noturno legalmente previsto.

↓RESPOSTA

Alternativa Letra C.
Súmula nº 60, II do TST e artigo 73, caput CLT.

06. (FCC – Técnico Judiciário – TRT 12/ 2010) Considere:

I. Salário in natura mencionado na CTPS.

II. Gorjeta.

III. Adicional eventual de horas extras.

IV. Adicional noturno.

O calculo do 13º salário levará em conta APENAS as verbas mencionadas nos itens

A) I.

B) I, II e IV.

C) III e IV.

D) I e II.

E) II e IV.

↓RESPOSTA

Alternativa Letra B.
I – artigo 7º, VIII CF e artigo 458, caput CLT.
II – Súmula nº 354 do TST e artigo 7º, VIII CF.
IV – Súmula nº 60, I do TST e artigo 7º, VIII CF.

07. (FCC – TRT 9 – Analista Judiciário/2010) João trabalha na empresa X das 22:00 às 5:00 horas, sendo que, às vezes, estende a sua jornada de trabalho até às 8 horas; não possui qualquer acordo de compensação de horas laboradas. Tendo em vista que João cumpre jornada de trabalho noturna, tem diversos direitos trabalhistas, dentre eles

A) o pagamento de adicional noturno não inferior a 20% sobre a hora diurna, sendo que este adicional integra a base de cálculo das horas extras prestadas no período noturno.

B) a hora do trabalho noturno reduzida e computada como de 50 minutos e 30 segundos.

C) o pagamento de adicional noturno não inferior a 30% sobre a hora diurna, sendo que este adicional integra a base de cálculo das horas extras prestadas no período noturno.

D) a hora do trabalho noturno reduzida e computada como de 55 minutos e 15 segundos.

E) o pagamento de adicional noturno não inferior a 30% sobre a hora diurna, sendo que este adicional não integrará a base de cálculo das horas extras prestadas no período noturno.

↓RESPOSTA

Alternativa Letra A.
Súmula nº 60, II do TST e artigo 73, caput CLT.

08. (TRT 2 - Juiz do Trabalho Substituto 2ª região/2016) Analise as assertivas quanto à tutela geral e especial do trabalho à luz da previsão legal e da jurisprudência sumulada do TST e responda.

I – No regime de revezamento, as horas trabalhadas em seguida ao repouso semanal de 24 (vinte e quatro) horas, com prejuízo do intervalo mínimo de 11 (onze) horas consecutivas para descanso entre jornadas, não serão remuneradas como extraordinárias visto que ocorreu mera infração de caráter administrativo.

II – Cumprida integralmente a jornada no período noturno e prorrogada esta, devido é também o adicional noturno quanto às horas prorrogadas.

III – A duração normal do trabalho dos empregados em bancos será de 6 (seis) horas contínuas nos dias úteis, com exceção dos sábados, perfazendo 30 (trinta) horas semanais e ficará compreendida entre 7 (sete) e 22 (vinte e duas) horas, assegurando-se ao empregado, no horário diário, um intervalo de 15 (quinze) minutos para alimentação.

IV – O empregado que não labore em câmara frigorífica e apenas esteja submetido a trabalho contínuo em ambiente artificialmente frio, nos termos previstos na CLT, não faz jus ao intervalo intrajornada de 20 (vinte) minutos a cada 1 (uma) hora e 40 (quarenta) minutos de trabalho contínuo.

V – A interrupção do trabalho destinada a repouso e alimentação, dentro de cada turno, ou o intervalo para repouso semanal, não descaracteriza o turno de revezamento com jornada de 6 (seis) horas previsto no art. 7º, XIV, da CF.

Estão corretas apenas as assertivas:

A) I, II e III.

B) II, III e V.

C) III, IV e V.

D) II, IV e V.

E) I, IV e V.

↓RESPOSTA

Alternativa Letra C.

II – Súmula nº 60 do TST
III - art. 224, "caput", CLT.
V – Súmula nº 360 do TST.

09. (FCC - Juiz do Trabalho Substituto 1ª região/2014) A legislação do trabalho dedica especial atenção às normas de tutela do trabalho, em especial quanto a sua duração. Nesta seara, conforme previsão legal e da jurisprudência sumulada do TST,

(A) a insuficiência de transporte público gera o direito ao pagamento de horas in itinere, o mesmo não ocorre quando houver incompatibilidade entre os horários de início e término da jornada do empregado e os do transporte público regular.

(B) o fato de o empregador cobrar, ainda que parcialmente importância pelo transporte fornecido, para local de difícil acesso ou não servido por transporte regular, retira o direito à percepção das horas in itinere.

(C) não serão abrangidos pelo regime da duração do trabalho os empregados que exerçam atividade externa incompatível com a fixação de horário de trabalho, sendo desnecessária a anotação de tal condição na Carteira Profissional e no registro de empregados.

(D) cumprida integralmente a jornada no período noturno e prorrogada esta, devido é também o adicional noturno quanto às horas prorrogadas.

(E) no regime de revezamento, as horas trabalhadas em seguida ao repouso semanal de vinte e quatro horas, com prejuízo do intervalo mínimo de onze horas consecutivas para descanso entre jornadas, não são remuneradas como extraordinárias por caracterizar somente uma infração de caráter administrativo.

↓RESPOSTA

Alternativa Letra D.
Súmula nº 60, II do TST e artigo 73, § 5º, CLT.

10. (CESPE – Juiz do Trabalho Substituto 5ª região/2013) Assinale a opção correta no que se refere ao horário de trabalho e aos seus adicionais.

A) As horas noturnas do empregado rural são computadas da mesma forma que aquelas devidas ao empregado urbano.

B) Caso labore das vinte e duas às dez horas da manhã, o empregado terá direito ao pagamento das horas noturnas computadas até o final de seu expediente.

C) Cada hora noturna trabalhada pelo empregado deverá ser paga considerando-se o valor de cinquenta e sete minutos e trinta segundos.

D) A hora noturna do empregado rural inicia-se às vinte e duas horas.

E) O empregado doméstico tem direito a remuneração pela hora noturna, que deve ser paga com adicional de 25%.

↓RESPOSTA

Alternativa Letra B.
Súmula nº 60, II do TST.

11. (Juiz do Trabalho Substituto – TRT 14ª região/ 2011) Quanto às normas gerais de tutela do trabalho, conforme previsão legal e da jurisprudência sumulada do TST, indique a alternativa correta:

A) Cumprida integralmente a jornada no período noturno e prorrogada esta, devido é também o adicional noturno quanto às horas prorrogadas.

B) O trabalho executado em condições insalubres, em caráter intermitente, afasta o direito à percepção do respectivo adicional, vez que a lei prevê que as atividades insalubres são fixadas em razão da intensidade do agente.

C) No regime de revezamento, as horas trabalhadas em seguida ao repouso semanal de 24 (vinte e quatro) horas, com prejuízo do intervalo mínimo de 11 (onze) horas consecutivas para descanso entre jornadas, não serão remuneradas como extraordinárias visto que ocorreu mera infração de caráter administrativo.

D) Não serão abrangidos pelo regime da duração do trabalho (capítulo II do título II da CLT) os empregados que exerçam atividade externa incompatível com a fixação de horário de trabalho, não havendo necessidade da anotação de tal condição a CTPS e no registro de empregados.

E) Independente do porte da empresa, não poderá ser fixado por acordo ou convenção coletiva, em caso de transporte fornecido pelo empregador, em local de difícil acesso ou não servido por transporte público, o tempo médio despendido pelo empregado, bem como a forma e a natureza da remuneração.

RESPOSTA

Alternativa Letra A.
Súmula nº 60, II do TST.

9.3. Adicional de transferência

OJ Nº 113 DA SDI - I DO TST

Adicional de transferência. Cargo de confiança ou previsão contratual de transferência. Devido. Desde que a transferência seja provisória

O fato de o empregado exercer cargo de confiança ou a existência de previsão de transferência no contrato de trabalho não exclui o direito ao adicional. O pressuposto legal apto a legitimar a percepção do mencionado adicional é a transferência provisória.

SÚMULA Nº 29 DO TST

Transferência

Empregado transferido, por ato unilateral do empregador, para local mais distante de sua residência, tem direito a suplemento salarial correspondente ao acréscimo da despesa de transporte.

QUESTÕES

01. (Juiz do Trabalho Substituto - TRT 21ª região/ 2012) Considerando o entendimento pacificado pelo TST e STF, e a legislação consolidada a respeito do assunto, assinale a alternativa correta:

I. não será devido o adicional de transferência ao empregado cujo contrato de trabalho possui expressa previsão de possibilidade de transferência a título provisório;

II. empregado transferido para local mais distante de sua residência não fará jus a qualquer suplemento salarial, desde que não haja necessidade de mudança de domicílio;

III. é licita a transferência do empregado estável quando ocorrer a extinção, ainda que parcial, do estabelecimento;

IV. será lícita a alteração do contrato de trabalho desde que haja consentimento das partes e não cause prejuízos de ordem financeira ao empregado;

V. é abusiva toda transferência para localidade diversa da prevista no contrato de trabalho, exceto nos casos de exercício de cargo de confiança ou extinção do estabelecimento.

A) nenhuma assertiva está correta;

B) apenas a assertiva I está correta;

C) apenas as assertivas II e III estão corretas;

D) apenas as assertivas I e IV estão corretas;

E) apenas as assertivas II e V estão corretas;

RESPOSTA

Alternativa Letra A.
I – OJ nº 113 da SDI-I.
II – Súmula nº 29 do TST.
III – artigo 469, § 2º CLT.
IV – artigo 468 CLT.
V – artigo 469, §§ 1º e 3º CLT.

10. ADICIONAL DE PERICULOSIDADE

SÚMULA Nº 364 DO TST

Adicional de periculosidade. Exposição eventual, permanente e intermitente

I - Tem direito ao adicional de periculosidade o empregado exposto permanentemente ou que, de forma intermitente, sujeita-se a condições de risco. Indevido, apenas, quando o contato dá-se de forma eventual, assim considerado o fortuito, ou o que, sendo habitual, dá-se por tempo extremamente reduzido.

II - Não é válida a cláusula de acordo ou convenção coletiva de trabalho fixando o adicional de periculosidade em percentual inferior ao estabelecido em lei e proporcional ao tempo de exposição ao risco, pois tal parcela constitui medida de higiene, saúde e segurança do trabalho, garantida por norma de ordem pública (arts. 7º, XXII e XXIII, da CF e 193, §1º, da CLT).

⊙ QUESTÕES

01. (Cespe – Técnico Administrativo – Área Administrativa – TRT 8/2013) Assinale a opção correta acerca do adicional de periculosidade.

A) Fará jus ao adicional de periculosidade o empregado exposto permanentemente ou que, de forma intermitente, sujeite-se a condições de risco. Esse adicional será indevido, apenas, quando o contato se der de forma eventual, assim considerado o fortuito, ou o que, sendo habitual, se der por tempo extremamente reduzido.

B) O adicional de periculosidade incide sobre gratificações e prêmios.

C) O adicional de periculosidade é fixado por lei no percentual de 10%, 20% ou 30% conforme o grau mínimo, médio ou máximo.

D) Somente faz jus ao adicional de periculosidade o empregado exposto permanentemente a condições de risco.

E) Mesmo quando exposto de forma eventual ou extremamente reduzida à condição de risco, o empregado faz jus ao adicional de periculosidade.

↓RESPOSTA

Alternativa Letra A.
Súmula nº 364, I, do TST.

02. (Exame de Ordem 2011.1 – FGV) José Antônio de Souza, integrante da categoria profissional dos eletricitários, é empregado de uma empresa do setor elétrico, expondo-se, de forma intermitente, a condições de risco acentuado. Diante dessa situação hipotética, e considerando que não há norma coletiva disciplinando as condições de trabalho, assinale a alternativa correta:

A) José Antônio não tem direito ao pagamento de adicional de periculosidade, em razão da intermitência da exposição às condições de risco.

B) José Antônio tem direito ao pagamento de adicional de periculosidade de 30% (trinta por cento) sobre o seu salário básico.

C) José Antônio tem direito ao pagamento de adicional de periculosidade de 30% (trinta por cento) sobre a totalidade das parcelas salariais.

D) José Antônio tem direito ao pagamento de adicional de periculosidade de forma proporcional ao tempo de exposição ao risco.

↓RESPOSTA

Alternativa Letra B (Atualmente)..
Súmulas nº 191, III e 364, I, do TST e artigo 193, § 1º CLT.

03. (FCC - Juiz do Trabalho Substituto 15ª região/2015) Em uma empresa em que se constata apenas exposição a um agente perigoso, trabalham Messias, João e Carlos, sendo que Messias trabalha diretamente com o transporte de material inflamável, de modo permanente, nas dependências da empresa. João faz a rendição de Messias durante o intervalo para alimentação e descanso e, no restante do tempo, exerce a função de chefe de almoxarifado. Carlos também exerce a função de chefe de almoxarifado, entretanto, no seu intervalo para alimentação pega carona com João no transporte de inflamáveis, cujo trajeto dura cerca de cinco minutos. Diante dessa situação, com base na legislação aplicável e no entendimento pacificado do TST, o direito ao recebimento de adicional de periculosidade é de

(A) Messias, que faz jus ao adicional de periculosidade integral; João, ao proporcional ao tempo de exposição ao inflamável e Carlos não tem direito ao referido adicional.

(B) Messias, apenas, que lida diretamente com produtos inflamáveis em toda a jornada de trabalho.

(C) Messias e João, mas Carlos não possui qualquer direito.

(D) Messias, João e Carlos.

(E) Messias, que faz jus ao referido adicional e tanto João quanto Carlos devem recebê-lo de forma proporcional, tendo em vista seu grau de exposição ao agente perigoso.

↓RESPOSTA

Alternativa Letra C.
Súmulas nº 364, I, do TST e artigo 193, I e § 1º CLT.

10.1. Integração do Adicional de Periculosidade

SÚMULA Nº 132 DO TST

Adicional de periculosidade. Integração

I - O adicional de periculosidade, pago em caráter permanente, integra o cálculo de indenização e de horas extras.

II - Durante as horas de sobreaviso, o empregado não se encontra em condições de risco, razão pela qual é incabível a integração do adicional de periculosidade sobre as mencionadas horas.

OJ Nº 259 DA SDI - I DO TST

Adicional noturno. Base de cálculo. Adicional de periculosidade. Integração

O adicional de periculosidade deve compor a base de cálculo do adicional noturno, já que também nesse horário o trabalhador permanece sob as condições de risco.

OJ Nº 172 DA SDI - I DO TST

Adicional de insalubridade ou periculosidade. Condenação. Inserção em folha de pagamento

Condenada ao pagamento do adicional de insalubridade ou periculosidade, a empresa deverá inserir, mês a mês e enquanto o trabalho for executado sob essas condições, o valor correspondente em folha de pagamento.

SÚMULA Nº 70 DO TST

Adicional de periculosidade

O adicional de periculosidade não incide sobre os triênios pagos pela Petrobras.

QUESTÕES

01. (FCC - TRT 22 - Analista Judiciário/2010) Golias trabalha em condições perigosas recebendo o respectivo adicional. Além do trabalho efetivamente realizado, Golias permanece horas em sobreaviso. Neste caso, o adicional de periculosidade, pago em caráter permanente,

A) integra o cálculo de indenização e de horas extras, não integrando as horas de sobreaviso.

B) integra o cálculo de indenização, de horas extras e das horas de sobreaviso.

C) integra apenas o cálculo de horas extras.

D) integra apenas o cálculo de horas extras e das horas de sobreaviso.

E) não integra o cálculo de indenização, de horas extras e das horas de sobreaviso.

↓RESPOSTA

Alternativa Letra A.
Súmula nº 132 do TST.

02. (FCC - Juiz do Trabalho Substituto 1ª região/2015) Em relação às atividades perigosas e insalubres, de acordo com o entendimento sumulado do Tribunal Superior do Trabalho, considere:

I. Os tripulantes e demais empregados em serviços auxiliares de transporte aéreo que, no momento do abastecimento da aeronave, permanecem a bordo, não têm direito ao adicional de periculosidade a que alude o art. 193 da CLT.

II. O adicional de periculosidade, pago em caráter permanente, integra o cálculo de indenização e de horas extras.

III. Durante as horas de sobreaviso, o empregado não se encontra em condições de risco, razão pela qual é incabível a integração do adicional de periculosidade sobre as mencionadas horas.

IV. O pagamento de adicional de periculosidade, ainda que de forma proporcional ao tempo de exposição ao risco ou em percentual inferior ao máximo legalmente previsto, dispensa a realização da prova técnica exigida pelo art. 195 da CLT, pois torna incontroversa a existência do trabalho em condições perigosas.

Está correto o que se afirma em

(A) I e III, apenas.

(B) I, II, III e IV.

(C) I, II e IV, apenas.

(D) I, II e III, apenas.

(E) II e III, apenas.

↓RESPOSTA

Alternativa Letra D.
I – Súmula nº 447 do TST.
II – Súmula nº 132, I, do TST.
III – Súmula nº 132, II, do TST.
IV – Súmula nº 453 do TST.

03. (FCC – Juiz do Trabalho Substituto 4ª região/ 2012) O entendimento pacificado pelo Tribunal Superior do Trabalho quanto ao Adicional de Periculosidade é de que

A) o adicional de periculosidade, pago em caráter permanente, integra o cálculo de indenização e de horas extras.

B) é devida a integração do adicional de periculosidade sobre as horas de sobreaviso do empregado.

C) o empregado exposto de forma eventual a condições de risco tem o direito à percepção do adicional de periculosidade de forma proporcional ao tempo despendido nesta situação.

D) o empregado exposto de forma intermitente a condições de risco não tem direito à percepção do adicional de periculosidade.

E) os empregados que operam em bomba de gasolina terão direito ao pagamento do adicional somente quando constatada a periculosidade em laudo pericial.

↓RESPOSTA

Alternativa Letra A.
Súmula nº 132, I do TST.

10.2. Classificação de atividades perigosas

10.2.1. Eletricitários

SÚMULA Nº 191 DO TST

Adicional de periculosidade. Incidência. Base de cálculo.

I – O adicional de periculosidade incide apenas sobre o salário básico e não sobre este acrescido de outros adicionais.

II – O adicional de periculosidade do empregado eletricitário, contratado sob a égide da Lei nº 7.369/1985, deve ser calculado sobre a totalidade das parcelas de natureza salarial. Não é válida norma coletiva mediante a qual se determina a incidência do referido adicional sobre o salário básico.

III - A alteração da base de cálculo do adicional de periculosidade do eletricitário promovida pela Lei nº 12.740/2012 atinge somente contrato de trabalho firmado a partir de sua vigência, de modo que, nesse caso, o cálculo será realizado exclusivamente sobre o salário básico, conforme determina o § 1º do art. 193 da CLT.

SÚMULA Nº 361 DO TST

Adicional de periculosidade. Eletricitários. Exposição intermitente

O trabalho exercido em condições perigosas, embora de forma intermitente, dá direito ao empregado a receber o adicional de periculosidade de forma integral, porque a Lei n. 7.369/85 não estabeleceu nenhuma proporcionalidade em relação ao seu pagamento.

10.2.2. Portuários

OJ Nº 402 DA SDI – I DO TST

Adicional de risco. Portuário. Terminal privativo. Arts. 14 e 19 da Lei nº 4.860, de 26.11.1965. Indevido

O adicional de risco previsto no artigo 14 da Lei nº 4.860, de 26.11.1965, aplica-se somente aos portuários que trabalham em portos organizados, não podendo ser conferido aos que operam terminal privativo.

⊙QUESTÕES

01. (TRT 8 - Juiz do Trabalho Substituto 8ª região/2014) No tocante às relações de trabalho lato sensu, assinale a alternativa CORRETA:

a) Nos termos da Lei nº 12.023/2009, as atividades de movimentação de mercadorias em geral exercidas por trabalhadores avulsos, são aquelas desenvolvidas em áreas urbanas, com ou sem vínculo empregatício, mediante intermediação obrigatória do sindicato da categoria, por meio de acordo ou convenção coletiva de trabalho para execução das atividades.

b) A jurisprudência do Colendo Tribunal Superior do Trabalho pacificou-se no sentido de que a Lei nº 4.860/65, que institui, em seu artigo 14, o adicional de risco, dispõe sobre o regime de trabalho nos portos organizados, e não àqueles instituídos por delegação do poder público, de regência privada.

c) Nos termos do art. 17 da Lei nº 11.788/2008, a qual dispõe acerca do Estágio de Estudantes, fica assegurado às pessoas portadoras de deficiência[2] o percentual de 20% (vinte por cento) das vagas oferecidas pela parte concedente do estágio.

d) O contrato de equipe, também denominado de contrato de grupo, sempre assumirá as feições de um contrato de trabalho, pois a prestação de serviço não deve ficar à margem do Direito do Trabalho.

e) Na residência médica, os serviços prestados à título de formação profissional não são estranhos à relação empregatícia, já que o médico residente será obrigatoriamente filiado ao sistema previdenciário na condição de segurado empregado, devendo cumprir a jornada de 60(sessenta) horas semanais.

↓RESPOSTA

Alternativa Letra B.
Orientação Jurisprudencial nº 402 da SDI-I do TST.

10.2.3. Bomba de gasolina

SÚMULA Nº 39 DO TST

Periculosidade

Os empregados que operam em bomba de gasolina têm direito ao adicional de periculosidade (Lei nº 2.573, de 15.8.55).

⊙ QUESTÕES

01. (FCC – Analista Judiciário – Exec. Mandados – TRT 6/2012) Carlus trabalha em um posto de abastecimento de combustíveis. Exerce as funções de frentista, cuja atividade principal é abastecer os veículos com combustível direto da bomba. Recebe salário base e vale refeição. Pelo exercício das suas funções, nos termos da legislação aplicável à matéria, Carlus faz jus ao pagamento do adicional de

A) penosidade no valor correspondente a 40% sobre o salário mínimo.

B) insalubridade no percentual de 10%, 20% ou 40% do salário mínimo.

C) periculosidade no percentual de 30% do salário contratual.

D) periculosidade no percentual 10%, 20% ou 40% do salário mínimo.

E) penosidade no percentual de 30% do salário contratual.

↓RESPOSTA

Alternativa Letra C.
Art. 193, I e II, CLT; Súmula nº 39 do TST.

02. (TRT 15 – Juiz do Trabalho Substituto 15ª região/ 2013) Ainda no que tange a medidas jurídicas ligadas à proteção da saúde no ambiente de trabalho, é incorreto dizer:

A) do ponto de vista da legislação, o adicional de periculosidade foi primeiro direcionado exclusivamente às atividades que implicassem contato permanente com inflamáveis ou explosivos em condições de risco acentuado; depois, foi estendido ao empregado que exerce atividade no setor de energia elétrica, em condições de periculosidade; e agora abrange, igualmente, as atividades relaciona-

2 Com a promulgação da Lei nº 13.146/2015 (Estatuto da Pessoa com Deficiência) e sua entrada em vigor em janeiro de 2016, verificou-se mudança na terminologia adotada, uma vez que os termos "pessoa portadora de deficiência" e "pessoa com necessidades especiais" foram substituídos pelo termo mais apropriado, "pessoa com deficiência".

das a roubos ou outras espécies de violência física nas atividades profissionais de segurança pessoal ou patrimonial;

B) é entendimento sumulado do TST que os empregados que operam em bomba de gasolina têm direito ao adicional de periculosidade, caso não fornecido o EPI adequado;

C) aplica-se ao estagiário a legislação relacionada à saúde e segurança no, trabalho, sendo sua implementação de responsabilidade da parte concedente do estágio;

D) aplicam-se ao trabalhador rural as normas de medicina e segurança do trabalho;

E) o repouso semanal remunerado deverá coincidir, pelo menos uma vez no período máximo de três semanas, com o domingo, respeitadas as demais normas de proteção ao trabalho e outras a serem estipuladas, em negociação coletiva.

↓RESPOSTA

Alternativa Letra B.
Súmula nº 39 do TST.

10.2.4. Permanência a bordo de aeronaves

Súmula nº 447 do TST

Adicional de periculosidade. Permanência a bordo durante o abastecimento da aeronave. Indevido.

Os tripulantes e demais empregados em serviços auxiliares de transporte aéreo que, no momento do abastecimento da aeronave, permanecem a bordo não têm direito ao adicional de periculosidade a que aludem o art. 193 da CLT e o Anexo 2, item 1, "c", da NR 16 do MTE.

10.2.5. Sistema elétrico de potência

OJ nº 347 da SDI – I do TST

Adicional de periculosidade. Sistema elétrico de potência. Lei nº 7.369, de 20.09.1985, regulamentada pelo Decreto nº 93.412, de 14.10.1986. Extensão do direito aos cabistas, instaladores e reparadores de linhas e aparelhos em empresa de telefonia

É devido o adicional de periculosidade aos empregados cabistas, instaladores e reparadores de linhas e aparelhos de empresas de telefonia, desde que, no exercício de suas funções, fiquem expostos a condições de risco equivalente ao do trabalho exercido em contato com sistema elétrico de potência.

OJ nº 324 da SDI – I do TST

Adicional de periculosidade. Sistema elétrico de potência. Decreto nº 93.412/86, art. 2º, § 1º

É assegurado o adicional de periculosidade apenas aos empregados que trabalham em sistema elétrico de potência em condições de risco, ou que o façam com equipamentos e instalações elétricas similares, que ofereçam risco equivalente, ainda que em unidade consumidora de energia elétrica.

⊙ QUESTÕES

01. (Juiz do Trabalho Substituto – TRT 15ª região/ 2011) A respeito do adicional de periculosidade, analise as assertivas sob a ótica da jurisprudência predominante do TST.

I. O empregado exposto apenas de forma intermitente a condições de risco não faz jus ao recebimento de adicional de periculosidade.

II. A exposição do empregado à radiação ionizante ou à substância radioativa não enseja a percepção de adicional de periculosidade.

III. É assegurado aos empregados que trabalhem em sistema elétrico de potência em condições de risco, ou que o façam com equipamentos e instalações elétricas similares, que ofereçam risco equivalente, desde que tal não ocorra em unidade consumidora de energia elétrica.

IV. É sempre devido aos empregados cabistas, instaladores e reparadores de linha de telefonia, porque submetidos a condições de risco.

V. É devido quando o contato com o perigo ocorre de forma habitual, ainda que por tempo extremamente reduzido, porque o infortúnio não tem hora para acontecer.

Agora responda:

A) as assertivas I e V estão corretas;

B) as assertivas I, III e V estão corretas;

C) as assertivas I, III e IV estão corretas;

D) as assertivas I, II, III, IV e V estão corretas;

E) as assertivas I, II, III, IV e V estão incorretas.

↓RESPOSTA

Alternativa Letra E.
I – Súmula nº 364, I, do TST.
II – Orientação Jurisprudencial nº 345 da SDI-I.
III – Orientação Jurisprudencial nº 324 da SDI-I.
IV – Orientação Jurisprudencial nº 347 da SDI-I.
V – Súmula nº 364, I, do TST.

10.2.6. Radiação ionizante ou substância radioativa

OJ Nº 345 DA SDI – I DO TST

Adicional de periculosidade. Radiação ionizante ou substância radioativa. Devido

A exposição do empregado à radiação ionizante ou à substância radioativa enseja a percepção do adicional de periculosidade, pois a regulamentação ministerial (Portarias do Ministério do Trabalho nºs 3.393, de 17.12.1987, e 518, de 07.04.2003), ao reputar perigosa a atividade, reveste-se de plena eficácia, porquanto expedida por força de delegação legislativa contida no art. 200, "caput", e inciso VI, da CLT. No período de 12.12.2002 a 06.04.2003, enquanto vigeu a Portaria nº 496 do Ministério do Trabalho, o empregado faz jus ao adicional de insalubridade.

⊙QUESTÕES

01. (FCC – Analista Judiciário – Oficial de Justiça Avaliador Federal – TRT 23/2016) Considerando que atividades perigosas são aquelas que expõem o trabalhador a uma condição de risco acentuado à sua vida, de acordo com a jurisprudência pacífica do TST, têm direito ao adicional de periculosidade.

A) os empregados cabistas, instaladores e reparadores de linhas e aparelhos de empresas de telefonia, desde que fiquem expostos a condições de risco equivalente ao do trabalho exercido em contato com sistema elétrico de potência, salvo quando suas atividades sejam exercidas em conjunto com instaladores de rede elétrica, que ficam responsáveis pelo controle do contato com a energia elétrica de potência.

B) os tripulantes e demais empregados em serviços auxiliares de transporte aéreo que, no momento do abastecimento da aeronave, permanecem a bordo.

C) os empregados que trabalham em sistema elétrico de potência em condições de risco, ou que o façam com equipamentos e instalações elétricas similares, que ofereçam risco equivalente, não incluídos, porém, os que trabalham em unidade consumidora de energia elétrica.

D) os empregados expostos a radiação ionizante ou à substância radioativa, nos termos da regulamentação do Ministério do Trabalho.

E) os empregados que desenvolvem suas atividades em edifício (construção vertical) onde estão instalados tanques para armazenamento de líquido inflamável, em quantidade acima do limite legal, desde que o trabalho seja exercido no mesmo pavimento em que estão instalados os tanques.

↓RESPOSTA

Alternativa Letra D.

OJ nº 345 da SDI-I.

02. (TRT 14 – Juiz do Trabalho Substituto 14ª região/ 2013) Observe as assertivas abaixo e marque a alternativa INCORRETA:

A) Os empregados que operam em bomba de gasolina têm direito ao adicional de periculosidade.

B) O trabalho executado em condições insalubres, em caráter intermitente, não afasta, só por essa circunstância, o direito à percepção do respectivo adicional.

C) A eliminação da insalubridade mediante fornecimento de aparelhos protetores aprovados pelo órgão competente do Poder Executivo exclui a percepção do respectivo adicional.

D) A reclassificação ou a descaracterização da insalubridade, por ato da autoridade competente, repercute na satisfação do respectivo adicional, sem ofensa a direito adquirido ou ao princípio da irredutibilidade salarial.

E) No caso da exposição do empregado à radiação ionizante ou à substância radioativa é devido o adicional de periculosidade ou de insalubridade, a depender da escolha manifestada pelo trabalhador, em face do que lhe parecer mais vantajoso economicamente.

↓RESPOSTA

Alternativa Letra E.
OJ nº 345 da SDI-I.

03. (MPT – Procurador do Trabalho/2012) Leia e analise as assertivas a seguir:

I. A exposição de empregado à radiação ionizante ou à substância radioativa enseja a percepção de adicional de periculosidade, nos termos da jurisprudência uniformizada do Tribunal Superior do Trabalho, a partir da interpretação da Norma Regulamentadora relativa ao trabalho em operações perigosas.

II. A exemplo da norma contida na Convenção 155 da Organização Internacional do Trabalho, há Normas Regulamentadoras prevendo, expressamente, o direito de recusa do empregado em prestar serviços, quando as condições de trabalho forem inseguras.

III. Na construção civil, com vistas a evitar acidentes de trabalho, a Norma Regulamentadora n. 18 estabelece um conjunto detalhado de ações que devem ser implementadas pelas empresas para proporcionar condições seguras de trabalho aos empregados, sem prejuízo da adoção das medidas relativas às condições e meio ambiente do trabalho determinadas pela legislação federal, estadual, municipal e negociações coletivas de trabalho.

IV. A jurisprudência uniformizada do Tribunal Superior do Trabalho reconhece o direito dos empregados que operam bomba de abastecimento de gasolina ao adicional de insalubridade, devido à exposição ao benzeno.

Marque a alternativa CORRETA:

A) apenas as assertivas I, II e III são corretas;

B) apenas as assertivas I e IV são corretas;

C) apenas as assertivas II e IV são corretas;

D) apenas as assertivas II e III estão corretas;

E) não respondida.

↓RESPOSTA

Alternativa Letra A.
I – OJ nº 345 da SDI-I.
II – item 9.6.3 da NR-9,
item 10.14.1 da NR-10 e
item 35.2.2, alínea "c" da NR-35.
III – itens 18.1.1 e 18.1.4 da NR-18.

10.2.7. Armazenamento de líquido inflamável no prédio. Construção Vertical

OJ Nº 385 DA SDI – I DO TST

Adicional de periculosidade. Devido. Armazenamento de líquido inflamável no prédio. Construção vertical.

É devido o pagamento do adicional de periculosidade ao empregado que desenvolve suas atividades em edifício (construção vertical), seja em pavimento igual ou distinto daquele onde estão instalados tanques para armazenamento de líquido inflamável, em quantidade acima do limite legal, considerando-se como área de risco toda a área interna da construção vertical.

⊙QUESTÕES

01. FCC - Juiz do Trabalho Substituto 6ª região/2015) A empresa Sucesso Empresarial S/A funciona em um edifício de dezesseis andares, que é considerado um "edifício inteligente", tendo em vista a tecnologia de ponta utilizada para o funcionamento de elevadores, sistema de segurança e de equipamentos em geral. Para o funcionamento de todos esses aparatos tecnológicos, o edifício conta com geradores potentes, que são alimentados por óleo diesel armazenado em grandes tanques desenterrados, que estão localizados no 3º subsolo e no 16º andar. Considerando que nos três subsolos do edifício funcionam as garagens e que no 16º andar funciona um restaurante, têm direito ao recebimento de adicional de periculosidade

(A) os trabalhadores que param seus carros no 3º subsolo e os que frequentam o restaurante.

(B) os trabalhadores encarregados da manutenção dos tanques de combustível e os que estejam em um raio de cento e cinquenta metros distantes dos tanques.

(C) os trabalhadores que, de alguma forma, manipulam o combustível.

(D) os trabalhadores que frequentam as garagens e o restaurante, e aqueles que trabalham nos dois andares abaixo do restaurante.

(E) todos os trabalhadores que desenvolvem suas atividades no interior do edifício, independentemente de estarem em pavimento igual ou distinto de onde estão instalados os tanques.

RESPOSTA

Alternativa Letra E.

OJ nº 385 da SDI-I do TST.

10.3. Perícia

OJ Nº 165 DA SDI - I DO TST

Perícia. Engenheiro ou médico. Adicional de insalubridade e periculosidade. Válido. Art. 195 da CLT

O art. 195 da CLT não faz qualquer distinção entre o médico e o engenheiro para efeito de caracterização e classificação da insalubridade e periculosidade, bastando para a elaboração do laudo seja o profissional devidamente qualificado.

SÚMULA Nº 453 DO TST

Adicional de periculosidade. Pagamento espontâneo. Caracterização de fato incontroverso. Desnecessária a perícia de que trata o art. 195 da CLT

O pagamento de adicional de periculosidade efetuado por mera liberalidade da empresa, ainda que de forma proporcional ao tempo de exposição ao risco ou em percentual inferior ao máximo legalmente previsto, dispensa a realização da prova técnica exigida pelo art. 195 da CLT, pois torna incontroversa a existência do trabalho em condições perigosas.

OJ Nº 278 DA SDI - I DO TST

Adicional de insalubridade. Perícia. Local de trabalho desativado

A realização da perícia é obrigatória para verificação de insalubridade. Quando não for possível sua realização como em caso de fechamento da empresa, poderá o julgador utilizar-se de outros meios de prova.

11. ADICIONAL DE INSALUBRIDADE

11.1. Integração

SÚMULA Nº 139 DO TST

Adicional de insalubridade

Enquanto percebido, o adicional de insalubridade integra a remuneração para todos os efeitos legais.

SÚMULA Nº 47 DO TST

Insalubridade

O trabalho executado em condições insalubres, em caráter intermitente, não afasta, só por essa circunstância, o direito à percepção do respectivo adicional.

OJ Nº 47 DA SDI - I DO TST

Hora extra. Adicional de insalubridade. Base de cálculo

A base de cálculo da hora extra é o resultado da soma do salário contratual mais o adicional de insalubridade.

OJ Nº 103 DA SDI - I DO TST

Adicional de insalubridade. Repouso semanal e feriados

O adicional de insalubridade já remunera os dias de repouso semanal e feriados.

QUESTÕES

01. (FCC - Técnico Judiciário - TRT 20/ 2011) Considere as seguintes assertivas a respeito das atividades insalubres ou perigosas:

I. O adicional de insalubridade pago com habitualidade integra o aviso prévio indenizado.

II. O trabalho em condições de periculosidade assegura ao empregado um adicional de 30% sobre o salário sem os acréscimos resultantes de gratificações, prêmios ou participações nos lucros da empresa.

III. Tem direito ao adicional de periculosidade o empregado exposto permanentemente ou que, de forma intermitente, sujeita-se a condições de risco. É devido, também, quando o contato dá-se de forma eventual, assim considerado o fortuito, ou o que, sendo habitual, dá-se por tempo extremamente reduzido.

IV. A reclassificação ou a descaracterização da insalubridade, por ato da autoridade competente, repercute na satisfação do respectivo adicional, sem ofensa a direito adquirido ou ao princípio da irredutibilidade salarial.

Está correto o que se afirma APENAS em

A) I, II e III.

B) I, II e IV.

C) I e IV.

D) II e III.

E) III e IV.

↓RESPOSTA

Alternativa Letra B.
I – Súmula nº 139 do TST.
II – artigo 193, § 1º CLT.
IV – Súmula nº 248 do TST.

02. (TRT 1 - Juiz do Trabalho Substituto 1ª região/2016) Em relação ao trabalho em condições de periculosidade ou de insalubridade, com base no entendimento sumulado pelo TST, é correto afirmar:

(A) Especificado o agente insalubre na petição inicial, a verificação, por meio de perícia, da existência de condição nociva diversa, impede a condenação no respectivo adicional, por violação à ampla defesa.

(B) A só intermitência na exposição, pelo empregado, a condições insalubres, não retira o direito ao recebimento do respectivo adicional.

(C) O fornecimento de equipamento de proteção pelo empregador faz presumir a existência de ambiente nocivo à saúde do empregado.

(D) A exposição intermitente a condições de risco gera, para o trabalhador, o direito ao recebimento de adicional de periculosidade proporcional ao efetivo tempo de exposição.

(E) O pagamento por mais de 10 anos ininterruptos de adicional da insalubridade gera a incorporação definitiva da rubrica à remuneração do empregado, sendo vedada a sua supressão posterior, ainda que eliminado o agente nocivo.

↓RESPOSTA

Alternativa Letra B.
Súmula nº 47 do TST.

03. (FCC - Analista Judiciário - Área Judiciária - TRT 23/2016) Marcelina trabalha como ascensorista nos elevadores de uma unidade hospitalar de pronto atendimento médico em Cuiabá, cumprindo jornada de seis horas diárias. Alegando que no desempenho da função se relaciona com pacientes portadores de doenças infectocontagiosas, estando sujeita à transmissão por contato (direto ou indireto) e pelo ar, pretende o recebimento de adicional de insalubridade. A empresa alega que Marcelina não tem direito, tendo em vista não ser profissional de saúde, exercer profissão que tem regulamentação própria e pelo fato de que o contato com os pacientes é meramente intermitente. O direito

A) não pode ser reconhecido, pois o contato com os pacientes não se dá de forma direta e não implica em manipulação dos mesmos, o que é feito por médicos e enfermeiros.

B) pode ser reconhecido, pois o caráter intermitente do trabalho executado em condições insalubres não afasta o direto à percepção do adicional.

C) não pode ser reconhecido, pois somente médicos e enfermeiros têm direito a adicional de insalubridade por contato com pacientes.

D) pode ser reconhecido, pois trata-se de direito assegurado a todos os empregados de hospitais, independentemente das atividades executadas.

E) não pode ser reconhecido, pois o trabalho dos ascensoristas é regulado por legislação própria, na qual, pelas peculiaridades do trabalho, não há previsão do direito a adicional de insalubridade.

RESPOSTA

Alternativa Letra B.

Súmula nº 47 e 364, I, do TST.

04. (TRT 14 – Juiz do Trabalho Substituto 14ª região/ 2013) Assinale a alternativa INCORRETA:

A) A legislação assegura o pagamento do adicional de periculosidade no caso de atividades ou operações que, na forma da regulamentação aprovada pelo Ministério do Trabalho, por sua natureza ou métodos de trabalho, impliquem risco acentuado em virtude de exposição permanente do trabalhador a inflamáveis, explosivos ou energia elétrica, roubos ou outra espécie de violência física nas atividades profissionais de segurança pessoal ou patrimonial.

B) São consideradas atividades ou operações insalubres aquelas que, por sua natureza, condições ou métodos de trabalho, exponham os empregados a agentes nocivos à saúde, acima dos limites de tolerância fixados em razão da natureza e da intensidade do agente e do tempo de exposição aos seus efeitos.

C) Segundo a jurisprudência dominante do Tribunal Superior do Trabalho, a base de cálculo da hora extra é o resultado da soma do salário contratual mais o adicional de insalubridade.

D) Segundo a jurisprudência dominante do Tribunal Superior do Trabalho, o adicional de insalubridade repercute no pagamento de repouso semanal e feriados.

E) Segundo a jurisprudência dominante do Tribunal Superior do Trabalho, somente após 26.2.1991 foram, efetivamente, retiradas do mundo jurídico as normas ensejadoras do direito ao adicional de insalubridade por iluminação insuficiente no local da prestação de serviço, como previsto na Portaria nº 3751/1990 do Ministério do Trabalho.

RESPOSTA

Alternativa Letra D.

OJ nº 103 da SDI-I.

05. (FCC – Juiz do Trabalho Substituto 11ª região/ 2012) No tocante a insalubridade e seu respectivo adicional considere:

I. A reclassificação ou a descaracterização da insalubridade, por ato da autoridade competente, repercute na satisfação do respectivo adicional, sem ofensa a direito adquirido ou ao princípio da irredutibilidade salarial.

II. O trabalho executado em condições insalubres, em caráter intermitente, não afasta, só por essa circunstância, o direito à percepção do respectivo adicional.

III. Para caracterização da insalubridade são exemplos de agentes físicos: ruído, calor, pressões hiperbáricas, vibrações, frio e umidade.

IV. A verificação mediante perícia da prestação de serviços em condições nocivas, considerado agente insalubre diverso do apontado na inicial, prejudicará o pedido de insalubridade.

Está correto o que se afirma APENAS em

A) I, II e III.

B) I e II.

C) II e III.

D) I, III e IV.

E) II e IV.

RESPOSTA

Alternativa Letra A.

I – Súmula nº 248 do TST.

II – Súmula nº 47 do TST.

III – NR 15.

11.2. Base de cálculo

✪ *SÚMULA VINCULANTE Nº 4 DO STF*

Salvo nos casos previstos na Constituição, o salário-mínimo não pode ser usado como indexador de base de cálculo de vantagem de servidor público ou de empregado, nem ser substituído por decisão judicial.

SÚMULA Nº 228 DO TST

Adicional de insalubridade. Base de cálculo. Súmula cuja eficácia está suspensa por decisão liminar do Supremo Tribunal Federal

A partir de 9 de maio de 2008, data da publicação da Súmula Vinculante nº 4 do Supremo Tribunal Federal, o adicional de insalubridade será calculado sobre o salário básico, salvo critério mais vantajoso fixado em instrumento coletivo.

11.3. Perícia

OJ Nº 278 DA SDI – I DO TST

Adicional de insalubridade. Perícia. Local de trabalho desativado

A realização da perícia é obrigatória para verificação de insalubridade. Quando não for possível sua realização como em caso de fechamento da empresa, poderá o julgador utilizar-se de outros meios de prova.

OJ Nº 165 DA SDI – I DO TST

Perícia. Engenheiro ou médico. Adicional de insalubridade e periculosidade. Válido. Art. 195 da CLT

O art. 195 da CLT não faz qualquer distinção entre o médico e o engenheiro para efeito de caracterização e classificação da insalubridade e periculosidade, bastando para a elaboração do laudo seja o profissional devidamente qualificado.

SÚMULA Nº 453 DO TST

Adicional de periculosidade. Pagamento espontâneo. Caracterização de fato incontroverso. Desnecessária a perícia de que trata o art. 195 da CLT

O pagamento de adicional de periculosidade efetuado por mera liberalidade da empresa, ainda que de forma proporcional ao tempo de exposição ao risco ou em percentual inferior ao máximo legalmente previsto, dispensa a realização da prova técnica exigida pelo art. 195 da CLT, pois torna incontroversa a existência do trabalho em condições perigosas.

⊙ QUESTÕES

01. (FCC – Técnico Judiciário – TRT 9/ 2010) Com relação às atividades insalubres e perigosas é correto afirmar:

A) O trabalho em condições de periculosidade assegura ao empregado o adicional de 20 a 25% sobre o salário base do empregado, variando de acordo com o grau do risco a que está exposto.

B) O adicional de periculosidade constitui parcela de natureza nitidamente indenizatória tendo em vista remunerar trabalho prestado em condições de risco.

C) A realização de perícia é obrigatória para a verificação de insalubridade; quando não for possível a sua realização, como no caso de fechamento da empresa, poderá o julgador utilizar-se de outros meios de prova.

D) O exercício de trabalho em condições insalubres, acima dos limites de tolerância estabelecidos pelo Ministério do Trabalho, assegura a percepção de adicional de pelo menos 20% do salário mínimo.

E) O exercício de trabalho em condições insalubres, acima dos limites de tolerância estabelecidos pelo Ministério do Trabalho, assegura a percepção de adicional de no mínimo 20% do salário base do empregado.

↓RESPOSTA

Alternativa Letra C.
OJ nº 278 da SDI-I.

02. (FCC - Juiz do Trabalho Substituto 23ª região/2015) Analise as proposições abaixo:

I. Em razão das restrições constitucionais impostas à Administração pública, não se pode falar em equiparação salarial entre empregados de sociedade de economia mista.

II. O pagamento de adicional de periculosidade em valor inferior ao previsto em lei, efetuado por mera liberalidade da empresa, não dispensa a realização de perícia para constatação da existência de condição perigosa de trabalho, tendo em vista tratar-se de prova obrigatória e, ainda, da restrição imposta por lei às hipóteses de periculosidade.

III. Empregado dispensado sem justa causa no mês de setembro tem direito à participação nos lucros e resultados de forma proporcional aos meses trabalhados, tendo em vista que concorreu para os resultados positivos da empresa no ano.

IV. É devido o pagamento em dobro da remuneração de férias, incluído o terço constitucional, quando não respeitado o prazo legal para pagamento das mesmas, ainda que o gozo tenha se dado na época própria.

V. Não têm direito ao adicional de periculosidade os tripulantes e demais empregados em serviços auxiliares de transporte aéreo que permanecem a bordo de aeronave no momento do abastecimento da mesma.

De acordo com a jurisprudência pacífica do TST, está INCORRETO o que consta APENAS em

(A) III, IV e V.

(B) II, III e IV.

(C) I, II e V.

(D) I e II.

(E) I e V.

RESPOSTA

Alternativa Letra D.

I – Súmula nº 455 do TST.

II – Súmula nº 453 do TST.

III – Súmula nº 451 do TST.

IV – Súmula nº 450 do TST.

V – Súmula nº 447 do TST.

11.4. Classificação da atividade insalubre. Relação oficial elaborada pelo MTE

11.4.1. Lixo urbano

SÚMULA Nº 448 DO TST

Atividade insalubre. Caracterização. Previsão na Norma Regulamentadora nº 15 da Portaria do Ministério do Trabalho nº 3.214/78. Instalações sanitárias.

I - Não basta a constatação da insalubridade por meio de laudo pericial para que o empregado tenha direito ao respectivo adicional, sendo necessária a classificação da atividade insalubre na relação oficial elaborada pelo Ministério do Trabalho.

II - A higienização de instalações sanitárias de uso público ou coletivo de grande circulação, e a respectiva coleta de lixo, por não se equiparar à limpeza em residências e escritórios, enseja o pagamento de adicional de insalubridade em grau máximo, incidindo o disposto no Anexo 14 da NR-15 da Portaria do MTE nº 3.214/78 quanto à coleta e industrialização de lixo urbano.

11.4.2. Raios solares

OJ Nº 173 DA SDI - I DO TST

Adicional de insalubridade. Atividade a céu aberto. Exposição ao sol e ao calor.

I - Ausente previsão legal, indevido o adicional de insalubridade ao trabalhador em atividade a céu aberto, por sujeição à radiação solar (art. 195 da CLT e Anexo 7 da NR 15 da Portaria Nº 3214/78 do MTE).

II - Tem direito ao adicional de insalubridade o trabalhador que exerce atividade exposto ao calor acima dos limites de tolerância, inclusive em ambiente externo com carga solar, nas condições previstas no Anexo 3 da NR 15 da Portaria nº 3214/78 do MTE.

11.4.3. Óleos minerais

OJ Nº 171 DA SDI - I DO TST

Adicional de insalubridade. Óleos minerais. Sentido do termo "manipulação"

Para efeito de concessão de adicional de insalubridade não há distinção entre fabricação e manuseio de óleos minerais - Portaria nº 3214 do Ministério do Trabalho, NR 15, Anexo XIII.

11.4.4. Direito adquirido

SÚMULA Nº 248 DO TST

Adicional de insalubridade. Direito adquirido

A reclassificação ou a descaracterização da insalubridade, por ato da autoridade competente, repercute na satisfação do respectivo adicional, sem ofensa a direito adquirido ou ao princípio da irredutibilidade salarial.

QUESTÕES

01. (FCC – Analista Judiciário – Área Administrativa - TRT 4/2015) Bernardo, empregado da empresa G, exerce a função X há onze anos ininterruptos, recebendo adicional de insalubridade pelo exercício desta função. Este mês Bernando, se surpreendeu porque passou a não receber mais o referido adicional, uma vez que foi descaracterizada a insalubridade pelo exercício da função X por ato de autoridade competente. Neste caso, de acordo com entendimento sumulado do TST,

(A) a descaracterização da insalubridade repercute na satisfação do respectivo adicional, sem ofensa a direito adquirido ou ao princípio da irredutibilidade salarial.

(B) ocorreu flagrante ofensa ao direito adquirido, bem como ao princípio da irredutibilidade salarial, em razão do exercício da função por mais de cinco anos ininterruptos.

(C) ocorreu flagrante ofensa ao direito adquirido, bem como ao princípio da irredutibilidade salarial, em razão do exercício da função por mais de dez anos ininterruptos.

(D) a empresa G não poderia ter deixado de efetuar o pagamento do referido adicional sem prévio aviso com antecedência mínima de trinta dias.

(E) a empresa G deveria continuar a pagar o referido adicional por seis meses após a descaracterização, podendo somente após este período deixar de efetuar o pagamento.

↓RESPOSTA

Alternativa Letra A.

Súmula nº 248 do TST.

02. (TRT 8 - Juiz do Trabalho Substituto 8ª região/2015) Relativamente à insalubridade e periculosidade, analise as proposições abaixo e assinale a alternativa CORRETA:

I. O trabalho exercido em condições perigosas, de forma intermitente, dá direito ao eletricitário a receber o adicional de periculosidade de forma proporcional ao tempo de exposição.

II. A eliminação ou a neutralização da insalubridade ocorrerá: com a adoção de medidas que conservem o ambiente de trabalho dentro dos limites de tolerância; com a utilização de equipamentos de proteção individual ao trabalhador, que diminuam a intensidade do agente agressivo a limites de tolerância. Caberá às Delegacias Regionais do Trabalho, comprovada a insalubridade, notificar os sindicatos respectivos, estipulando prazos para sua eliminação ou neutralização.

III. A legislação assegura o pagamento do adicional de periculosidade no caso de atividades ou operações que, na forma da regulamentação aprovada pelo Ministério do Trabalho, por sua natureza ou métodos de trabalho, impliquem risco acentuado em virtude de exposição permanente do trabalhador a inflamáveis, explosivos ou energia elétrica, roubos ou outra espécie de violência física nas atividades profissionais de segurança pessoal ou patrimonial.

IV. A reclassificação ou a descaracterização da insalubridade, por ato da autoridade competente, repercute na satisfação do respectivo adicional, sem ofensa a direito adquirido ou ao princípio da irredutibilidade salarial.

V. O simples fornecimento de aparelho de proteção pelo empregador não o exime do pagamento do adicional de insalubridade. Cabe-lhe tomar as medidas que conduzam à diminuição ou eliminação da nocividade, entre as quais as relativas ao uso efetivo do equipamento pelo empregado.

a) Somente as alternativas I, II e III estão corretas.
b) Somente as alternativas I, III e V estão corretas.
c) Somente as alternativas II, IV e V estão corretas.
d) Somente as alternativas II, III e IV estão corretas.
e) Somente as alternativas III, IV e V estão corretas.

↓RESPOSTA

Alternativa Letra E.

I – Súmulas nº 361 e 364, I, do TST.
II – art. 191, parágrafo único, CLT.
III – Art. 193, I e II, CLT
IV - Súmula nº 248 do TST.
V – Súmula nº 289 do TST.

03. (Juiz do Trabalho Substituto – TRT 15ª região/ 2012) O art. 189 da CLT dispõe que serão consideradas atividades ou operações insalubres aquelas que, por sua natureza, condições ou métodos de trabalho exponham os empregados a agentes nocivos à saúde, acima dos limites de tolerância fixados em razão da natureza e da intensidade do agente e do tempo de exposição aos seus efeitos. A respeito da insalubridade, e levando em conta os entendimentos jurisprudências pacificados do C. TST, assinale a alternativa incorreta:

A) O trabalho executado em condições insalubres, em caráter intermitente, não afasta, só por essa circunstância, o direito à percepção do respectivo adicional.

B) A eliminação da insalubridade mediante fornecimento de aparelhos protetores aprovados pelo órgão competente do Poder Executivo exclui a percepção do respectivo adicional.

C) Não basta a constatação da insalubridade por meio de laudo pericial para que o empregado tenha direito ao respectivo adicional, sendo necessária a classificação da atividade insalubre na relação oficial elaborada pelo Ministério do Trabalho. A limpeza em residências e escritórios e a respectiva coleta de lixo não podem ser Consideradas atividades insalubres, ainda que constatadas por laudo pericial, porque não se encontram dentre as classificadas como lixo urbano na Portaria do Ministério do Trabalho.

D) O simples fornecimento do aparelho de proteção pelo empregador não o exime do pagamento do adicional de insalubridade. Cabe-lhe tomar as medidas que conduzam à diminuição ou eliminação da nocividade, entre as quais, as relativas ao uso efetivo do equipamento pelo empregado.

E) Enquanto percebido, o adicional de insalubridade integra a remuneração para todos os efeitos legais. Se recebida por mais de dez anos, a parcela incorpora-se à remuneração do empregado. Neste caso, eventual reclassificação ou a descaracterização da insalubridade, por ato da autoridade competente, não repercute na satisfação do respectivo adicional, em decorrência do direito adquirido e do princípio da irredutibilidade salarial.

↓RESPOSTA

Alternativa Letra E.
Súmula nº 248 do TST.

04. (Juiz do Trabalho Substituto - TRT 19ª região/ 2012) Assinale a alternativa correta:

A) A reclassificação ou a descaracterização da insalubridade, por ato da autoridade competente, repercute na satisfação do respectivo adicional, sem ofensa a direito adquirido ou ao princípio da irredutibilidade salarial.

B) A eliminação da insalubridade mediante fornecimento de aparelhos protetores aprovados pelo órgão competente do Poder Executivo exclui a percepção do respectivo adicional. O simples fornecimento do aparelho de proteção pelo empregador o exime do pagamento do adicional de insalubridade, entretanto, cabe-lhe tomar as medidas que conduzam à diminuição ou eliminação da nocividade, entre as quais as relativas ao uso efetivo do equipamento pelo empregado.

C) O trabalho executado em condições insalubres, todavia em caráter intermitente, afasta o direito à percepção do respectivo adicional.

D) Enquanto percebido, o adicional de insalubridade integra a remuneração para todos os efeitos legais, exceto o aviso prévio não trabalhado.

E) Basta a constatação da insalubridade por meio de laudo pericial para que o empregado tenha direito ao respectivo adicional, não sendo necessária a classificação da atividade insalubre na relação oficial elaborada pelo Ministério do Trabalho. A limpeza em residências e escritórios e a respectiva coleta de lixo podem ser consideradas atividades insalubres, quando constatadas por laudo pericial, nada obstante não se encontrarem dentre as classificadas como lixo urbano na Portaria do Ministério do Trabalho.

↓RESPOSTA

Alternativa Letra A.
Súmula nº 248 do TST.

05. (FCC - Juiz do Trabalho Substituto 1ª Região/ 2011) Conforme o entendimento sumulado pelo Tribunal Superior do Trabalho,

A) a verificação mediante perícia de prestação de serviços em condições nocivas, considerado agente insalubre diverso do apontado na inicial, prejudica o pedido de adicional de insalubridade.

B) o trabalho executado em condições insalubres, em caráter intermitente, afasta, só por essa circunstância, o direito à percepção do respectivo adicional.

C) a eliminação da insalubridade mediante fornecimento de aparelhos protetores aprovados pelo órgão competente do Poder Executivo não exclui a percepção do respectivo adicional.

D) o fornecimento do aparelho de proteção, por si só, exime o empregador do pagamento do adicional de insalubridade. No entanto, é obrigação do empregador tomar as medidas que conduzam à diminuição ou eliminação da nocividade, entre as quais as relativas ao uso efetivo do equipamento pelo empregado.

E) a reclassificação ou a descaracterização da insalubridade, por ato da autoridade competente, repercute na satisfação do respectivo adicional, sem ofensa a direito adquirido ou ao princípio da irredutibilidade salarial.

↓RESPOSTA

Alternativa Letra E.
Súmula nº 248 do TST.

11.5. Fornecimento de aparelho de proteção

SÚMULA Nº 289 DO TST

Insalubridade. Adicional. Fornecimento do aparelho de proteção. Efeito

O simples fornecimento do aparelho de proteção pelo empregador não o exime do pagamento do adicional de insalubridade. Cabe-lhe tomar as medidas que conduzam à diminuição ou eliminação da nocividade, entre as quais as relativas ao uso efetivo do equipamento pelo empregado.

SÚMULA Nº 80 DO TST

Insalubridade

A eliminação da insalubridade mediante fornecimento de aparelhos protetores aprovados pelo órgão competente do Poder Executivo exclui a percepção do respectivo adicional.

⊙QUESTÕES

01. (ESAF – MTE – Auditor-Fiscal do Trabalho/2003) Tendo em vista a jurisprudência sumulada do Colendo TST, aponte a opção correta.

A) O simples fornecimento do aparelho de proteção pelo empregador não o exime do pagamento do adicional de insalubridade, cabendo-lhe tomar as medidas que conduzam à diminuição ou eliminação da nocividade, entre as quais as relativas ao uso efetivo do equipamento pelo empregado.

B) O simples fornecimento do aparelho de proteção pelo empregador o exime do pagamento do adicional de insalubridade, cabendo-lhe tomar as medidas que conduzam à diminuição ou eliminação da nocividade, entre as quais as relativas ao uso efetivo do equipamento pelo empregado.

C) O simples fornecimento do aparelho de proteção pelo empregador não o exime do pagamento do adicional de insalubridade, cabendo-lhe tomar as medidas que conduzam à diminuição ou eliminação da nocividade, entre as quais não se inserem as relativas ao uso efetivo do equipamento pelo empregado.

D) O simples fornecimento do aparelho de proteção pelo empregador não o exime do pagamento do adicional de insalubridade, cabendo-lhe tomar as medidas que conduzam somente à eliminação total da nocividade.

E) O simples fornecimento do aparelho de proteção pelo empregador não o exime do pagamento do adicional de periculosidade, cabendo-lhe tomar as medidas que conduzam à diminuição ou eliminação da periculosidade, entre as quais as relativas ao uso efetivo do equipamento pelo empregado.

↓RESPOSTA

Alternativa Letra A.
Súmula nº 289 do TST.

02. (FCC - Juiz do Trabalho Substituto 15ª região/2015) Conforme entendimento pacificado do TST em matéria de Segurança e Medicina do Trabalho, é INCORRETO afirmar que

(A) o adicional de insalubridade já remunera os dias de repouso semanal e feriados.

(B) o adicional de periculosidade deve compor a base de cálculo do adicional noturno, já que também neste horário o trabalhador permanece sob as condições de risco.

(C) a realização de perícia é obrigatória para a constatação de insalubridade, sendo permitido ao julgador a utilização de outros meios de prova, quando impossível sua realização, como em caso de fechamento da empresa.

(D) a eliminação da insalubridade mediante fornecimento de aparelhos protetores aprovados pelo órgão competente do Poder Executivo não exclui a percepção do respectivo adicional, dependendo de perícia a apuração de tal fato.

(E) em face de ausência de previsão legal, é indevido o adicional de insalubridade ao trabalhador em atividade a céu aberto por sujeição à radiação solar.

↓ RESPOSTA

Alternativa Letra D.

Súmula nº 80 do TST.

03. (CESPE - Juiz do Trabalho Substituto 5ª região/2013) A respeito do adicional de insalubridade, assinale a opção correta.

A) Se o empregador fornece ao empregado o equipamento aprovado pela autoridade competente, e este não o utiliza ou o faz de forma incorreta, aquele não estará eximido do pagamento do adicional de insalubridade, pois cabe ao empregador fiscalizar a utilização correta do equipamento.

B) Na hipótese de o empregado receber por dez anos ou mais o adicional de insalubridade, mesmo que não esteja mais laborando em condições insalubres, deve ser integrado ao seu salário o adicional em questão.

C) De acordo com súmula vinculante do STF, a partir de 9/5/2008 o adicional de insalubridade terá de ser calculado sobre o salário básico, salvo se um critério mais vantajoso for fixado em instrumento coletivo de trabalho.

D) Caso seja reclassificada ou descaracterizada a insalubridade por ato da autoridade competente, somente os empregados admitidos após tal ato não receberão o adicional em questão, respeitando-se o direito adquirido quanto aos demais que o recebiam antes da reclassificação.

E) Tanto o empregado rural quanto o empregado doméstico têm direito ao adicional de insalubridade, caso laborem em ambiente insalubre.

↓ RESPOSTA

Alternativa Letra A.

Súmula nº 289 do TST.

11.6. Substituição processual

OJ Nº 121 DA SDI - I DO TST

Substituição processual. Diferença do adicional de insalubridade. Legitimidade

O sindicato tem legitimidade para atuar na qualidade de substituto processual para pleitear diferença de adicional de insalubridade.

11.7. Causa de pedir

SÚMULA Nº 293 DO TST

Adicional de insalubridade. Causa de pedir. Agente nocivo diverso do apontado na inicial

A verificação mediante perícia de prestação de serviços em condições nocivas, considerado agente insalubre diverso do apontado na inicial, não prejudica o pedido de adicional de insalubridade.

⊙ QUESTÕES

01. (Exame de Ordem 2012.2 - FGV) Arlindo dos Santos ajuizou ação trabalhista em face do seu antigo empregador, pleiteando adicional de insalubridade e indenização por danos morais. Nas suas alegações contidas na causa de pedir, Arlindo argumentou que trabalhou permanentemente em contato com produtos químicos altamente tóxicos, o que lhe acarretou, inclusive, problemas de saúde. Em contestação, o réu negou veementemente a existência de condições insalubres e, por consequência, a violação do direito fundamental à saúde do empregado, não apenas porque o material utilizado por Arlindo não era tóxico, como também porque ele sempre utilizou equipamento de proteção individual (luvas e máscara). Iniciada a fase instrutória, foi feita prova pericial. Ao examinar o local de trabalho, o perito constatou que o material usado por Arlindo não era tóxico como mencionado por ele na petição inicial. Entretanto, verificou que o autor trabalhou submetido a níveis de ruído muito acima do tolerado e sem a proteção adequada. Assim, por força desse outro agente insalubre não referido na causa de pedir, concluiu que o autor fazia jus ao pagamento do adicional pleiteado com o percentual de 20%. Com base nessa situação concreta, é correto afirmar que o juiz deve julgar

A) improcedente o pedido de pagamento de adicional de insalubridade, uma vez que está vinculado aos fatos constantes da causa de pedir, tal como descritos pelo autor na petição inicial.

B) procedente em parte o pedido de pagamento de adicional de insalubridade, concedendo apenas metade do percentual sugerido pelo perito, haja vista a existência de agente insalubre distinto daquele mencionado na causa de pedir.

C) improcedente o pedido de pagamento de adicional de insalubridade, uma vez que a existência de ruído não é agente insalubre.

D) procedente o pedido de pagamento de adicional de insalubridade, uma vez que a constatação de agente insalubre distinto do mencionado na causa de pedir não prejudica o pedido respectivo.

↓RESPOSTA

Alternativa Letra D.
Súmula nº 293 do TST.

02. (Juiz do Trabalho Substituto – TRT 2ª região/ 2012) Quanto às normas consolidadas e entendimento sumulado do TST sobre segurança, medicina e higiene do trabalho, é INCORRETO afirmar que:

A) cabe aos empregados observar as normas de segurança e medicina do trabalho, sendo que constitui ato faltoso do empregado a recusa injustificada ao uso dos equipamentos de proteção individual fornecidos pela empresa.

B) o simples fornecimento do aparelho de proteção pelo empregador não o exime do pagamento do adicional de insalubridade. Cabe-lhe tomar as medidas que conduzam à diminuição ou eliminação da nocividade, entre as quais as relativas ao uso efetivo do equipamento pelo empregado.

C) o trabalho executado em condições insalubres, em caráter intermitente, não afasta, só por essa circunstância, o direito à percepção do respectivo adicional.

D) a verificação mediante perícia de prestação de serviços em condições nocivas, considerado agente insalubre diverso do apontado na inicial, prejudicará o pedido de adicional de insalubridade.

E) tem direito ao adicional de periculosidade o empregado exposto permanentemente ou que, de forma intermitente, se sujeita as condições de risco. Indevido, apenas, quando o contato dá-se de forma eventual, assim considerado o fortuito, ou o que, sendo habitual, dá-se por tempo extremamente reduzido.

↓RESPOSTA

Alternativa Letra D.
Súmula nº 293 do TST.

12. PARCELAS INDENIZATÓRIAS

12.1. Participação nos lucros e resultados

SÚMULA Nº 451 DO TST

Participação nos lucros e resultados. Rescisão contratual anterior à data da distribuição dos lucros. Pagamento proporcional aos meses trabalhados. Princípio da isonomia

Fere o princípio da isonomia instituir vantagem mediante acordo coletivo ou norma regulamentar que condiciona a percepção da parcela participação nos lucros e resultados ao fato de estar o contrato de trabalho em vigor na data prevista para a distribuição dos lucros. Assim, inclusive na rescisão contratual antecipada, é devido o pagamento da parcela de forma proporcional aos meses trabalhados, pois o ex-empregado concorreu para os resultados positivos da empresa.

12.2. Diárias

Súmula nº 101 do TST

Diárias de viagem. Salário

Integram o salário, pelo seu valor total e para efeitos indenizatórios, as diárias de viagem que excedam a 50% (cinquenta por cento) do salário do empregado, enquanto perdurarem as viagens.

Súmula nº 318 do TST

Diárias. Base de cálculo para sua Integração no salário

Tratando-se de empregado mensalista, a integração das diárias no salário deve ser feita tomando-se por base o salário mensal por ele percebido e não o valor do dia de salário, somente sendo devida a referida integração quando o valor das diárias, no mês, for superior à metade do salário mensal.

⊙ QUESTÃO

01. (FCC - Analista Judiciário - Área Judiciária - TRT 23/2016) Acerca do entendimento sumulado do TST, considere:

I. Fere o princípio da isonomia instituir vantagem mediante acordo coletivo ou norma regulamentar que condiciona a percepção da parcela participação nos lucros e resultados ao fato de estar o contrato de trabalho em vigor na data prevista para a distribuição dos lucros. Assim, inclusive na rescisão contratual antecipada, é devido o pagamento da parcela de forma proporcional aos meses trabalhados, pois o ex-empregado concorreu para os resultados positivos da empresa.

II. Tratando-se de pedido de pagamento de diferenças salariais decorrentes da inobservância dos critérios de promoção estabelecidos em Plano de Cargos e Salários criado pela empresa, a prescrição aplicável é a parcial, pois a lesão é sucessiva e se renova mês a mês.

III. O pagamento dos salários até o 5º dia útil do mês subsequente ao vencido não está sujeito à correção monetária. Se essa data limite for ultrapassada, incidirá o índice da correção monetária do mês da prestação dos serviços.

IV. Tratando-se de pedido de diferença de gratificação semestral que teve seu valor congelado, a prescrição aplicável é a total.

V. A pretensão à complementação de aposentadoria jamais recebida prescreve em 2 anos contados da cessação do contrato de trabalho.

Está correto o que consta APENAS em

a) III e IV.

b) I, II e IV.

c) II, III e V.

d) I, III e V.

e) I, II e V.

RESPOSTA

Alternativa Letra E.

I – Súmula nº 451 do TST.

II – Súmula nº 452 do TST.

V – Súmula nº 326 do TST.

02. (MPT - Procurador do Trabalho/2012) Considerando a legislação e a jurisprudência uniformizada do Tribunal Superior do Trabalho em relação à remuneração e salário, assinale a alternativa INCORRETA:

A) Considera-se gorjeta não só a importância espontaneamente dada pelo cliente ao empregado, como também aquela que for cobrada pela empresa ao cliente, como adicional nas contas, a qualquer título, e destinada à distribuição aos empregados.

B) O vale para refeição, fornecido por força do contrato de trabalho, tem caráter salarial, integrando a remuneração do empregado, para todos os efeitos legais.

C) O trabalhador readaptado em nova função por motivo de deficiência física ou mental atestada pelo órgão competente da Previdência Social não servirá de paradigma para fins de equiparação salarial.

D) Integram o salário, pelo seu valor total e sem efeitos indenizatórios, as diárias de viagem que excedam a 50% (cinqüenta por cento) do salário do empregado, enquanto perdurarem as viagens.

E) Não respondida.

↓RESPOSTA

Alternativa Letra D.
Súmula nº 101 do TST.

12.3. Vale-transporte

OJ Nº 216 DA SDI – I DO TST

Vale-transporte. Servidor público celetista. Lei nº 7.418/85. Devido

Aos servidores públicos celetistas é devido o vale-transporte, instituído pela Lei nº 7.418/85, de 16 de dezembro de 1985.

12.4. Salário-família

SÚMULA Nº 344 DO TST

Salário-família. Trabalhador rural

O salário-família é devido aos trabalhadores rurais somente após a vigência da Lei nº 8.213/91.

SÚMULA Nº 254 DO TST

Salário-família. Termo inicial da obrigação

O termo inicial do direito ao salário-família coincide com a prova da filiação. Se feita em juízo, corresponde à data de ajuizamento do pedido, salvo se comprovado que anteriormente o empregador se recusara a receber a respectiva certidão.

12.5. Seguro-desemprego

SÚMULA Nº 389 DO TST

Seguro-desemprego. Competência da justiça do trabalho. Direito à indenização por não liberação de guias

I – Inscreve-se na competência material da Justiça do Trabalho a lide entre empregado e empregador tendo por objeto indenização pelo não-fornecimento das guias do seguro-desemprego.

II – O não-fornecimento pelo empregador da guia necessária para o recebimento do seguro-desemprego dá origem ao direito à indenização.

⊙QUESTÃO

01. (ESAF – MTE – Auditor-Fiscal do Trabalho/2010) Assinale a opção correta.

A) Em caso de aposentadoria concedida pela Previdência Social, o trabalhador não terá direito a levantar os valores depositados em sua conta vinculada no Fundo de Garantia do Tempo de Serviço (FGTS), devendo aguardar o prazo de três anos a partir da cessação da última relação de emprego.

B) A extinção normal do contrato a termo autoriza o levantamento dos valores depositados na conta vinculada do Fundo de Garantia do Tempo de Serviço, salvo se se tratar de trabalhador temporário contratado na forma da Lei n. 6.019/1974.

C) De acordo com a jurisprudência do Tribunal Superior do Trabalho, o empregado poderá ter direito à indenização em caso de não fornecimento pelo empregador da guia necessária para o recebimento do seguro – desemprego.

D) O trabalhador cujo contrato de trabalho foi extinto por culpa recíproca tem direito à percepção do seguro – desemprego.

E) De acordo com a jurisprudência do Tribunal Superior do Trabalho, o trabalhador cujo contrato de trabalho seja declarado nulo por ausência de prévia aprovação em concurso público (art. 37, § 20, da Constituição) não tem direito ao depósito do FGTS na conta vinculada, ainda que preservado o direito ao salário.

↓RESPOSTA

Alternativa Letra C.
Súmula nº 389, II do TST.

12.6. Auxílio-alimentação

OJ Nº 413 DA SDI – I DO TST

Auxílio-alimentação. Alteração da natureza jurídica. Norma coletiva ou adesão ao PAT.

A pactuação em norma coletiva conferindo caráter indenizatório à verba "auxílio-alimentação" ou a adesão posterior do empregador ao Programa de Alimentação do Trabalhador – PAT – não altera a natureza salarial da parcela, instituída anteriormente, para aqueles empregados que, habitualmente, já percebiam o benefício, a teor das Súmulas nº 51, I, e 241 do TST.

OJ Nº 123 DA SDI - I DO TST

Bancários. Ajuda alimentação

A ajuda alimentação prevista em norma coletiva em decorrência de prestação de horas extras tem natureza indenizatória e, por isso, não integra o salário do empregado bancário.

13. EQUIPARAÇÃO SALARIAL

SÚMULA Nº 6 DO TST

Equiparação salarial. Art. 461 da CLT

I – Para os fins previstos no § 2º do art. 461 da CLT, só é válido o quadro de pessoal organizado em carreira quando homologado pelo Ministério do Trabalho, excluindo-se, apenas, dessa exigência o quadro de carreira das entidades de direito público da administração direta, autárquica e fundacional aprovado por ato administrativo da autoridade competente.

II – Para efeito de equiparação de salários em caso de trabalho igual, conta-se o tempo de serviço na função e não no emprego.

III – A equiparação salarial só é possível se o empregado e o paradigma exercerem a mesma função, desempenhando as mesmas tarefas, não importando se os cargos têm, ou não, a mesma denominação.

IV – É desnecessário que, ao tempo da reclamação sobre equiparação salarial, reclamante e paradigma estejam a serviço do estabelecimento, desde que o pedido se relacione com situação pretérita.

V – A cessão de empregados não exclui a equiparação salarial, embora exercida a função em órgão governamental estranho à cedente, se esta responde pelos salários do paradigma e do reclamante.

VI – Presentes os pressupostos do art. 461 da CLT, é irrelevante a circunstância de que o desnível salarial tenha origem em decisão judicial que beneficiou o paradigma, exceto: a) se decorrente de vantagem pessoal ou de tese jurídica superada pela jurisprudência de Corte Superior; b) na hipótese de equiparação salarial em cadeia, suscitada em defesa, se o empregador produzir prova do alegado fato modificativo, impeditivo ou extintivo do direito à equiparação salarial em relação ao paradigma remoto, considerada irrelevante, para esse efeito, a existência de diferença de tempo de serviço na função superior a dois anos entre o reclamante e os empregados paradigmas componentes da cadeia equiparatória, à exceção do paradigma imediato.

VII – Desde que atendidos os requisitos do art. 461 da CLT, é possível a equiparação salarial de trabalho intelectual, que pode ser avaliado por sua perfeição técnica, cuja aferição terá critérios objetivos.

VIII – É do empregador o ônus da prova do fato impeditivo, modificativo ou extintivo da equiparação salarial.

IX – Na ação de equiparação salarial, a prescrição é parcial e só alcança as diferenças salariais vencidas no período de 5 (cinco) anos que precedeu o ajuizamento.

X – O conceito de "mesma localidade" de que trata o art. 461 da CLT refere-se, em princípio, ao mesmo município, ou a municípios distintos que, comprovadamente, pertençam à mesma região metropolitana.

OJ Nº 418 DA SDI - I DO TST

Equiparação salarial. Plano de cargos e salários. Aprovação por instrumento coletivo. Ausência de alternância de critérios de promoção por antiguidade e merecimento.

Não constitui óbice à equiparação salarial a existência de plano de cargos e salários que, referendado por norma coletiva, prevê critério de promoção apenas por merecimento ou antiguidade, não atendendo, portanto, o requisito de alternância dos critérios, previsto no art. 461, § 2º, da CLT.

OJ Nº 297 DA SDI - I DO TST

Equiparação salarial. Servidor público da administração direta, autárquica e fundacional. Art. 37, XIII, da CF/1988

O art. 37, inciso XIII, da CF/1988, veda a equiparação de qualquer natureza para o efeito de remuneração do pessoal do serviço público, sendo juridicamente impossível a aplicação da norma infraconstitucional prevista no art. 461 da CLT quando se pleiteia equiparação salarial entre servidores públicos, independentemente de terem sido contratados pela CLT.

SÚMULA Nº 455 DO TST

Equiparação salarial. Sociedade de economia mista. Art. 37, XIII, da CF/1988. Possibilidade

À sociedade de economia mista não se aplica a vedação à equiparação prevista no art. 37, XIII, da CF/1988, pois, ao admitir empregados sob o regime da CLT, equipara-se a empregador privado, conforme disposto no art. 173, § 1º, II, da CF/1988.

SÚMULA Nº 159 DO TST

Substituição de caráter não eventual e vacância do cargo

I – Enquanto perdurar a substituição que não tenha caráter meramente eventual, inclusive nas férias, o empregado substituto fará jus ao salário contratual do substituído.

II – Vago o cargo em definitivo, o empregado que passa a ocupá-lo não tem direito a salário igual ao do antecessor.

OJ Nº 296 DA SDI – I DO TST

Equiparação salarial. Atendente e auxiliar de enfermagem. Impossibilidade

Sendo regulamentada a profissão de auxiliar de enfermagem, cujo exercício pressupõe habilitação técnica, realizada pelo Conselho Regional de Enfermagem, impossível a equiparação salarial do simples atendente com o auxiliar de enfermagem.

SÚMULA Nº 301 DO TST

Auxiliar de laboratório. Ausência de diploma. Efeitos

O fato de o empregado não possuir diploma de profissionalização de auxiliar de laboratório não afasta a observância das normas da Lei nº 3.999, de 15.12.1961, uma vez comprovada a prestação de serviços na atividade.

SÚMULA Nº 19 DO TST

Quadro de carreira

A Justiça do Trabalho é competente para apreciar reclamação de empregado que tenha por objeto direito fundado em quadro de carreira

SÚMULA Nº 127 DO TST

Quadro de carreira

Quadro de pessoal organizado em carreira, aprovado pelo órgão competente, excluída a hipótese de equiparação salarial, não obsta reclamação fundada em preterição, enquadramento ou reclassificação.

OJ Nº 125 DA SDI – I DO TST

Contrato de trabalho. Art. 479 da CLT

O simples desvio funcional do empregado não gera direito a novo enquadramento, mas apenas às diferenças salariais respectivas, mesmo que o desvio de função haja iniciado antes da vigência da CF/1988.

OJ Nº 383 DA SDI – I DO TST

Terceirização. Empregados da empresa prestadora de serviços e da tomadora. Isonomia. Art. 12, "a", da lei nº 6.019, de 03.01.1974

A contratação irregular de trabalhador, mediante empresa interposta, não gera vínculo de emprego com ente da Administração Pública, não afastando, contudo, pelo princípio da isonomia, o direito dos empregados terceirizados às mesmas verbas trabalhistas legais e normativas asseguradas àqueles contratados pelo tomador dos serviços, desde que presente a igualdade de funções. Aplicação analógica do art. 12, "a", da Lei nº 6.019, de 03.01.1974.

⊙ QUESTÕES

01. (FCC – Analista Judiciário – Oficial de Justiça Avaliador Federal – TRT 23/2016) Em relação à equiparação salarial,

a) a cessão de empregados, ainda que preenchidos os requisitos legais, exclui a equiparação salarial, pois exercida a função em órgão governamental estranho ao empregador.

b) a existência na empresa de quadro de pessoal organizado em carreira, aprovado pelo órgão competente, não impede que empregado que preencha os requisitos para promoção por merecimento ajuíze reclamação fundada em preterição, enquadramento ou reclassificação.

c) Nair, contratada como atendente de enfermagem, pode pleitear equiparação salarial com Janete, auxiliar de enfermagem, tendo em vista que as atividades pelas mesmas exercidas são as mesmas.

d) a equiparação salarial entre servidores públicos contratados pelo regime da CLT somente é possível se houver lei própria autorizando a aplicação do art. 461 da CLT ao ente público específico.

e) plano de cargos e salários que prevê critério de promoção apenas por merecimento ou antiguidade, ainda que referendado por norma coletiva, impede a equiparação salarial, tendo em vista que não respeita o requisito de alternância de critérios previsto por lei.

↓RESPOSTA

Alternativa Letra B.

Súmula nº 127 do TST.

02. (FCC - Analista Judiciário - Área Judiciária - TRT 3/2015) Sobre equiparação salarial, considere:

I. É viável a equiparação salarial entre reclamante e paradigma que prestam serviços ao mesmo empregador, mas em municípios diversos que não integram a mesma região metropolitana.

II. O fato de a empresa possuir quadro organizado de carreira exclui, por si só, o direito à equiparação salarial.

III. A cessão de empregados não exclui a equiparação salarial, embora exercida a função em órgão governamental estranho à cedente, se esta responder pelos salários do paradigma e do reclamante.

IV. A equiparação salarial não é possível quando o desnível salarial decorre de decisão judicial que beneficiou o paradigma.

V. Desde que preenchidos os requisitos previstos em lei, é possível a equiparação salarial de trabalho intelectual, que pode ser avaliado por sua perfeição técnica, cuja aferição terá critérios objetivos.

Está correto o que consta APENAS em

(A) II e IV.

(B) III e IV.

(C) I, II e III.

(D) III e V.

(E) I e IV.

↓RESPOSTA

Alternativa Letra D.

I – Súmula nº 6, X, do TST e art. 461, "caput", CLT.
II – Súmula nº 6, I, do TST.
III – Súmula nº 6, V, do TST.
IV – Súmula nº 6, VI, do TST.
V – Súmula nº 6, VII, do TST.

03. (Cespe - Analista Judiciário - Área Judiciária - TRT 8/2013) No que concerne ao salário e à remuneração, assinale a opção correta.

A) O salário complessivo, por meio do qual se busca preservar a identidade específica de cada parcela paga ao empregado, é aceito pela jurisprudência trabalhista brasileira.

B) Diferentemente das diárias, a ajuda de custo tem, em regra, natureza salarial.

C) As gorjetas cobradas pelo empregador na nota de serviço ou oferecidas espontaneamente pelos clientes integram a remuneração do empregado, servindo de base de cálculo para aviso-prévio, adicional noturno, horas extras e repouso semanal remunerado.

D) A natureza das gratificações é indenizatória, podendo ser suprimidas caso o empregado seja destituído do cargo que ocupava, salvo se ele as tenha recebido por mais de dez anos.

E) Conforme jurisprudência pacificada do TST, para efeitos de equiparação salarial, é desnecessário que, ao tempo da reclamação sobre equiparação salarial, reclamante e paradigma estejam a serviço do estabelecimento, desde que o pedido se relacione com situação pretérita.

↓RESPOSTA

Alternativa Letra E.

Súmula nº 6, item IV, TST.

04. (FCC – Analista Judiciário – Oficial de Justiça Avaliador Federal – TRT 15/2013) Marta, Carla e Isabelle são empregadas do salão de cabelereiro "NBN Ltda.". Marta e Isabelle foram contratadas em Janeiro de 2007 e Carla em Junho de 2007 para exercerem a função de auxiliar de cabeleireiro. Em Janeiro de 2008, Marta passou a exercer a função de cabelereira tendo sido retificada a sua carteira de trabalho, bem como o seu salário que passou a ser de R$ 3.500,00. Em Fevereiro de 2009, Carla também passou a exercer as funções de cabelereira, exercendo tarefas exatamente iguais as funções de Marta, com a mesma perfeição técnica, mas a sua carteira de trabalho não foi retificada no tocante a função, apesar do salário de Carla ter alterado para R$ 2.800,00. Isabelle, somente em Março de 2012 passou a exercer as funções de cabelereira, exercendo também tarefas exatamente iguais as de Marta e Carla e com a mesma perfeição técnica, tendo sido retificada a sua carteira de trabalho, e alterado o seu salário para R$ 2.500,00. Neste caso, no tocante a equiparação salarial, considerando que o referido salão não possui quadro organizado em carreira,

A) somente Isabelle possui o direito a equiparação salarial com Marta.

B) somente Carla possui direito a equiparação salarial com Marta.

C) somente Isabelle possui o direito a equiparação salarial com Carla.

D) Carla e Isabelle possuem direito a equiparação salarial com Marta.

E) não há direito a equiparação salarial entre nenhuma das empregadas.

↓RESPOSTA

Alternativa Letra B.

Artigo 461 da CLT e Súmula nº 6 do TST.

05. (FCC - Analista Judiciário – Área Judiciária – TRT 19/2014) Anacleto prestou serviços em Maceió como analista de sistemas júnior à empresa Gold Systems Ltda., de 20/01/10 a 15/10/13. Ananias, que foi contratado pela empresa Gold Systems Ltda. em 12/08/86, trabalha na sede da empresa em Maceió, ocupando o cargo de analista de sistemas pleno desde 16/03/09. A empresa pagava, ao primeiro, salário 20% inferior ao do segundo. Considerando que havia identidade entre as funções exercidas por Anacleto e por Ananias, que a produtividade e a perfeição técnica de ambos eram as mesmas, e que não havia na empresa quadro organizado de carreira, a equiparação salarial entre eles

A) não é possível, tendo em vista que os cargos ocupados por ambos são diferentes.

B) é possível, tendo em vista que todos os requisitos previstos em lei estão presentes, não tendo relevância o fato de os cargos terem nomes distintos.

C) não é possível, tendo em vista que o valor da diferença salarial existente entre eles decorre do fato de que Ananias exerce as funções por período maior do que Anacleto.

D) é possível, mas o cálculo da diferença salarial a ser concedida a Anacleto deve levar em conta a diferença do tempo de exercício na função existente.

E) não é possível tendo em vista que Ananias trabalha na empresa há muito mais tempo do que Anacleto.

↓RESPOSTA

Alternativa Letra B.

(Súmula nº 6, item III, do TST.)

06. (Cespe – Analista Judiciário – Judicial – TRT 17/2013) No que se refere à remuneração do empregado, julgue os itens a seguir.

1) Considere que um empregado tenha sido designado para substituir sua chefa durante o período de licença-maternidade. Durante esse período, esse empregado recebeu o mesmo salário da chefa substituída. No entanto, ao final do prazo da licença, a chefa pediu demissão, tendo o empregado sido convidado a assumir a chefia de forma definitiva, porém com a remuneração menor que recebia anteriormente à substituição temporária. Nessa situação, é correto afirmar que a substituição definitiva do cargo não obriga a empresa a pagar salário igual ao do seu antecessor.

↓ RESPOSTA

Item certo.

Súmula nº 159, item II, do TST.

07. (FCC – Analista Judiciário – Judiciária – TRT 1/2013) Em relação à equiparação salarial, NÃO corresponde a entendimento sumulado pelo TST:

A) Para efeito de equiparação de salários em caso de trabalho igual, conta-se o tempo de serviço na função e não no emprego.

B) A equiparação salarial só é possível se o empregado e o paradigma exercerem a mesma função, desempenhando as mesmas tarefas, não importando se os cargos têm, ou não, a mesma denominação.

C) Para fins de equiparação salarial, o conceito de mesma localidade refere-se ao mesmo município.

D) É desnecessário que ao tempo da reclamação sobre equiparação salarial, reclamante e paradigma estejam a serviço do estabelecimento, desde que o pedido se relacione com situação pretérita.

E) É do empregador o ônus da prova do fato impeditivo, modificativo ou extintivo da equiparação salarial.

↓ RESPOSTA

Alternativa Letra C.
Súmula nº 6, item X do TST.

08. (CESPE – Analista Judiciário – Exec. Mandados – TRT 10/2013) Tendo em vista que o princípio da igualdade salarial no Brasil é garantia constitucional disciplinada pela Consolidação das Leis do Trabalho (CLT), julgue os itens a seguir, acerca da equiparação salarial.

1) Para que se reconheça o quadro de carreira como excludente da equiparação, é imprescindível a sua homologação pelo Ministério do Trabalho e Emprego, excetuando-se as entidades de direito público da administração direta, autárquica e funcional, cujo quadro de carreira será aprovado por ato administrativo da autoridade competente.

2) Para efeito de equiparação de salários em caso de idêntico trabalho, conta-se o tempo de serviço na função desempenhada e não o tempo de emprego.

↓ RESPOSTA

CERTO/CERTO
I – Súmula nº 6, item I do TST.

II – Súmula nº 6, item II, do TST.

09. (FCC – Analista Judiciário – Judiciária – TRT 18/2013) Afrodite trabalhou para a empresa Arthemis Produções por 9 meses. Exerceu as funções de operadora de telemarketing, tendo ingressado na empresa 1 ano após a admissão da funcionária Vênus, que também exercia as mesmas funções de Afrodite. Vênus recebia salário superior em 20%, razão pela qual Afrodite ajuizou ação trabalhista pretendendo diferenças salariais por equiparação salarial com a colega. A empresa não possuía quadro de carreira. Nessa situação, é correto afirmar que

A) haverá direito porque a lei permite um acréscimo de apenas 10% para cada ano de diferença entre pessoas que exerçam a mesma função na empresa.

B) não há direito em razão da diferença de tempo entre as empregadas de 1 ano, ainda que exerçam a mesma função.

C) não há direito porque o empregador poderá usar o seu poder diretivo e determinar o valor de salário superior para os seus empregados, ainda que exerçam a mesma função.

D) haverá direito porque são idênticas as funções, ainda que haja diferença de produtividade e perfeição técnica entre as empregadas.

E) haverá direito a isonomia salarial visto que há identidade funcional entre as trabalhadoras e o tempo de exercício na função não é superior a 2 anos.

↓ RESPOSTA

Alternativa Letra E.
Art. 461, CLT e Súmula nº 6 do TST.

10. (FCC – TRT 12 – Analista Judiciário/2010) Para efeitos de equiparação salarial, o quadro de carreira das entidades de direito público da administração direta, autárquica e fundacional, aprovado por ato administrativo da autoridade competente,

A) deverá ser registrado no Ministério Público do Trabalho.

B) dispensa a homologação pelo Ministério do Trabalho e Emprego.

C) deverá ser registrado no Ministério do Trabalho e Emprego.

D) deverá ser homologado pelo Ministério do Trabalho e Emprego.

E) deverá ser convalidado pelo Prefeito, Governador ou Presidente da República, conforme o caso.

↓RESPOSTA

Alternativa Letra B.
Súmula nº 6, I do TST.

11. (FCC – TRT 22 – Analista Judiciário/2010) Quadro de pessoal organizado em carreira, aprovado pelo órgão competente, excluída a hipótese de equiparação salarial,

A) obsta reclamação fundada em preterição, enquadramento ou reclassificação.

B) não obsta reclamação fundada em preterição, enquadramento ou reclassificação.

C) não obsta reclamação fundada apenas em preterição.

D) não obsta reclamação fundada apenas em enquadramento.

E) não obsta reclamação fundada apenas em enquadramento ou reclassificação.

↓RESPOSTA

Alternativa Letra B.
Súmula nº 127 do TST.

12. (FGV - Exame de Ordem 2015.2) Henrique é técnico de segurança do trabalho da sociedade empresária ALFA e irá aproveitar 20 dias de férias, pois decidiu converter 10 dias de férias em dinheiro. No seu lugar, assumindo de forma plena as tarefas, ficará Vítor, seu melhor assistente e subordinado. Nesse caso, durante o período de férias e de acordo com o entendimento do TST,

A) Vítor não receberá o mesmo salário, porque a substituição é eventual, por apenas 20 dias.

B) Vítor terá direito ao mesmo salário de Henrique, pois a substituição não é eventual.

C) Vítor terá direito ao seu salário e ao de Henrique, porque há acúmulo de funções.

D) a situação retratada é ilegal, tratando-se de desvio de função, vedado pelo ordenamento jurídico

↓RESPOSTA

Alternativa Letra B.
Súmula nº 159, I e II do TST.

13. (Exame de Ordem 2012.2 – FGV) Carlos Manoel Pereira Nunes foi chamado pelo seu chefe Renato de Almeida para substituí-lo durante as suas férias. Satisfeito, Carlos aceitou o convite e, para sua surpresa, recebeu, ao final do mês de substituição, o salário no valor equivalente ao do seu chefe, no importe de R$ 20.000,00. Pouco tempo depois, Renato teve que se ausentar do país por dois meses, a fim de representar a empresa numa feira de negócios. Nessa oportunidade, convidou Carlos mais uma vez para substituí-lo, o que foi prontamente aceito. Findo os dois meses, Carlos retornou à sua função habitual, mas o seu chefe Renato não mais retornou. No dia seguinte, o presidente da empresa chamou Carlos ao seu escritório e o convidou para assumir definitivamente a função de chefe, uma vez que Renato havia pedido demissão. Carlos imediatamente aceitou a oferta e já naquele instante iniciou sua nova atividade. Entretanto, ao final do mês, Carlos se viu surpreendido com o salário de R$ 10.000,00, metade do que era pago ao chefe anterior. Inconformado, foi ao presidente reclamar, mas não foi atendido. Sentindo-se lesado no seu direito, Carlos decidiu ajuizar ação trabalhista, postulando equiparação salarial com o chefe anterior, a fim de que passasse a receber salário igual ao que Renato percebia.

Com base na situação acima descrita, é correto afirmar que Carlos

A) faz jus à equiparação salarial com Renato, uma vez que passou a exercer as mesmas tarefas e na mesma função de chefia que o seu antecessor.

B) faz jus à equiparação salarial, uma vez que, quando substituiu Renato nas suas férias e durante sua viagem a trabalho, recebeu salário igual ao seu, devendo a mesma regra ser observada na hipótese de substituição definitiva.

C) não faz jus à equiparação salarial com Renato, uma vez que a substituição definitiva não gera direito a salário igual ao do antecessor, além de ser impossível a equiparação salarial que não se relacione a situação pretérita.

D) não faz jus à equiparação, uma vez que substituiu Renato apenas eventualmente, não se caracterizando a substituição definitiva geradora do direito ao igual salário para igual tarefa.

↓RESPOSTA

Alternativa Letra C.
Súmulas nº 6, IV e 159, II do TST.

14. (Exame de Ordem 2011.2 - FGV) Para equiparação salarial, é necessário que

A) haja identidade de funções, trabalho de igual valor para o mesmo empregador, na mesma localidade, com contemporaneidade na prestação dos serviços na mesma função e a qualquer tempo, inexistindo quadro de carreira organizado.

B) haja identidade de funções, trabalho com a mesma produtividade e perfeição técnica, para o mesmo empregador, na mesma região metropolitana, com contemporaneidade na prestação de serviços na mesma função e a qualquer tempo, e quadro de carreira homologado pelo Ministério do Trabalho e Emprego.

C) haja identidade de funções, trabalho de igual valor para o mesmo empregador, na mesma região metropolitana, sendo a prestação de serviços entre o empregado e o modelo contemporânea na mesma função, mas com diferença não superior a 2 anos, inexistindo quadro de carreira organizado.

D) os empregados comparados tenham a mesma função, pois todo trabalho deve ser igualmente remunerado de acordo com o princípio da isonomia consagrado constitucionalmente.

↓RESPOSTA

Alternativa Letra C.
Súmula nº 6, II e X do TST e
artigo 461, §§ 1º e 2º CLT.

15. (Exame de Ordem 2010.2 - FGV) Marcos foi contratado para o cargo de escriturário de um banco privado. Iniciada sua atividade, Marcos percebeu que o gerente lhe estava repassando tarefas alheias à sua função. A rigor, conforme constava do quadro de carreira da empresa devidamente registrado no Ministério do Trabalho e Emprego, as atribuições que lhe estavam sendo exigidas deveriam ser destinadas ao cargo de tesoureiro, cujo nível e cuja remuneração eram bem superiores. Esta situação perdurou por dois anos, ao fim dos quais Marcos decidiu ajuizar uma ação trabalhista em face do seu empregador. Nela, postulou uma obrigação de fazer – o seu reenquadramento para a função de tesoureiro – e o pagamento das diferenças salariais do período.

Diante desta situação jurídica, é correto afirmar que:

A) o pedido está inepto, uma vez que este é um caso típico de equiparação salarial e não houve indicação de paradigma.

B) o pedido deve ser julgado improcedente, uma vez que a determinação das atividades, para as quais o empregado está obrigado, encontra-se dentro do jus variandi do empregador.

C) o pedido deve ser julgado procedente, se for demonstrado, pelo empregado, que as suas atividades correspondiam, de fato, àquelas previstas abstratamente na norma interna da empresa para o cargo de tesoureiro.

D) o pedido deve ser julgado procedente em parte, uma vez que só a partir da decisão judicial que determine o reenquadramento é que o empregado fará jus ao aumento salarial.

↓RESPOSTA

Alternativa Letra C.
Súmula nº 127 do TST.

16. (ESAF - MTE - Auditor-Fiscal do Trabalho/2006) Relativamente às férias, é correto afirmar que:

A) a obtenção da média de comissões que integram a remuneração do trabalhador prescinde da correção monetária.

B) durante o período correspondente, o empregado substituto fará jus ao salário contratual do substituído.

C) mesmo que indenizadas, devem ser computadas para cálculo do FGTS, o qual observa todo o montante percebido pelo empregado no mês de referência.

D) rompido o contrato de trabalho, as vencidas devem ser remuneradas de forma indenizada, observando-se a evolução salarial do trabalhador durante o período aquisitivo.

E) salvo nos casos de demissão por justa causa ou pedido de demissão, são devidas de forma proporcional, com o acréscimo do 1/3 constitucional, mesmo que o pacto não tenha perdurado por período superior a 12 meses.

↓RESPOSTA

Alternativa Letra B.
Súmula nº 159, I do TST.

17. (ESAF – MTE – Auditor-Fiscal do Trabalho/2006) Assinale a opção correta.

A) A figura sucessória trabalhista faz operar a imediata e automática assunção dos contratos trabalhistas pelo novo empregador, então, o novo titular passa a responder pelas repercussões presentes e futuras dos contratos de trabalho transferidos, ressalvando-se, porém, as passadas, cujas hipóteses tenham-se consolidado ao tempo em que se fazia presente o antigo titular do empreendimento.

B) Como os médicos e os engenheiros pertencem a categorias diferenciadas, têm direito à jornada reduzida, respectivamente, de quatro e seis horas diárias.

C) Para fins de equiparação salarial, é necessário aferir entre empregado e paradigma o exercício de idêntica função, com o desempenho das mesmas tarefas, independentemente da igualdade na nomenclatura dos respectivos cargos.

D) É ônus que decorre de obrigação legal a manutenção, pelo empregador que tem mais de dez empregados em seus quadros, de registros dos horários trabalhados, não sendo viável a pré-assinalação do intervalo.

E) O empregado exercente de cargo de confiança está excluído das regras pertinentes ao cômputo e pagamento de horas extras, mesmo quando submetido a rigoroso controle de horário.

↓RESPOSTA

Alternativa Letra C.
Súmula nº 6, III do TST.

18. (FCC - Juiz do Trabalho Substituto 1ª região/2015) Com base no entendimento sumulado do Tribunal Superior do Trabalho, em relação à equiparação salarial, é correto afirmar que

A) é incabível a equiparação salarial em atividades exclusivamente intelectuais em função da impossibilidade de comparação objetiva.

B) cabe equiparação de salários entre empregados de empresas distintas, desde que estas comprovadamente integrem o mesmo grupo econômico.

C) a diferença de tempo de admissão entre os comparandos deve ser inferior a dois anos.

D) a "mesma localidade" a que se refere a CLT, quando trata da equiparação salarial, contempla, também, municípios que integrem uma mesma região metropolitana.

E) é cabível a equiparação salarial se, demonstrados os demais requisitos, o empregado da prestadora de serviços trabalhar no mesmo local do empregado da tomadora de serviços.

↓RESPOSTA

Alternativa Letra D.
Súmula nº 6, X do TST.

19. (FCC - Juiz do Trabalho Substituto 6ª região/2015) De acordo com a jurisprudência pacificada do TST, em relação à equiparação salarial é INCORRETO afirmar que

A) na ação de equiparação salarial, a prescrição é parcial e só alcança as diferenças salariais no período de cinco anos que precedeu o ajuizamento.

B) à sociedade de economia mista não se aplica a vedação à equiparação salarial prevista constitucionalmente, pois, ao contratar empregados sob o regime da CLT, equipara-se a empregador privado.

C) a cessão de empregados não exclui a equiparação salarial, embora exercida a função em órgão governamental estranho à cedente, se esta responde pelos salários do paradigma e do reclamante.

D) constitui óbice à equiparação salarial a existência de plano de cargos e salários que, referendado por norma coletiva, prevê critério de promoção apenas por merecimento ou apenas por antiguidade.

E) é vedada a equiparação de qualquer natureza para efeito de remuneração do pessoal do serviço público, sendo juridicamente impossível a aplicação da norma infraconstitucional quando se pleiteia equiparação salarial entre servidores públicos, independentemente de terem sido contratados pela CLT.

↓RESPOSTA

Alternativa Letra D.

OJ nº 418 da SDI-I do TST.

20. (TRT 8 - Juiz do Trabalho Substituto 8ª região/2015) A respeito de equiparação salarial, assim se posiciona a jurisprudência predominante no TST:

a) O conceito de mesma localidade a que se refere o art. 4 61 da CLT não abrange municípios distintos que pertençam à mesma área metropolitana.

b) Se o desnível salarial existente entre o paradigma e o equiparando decorre de decisão judicial que reconhece em favor do paradigma vantagem salarial prevista em norma coletiva para toda a categoria, não faz jus o equiparando à mesma remuneração paga ao paradigma, pois o reconhecimento da equiparação salarial implicaria, por via transversa, em beneficiar quem não participou da ação judicial.

c) É necessário que, ao tempo da reclamação sobre equiparação salarial, reclamante e paradigma estejam a serviço do estabelecimento, mesmo que o pedido se relacione com situação pretérita.

d) A cessão de empregados não exclui a equiparação salarial, embora exercida a função em órgão governamental estranho à cedente, se esta responde pelos salários do paradigma e do reclamante.

e) O trabalhador adaptado em nova função por motivo de deficiência física poderá servir de paradigma para fins de equiparação salarial, em face do princípio da isonomia.

↓RESPOSTA

Alternativa Letra D.

Súmula nº 6, V do TST.

21. (TRT 3 - Juiz do Trabalho Substituto 3ª região/2014) É correto afirmar em torno da equiparação salarial, a partir de disposições expressas das súmulas e orientações jurisprudenciais da SBDI-1 do TST:

A) À sociedade de economia mista não se aplica a vedação à equiparação salarial prevista no art. 37, inciso XIII, da Constituição da República, pois, ao contratar empregados sob o regime da CLT, equipara-se a empregador privado, conforme disposto no art. 173, §1°, inciso II, também da Constituição da República.

B) Sendo regulamentada a profissão de auxiliar de enfermagem, cujo exercício pressupõe habilitação técnica, realizada pelo Conselho Regional de Enfermagem, impossível a equiparação salarial do simples atendente com o auxiliar de enfermagem.

C) A cessão de empregados não exclui a equiparação salarial, embora exercida a função em órgão governamental estranho à cedente, se esta responde pelos salários do paradigma e do reclamante.

D) O art. 37, inciso XIII, da Constituição da República, veda a equiparação de qualquer natureza para o efeito de remuneração do pessoal do serviço público, sendo juridicamente impossível a aplicação da norma infraconstitucional prevista no art. 461 da CLT quando se pleiteia equiparação salarial entre servidores públicos, independentemente de terem sido contratados pela CLT.

E) Todas as opções estão corretas.

↓RESPOSTA

Alternativa Letra E.

"a" - Súmula nº 455 do TST.

"b" - Orientação Jurisprudencial nº 296 da SDI-I do TST.

"c" - Súmula nº 6, item V, TST.

"d" - Orientação Jurisprudencial nº 297 da SDI-I do TST.

22. (FCC – Juiz do Trabalho Substituto 6ª região/2013) Analise as proposições abaixo.

I. A cessão de empregados não exclui a equiparação salarial, embora exercida a função em órgão governamental estranho à cedente, ainda que aquele responda pelo salário do paradigma.

II. É possível a equiparação salarial de trabalho intelectual, que pode ser avaliado por sua produtividade e tempo de serviço.

III. É desnecessário que, ao tempo da reclamação sobre equiparação salarial, reclamante e paradigma estejam a serviço do estabelecimento, desde que o pedido se relacione com situação pretérita.

IV. Para efeito de equiparação de salários em caso de trabalho igual, conta-se o tempo de serviço na função e não no emprego.

V. A equiparação salarial só é possível se o empregado e o paradigma exercerem a mesma função, desempenhando as mesmas tarefas, e ocupando o mesmo cargo.

Correspondem a entendimentos sumulados pelo TST as proposições

A) III e V.

B) IV e V.

C) I e II.

D) II e IV.

E) III e IV.

↓RESPOSTA

Alternativa Letra E.
I – Súmula nº 6, V, TST.
II – Súmula nº 6, VII, TST.
III – Súmula nº 6, IV, TST.
IV – Súmula nº 6, III. TST.

23. (TRT 8 – Juiz do Trabalho Substituto 8ª região/ 2013) Acerca da equiparação salarial, analise as proposições abaixo e assinale a alternativa INCORRETA:

A) Tanto os dispositivos da legislação constitucional quanto os da infraconstitucional fazem referência à igualdade de salário, e não à igualdade de remuneração. Assim, se o empregado ganha gorjeta, que é paga pelo cliente, esta parcela não poderá ser equiparada a outro empregado, porque não há direito à equiparação de remuneração, mas ao salário. Entretanto, como o empregado não pode receber apenas gorjeta, em relação à parte fixa do salário, pode haver equiparação salarial.

B) Com relação ao requisito da identidade de empregador, o entendimento doutrinário majoritário tem sido no sentido de que, caso se acate a tese de grupo ensejador da solidariedade ativa e passiva (solidariedade dual) entre seus entes integrantes (o denominado empregador único), é possível considerar-se a incidência da equiparação envolvendo empregados vinculados a distintas empresas do mesmo grupo econômico, desde que presentes os demais requisitos.

C) O requisito da simultaneidade no exercício funcional corresponde à ideia de coincidência temporal no exercício das mesmas funções pelos empregados comparados. Trata-se de requisito que não deriva de texto expresso de lei, mas de compreensão doutrinária e jurisprudencial, segundo as quais a simultaneidade estaria implícita no instituto da equiparação salarial.

D) Um dos fatos que inviabilizam a equiparação salarial e suas repercussões é a diferença de tempo de serviço entre equiparando e paradigma superior a 2 (dois) anos. Entretanto, o entendimento consolidado é no sentido de ser irrelevante o fato do paradigma possuir tempo de serviço superior em vários anos ao equiparando, pois apenas o tempo de serviço, na função, superior a 2 (dois) anos é fato impeditivo à equiparação.

E) Segundo entendimento consolidado do Tribunal Superior do Trabalho, a equiparação salarial só é possível se o empregado e o paradigma exercerem a mesma função, desempenhando as mesmas tarefas, bem como exercendo cargos com a mesma denominação.

↓RESPOSTA

Alternativa Letra E.
Súmula nº 6, III do TST.

24. (Juiz do Trabalho Substituto – TRT 2ª região/ 2012) A Constituição Federal e o texto consolidado proíbem a discriminação salarial consagrando o princípio da isonomia salarial. Com base na legislação e entendimento sumulado do TST indique a alternativa correta em relação ao instituto da equiparação salarial.

A) Para efeito de equiparação de salários em caso de trabalho igual, conta-se o tempo de serviço no emprego.

B) O trabalhador readaptado em nova função por motivo de deficiência física poderá servir de paradigma para fins de equiparação salarial, em face do princípio da isonomia.

C) A equiparação salarial só é possível se o empregado e o paradigma exercerem a mesma função, desempenhando as mesmas tarefas, não importando se os cargos têm, ou não, a mesma denominação.

D) Não é possível a equiparação salarial de trabalho intelectual, visto que o mesmo não pode ser avaliado por sua perfeição técnica, diante da impossibilidade desta ser aferida por critérios objetivos.

E) Presentes os pressupostos do art. 461 da CLT, é irrelevante a circunstância de que o desnível salarial tenha origem em decisão judicial que beneficiou o paradigma, ainda que decorrente de vantagem pessoal.

↓ RESPOSTA

Alternativa Letra C.
Súmula nº 6, III do TST.

25. (Juiz do Trabalho Substituto - TRT 3ª região/ 2012) A respeito da equiparação salarial, analise estas proposições e assinale a alternativa correta:

I. Ainda que os cargos tenham remuneração diversa, a equiparação salarial só é possível se o empregado e o paradigma exercerem efetivamente as mesmas tarefas no mesmo estabelecimento.

II. É desnecessário que, ao tempo da reclamação sobre equiparação salarial, reclamante e paradigma estejam a serviço do estabelecimento, desde que o pedido se relacione com situação pretérita de qualquer deles, ainda que não tenha havido trabalho concomitante.

III. Na hipótese de equiparação salarial em cadeia, não é necessária a demonstração da presença dos requisitos da equiparação em relação ao paradigma originário, caso arguida a objeção pelo reclamado, bastando a demonstração da presença daqueles requisitos com o paradigma beneficiado pela decisão judicial que lhe majorou os salários.

IV. Não se admite a equiparação salarial entre prestadores de serviços intelectuais, ante a impossibilidade de aferição de perfeição técnica através de critérios objetivos.

V. É admissível a equiparação salarial por analogia entre trabalhadores nacionais.

A) Estão incorretas todas as proposições.

B) Estão corretas todas as proposições.

C) Estão corretas somente as proposições I e V.

D) Estão incorretas somente as proposições I e II.

E) Estão corretas somente as proposições III e IV.

↓ RESPOSTA

Alternativa Letra A.
I – Súmula nº 6, III do TST.
II – Súmula nº 6, IV do TST.
III – Súmula nº 6, VI do TST.
IV – Súmula nº 6, VII do TST.
V – artigos 358 e 461 CLT.

26. (Juiz do Trabalho Substituto - TRT 8ª região/ 2012) Considerando as novas proteções antidiscriminatórias a partir da Constituição Federal, assinale a alternativa CORRETA:

A) A proteção do mercado de trabalho da mulher, mediante incentivos específicos previstos em lei, veda que o empregador ou preposto proceda a revistas íntimas nas empregadas, salvo quando houver prévia e expressa autorização em seu contrato de trabalho.

B) Nos termos da lei, não haverá distinções relativas à espécie de emprego e à condição de trabalhador, nem entre o trabalho intelectual, técnico e manual, salvo se existir diferença de qualificação profissional entre os empregados.

C) Segundo orientação sumulada do TST, não se equipara a bancário o empregado de empresa de processamento de dados que presta serviço a banco integrante do mesmo grupo econômico, salvo quando a empresa de processamento de dados presta serviços a banco e a empresas não bancárias do mesmo grupo econômico ou a terceiros.

D) O trabalhador que houver sido readaptado em nova função, por motivo de deficiência física ou mental atestada pelo órgão competente da Previdência Social, servirá de paradigma, para fins de equiparação salarial, a outro empregado portador do mesmo tipo de deficiência.

E) De acordo com a jurisprudência unificada do TST, a existência de quadro de pessoal organizado em carreira, aprovado pelo órgão competente, excluída a hipótese de equiparação salarial, não obsta reclamação fundada em preterição, enquadramento ou reclassificação.

↓RESPOSTA

Alternativa Letra E.
Súmula nº 127 do TST.

27. (Juiz do Trabalho Substituto – TRT 14ª região/ 2012) Observe as assertivas abaixo e marque a única alternativa correta:

I. Relativamente às férias, durante o período correspondente, o empregado substituto fará jus ao salário contratual do substituído.

II. De um modo geral, nas interrupções contratuais – chamadas de sustações provisórias – fica atingida apenas a cláusula de prestação obreira de serviços, tanto que persiste a obrigação principal do empregador, consistente no pagamento do salário.

III. Empregado despedido sob acusação de justa causa tem direito à indenização por dano moral, como consequência de se comprovar que a dispensa deveria ser imotivada.

IV. A transferência para o período diurno de trabalho, desde que consentida pelo empregado, implica a perda do direito ao adicional noturno.

A) Apenas os itens I e II são verdadeiros.

B) Apenas os itens II e III são verdadeiros.

C) Apenas os itens III e IV são verdadeiros.

D) Apenas os itens II e IV são verdadeiros.

E) Todos os itens são verdadeiros.

↓RESPOSTA

Alternativa Letra A.
I – Súmula nº 159, I do TST.
II – doutrina e artigos 139 CLT, 473 CLT, entre outros.

28. (Juiz do Trabalho Substituto – TRT 14ª região/ 2012) Analise as assertivas abaixo e após marque a única alternativa correta:

I. No que diz respeito à equiparação salarial, só é válido o quadro de pessoal organizado em carreira quando homologado pelo Ministério do Trabalho, excluindo-se, apenas, dessa exigência o quadro de carreira das entidades de direito público da administração direta, autárquica e fundacional aprovado por ato administrativo da autoridade competente, e desde que conte com critérios objetivos e subjetivos de pontuação para fins de progressão funcional.

II. Para efeito de equiparação de salários em caso de trabalho igual, conta-se o tempo de serviço na função e não no emprego.

III. A cessão de empregados não exclui a equiparação salarial, embora exercida a função em órgão governamental estranho à cedente, desde que esta não responda pelos salários do paradigma.

IV. É possível a equiparação salarial de trabalho intelectual, que pode ser avaliado por sua perfeição técnica, cuja aferição terá critérios objetivos.

V. O conceito de "mesma localidade" de que trata o art. 461 da CLT refere-se, em princípio, ao mesmo município, ou a municípios distintos que, comprovadamente, pertençam à mesma região metropolitana.

A) Apenas os itens I e IV são falsos

B) Apenas os itens I e III são falsos.

C) Apenas os itens II e III são falsos.

D) Apenas os itens III e IV são falsos

E) Apenas os itens IV e V são falsos.

↓RESPOSTA

Alternativa Letra B.
I – Súmula nº 6, I do TST.
III – Súmula nº 6, V do TST.

29. (Juiz do Trabalho Substituto - TRT 15ª região/ 2012) A respeito da equiparação salarial, levando-se em conta as disposições da CLT, assim como o entendimento jurisprudencial sedimentado do C. TST, é incorreto afirmar que:

A) O art. 37, inciso XIII, da CF/1988, veda a equiparação de qualquer natureza para o efeito de remuneração do pessoal do serviço público, sendo juridicamente impossível a aplicação da norma infraconstitucional prevista no art. 461 da CLT quando se pleiteia equiparação salarial entre servidores públicos, independentemente de terem sido contratados pela CLT.

B) O conceito de mesma localidade refere-se, em princípio, ao mesmo município, ou a municípios distintos que, comprovadamente, pertençam à mesma região metropolitana.

C) É possível a equiparação salarial entre auxiliar de enfermagem e atendente de enfermagem, quando preenchidos os requisitos de igual produtividade e mesma perfeição técnica, entre pessoas cuja diferença de tempo de serviço não for superior a 2 (dois) anos, tendo, em vista o princípio do contrato realidade.

D) Presentes os pressupostos do art. 461 da CLT, é irrelevante a circunstância de que o desnível salarial tenha origem em, decisão judicial que beneficiou o paradigma, exceto se decorrente de vantagem pessoal, de tese jurídica superada pela jurisprudência de Corte Superior ou, na hipótese de equiparação salarial em cadeia, se não demonstrada a presença dos requisitos da equiparação em relação ao paradigma que deu origem à pretensão, caso arguida, a objeção pelo reclamado.

E) Desde que atendidos os requisitos do art. 461 da CLT, é possível a equiparação salarial de trabalho intelectual, que pode ser avaliado por sua perfeição técnica, cuja aferição terá critérios objetivos.

↓RESPOSTA

Alternativa Letra C.
OJ nº 296 da SDI-I.

30. (Juiz do Trabalho Substituto - TRT 19ª região/ 2012) À luz da dicção da lei e do quanto expressamente cristalizado na jurisprudência do TST, assinale a alternativa incorreta:

A) Sendo regulamentada a profissão de auxiliar de enfermagem, cujo exercício pressupõe habilitação técnica, realizada pelo Conselho Regional de Enfermagem, impossível a equiparação salarial do simples atendente com o auxiliar de enfermagem. De todo modo, é certo afirmar que, para efeito de equiparação de salários em caso de trabalho igual, conta-se o tempo de serviço na função e não no emprego.

B) Para os fins previstos no § 2º do art. 461 da CLT, só é válido o quadro de pessoal organizado em carreira quando homologado pelo Ministério do Trabalho, excluindo-se, apenas, dessa exigência o quadro de carreira das entidades de direito público da administração direta, autárquica e fundacional aprovado por ato administrativo da autoridade competente.

C) A cessão de empregados não exclui a equiparação salarial, embora exercida a função em órgão governamental estranho à cedente, se esta responde pelos salários do paradigma e do reclamante.

D) O trabalhador readaptado em nova função por motivo de deficiência física ou mental atestada pelo órgão competente da Previdência Social não servirá de paradigma para fins de equiparação salarial. Além disso, pode-se afirmar que, presentes os pressupostos do art. 461 da CLT, é irrelevante a circunstância de que o desnível salarial tenha origem em decisão judicial que beneficiou o paradigma, exceto se decorrente de vantagem pessoal, de tese jurídica superada pela jurisprudência de Corte Superior ou, na hipótese de equiparação salarial em cadeia, se não demonstrada a presença dos requisitos da equiparação em relação ao paradigma que deu origem à pretensão, caso arguida a objeção pelo reclamado

E) O art. 37, inciso XIII, da CF/1988 veda a equiparação de qualquer natureza para o efeito de remuneração do pessoal do serviço público, sendo juridicamente impossível a aplicação da norma infraconstitucional prevista no art. 461 da CLT quando se pleiteia equiparação salarial entre servidores públicos, salvo se contratados pela CLT.

↓RESPOSTA

Alternativa Letra E.
OJ nº 297 da SDI-I.

31. (FCC – Juiz do Trabalho Substituto 1ª Região/ 2011) Quanto à equiparação salarial prevista no art. 461 da CLT, se estiverem presentes os demais requisitos previstos na legislação trabalhista, é devido o pagamento do mesmo salário ao empregado equiparando que

A) passa a ocupar, em definitivo, o cargo vago, que anteriormente foi ocupado pelo paradigma, seu antecessor.

B) exerce atividades semelhantes às do paradigma.

C) exerce atividades equivalentes às do paradigma.

D) trabalha em município distinto que, comprovadamente, pertence à mesma região metropolitana do município no qual trabalha o paradigma.

E) trabalha para empregador que possui quadro de pessoal organizado em carreira, devidamente homologado pelo Ministério do Trabalho.

↓RESPOSTA

Alternativa Letra D.
Súmula nº 6, X do TST.

32. (Juiz do Trabalho Substituto – TRT 8ª região/ 2011) Tendo em vista as regras e a jurisprudência trabalhista pacificada, assinale a alternativa CORRETA:

A) Para que seja possível a equiparação entre o empregador e o paradigma, não é suficiente que desempenhem a mesma função, mas que, igualmente tenham as mesmas tarefas no exercício de cargo com a mesma denominação.

B) A equiparação salarial só se torna viável se, ao tempo da propositura da reclamação, empregado e paradigma estejam lotados no mesmo estabelecimento empresarial, não importando situação pretérita.

C) Enquanto persistir a substituição, ainda que em caráter eventual, o princípio da isonomia impõe que o substituto não receba salário inferior ao substituído.

D) Ainda que se trate do mesmo trabalho a ser desempenhado, no entanto, executado de modo sucessivo por dois empregados na mesma empresa, não há como se aferir se se trata de trabalho de igual valor. Por conseguinte, vago o cargo em definitivo, o empregado que passa a o exercer não tem direito à isonomia salarial com relação ao empregado sucedido.

E) A jurisprudência sumulada pelo TST prevê que o conceito da "mesma localidade", como requisito para a equiparação salarial, refere-se, restritamente, a trabalho desenvolvido em área de uma única circunscrição municipal.

↓RESPOSTA

Alternativa Letra D.
Súmula nº 159, II do TST e
artigo 461, § 1º CLT.

33. (Juiz do Trabalho Substituto – TRT 15ª região/ 2011) A respeito do tema da equiparação salarial, assim se posiciona a jurisprudência predominante do TST:

I. Nas hipóteses de equiparação salarial em caso de trabalho igual, conta-se o tempo no serviço e não na função.

II. É admissível a equiparação de trabalho intelectual.

III. O ônus da prova do fato impeditivo, modificativo ou extintivo da equiparação salarial é do empregador.

IV. O conceito de mesma localidade a que se refere o artigo 461 da CLT não abrange municípios distintos que pertençam à mesma região metropolitana.

V. É necessário que, ao tempo da reclamação sobre equiparação salarial, reclamante e paradigma estejam a serviço do estabelecimento, desde que o pedido se relacione com situação pretérita.

Agora responda:

A) a assertiva I está correta;

B) a assertiva IV está correta;

C) as assertivas I, II, IV e V estão incorretas;

D) as assertivas I, II, III e IV estão corretas;

E) as assertivas II e III estão corretas.

↓RESPOSTA

Alternativa Letra E.
II – Súmula nº 6, VII do TST.
III – Súmula nº 6, VIII do TST.

34. (Juiz do Trabalho Substituto – TRT 15ª região/ 2011) Tem direito a diferenças salariais:

A) o servidor público que recebe salário-base inferior ao mínimo legal, mas que aufere adicional de insalubridade que eleva o valor de sua remuneração para patamar superior ao mínimo;

B) o servidor público que recebe gratificações e outras vantagens calculadas apenas sobre o vencimento básico inferior ao salário mínimo e que aufere abono para complementar sua remuneração;

C) o empregado admitido em 2000, que passa a trabalhar com outro, melhor remunerado, admitido em 1997, a partir do momento em que ambos passam a desempenhar uma nova e idêntica função, na mesma data, com a mesma perfeição técnica e produtividade;

D) o empregado admitido em 2000, que trabalha com outro, melhor remunerado, em igualdade de condições, admitido em 1997, no momento em que ambos passam a desempenhar a mesma função, na qual o segundo foi alocado em face de reabilitação decorrente de doença degenerativa;

E) nenhuma das alternativas anteriores é correta.

↓RESPOSTA

Alternativa Letra C.
Súmula nº 6, II do TST e artigo 461, § 1º CLT.

35. (MPT – Procurador do Trabalho/2012) Quanto à equiparação salarial entre o empregado e o seu respectivo paradigma, a jurisprudência dominante do Tribunal Superior do Trabalho é no sentido de que:

A) Para efeito de equiparação de salários em caso de trabalho igual, conta-se o tempo de serviço no respectivo emprego, independentemente da função exercida pelo equiparando.

B) O conceito de "mesma localidade" de que trata o art. 461 da CLT refere-se sempre ao mesmo município, não sendo possível ao equiparando apontar um paradigma que trabalhe para a mesma empresa em municípios distintos, ainda que pertencentes à mesma região metropolitana.

C) A cessão de empregados exclui a equiparação salarial, ainda que a empresa cedente responda pelos salários do paradigma e do reclamante.

D) A equiparação salarial só é possível se o empregado e o paradigma exercerem a mesma função, desempenhando as mesmas tarefas, não importando se os cargos têm, ou não, a mesma denominação.

E) Não respondida.

↓RESPOSTA

Alternativa Letra D.
Súmula nº 6, III do TST.

14. DESCONTOS SALARIAIS

SÚMULA Nº 342 DO TST

Descontos salariais. Art. 462 da CLT

Descontos salariais efetuados pelo empregador, com a autorização prévia e por escrito do empregado, para serem integrados em planos de assistência odontológica, médico-hospitalar, de seguro, de previdência privada, ou de entidade cooperativa, cultural ou recreativo-associativa de seus trabalhadores, em seu benefício e de seus dependentes, não afrontam o disposto no art. 462 da CLT, salvo se ficar demonstrada a existência de coação ou de outro defeito que vicie o ato jurídico.

OJ Nº 160 DA SDI - I DO TST

Descontos salariais. Autorização no ato da admissão. Validade

É inválida a presunção de vício de consentimento resultante do fato de ter o empregado anuído expressamente com descontos salariais na oportunidade da admissão. É de se exigir demonstração concreta do vício de vontade.

OJ Nº 251 DA SDI – I DO TST

Descontos. frentista. Cheques sem fundos

É lícito o desconto salarial referente à devolução de cheques sem fundos, quando o frentista não observar as recomendações previstas em instrumento coletivo.

⊙ QUESTÕES

01. (FCC – Analista Judiciário – Oficial de Justiça Avaliador - TRT 3/2015) Desde que haja autorização prévia e por escrito do empregado, é lícito ao empregador efetuar desconto no salário no que se refere

A) às horas em que o mesmo falte ao serviço para comparecimento necessário, como parte, à Justiça do Trabalho.

B) aos valores relativos aos planos de assistência odontológica e médico-hospitalar.

C) à contribuição sindical obrigatória.

D) aos adiantamentos salariais.

E) aos danos causados dolosamente pelo empregado.

↓ RESPOSTA

Alternativa Letra B.

Súmula nº 342 do TST.

02. (FCC – Analista Judiciário – Administrativa – TRT 1/2013) Uma das regras de proteção ao salário é o controle dos descontos. De acordo com o entendimento sumulado pelo TST:

A) Ao empregador é vedado efetuar descontos no salário do empregado, salvo se este autorizar.

B) Ao empregador é vedado efetuar descontos no salário do empregado.

C) Em caso de dano causado pelo empregado, o desconto no salário será lícito, desde que essa possibilidade decorra de dolo do empregado.

D) É válido desconto salarial efetuado pelo empregador, com autorização prévia e por escrito do empregado, para ser integrado em planos de assistência odontológica, médico hospitalar, de seguro, de previdência privada, ou de entidade cooperativa, cultural ou recreativo associativa de seu trabalhadores, em seu benefício e de seus dependentes, salvo se ficar demonstrada a existência de coação ou de outro defeito que vicie o ato jurídico.

E) Na hipótese de a empresa manter armazéns para compra de produtos pelos empregados, pode ser descontado do salário dos empregados, além do valor de compras feitas pelo mesmo, taxa de manutenção dos armazéns, já que se trata de um benefício colocado à disposição dos trabalhadores.

↓ RESPOSTA

Alternativa Letra D.

Súmula nº 342 do TST.

03. (FCC - Juiz do Trabalho Substituto 6ª região/2015) A intangibilidade ou integralidade caracteriza-se como a restrição imposta pelo legislador em relação aos descontos que o empregador pode efetuar nos salários de seus empregados. Nesse sentido, considere:

I. É inválida a presunção de vício de consentimento resultante do fato de o empregado ter anuído expressamente com descontos salariais na oportunidade da admissão, sendo exigível a demonstração concreta do vício de vontade.

II. É lícito o desconto salarial referente à devolução de cheques sem fundos, quando o frentista não observar as recomendações previstas em instrumento coletivo.

III. Para os trabalhadores rurais é lícito o desconto no salário referente à ocupação de moradia, até o limite de 25% do valor do referido salário.

IV. São efetuados os descontos nos salários dos empregados quando estes resultarem de previsão em convenção ou acordo coletivo de trabalho, inclusive quando se tratar de descontos referentes à contribuição confederativa.

V. Descontos autorizados pelo empregado são válidos desde que inexista vício de consentimento e desde que o desconto refira-se a efetiva vantagem ao trabalhador ou a sua família.

Em relação a tal regra de proteção aos salários, está correto o que consta APENAS em

A) II, III e V.

B) I, III e IV.

C) I, II, III e IV.

D) III, IV e V.

E) I, II e V.

RESPOSTA

Alternativa Letra E.

I – OJ nº 160 da SDI-I do TST.

II – OJ nº 251 da SDI-I do TST.

III – art. 9º, "a", Lei nº 5.889/1973.

IV – OJ nº 17 da SDC do TST.

V – Súmula nº 342 do TST.

04. (Juiz do Trabalho Substituto - TRT 14ª região/ 2012) Ainda sobre os temas da remuneração e do salário e da proteção ao salário, assinale a única alternativa correta:

A) A CLT adota critério de presunção absoluta quando prevê que a integração das diárias só é viável se o valor exceder a 50% do salário percebido pelo empregado.

B) Descontos salariais efetuados pelo empregador, com a autorização prévia e por escrito do empregado, para ser integrado em planos de assistência odontológica, médico-hospitalar, de seguro, de previdência privada, ou de entidade cooperativa, cultural ou recreativo-associativa de seus trabalhadores, em seu benefício e de seus dependentes, não afrontam o disposto no art. 462 da CLT, salvo se ficar demonstrada a existência de coação ou de outro defeito que vicie o ato jurídico.

C) Observado o princípio da igualdade jurídica, também no caso da ajuda de custo adota-se o critério absoluto de integração à remuneração quando o valor percebido ultrapassar o equivalente a 50% do salário do empregado.

D) Em caso de integração do valor das diárias, isso deverá ocorrer em relação ao excedente, isto é, tendo como parâmetro o limite legal de que até 50% do salário do empregado mantém-se a presunção do caráter indenizatório.

E) Observado o princípio da intangibilidade salarial, pertinente à proteção ao salário, a regra geral vigente é a da vedação dos descontos, excepcionando-se os casos de adiantamentos salariais, porque rigorosamente não se trata de desconto, os descontos cuja hipótese de incidência decorra de previsão legal em sentido estrito e os descontos autorizados por norma coletiva, mas neste último caso desde que haja autorização por escrito do empregado.

RESPOSTA

Alternativa Letra B.

Súmula nº 342 do TST.

05. (Juiz do Trabalho Substituto - TRT 15ª região/ 2012) Assinale a alternativa incorreta.

A) Além do pagamento em dinheiro, compreende-se no salário, para todos os efeitos legais, a alimentação, habitação, vestuário ou outras prestações "in natura" que a empresa, por força do costume, fornecer habitualmente ao empregado.

B) Não serão consideradas como salário as seguintes utilidades concedidas pelo empregador transporte destinado ao deslocamento para o trabalho e retorno, em percurso servido ou não por transporte público, além da previdência privada.

C) Os descontos efetuados com base em cláusula de acordo coletivo não podem ser superiores a 70% do salário base percebido pelo empregado, pois se deve assegurar um mínimo de salário em espécie ao trabalhador.

D) Descontos salariais efetuados pelo empregador, com a autorização prévia e por escrito do empregado, para ser integrado em plano de previdência privada, afrontam o disposto no art. 462 da CLT, que trata da intangibilidade salarial.

E) É inválida a presunção de vício de consentimento resultante do fato de ter o empregado anuído expressamente com descontos salariais na oportunidade da admissão. É de se exigir demonstração concreta do vício de vontade.

↓RESPOSTA

Alternativa Letra D.
Súmula nº 342 do TST.

06. (Juiz do Trabalho Substituto – TRT 21ª região/ 2012) A empresa LOJAS VESTE BEM comercializa confecções no varejo e criou um cartão de crédito próprio para propiciar aos seus clientes o pagamento parcelado das compras efetuadas exclusivamente nas suas lojas, mediante parcelamento. Aos empregados da empresa é oferecido este cartão de crédito, para pagamento parcelado nas mesmas condições oferecidas aos clientes em geral. No contrato individual de trabalho, consta cláusula específica, autorizando a empresa a descontar o valor das compras efetuadas com o cartão VESTE BEM nos salários dos empregados, sem limite de desconto. A prática adotada pela empresa é:

A) lícita, pois o Tribunal Superior do Trabalho firmou sua jurisprudência no sentido de que não viola o art. 462 da CLT a realização, pelas empresas, de descontos nos salários dos empregados, para integrá-los em planos de assistência odontológica, médico-hospitalar, de seguro, de previdência privada, ou de entidade cooperativa, cultural ou recreativa associativa, sendo possível, por interpretação analógica, considerar-se lícitas outras espécies de descontos;

B) ilícita, pois a jurisprudência pacificada do TST, ao considerar lícitos determinados tipos de descontos, refere-se à contratação coletiva, pelas empresas, em favor de seus empregados, de planos de assistência médico-hospitalar, odontológica, seguros e previdência privada, benefícios culturais e recreativos, adquiridos de terceiros e não do próprio empregador;

C) ilícita, pois a autorização de desconto foi firmada concomitantemente com a assinatura do contrato de trabalho, e deve-se presumir o vício de consentimento, conforme já assentado na jurisprudência pacificada do TST;

D) lícita, pois a autorização de desconto foi dada pelo empregado, sem vício de consentimento, e não há proibição específica, na CLT, de que o empregador não possa efetuar descontos dessa natureza nos salários, já que o produto foi comprado espontaneamente pelo empregado;

E) lícita, desde que o valor do desconto não ultrapasse 70% (setenta por cento), do valor da remuneração do trabalhador.

↓RESPOSTA

Alternativa Letra B.
Súmula nº 342 do TST.

14.1 Multa prevista nos artigos 467 e 477

SÚMULA Nº 388 DO TST

Massa falida. Arts. 467 e 477 da CLT. Inaplicabilidade

A Massa Falida não se sujeita à penalidade do art. 467 e nem à multa do § 8º do art. 477, ambos da CLT.

14.2 Rescisão do contrato. Pagamento das verbas rescisórias

SÚMULA Nº 69 DO TST

Rescisão do contrato

A partir da Lei nº 10.272, de 05.09.2001, havendo rescisão do contrato de trabalho e sendo revel e confesso quanto à matéria de fato, deve ser o empregador condenado ao pagamento das verbas rescisórias, não quitadas na primeira audiência, com acréscimo de 50% (cinqüenta por cento).

15. REAJUSTES SALARIAIS E PLANOS ECONÔMICOS

SÚMULA Nº 375 DO TST

Reajustes salariais previstos em norma coletiva. Prevalência da legislação de política salarial

Os reajustes salariais previstos em norma coletiva de trabalho não prevalecem frente à legislação superveniente de política salarial.

SÚMULA Nº 322 DO TST

Diferenças salariais. Planos econômicos. Limite

Os reajustes salariais decorrentes dos chamados "gatilhos" e URPs, previstos legalmente como antecipação, são devidos tão-somente até a data-base de cada categoria.

OJ Nº 58 DA SDI - I DO TST

Plano Bresser. IPC Jun/1987. Inexistência de direito adquirido

Inexiste direito adquirido ao IPC de junho de 1987 (Plano Bresser), em face da edição do Decreto-Lei nº 2.335/87.

OJ Nº 59 DA SDI - I DO TST

Plano verão. URP de fevereiro de 1989. Inexistência de direito adquirido

Inexiste direito adquirido à URP de fevereiro de 1989 (Plano Verão), em face da edição da Lei nº 7.730/89.

SÚMULA Nº 315 DO TST

IPC de março/1990. Lei nº 8.030, de 12.04.1990 (Plano Collor). Inexistência de direito adquirido

A partir da vigência da Medida Provisória nº 154, de 15.03.1990, convertida na Lei nº 8.030, de 12.04.1990, não se aplica o IPC de março de 1990, de 84,32% (oitenta e quatro vírgula trinta e dois por cento), para a correção dos salários, porque o direito ainda não se havia incorporado ao patrimônio jurídico dos trabalhadores, inexistindo ofensa ao inciso XXXVI do art. 5º da CF/1988.

OJ Nº 43 DA SDI - I DO TST

Conversão de salários de cruzeiros para cruzados. Decreto-lei nº 2.284/86

A conversão de salários de cruzeiros para cruzados, nos termos do Decreto-Lei nº 2.284/86, não afronta direito adquirido dos empregados.

OJ Nº 57 DA SDI - I DO TST

PCCS. Devido o reajuste do adiantamento. Lei nº 7.686/88, Art. 1º

É devido o reajuste da parcela denominada "adiantamento do PCCS", conforme a redação do art. 1º da Lei nº 7.686/88.

OJ Nº 79 DA SDI - I DO TST

URP de abril e maio de 1988. Decreto-lei nº 2.425/1988

Existência de direito apenas ao reajuste de 7/30 de 16,19% a ser calculado sobre o salário de março e incidente sobre o salário dos meses de abril e maio, não cumulativamente e corrigidos desde a época própria até a data do efetivo pagamento.

SÚMULA Nº 319 DO TST

Reajustes salariais ("gatilhos"). Aplicação aos servidores públicos contratados sob a égide da legislação trabalhista

Aplicam-se aos servidores públicos, contratados sob o regime da CLT, os reajustes decorrentes da correção automática dos salários pelo mecanismo denominado "gatilho", de que tratam os Decretos-Leis nºs 2.284, de 10.03.1986 e 2.302, de 21.11.1986.

OJ Nº 339 DA SDI - I DO TST

Teto remuneratório. Empresa pública e sociedade de economia mista. Art. 37, XI, da CF/1988

As empresas públicas e as sociedades de economia mista estão submetidas à observância do teto remuneratório previsto no inciso XI do art. 37 da CF/1988, sendo aplicável, inclusive, ao período anterior à alteração introduzida pela Emenda Constitucional nº 19/1998.

SÚMULA Nº 336 DO TST

Constitucionalidade. § 2º do art. 9º do Decreto-lei nº 1.971, de 30.11.1982

É constitucional o § 2º do art. 9º do Decreto-Lei nº 1.971, de 30.11.1982, com a redação dada pelo Decreto-Lei nº 2.100, de 28.12.1983.

OJ Nº 272 DA SDI - I DO TST

Salário-mínimo. Servidor. Salário-base inferior. Diferenças. Indevidas

A verificação do respeito ao direito ao salário-mínimo não se apura pelo confronto isolado do salário-base com o mínimo legal, mas deste com a soma de todas as parcelas de natureza salarial recebidas pelo empregado diretamente do empregador.

OJ Nº 100 DA SDI – I DO TST

Salário. Reajuste. Entes Públicos

Os reajustes salariais previstos em legislação federal devem ser observados pelos Estados-membros, suas Autarquias e Fundações Públicas nas relações contratuais trabalhistas que mantiverem com seus empregados.

OJ Nº 51 DA SDI – I DO TST

Legislação eleitoral. Empresas públicas e sociedades de economia mista.

Aos empregados das empresas públicas e das sociedades de economia mista regidos pela CLT aplicam-se as vedações dispostas no art. 15 da Lei nº 7.773, de 08.06.1989.

16. EFEITOS FINANCEIROS DA ANISTIA. EMENDA CONSTITUCIONAL Nº 26/1985

OJ Nº 12 DA SDI – I DO TST

Anistia. Emenda constitucional nº 26/1985. Efeitos financeiros da promulgação

Os efeitos financeiros decorrentes da anistia concedida pela Emenda Constitucional nº 26/1985 contam-se desde a data da sua promulgação.

OJ Nº 91 DA SDI – I DO TST

Anistia. Art. 8º, § 1º, ADCT. Efeitos financeiros. ECT

Em 19.05.1997, a SDI – Plena decidiu, pelo voto prevalente do Exmo. Sr. Presidente, que os efeitos financeiros da readmissão do empregado anistiado serão contados a partir do momento em que este manifestou o desejo de retornar ao trabalho e, na ausência de prova, da data do ajuizamento da ação.

Capítulo VII
ESTABILIDADE E GARANTIAS PROVISÓRIAS DE EMPREGO

SUMÁRIO • 1. Estabilidade provisória – 2. Estabilidade prevista na CTL (Decenal) – 3. Dirigente sindical – 3.1. Estabilidade provisória do Conselheiro Fiscal; 3.2. Estabilidade provisória do Delegado Sindical – 4. Gestante – 5. Empregado representante da CIPA – 6. Estabilidade decorrente de acidente do trabalho – 7. Diretores de Cooperativas – 8. Servidor público celetista. Empregado de empresa pública e sociedade de economia mista: 8.1. Servidor público de fundação regido pela CLT; 9. Estabilidade prevista em regulamento interno

1. ESTABILIDADE PROVISÓRIA

Súmula nº 396 do TST

Estabilidade provisória. Pedido de reintegração. Concessão do salário relativo ao período de estabilidade já exaurido. Inexistência de julgamento extra petita

I – Exaurido o período de estabilidade, são devidos ao empregado apenas os salários do período compreendido entre a data da despedida e o final do período de estabilidade, não lhe sendo assegurada a reintegração no emprego.

II – Não há nulidade por julgamento extra petita da decisão que deferir salário quando o pedido for de reintegração, dados os termos do art. 496 da CLT.

Súmula nº 28 do TST

Indenização

No caso de converter a reintegração em indenização dobrada, o direito aos salários é assegurado até a data da primeira decisão que determinou essa conversão.

2. ESTABILIDADE PREVISTA NA CTL (DECENAL)

Súmula nº 54 do TST

Optante

Rescindindo por acordo seu contrato de trabalho, o empregado estável optante tem direito ao mínimo de 60% (sessenta por cento) do total da indenização em dobro, calculada sobre o maior salário percebido no emprego. Se houver recebido menos do que esse total, qualquer que tenha sido a forma de transação, assegura-se-lhe a complementação até aquele limite.

Súmula nº 98 do TST

FGTS. Indenização. Equivalência. Compatibilidade

I – A equivalência entre os regimes do Fundo de Garantia do Tempo de Serviço e da estabilidade prevista na CLT é meramente jurídica e não econômica, sendo indevidos valores a título de reposição de diferenças.

II – A estabilidade contratual ou a derivada de regulamento de empresa são compatíveis com o regime do FGTS. Diversamente ocorre com a estabilidade legal (decenal, art. 492 da CLT), que é renunciada com a opção pelo FGTS.

3. DIRIGENTE SINDICAL

Súmula nº 379 do TST

Dirigente sindical. Despedida. Falta grave. Inquérito judicial. Necessidade

O dirigente sindical somente poderá ser dispensado por falta grave mediante a apuração em inquérito judicial, inteligência dos arts. 494 e 543, § 3º, da CLT.

OJ Nº 369 da SDI – I do TST

Estabilidade provisória. Delegado sindical. Inaplicável

O delegado sindical não é beneficiário da estabilidade provisória prevista no art. 8º, VIII, da CF/88, a qual é dirigida, exclusivamente, àqueles que exerçam ou ocupem cargos de direção nos sindicatos, submetidos a processo eletivo.

⊙ QUESTÕES

01. (FCC – Analista Judiciário – Área Judiciária – Oficial de Justiça Avaliador – TRT 23/2016) Com base no entendimento pacífico da jurisprudência em relação às estabilidades provisórias no emprego, deve ser considerada como correta a seguinte situação:

(A) Dispensada sem justa causa em 10/05/2015, com aviso prévio indenizado, Maria entrou em contato com o empregador dizendo que em 25/05/2015 obteve a confirmação de que estava grávida de um mês. Pleiteou indenização atinente aos salários e demais vantagens até cinco meses após o parto, de acordo com preceito constitucional. A empresa alegou que não teve ciência da gravidez até o rompimento do contrato e, portanto, a rescisão foi plenamente válida.

(B) Empregada admitida em 01/04/2015, por contrato de experiência com prazo de 60 dias. Em 28/05/2015, sofreu acidente do trabalho. A empresa não reconhece o direito à estabilidade em face do tipo de contrato firmado.

(C) Diante do encerramento das atividades do estabelecimento da empresa situado em Sinop, empregado eleito suplente da CIPA exige que a empresa obrigatoriamente proceda sua transferência para o estabelecimento da empresa em Cáceres, com a manutenção de seu mandato e, consequentemente, de sua estabilidade no emprego.

(D) Empresa, não reconhecendo o direito a estabilidade provisória no emprego de empregado eleito para o cargo de delegado sindical, dispensa o mesmo sem justa causa.

(E) Empregado eleito diretor suplente de Cooperativa discorda de sua dispensa sem justa causa, considerando ser detentor de estabilidade provisória no emprego, na forma da lei.

↓ RESPOSTA

Alternativa Letra D.

OJ nº 369 da SDI-I.

02. (Exame de Ordem 2010.3 – FGV) Tício, gerente de operações da empresa Metalúrgica Comercial, foi eleito dirigente sindical do Sindicato dos Metalúrgicos. Seis meses depois, juntamente com Mévio, empregado representante da CIPA (Comissão Interna para Prevenção de Acidentes) da empresa por parte dos empregados, arquitetaram um plano para descobrir determinado segredo industrial do seu empregador e repassá-lo ao concorrente mediante pagamento de numerário considerável. Contudo, o plano foi descoberto antes da venda, e a empresa, agora, pretende dispensar ambos por falta grave.

Você foi contratado como consultor jurídico para indicar a forma de fazê-lo. O que deve ser feito?

A) Ajuizamento de inquérito para apuração de falta grave em face de Tício e Mévio, no prazo decadencial de 30 dias, caso tenha havido suspensão deles para apuração dos fatos.

B) Simples dispensa por falta grave para ambos os empregados, pois o inquérito para apuração de falta grave serve apenas para a dispensa do empregado estável decenal.

C) Ajuizamento de inquérito para apuração de falta grave em face de Tício, no prazo decadencial de 30 dias, caso tenha havido suspensão dele para apuração dos fatos; e simples dispensa por justa causa em relação a Mévio, independentemente de inquérito.

D) Ajuizamento de inquérito para apuração de falta grave em face de Tício, no prazo decadencial de 30 dias, contados do conluio entre os empregados; e simples dispensa por justa causa em relação a Mévio, independentemente de inquérito.

↓RESPOSTA

Alternativa Letra C.
Súmula nº 379 do TST, artigo 10, II, "a" do ADCT e artigo 853 CLT.

03. (Juiz do Trabalho Substituto - TRT 15ª região/ 2011) Carlos Manforte, auxiliar de manutenção de sociedade de economia mista, admitido por concurso, integra o conselho fiscal de seu sindicato de classe, na diretoria eleita para o biênio 2009/2011. Com a transferência de colega de trabalho para outra localidade, em junho de 2010, foi guindado à condição de delegado sindical. Pré-avisado de sua dispensa em dezembro de 2010, pretende evitá-la. Entende ser portador de garantia de emprego. Aponte a alternativa correta com relação à situação do trabalhador, observada a jurisprudência sedimentada no TST:

A) sua estabilidade foi adquirida em face do concurso público prestado há mais de cinco anos;

B) só pode ser demitido ao final do período da estabilidade conferida aos dirigentes, tendo em vista sua atuação no conselho fiscal da entidade sindical;

C) só pode ser demitido ao final do período da estabilidade conferida aos dirigentes, tendo em vista sua condição de delegado sindical;

D) não há nenhum obstáculo à sua dispensa;

E) nenhuma das alternativas anteriores.

↓RESPOSTA

Alternativa Letra D.
OJ nº 369 da SDI-I.

3.1. Estabilidade provisória do Conselheiro Fiscal

OJ Nº 365 DA SDI - I DO TST

Estabilidade provisória. Membro de conselho fiscal de sindicato. Inexistência

Membro do conselho fiscal de sindicato não tem direito a estabilidade prevista nos arts. 543, § 3º, da CLT e art. 8º, VIII, da CF/88, porquanto não representa ou atua na defesa de direitos da categoria respectiva, tendo sua competência limitada à fiscalização da gestão financeira do sindicato.

⊙QUESTÕES

01. (Juiz do Trabalho Substituto - TRT 19ª região/ 2012) À luz do quanto expressamente cristalizado na jurisprudência do TST, assinale a alternativa incorreta:

A) Membro de conselho fiscal de sindicato tem direito à estabilidade prevista nos arts. 543, § 3º, da CLT e 8º, VIII, da CF/1988.

B) Exaurido o período de estabilidade provisória, são devidos ao empregado apenas os salários do período compreendido entre a data da despedida e o final do período de estabilidade, não lhe sendo assegurada a reintegração no emprego. Não há nulidade por julgamento "extra petita" da decisão que deferir salário quando o pedido for de reintegração, dados os termos do art. 496 da CLT.

C) Quanto à estabilidade provisória do dirigente sindical, pode-se afirmar que o art. 522 da CLT foi recepcionado pela Constituição Federal de 1988. Fica limitada, assim, a estabilidade a que alude o art. 543, § 3º, da CLT, a 7 (sete) dirigentes sindicais e igual número de suplentes.

D) O empregado de categoria diferenciada eleito dirigente sindical só goza de estabilidade se exercer na empresa atividade pertinente à categoria profissional do sindicato para o qual foi eleito dirigente.

E) O desconhecimento do estado gravídico pelo empregador não afasta o direito ao pagamento da indenização decorrente da estabilidade. Frise-se, ainda, que não há direito da empregada gestante à estabilidade provisória na hipótese de admissão mediante contrato de experiência, visto que a extinção da relação de emprego, em face do término do prazo, não constitui dispensa arbitrária ou sem justa causa.

↓RESPOSTA

Alternativa Letra A.
OJ nº 365 da SDI-I.

3.2. Estabilidade provisória do Delegado Sindical

SÚMULA Nº 369 DO TST

Dirigente sindical. Estabilidade provisória

I – É assegurada a estabilidade provisória ao empregado dirigente sindical, ainda que a comunicação do registro da candidatura ou da eleição e da posse seja realizada fora do prazo previsto no art. 543, § 5º, da CLT, desde que a ciência ao empregador, por qualquer meio, ocorra na vigência do contrato de trabalho.

II – O art. 522 da CLT foi recepcionado pela Constituição Federal de 1988. Fica limitada, assim, a estabilidade a que alude o art. 543, § 3º, da CLT a sete dirigentes sindicais e igual número de suplentes.

III – O empregado de categoria diferenciada eleito dirigente sindical só goza de estabilidade se exercer na empresa atividade pertinente à categoria profissional do sindicato para o qual foi eleito dirigente.

IV – Havendo extinção da atividade empresarial no âmbito da base territorial do sindicato, não há razão para subsistir a estabilidade.

V – O registro da candidatura do empregado a cargo de dirigente sindical durante o período de aviso prévio, ainda que indenizado, não lhe assegura a estabilidade, visto que inaplicável a regra do § 3º do art. 543 da Consolidação das Leis do Trabalho.

⊙ QUESTÕES

01. (CESPE – Analista Judiciário – Judiciária – TRT 10/2013) Julgue os itens que se seguem, relativos a estabilidade e garantias provisórias de emprego.

1) Segundo o Tribunal Superior do Trabalho (TST), o empregado de categoria diferenciada eleito dirigente sindical só gozará de estabilidade se exercer na empresa atividade pertinente à categoria profissional do sindicato para o qual tiver sido eleito dirigente.

2) É vedada a dispensa dos membros de comissão de conciliação prévia até um ano após o final do mandato, salvo se cometerem falta, nos termos da lei.

↓RESPOSTA

Item I – Certo. Súmula nº 369, item III, TST.
Item II – Errado. Art. 625-B, § 1º, CLT.

02. (FCC – Analista Judiciário – Judiciária – TRT 9/2013) Em relação às estabilidades provisórias no emprego, considere as proposições:

I. A estabilidade é assegurada ao dirigente sindical eleito como titular e ao eleito como suplente.

II. A estabilidade da gestante estende-se desde a confirmação da gravidez até 6 meses após o parto.

III. A estabilidade do dirigente sindical vai desde o registro da candidatura até um ano após o término do mandato.

IV. O empregado eleito para o cargo de direção de comissões internas de prevenção de acidentes tem estabilidade desde a eleição até um ano após o término do mandato.

V. O empregado acidentado no trabalho tem garantida, pelo prazo mínimo de 12 meses, a manutenção do seu contrato de trabalho na empresa, após a cessação do auxílio-doença acidentário, independentemente de percepção de auxílio-acidente.

Está correto APENAS o que se afirma em

A) I, III e V.
B) II, III e IV.
C) I, II e V.
D) II, IV e V.
E) I, II e III.

↓RESPOSTA

Alternativa Letra A.
I – Correta. Art. 8º, VII, CF/88; Art. 522, CLT e Súmula nº 369, item II, do TST.
II – Incorreta. Art. 391-A, CLT.
III – Correta. Art. 8º, VII, CF/88.
IV – Incorreta. Art. 10, inciso II, alínea "a", ADCT.
V – Correta. Art. 118, Lei nº 8.213/1991.

03. (FCC - TRT 9 - Analista Judiciário/2010) Considere as seguintes assertivas a respeito da estabilidade provisória do dirigente sindical:

I. O empregado de categoria diferenciada eleito dirigente sindical só goza de estabilidade se exercer na empresa atividade pertinente à categoria profissional do sindicato para o qual foi eleito dirigente.

II. Havendo extinção da atividade empresarial no âmbito da base territorial do sindicato, a estabilidade do respectivo dirigente sindical subsistirá em razão da proteção garantida pela legislação.

III. O registro da candidatura do empregado a cargo de dirigente sindical durante o período de aviso prévio, ainda que indenizado, não lhe assegura a estabilidade.

IV. Em regra, é vedada a dispensa do empregado sindicalizado a partir do momento de sua candidatura a cargo de direção até um ano após o final de seu mandato, se eleito, inclusive, como suplente.

Está correto o que consta APENAS em

A) II, III e IV.

B) I e II.

C) I, III e IV.

D) I e IV.

E) III e IV.

RESPOSTA

Alternativa Letra C.

I – Súmula nº 369, III do TST.

III – Súmula nº 369, V do TST.

IV – artigo 8º, VIII CF e artigo 543, § 3º CLT.

04. (FGV - Exame de Ordem 2015.2) Jonas é empregado da sociedade empresária Ômega. Entendendo seu empregador por romper seu contrato de trabalho, optou por promover sua imediata demissão, com pagamento do aviso prévio na forma indenizada. Transcorridos 10 dias de pagamento das verbas rescisórias, Jonas se candidatou a dirigente do sindicato da sua categoria e foi eleito presidente na mesma data.

Sobre a hipótese apresentada, de acordo com o entendimento consolidado do TST, assinale a afirmativa correta.

A) Jonas poderá ser desligado ao término do aviso prévio, pois não possui garantia no emprego.

B) Jonas tem garantia no emprego por determinação legal, porque, pelo fato superveniente, o aviso prévio perde seu efeito.

C) Jonas passou a ser portador de garantia no emprego, não podendo ter o contrato rompido.

D) Jonas somente poderá ser dispensado se houver concordância do sindicato de classe obreiro.

RESPOSTA

Alternativa Letra A.

Súmula nº 369, item V, TST.

05. (FGV - Exame de Ordem 2014.3) Rogéria, balconista na empresa Bolsas e Acessórios Divinos Ltda., candidatou-se em uma chapa para a direção do sindicato dos comerciários do seu Município, sendo eleita posteriormente. Contudo, o sindicato não comunicou o registro da candidatura, eleição e posse da empregada ao empregador. Durante o mandato de Rogéria, o empregador a dispensou sem justa causa e com cumprimento do aviso prévio. Rogéria, então, enviou um e-mail para o empregador, dando-lhe ciência dos fatos, mediante prova documental. Apesar das provas, a empresa não aceitou suas razões e ratificou o desejo de romper o contrato de trabalho.

Sobre o caso narrado, de acordo com a jurisprudência do TST, assinale a afirmativa correta.

A) Rogéria tem garantia no emprego, já que a comunicação, apesar de fora do prazo legal, foi feita na vigência do contrato.

B) O sindicato não observou o prazo legal para comunicação, motivo pelo qual a dispensa não pode ser considerada ilícita nem discriminatória, prevalecendo a ruptura.

C) A jurisprudência é omissa, razão pela qual faculta-se ao empregador aceitar ou não a comunicação.

D) É irrelevante que a comunicação da eleição tenha sido feita, já que a responsabilidade do empregador é objetiva.

↓RESPOSTA

Alternativa Letra A.

Súmula nº 369, item I, TST.

06. (ESAF – MTE – Auditor-Fiscal do Trabalho/2006) No contexto do Direito Coletivo do Trabalho, é correto afirmar que:

A) o empregador deve observar as vantagens alcançadas pela categoria profissional diferenciada, e que se incorporam aos respectivos contratos de trabalho, mesmo que não signatário do instrumento coletivo correspondente, considerando a prevalência da norma mais benéfica.

B) no contexto da norma mais favorável, mesmo que sobrevenha legislação versando sobre política salarial, prevalecem os reajustes previstos em norma coletiva anteriormente firmada.

C) no caso de empregado pertencente a categoria profissional diferenciada, eleito dirigente sindical, a prevalência do direito à estabilidade está condicionada ao exercício na empresa empregadora de atividade pertinente a tal categoria, sob pena de esvaziamento da representatividade que é pertinente a tal garantia de emprego.

D) a compensação de jornada de trabalho pode ser versada tanto em acordo individual, tácito ou expresso, quanto em instrumento coletivo, porquanto o próprio contrato de trabalho prescinde de forma prescrita em lei.

E) à vista da prevalência dos acordos e convenções coletivos de trabalho, é possível a redução do período pertinente à estabilidade concedida à empregada gestante, porquanto as cláusulas devem ser interpretadas em seu conjunto, e não isoladamente.

↓RESPOSTA

Alternativa Letra C.
Súmula nº 369, III do TST.

07. (TRT 2 - Juiz do Trabalho Substituto 2ª região/2016) Em se tratando de estabilidade e garantias provisórias de emprego, considerando a legislação vigente e a jurisprudência sumulada do Tribunal Superior do Trabalho, analise as seguintes proposições:

I - Os titulares da representação dos empregados na CIPA não poderão sofrer despedida arbitrária, entendendo-se como tal a que não se fundar em motivo disciplinar, técnico, econômico ou financeiro.

II - A empregada gestante goza de estabilidade desde a confirmação da gravidez até cinco meses após o parto.

III – O empregado de categoria diferenciada eleito dirigente sindical só goza de estabilidade se exercer na empresa atividade pertinente à categoria profissional do sindicato para o qual foi eleito dirigente.

IV – O segurado que sofreu acidente de trabalho tem garantida, pelo prazo mínimo de doze meses, a manutenção do seu contrato de trabalho na empresa, após a cessação do auxílio-doença acidentário, independentemente de percepção de auxílio-acidente.

V – Exaurido o período de estabilidade, são devidos ao empregado apenas os salários do período compreendido entre a data da despedida e o final do período de estabilidade, não lhe sendo assegurada a reintegração no emprego.

Responda:

A) Somente as proposições I, II e IV estão corretas.

B) Somente as proposições III e IV estão incorretas.

C) Somente as proposições I, III e V estão corretas.

D) Somente as proposições II e V estão incorretas.

E) Todas as proposições estão corretas.

↓RESPOSTA

Alternativa Letra E.

I – Art. 10, II, "a", ADCT.
II – Art. 10, II, "b", ADCT.
III – Súmula nº 369, III, do TST.
IV – Art. 118 da Lei nº 8.213/1991.
V – Súmula nº 396, I, do TST;

08. (FCC - Juiz do Trabalho Substituto 1ª região/2014) NÃO caracteriza prática ou conduta antissindical

A) o privilégio para os empregados sindicalizados para a admissão nos trabalhos de empresa que explore serviços públicos.

B) a dispensa imotivada do empregado dirigente sindical, na hipótese da empregadora extinguir a atividade empresarial no âmbito da base territorial do sindicato.

C) a divulgação interna entre empresas de empregados com atuação sindical significativa.

D) a retenção de contribuição associativa por parte do empregador.

E) a cláusula inserida em acordo coletivo de trabalho que fixa índice percentual de desconto assistencial mais oneroso para os empregados não associados ao sindicato.

RESPOSTA

Alternativa Letra B.

Súmula nº 369, IV do TST.

09. (TRT 8 - Juiz do Trabalho Substituto 8ª região/2015) Com relação ao modelo sindical brasileiro, é CORRETO afirmar, à luz da legislação pertinente e da jurisprudência consolidada do TST:

A) São integrantes de categoria diferenciada apenas os trabalhadores que tenham lei que regulamente sua profissão. A convenção coletiva só atingirá a categoria diferenciada se o sindicato que a representa tiver participado, já que o negócio jurídico só faz lei entre as partes convenentes.

B) Considera-se central sindical a entidade de representação de trabalhadores, constituída em âmbito nacional, composta por organizações sindicais de trabalhadores e que devem obter a filiação de sindicatos que representem, no mínimo, dez por cento do total de empregados sindicalizados em âmbito nacional.

C) Subsiste a estabilidade do dirigente sindical quando se extingue a atividade empresarial no âmbito da base territorial do sindicato. Neste caso, o período de estabilidade faltante deverá ser indenizado ao empregado, uma vez que não é possível sua reintegração.

D) O empregado candidato a cargo de dirigente sindical com inscrição realizada no período de aviso prévio, não é beneficiário da estabilidade provisória prevista no art. 8°, VIII da Constituição Federal.

E) A Assembleia Geral fixará a contribuição para custeio do sistema confederativo da representação sindical respectiva, independentemente da contribuição prevista em lei, de caráter obrigatório para todos os membros da categoria.

RESPOSTA

Alternativa Letra D.

Súmula nº 369, V, do TST.

10. (FCC - Juiz do Trabalho Substituto 6ª região/2015) Em relação às garantias aos dirigentes sindicais, é INCORRETO afirmar que

A) o dirigente sindical somente poderá ser dispensado por falta grave mediante a apuração em inquérito judicial.

B) a estabilidade do empregado dirigente sindical é assegurada desde que o empregador tome ciência do registro da candidatura ou da eleição e da posse do mesmo, por qualquer meio, na vigência do contrato de trabalho.

C) a estabilidade é assegurada a todos os componentes da diretoria do sindicato, inclusive aos suplentes.

D) o empregado de categoria diferenciada eleito dirigente sindical só goza de estabilidade se exercer na empresa atividade pertinente à categoria profissional do sindicato para o qual foi eleito dirigente.

E) havendo extinção da atividade empresarial no âmbito da base territorial do sindicato, não há razão para subsistir a estabilidade.

RESPOSTA

Alternativa Letra C.

Súmula nº 369, II, do TST.

11. (FCC - Juiz do Trabalho Substituto 24ª região/2015) Em relação à estabilidade do dirigente sindical, de acordo com a Consolidação das Leis do Trabalho - CLT e da jurisprudência consolidada do Colendo Tribunal Superior do Trabalho, assinale a alternativa correta:

A) É assegurada a estabilidade provisória ao empregado dirigente sindical, desde que a comunicação do registro da candidatura ou da eleição e da posse seja realizada dentro do prazo previsto no art. 543, § 5o, da CLT.

B) O art. 522 da CLT foi recepcionado pela Constituição Federal de 1988. Fica limitada, assim, a estabilidade a que alude o art. 543, § 3o, da CLT a dez dirigentes sindicais titulares.

C) O empregado de categoria diferenciada eleito dirigente sindical só goza de estabilidade se exercer na empresa atividade pertinente à categoria profissional do sindicato para o qual foi eleito dirigente.

D) Mesmo havendo extinção da atividade empresarial no âmbito da base territorial do sindicato, subsiste a estabilidade do dirigente sindical, pois que amparado por norma de ordem pública.

E) O registro da candidatura do empregado a cargo de dirigente sindical durante o período de aviso prévio, ainda que indenizado, lhe assegura a estabilidade, visto que aplicável a regra do § 3o do art. 543 da Consolidação das Leis do Trabalho.

↓RESPOSTA

Alternativa Letra C.

Súmula nº 369, III, do TST.

12. (TRT 8 - Juiz do Trabalho Substituto 8ª região/2015) A respeito da estabilidade e das garantias provisórias de emprego, analise as proposições abaixo e assinale a alternativa CORRETA:

I. O direito à estabilidade do dirigente sindical prescinde da comunicação, pela entidade sindical, do registro de candidatura do empregado ao empregador.

II. Ao empregado, dirigente sindical, é assegurada a estabilidade provisória desde que seja eleito por sindicato de categoria diferenciada, independentemente da atividade desenvolvida na empresa.

III. São detentores de garantia de emprego os empregados de empresas que sejam eleitos diretores de sociedades cooperativas pelos mesmos criadas.

IV. Ajuizada a ação trabalhista após exaurido o período de estabilidade provisória, é facultado ao empregado que foi ilicitamente dispensado optar pelo pagamento dos salários do período compreendido entre a data da despedida e o final do período de estabilidade, ou pela reintegração ao emprego, com a garantia de permanência mínima equivalente ao período da estabilidade.

V. A dispensa de trabalhador reabilitado ou de deficiente habilitado ao final de contrato por prazo determinado de mais de 90 (noventa) dias, e a imotivada, no contrato por prazo indeterminado, só poderá ocorrer após a contratação de substituto de condição semelhante.

A) Somente as alternativas I, II e III estão corretas.

B) Somente as alternativas III, IV e V estão corretas.

C) Somente as alternativas II e III estão corretas.

D) Somente as alternativas III e V estão corretas.

E) Somente as alternativas II, III e IV estão corretas.

↓RESPOSTA

Alternativa Letra D.

I – Súmula nº 369, I, do TST.

II – Súmula nº 369, III, do TST.

III – art. 55, Lei nº 5.764/1971.

IV – Súmula nº 396, I, do TST.

V – art. 93, § 1º, Lei nº 8.213/1991 – Redação dada pela Lei nº 13.146/2015

13. (Juiz do Trabalho Substituto - TRT 3ª região/ 2012) Ainda sobre a estabilidade e a garantia de emprego, leia as afirmações abaixo e, em seguida, assinale a alternativa correta, de acordo com a lei e a jurisprudência cristalizada do Tribunal Superior do Trabalho:

I. O ajuizamento de ação trabalhista após decorrido o período de garantia de emprego configura abuso do exercício do direito de ação, ressalvada a hipótese de absoluta impossibilidade de acesso ao Judiciário.

II. A estabilidade provisória dos empregados eleitos diretores de cooperativas abrange os suplentes.

III. O membro de conselho fiscal de sindicato não tem direito a estabilidade legal provisória, porquanto não representa ou atua na defesa de direitos da categoria respectiva, tendo sua competência limitada à fiscalização da gestão financeira do sindicato.

IV. O delegado sindical é beneficiário da estabilidade provisória, que é dirigida àqueles que exerçam ou ocupem cargos de direção nos sindicatos, submetidos a processo eletivo.

V. O empregado de categoria diferenciada eleito dirigente sindical só goza de estabilidade se exercer na empresa atividade pertinente à categoria profissional do sindicato para o qual foi eleito dirigente.

A) Somente as afirmativas III e V estão corretas.

B) Somente a afirmativa II está correta

C) Somente as afirmativas I e II estão corretas

D) Somente as afirmativas I, II, e V estão corretas

E) Somente as afirmativas II, III e IV estão corretas

↓RESPOSTA

Alternativa Letra A.
III – OJ nº 365 da SDI-I.
V – Súmula nº 369, III do TST.

14. (Juiz do Trabalho Substituto – TRT 21ª região/ 2012) À luz do entendimento pacificado pelo TST, analise as assertivas abaixo, assinalando, a seguir, a alternativa correta:

I. ajuizada a ação trabalhista após exaurido o período de estabilidade provisória, é facultado ao empregado que foi ilicitamente dispensado optar pelo pagamento dos salários do período compreendido entre a data da despedida e o final do período de estabilidade, ou pela reintegração ao emprego, com a garantia de permanência mínima equivalente ao período da estabilidade;

II. o desconhecimento do estado gravídico pelo empregador afasta o direito ao pagamento da indenização decorrente da estabilidade da gestante;

III. extinto o estabelecimento, é indevida qualquer indenização do período estabilitário ao suplente da CIPA;

IV. o empregado de categoria diferenciada eleito dirigente sindical só goza de estabilidade se exercer na empresa atividade pertinente à categoria profissional do sindicato para o qual foi eleito dirigente;

V. são requisitos obrigatórios para a concessão da estabilidade decorrente do acidente de trabalho o afastamento superior a 15 dias e a consequente percepção do auxílio doença acidentário, ainda que, após a despedida, seja constatada doença profissional que guarde relação de causalidade com a execução do contrato de emprego.

A) apenas a assertiva I está correta;

B) apenas as assertivas II e III estão corretas;

C) apenas as assertivas IV e V estão corretas;

D) apenas as assertivas III e IV estão corretas;

E) nenhuma assertiva está correta

↓RESPOSTA

Alternativa Letra D.
III – Súmula nº 339, II do TST.
IV – Súmula nº 369, III do TST.

15. (Juiz do Trabalho Substituto – TRT 16ª região/ 2011) Analise as afirmativas e assinale a alternativa incorreta:

A) Consoante a jurisprudência do Tribunal Superior do Trabalho, a ausência de comunicação ao empregador do registro da candidatura do empregado a dirigente sindical no prazo de vinte e quatro horas do registro é condição impeditiva para aquisição da estabilidade.

B) A empregadora que possui empregados pertencentes a categorias diferenciadas não está sujeita a normas coletivas advindas de acordo ou convenção coletiva instituídas em favor desses empregados quando deles não participou, nem sequer por meio da entidade sindical a que pertence.

C) As condições de trabalho alcançadas por força de sentença normativa, convenção ou acordos coletivos vigoram no prazo assinado, não integrando, de forma definitiva, os contratos individuais de trabalho.

D) As associações profissionais distinguem-se dos sindicatos porque não representam a categoria, e apenas seus membros, e não detêm as prerrogativas de celebrar Acordo ou Convenção Coletiva de Trabalho, tampouco suscitar dissídio coletivo ou representar perante a assembleia de credores da falência seus associados titulares de créditos oriundos da legislação trabalhista ou de acidente de trabalho que não comparecerem pessoalmente ou por intermédio de procuradores.

E) A jurisprudência tem negado o direito de sindicalização dos empregados de sindicato, porque a criação indiscriminada de sindicato de empregados de entidades sindicais terá como limite o infinito, embora disponha o art. 526 da CLT que a estes empregados restam garantidos os preceitos das leis de proteção do trabalho, da previdência social e o direito de associação em sindicato.

↓ RESPOSTA

Alternativa Letra A.
Súmula nº 369, I do TST.

16. (MPT – Procurador do Trabalho/2015) Analise as seguintes assertivas:

1) Segundo a jurisprudência do TST, o registro da candidatura do empregado a cargo de dirigente sindical durante o período de aviso prévio, ainda que indenizado, não lhe assegura a estabilidade.

2) O dirigente sindical não pode ser transferido para lugar que dificulte o exercício de suas funções sindicais, mas, se for transferido e a isso não se opuser, incorrerá em renúncia tácita ao mandato sindical.

3) Conforme o TST, o empregado eleito representante dos trabalhadores, na empresa com mais de 200 (duzentos) empregados, na forma do art. 11 da Constituição da República, goza das mesmas garantias legais destinadas pelo art. 543 da CLT aos representantes sindicais, inclusive a estabilidade provisória e inamovibilidade.

4) Na empresa onde houver representante eleito pelos trabalhadores, na forma do art. 11 da Constituição da República, a ele incumbirá com prioridade exercer a representação dos trabalhadores perante o sindicato da respectiva categoria econômica, inclusive para efeito de celebração de acordo coletivo de trabalho.

Marque a alternativa CORRETA:

a) todas as assertivas são corretas;

b) somente a assertiva 4 é incorreta;

c) somente a assertiva 2 é incorreta;

d) as assertivas 1 e 3 são incorretas.

e) Não respondida.

↓ RESPOSTA

Alternativa Letra B.

I – Súmula nº 369, V, TST.

II – art. 543, § 1º, CLT.

III – Art. 11 da CF/88 e Precedente Normativo nº 86 do TST.

IV – art. 611, § 1º, CLT.

17. (MPT – Procurador do Trabalho/2013) Considerando as normas constitucionais e a jurisprudência consolidada do STF e do TST em matéria sindical, examine as proposições abaixo:

I. A participação de governos estaduais nas negociações entre as entidades sindicais de trabalhadores e empregadores para atualização dos pisos salariais ofende o princípio da autonomia sindical e extrapola os contornos da competência legislativa delegada pela União.

II. É constitucional a isenção da contribuição sindical patronal para as empresas inscritas no "Simples", pois a tutela constitucional concedida às empresas de pequeno porte (art. 170, IX, da CF/88) sobreleva-se à autonomia e à liberdade sindical de empregados e empregadores também protegidas pela Constituição.

III. O registro da candidatura do empregado a cargo de dirigente sindical durante o período de aviso prévio, ainda que indenizado, assegura-lhe a estabilidade provisória.

IV. A estabilidade sindical provisória deve ser reconhecida aos diretores eleitos na assembleia constitutiva da entidade sindical, desde, pelo menos, a data do pedido de registro no Ministério do Trabalho. Da exigência do registro para o aperfeiçoamento da constituição do sindicato, não cabe inferir que só a partir dele estejam os seus dirigentes ao abrigo da estabilidade sindical.

Marque a alternativa CORRETA:

A) apenas as assertivas I, II e IV estão corretas;

B) apenas as assertivas I e III estão corretas;

C) apenas as assertivas II e IV estão corretas;

D) todas as assertivas estão corretas;

E) não respondida.

RESPOSTA

Alternativa Letra A.

III – Súmula nº 369, V, TST.

IV – Súmula nº 369, I, TST.

4. GESTANTE

SÚMULA Nº 244 DO TST

Gestante. Estabilidade provisória

I – O desconhecimento do estado gravídico pelo empregador não afasta o direito ao pagamento da indenização decorrente da estabilidade (art. 10, II, "b" do ADCT).

II – A garantia de emprego à gestante só autoriza a reintegração se esta se der durante o período de estabilidade. Do contrário, a garantia restringe-se aos salários e demais direitos correspondentes ao período de estabilidade.

III – A empregada gestante tem direito à estabilidade provisória prevista no art.10, inciso II, alínea "b", do Ato das Disposições Constitucionais Transitórias, mesmo na hipótese de admissão mediante contrato por tempo determinado.

OJ Nº 399 DA SDI – I DO TST

Estabilidade provisória. Ação trabalhista ajuizada após o término do período de garantia no emprego. Abuso do exercício do direito de ação. Não configuração. Indenização devida.

O ajuizamento de ação trabalhista após decorrido o período de garantia de emprego não configura abuso do exercício do direito de ação, pois este está submetido apenas ao prazo prescricional inscrito no art. 7º, XXIX, da CF/1988, sendo devida a indenização desde a dispensa até a data do término do período estabilitário.

OJ Nº 30 DA SDC DO TST

Estabilidade da gestante. Renúncia ou transação de direitos constitucionais. Impossibilidade.

Nos termos do art. 10, II, "b", do ADCT, a proteção à maternidade foi erigida à hierarquia constitucional, pois retirou do âmbito do direito potestativo do empregador a possibilidade de despedir arbitrariamente a empregada em estado gravídico. Portanto, a teor do artigo 9º, da CLT, torna-se nula de pleno direito a cláusula que estabelece a possibilidade de renúncia ou transação, pela gestante, das garantias referentes à manutenção do emprego e salário.

OJ Nº 44 DA SDI – I DO TST

Gestante. Salário maternidade

É devido o salário maternidade, de 120 dias, desde a promulgação da CF/1988, ficando a cargo do empregador o pagamento do período acrescido pela Carta.

QUESTÕES

01. (FCC – Técnico Judiciário – Área Administrativa - TRT 4/2015) Frederica celebrou contrato de trabalho por tempo determinado para trabalhar na empresa S. Durante o período do referido contrato, Frederica descobriu que está grávida. Neste caso, de acordo com o entendimento sumulado do TST, Frederica

(A) só terá direito a estabilidade provisória se foi previamente acordado pelas partes no contrato admissional as causas de estabilidade gestacional, independentemente de previsão em norma coletiva.

(B) não terá direito a estabilidade provisória, tendo em vista que a estabilidade decorrente da gravidez só existe para os contratos de trabalho com prazo indeterminado.

(C) terá direito a estabilidade provisória independentemente de seu contrato de trabalho ser por prazo determinado.

(D) só terá direito a estabilidade provisória se foi previamente acordado pelas partes no contrato admissional as causas de estabilidade gestacional, bem como se estiver previsto em norma coletiva.

(E) só terá direito a estabilidade gestacional se estiver previsto em norma coletiva, independentemente de prévio acordo entre as partes.

↓ RESPOSTA

Alternativa Letra C.

Súmula nº 244, III, do TST.

02. (FCC – Analista Judiciário – Oficial de Justiça Avaliador - TRT 3/2015) Joana foi contratada a título de experiência em 13 de agosto de 2014, para exercer a função de recepcionista. Em 18 de novembro de 2014, quando da extinção do contrato de experiência, Joana pleiteou a manutenção no emprego em razão de sua gravidez, mas não entregou ao empregador qualquer atestado que confirmasse a informação. Diante de tal situação, o contrato de trabalho de Joana

A) está extinto de pleno direito, tendo em vista o vencimento do contrato de experiência.

B) está extinto de pleno direito, tendo em vista o fato de a gravidez não ter sido comprovada documentalmente para o empregador.

C) está extinto de pleno direito, tendo em vista que o contrato de experiência não gera direito à estabilidade no emprego em razão de gravidez da empregada.

D) não pode ser extinto, tendo em vista a estabilidade provisória no emprego decorrente da gravidez, sendo irrelevantes os fatos de não ter sido entregue ao empregador qualquer atestado que confirmasse a gravidez e de o contrato ter sido celebrado na modalidade de experiência.

E) não pode ser extinto até que a gravidez seja confirmada por meio de atestado específico, gerando o contrato de experiência efeitos até esse momento.

↓ RESPOSTA

Alternativa Letra D.

Súmula nº 244, I, do TST.

03. (CESPE – Analista Judiciário – Administrativa – TRT 10/2013) Julgue os itens seguintes, referentes ao contrato de emprego.

1) Considere a seguinte situação hipotética.

   Cinco meses depois de ser contratada pelo empregador Alfa, Maria engravidou. Quanto ela estava no terceiro mês de gravidez, Alfa, que não sabia dessa gravidez, manifestou o desejo de desfazer o vínculo empregatício com Maria.

   Nessa situação hipotética, e para casos a ela semelhantes, adotou-se como regra a chamada teoria objetiva, sendo relevante para a configuração da estabilidade provisória de Maria apenas a confirmação da gravidez por ela própria, pouco importando se Alfa tinha ou não conhecimento do estado gravídico da obreira.

↓ RESPOSTA

Item certo.
Súmula nº 244, I, TST.

04. (CESPE – Analista Judiciário – Exec. Mandados – TRT 10/2013) No que se refere às estabilidades provisórias, julgue os itens que se seguem à luz do entendimento sumulado pelo Tribunal Superior do Trabalho.

1) A estabilidade provisória da gestante, decorrente da previsão insculpida em artigo do Ato das Disposições Constitucionais Transitórias, se aplica aos contratos por prazo determinado e indeterminado.

2) O registro da candidatura do empregado a cargo de dirigente sindical lhe assegura a estabilidade, ainda que tal registro se dê durante o período de aviso prévio.

3) A indenização pelo não deferimento das férias no tempo oportuno deverá ser calculada com base na remuneração devida ao empre-

gado na época em que este completou seu período aquisitivo.

↓RESPOSTA

Item I. Anulado. Súmula nº 244, item III, TST.

Item II. Errado. Súmula nº 369, item V, TST.

Item III. Errado. Súmula nº 7 do TST.

05. (FCC - Juiz do Trabalho Substituto 15ª região/2015) Isabel trabalhou como Secretária para a empresa "A" apenas durante contrato de experiência de noventa dias. Dois meses após tal data, Isabel teve conhecimento de que, quando da extinção do contrato de experiência, estava grávida, e imediatamente informou seu ex-empregador e seu sindicato. As partes foram orientadas que, com base no disposto em cláusula da convenção coletiva da categoria, poderiam firmar acordo perante a Comissão de Conciliação Prévia, recebendo Isabel uma indenização compensatória e transigindo sobre o período estabilitário. Com base em entendimento pacificado do TST,

(A) um acordo firmado nestes moldes seria válido de pleno direito, uma vez que prevista tal possibilidade em norma coletiva, estando assistida a gestante pelo seu sindicato de classe e firmada a transação perante Comissão de Conciliação Prévia, não tendo sido noticiada qualquer ressalva quanto à matéria acordada.

(B) a empresa não tem obrigação de pagar salários e demais direitos decorrentes do período estabilitário, tendo em vista que a própria gestante desconhecia seu estado gravídico na data da rescisão contratual de trabalho, não tendo, portanto, informado seu empregador em tempo hábil.

(C) um acordo firmado nestes moldes não produziria efeitos jurídicos, sendo nula de pleno direito a transação, uma vez que a cláusula normativa que estabelece a possibilidade de renúncia ou transação, pela gestante, das garantias à manutenção do emprego e salário não é considerada legítima em face dos direitos constitucionais à estabilidade provisória no emprego.

(D) a empresa não está obrigada a arcar com os salários e consectários legais do período da estabilidade decorrente da gravidez, uma vez que Isabel estava dentro de seu contrato de experiência, considerado contrato de trabalho a termo, incompatível com o instituto da estabilidade que objetiva a continuidade do vínculo empregatício o que não se coaduna com a essência do contrato a prazo, que encerra-se com o advento do termo final ou da condição resolutiva.

(E) um acordo firmado nestes moldes seria válido de pleno direito, uma vez que prevista tal possibilidade em norma coletiva, estando assistida a gestante pelo seu sindicato de classe e firmada a transação perante Comissão de Conciliação Prévia, desde que o procedimento fosse feito ainda dentro do prazo do período da estabilidade provisória no emprego, senão, haveria a renúncia de tal período por Isabel, por não exercê-lo dentro do prazo legal.

↓RESPOSTA

Alternativa Letra C.

Súmula nº 244, I e III, do TST.

06. (FCC - Juiz do Trabalho Substituto 1ª região/2015) Em relação ao sistema de estabilidade e garantia no emprego, de acordo com o entendimento sumulado do Tribunal Superior do Trabalho, considere:

I. A estabilidade provisória do cipeiro não constitui vantagem pessoal, mas garantia para as atividades dos membros da CIPA, que somente tem razão de ser quando em atividade a empresa. Extinto o estabelecimento, não se verifica a despedida arbitrária, sendo impossível a reintegração e indevida a indenização do período estabilitário.

II. A empregada gestante tem direito à estabilidade provisória prevista no art. 10, inciso II, alínea ' 'b", do Ato das Disposições Constitucionais Transitórias, mesmo na hipótese de admissão mediante contrato por tempo determinado.

III. O desconhecimento do estado gravídico pelo empregador não afasta o direito ao pagamento da indenização decorrente da estabilidade (art. 10, II, "b" do ADCT).

IV. A garantia de emprego à gestante só autoriza a reintegração se esta se der durante o período de estabilidade. Do contrário, a garantia restringe-se aos salários e demais direitos correspondentes ao contrato de trabalho.

Está correto o que se afirma APENAS em

(A) I, II e III.

(B) I e IV.

(C) II, III e IV.

(D) III e IV.

(E) I e II.

↓RESPOSTA

Alternativa Letra A.

I – Súmula nº 339, II, do TST.

II – Súmula nº 244, III, do TST.

III – Súmula nº 244, I, do TST.

IV – Súmula nº 244, II, do TST.

07. (TRT 8 – Juiz do Trabalho Substituto 8ª região/ 2013) Com relação à estabilidade e garantias provisórias de emprego, é CORRETO afirmar que:

A) A confirmação do estado de gravidez advindo no curso do contrato de trabalho, ainda que durante o prazo do aviso prévio trabalhado ou indenizado, garante à empregada gestante a estabilidade provisória prevista na alínea b do inciso II do art. 10 do Ato das Disposições Constitucionais Transitórias, bem como na hipótese de admissão mediante contrato por tempo determinado.

B) A estabilidade provisória tem como escopo limitar temporariamente o direito potestativo de resilição contratual, visando propiciar ao seu destinatário o exercício de direitos fundamentais. Todavia, predomina o entendimento no Tribunal Superior do Trabalho de que o contrato de trabalho cessa com o encerramento das atividades empresariais, cessando, por consequência, todo e qualquer espécie de estabilidade provisória.

C) Segundo súmula do Tribunal Superior do Trabalho, o servidor público celetista da administração direta, autárquica ou fundacional, nomeado para cargo em provimento efetivo em virtude de aprovação em concurso público, é beneficiário da estabilidade, após dois anos de efetivo serviço. Todavia, ao empregado de empresa pública e sociedade de economia mista, mesmo que admitido mediante aprovação em concurso público, não é garantida a aludida estabilidade, inclusive sua despedida não precisa ser motivada.

D) É vedada a dispensa de todos os trabalhadores membros da Comissão de Conciliação Prévia, titulares e suplentes, até um ano após o final do mandato, salvo se cometerem falta grave, nos termos da lei.

E) Segundo súmula do Tribunal Superior do Trabalho a equivalência entre os regimes do Fundo de Garantia do Tempo de Serviço e da estabilidade prevista na CLT é jurídica e econômica, sendo, portanto, devidos valores a título de reposição de diferenças.

↓RESPOSTA

Alternativa Letra A.

Súmula nº 244, III, TST.

08. (TRT 15 – Juiz do Trabalho Substituto 15ª região/ 2013) Pensando, juridicamente, a maternidade a partir do poema de Eduardo de Paula Barreto, "Que a única dor da maternidade se restrinja à do parto", à luz da jurisprudência dominante, é incorreto dizer:

A) à mulher grávida é facultado, mediante atestado médico, romper o compromisso resultante de qualquer contrato de trabalho, desde que este seja prejudicial à gestação;

B) em caso de aborto não criminoso, comprovado por atestado médico específico, a empregada tem direito a duas semanas de salário-maternidade;

C) a Declaração Universal dos Direitos Humanos preconiza que a maternidade e a infância têm direito à ajuda e à assistência especiais, estabelecendo que todas as crianças, nascidas dentro ou fora do matrimônio, gozam da mesma proteção social;

D) é objetiva a responsabilidade do empregador no que se refere à estabilidade da empregada gestante, prevista no ADCT, da Constituição Federal;

E) a empregada gestante tem direito à estabilidade provisória prevista no artigo 10, inciso

II, alínea "b", do ADCT, salvo na hipótese de admissão mediante contrato por tempo determinado.

RESPOSTA

Alternativa Letra E.
Súmula nº 244, III, TST.

09. (TRT 15 – Juiz do Trabalho Substituto 15ª região/ 2013) Sobre a renúncia e a transação no Direito do Trabalho, é correto afirmar:

A) o aviso prévio proporcional, tratando-se de uma vantagem pessoal, comporta renúncia por parte do trabalhador, não se exigindo condição de validade para tanto;

B) o princípio da irrenunciabilidade do Direito do Trabalho, voltado a proteção do trabalhador, não se aplica no caso de relações de emprego firmadas junto a empresas de pequeno porte, dada a situação de hipossuficiência econômica que a atinge;

C) é nula de pleno direito, conforme entendimento jurisprudencial majoritário, cláusula coletiva que venha a estabelecer qualquer procedimento que induza a renúncia das garantias de manutenção do emprego e salário por parte de empregada gestante;

D) a renúncia ocorrida após a cessação do contrato de trabalho é lícita, na medida em que o trabalhador não mais se encontra juridicamente subordinado, mesmo em se tratando de questão de ordem pública;

E) segundo entendimento jurisprudencial dominante é possível ao cipeiro transigir com seu empregador a garantia de emprego, mediante o recebimento de valor negociado referente ao período da estabilidade provisória;

RESPOSTA

Alternativa Letra C.
OJ nº 30 da SDC.

10. (Juiz do Trabalho Substituto – TRT 15ª região/ 2011) A respeito das estabilidades provisórias, indique a alternativa que não representa o entendimento majoritário do TST:

A) a estabilidade do cipeiro não subsiste em caso de extinção do estabelecimento, por não constituir vantagem pessoal;

B) o empregado de categoria diferenciada eleito dirigente sindical só goza de estabilidade se exercer na empresa atividade pertinente á categoria profissional do sindicato para o qual foi eleito dirigente;

C) o ajuizamento de ação trabalhista após decorrido o período de garantia de emprego configura abuso do exercício do direito de ação, não sendo devida a indenização desde a dispensa até a data do término do período estabilitário;

D) preenchidos os pressupostos para a aquisição de estabilidade decorrente de acidente ou doença profissional, ainda durante a vigência do instrumento normativo, goza o empregado de estabilidade mesmo após o término da vigência deste;

E) a lei assegura a garantia de emprego apenas aos empregados eleitos diretores de cooperativas, não abrangendo os suplentes.

RESPOSTA

Alternativa Letra C.
OJ nº 399 da SDI-I.

11. (Juiz do Trabalho Substituto – TRT 15ª região/ 2011) Assinale a alternativa correta:

A) o empregado eleito para o cargo de administração sindical tem direito à estabilidade conferida ao dirigente sindical, ainda que sua candidatura tenha sido registrada no decorrer do aviso prévio;

B) o empregado eleito para o cargo de administração sindical tem direito à estabilidade conferida ao dirigente sindical, mesmo na hipótese de extinção do estabelecimento no âmbito da base territorial do sindicato;

C) o direito à estabilidade do dirigente sindical prescinde da comunicação, pela entidade sindical, do registro da candidatura do empregado ao empregador;

D) o direito à garantia de emprego conferida à empregada gestante prescinde da prévia ciência do estado gestacional pelo empregador;

E) na hipótese de rescisão antecipada do contrato de experiência, a empregada gestante detém garantia de emprego.

↓RESPOSTA

Alternativa Letra D.
Súmula nº 244, I do TST.

12. (MPT – Procurador do Trabalho/2013) Em relação ao trabalho da mulher, analise os itens abaixo:

I. A Lei Maria da Penha assegura à mulher vítima de abuso, mediante provimento judicial, a manutenção do vínculo de emprego, quando necessário o afastamento do local de trabalho, por até seis meses.

II. Consoante jurisprudência sumulada do TST a empregada gestante em contrato de experiência tem direito à estabilidade.

III. Pelo texto da legislação trabalhista consolidada o aborto, criminoso ou não, dá à empregada direito a duas semanas de repouso remuneradas.

IV. A empregada que oportunamente requer a licença maternidade de 180 dias, tendo a empresa aderido ao Programa Empresa Cidadã, não pode exercer atividade remunerada no período de prorrogação, a não ser em contrato de trabalho anteriormente firmado, sob pena de perda do direito à prorrogação.

Marque a alternativa CORRETA:

A) todas as assertivas estão corretas;

B) apenas as assertivas II, III e IV estão corretas;

C) apenas as assertivas I, II e III estão corretas;

D) apenas as assertivas I, II e IV estão corretas;

E) não respondida.

↓RESPOSTA

Alternativa Letra D.
I – Correta. Art. 9º, § 2º, Lei nº 11.340/2006.
II – Correta. Súmula nº 244, item III, TST.
III – Incorreta. Art. 395, CLT.
IV – Correta. Art. 1º e 4º, Lei nº 11.770/2008.

5. EMPREGADO REPRESENTANTE DA CIPA

SÚMULA Nº 339 DO TST

CIPA. Suplente. Garantia de emprego. CF/1988

I – O suplente da CIPA goza da garantia de emprego prevista no art. 10, II, "a", do ADCT a partir da promulgação da Constituição Federal de 1988.

II – A estabilidade provisória do cipeiro não constitui vantagem pessoal, mas garantia para as atividades dos membros da CIPA, que somente tem razão de ser quando em atividade a empresa. Extinto o estabelecimento, não se verifica a despedida arbitrária, sendo impossível a reintegração e indevida a indenização do período estabilitário.

⊙ QUESTÕES

01. (FCC – Analista Judiciário – Área Judiciária - TRT 3/2015) Matheus trabalha na filial da empresa X, na cidade de Juiz de Fora. Em 24 de março de 2015 foi eleito membro da CIPA. Entretanto, no dia 28 de maio de 2015, o estabelecimento em que trabalhava foi extinto e ele foi dispensado sem justa causa. Em relação a essa situação,

(A) a dispensa é inválida, pois a estabilidade de membro eleito da CIPA tem por fundamento o interesse coletivo dos trabalhadores que representa.

(B) a dispensa é válida, sendo certo que a estabilidade do cipeiro não constitui vantagem pessoal, mas garantia para as atividades dos membros da CIPA, que somente tem razão de ser quando em atividade a empresa. Extinto o estabelecimento, não se verifica a despedida arbitrária.

(C) a dispensa é inválida, pois a estabilidade do cipeiro constitui vantagem pessoal que independe da atividade da empresa.

(D) havendo membro eleito da CIPA no estabelecimento, o mesmo não pode ser extinto, sob pena de afronta à garantia fundamental de permanência no emprego assegurada ao cipeiro.

(E) a dispensa é válida, mas a empresa terá que pagar ao empregado indenização equivalente ao período faltante para o término da estabilidade, pela metade.

RESPOSTA

Alternativa Letra B.

Súmula nº 339, item II, do TST.

02. (FCC - Analista Judiciário - Oficial de Justiça Avaliador Federal - TRT 15/2013) Rogério, empregado da empresa "ASD Ltda." foi eleito para o cargo de direção da CIPA (Comissão Interna de Prevenção de Acidente). Durante o seu mandato, a referida empresa encerrou as suas atividades em razão da morte de um de seus sócios, uma vez que ficou inviabilizada a continuação de suas atividades. Neste caso,

A) Rogério terá direito a indenização do período estabilitário, uma vez que possui estabilidade desde o registro de sua candidatura até um ano após a proclamação do resultado das eleições.

B) cessou a estabilidade de Rogério, que não fará jus a indenização do período estabilitário.

C) Rogério só terá direito a indenização do período estabilitário se houver transcorrido mais da metade de seu mandato.

D) Rogério terá direito a indenização do período estabilitário, uma vez que possui estabilidade desde o registro de sua candidatura até um ano após o final de seu mandato.

E) Rogério terá direito a indenização do período estabilitário, uma vez que possui estabilidade desde o registro de sua candidatura até seis meses após o final de seu mandato.

RESPOSTA

Alternativa Letra B.

Súmula nº 339, item II, do TST.

03. (FCC - TRT 23 - Analista Judiciário/2011) Simone trabalha na empresa X e é membro da CIPA. Considerando a grave crise econômica que a empresa está passando, a mesma extinguiu o estabelecimento, dispensando todos os funcionários, inclusive Simone. Neste caso,

A) é garantida a indenização a Simone, já que é vedada a sua dispensa sem justa causa desde o registro de sua candidatura até um ano após o final de seu mandato.

B) extinto o estabelecimento, não se verifica a despedida arbitrária de Simone, sendo impossível a reintegração e indevida a indenização do período estabilitário.

C) é garantida indenização a Simone, já que é vedada a sua dispensa sem justa causa desde o resultado das eleições até um ano após o final de seu mandato.

D) é garantida indenização a Simone, já que é vedada a sua dispensa sem justa causa desde o registro de sua candidatura até três meses após o final de seu mandado.

E) Simone terá direito a uma indenização relativa a metade do período de estabilidade que teria direito em razão da força maior existente com a extinção do estabelecimento.

RESPOSTA

Alternativa Letra B.

Súmula nº 339, II do TST.

04. (TRT 15 - Juiz do Trabalho Substituto 15ª região/ 2013) "E sem o seu trabalho, o homem não tem honra", diria o compositor cearense, Fagner. O Direito do Trabalho, na mesma linha, busca evitar o desemprego, fixando diretrizes para a cessação da relação de emprego. A respeito da matéria, é incorreto dizer:

A) para a cessação da relação de emprego, de acordo com o padrão estabelecido pela Convenção 158, da OIT (que foi ratificada e depois denunciada pelo Brasil), é preciso apresentar motivação relacionada à capacidade de trabalho do empregado ou ao seu comportamento;

B) segundo entendimento majoritário do TST, a extinção da empresa não obsta o direito à estabilidade prevista no ADCT para a gestante e para o empregado eleito para cargo de direção da CIPA;

C) o Direito do Trabalho é informado pelo princípio da continuidade da relação de emprego, do qual se extrai a sua característica de opor "resistência em admitir a rescisão unilateral do contrato, por via patronal" (PLÁ RODRIGUEZ), gerando, dentre outros efeitos, presunção em favor do trabalhador no que tange à cessação do contrato, de modo a impor ao empregador o encargo da prova do pedido de demissão e da justa, causa do empregado;

D) a partir do princípio da continuidade da relação de emprego, o sistema jurídico trabalhista estabelece uma prevalência da indeterminação da relação de emprego, fixando que os contratos por prazo determinado são excepcionais, seguindo as hipóteses legalmente previstas, que devem ser interpretadas restritivamente;

E) as verbas rescisórias, impondo um agravamento econômico à cessação imotivada por ato unilateral do empregador, constituem modalidade imprópria de efetivação do princípio da continuidade da relação de emprego.

↓RESPOSTA

Alternativa Letra B.
Súmula nº 339, II do TST.

05. (CESPE – Juiz do Trabalho Substituto 5ª região/2013) À luz da legislação laboral, assinale a opção correta com referência à estabilidade e suas consequências.

A) Embora a comissão interna de prevenção de acidentes seja paritária, representada por empregados e empregadores, somente os representantes dos empregados eleitos e seus suplentes serão detentores de estabilidade.

B) Não há possibilidade de aplicar-se estabilidade decenal nos dias de hoje.

C) Caso, durante a vigência de seu contrato de trabalho, uma empregada que trabalhe como balconista tenha dado à luz um filho na data de 12/1/2013, e o empregador pretenda dispensá-la sem justa causa no primeiro momento em que isso seja possível, o aviso prévio somente poderá ser apresentado à empregada em questão no dia 12/6/2013.

D) O empregado que, porventura, tenha se acidentado no trabalho terá estabilidade a partir do momento do ocorrido.

E) O empregado submetido a contrato de trabalho por prazo determinado não goza de garantia decorrente de acidente de trabalho.

↓RESPOSTA

Alternativa Letra A.
Art. 165, CLT e Súmula nº 339, I do TST.

06. (Juiz do Trabalho Substituto – TRT 3ª região/ 2012) Sobre a estabilidade e a garantia de emprego, leia as afirmações abaixo e, em seguida, assinale a alternativa correta, de acordo com a lei e a jurisprudência cristalizada do Tribunal Superior do Trabalho:

I. O dirigente sindical somente poderá ser dispensado mediante a apuração em inquérito judicial, a não ser que cometa justa causa, caso em que sua dispensa poderá ser imediata.

II. Subsistente a empresa, embora extinto o estabelecimento, é arbitrária a despedida do cipeiro, sendo cabível sua reintegração ou devida a indenização do período estabilitário.

III. A garantia do emprego do cipeiro estende-se ao suplente da CIPA.

IV. O desconhecimento do registro da candidatura do empregado a dirigente sindical pelo empregador não afasta o direito ao pagamento da indenização decorrente da estabilidade.

V. O registro da candidatura do empregado a cargo de dirigente sindical durante o período de aviso prévio, ainda que indenizado, lhe assegura a estabilidade, visto que o aviso prévio integra o tempo de serviço para todos os efeitos legais.

A) Somente a afirmativa I está correta.

B) Somente a afirmativa III está correta

C) Somente as afirmativas I e III estão corretas

D) Somente as afirmativas I, III e IV estão corretas

E) Somente as afirmativas II, III e V estão corretas

↓RESPOSTA

Alternativa Letra B.
Súmula nº 339, I do TST.

07. (FCC – Juiz do Trabalho Substituto 11ª região/ 2012) Abraão foi eleito para o cargo de direção da Comissão Interna de Prevenção de acidentes (CIPA) de sua empregadora, a empresa "LKJ Ltda". Seu mandato termina em Dezembro de 2012. Porém, por motivos de grave crise financeira, a empresa "LKJ Ltda" encerrará as suas atividades com o fechamento do estabelecimento. Dessa forma, em razão da extinção do estabelecimento a empresa rescindirá o contrato de todos os seus funcionários. Neste caso, a dispensa de Abraão

A) será arbitrária uma vez que é vedada a dispensa arbitrária ou sem justa causa do empregado eleito para cargo de direção da CIPA, desde a homologação do resultado das eleições até um ano após o final de seu mandato.

B) será arbitrária uma vez que é vedada a dispensa arbitrária ou sem justa causa do empregado eleito para cargo de direção da CIPA, desde o registro de sua candidatura até um ano após o final de seu mandato.

C) será arbitrária uma vez que é vedada a dispensa arbitrária ou sem justa causa do empregado eleito para cargo de direção da CIPA desde o registro de sua candidatura até seis meses após o final de seu mandato.

D) não será arbitrária uma vez que a estabilidade provisória do cipeiro não constitui vantagem pessoal, mas garantia para as atividades dos membros da CIPA.

E) não constituirá dispensa arbitrária somente se Abraão tiver sido eleito suplente de cargo de Direção da CIPA.

↓ *RESPOSTA*

Alternativa Letra D.
Súmula nº 339, II do TST.

08. (Juiz do Trabalho Substituto – TRT 14ª região/ 2011) Em relação às garantias de emprego, conforme legislação e entendimento sumulado pelo TST marque a alternativa que está incorreta.

A) Exaurido o período de estabilidade, são devidos ao empregado apenas os salários do período compreendido entre a data da despedida e o final do período de estabilidade, não lhe sendo assegurada a reintegração no emprego.

B) Em razão da garantia de emprego provisória do cipeiro estar constitucionalmente garantida (artigo 10, II, "a" do ADCT) fica assegurada a indenização do período estabilitário, ainda que extinto o estabelecimento e sendo impossível a reintegração.

C) São pressupostos para a concessão da estabilidade o afastamento superior a 15 dias e a conseqüente percepção do auxílio doença acidentário, salvo se constatada, após a despedida, doença profissional que guarde relação de causalidade com a execução do contrato de emprego.

D) Ao empregado de empresa pública ou de sociedade de economia mista, ainda que admitido mediante aprovação em concurso público, não é garantida a estabilidade prevista no art. 41 da CF/ 1988.

E) O desconhecimento do estado gravídico pelo empregador não afasta o direito ao pagamento da indenização decorrente da estabilidade revista no art. 10, II, "b" do ADCT.

↓ *RESPOSTA*

Alternativa Letra B.
Súmula nº 339, II do TST.

6. ESTABILIDADE DECORRENTE DE ACIDENTE DO TRABALHO

Súmula nº 378 do TST

Estabilidade provisória. Acidente do trabalho. Art. 118 da Lei nº 8.213/1991. Constitucionalidade. Pressupostos

I – É constitucional o artigo 118 da Lei n. 8.213/91 que assegura o direito à estabilidade provisória por período de 12 meses após a cessação do auxílio-doença ao empregado acidentado.

II – São pressupostos para a concessão da estabilidade o afastamento superior a 15 dias e a consequente percepção do auxílio-doença acidentário, salvo se constatada, após a dispensa, doença profissional que guarde relação de causalidade com a execução do contrato de emprego.

III – O empregado submetido a contrato de trabalho por tempo determinado goza da garantia provisória de emprego decorrente de acidente de trabalho prevista no art. 118 da Lei nº 8.213/1991.

OJ Nº 41 DA SDI – I DO TST

Estabilidade. Instrumento normativo. Vigência. Eficácia

Preenchidos todos os pressupostos para a aquisição de estabilidade decorrente de acidente ou doença profissional, ainda durante a vigência do instrumento normativo, goza o empregado de estabilidade mesmo após o término da vigência deste.

OJ Nº 31 DA SDC DO TST

Estabilidade do acidentado. Acordo homologado. Prevalência. Impossibilidade. Violação do art. 118 da lei nº 8.213/91.

Não é possível a prevalência de acordo sobre legislação vigente, quando ele é menos benéfico do que a própria lei, porquanto o caráter imperativo dessa última restringe o campo de atuação da vontade das partes.

⊙ QUESTÕES

01. (Cespe – Auditor-Fiscal do Trabalho – MTE/2013) Considerando os contratos de trabalho à luz da legislação trabalhista, julgue os próximos itens.

1) Com o término do contrato de trabalho, não é possível se falar em estabilidade acidentária, mesmo que seja constatado o nexo de causalidade entre a doença e o vínculo laboral.

↓RESPOSTA

Item errado.

Súmula nº 378, item II, do TST

02. (FCC – Juiz do Trabalho Substituto 6ª região/2013) De acordo com o entendimento sumulado pelo TST, reconhece-se estabilidade provisória no emprego

A) ao dirigente sindical, mesmo tendo ocorrido a extinção da atividade empresarial no âmbito da base territorial do sindicado.

B) ao empregado acidentado que tenha sido contratado por tempo determinado.

C) ao membro eleito da CIPA, salvo se suplente.

D) à empregada gestante, inclusive a doméstica, desde que contratada por prazo indeterminado.

E) ao empregado de empresa pública ou de sociedade de economia mista, como consequência da admissão mediante aprovação em concurso público.

↓RESPOSTA

Alternativa Letra B.

Súmula nº 378, III, TST

03. (Juiz do Trabalho Substituto – TRT 8ª região/ 2011) Analise as proposições abaixo e marque a alternativa CORRETA:

I. Dentre os empregados beneficiários da estabilidade decenária prevista na CLT estavam aqueles que contassem com mais de dez anos de serviço na empresa, ou em empresas integrantes do mesmo grupo econômico, os dirigentes contratados para o desempenho de cargo em confiança, como os cargos de diretoria ou gerência, empregados em consultórios ou escritórios de profissionais liberais.

II. Embora em franco declínio, a antiga estabilidade decenal persiste, no entanto, a estabilidade provisória em que se incluem: a estabilidade do dirigente sindical; da empregada urbana, rural e avulsa, desde a confirmação da gravidez até cinco meses após o parto; a do empregado eleito para o cargo de direção das CIPA; a do empregado acidentado; a dos empregados membros de Comissão de Conciliação Prévia; a dos representantes dos trabalhadores no Conselho Curador do FGTS e a do representante de empregados no Conselho Nacional da Previdência Social.

III. Desde que pertencente à categoria diferenciada, o empregado eleito dirigente sindical goza da estabilidade que lhe é inerente, independentemente da atividade exercida na empresa para a qual trabalha.

IV. Para a aquisição da estabilidade acidentária, o empregado deve ter sido afastado do trabalho por prazo superior a 15 dias, com consequente percepção do auxílio-doença acidentário, salvo na hipótese em que, após o despedimento, vier a ser constatada doença profissional que tenha relação de causalidade com a execução do contrato de emprego.

A) As alternativas III e IV estão corretas.

B) As alternativas I e III estão corretas.

C) As alternativas II e IV estão corretas.

D) As alternativas I e IV estão corretas.

E) As alternativas I e II estão corretas.

RESPOSTA

Alternativa Letra C.
II – artigos 492, 543, § 3º e 625-B, § 1º CLT, artigo 10, II ADCT, artigo 3º, § 9º da Lei nº 8.036/90 e artigos 3º, § 7º e 118 da Lei nº 8.213/91.
IV – Súmula nº 378, II do TST.

04. (MPT - Procurador do Trabalho/2012) Leia e analise as assertivas abaixo à luz da jurisprudência uniformizada do Tribunal Superior do Trabalho e legislação do trabalho:

I. As faltas ou ausências decorrentes de acidente do trabalho não são consideradas para efeito de duração das férias e cálculo da gratificação natalina.

II. O empregado que, após o término de auxílio-doença não acidentário, retornou ao trabalho na empresa e foi despedido, pode, provando que é portador de doença profissional que guarda relação de causalidade com a execução do contrato de emprego, reclamar o seu direito à estabilidade.

III. O empregado afastado do emprego, por motivo de recebimento de auxílio-doença acidentário, tem direito, por ocasião de sua volta, a todas as vantagens que em sua ausência tenham sido atribuídas à categoria a que pertencia na empresa, mas não tem direito ao recolhimento do FGTS do período do afastamento, pois os benefícios previdenciários não estão incluídos na base de cálculo do FGTS.

IV. O empregado tem direito à estabilidade provisória no emprego, prevista em instrumento normativo, decorrente de acidente do trabalho ou doença profissional, ainda que expirado o prazo de vigência do instrumento, desde que preenchidos todos os pressupostos para aquisição desta especial estabilidade durante a sua vigência.

Marque a alternativa CORRETA:

A) apenas as assertivas I e II estão corretas;

B) apenas as assertivas II, III e IV estão corretas;

C) apenas as assertivas I, II, IV estão corretas;

D) apenas a assertiva III está correta;

E) não respondida.

RESPOSTA

Alternativa Letra C.
I – Súmula nº 46 do TST.
II – Súmula nº 378, II do TST.
IV – OJ nº 41 da SDI-I.

7. DIRETORES DE COOPERATIVAS

OJ Nº 253 DA SDI - I DO TST

Estabilidade provisória. Cooperativa. Lei nº 5.764/71. Conselho fiscal. Suplente. Não assegurada

O art. 55 da Lei n. 5.764/71 assegura a garantia de emprego apenas aos empregados eleitos diretores de Cooperativas, não abrangendo os membros suplentes.

QUESTÕES

01. (FGV - Exame de Ordem 2016.1) Os empregados da sociedade empresária ABC Ltda. criaram uma sociedade cooperativa de crédito que busca dar acesso a empréstimos com juros bastante reduzidos para os próprios empregados da empresa ABC. Renata, que trabalha na empresa em questão, foi eleita diretora suplente dessa sociedade cooperativa de crédito e, dois meses depois, foi dispensada sem justa causa.

Com base na hipótese apresentada, de acordo com o entendimento consolidado do TST, assinale a afirmativa correta.

A) Renata é estável por ter sido eleita, razão pela qual deverá ser reintegrada.

B) Não se cogitará de reintegração, seja do titular ou do suplente, porque esse caso não é previsto na lei como gerador de estabilidade.

C) A condição legal para que Renata seja estável é que contraia ao menos um empréstimo junto à cooperativa.

D) Renata não terá garantia no emprego por ser suplente, e a estabilidade alcança apenas o titular.

↓RESPOSTA

Alternativa Letra D.

OJ nº 253 da SDI-I e art. 55 da Lei nº 5.764/1971.

02. (MPT – Procurador do Trabalho/2013) Considere as seguintes assertivas, à luz da jurisprudência uniforme do TST:

I. É assegurada a estabilidade provisória ao empregado dirigente sindical, ainda que a comunicação do registro da candidatura ou da eleição e da posse seja realizada fora do prazo previsto no art. 543, § 5°, da CLT, desde que a ciência ao empregador, por qualquer meio, ocorra na vigência do contrato de trabalho.

II. As cláusulas normativas dos acordos coletivos ou convenções coletivas integram os contratos individuais de trabalho e somente poderão ser modificadas ou suprimidas mediante negociação coletiva de trabalho.

III. Os suplentes do conselho de administração das cooperativas gozarão de proteção contra a despedida arbitrária, desde que exerçam funções diretivas.

É CORRETO afirmar que:

A) todas as assertivas estão corretas;

B) apenas as assertivas I e II estão corretas;

C) apenas as assertivas II e III estão corretas;

D) apenas as assertivas I e III estão corretas;

E) não respondida.

↓RESPOSTA

Alternativa Letra B.

I – Súmula nº 369, I do TST.

II – Súmula nº 277 do TST.[3]

III – OJ nº 253 da SDI-I.

03. (TRT 3 – JTS 3ª RG/ 2012) Ainda sobre a estabilidade e a garantia de emprego, leia as afirmações abaixo e, em seguida, assinale a alternativa correta, de acordo com a lei e a jurisprudência cristalizada do Tribunal Superior do Trabalho:

I. O ajuizamento de ação trabalhista após decorrido o período de garantia de emprego configura abuso do exercício do direito de ação, ressalvada a hipótese de absoluta impossibilidade de acesso ao Judiciário.

II. A estabilidade provisória dos empregados eleitos diretores de cooperativas abrange os suplentes.

III. O membro de conselho fiscal de sindicato não tem direito a estabilidade legal provisória, porquanto não representa ou atua na defesa de direitos da categoria respectiva, tendo sua competência limitada à fiscalização da gestão financeira do sindicato.

IV. O delegado sindical é beneficiário da estabilidade provisória, que é dirigida àqueles que exerçam ou ocupem cargos de direção nos sindicatos, submetidos a processo eletivo.

V. O empregado de categoria diferenciada eleito dirigente sindical só goza de estabilidade se exercer na empresa atividade pertinente à categoria profissional do sindicato para o qual foi eleito dirigente.

a) Somente as afirmativas III e V estão corretas.

b) Somente a afirmativa II está correta

c) Somente as afirmativas I e II estão corretas

d) Somente as afirmativas I, II, e V estão corretas

e) Somente as afirmativas II, III e IV estão corretas

↓RESPOSTA

Alternativa Letra "A".

I – OJ nº 399 da SDI-I do TST.

II – OJ nº 253 da SDI-I do TST.

3 Recentemente (14/10/2016), no julgamento da ADPF 323-DF, o STF concedeu medida liminar para suspender todos os processos e decisões judiciais proferidas pela Justiça do Trabalho acerca da Súmula nº 277 do TST, enquanto estiver pendente o julgamento de constitucionalidade de referida súmula. Até o fechamento desta edição, não houve alteração na redação da Súmula nº 277 do TST, que continua vigente.

III – OJ nº 365 da SDI-I do TST
.IV – OJ nº 369 da SDI-I do TST.
V – Súmula nº 369, III, TST

8. SERVIDOR PÚBLICO CELETISTA. EMPREGADO DE EMPRESA PÚBLICA E SOCIEDADE DE ECONOMIA MISTA

SÚMULA Nº 390 DO TST

Estabilidade. Art. 41 da CF/1988. Celetista. Administração direta, autárquica ou fundacional. Aplicabilidade. Empregado de empresa pública e sociedade de economia mista. Inaplicável

I – O servidor público celetista da administração direta, autárquica ou fundacional é beneficiário da estabilidade prevista no art. 41 da CF/88.

II – Ao empregado de empresa pública ou de sociedade de economia mista, ainda que admitido mediante aprovação em concurso público, não é garantida a estabilidade prevista no art. 41 da CF/88.

OJ Nº 247 DA SDI – I DO TST

Servidor público. Celetista concursado. Despedida imotivada. Empresa pública ou sociedade de economia mista. Possibilidade

I – A despedida de empregados de empresa pública e de sociedade de economia mista, mesmo admitidos por concurso público, independe de ato motivado para sua validade;

II – A validade do ato de despedida do empregado da Empresa Brasileira de Correios e Telégrafos (ECT) está condicionada à motivação, por gozar a empresa do mesmo tratamento destinado à Fazenda Pública em relação à imunidade tributária e à execução por precatório, além das prerrogativas de foro, prazos e custas processuais.

QUESTÕES

01. (Juiz do Trabalho Substituto – TRT 16ª região/ 2011) Analise as alternativas e assinale a resposta correta:

I. O art. 522 da CLT foi recepcionado pela Constituição Federal de 1988. Fica limitada, assim, a estabilidade a que alude o art. 543, § 3º, da CLT a sete dirigentes sindicais.

II. Havendo extinção da atividade empresarial no âmbito da base territorial do sindicato, cessa a estabilidade do dirigente, sendo devida apenas a indenização correspondente ao restante do período.

III. Na suspensão do contrato de trabalho, como ocorre em caso de afastamento do empregado em razão de acidente de trabalho, não há pagamento de salários e tampouco o período de afastamento é considerado para os demais efeitos contratuais. Na interrupção do contrato, tal qual ocorre quando o empregado goza férias, a ausência do empregado não afeta seu tempo de serviço, que é computado para todos os efeitos legais.

IV. O servidor público celetista da administração direta, autárquica ou fundacional é beneficiário da estabilidade prevista no art. 41 da CF/1988. Ao empregado de empresa pública ou de sociedade de economia mista, ainda que admitido mediante aprovação em concurso público, não é garantida a estabilidade prevista no art. 41 da CF/1988.

A) Estão corretas apenas as alternativas I e II.

B) Estão corretas apenas as alternativas II e III.

C) Estão corretas apenas as alternativas I, III e IV.

D) Está correta apenas a alternativa IV.

E) Todas estão corretas.

RESPOSTA

Alternativa Letra D.
IV – Súmula nº 390 do TST.

8.1. Servidor público de fundação regido pela CLT

OJ Nº 364 DA SDI – I DO TST

Estabilidade. Art. 19 do ADCT. Servidor público de fundação regido pela CLT.

Fundação instituída por lei e que recebe dotação ou subvenção do Poder Público para realizar atividades de interesse do Estado, ainda que tenha personalidade jurídica de direito privado, ostenta natureza de fundação pública. Assim, seus servidores regidos pela CLT são beneficiários da estabilidade excepcional prevista no art. 19 do ADCT.

9. ESTABILIDADE PREVISTA EM REGULAMENTO INTERNO

SÚMULA Nº 345 DO TST

BANDEPE. Regulamento interno de pessoal não confere estabilidade aos empregados.

O Regulamento Interno de Pessoal (RIP) do Banco do Estado de Pernambuco – BANDEPE, na parte que trata de seu regime disciplinar, não confere estabilidade aos seus empregados.

SÚMULA Nº 355 DO TST

CONAB. Estabilidade. Aviso DIREH nº 2 de 12.12.1984

O aviso DIREH nº 2, de 12.12.1984, que concedia estabilidade aos empregados da CONAB, não tem eficácia, porque não aprovado pelo Ministério ao qual a empresa se subordina.

Capítulo VIII
FUNDO DE GARANTIA POR TEMPO DE SERVIÇO – FGTS

1. INCIDÊNCIA DO FGTS

Súmula nº 63 do TST

Fundo de Garantia

A contribuição para o Fundo de Garantia do Tempo de Serviço incide sobre a remuneração mensal devida ao empregado, inclusive horas extras e adicionais eventuais.

OJ nº 232 da SDI – I do TST

FGTS. Incidência. Empregado transferido para o exterior. Remuneração

O FGTS incide sobre todas as parcelas de natureza salarial pagas ao empregado em virtude de prestação de serviços no exterior.

Súmula nº 305 do TST

Fundo de garantia do tempo de serviço. Incidência sobre o aviso – prévio

O pagamento relativo ao período de aviso-prévio, trabalhado ou não, está sujeito à contribuição para o FGTS.

⊙ QUESTÕES

01. FCC – Técnico Judiciário – Área Administrativa - TRT 4/2015) Marta, Carla e Camila eram empregadas da empresa Y. Marta requereu a rescisão de seu contrato de trabalho, cumprindo o período de aviso prévio. Carla teve seu contrato de trabalho rescindido sem justa causa sendo que seu aviso prévio foi indenizado. Camila teve também seu contrato de trabalho extinto sem justa causa, mas seu aviso prévio foi trabalhado. Nestes casos, conforme súmula do TST, o pagamento relativo ao período de aviso prévio está sujeito a contribuição para o FGTS na rescisão contratual de

A) Carla e Camila, apenas.

B) Marta e Camila, apenas.

C) Camila, apenas.

D) Marta, Carla e Camila.

E) Carla, apenas.

↓ RESPOSTA

Alternativa Letra D.

Súmula nº 305 do TST.

02. (FGV - Exame de Ordem 2016.2) Lúcia trabalha na sede de uma estatal brasileira que fica em Brasília. Seu contrato vigora há 12 anos e, em razão de sua capacidade e experiência, Lúcia foi designada para trabalhar na nova filial do empregador que está sendo instalada na cidade do México, o que foi imediatamente aceito.

Em relação à situação retratada e ao FGTS, à luz do entendimento consolidado do TST, assinale a afirmativa correta.

A) Lúcia terá direito ao depósito do FGTS enquanto estiver trabalhando no México, que deverá continuar sendo depositado na sua conta vinculada no Brasil.

B) Usando-se a teoria atomista, chega-se à conclusão que Lúcia terá direito à metade do FGTS, que será depositado na sua conta vinculada.

C) Uma vez que na legislação do México não há previsão de FGTS, Lúcia não terá esse direito assegurado.

D) Para que Lúcia tenha direito ao FGTS, deverá assinar documento próprio para tal fim, devidamente traduzido.

↓RESPOSTA

Alternativa Letra A.
OJ nº 232 da SDI-I.

03. (ESAF – MTE – Auditor-Fiscal do Trabalho/2003) Considerando a jurisprudência sumulada do Colendo TST, aponte a opção incorreta.

A) A contribuição para o Fundo de Garantia do Tempo de Serviço incide sobre a remuneração mensal devida ao empregado, com exceção das horas-extras e adicionais eventuais.

B) É inválida a concessão do Aviso Prévio na fluência da garantia de emprego, ante a incompatibilidade dos dois institutos.

C) A remuneração do serviço complementar, habitualmente prestado, integra o cálculo da gratificação natalina prevista na Lei nº 4.090, de 1962.

D) O adicional noturno, pago com habitualidade, integra o salário do empregado para todos os efeitos legais.

E) A contribuição para o Fundo de Garantia do Tempo de Serviço incide sobre a remuneração mensal devida ao empregado, inclusive horas-extras e adicionais eventuais.

↓RESPOSTA

Alternativa Letra A.
Súmula nº 63 do TST.

04. (Juiz do Trabalho Substituto – TRT 2ª região/ 2012) Sobre o Fundo de Garantia por Tempo de Serviço, nos termos da legislação própria e das súmulas do TST, é correto afirmar que:

A) A contribuição para o Fundo de Garantia do Tempo de Serviço incide sobre a remuneração mensal devida ao empregado, inclusive horas extras e adicionais eventuais.

B) O pagamento relativo ao período de aviso prévio, desde que trabalhado pelo empregado, está sujeito à contribuição para o FGTS.

C) A prescrição da pretensão relativa às parcelas remuneratórias não alcança o respectivo recolhimento da contribuição para o FGTS.

D) Os empregadores ficam obrigados a depositar, até o dia 7 (sete) de cada mês, na conta vinculada, a importância correspondente a 8 (oito) por cento da remuneração paga ou devida, no mês anterior, sendo que tal depósito fica suspenso nos casos de afastamento para prestação do serviço militar e licença por acidente de trabalho.

E) A conta vinculada do trabalhador no FGTS poderá ser movimentada quando o trabalhador permanecer dois ininterruptos fora do regime do FGTS, podendo o saque, neste caso, ser efetuado a partir do mês de aniversário do titular da conta.

↓RESPOSTA

Alternativa Letra A.
Súmula nº 63 do TST.

1.1. Não incidência do FGTS

OJ Nº 195 DA SDI – I DO TST

Férias indenizadas. FGTS. Não-incidência

Não incide a contribuição para o FGTS sobre as férias indenizadas.

⊙QUESTÕES

01. (Juiz do Trabalho Substituto – TRT 14ª região/ 2012) Analise as assertivas abaixo e após marque a única alternativa correta:

I. A princípio, não pode ser considerada lícita a exigência de determinada instituição financeira de que o empregado bancário contraia empréstimos para repor valor devido por cliente relativo a cheque pago sem provisão de fundos.

II. Para o cálculo das horas extras prestadas pelos trabalhadores portuários, observar-se-á somente o salário básico percebido, excluídos os adicionais de risco e produtividade.

III. Não incide a contribuição para o FGTS sobre as férias indenizadas.

IV. A indenização pelo não-deferimento das férias no tempo oportuno será calculada com base na remuneração devida ao empregado na época da reclamação ou, se for o caso, na da extinção do contrato.

A) Apenas o item I é falso.

B) Apenas o item II é falso.

C) Apenas o item III é falso.

D) Apenas o item IV é falso.

E) Todos os itens são verdadeiros.

↓ RESPOSTA

Alternativa Letra E.
I – artigo 462, caput e § 1º CLT.
II – OJ nº 60, II da SDI-I.
III – OJ nº 195 da SDI-I.
IV – Súmula nº 7 do TST.

1.2. Índice de correção

OJ Nº 302 DA SDI - I DO TST

FGTS. Índice de correção. Débitos trabalhistas

Os créditos referentes ao FGTS, decorrentes de condenação judicial, serão corrigidos pelos mesmos índices aplicáveis aos débitos trabalhistas.

⊙ QUESTÕES

01. (FCC - TRT 23 - Analista Judiciário/ 2011) No tocante ao FGTS, considere:

I. A prescrição da pretensão relativa às parcelas remuneratórias não alcança o respectivo recolhimento da contribuição para o FGTS.

II. Os créditos referentes ao FGTS, decorrentes de condenação judicial, serão corrigidos pelos mesmos índices aplicáveis aos débitos trabalhistas.

III. As decisões do Conselho Curador do FGTS serão tomadas por maioria absoluta dos presentes em reunião ordinária bimestral.

Está correto o que se afirma em

A) II, apenas.

B) I, II e III.

C) II e III, apenas.

D) I, apenas.

E) I e II, apenas.

↓ RESPOSTA

Alternativa Letra A.
II – OJ nº 302 da SDI-I.

2. MULTA DE 40% DO FGTS

OJ Nº 42 DA SDI - I DO TST

FGTS. Multa de 40%

I - É devida a multa do FGTS sobre os saques corrigidos monetariamente ocorridos na vigência do contrato de trabalho.

II - O cálculo da multa de 40% do FGTS deverá ser feito com base no saldo da conta vinculada na data do efetivo pagamento das verbas rescisórias, desconsiderada a projeção do aviso prévio indenizado, por ausência de previsão legal.

SÚMULA Nº 125 DO TST

Contrato de trabalho. Art. 479 da CLT

O art. 479 da CLT aplica-se ao trabalhador optante pelo FGTS admitido mediante contrato por prazo determinado, nos termos do art. 30, § 3º, do Decreto nº 59.820, de 20.12.1966.

3. CONTRATO NULO

SÚMULA Nº 363 DO TST

Contrato nulo. Efeitos

A contratação de servidor público, após a CF/1988, sem prévia aprovação em concurso público, encontra óbice no respectivo art. 37, II e § 2º, somente lhe conferindo direito ao pagamento da contraprestação pactuada, em relação ao número de horas trabalhadas, respeitado o valor da hora do salário mínimo, e dos valores referentes aos depósitos do FGTS.

OJ Nº 362 DA SDI - I DO TST

Contrato nulo. Efeitos. FGTS. Medida provisória 2.164-41, de 24.08.2001, e art. 19-A da Lei nº 8.036, de 11.05.1990. Irretroatividade

Não afronta o princípio da irretroatividade da lei a aplicação do art. 19-A da Lei nº 8.036, de 11.05.1990, aos contratos declarados nulos celebrados antes da vigência da Medida Provisória nº 2.164-41, de 24.08.2001.

⊙ QUESTÃO

01. (CESPE – Analista Judiciário – Judiciária – TRT 10/2013) Julgue os próximos itens, relativos ao Fundo de Garantia do Tempo de Serviço (FGTS).

1) Considere a seguinte situação hipotética.

   Júlio, que é empregado contratado pela empresa Y, foi considerado apto e será incorporado ao Exército Brasileiro para a prestação de serviço militar obrigatório. Nessa situação hipotética, durante o período de afastamento de Júlio para a prestação do referido serviço, seu contrato de trabalho será suspenso, razão por que a empresa Y será dispensada, no citado período, tanto do pagamento de salários quando do recolhimento de depósitos na conta vinculada de Júlio.

2) É devido o depósito do FGTS na conta vinculada do trabalhador cujo contrato de trabalho seja declarado nulo por ele não ser aprovado em concurso público, quando mantido o direito ao salário.

↓ RESPOSTA

Item I – Anulado. Art. 15, § 5º, Lei nº 8.036/1990.

Item II – Certo. Súmula nº 363 do TST e art. 19-A, Lei nº 8.036/1990.

4. PRESCRIÇÃO

Súmula nº 362 do TST

FGTS. Prescrição

I – Para os casos em que a ciência da lesão ocorreu a partir da 13.11.2014, é quinquenal a prescrição do direito de reclamar contra o não-recolhimento de contribuição para o FGTS, observado o prazo de dois anos após o término do contrato;

II – Para os casos em que o prazo prescricional já estava em curso em 13.11.2014, aplica-se o prazo prescricional que se consumar primeiro: trinta anos, contados do termo inicial, ou cinco anos, a partir de 13.11.2014 (STF-ARE-709212/DF).

Súmula nº 206 do TST

Incidência sobre parcelas prescritas

A prescrição da pretensão relativa às parcelas remuneratórias alcança o respectivo recolhimento da contribuição para o FGTS.

⊙ QUESTÕES

01. (CESPE – Analista Judiciário – Exec. Mandados – TRT 10/2013) Com referência a prescrição e decadência nas relações de trabalho, julgue os itens seguintes.

I. No que concerne às férias, a prescrição quinquenal, durante o vínculo empregatício, se inicia a partir do período aquisitivo.

II. Observado o prazo de dois anos para a propositura da ação, a prescrição do direito de reclamar contra o não recolhimento da contribuição para o FGTS é trintenária.

III. O direito de ação quanto aos créditos resultantes das relações de trabalho prescreve em cinco anos, até o limite de dois anos após a extinção do contrato de trabalho, para todos os trabalhadores, à exceção dos rurais.

↓ RESPOSTA

Item I – Errado. Art. 149, CLT.

Item II – Atualmente errado. Súmula 362 do TST (nova redação).

Item III – Art. 7º, inciso XXIX, CF/88

02. (Juiz do Trabalho Substituto – TRT 8ª região/ 2011) Com relação ao Fundo de Garantia do Tempo de Serviço, assinale a alternativa INCORRETA:

A) O pagamento do aviso prévio, trabalhado ou não, submete-se à incidência do FGTS.

B) A equivalência entre os regimes do Fundo de Garantia do Tempo de Serviço e o da estabilidade prevista na CLT é tão somente jurídica e não também econômica, de modo a não serem devidos valores a título de diferença entre um e outro regime.

C) Não há incidência de FGTS sobre férias indenizadas.

D) Considerando que é trintenária a prescrição das contribuições para o FGTS, a prescrição da pretensão às parcelas remuneratórias devidas não alcança o respectivo recolhimento dessas contribuições.

E) Mesmo na ocorrência de saques na conta do FGTS durante o contrato de trabalho, é devida a multa sobre os valores sacados, corrigidos monetariamente.

RESPOSTA

Alternativa Letra D.

Súmulas nº 206 e 362 do TST (nova redação).

5. EXPURGOS INFLACIONÁRIOS

OJ Nº 341 DA SDI – I DO TST

FGTS. Multa de 40%. Diferenças decorrentes dos expurgos inflacionários. Responsabilidade pelo pagamento

É de responsabilidade do empregador o pagamento da diferença da multa de 40% sobre os depósitos do FGTS, decorrente da atualização monetária em face dos expurgos inflacionários.

OJ Nº 344 DA SDI – I DO TST

FGTS. Multa de 40%. diferenças decorrentes dos expurgos inflacionários. Prescrição. Termo inicial

O termo inicial do prazo prescricional para o empregado pleitear em juízo diferenças da multa do FGTS, decorrentes dos expurgos inflacionários, deu-se com a vigência da Lei Complementar nº 110, em 30.06.01, salvo comprovado trânsito em julgado de decisão proferida em ação proposta anteriormente na Justiça Federal, que reconheça o direito à atualização do saldo da conta vinculada.

OJ Nº 370 DA SDI – I DO TST

FGTS. Multa de 40%. Diferenças dos expurgos inflacionários. Prescrição. Interrupção decorrente de protestos judiciais

O ajuizamento de protesto judicial dentro do biênio posterior à Lei Complementar nº 110, de 29.06.2001, interrompe a prescrição, sendo irrelevante o transcurso de mais de dois anos da propositura de outra medida acautelatória, com o mesmo objetivo, ocorrida antes da vigência da referida lei, pois ainda não iniciado o prazo prescricional, conforme disposto na Orientação Jurisprudencial nº 344 da SBDI-1.

Capítulo IX
AVISO-PRÉVIO E TÉRMINO DO CONTRATO DE TRABALHO

SUMÁRIO • 1. Aviso-prévio – 2. Término do contrato de trabalho.

1. AVISO-PRÉVIO

SÚMULA Nº 441 DO TST

Aviso-prévio. Proporcionalidade

O direito ao aviso-prévio proporcional ao tempo de serviço somente é assegurado nas rescisões de contrato de trabalho ocorridas a partir da publicação da Lei nº 12.506, em 13 de outubro de 2011.

SÚMULA Nº 380 DO TST

Aviso prévio. Início da contagem. Art. 132 do código civil de 2002

Aplica-se a regra prevista no caput do art. 132 do Código Civil de 2002 à contagem do prazo do aviso-prévio, excluindo-se o dia do começo e incluindo o do vencimento.

SÚMULA Nº 276 DO TST

Aviso prévio. Renúncia pelo empregado

O direito ao aviso-prévio é irrenunciável pelo empregado. O pedido de dispensa de cumprimento não exime o empregador de pagar o respectivo valor, salvo comprovação de haver o prestador dos serviços obtido novo emprego.

SÚMULA Nº 348 DO TST

Aviso prévio. Concessão na fluência da garantia de emprego. Invalidade

É inválida a concessão do aviso prévio na fluência da garantia provisória de emprego, ante a incompatibilidade dos dois institutos.

OJ Nº 268 DA SDI - I DO TST

Indenização adicional. Leis nºs 6.708/79 e 7.238/84. Aviso-prévio. Projeção. Estabilidade provisória

Somente após o término do período estabilitário é que se inicia a contagem do prazo do aviso prévio para efeito das indenizações previstas nos artigos 9º da Lei nº 6.708/79 e 9º da Lei nº 7.238/84.

SÚMULA Nº 230 DO TST

Aviso prévio. Substituição pelo pagamento das horas reduzidas da jornada de trabalho

É ilegal substituir o período que se reduz da jornada de trabalho, no aviso-prévio, pelo pagamento das horas correspondentes.

SÚMULA Nº 163 DO TST

Aviso prévio. Contrato de experiência

Cabe aviso prévio nas rescisões antecipadas dos contratos de experiência, na forma do art. 481 da CLT.

SÚMULA Nº 44 DO TST

Aviso-prévio

A cessação da atividade da empresa, com o pagamento da indenização, simples ou em dobro, não exclui, por si só, o direito do empregado ao aviso-prévio.

OJ Nº 82 DA SDI - I DO TST

Aviso-prévio. Baixa na CTPS

A data de saída a ser anotada na CTPS deve corresponder à do término do prazo do aviso-prévio, ainda que indenizado.

OJ Nº 367 DA SDI – I DO TST

Aviso-prévio de 60 dias. Elastecimento por norma coletiva. Projeção. Reflexos nas parcelas trabalhistas

O prazo de aviso-prévio de 60 dias, concedido por meio de norma coletiva que silencia sobre alcance de seus efeitos jurídicos, computa-se integralmente como tempo de serviço, nos termos do § 1º do art. 487 da CLT, repercutindo nas verbas rescisórias.

SÚMULA Nº 305 DO TST

Fundo de Garantia do Tempo de Serviço. Incidência sobre o aviso prévio.

O pagamento relativo ao período de aviso-prévio, trabalhado ou não, está sujeito a contribuição para o FGTS.

OJ Nº 83 DA SDI – I DO TST

Aviso prévio. Indenizado. Prescrição

A prescrição começa a fluir no final da data do término do aviso prévio. Art. 487, § 1º, CLT.

SÚMULA Nº 371 DO TST

Aviso-prévio indenizado. Efeitos. Superveniência de auxílio-doença no curso deste

A projeção do contrato de trabalho para o futuro, pela concessão do aviso-prévio indenizado, tem efeitos limitados às vantagens econômicas obtidas no período de pré-aviso, ou seja, salários, reflexos e verbas rescisórias. No caso de concessão de auxílio-doença no curso do aviso-prévio, todavia, só se concretizam os efeitos da dispensa depois de expirado o benefício previdenciário.

SÚMULA Nº 14 DO TST

Culpa recíproca

Reconhecida a culpa recíproca na rescisão do contrato de trabalho (art. 484 da CLT), o empregado tem direito a 50% (cinquenta por cento) do valor do aviso-prévio, do décimo terceiro salário e das férias proporcionais.

OJ Nº 14 DA SDI – I DO TST

Aviso-prévio cumprido em casa. Verbas rescisórias. Prazo para pagamento

Em caso de aviso-prévio cumprido em casa, o prazo para o pagamento das verbas rescisórias é até o décimo dia da notificação da despedida.

SÚMULA Nº 73 DO TST

Despedida. Justa causa

A ocorrência de justa causa, salvo a de abandono de emprego, no decurso do prazo de aviso-prévio dado pelo empregador, retira do empregado qualquer direito às verbas rescisórias de natureza indenizatória.

SÚMULA Nº 182 DO TST

Aviso-prévio. Indenização compensatória. Lei nº 6.708, de 30.10.1979

O tempo do aviso prévio, mesmo indenizado, conta-se para efeito da indenização adicional prevista no art. 9º da Lei nº 6.708/1979.

SÚMULA Nº 242 DO TST

Indenização adicional. Valor

A indenização adicional, prevista no art. 9º da Lei nº 6.708, de 30.10.1979 e no art. 9º da Lei nº 7.238 de 28.10.1984, corresponde ao salário mensal, no valor devido na data da comunicação do despedimento, integrado pelos adicionais legais ou convencionados, ligados à unidade de tempo mês, não sendo computável a gratificação natalina.

SÚMULA Nº 314 DO TST

Indenização adicional. Verbas rescisórias. Salário corrigido

Se ocorrer a rescisão contratual no período de 30 dias que antecede à data-base, o pagamento das verbas rescisórias com o salário já corrigido não afasta o direito à indenização adicional.

⊙ QUESTÕES

01. (FCC – Técnico Judiciário – Oficial de Justiça Avaliador Federal – TRT 23/2016) Em relação ao aviso prévio, considere:

I. Na hipótese de rescisão de contrato de trabalho em decorrência do encerramento definitivo das atividades da empresa não é devido aviso prévio.

II. Contrato de trabalho por prazo determinado que contém cláusula assecuratória do direito recíproco de rescisão antecipada não gera direito do empregado ao aviso prévio, mesmo que seja executado tal direito pelo empregador.

III. É válida a substituição do período que se reduz da jornada de trabalho durante o aviso prévio concedido pelo empregador pelo pagamento das horas correspondentes, desde que acrescidas do adicional de 50% sobre o valor da hora normal.

IV. Aviso prévio e garantia de emprego são dois institutos incompatíveis, razão pela qual somente após o final do período desta pode ser concedido aquele.

V. Tendo, no curso do aviso prévio, sido concedido ao empregado auxílio-doença, só se concretizam os efeitos da dispensa depois de expirado o benefício previdenciário, tendo em vista que a projeção do contrato de trabalho para o futuro, pela concessão do aviso prévio indenizado, tem efeitos limitados às vantagens econômicas obtidas no período de pré-aviso, ou seja, salários, reflexos e verbas rescisórias.

Está correto o que consta APENAS em

A) I, II e IV.

B) IV e V.

C) II e III.

D) I, IV e V.

E) III e V.

↓ RESPOSTA

Alternativa Letra B.

IV – Súmula nº 348 do TST.

V – Súmula nº 371 do TST.

02. (Cespe – Técnico Administrativo – Área Administrativa – TRT 8/2013) Um empregado ajuizou reclamatória trabalhista contra sua empregadora, alegando, em suma, que fora demitido por justa causa, deixando de receber as verbas rescisórias devidas. O reclamante ingressou com a ação, pleiteando o afastamento da justa causa e o pagamento das verbas rescisórias. Por sua vez, a reclamada apresentou sua tese defensiva, alegando que a demissão ocorreu por justa causa em razão de o reclamante ter agredido seu superior hierárquico. Quando do julgamento do feito, o juiz reconheceu que tanto o reclamante quanto a reclamada participaram do evento que determinou o fim do contrato com igual culpa, ou seja, com culpa recíproca.

Com referência a essa situação hipotética, assinale a opção correta.

A) O empregado terá direito a 50% do valor do décimo terceiro salário e das férias proporcionais; e a 100% do aviso prévio.

B) O empregado terá direito a 50% do valor das férias proporcionais; as demais parcelas, décimo terceiro salário e aviso prévio, devem ser solvidas no percentual de 100%.

C) Todas as rubricas deverão ser adimplidas em sua totalidade pelo empregador, com exceção do aviso prévio, que nem sequer é devido na situação considerada.

D) O empregado terá direito a receber a integralidade das verbas rescisórias sem qualquer dedução.

E) O empregado terá direito a 50% do valor do aviso prévio, do décimo terceiro salário e das férias proporcionais.

↓ RESPOSTA

Alternativa Letra E.

Súmula nº 14 do TST.

03. (FCC – Analista Judiciário – Oficial de Justiça Avaliador Federal – TRT 15/2013) A empresa "SAZ Ltda." rescindiu o contrato de trabalho de Patrícia com justa causa, alegando que a mesma praticou uma falta grave tipificadora desta espécie de rescisão contratual.

A empregada, indignada, ajuizou reclamação trabalhista requerendo o reconhecimento da dispensa sem justa causa ou alternativamente o reconhecimento da dispensa por culpa recíproca. O magistrado reconheceu a rescisão contratual por culpa recíproca de ambas as partes. A empresa e Patrícia não recorreram e a decisão transitou em julgado. Neste caso, Patrícia receberá, além de outras verbas devidas,

A) o aviso prévio integral e a liberação do FGTS, sem o pagamento da correspondente multa.

B) a multa do FGTS na proporção de 20% com a devida liberação, além do aviso prévio na sua integralidade.

C) na sua integralidade as férias proporcionais e décimo terceiro salário proporcional.

D) a multa do FGTS na proporção de 40% com a devida liberação, além do aviso prévio integral.

E) a multa do FGTS na proporção de 20% com a devida liberação, além de metade do aviso prévio, das férias proporcionais e do décimo terceiro proporcional.

↓RESPOSTA

Alternativa Letra E.

Art. 484, CLT e Súmula nº 14 do TST.

04. (Cespe – Analista Judiciário – Administrativa – TRT 17/2013) Julgue os itens a seguir, relativos aos direitos trabalhistas.

1) O empregado fará jus ao recebimento de 50% dos valores relativos ao aviso prévio, ao décimo terceiro salário e às férias proporcionais quando for reconhecida a rescisão do contrato de trabalho por culpa recíproca.

↓RESPOSTA

Item certo.

Art. 484, CLT e Súmula nº 14 do TST.

05. (Cespe – Técnico Judiciário – Administrativa – TRT 17/2013) Julgue os itens seguintes, com relação ao contrato individual de trabalho.

1) Se a causa da dissolução do contrato de emprego for a culpa recíproca, o empregado tem direito a 50% do valor do aviso prévio e, também, o mesmo percentual em relação ao décimo terceiro salário e às férias proporcionais.

↓RESPOSTA

Item certo.

Art. 484, CLT e Súmula nº 14 do TST.

06. (Cespe – Analista Judiciário – Judicial – TRT 17/2013) No que concerne à relação de emprego, julgue os próximos itens.

1) Em caso de aviso prévio trabalhado, a jornada de trabalho do empregado deve ser reduzida em duas horas diárias ou o empregador deve liberar o empregado do trabalho por sete dias seguidos. No entanto, é cabível a negociação entre as partes para substituição do período de jornada reduzida pelo pagamento das horas correspondentes.

↓RESPOSTA

Item errado.

Súmula nº 230 do TST.

07. (FCC – Técnico Judiciário – Administrativa – TRT 1/2013) Em relação ao aviso prévio, é correto afirmar:

A) Dado o aviso prévio, a rescisão torna-se efetiva cinco dias após o término do respectivo período do aviso.

B) O empregado que, durante o prazo do aviso prévio, cometer qualquer falta considerada como justa causa, perde o direito ao restante do respectivo aviso.

C) O aviso prévio será proporcional ao tempo de serviço sendo de, no mínimo, quarenta dias, de acordo com a Constituição Federal.

D) A falta de aviso prévio por parte do empregador implica o pagamento de multa equivalente a vinte por cento do salário do empregado, em favor do mesmo.

E) O valor das horas extras, ainda que habituais, não integra o aviso prévio indenizado.

↓RESPOSTA

Alternativa Letra B.
Art. 482, CLT e Súmula nº 73 do TST.

08. (FCC – Técnico Judiciário – TRT 4/ 2011) As irmãs Simone, Sinara e Soraya tiveram seus contratos de trabalho rescindidos. A dissolução do contrato de trabalho de Simone decorreu de culpa recíproca de ambas as partes; a rescisão do contrato de trabalho de Sinara foi indireta, tendo em vista que a sua empregadora praticou uma das faltas graves passíveis de rescisão contratual; e Soraya foi dispensada com justa causa. Nestes casos, o aviso prévio

A) não será devido a Simone, Sinara e Soraya, por expressa disposição legal.

B) será devido apenas a Simone, em 50% do seu valor.

C) será devido a Simone, Sinara e Soraya, sendo o seu valor integral para Simone e Sinara e de 50% para Soraya.

D) será devido apenas a Simone e Sinara, sendo o seu valor integral para Sinara e de 50% para Simone.

E) será devido apenas a Simone e Sinara, sendo para ambas em valor integral.

↓RESPOSTA

Alternativa Letra D.
Súmula nº 14 do TST e artigo 487, § 4º CLT.

09. (FCC – Técnico Judiciário – TRT 24/ 2011) O aviso prévio, quando for reconhecida a culpa recíproca na rescisão do contrato de trabalho,

A) será devido pela metade.

B) será devido pela sua integralidade.

C) não será devido.

D) será devido pela sua integralidade somente se comprovada reação imediata à agressão.

E) será devido pela metade somente se comprovada reação imediata à agressão.

↓RESPOSTA

Alternativa Letra A.
Súmula nº 14 do TST.

10. (FGV - Exame de Ordem 2014.1) Helena foi admitida em 12 de fevereiro de 2005 pela empresa Marca Refrigeração Ltda. e dispensada sem justa causa em 07 de julho de 2011. Com o advento da regulamentação do aviso prévio proporcional ao tempo de serviço (Lei n. 12.506, de 13 de outubro de 2011), ela pretende o pagamento dessa nova vantagem atribuída à classe trabalhadora.

A respeito desse caso, assinale a afirmativa correta.

A) Helena receberá aviso prévio proporcional na razão de 45 dias.

B) Helena não receberá aviso prévio proporcional.

C) Helena receberá aviso prévio proporcional na razão de 42 dias.

D) Helena receberá aviso prévio proporcional em razão da ultratividade da norma mais benéfica e pelo princípio da proteção.

↓RESPOSTA

Alternativa Letra B.
Súmula nº 441 do TST.

11. (Exame de Ordem 2010.3 – FGV) O empregado Vicente de Morais foi dispensado sem justa causa. Sete dias depois, requereu a liberação do cumprimento do aviso prévio, pois já havia obtido um novo emprego. O antigo empregador concordou com o seu pedido, exigindo apenas que ele fosse feito por escrito, junto com a cópia da sua CTPS registrada pelo novo empregador, o que foi realizado por Vicente.

Diante dessa situação, o antigo empregador deverá

A) integrar o aviso prévio ao pagamento de todas as verbas rescisórias por ele devidas, uma vez que o aviso prévio é irrenunciável.

B) deduzir o aviso prévio do pagamento de parte das verbas rescisórias devidas, uma vez que o empregado renunciou livremente a esse direito, mas o aviso prévio continuará incidindo sobre as parcelas de natureza salarial.

C) deduzir o aviso prévio do pagamento de parte das verbas rescisórias devidas, uma vez que o empregado renunciou livremente a esse direito, mas o aviso prévio continuará incidindo sobre as parcelas de natureza indenizatória.

D) pagar as verbas rescisórias, excluindo o valor equivalente ao dos dias remanescentes do aviso prévio.

↓RESPOSTA

Alternativa Letra D.
Súmula nº 276 do TST.

12. (Cespe – Auditor-Fiscal do Trabalho – MTE/2013) Considerando os contratos de trabalho à luz da legislação trabalhista, julgue os próximos itens.

1) Conforme entendimento sumulado do TST, o reconhecimento da culpa recíproca na rescisão do contrato de trabalho desobriga o pagamento integral pelo empregador do aviso prévio, do décimo terceiro salário e das férias proporcionais.

↓RESPOSTA

Item correto.
Súmula nº 14 do TST.

13. (FCC - Juiz do Trabalho Substituto 6ª região/2015) Em relação à contagem do prazo prescricional trabalhista, de acordo com o entendimento pacificado da jurisprudência do TST,

A) a prescrição extintiva para pleitear judicialmente o pagamento da complementação de pensão e do auxílio-funeral é de dois anos, contados a partir da abertura do inventário.

B) o marco inicial da contagem do prazo prescricional para o ajuizamento de ação condenatória, quando advém a dispensa do empregado no curso de ação declaratória que possua a mesma causa de pedir remota, é a data da extinção do contrato de trabalho.

C) da data do término do aviso-prévio começa a fluir a prescrição.

D) o prazo de prescrição com relação à ação de cumprimento de decisão normativa flui a partir da publicação da mesma no Diário Oficial.

E) a prescrição da ação através da qual se objetiva a soma de períodos descontínuos de trabalho começa a fluir da data de extinção do primeiro contrato.

↓RESPOSTA

Alternativa Letra C.
OJ nº 3 da SDI-I do TST e art. 487, § 1º, CLT.

14. (FCC - Juiz do Trabalho Substituto 15ª região/2015) Em relação à multa prevista no artigo 477, § 8o da CLT, considere:

I. Marina ingressou com reclamação trabalhista contra massa falida de Tudo Azul Segurança Patrimonial Ltda., para recebimento de suas verbas rescisórias, tendo em vista que, passados seis meses do encerramento das atividades da empresa, nada recebeu.

II. Joana cumpriu o aviso prévio em casa, tendo recebido suas verbas rescisórias no prazo de dez dias da notificação da despedida.

III. Helena, dispensada por justa causa, por desídia no desempenho de suas funções, recebeu suas verbas rescisórias dez dias após a notificação da rescisão de seu contrato de trabalho.

Nestes casos,

A) em todas as situações narradas é devida a multa por atraso no pagamento das verbas rescisórias.

B) será devida a multa apenas no item II, uma vez que não existe a modalidade do aviso prévio cumprido em casa.

C) será devida a multa apenas no item III, uma vez que na rescisão por justa causa o prazo para pagamento das verbas rescisórias é no dia seguinte ao da notificação da rescisão do contrato de trabalho.

D) será devida a multa apenas no item I, uma vez que todas as verbas rescisórias são preservadas no caso de decretação de falência, tendo em vista o crédito de natureza alimentar do trabalhador.

E) em nenhuma das situações expostas é devida a referida multa por atraso no pagamento das verbas rescisórias.

↓RESPOSTA

Alternativa Letra E.
I – Súmula nº 388 do TST.
II – OJ nº 14 da SDI-I do TST.
III – art. 477, § 6º, "b", CLT.

15. (FCC - Juiz do Trabalho Substituto 15ª região/2015) Josias recebeu a comunicação de sua dispensa em 16/03/2015, tendo optado em cumprir o aviso prévio com a diminuição da jornada diária de trabalho em duas horas. Ocorre que, após alguns dias, Josias adoeceu gravemente, passando a receber benefício previdenciário de auxílio-doença por noventa dias. Em face da situação narrada, a empresa

(A) pode rescindir o contrato de trabalho de Josias, devendo aguardar, entretanto, seu retorno após a alta médica previdenciária, uma vez que garantido está seu direito provisório ao emprego.

(B) pode rescindir o contrato de trabalho de Josias na data do término previsto do aviso prévio, uma vez que, por se tratar de doença adquirida no curso do aviso prévio, não há garantia à estabilidade provisória no emprego.

(C) pode rescindir o contrato de trabalho de Josias na data do término previsto do aviso prévio, uma vez que não se trata de benefício previdenciário de acidente do trabalho ou doença profissional, somente estes aptos a garantir a estabilidade provisória no emprego no curso do aviso prévio.

(D) não mais poderá rescindir o contrato de trabalho de Josias, devendo cancelar o aviso prévio concedido e aguardar o retorno do trabalhador para concessão, se for o caso, de novo aviso prévio.

(E) não mais poderá rescindir o contrato de trabalho de Josias, devendo cancelar o aviso prévio concedido e aguardar o retorno do trabalhador, que, após a alta médica, possui estabilidade provisória no emprego de um ano.

↓RESPOSTA

Alternativa Letra A.

Súmula nº 371 do TST.

16. (TRT 8 - Juiz do Trabalho Substituto 8ª região/2015) Sobre rescisão do contrato de trabalho, analise as proposições abaixo e assinale a alternativa CORRETA:

I. A ocorrência de justa causa, salvo a de abandono de emprego, no decurso do prazo do aviso prévio dado pelo empregador, retira do empregado qualquer direito às verbas rescisórias de natureza indenizatória.

II. É justa causa para a extinção contratual, a condenação criminal do empregado à pena privativa de liberdade, passada em julgado, desde que não tenha havido suspensão da execução da pena. Para a configuração de tal justa causa, necessário é que o ilícito penal cometido tenha relação com o contrato de emprego.

III. Dado o aviso-prévio, a rescisão torna-se efetiva depois de expirado o respectivo prazo, mas, se a parte notificante reconsiderar o ato, antes de seu termo, a outra parte é obrigada a aceitar a reconsideração.

IV. O aviso-prévio, de que trata o inciso XXI do art. 7° da Constituição Federal de 1988, será concedido na proporção de 30 (trinta) dias aos empregados que contem até 1 (um) ano de serviço na mesma empresa. A esse aviso-prévio serão acrescidos 3 (três) dias por ano de serviço prestado na mesma empresa, até o máximo de 60 (sessenta) dias, perfazendo um total de até 90 (noventa) dias.

V. É lícito substituir o período que se reduz da jornada de trabalho, no aviso prévio, pelo pagamento das horas correspondentes como extraordinárias com o devido adicional.

a) Somente as alternativas I e III estão corretas.

b) Somente as alternativas I e IV estão corretas.

c) Somente as alternativas III e IV estão corretas.

d) Somente as alternativas II e IV estão corretas.

e) Somente a alternativa V está correta.

↓RESPOSTA

Alternativa Letra B.

I – Súmula nº 73 do TST.
II – art. 482, "d", CLT.
III – art. 489 da CLT.
IV – art. 1º da Lei nº 12.506/2011.
V – Súmula nº 230 do TST.

17. (FCC - Juiz do Trabalho Substituto 15ª região/2015) Maria do Carmo era balconista da loja Amor e Alegria quando foi dispensada sem justa causa. Após sete dias, pediu ao seu empregador a liberação do cumprimento de seu aviso prévio, pois já havia obtido novo emprego, comprovando sua alegação com uma declaração do novo empregador informando que a mesma havia sido aprovada em processo seletivo e deveria comparecer ao serviço no dia seguinte munida de sua CTPS e documentos pertinentes para o imediato registro. Diante do narrado, o proprietário da loja Amor e Alegria deverá

(A) pagar as verbas rescisórias com a integração do período do aviso prévio integral, uma vez que se trata de instituto irrenunciável pelo trabalhador.

(B) deixar de pagar nas verbas rescisórias da empregada o aviso prévio integral, operando-se a renúncia do mesmo quando da comprovação de novo emprego.

(C) pagar as verbas rescisórias de Maria do Carmo, excluindo o valor equivalente aos dias faltantes do prazo do aviso prévio.

(D) descontar das verbas rescisórias de Maria do Carmo o período do aviso prévio que deixou de ser cumprido pela mesma, ocasionando prejuízos à loja.

(E) pagar as verbas rescisórias apenas pela metade, com a inclusão do período faltante do cumprimento do aviso prévio, tendo se operado a culpa recíproca das partes.

↓RESPOSTA

Alternativa Letra C.

Súmula nº 276 do TST.

18. (FCC – Juiz do Trabalho Substituto 11ª região/ 2012) No tocante ao aviso prévio, considere:

I. O aviso prévio é um direito potestativo, a que a outra parte não pode se opor.

II. O aviso prévio tem tríplice natureza, ou seja, é tridimensional.

III. No caso de concessão de auxílio doença no curso do aviso prévio, só se concretizam os efeitos da dispensa depois de expirado o benefício previdenciário.

IV. É possível a coincidência do aviso prévio dado pelo empregador com os últimos 30 dias de estabilidade provisória do trabalhador.

Está correto o que se afirma APENAS em

A) I e III.

B) I, II e III.

C) I e II.

D) I, II e IV.

E) III e IV.

↓RESPOSTA

Alternativa Letra B.

I – doutrina.

II – doutrina.

III – Súmula nº 371 do TST.

19. (Juiz do Trabalho Substituto – TRT 14ª região/ 2012) Leia as assertivas abaixo e marque a única alternativa correta:

I. Mesmo com o afastamento do exercício de cargo de confiança, com ou sem justo motivo, o empregado tem direito à manutenção do pagamento da gratificação de função se percebida há mais de dez anos, em face do princípio da estabilidade financeira.

II. O salário-família tem natureza previdenciária e é devido aos trabalhadores rurais desde que haja previsão contratual ou convencional a esse respeito.

III. O empregado exercente de cargo de confiança, cujo contrato preveja a possibilidade de transferência, não tem direito ao adicional correspondente (de 25%).

IV. Cabe aviso prévio nas rescisões antecipadas dos contratos de experiência.

A) Apenas os itens I e II são verdadeiros.

B) Apenas os itens II e III são verdadeiros.

C) Apenas os itens III e IV são verdadeiros.

D) Apenas os itens II e IV são verdadeiros.

E) Apenas o item IV é verdadeiro.

↓RESPOSTA

Alternativa Letra E.

IV – Súmula nº 163 do TST.

20. (Juiz do Trabalho Substituto – TRT 15ª região/ 2012) Considerando-se as disposições legais bem como a jurisprudência dominante no E. TST, especialmente Súmula 380 e, tendo em vista que determinada pessoa física foi admitida como empregado da empresa "X" em 16.10.2004, contrato este rescindido sem justa causa em 31.12.2011, analise as assertivas a seguir:

I. Na hipótese de rescisão a pedido, com dispensa de cumprimento do aviso prévio, as rescisórias deveriam ser pagas até 10.02.2012.

II. No caso de injusta dispensa, a homologação da rescisão deveria ocorrer, no máximo, até 10.02.2012.

III. Na hipótese de dispensa sem justa causa, com cumprimento do aviso prévio, as rescisórias deveriam ser pagas até 10.02.2012.

IV. Em qualquer hipótese de motivação rescisória, o mero pagamento das verbas devidas na ruptura, dez dias após o último dia trabalhado, sempre elide a possibilidade de incidência da multa do art. 477, § 8º, da CLT.

V. No caso de injusta dispensa, independente da data da homologação, as verbas rescisórias deveriam ser pagas até o dia 11.02.2012.

Agora, responda:

A) Estão corretas apenas as proposições I e II.

B) Estão incorretas apenas as proposições II, III e IV.

C) Estão corretas apenas as proposições II, e IV.

D) Está correta apenas a proposição IV.

E) Todas as proposições estão incorretas.

↓RESPOSTA

Alternativa Letra E.
I – Súmula nº 380 do TST e artigo 477, § 6º, "b" CLT.
II – Súmula nº 380 do TST e artigo 477, § 6º, "b" CLT ou artigo 477, § 6º, "a" CLT e artigo 1º da Lei nº 12.506/11.
III – Súmula nº 380 do TST e artigo 477, § 6º, "a" CLT e artigo 1º da Lei nº 12.506/11.
IV – artigo 477, § 8º CLT.
V – Súmula nº 380 do TST e artigo 477, § 6º, "b" CLT ou artigo 477, § 6º, "a" CLT e artigo 1º da Lei nº 12.506/11.

21. (Juiz do Trabalho Substituto - TRT 14ª região/ 2011) Quanto ao instituto do aviso prévio, nos termos da lei e da jurisprudência sumulada do TST, assinale a alternativa que não está correta.

A) É possível substituir o período que se reduz da jornada de trabalho, no aviso prévio, pelo pagamento das horas correspondentes.

B) O tempo do aviso prévio, mesmo indenizado, conta-se para efeito da indenização adicional prevista no art. 9º da Lei nº 6.708, de 30.10.1979.

C) É inválida a concessão do aviso prévio na fluência da garantia de emprego, ante a incompatibilidade dos dois institutos.

D) O direito ao aviso prévio é irrenunciável pelo empregado. O pedido de dispensa de cumprimento não exime o empregador de pagar o respectivo valor, salvo comprovação de haver o prestador dos serviços obtido novo emprego.

E) É devido o aviso prévio na despedida indireta.

↓RESPOSTA

Alternativa Letra A.
Súmula nº 230 do TST.

22. (MPT - Procurador do Trabalho/2012) Sobre o aviso prévio, considerando a jurisprudência uniformizada do Tribunal Superior do Trabalho e a legislação do trabalho, assinale a alternativa INCORRETA:

A) Na contagem do prazo do aviso prévio, aplica-se a regra do Código Civil, excluindo-se o dia do começo e incluindo o do vencimento.

B) A projeção do contrato de trabalho para o futuro, pela concessão do aviso prévio indenizado, tem efeitos limitados às vantagens salariais obtidas no período deste. No caso de concessão de auxílio-doença no curso do aviso prévio, todavia, só se concretizam os efeitos da dispensa depois de expirado o benefício previdenciário.

C) O aviso prévio será concedido na proporção de 30 (trinta) dias aos empregados que contêm até 1 (um) ano de serviço na mesma empresa, com acréscimo de 3 (três) dias por ano de serviço prestado na mesma empresa, até o máximo de 60 (sessenta) dias, perfazendo um total de até 90 (noventa) dias.

D) É inválida a concessão do aviso prévio na fluência da garantia de emprego, ante a incompatibilidade dos dois institutos.

E) Não respondida.

↓RESPOSTA

Alternativa Letra B.
Súmula nº 371 do TST.

2. TÉRMINO DO CONTRATO DE TRABALHO

SÚMULA Nº 171 DO TST

Férias proporcionais. Contrato de trabalho. Extinção

Salvo na hipótese de dispensa do empregado por justa causa, a extinção do contrato de trabalho sujeita o empregador ao pagamento da remuneração das férias proporcionais, ainda que incompleto o período aquisitivo de 12 (doze) meses.

SÚMULA Nº 261 DO TST

Férias proporcionais. Pedido de demissão. Contrato vigente há menos de um ano

O empregado que se demite antes de completar 12 (doze) meses de serviço tem direito a férias proporcionais.

SÚMULA Nº 443 DO TST

Dispensa discriminatória. Presunção. Empregado portador de doença grave. Estigma ou preconceito. Direito à reintegração.

Presume-se discriminatória a despedida de empregado portador do vírus HIV ou de outra doença grave que suscite estigma ou preconceito. Inválido o ato o empregado tem direito à reintegração no emprego.

SÚMULA Nº 32 DO TST

Abandono de emprego

Presume-se o abandono de emprego se o trabalhador não retornar ao serviço no prazo de 30 dias após a cessação do benefício previdenciário nem justificar o motivo de não o fazer.

OJ Nº 361 DA SDI - I DO TST

Aposentadoria espontânea. Unicidade do contrato de trabalho. Multa de 40% do FGTS sobre todo o período

A aposentadoria espontânea não é causa de extinção do contrato de trabalho se o empregado permanece prestando serviços ao empregador após a jubilação. Assim, por ocasião da sua dispensa imotivada, o empregado tem direito à multa de 40% do FGTS sobre a totalidade dos depósitos efetuados no curso do pacto laboral.

OJ Nº 247 DA SDI - I DO TST

Servidor público. Celetista concursado. Despedida imotivada. Empresa pública ou sociedade de economia mista. Possibilidade

I – A despedida de empregados de empresa pública e de sociedade de economia mista, mesmo admitidos por concurso público, independe de ato motivado para sua validade;

II – A validade do ato de despedida do empregado da Empresa Brasileira de Correios e Telégrafos (ECT) está condicionada à motivação, por gozar a empresa do mesmo tratamento destinado à Fazenda Pública em relação à imunidade tributária e à execução por precatório, além das prerrogativas de foro, prazos e custas processuais.

SÚMULA Nº 138 DO TST

Readmissão

Em caso de readmissão, conta-se a favor do empregado o período de serviço anterior, encerrado com a saída espontânea.

SÚMULA Nº 13 DO TST

Mora

O só pagamento dos salários atrasados em audiência não elide a mora capaz de determinar a rescisão do contrato de trabalho.

OJ Nº 162 DA SDI - I DO TST

Multa. Art. 477 da CLT. Contagem do prazo. Aplicável o art. 132 do Código Civil de 2002

A contagem do prazo para quitação das verbas decorrentes da rescisão contratual prevista no artigo 477 da CLT exclui necessariamente o dia da notificação da demissão e inclui o dia do vencimento, em obediência ao disposto no artigo 132 do Código Civil de 2002 (artigo 125 do Código Civil de 1916).

OJ Nº 238 DA SDI – I DO TST

Multa. Art. 477 da CLT. Pessoa jurídica de direito público. Aplicável

Submete-se à multa do artigo 477 da CLT a pessoa jurídica de direito público que não observa o prazo para pagamento das verbas rescisórias, pois nivela-se a qualquer particular, em direitos e obrigações, despojando-se do jus imperii ao celebrar um contrato de emprego.

SÚMULA Nº 173 DO TST

Salário. Empresa. Cessação das atividades

Extinto, automaticamente, o vínculo empregatício com a cessação das atividades da empresa, os salários só são devidos até a data da extinção.

SÚMULA Nº 14 DO TST

Culpa recíproca

Reconhecida a culpa recíproca na rescisão do contrato de trabalho (art. 484 da CLT), o empregado tem direito a 50% (cinquenta por cento) do valor do aviso prévio, do décimo terceiro salário e das férias proporcionais.

SÚMULA Nº 363 DO TST

Contrato nulo. Efeitos

A contratação de servidor público, após a CF/1988, sem prévia aprovação em concurso público, encontra óbice no respectivo art. 37, II e § 2º, somente lhe conferindo direito ao pagamento da contraprestação pactuada, em relação ao número de horas trabalhadas, respeitado o valor da hora do salário mínimo, e dos valores referentes aos depósitos do FGTS.

SÚMULA Nº 462 DO TST

Multa do art. 477, § 8º, da CLT. Incidência. Reconhecimento judicial da relação de emprego.

A circunstância de a relação de emprego ter sido reconhecida apenas em juízo não tem o condão de afastar a incidência da multa prevista no art. 477, §8º, da CLT. A referida multa não será devida apenas quando, comprovadamente, o empregado der causa à mora no pagamento das verbas rescisórias.

SÚMULA Nº 330 DO TST

Quitação. Validade

A quitação passada pelo empregado, com assistência da entidade sindical de sua categoria, ao empregador, com observância dos requisitos exigidos nos parágrafos do art. 477, da CLT, tem eficácia liberatória em relação às parcelas expressamente consignadas no recibo, salvo se oposta ressalva expressamente e especificada ao valor dado à parcela ou parcelas impugnadas.

I – A quitação não abrange parcelas não consignadas no recibo de quitação e, consequentemente, seus reflexos em outras parcelas, ainda que essas constem desse recibo.

II – Quanto a direitos que deveriam ter sido satisfeitos durante a vigência do contrato de trabalho, a quitação é válida em relação ao período expressamente consignado no recibo de quitação.

SÚMULA Nº 18 DO TST

Compensação

A compensação, na Justiça do Trabalho, está restrita a dívidas de natureza trabalhista.

OJ Nº 148 DA SDI – I DO TST

Lei nº 8.880/94, Art. 31. Constitucionalidade

É constitucional o art. 31 da Lei nº 8.880/94, que prevê a indenização por demissão sem justa causa.

QUESTÕES

01. (FCC – Técnico Judiciário – Área Administrativa – TRT 23/2016) Carina, empregada da empresa X, estava em gozo de licença maternidade. Após 45 dias da cessação do referido benefício previdenciário, Carina não retornou ao serviço, nem justificou o motivo de não o fazer. Neste caso, de acordo com entendimento Sumulado do TST,

(A) ocorrerá a imediata rescisão do contrato de trabalho de Carina, tendo em vista que o prazo máximo para o seu retorno após a cessação do benefício previdenciário é de quinze dias.

(B) somente após sessenta dias da cessação do benefício previdenciário sem o retorno injustificado de Carina é que presumir- se-á o abandono de emprego.

(C) somente após noventa dias da cessação do benefício previdenciário sem o retorno injustificado de Carina é que presumir- se-á o abandono de emprego.

(D) a empresa X deverá notificar formalmente Carina para que retorne ao trabalho, enviando obrigatoriamente cópia da referida notificação ao INSS.

(E) presume-se abandono de emprego, podendo ocorrer a rescisão do contrato de trabalho de Carina com justa causa.

↓ RESPOSTA

Alternativa Letra E.
Súmula nº 32 do TST.

02. (FCC – Técnico Judiciário – Área Administrativa - TRT 4/2015) A Justiça do Trabalho reconheceu a culpa recíproca na rescisão do contrato de trabalho de Gabriela. Em consonância com Súmula do TST, Joana, advogada de Gabriela, comunicará a sua cliente que ela possuirá direito a receber

A) cinquenta por cento do valor do aviso prévio, do décimo terceiro salário e das férias proporcionais.

B) aviso prévio integral de acordo com a nova legislação vigente, décimo terceiro salário e férias proporcionais.

C) aviso prévio integral de acordo com a nova legislação vigente, apenas.

D) décimo terceiro salário e férias proporcionais, apenas.

E) cinquenta por cento do valor do aviso prévio, bem como o décimo terceiro salário e as férias proporcionais na sua integralidade.

↓ RESPOSTA

Alternativa Letra A.
Súmula nº 14 do TST.

03. (FCC – Técnico Judiciário – Área Administrativa - TRT 4/2015) Katila, empregada da empresa Z, estava afastada de seu emprego em razão de uma doença cardíaca. Durante alguns meses Katila recebeu auxilio-doença previdenciário. Após 40 dias da cessação efetiva do benefício previdenciário, Katila ainda não retornou a seu emprego e não justificou o motivo de não retornar. Neste caso, conforme súmula do TST

A) o contrato de trabalho de Katila extinguiu-se após quinze dias da cessação do benefício previdenciário, prazo legal, para que a empregada retorne ao emprego.

B) a empresa Z deverá aguardar o prazo legal de sessenta dias e somente após o decurso deste prazo poderá presumir o abandono de emprego.

C) não haverá presunção de abandono de emprego, uma vez que a empregada estava recebendo benefício previdenciário, devendo a empresa Z convocá-la para retorno imediato ao trabalho através de prova escrita.

D) a empresa Z deverá aguardar o prazo legal de noventa dias e somente após o decurso deste prazo poderá presumir o abandono de emprego.

E) presume-se o abandono de emprego e a empresa Z poderá rescindir o contrato de trabalho com justa causa.

↓ RESPOSTA

Alternativa Letra E.
Súmula nº 32 do TST.

04. (CESPE – Analista Judiciário – Administrativa – TRT 10/2013) Julgue os itens seguintes, referentes ao contrato de emprego.

I. Se o término do contrato de trabalho se der em razão de ato faltoso praticado por ambas as partes do pacto de emprego, ter-se-á a denominada culpa recíproca, hipótese em que o empregado não fará jus ao décimo terceiro salário do ano em curso.

↓RESPOSTA

Item errado.
Súmula nº 14 do TST.

05. (FCC – Analista Judiciário – Judiciária – TRT 9/2013) Considerando as previsões da CLT sobre rescisão do contrato de trabalho, é INCORRETO afirmar:

A) No caso de morte do empregador constituído em empresa individual, é facultado ao empregado rescindir o contrato de trabalho.

B) No caso de paralisação temporária ou definitiva do trabalho, motivada por ato de autoridade municipal, estadual ou federal, ou pela promulgação de lei ou resolução que impossibilite a continuação da atividade, prevalecerá o pagamento da indenização, que ficará a cargo do governo responsável.

C) Havendo culpa recíproca no ato que determinou a rescisão do contrato de trabalho, não há que se falar em recebimento de indenização.

D) Nos contratos que tenham termo estipulado, o empregador que, sem justa causa, despedir o empregado, será obrigado a pagar-lhe, a título de indenização, e por metade, a remuneração a que teria direito até o término do contrato.

E) Aos contratos por prazo determinado que contiverem cláusula assecuratória do direito recíproco de rescisão antes de expirado o termo ajustado, aplicam-se, caso seja exercido tal direito por qualquer das partes, os princípios que regem a rescisão dos contratos por prazo indeterminado.

↓RESPOSTA

Alternativa Letra C.
Súmula nº 14 do TST.

06. (FCC – Analista Judiciário – Administrativa – TRT 18/2013) Vênus ausentou-se dos serviços por mais de 30 dias consecutivos, sem enviar qualquer comunicação para seu empregador justificando o motivo de suas faltas. Foram enviados três e-mails e três telegramas para que Vênus retornasse ao serviço ou justificasse a sua ausência. Nessa situação, fica caracterizada a justa causa para rescisão do contrato pelo empregador na modalidade

A) incontinência de conduta.

B) desídia.

C) insubordinação.

D) indisciplina.

E) abandono de emprego.

↓RESPOSTA

Alternativa Letra E.
Art. 482, alínea "i", CLT e
Súmula nº 32 do TST.

07. (FCC – Técnico Judiciário – TRT 24/ 2011) Laís, empregada da empresa G, após quatro meses de contrato de trabalho, sem ter tido nenhuma falta, pediu demissão, uma vez que estava insatisfeita com o seu emprego. Neste caso, de acordo com o entendimento sumulado do Tribunal Superior do Trabalho, Laís

A) não terá direito de receber suas férias proporcionais e nem o décimo terceiro salário, tendo em vista que a legislação pertinente prevê o prazo mínimo de seis meses de contrato de trabalho.

B) não terá direito de receber suas férias proporcionais, tendo em vista que não completou doze meses de serviço.

C) terá direito de receber suas férias proporcionais (quatro meses) de forma simples, ou seja, sem o acréscimo de um terço.

D) terá direito ao aviso prévio de trinta dias, podendo optar em reduzir sua jornada diária em duas horas ou faltar ao serviço por sete dias corridos.

E) terá direito de receber suas férias proporcionais (quatro meses) acrescidas de um terço.

↓RESPOSTA

Alternativa Letra E.
Súmula nº 261 do TST.

08. (FGV - Exame de Ordem 2014.3) Paulo, empregado de uma empresa siderúrgica, é portador do vírus HIV. Tomando conhecimento dessa notícia, o empregador o dispensou imotivadamente e pagou todas as verbas rescisórias.

No momento da dispensa, o chefe de Paulo afirmou que a dispensa somente ocorreu em razão de sua doença, apesar de ser um excelente profissional. Paulo, inconformado, ajuizou ação trabalhista para resguardar o seu direito.

No caso, se o pedido for julgado procedente, Paulo tem direito a

A) ser reintegrado.

B) ser readmitido.

C) receber apenas os salários do período de afastamento.

D) receber apenas indenização por dano moral.

↓RESPOSTA

Alternativa Letra A.
Súmula nº 443 do TST.

09. (Exame de Ordem 2012.1 – FGV – prova reaplicada em Duque de Caxias/RJ) Marcos Paiva ficou afastado do seu trabalho, em gozo de benefício previdenciário, em razão de enfermidade não relacionada ao exercício de suas atribuições funcionais, pelo prazo de 7 (sete) meses. Diante dessa situação hipotética, é correto afirmar que

A) Marcos tem direito ao recolhimento dos depósitos do FGTS durante esse período de afastamento do trabalho.

B) esse tempo de afastamento previdenciário deve ser considerado no cômputo do período aquisitivo das férias.

C) durante esse afastamento previdenciário o contrato de trabalho esteve interrompido.

D) Marcos deve retornar ao trabalho no prazo de 30 (trinta) dias, contados a partir da cessação do benefício previdenciário, sob pena de se presumir o abandono de emprego caso não justifique o motivo do não retorno.

↓RESPOSTA

Alternativa Letra D.
Súmula nº 32 do TST.

10. (Exame de Ordem 2011.1 – FGV) João da Silva ajuizou reclamação trabalhista em face da empresa Alfa Empreendimentos Ltda., alegando ter sido dispensado sem justa causa. Postulou a condenação da reclamada no pagamento de aviso prévio, décimo terceiro salário, férias proporcionais acrescidas do terço constitucional e indenização compensatória de 40% (quarenta por cento) sobre os depósitos do FGTS, bem como na obrigação de fornecimento das guias para levantamento dos depósitos do FGTS e obtenção do benefício do seguro-desemprego. Na peça de defesa, a empresa afirma que o reclamante foi dispensado motivadamente, por desídia no desempenho de suas funções (artigo 482, alínea "e", da CLT), e que, por essa razão, não efetuou o pagamento das verbas postuladas e não forneceu as guias para a movimentação dos depósitos do FGTS e percepção do segurodesemprego.

Considerando que, após a instrução processual, o juiz se convenceu da configuração de culpa recíproca, assinale a alternativa correta.

A) A culpa recíproca é modalidade de resilição unilateral do contrato de trabalho.

B) O reclamante tem direito a 50% do valor do aviso prévio, do décimo terceiro salário e das férias proporcionais.

C) O reclamante não poderá movimentar a conta vinculada do FGTS.

D) O reclamante não tem direito ao pagamento de indenização compensatória sobre os depósitos do FGTS.

↓RESPOSTA

Alternativa Letra B.
Súmula nº 14 do TST.

11. (ESAF – MTE – Auditor-Fiscal do Trabalho/2003) Na forma da jurisprudência sumulada do Colendo TST, aponte a opção correta.

A) Ainda que caracterizada a hipótese de dispensa do empregado por justa causa, a extinção do contrato de trabalho sujeita o empregador ao pagamento da remuneração das férias proporcionais, desde que completo o período aquisitivo de doze meses.

B) Salvo na hipótese de dispensa do empregado por justa causa, a extinção do contrato de trabalho sujeita o empregador ao pagamento da remuneração das férias proporcionais, ainda que incompleto o período aquisitivo de doze meses.

C) Ainda que configurada a hipótese de dispensa do empregado por justa causa, a extinção do contrato de trabalho sujeita o empregador ao pagamento da remuneração das férias proporcionais, ainda que incompleto o período aquisitivo de doze meses.

D) Salvo na hipótese de dispensa do empregado por justa causa, a extinção do contrato de trabalho, com mais de um ano, sujeita o empregador ao pagamento da remuneração das férias proporcionais, desde que completo o período aquisitivo de doze meses.

E) Salvo na hipótese de dispensa do empregado por justa causa, a extinção do contrato de trabalho, com mais de um ano, sujeita o empregador ao pagamento da remuneração das férias proporcionais, ainda que incompleto o período aquisitivo de doze meses.

↓RESPOSTA

Alternativa Letra B.
Súmula nº 171 do TST.

12. (TRT 8 - Juiz do Trabalho Substituto 8ª região/2015) De acordo com o entendimento sumulado do Tribunal Superior do Trabalho - TST, assinale a alternativa CORRETA:

a) A prestação de serviços a mais de uma empresa do mesmo grupo econômico durante a mesma jornada de trabalho configura coexistência de mais de um contrato de trabalho, salvo ajuste em contrário.

b) O empregado portador do vírus HIV é dispensado sem justa causa pelo seu empregador, sendo que a doença não guarda nexo de causalidade com a atividade laboral desenvolvida, nesse caso, presume-se a dispensa discriminatória, posto tratar-se de doença grave que causa estigma ou preconceito, cabendo ao empregador comprovar que não praticou conduta discriminatória.

c) Reconhecida a culpa recíproca na rescisão do contrato de trabalho, o empregado tem direito a 5 0% (cinquenta por cento) do valor do aviso prévio, do décimo terceiro salário e das férias proporcionais, além do direito à multa de 20% (vinte por cento) sobre os depósitos do FGTS e 50% (cinquenta por cento) do valor relativo ao seguro-desemprego.

d) Enquanto perdurar a substituição que não tenha caráter meramente eventual, inclusive nas férias, o empregado substituto fará jus ao salário contratual do substituído. Vago o cargo em definitivo, o empregado que passa a ocupá-lo tem direito a salário igual ao do antecessor.

e) Exaurido o período de estabilidade, são devidos ao empregado os salários do período compreendido entre a data da despedida e o final do período de estabilidade ou a reintegração no emprego, havendo nulidade por julgamento extra petita da decisão que deferir salário quando o pedido for de reintegração.

↓RESPOSTA

Alternativa Letra B.
Súmula nº 443 do TST.

13. (FCC - Juiz do Trabalho Substituto 15ª região/2015) Considere:

I. É obrigação do empregador, havendo controvérsia sobre o valor das verbas rescisórias devidas ao empregado, pagar a parte incontroversa destas verbas à data do comparecimento à Justiça do Trabalho, sob pena de pagá-las acrescidas de cinquenta por cento. O disposto neste artigo não se aplica à União, aos Estados, ao Distrito Federal, aos Municípios e as suas autarquias e fundações públicas.

II. Apenas o pagamento dos salários atrasados em audiência não elide a mora capaz de determinar a rescisão do contrato de trabalho.

III. Em caso de dano causado pelo empregado, o desconto salarial será lícito, desde que esta possibilidade tenha sido acordada ou na ocorrência de dolo ou culpa comprovada do trabalhador.

Está correto o que consta APENAS em

(A) III.

(B) I e II.

(C) I.

(D) II.

(E) II e III.

↓RESPOSTA

Alternativa Letra B.
I – art. 467 da CLT.
II – Súmula nº 13 do TST.
III – art. 461, § 1º, CLT.

14. (TRT 14 – Juiz do Trabalho Substituto 14ª região/ 2013) Observe as assertivas abaixo e marque aquela que NÃO corresponde a entendimento sumulado pelo Tribunal Superior do Trabalho:

A) O direito aos salários do período de férias escolares assegurado aos professores não exclui o direito ao aviso prévio, na hipótese de dispensa sem justa causa ao término do ano letivo ou no curso das férias escolares.

B) Reconhecida a culpa recíproca na rescisão do contrato de trabalho, desde que por força de previsão normativa, o empregado tem direito a 50% (cinquenta por cento) do valor do aviso prévio, do décimo terceiro salário e das férias proporcionais.

C) A compensação, na Justiça do Trabalho, está restrita a dívidas de natureza trabalhista.

D) No caso de se converter a reintegração em indenização dobrada, o direito aos salários é assegurado até a data da primeira decisão que determinou essa conversão.

E) Presume-se o abandono de emprego se o trabalhador não retornar ao serviço no prazo de 30 (trinta) dias após a cessação do benefício previdenciário nem justificar o motivo de não o fazer.

↓ RESPOSTA

Alternativa Letra B.
Súmula nº 14 do TST.

15. (CESPE – Juiz do Trabalho Substituto 5ª região/2013) Assinale a opção correta quanto às modalidades de dispensa do trabalhador e suas consequências.

A) O empregado que tenha sido admitido em 26/5/2000, dispensado sem justa causa em 3/9/2011 e apresentado reclamação trabalhista em 8/11/2012 terá assegurado o recebimento de aviso prévio proporcional ao tempo de serviço.

B) O aviso prévio é indevido nas dispensas decorrentes de culpa recíproca.

C) Na hipótese de dispensa ocorrida por factum principis, não será devido ao empregado o pagamento do aviso prévio.

D) No caso de massa falida, restam aplicáveis as penalidades relativas às parcelas rescisórias incontroversas não pagas na primeira audiência, bem como a multa pelo atraso no pagamento das verbas rescisórias.

E) Presume-se discriminatória a despedida de empregado portador do vírus HIV ou de outra doença grave que suscite estigma ou preconceito. Se ocorrer a dispensa em tais casos, o empregado terá direito à reintegração.

↓ RESPOSTA

Alternativa Letra E.
Súmula nº 443 do TST.

16. (Juiz do Trabalho Substituto – TRT 14ª região/ 2012) Assinale a única alternativa correta:

A) O acordo individual para compensação de horas é válido, salvo se houver norma coletiva em sentido contrário, inclusive para efeitos do chamado "banco de horas".

B) Nos termos da atual jurisprudência do Tribunal Superior do Trabalho, o desrespeito ao intervalo mínimo entre dois turnos de trabalho, sem importar em excesso na jornada efetivamente trabalhada, não dá direito ao ressarcimento pecuniário reversível ao trabalhador, por se tratar apenas de infração sujeita a penalidade administrativa, todavia, acaso importe em excesso de jornada, o empregador estará sujeito ao pagamento do acréscimo constitucional de 50%.

C) Extinto, automaticamente, o vínculo empregatício com a cessação das atividades da empresa, os salários só são devidos até a data da extinção.

D) A insuficiência de transporte público não afasta o pagamento de horas "in itinere".

E) As horas de trajeto, desde que cumpridos os requisitos legais, devem ser, em sua integralidade, remuneradas como horas extraordinárias, independentemente de se aferir, no somatório com a jornada de trabalho, se houve extrapolação dos limites de 8 (oito) diárias e 44 (quarenta e quatro) semanais.

↓ RESPOSTA

Alternativa Letra C.
Súmula nº 173 do TST.

17. (Juiz do Trabalho Substituto – TRT 14ª região/ 2012) Observe as assertivas abaixo e marque a única alternativa correta:

I. São válidas as estabilidades advindas de ato empresarial, tanto na iniciativa privada quanto no setor público, isso em razão da ampliação da dimensão protetiva do contrato em relação ao trabalhador, com melhoria da sua condição social.

II. Acaso estabelecida por lei estadual, é válida a garantia especial concedida a servidores civis que ingressaram sem concurso público até seis meses antes da promulgação da Constituição local, não podendo, por isso, ser demitidos de forma arbitrária ou sem justa causa.

III. O "Protocolo de San Salvador" (aditivo à Convenção Americana sobre Direitos Humanos em matéria de direitos econômicos, sociais e culturais), no art. 7º, prevê a estabilidade dos trabalhadores em seus empregos, como forma de expressão do direito ao trabalho.

IV. Nos termos da jurisprudência do Tribunal Superior do Trabalho, a validade do ato de despedida do empregado da Empresa Brasileira de Correios e Telégrafos (ECT) está condicionada à motivação, por gozar a empresa do mesmo tratamento destinado à Fazenda Pública em relação à imunidade tributária e à execução por precatório, além das prerrogativas de foro, prazos e custas processuais.

A) Apenas os itens I e II são verdadeiros.

B) Apenas o item II é verdadeiro.

C) Apenas o item III é verdadeiro.

D) Apenas o item IV é verdadeiro.

E) Apenas os itens III e IV são verdadeiros.

↓RESPOSTA

Alternativa Letra E.
III – art. 7º do Protocolo de San Salvador.
IV – OJ nº 247, II da SDI-I.

18. (Juiz do Trabalho Substituto – TRT 14ª região/ 2011) À luz da legislação trabalhista apropriada, bem como da jurisprudência sumulada do TST, analise as proposições seguintes e, ao final, responda.

I. O pagamento das parcelas constantes do instrumento de rescisão ou recibo de quitação deverá ser efetuado até o décimo dia, contado da data de término do aviso prévio trabalhado.

II. Nos contratos que tenham termo estipulado, o empregador que, sem justa causa, despedir o empregado será obrigado a pagar-lhe, a título de indenização a remuneração a que teria direito até o termo do contrato.

III. Reconhecida a culpa recíproca na rescisão do contrato de trabalho, na forma do artigo 484 da CLT, o empregado tem direito a 50% (cinquenta por cento) do valor do aviso prévio, do décimo terceiro salário e das férias proporcionais.

IV. Não cabe aviso prévio nas rescisões antecipadas dos contratos de experiência, ainda que contiverem cláusula assecuratória do direito recíproco de rescisão antes de expirado o termo ajustado e seja exercido tal direito por qualquer das partes.

V. O só pagamento dos salários atrasados em audiência ilide a mora capaz de determinar a rescisão do contrato de trabalho.

A) Apenas as proposições I e II são corretas.

B) Apenas as proposições II e IV são corretas.

C) Apenas a proposição III é correta.

D) Nenhuma proposição é correta.

E) Apenas as proposições I e V são corretas.

↓RESPOSTA

Alternativa Letra C.
III – Súmula nº 14 do TST.

19. (Juiz do Trabalho Substituto – TRT 15ª região/ 2011) A respeito da rescisão indireta do contrato de trabalho, indique a alternativa incorreta:

A) pode ser caracterizada quando o empregador, ou seus prepostos, praticar ato lesivo à honra e boa fama do trabalhador ou de pessoa de sua família;

B) o pagamento dos salários atrasados em primeira audiência ilide a mora capaz de configurá-la;

C) pode ser caracterizada pela redução considerável do trabalho do empregado remunerado por peça ou tarefa, de forma a afetar sensivelmente o valor do salário;

D) a mora contumaz é conceito previsto em legislação vigente e pressupõe atraso ou sonegação de salários devidos aos empregados por período igual ou superior a três meses, sem motivo grave ou relevante, excluídas as causas pertinentes ao risco do empreendimento;

E) pode ser caracterizada quando o empregador, ou seus prepostos, praticar ofensas físicas contra o empregado, salvo em caso de legítima defesa própria ou de terceiros.

↓RESPOSTA

Alternativa Letra B.
Súmula nº 13 do TST.

20. (MPT – Procurador do Trabalho/2013) Quanto à igualdade e à não-discriminação nas relações de trabalho, é CORRETO dizer:

I. Na discriminação indireta, em que há o tratamento neutro ou formalmente igual entre os interessados, a configuração do ilícito efetiva-se pelo resultado com prejuízo ou efeito perverso sobre determinado grupo, sendo irrelevante a intenção do autor.

II. Presume-se discriminatória a despedida de empregado portador de doença grave que suscite estigma ou preconceito, assegurando-se lhe o direito à reintegração no emprego, reconhecida a invalidade do ato.

III. A aplicação das prerrogativas da Fazenda Pública à empresa pública, por força do princípio da igualdade, atrai a necessidade de motivação do ato de dispensa dos empregados celetistas previamente aprovados por concurso público.

IV. Não se admite que, abstrata e aprioristicamente, seja afastada a reserva legal às pessoas com deficiência em relação ao exercício de funções, devendo-se proceder a avaliação do grau de comprometimento das limitações físicas ou psicológicas dos candidatos no caso concreto, segundo critérios objetivos.

A) apenas a assertiva IV está incorreta;

B) apenas as assertivas I e II estão corretas;

C) todas as assertivas estão corretas;

D) apenas as assertivas II e IV estão corretas;

E) não respondida.

↓RESPOSTA

Alternativa Letra C.
II – Súmula nº 443 do TST.

Capítulo X
PRESCRIÇÃO E DECADÊNCIA

SUMÁRIO • 1. Prescrição 1.1. Prescrição total 1.2. Prescrição parcial; 1.3. Ação Rescisória. Prescrição total e parcial; 1.4. Suspensão do contrato de trabalho; 1.5. Interrupção da prescrição; 1.6. Rurícola; 1.7. Prescrição intercorrente; 1.8. FGTS; 1.9. Expurgos inflacionários; 1.10. Ação de cumprimento; 1.11. Mudança do regime celetista para estatutário; 1.12. Complementação de pensão e auxílio funeral; 1.13. Ministério Público – 2. Decadência.

1. PRESCRIÇÃO

Súmula nº 153 do TST

Prescrição

Não se conhece de prescrição não argüida na instância ordinária

Súmula nº 156 do TST

Prescrição. Prazo

Da extinção do último contrato começa a fluir o prazo prescricional do direito de ação em que se objetiva a soma de períodos descontínuos de trabalho.

OJ nº 83 da SDI - I do TST

Aviso-prévio. Indenizado. Prescrição

A prescrição começa a fluir no final da data do término do aviso prévio. Art. 487, § 1º, CLT.

Súmula nº 308 do TST

Prescrição quinquenal

I – Respeitado o biênio subsequente à cessação contratual, a prescrição da ação trabalhista concerne às pretensões imediatamente anteriores a cinco anos, contados da data do ajuizamento da reclamação e, não, às anteriores ao quinquênio da data da extinção do contrato.

II – A norma constitucional que ampliou o prazo de prescrição da ação trabalhista para 5 (cinco) anos é de aplicação imediata e não atinge pretensões já alcançadas pela prescrição bienal quando da promulgação da CF/1988.

OJ nº 401 da SDI - I do TST

Prescrição. Marco inicial. Ação condenatória. Trânsito em julgado da ação declaratória com mesma causa de pedir remota ajuizada antes da extinção do contrato de trabalho.

O marco inicial da contagem do prazo prescricional para o ajuizamento de ação condenatória, quando advém a dispensa do empregado no curso de ação declaratória que possua a mesma causa de pedir remota, é o trânsito em julgado da decisão proferida na ação declaratória e não a data da extinção do contrato de trabalho.

⊙ QUESTÕES

01. (FCC - Juiz do Trabalho Substituto 1ª região/2015) Em relação à pronúncia do instituto da prescrição na seara trabalhista, de acordo com entendimento sumulado do Tribunal Superior do Trabalho, é correto afirmar:

A) Da extinção do primeiro período do contrato de trabalho começa a fluir o prazo prescricional do direito de ação em que se objetiva a soma de períodos descontínuos de trabalho.

B) Em se tratando de horas extras pré-contratadas, opera-se a prescrição quinquenal se a ação não for ajuizada no prazo de cinco anos, a partir da data em que foram suprimidas.

C) Respeitado o biênio subsequente à cessação contratual, a prescrição da ação trabalhista concerne às pretensões imediatamente anteriores a cinco anos, contados da data do ajuizamento da reclamação e, não, às anteriores ao quinquênio da data da extinção do contrato.

D) A pretensão a diferenças de complementação de aposentadoria sujeita-se à prescrição parcial, salvo se o pretenso direito decorrer de verbas não recebidas no curso da relação de emprego e já alcançadas pela prescrição, à época da propositura da ação.

E) Tratando-se de pedido de pagamento de diferenças salariais decorrentes da inobservância dos critérios de promoção estabelecidos em Plano de Cargos e Salários criado pela empresa, a prescrição aplicável é a bienal.

↓RESPOSTA

Alternativa Letra A.

Súmula nº 308, I, do TST.

02. (MPT – Procurador do Trabalho/2015) A respeito da prescrição é CORRETO afirmar:

a) O prazo prescricional para reclamar férias inicia na data em que o empregador se recusa a concedê-las.

b) Segundo o STF, é trintenária a prescrição do direito de reclamar contra o não recolhimento da contribuição para o FGTS, observado o prazo de 2 (dois) anos após o término do contrato de trabalho.

c) Da extinção do último contrato começa a fluir o prazo prescricional do direito de ação em que se objetiva a soma de períodos descontínuos de trabalho.

d) A prescrição começa a fluir na data do pagamento do aviso prévio indenizado.

e) Não respondida.

↓RESPOSTA

Alternativa Letra A.

Súmula nº 156 do TST.

1.1. Prescrição total

SÚMULA Nº 294 DO TST

Prescrição. Alteração contratual. Trabalhador urbano

Tratando-se de ação que envolva pedido de prestações sucessivas decorrente de alteração do pactuado, a prescrição é total, exceto quando o direito à parcela esteja também assegurado por preceito de lei.

OJ Nº 175 DA SDI – I DO TST

Comissões. Alteração ou Supressão. Prescrição total

A supressão das comissões, ou a alteração quanto à forma ou ao percentual, em prejuízo do empregado, é suscetível de operar a prescrição total da ação, nos termos da Súmula nº 294 do TST, em virtude de cuidar-se de parcela não assegurada por preceito de lei.

OJ Nº 242 DA SDI – I DO TST

Prescrição total. Horas extras. Adicional. Incorporação

Embora haja previsão legal para o direito à hora extra, inexiste previsão para a incorporação ao salário do respectivo adicional, razão pela qual deve incidir a prescrição total.

SÚMULA Nº 199 DO TST

Bancário. Pré-contratação de horas extras

I – A contratação do serviço suplementar, quando da admissão do trabalhador bancário, é nula. Os valores assim ajustados apenas remuneram a jornada normal, sendo devidas as horas extras com o adicional de, no mínimo, 50% (cinqüenta por cento), as quais não configuram pré-contratação, se pactuadas após a admissão do bancário.

II – Em se tratando de horas extras pré-contratadas, opera-se a prescrição total se a ação não for ajuizada no prazo de cinco anos, a partir da data em que foram suprimidas.

SÚMULA Nº 275 DO TST

Prescrição. Desvio de função e reenquadramento

I – Na ação que objetive corrigir desvio funcional, a prescrição só alcança as diferenças salariais vencidas no período de 5 (cinco) anos que precedeu o ajuizamento.

II – Em se tratando de pedido de reenquadramento, a prescrição é total, contada da data do enquadramento do empregado.

SÚMULA Nº 326 DO TST

Complementação de aposentadoria. Prescrição total

A pretensão à complementação de aposentadoria jamais recebida prescreve em 2 (dois) anos contados da cessação do contrato de trabalho.

OJ Nº 243 DA SDI – I DO TST

Prescrição total. Planos econômicos

Aplicável a prescrição total sobre o direito de reclamar diferenças salariais resultantes de planos econômicos.

OJ Nº 76 DA SDI – I DO TST

Substituição dos avanços trienais por qüinqüênios. Alteração do contrato de trabalho. Prescrição total. CEEE

A alteração contratual consubstanciada na substituição dos avanços trienais por qüinqüênios decorre de ato único do empregador, momento em que começa a fluir o prazo fatal de prescrição.

QUESTÕES

01. (TRT 8 - Juiz do Trabalho Substituto 8ª região/2015) Sobre prescrição, é INCORRETO afirmar que:

a) Para o bancário, em se tratando de horas extras pré-contratadas, opera-se a prescrição total se a ação não for ajuizada no prazo de dois anos, a partir da data em que foram suprimidas.

b) A suspensão do contrato de trabalho, em virtude da percepção do auxílio-doença ou da aposentadoria por invalidez, não impede a fluência da prescrição quinquenal, ressalvada a hipótese de absoluta impossibilidade de acesso ao Judiciário.

c) A ação trabalhista, ainda que arquivada, interrompe a prescrição somente em relação a pedidos idênticos.

d) A ação movida por sindicato, na qualidade de substituto processual, interrompe a prescrição, ainda que tenha sido considerado parte ilegitima ad causam.

e) No caso das férias, o prazo prescricional, durante a vigência da relação de emprego, inicia-se somente após o término do período concessivo.

RESPOSTA

Alternativa Letra A.
Súmula nº 199, II, do TST.

02. (Juiz do Trabalho Substituto - TRT 3ª região/ 2012) Ainda acerca da alteração do contrato de trabalho, leia as afirmações abaixo e, em seguida, assinale a alternativa correta a respeito da prescrição, de acordo com a jurisprudência cristalizada do Tribunal Superior do Trabalho:

I. Em caso de prejuízo decorrente de alteração contratual que substitua avanços trienais por quinquenais, a prescrição incidente é total e começa a fluir a partir da alteração.

II. A alteração quanto à forma ou ao percentual de comissões, em prejuízo do empregado, é suscetível de operar a prescrição parcial da ação, em virtude de o salário estar assegurado por preceito de lei.

III. Tratando-se de ação que envolva pedido de prestações sucessivas decorrente de alteração do pactuado, a prescrição é total, exceto quando o direito à parcela esteja também assegurado por preceito de lei.

IV. Na lesão de direito individual que atinja prestações periódicas devidas ao empregado, a prescrição é sempre parcial e se conta do vencimento de cada uma dessas prestações.

V. A prescrição para reclamar alteração, pelo empregador, de data de pagamento de salários é parcial, inexistindo previsão expressa a respeito da data, em contrato ou em instrumento normativo.

A) Somente as afirmativas I e III estão corretas.

B) Somente as afirmativas III e V estão corretas.

C) Somente as afirmativas I, III e V estão corretas.

D) Somente as afirmativas I, II, III e V estão corretas.

E) Somente a afirmativa IV está correta.

↓RESPOSTA

Alternativa Letra A.
I – OJ nº 76 da SDI-I.
III – Súmula nº 294 da TST.

03. (Juiz do Trabalho Substituto – TRT 15ª região/ 2012) O direito de ação quanto a créditos resultantes das relações de trabalho prescreve em cinco anos para o trabalhador urbano, até o limite de dois anos após a extinção do contrato. Assim dispõe o art. 11 da CLT, sendo que o disposto neste artigo não se aplica às ações que tenham por objeto anotações para fins de prova junto à Previdência Social. Sobre a prescrição, assinale a assertiva correta, de acordo com a notória e atual jurisprudência do C. TST:

A) Na lesão de direito que atinja prestações periódicas, de qualquer natureza, devidas ao empregado, a prescrição é sempre total e se conta da lesão do direito.

B) Na lesão de direito individual que atinja prestações, periódicas devidas ao empregado, à exceção da que decorre de ato único do empregador, a prescrição é sempre parcial e se conta do vencimento de cada uma dessas prestações, e não da lesão do direito.

C) Para o bancário, em se tratando de horas extras pré-contratadas, opera-se a prescrição total se a ação não for ajuizada no prazo de dois anos, a partir da data em que foram suprimidas.

D) Na ação que objetive corrigir desvio funcional, a prescrição só alcança as diferenças salariais vencidas no período de 2 (dois) anos que precedeu o ajuizamento. Em se tratando de pedido de reenquadramento, a prescrição é 05 anos, contada da data do enquadramento do empregado.

E) A pretensão à complementação de aposentadoria jamais recebida prescreve em 2 (dois) anos contados da cessação do contrato de trabalho. Já a pretensão a diferenças de complementação de aposentadoria sujeita-se à prescrição parcial e quinquenal, salvo se o pretenso direito decorrer de verbas não recebidas no curso da relação de emprego e já alcançadas pela prescrição, à época da propositura da ação.

↓RESPOSTA

Alternativa Letra E.
Súmulas nº 326 e 327 do TST.

04. (Juiz do Trabalho Substituto – TRT 19ª região/ 2012) À luz do quanto cristalizado na jurisprudência do TST, assinale a alternativa incorreta:

A) O prazo de prescrição com relação à ação de cumprimento de decisão normativa flui apenas da data de seu trânsito em julgado. Consigne-se, ainda, que, tratando-se de pedido de diferença de gratificação semestral que teve seu valor congelado, a prescrição aplicável é a parcial.

B) A suspensão do contrato de trabalho, em virtude da percepção do auxílio-doença ou da aposentadoria por invalidez, impede a fluência da prescrição quinquenal, caso haja absoluta impossibilidade de acesso ao Judiciário.

C) É aplicável a prescrição bienal prevista no art. 7º, XXIX, da Constituição de 1988 ao trabalhador avulso, tendo como marco inicial a cessação do trabalho ultimado para cada tomador de serviço.

D) Na ação que objetive corrigir desvio funcional, a prescrição só alcança as diferenças salariais vencidas no período de 5 (cinco) anos que precedeu o ajuizamento. Em se tratando de pedido de reenquadramento, a prescrição é parcial.

E) A pretensão a diferenças de complementação de aposentadoria sujeita-se à prescrição parcial e quinquenal, salvo se o pretenso direito decorrer de verbas não recebidas no curso da relação de emprego e já alcançadas pela prescrição, à época da propositura da ação.

↓RESPOSTA

Alternativa Letra D.
Súmula nº 275 do TST.

05. (Juiz do Trabalho Substituto - TRT 2ª região/ 2011) Sobre a prescrição expressamente prevista na CLT ou de interpretação já pacificada pela jurisprudência sumulada pelo TST, aponte a única alternativa incorreta:

A) Como o congelamento do valor das gratificações não traduz ato único, mas sim negativo, as diferenças correspondentes estão sujeitas à prescrição parcial.

B) O prazo de prescrição com relação à ação de cumprimento de decisão normativa flui apenas da data de seu trânsito em julgado.

C) Na ação que objetive corrigir desvio funcional e em se tratando de pedido de reenquadramento, a prescrição é parcial e só alcança as diferenças salariais vencidas no período de 5 (cinco) anos que precedeu o ajuizamento.

D) Não flui a prescrição da pretensão cujo objeto seja a anotação de CTPS para fins de prova junto à Previdência Social.

E) Da extinção do último contrato começa a fluir o prazo prescricional do direito de ação em que se objetiva a soma de períodos descontínuos de trabalho.

↓RESPOSTA

Alternativa Letra C.
Súmula nº 275 do TST.

06. (Juiz do Trabalho Substituto - TRT 14ª região/ 2011) Sobre prescrição no Direito do Trabalho, nos termos do entendimento sumulado do TST, assinale a alternativa correta.

A) Em se tratando de horas extras pré-contratadas do trabalhador bancário, opera-se a prescrição total se a ação não for ajuizada no prazo de cinco anos, a partir da data em que foram suprimidas.

B) A prescrição da pretensão relativa às parcelas remuneratórias não alcança o respectivo recolhimento da contribuição para o FGTS.

C) A ação trabalhista, desde que não arquivada, suspende a prescrição somente em relação aos pedidos idênticos.

D) Na ação que objetive corrigir desvio funcional, a prescrição só alcança as diferenças salariais vencidas no período de 2 (dois) anos que precedeu o ajuizamento.

E) Respeitado o biênio subseqüente à cessação contratual, a prescrição da ação trabalhista concerne às pretensões imediatamente anteriores a cinco anos, contados do qüinquênio anterior à data da extinção do contrato e, não, da data do ajuizamento da reclamação.

↓RESPOSTA

Alternativa Letra A.
Súmula nº 199, II do TST.

07. (Juiz do Trabalho Substituto - TRT 15ª região/ 2011) A respeito da alteração contratual e considerando a jurisprudência do TST, analise as seguintes assertivas.

I. Tratando-se de ação que envolva pedido de prestações sucessivas decorrentes de alteração do pactuado, a prescrição é parcial, inclusive quando o direito à parcela esteja assegurado por lei.

II. Tratando-se de ação que envolva pedido de prestações sucessivas decorrentes de alteração do pactuado, a prescrição é total, exceto quando o direito à parcela esteja também assegurado por preceito de lei.

III. A redução da carga horária do professor, em razão da diminuição do número de alunos, constitui alteração ilícita do contrato de trabalho.

IV. É suscetível de operar a prescrição total da ação nas hipóteses de supressão de comissões ou alteração quanto à forma ou percentual, em prejuízo do empregado.

V. As cláusulas regulamentares que revoguem vantagens deferidas anteriormente só atingirão os trabalhadores admitidos após a revogação, não surtindo o mesmo efeito quando se tratar de alteração do regulamento.

Agora responda:

A) as assertivas II, III e V estão corretas;

B) as assertivas II e IV estão corretas;

C) as assertivas II e V estão corretas;

D) as assertivas I, II, III e IV estão erradas;

E) as assertivas I, II, III e V estão corretas.

↓RESPOSTA

Alternativa Letra B.
II – Súmula nº 294 do TST.
IV – OJ nº 175 da SDI-I.

1.2. Prescrição parcial

SÚMULA Nº 294 DO TST

Prescrição. Alteração contratual. Trabalhador urbano

Tratando-se de ação que envolva pedido de prestações sucessivas decorrente de alteração do pactuado, a prescrição é total, exceto quando o direito à parcela esteja também assegurado por preceito de lei.

SÚMULA Nº 6, IX, DO TST

Na ação de equiparação salarial, a prescrição é parcial e só alcança as diferenças salariais vencidas no período de 5 (cinco) anos que precedeu o ajuizamento.

SÚMULA Nº 452 DO TST

Diferenças salariais. Plano de cargos e salários. Descumprimento. Critérios de promoção não observados. Prescrição parcial.

Tratando-se de pedido de pagamento de diferenças salariais decorrentes da inobservância dos critérios de promoção estabelecidos em Plano de Cargos e Salários criado pela empresa, a prescrição aplicável é a parcial, pois a lesão é sucessiva e se renova mês a mês.

SÚMULA Nº 327 DO TST

Complementação de aposentadoria. Diferenças. Prescrição parcial

A pretensão a diferenças de complementação de aposentadoria sujeita-se à prescrição parcial e quinquenal, salvo se o pretenso direito decorrer de verbas não recebidas no curso da relação de emprego e já alcançadas pela prescrição, à época da propositura da ação.

SÚMULA Nº 373 DO TST

Gratificação semestral. Congelamento. Prescrição parcial

Tratando-se de pedido de diferença de gratificação semestral que teve seu valor congelado, a prescrição aplicável é a parcial.

⊙ QUESTÕES

01. (Juiz do Trabalho Substituto – TRT 3ª região/ 2012) A empresa X alterou unilateralmente o contrato de trabalho mantido com CARLOS ALBERTO e passou a lhe pagar salário inferior ao mínimo legal. A alteração foi mantida por período superior a cinco anos. Depois disso, ainda com o contrato de trabalho em curso, Carlos Alberto reclamou, na Justiça do Trabalho, o pagamento das diferenças salariais (do salário que efetivamente recebia, para o salário mínimo), desde a data da alteração, com reflexos. A prova produzida lhe foi favorável (ao autor). A empresa X – então reclamada – arguiu a prescrição. Assinale a alternativa correta:

A) A empresa X deverá ser condenada no pagamento das diferenças salariais postuladas, desde o início da alteração contratual.

B) A empresa X deverá ser condenada no pagamento das diferenças salariais postuladas, observada a prescrição quinquenal.

C) A empresa X não deverá ser condenada no pagamento das diferenças salariais postuladas, porque ocorreu prescrição quinquenal total.

D) A empresa X não deverá ser condenada no pagamento das diferenças salariais postuladas, porque ocorreu prescrição bienal.

E) Todas as alternativas estão incorretas

↓RESPOSTA

Alternativa Letra B.
Súmula nº 294 do TST.

02. (MPT – Procurador do Trabalho/2012) Quanto à prescrição, considerando a jurisprudência uniformizada do Tribunal Superior do Trabalho, assinale a alternativa CORRETA:

A) Na ação que objetive corrigir desvio funcional, a prescrição só alcança as diferenças salariais vencidas no período de 5 (anos) anos que precedeu o ajuizamento. Em se tratando de pedido de reenquadramento, a prescrição é total, contada da data da implantação do plano de cargos e salários.

B) A pretensão a diferenças de complementação de aposentadoria sujeita-se à prescrição parcial e quinquenal, salvo se o pretenso direito decorrer de verbas não recebidas no curso da relação de emprego e já alcançadas pela prescrição, à época da propositura da ação.

C) O prazo de prescrição com relação à ação de cumprimento de decisão normativa flui apenas da data de seu julgamento pelo tribunal do trabalho.

D) A pretensão à complementação de aposentadoria prescreve em 2 (dois) anos contados da cessação do contrato de trabalho.

E) Não respondida.

↓RESPOSTA

Alternativa Letra B.
Súmula nº 327 do TST.

1.3. Ação Rescisória. Prescrição total e parcial

SÚMULA Nº 409 DO TST

Ação rescisória. Prazo prescricional. Total ou parcial. Violação do art. 7º, XXIX, da CF/1988. Matéria infraconstitucional

Não procede ação rescisória calcada em violação do art. 7º, XXIX, da CF/1988 quando a questão envolve discussão sobre a espécie de prazo prescricional aplicável aos créditos trabalhistas, se total ou parcial, porque a matéria tem índole infraconstitucional, construída, na Justiça do Trabalho, no plano jurisprudencial.

1.4. Suspensão do contrato de trabalho

OJ Nº 375 DA SDI - I DO TST

Auxílio-doença. Aposentadoria por invalidez. Suspensão do contrato de trabalho. Prescrição. Contagem

A suspensão do contrato de trabalho, em virtude da percepção do auxílio-doença ou da aposentadoria por invalidez, não impede a fluência da prescrição quinquenal, ressalvada a hipótese de absoluta impossibilidade de acesso ao Judiciário.

⊙QUESTÃO

01. (Juiz do Trabalho Substituto - TRT 3ª região/ 2012) Sobre a prescrição, é correto dizer:

A) De acordo com o Tribunal Superior do Trabalho, a actio nata surge quando o autor ingressa com a ação em juízo.

B) De acordo com o Tribunal Superior do Trabalho, a suspensão do contrato de trabalho, em virtude da percepção do auxílio-doença ou da aposentadoria por invalidez, não impede a fluência da prescrição quinquenal, ressalvada a hipótese de absoluta impossibilidade de acesso ao Judiciário.

C) De acordo com o Tribunal Superior do Trabalho, é inaplicável a prescrição bienal prevista no art. 7º, XXIX, da Constituição de 1988 ao trabalhador avulso.

D) Em se tratando de instauração de inquérito em face do empregado que incorre em abandono de emprego, o prazo prescricional é contado a partir do momento em que o empregado pretendeu seu retorno ao serviço.

E) As causas impeditivas sustam a contagem prescricional iniciada.

↓RESPOSTA

Alternativa Letra B.
OJ nº 375 da SDI-I.

1.5. Interrupção da prescrição

SÚMULA Nº 268 DO TST

Prescrição. Interrupção. Ação trabalhista Arquivada

A ação trabalhista, ainda que arquivada, interrompe a prescrição somente em relação aos pedidos idênticos.

OJ Nº 392 DA SDI - I DO TST

Prescrição. Interrupção. Ajuizamento de protesto judicial. Marco inicial

O protesto judicial é medida aplicável no processo do trabalho, por força do art. 769 da CLT e do art. 15 do CPC de 2015. O ajuizamento da ação, por si só, interrompe o prazo prescricional, em razão da inaplicabilidade do § 2º do art. 240 do CPC de 2015 (§ 2º do art. 219 do CPC de 1973), incompatível com o disposto no art. 841 da CLT.

1.6. Rurícola

OJ Nº 271 DA SDI - I DO TST

Rurícola. Prescrição. Contrato de emprego extinto. Emenda constitucional nº 28/2000. Inaplicabilidade

O prazo prescricional da pretensão do rurícola, cujo contrato de emprego já se extinguira ao sobrevir a Emenda Constitucional nº 28, de 26/05/2000, tenha sido ou não ajuizada a ação trabalhista, prossegue regido pela lei vigente ao tempo da extinção do contrato de emprego.

1.7. Prescrição intercorrente

SÚMULA Nº 114 DO TST

Prescrição intercorrente

É inaplicável na Justiça do Trabalho a prescrição intercorrente.

⊙QUESTÃO

---

01. (Juiz do Trabalho Substituto - TRT 21ª região/ 2012) No que se refere à aplicação da prescrição intercorrente, e tendo em conta a jurisprudência uniformizada, tanto do Supremo Tribunal Federal como do Tribunal Superior do Trabalho sobre o tema, assinale a alternativa correta:

A) a do Supremo Tribunal Federal a admite e a do Tribunal Superior do Trabalho não a admite;

B) a do Supremo Tribunal Federal não a admite e a do Tribunal Superior do Trabalho a admite;

C) ambas não a admitem;

D) ambas a admitem;

E) o tema não recebeu uniformização pelo Supremo Tribunal Federal.

↓RESPOSTA

Alternativa Letra A.
Súmula nº 114 do TST e Súmula nº 327 do STF.

1.8. FGTS

SÚMULA Nº 362 DO TST

FGTS. Prescrição

I – Para os casos em que a ciência da lesão ocorreu a partir da 13.11.2014, é quinquenal a prescrição do direito de reclamar contra o não-recolhimento de contribuição para o FGTS, observado o prazo de dois anos após o término do contrato;

II – Para os casos em que o prazo prescricional já estava em curso em 13.11.2014, aplica-se o prazo prescricional que se consumar primeiro: trinta anos, contados do termo inicial, ou cinco anos, a partir de 13.11.2014 (STF-ARE-709212/DF).

SÚMULA Nº 206 DO TST

Incidência sobre parcelas prescritas

A prescrição da pretensão relativa às parcelas remuneratórias alcança o respectivo recolhimento da contribuição para o FGTS.

⊙QUESTÃO

---

01. (Cespe - Analista Judiciário - Judicial - TRT 17/2013) Julgue os próximos itens, relativos aos direitos trabalhistas.

1) O direito de reclamação dos créditos trabalhistas prescreve no prazo de cinco anos para os trabalhadores urbanos e rurais, até o limite de dois anos após a extinção do contrato de trabalho, salvo em relação à reclamação dos créditos não recolhidos do FGTS, que poderá ser proposta no prazo de trinta anos.

↓RESPOSTA

Item errado.

Art. 5º, inciso XXIX, CF/88 e Súmula nº 362 do TST[4] (nova redação).

02. (Juiz do Trabalho Substituto - TRT 2ª região/ 2012) Sobre prescrição e decadência no Direito do Trabalho, nos termos da lei e do entendimento sumulado do TST é INCORRETO afirmar que:

---

4 Contudo, vale ressaltar que, recentemente (novembro/2014), o STF reduziu o prazo prescricional do FGTS de 30 anos para 5 anos de acordo com o art. 7º, XXIX, CF/88.

A) Da extinção do último contrato começa a fluir o prazo prescricional do direito de ação em que se objetiva a soma de períodos descontínuos de trabalho.

B) É trintenária a prescrição do direito de reclamar contra o não recolhimento da contribuição para o FGTS, não sendo necessário observar o prazo de 2 (dois) anos após o término do contrato de trabalho.

C) O prazo de decadência do direito do empregador de ajuizar inquérito em face do empregado que incorre em abandono de emprego é contado a partir do momento em que o empregado pretendeu seu retorno ao serviço.

D) Na ação de equiparação salarial, a prescrição é parcial e só alcança as diferenças salariais vencidas no período de 5 (cinco) anos que precedeu o ajuizamento.

E) Respeitado o biênio subsequente à cessação contratual, a prescrição da ação trabalhista concerne às pretensões imediatamente anteriores há cinco anos, contados da data do ajuizamento da reclamação e, não, às anteriores ao quinquênio da data da extinção do contrato.

RESPOSTA

Alternativa Letra B.
Súmula nº 362 do TST.

1.9. Expurgos inflacionários

OJ Nº 344 DA SDI - I DO TST

FGTS. Multa de 40%. diferenças decorrentes dos expurgos inflacionários. Prescrição. Termo inicial

O termo inicial do prazo prescricional para o empregado pleitear em juízo diferenças da multa do FGTS, decorrentes dos expurgos inflacionários, deu-se com a vigência da Lei Complementar nº 110, em 30.06.01, salvo comprovado trânsito em julgado de decisão proferida em ação proposta anteriormente na Justiça Federal, que reconheça o direito à atualização do saldo da conta vinculada.

OJ Nº 341 DA SDI - I DO TST

FGTS. Multa de 40%. Diferenças decorrentes dos expurgos inflacionários. Responsabilidade pelo pagamento

É de responsabilidade do empregador o pagamento da diferença da multa de 40% sobre os depósitos do FGTS, decorrente da atualização monetária em face dos expurgos inflacionários.

1.10. Ação de cumprimento

SÚMULA Nº 350 DO TST

Prescrição. Termo inicial. Ação de cumprimento. Sentença normativa

O prazo de prescrição com relação à ação de cumprimento de decisão normativa flui apenas da data de seu trânsito em julgado.

QUESTÃO

01. (Juiz do Trabalho Substituto - TRT 2ª região/ 2011) Analise as assertivas proposições:

I. O prazo de dois anos para ajuizar ação rescisória suspende-se durante o recesso.

II. O prazo de dois anos para interpor ação rescisória interrompe-se durante o recesso.

III. Conforme entendimento sumulado, bem como nos termos do Código Civil, a ação trabalhista, ainda que arquivada, interrompe a prescrição somente em relação aos pedidos idênticos, ou seja, soma-se na contagem o período anterior à interposição da ação.

IV. O prazo de prescrição com relação à ação de cumprimento de decisão normativa, conforme entendimento sumulado, flui apenas da data de seu trânsito em julgado.

V. A pretensão à complementação de aposentadoria jamais recebida, conforme entendimento sumulado, prescreve em dois anos contados da cessão do contrato de trabalho.

Responda:

A) Estão corretas as assertivas I e III,

B) Estão corretas as assertivas II e III,

C) Estão corretas as assertivas III, IV e V.

D) Estão corretas as assertivas I e V.

E) Estão corretas as assertivas IV e V.

↓RESPOSTA

Alternativa Letra E.
IV – Súmula nº 350 do TST.
V – Súmula nº 326 do TST.

1.11. Mudança do regime celetista para estatutário

SÚMULA Nº 382 DO TST

Mudança de regime celetista para estatutário. Extinção do contrato. Prescrição bienal

A transferência do regime jurídico de celetista para estatutário implica extinção do contrato de trabalho, fluindo o prazo da prescrição bienal a partir da mudança de regime.

SÚMULA Nº 243 DO TST

Opção pelo regime trabalhista. Supressão das vantagens estatutárias

Exceto na hipótese de previsão contratual ou legal expressa, a opção do funcionário público pelo regime trabalhista implica a renúncia dos direitos inerentes ao regime estatutário.

⊙QUESTÃO

01. (FCC - Juiz do Trabalho Substituto 18ª região/2014) Everandy foi contratado em 17/08/1985 para trabalhar no Cartório de Registro de Imóveis de determinado Município. Em 1994, com fundamento no art. 48 da Lei no 8.935/94, fez opção pelo regime celetista. Dispensado sem justa causa em 15/01/2014, pretende o reconhecimento da nulidade da rescisão de seu contrato de trabalho e, como consequência, a reintegração no emprego, sob o fundamento de que, na condição de escrevente, sua prestação de serviços foi regida em período pretérito por regime especial que lhe assegura a manutenção do emprego e impede a rescisão do seu contrato de trabalho. A pretensão de Everandy

A) tem fundamento, tendo em vista sua investidura ter sido estatutária ou em regime especial e o regime da contratação prevalecer para fins de proteção contra dispensa sem justa causa.

B) tem fundamento, tendo em vista que os serventuários de Cartórios não oficializados têm estabilidade no emprego, independentemente do regime de contratação, não podendo ser dispensados, salvo se cometerem justa causa.

C) tem fundamento, pois, com base no princípio da norma mais favorável, a possibilidade dada pelo legislador para que o trabalhador optasse por um ou outro regime assegurou ao mesmo as garantias dos dois regimes.

D) não tem fundamento, pois a Lei no 8.935/94 estabeleceu, com a possibilidade de opção, a coexistência de dois regimes jurídicos distintos, que não se misturam e que contêm regras, vantagens e direitos específicos incompatíveis entre si, sendo que, com a opção pelo regime celetista, o trabalhador abriu mão da garantia de emprego do regime anterior.

E) não tem fundamento, tendo em vista que após o advento da Constituição Federal de 1988, que passou a prever que os serviços dos Cartórios não oficializados são exercidos em caráter privado, por delegação do Poder Público, nenhum trabalhador dos referidos Cartórios tem direito à reintegração no emprego se dispensado sem justa causa.

↓RESPOSTA

Alternativa Letra D.
Súmula nº 243 do TST

1.12. Complementação de pensão e auxílio funeral

OJ Nº 129 DA SDI – I DO TST

Prescrição. Complementação da pensão e auxílio funeral

A prescrição extintiva para pleitear judicialmente o pagamento da complementação de pensão e do auxílio-funeral é de 2 anos, contados a partir do óbito do empregado.

1.13. Ministério Público

OJ Nº 130 DA SDI - I DO TST

Prescrição. Ministério público. Argüição. Custos legis. Ilegitimidade.

Ao exarar o parecer na remessa de ofício, na qualidade de custos legis, o Ministério Público não tem legitimidade para argüir a prescrição em favor de entidade de direito público, em matéria de direito patrimonial.

2. DECADÊNCIA

SÚMULA Nº 62 DO TST

Abandono de emprego

O prazo de decadência do direito do empregador de ajuizar inquérito em face do empregado que incorre em abandono de emprego é contado a partir do momento em que o empregado pretendeu seu retorno ao serviço.

Capítulo XI
DIREITO COLETIVO DO TRABALHO

SUMÁRIO • Introdução – Orientações Jurisprudenciais da SDC do TST: 1. Organização sindical – 2. Negociação coletiva – 3. Greve.

INTRODUÇÃO

Súmula nº 190 do TST

Poder normativo do TST. Condições de trabalho. Inconstitucionalidade. Decisões contrárias ao STF

Ao julgar ou homologar ação coletiva ou acordo nela havido, o Tribunal Superior do Trabalho exerce o poder normativo constitucional, não podendo criar ou homologar condições de trabalho que o Supremo Tribunal Federal julgue iterativamente inconstitucionais.

Súmula nº 277 do TST[1]

Convenção coletiva de trabalho ou acordo coletivo de trabalho. Eficácia. Ultratividade

As cláusulas normativas dos acordos coletivos ou convenções coletivas integram os contratos individuais de trabalho e somente poderão ser modificadas ou suprimidas mediante negociação coletiva de trabalho.

OJ nº 322 da SDI – I do TST

Acordo coletivo de trabalho. Cláusula de termo aditivo prorrogando o acordo para prazo indeterminado. Inválida

Nos termos do art. 614, § 3º, da CLT, é de 2 anos o prazo máximo de vigência dos acordos e das convenções coletivas. Assim sendo, é inválida, naquilo que ultrapassa o prazo total de 2 anos, a cláusula de termo aditivo que prorroga a vigência do instrumento coletivo originário por prazo indeterminado.

Súmula nº 374 do TST

Norma coletiva. Categoria diferenciada. Abrangência

Empregado integrante de categoria profissional diferenciada não tem o direito de haver de seu empregador vantagens previstas em instrumento coletivo no qual a empresa não foi representada por órgão de classe de sua categoria.

Súmula nº 384 do TST

Multa convencional. Cobrança

I – O descumprimento de qualquer cláusula constante de instrumentos normativos diversos não submete o empregado a ajuizar várias ações, pleiteando em cada uma o pagamento da multa referente ao descumprimento de obrigações previstas nas cláusulas respectivas.

II – É aplicável multa prevista em instrumento normativo (sentença normativa, convenção ou acordo coletivo) em caso de descumprimento de obrigação prevista em lei, mesmo que a norma coletiva seja mera repetição de texto legal.

1 Recentemente (14/10/2016), no julgamento da ADPF 323-DF, o STF concedeu medida liminar para suspender todos os processos e decisões judiciais proferidas pela Justiça do Trabalho acerca da Súmula nº 277 do TST, enquanto estiver pendente o julgamento de constitucionalidade de referida súmula. Até o fechamento desta edição, não houve alteração na redação da Súmula nº 277 do TST, que continua vigente.

OJ Nº 54 DA SDI – I DO TST

Multa. Cláusula penal. Valor superior ao principal

O valor da multa estipulada em cláusula penal, ainda que diária, não poderá ser superior à obrigação principal corrigida, em virtude da aplicação do artigo 412 do Código Civil de 2002 (art. 920 do Código Civil de 1916).

SÚMULA Nº 432 DO TST

Contribuição sindical rural. Ação de cobrança. Penalidade por atraso no recolhimento. Inaplicabilidade do art. 600 da CLT. Incidência do art. 2º da Lei nº 8.022/1990.

O recolhimento a destempo da contribuição sindical rural não acarreta a aplicação da multa progressiva prevista no art. 600 da CLT, em decorrência da sua revogação tácita pela Lei nº 8.022, de 12 de abril de 1990.

QUESTÕES

01. (Cespe – Analista Judiciário – Área Administrativa – TRT 8/2016) Com base no direito coletivo do trabalho, assinale a opção correta.

A) É aplicável multa prevista em instrumento normativo — sentença normativa, convenção ou acordo coletivo — no caso de descumprimento de obrigação prevista em lei, ainda que a norma coletiva seja mera repetição de texto legal.

B) É válida a cláusula de acordo ou convenção coletiva de trabalho que contemple a supressão do intervalo intrajornada.

C) Caso o empregador estabeleça gratificação por tempo de serviço e posteriormente seja a mesma gratificação determinada em convenção coletiva da categoria, o empregado terá direito ao recebimento apenas da descrita na convenção coletiva, com exclusão da prevista em seu contrato de trabalho.

D) Para o cálculo do valor da hora suplementar, considera-se apenas o valor da hora normal, integrado por parcela de natureza salarial, não se computando os acréscimos previstos em acordo coletivo ou convenção coletiva.

E) As cláusulas normativas dos acordos coletivos ou convenções coletivas não integram os contratos individuais de trabalho e somente poderão ser modificadas ou suprimidas mediante negociação coletiva de trabalho.

RESPOSTA

Alternativa Letra A.

Súmula nº 384, II, do TST.

02. (Cespe – Analista Judiciário – Área Administrativa – TRT 8/2013) À luz do direito coletivo do trabalho, assinale a opção correta.

A) Somente será válida a compensação de jornada se ajustada mediante convenção coletiva de trabalho.

B) Conforme entendimento pacificado do TST, o empregado integrante de categoria profissional diferenciada tem o direito de haver de seu empregador as vantagens previstas em convenção coletiva, ainda que a empresa não tenha sido representada por órgão de classe de sua categoria.

C) Segundo entendimento majoritário do TST, as cláusulas normativas dos acordos coletivos ou convenções coletivas integram os contratos individuais de trabalho, somente podendo ser modificadas mediante negociação coletiva de trabalho.

D) A convenção coletiva de trabalho, acordo de caráter normativo por meio do qual dois ou mais sindicatos representativos de categorias econômicas e profissionais estipulam condições de trabalho aplicáveis, no âmbito das respectivas representações, aos contratos individuais de trabalho, é válida apenas pelo período determinado, não integrando suas cláusulas o contrato de trabalho após o termo desse período.

E) A participação do sindicato nas negociações coletivas de trabalho da categoria que representa é facultativa.

RESPOSTA

Alternativa Letra C.

Súmula nº 277 do TST.[2]

2 Recentemente (14/10/2016), no julgamento da ADPF 323-DF, o STF concedeu medida liminar para sus-

03. (FCC – TRT 9 – Analista Judiciário/2010) Determinado acordo coletivo previu multa normativa para o descumprimento de obrigação prevista em lei, tratando – se de mera repetição de texto legal. Neste caso, a multa normativa

A) não é aplicável, tendo em vista que está prevista em acordo coletivo e não em convenção coletiva.

B) não é aplicável, tendo em vista a vedação legal existente.

C) é aplicável.

D) não é aplicável, tendo em vista a aplicação do princípio da norma mais favorável.

E) não é aplicável, tendo em vista a aplicação do Princípio da Proteção.

RESPOSTA

Alternativa Letra C.

Súmula nº 384, II do TST.

04. (FGV - Exame de Ordem 2016.2 – Prova reaplicada Salvador-BA) A convenção coletiva dos gráficos de Porto Alegre (RS) teve vigência por 1 ano, com início em dezembro de 2014, e nela estava prevista a entrega de ticket refeição. Após o dies ad quem, não houve elaboração de nova norma coletiva.

Sobre a hipótese apresentada, de acordo com o entendimento consolidado do TST, assinale a afirmativa correta.

A) Tratando-se de pacto extrajudicial coletivo a termo, as cláusulas automaticamente perdem a vigência no dies ad quem, inclusive o ticket.

B) A norma coletiva anterior terá ultratividade e suas cláusulas serão mantidas nos contratos individuais de trabalho, inclusive o ticket.

C) A convenção coletiva anterior poderá ter ultratividade, desde que as partes requeiram judicialmente ao Poder Judiciário, no 1° grau de jurisdição, a manutenção do ticket.

D) A convenção coletiva anterior, na hipótese do vácuo, terá eficácia por mais 1 ano, que é o mesmo tempo da pactuação original, período no qual a empresa continuará responsável pela entrega do ticket.

RESPOSTA

Alternativa Letra B.

Súmula nº 277 do TST[3].

05. (FGV - Exame de Ordem 2015.3) Em normas coletivas firmadas pela empresa Montagens Industriais Ltda., há previsão de multa por descumprimento de cláusulas normativas que foram efetivamente descumpridas pela empresa.

Diante disso, assinale a afirmativa correta.

A) O empregado terá de ajuizar tantas ações quantas forem as lesões, postulando, em cada uma delas, a multa pelo descumprimento de obrigações previstas nas respectivas cláusulas.

B) Tratando-se de multa prevista em instrumento normativo em decorrência de descumprimento de cláusula que reproduz texto de lei, a multa é incabível.

C) Tendo em vista a reprodução de textos de lei em cláusulas de instrumentos normativos diversos, ficará a critério do juiz definir se pode haver esse acúmulo.

D) O descumprimento de qualquer cláusula constante de instrumentos normativos diversos não submete o empregado a ajuizar várias ações, pleiteando, em cada uma, o pagamento de multa referente ao descumprimento de obrigações previstas nas respectivas cláusulas.

RESPOSTA

Alternativa Letra D.

Súmula nº 384, I do TST.

pender todos os processos e decisões judiciais proferidas pela Justiça do Trabalho acerca da Súmula nº 277 do TST, enquanto estiver pendente o julgamento de constitucionalidade de referida súmula. Até o fechamento desta edição, não houve alteração na redação da Súmula nº 277 do TST, que continua vigente.

3 Recentemente (14/10/2016), no julgamento da ADPF 323-DF, o STF concedeu medida liminar para suspender todos os processos e decisões judiciais proferidas pela Justiça do Trabalho acerca da Súmula nº 277 do TST, enquanto estiver pendente o julgamento de constitucionalidade de referida súmula. Até o fechamento desta edição, não houve alteração na redação da Súmula nº 277 do TST, que continua vigente.

06. (FGV - Exame de Ordem 2014.1) Uma empresa, em consenso com os seus empregados e com a chancela do sindicato, realiza um acordo coletivo com prazo de vigência indeterminado.

Com relação a esse caso, assinale a afirmativa correta.

A) O instrumento é inválido naquilo que ultrapassar dois anos, prazo máximo de vigência deste instituto.

B) O acordo é integralmente válido, já que fruto da vontade da classe trabalhadora, que possui poder de negociação.

C) Será válido o acordo desde que a Superintendência Regional do Trabalho o homologue, já que a Lei é omissa a respeito do prazo.

D) O instrumento é inválido naquilo que ultrapassar quatro anos, prazo máximo de vigência deste instituto.

↓RESPOSTA

Alternativa Letra A

Art. 614, § 3º, CLT e Orientação jurisprudencial nº 322 da SDI-I do TST.

07. (Cespe – Auditor-Fiscal do Trabalho – MTE/2013) No que tange a direitos coletivos do trabalho, comissões de conciliação prévia e direito de greve, julgue os itens que se seguem.

1) Nos termos do entendimento sumulado do TST, expirada a vigência da convenção coletiva, os benefícios proporcionados pela norma coletiva devem ser mantidos, salvo supressão ou modificação por meio de negociação coletiva de trabalho.

↓RESPOSTA

Item certo.

Súmula nº 277 do TST.[4]

08. (TRT 8 - Juiz do Trabalho Substituto 8ª região/2015) À luz da legislação pertinente e da jurisprudência consolidada do TST, assinale a alternativa CORRETA:

a) Os empregados de cooperativas de crédito se equiparam a bancário, para efeito de aplicação do art. 224 da CLT, em razão das semelhanças estruturais e operacionais entre as instituições financeiras e as cooperativas de crédito.

b) Em razão da previsão constitucional de jornada máxima de seis horas para o empregado que exerça suas atividades em turnos ininterruptos de revezamento, os sindicatos, por meio de negociação coletiva de trabalho, só podem estabelecer jornada de oito horas para esses empregados, com pagamento da sétima e da oitava hora como extras.

c) Nas empresas com mais de cem empregados, é assegurada a eleição de um representante dos trabalhadores com a finalidade exclusiva de promover-lhes o entendimento direto com os empregadores.

d) As cláusulas normativas dos acordos coletivos ou convenções coletivas integram os contratos individuais de trabalho e somente poderão ser modificadas ou suprimidas mediante negociação coletiva de trabalho.

e) Por meio de dissídio coletivo, o Sindicato pode vir a obter o reconhecimento de que a categoria que representa é diferenciada, pois esta matéria - enquadramento sindical - envolve a interpretação de norma genérica, notadamente do art. 577 da CLT.

↓RESPOSTA

Alternativa Letra D.

Súmula nº 277 do TST.[5]

4 Recentemente (14/10/2016), no julgamento da ADPF 323-DF, o STF concedeu medida liminar para suspender todos os processos e decisões judiciais proferidas pela Justiça do Trabalho acerca da Súmula nº 277 do TST, enquanto estiver pendente o julgamento de constitucionalidade de referida súmula. Até o fechamento desta edição, não houve alteração na redação da Súmula nº 277 do TST, que continua vigente.

5 Recentemente (14/10/2016), no julgamento da ADPF 323-DF, o STF concedeu medida liminar para suspender todos os processos e decisões judiciais proferidas pela Justiça do Trabalho acerca da Súmula nº 277 do TST, enquanto estiver pendente o julgamento de constitucionalidade de referida súmula. Até o fechamento desta edição, não houve alteração na redação da Súmula nº 277 do TST, que continua vigente.

09. (FCC - Juiz do Trabalho Substituto 15ª região/2015) Quanto às cláusulas negociadas em instrumento normativo (Convenção Coletiva de Trabalho ou Acordo Coletivo de Trabalho), segundo a doutrina e jurisprudência atual consolidada do TST,

(A) as cláusulas estipuladas em acordos coletivos de trabalho e convenções coletivas de trabalho podem ser classificadas em obrigacionais, que se destinam, pela sua natureza, a aplicar-se às relações individuais de trabalho, e normativas, que criam direitos e deveres entre os sujeitos estipulantes.

(B) as cláusulas normativas dos acordos coletivos ou convenções coletivas integram os contratos individuais de trabalho e somente poderão ser modificadas ou suprimidas mediante negociação coletiva de trabalho.

(C) podem ser consideradas como cláusulas obrigacionais, dentre outras, aquelas que estipulam reajustes salariais, gratificações, remuneração dos repousos e pagamento para acúmulo de função.

(D) podem ser consideradas como cláusulas normativas, dentre outras, aquelas que criam órgãos como comissões de negociação, de arbitragem, delegados sindicais e de trânsito de dirigentes sindicais no estabelecimento.

(E) as condições de trabalho alcançadas por força de sentença normativa, convenção ou acordos coletivos vigoram no prazo assinado, não integrando, de forma definitiva, os contratos individuais de trabalho.

↓ RESPOSTA

Alternativa Letra B.

Súmula nº 277 do TST.

10. (TRT 8 – Juiz do Trabalho Substituto 8ª região/ 2013) Com relação ao prazo de vigência de normas fixadas em sentença normativa, acordo coletivo e convenção coletiva de trabalho é CORRETO afirmar:

A) A Sentença Normativa, assim como as convenções e acordos coletivos, têm seu prazo de vigência limitado a dois anos.

B) Segundo o princípio da ultratividade relativa, as regras dos acordos coletivos e convenções coletivas ingressam para sempre nos contratos individuais, não mais podendo deles ser suprimidos.

C) A função principal da norma coletiva deve ser a de flexibilizar as normas do Direito do Trabalho, não podendo, no entanto, adaptá-las para pior, se for o caso, e se as partes assim pactuarem.

D) As cláusulas normativas dos acordos coletivos ou convenções coletivas integram os contratos individuais de trabalho e somente poderão ser modificadas ou suprimidas mediante negociação coletiva de trabalho.

E) No Brasil, a jurisprudência adota o princípio da ultratividade plena (aderência irrestrita), ao considerar o prazo de vigência das cláusulas de acordo coletivo de trabalho.

↓ RESPOSTA

Alternativa Letra D.

Súmula nº 277 do TST.[6]

11. (TRT 2 – Juiz do Trabalho Substituto 2ª região/ 2013) Em relação às normas coletivas e a sua ultratividade, é possível afirmar. Aponte a alternativa correta:

A) As condições de trabalho alcançadas por força de sentença normativa, convenção ou acordos coletivos vigoram no prazo assinado, não integrando, de forma definitiva, os contratos individuais de trabalho.

B) As condições de trabalho estabelecidas em norma coletiva, podem ser modificadas elo contrato individual, com base na autonomia da vontade, ainda que mais favoráveis ao empregado.

C) Somente o que for convencionado em contrato coletivo válido para as categorias profissional e patronal de todo o país, não pode mais ser alterado por acordo individual de trabalho.

---

6 Recentemente (14/10/2016), no julgamento da ADPF 323-DF, o STF concedeu medida liminar para suspender todos os processos e decisões judiciais proferidas pela Justiça do Trabalho acerca da Súmula nº 277 do TST, enquanto estiver pendente o julgamento de constitucionalidade de referida súmula. Até o fechamento desta edição, não houve alteração na redação da Súmula nº 277 do TST, que continua vigente.

D) As cláusulas normativas dos acordos coletivos ou convenções coletivas integram os contratos individuais de trabalho e somente poderão ser modificadas ou suprimidas mediante negociação coletiva de trabalho.

E) As condições de trabalho alcançadas por força de convenção coletiva integram de forma definitiva o contrato de trabalho, por serem referentes à toda categoria, o que não ocorre com os acordos coletivos porque levam em conta apenas e tão somente uma empresa.

↓ RESPOSTA

Alternativa Letra D.
Súmula nº 277 do TST.[7]

12. (TRT 22 – Juiz do Trabalho Substituto 22ª região/ 2013) Marque a alternativa CORRETA:

A) empregador não pode contratar empregado pertencente a categoria profissional diferenciada, devendo todo o seu quadro de pessoal pertencer a uma única categoria profissional;

B) empregado integrante de categoria profissional diferenciada não tem o direito de haver de seu empregador vantagens previstas em instrumento coletivo no qual a empresa não foi representada por órgão de classe de sua categoria;

C) é direito dos empregados e empregadores constituírem organizações de sua escolha, devendo apenas obter autorização prévia do Estado, conforme dispõe a Convenção n° 87 da OIT;

D) a organização sindical brasileira é feita sob o sistema de categorias, motivo pelo q[illegible] se permite que vários sindicatos representem a mesma categoria na mesma base territorial;

E) para que um sindicato adquira personalidade jurídica, basta que efetive o registro no cartório competente da base territorial;

7 Recentemente (14/10/2016), no julgamento da ADPF 323-DF, o STF concedeu medida liminar para suspender todos os processos e decisões judiciais proferidas pela Justiça do Trabalho acerca da Súmula nº 277 do TST, enquanto estiver pendente o julgamento de constitucionalidade de referida súmula. Até o fechamento desta edição, não houve alteração na redação da Súmula nº 277 do TST, que continua vigente.

↓ RESPOSTA

Alternativa Letra B.
Súmula nº 374 do TST.
Orientações Jurisprudenciais da SDC do TST

1. ORGANIZAÇÃO SINDICAL

OJ Nº 8 DA SDC DO TST

Dissídio coletivo. Pauta reivindicatória não registrada em ata. Causa de extinção.

A ata da assembléia de trabalhadores que legitima a atuação da entidade sindical respectiva em favor de seus interesses deve registrar, obrigatoriamente, a pauta reivindicatória, produto da vontade expressa da categoria.

OJ Nº 9 DA SDC DO TST

Enquadramento sindical. Incompetência material da justiça do trabalho.

O dissídio coletivo não é meio próprio para o sindicato vir a obter o reconhecimento de que a categoria que representa é diferenciada, pois esta matéria – enquadramento sindical – envolve a interpretação de norma genérica, notadamente do art. 577 da CLT.

OJ Nº 16 DA SDC DO TST

Taxa de homologação de rescisão contratual. Ilegalidade.

É contrária ao espírito da lei (art. 477, § 7º, da CLT) e da função precípua do sindicato a cláusula coletiva que estabelece taxa para homologação de rescisão contratual, a ser paga pela empresa a favor do sindicato profissional.

OJ Nº 17 DA SDC DO TST

Contribuições para entidades sindicais. Inconstitucionalidade de sua extensão a não associados.

As cláusulas coletivas que estabeleçam contribuição em favor de entidade sindical, a qualquer título, obrigando trabalhadores não sindicalizados, são ofensivas ao direito de livre associação e sindicalização, constitucionalmente assegurado, e, portanto, nulas, sendo passíveis de devolução, por via própria, os respectivos valores eventualmente descontados.

OJ Nº 28 DA SDC DO TST

Edital de convocação da AGT. Publicação. Base territorial. Validade.

O edital de convocação para a AGT deve ser publicado em jornal que circule em cada um dos municípios componentes da base territorial.

OJ Nº 35 DA SDC DO TST

Edital de convocação da agt. Disposição estatutária específica. Prazo mínimo entre a publicação e a realização da assembléia. Observância obrigatória.

Se os estatutos da entidade sindical contam com norma específica que estabeleça prazo mínimo entre a data de publicação do edital convocatório e a realização da assembléia correspondente, então a validade desta última depende da observância desse interregno.

OJ Nº 36 DA SDC DO TST

Empregados de empresa de processamento de dados. Reconhecimento como categoria diferenciada. Impossibilidade.

É por lei e não por decisão judicial, que as categorias diferenciadas são reconhecidas como tais. De outra parte, no que tange aos profissionais da informática, o trabalho que desempenham sofre alterações, de acordo com a atividade econômica exercida pelo empregador.

✪ SÚMULA VINCULANTE Nº 40 DO STF

A contribuição confederativa de que trata o art. 8º, IV, da Constituição, só é exigível dos filiados ao sindicato respectivo.

⊙ QUESTÕES

01. (FCC – Analista Judiciário – Área Judiciária – TRT 9/2015) Sobre a organização sindical, é correto afirmar:

A) O princípio da unicidade sindical, consagrado na Constituição Federal brasileira de 1988, determina que não pode haver mais de uma entidade sindical, representativa da mesma categoria profissional ou econômica, na mesma base territorial, definida pelos interessados e não inferior à área resultante da soma de pelo menos três Municípios contíguos.

B) A assembleia geral do sindicato pode criar contribuições adicionais, sem prejuízo das contribuições sindical e confederativa, mas que serão exigíveis apenas aos trabalhadores sindicalizados, sob pena de ofensa ao princípio da liberdade de associação sindical.

C) O postulado da liberdade sindical tem significado restrito na ordem jurídica brasileira, apenas expondo o sentido subjetivo do direito de livre filiação às organizações sindicais, assegurado a trabalhadores ativos e inativos.

D) Como expressão da ampla autonomia assegurada às entidades sindicais, em qualquer grau, as centrais sindicais podem participar ativamente das negociações coletivas de trabalho, firmando os instrumentos normativos dela decorrentes.

E) Aos sindicatos cabe a defesa dos direitos e interesses coletivos da categoria, inclusive em questões judiciais ou adminis¬trativas, podendo a lei ampliar ou restringir o campo de atuação a eles reservado, na perspectiva da melhoria da condição social dos trabalhadores filiados.

↓RESPOSTA

Alternativa Letra B.

OJ nº 17 da SDC.

02. (Cespe – Analista Judiciário – Judicial – TRT 17/2013) Julgue os itens subsequentes, relativos aos princípios e aos institutos reguladores das relações coletivas do trabalho.

I. Não ofende norma constitucional cláusula constante de acordo, convenção coletiva ou sentença normativa que estabeleça contribuição obrigatória, a trabalhadores não filiados, em favor de entidade sindical, a título de taxa para custeio do sistema confederativo, assistencial, revigoramento ou fortalecimento sindical e outras da mesma espécie.

II. O princípio da liberdade sindical, previsto na Constituição Federal (CF), garante a criação de entidades sindicais pelos trabalhadores e empregadores sem interferência do Estado, inclusive no que se refere à elaboração dos estatutos.

↓RESPOSTA

Itens errados.
I – Orientação Jurisprudencial nº 17 da SDC do TST e Súmula vinculante nº 40 do STF.
II – art. 8º, inciso I, CF/88.

03. (FCC – Técnico Judiciário – TRT 9/ 2010) Considere as seguintes assertivas a respeito das Convenções e dos Acordos Coletivos de Trabalho:

I. A ata da assembleia de empregadores que legitima a atuação da entidade sindical respectiva em favor de seus interessados deve registrar, obrigatoriamente, a pauta reivindicatória, produto da vontade expressa da categoria.

II. Aos contratos individuais de trabalho vigentes no ato da celebração da convenção ou posteriores aplicar-se-ão as cláusulas contidas na convenção.

III. O prazo de eficácia das normas coletivas é o que nelas se tenha previsto, possuindo o prazo limite de 2 anos, não podendo ser objeto de revogação total ou parcial ou de denúncia.

IV. As Convenções Coletivas de Trabalho não podem ser revistas, tendo em vista o princípio da segurança jurídica aplicado às normas de caráter coletivo.

Está correto o que consta APENAS em

A) I, II e III.

B) I e III.

C) II e III.

D) I e II.

E) I, II e IV.

↓RESPOSTA

Alternativa Letra D.
I – OJ nº 8 da SDC.
II – Súmula nº 277 do TST.[8]

04. (TRT 8 - Juiz do Trabalho Substituto 8ª região/2015) De acordo com o modelo jurídico pátrio, leia as afirmações abaixo e, em seguida, assinale a alternativa INCORRETA:

a) É válida cláusula coletiva que estabelece taxa para homologação de rescisão contratual, a ser paga pela empresa a favor do sindicato profissional, de forma a lhe assegurar a autonomia financeira e a ausência de intervenção estatal.

b) Segundo a jurisprudência consolidada da Seção de Dissídios Coletivos do Tribunal Superior do Trabalho, se a base territorial do Sindicato representativo da categoria abrange mais de um Município, a realização de assembleia deliberativa em apenas um deles inviabilizará a manifestação de vontade da totalidade dos trabalhadores envolvidos na controvérsia, razão pela qual ocorre insuficiência de quorum deliberativo, salvo se particularizado o conflito.

c) É dispensável o trânsito em julgado da sentença normativa para a propositura da ação de cumprimento. A legitimidade do Sindicato para ajuizá-la abrange a observância de sentenças normativas, como também de acordo e convenção coletiva.

d) Não só empregados e empregadores são passíveis do recolhimento da contribuição sindical, mas também os trabalhadores autônomos e os profissionais liberais, independente da existência de Sindicato representativo dessas categorias.

e) Podem ser agentes de ato antissindical empregadores ou suas organizações, o Estado, empregados, associados de sindicatos ou não, inclusive dirigentes sindicais.

↓RESPOSTA

Alternativa Letra A.
OJ nº 16 da SDC.

05. (TRT 2 - Juiz do Trabalho Substituto 2ª região/2014) Em relação ao Direito Coletivo e a representação sindical, observe as proposições abaixo e responda a alternativa que contenha propositura corretas:

I. Podem propor ação direta de inconstitucionalidade e ação declaratória de constitucio-

8 Recentemente (14/10/2016), no julgamento da ADPF 323-DF, o STF concedeu medida liminar para suspender todos os processos e decisões judiciais proferidas pela Justiça do Trabalho acerca da Súmula nº 277 do TST, enquanto estiver pendente o julgamento de constitucionalidade de referida súmula. Até o fechamento desta edição, não houve alteração na redação da Súmula nº 277 do TST, que continua vigente.

nalidade, entre outros, a federação sindical e o sindicato de âmbito estadual.

II. Podem ser agentes de ato anti-sindical empregadores ou suas organizações, o Estado, empregados, associados de sindicatos ou não, inclusive dirigentes sindicais.

III. Tem garantia de emprego o empregado eleito em empresa com mais de 200 (duzentos) empregados para exercer a representação dos trabalhadores com finalidade exclusiva de promover o entendimento direto com o empregador.

IV. A assembleia geral fixará a contribuição para custeio do sistema confederativo da representação sindical respectiva, independentemente da contribuição prevista em lei, de caráter obrigatório para os associados da entidade sindical e poderá fixá-la com caráter facultativo para os não associados.

V. Aos trabalhadores e empregadores, através de seus sindicatos, é assegurada a participação nos colegiados dos órgãos públicos em que seus interesses profissionais ou previdenciários sejam objeto de discussão e deliberação.

Está correta a alternativa:

A) I, III e IV.

B) II, III e IV.

C) I, III e V.

D) II, IV e V.

E) I, II e V.

↓RESPOSTA

Alternativa Letra B.
II – doutrina.
III - Precedente Normativo nº 86 do TST.
IV - Orientação Jurisprudencial nº 17 da SDC.

2. NEGOCIAÇÃO COLETIVA

OJ Nº 2 DA SDC DO TST

Acordo homologado. Extensão a partes não subscreventes. Inviabilidade.

É inviável aplicar condições constantes de acordo homologado nos autos de dissídio coletivo, extensivamente, às partes que não o subscreveram, exceto se observado o procedimento previsto no art. 868 e seguintes, da CLT.

OJ Nº 5 DA SDC DO TST

Dissídio coletivo. Pessoa jurídica de direito público. Possibilidade jurídica. Cláusula de natureza social

Em face de pessoa jurídica de direito público que mantenha empregados, cabe dissídio coletivo exclusivamente para apreciação de cláusulas de natureza social. Inteligência da Convenção nº 151 da Organização Internacional do Trabalho, ratificada pelo Decreto Legislativo nº 206/2010.

OJ Nº 18 DA SDC DO TST

Descontos autorizados no salário pelo trabalhador. Limitação máxima de 70% do salário base.

Os descontos efetuados com base em cláusula de acordo firmado entre as partes não podem ser superiores a 70% do salário base percebido pelo empregado, pois deve-se assegurar um mínimo de salário em espécie ao trabalhador.

OJ Nº 20 DA SDC DO TST

Empregados sindicalizados. Admissão preferencial. Condição violadora do art. 8º, V, da CF88.

Viola o art. 8º, V, da CF/1988 cláusula de instrumento normativo que estabelece a preferência, na contratação de mão de obra, do trabalhador sindicalizado sobre os demais.

OJ Nº 22 DA SDC DO TST

Legitimidade "ad causam" do sindicato. Correspondência entre as atividades exercidas pelos setores profissional e econômico envolvidos no conflito. Necessidade

É necessária a correspondência entre as atividades exercidas pelos setores profissional e econômico, a fim de legitimar os envolvidos no conflito a ser solucionado pela via do dissídio coletivo.

OJ Nº 23 DA SDC DO TST

Legitimidade "ad causam". Sindicato representativo de segmento profissional ou patronal. Impossibilidade.

A representação sindical abrange toda a categoria, não comportando separação fundada na maior ou menor dimensão de cada ramo ou empresa.

OJ Nº 25 DA SDC DO TST

Salário normativo. Contrato de experiência. Limitação. Tempo de serviço. Possibilidade.

Não fere o princípio da isonomia salarial (art. 7º, XXX, da CF/88) a previsão de salário normativo tendo em vista o fator tempo de serviço.

OJ Nº 26 DA SDC DO TST

Salário normativo. Menor empregado. Art. 7º, XXX, da CF/88. Violação.

Os empregados menores não podem ser discriminados em cláusula que fixa salário mínimo profissional para a categoria.

OJ Nº 30 DA SDC DO TST

Estabilidade da gestante. Renúncia ou transação de direitos constitucionais. Impossibilidade.

Nos termos do art. 10, II, "b", do ADCT, a proteção à maternidade foi erigida à hierarquia constitucional, pois retirou do âmbito do direito potestativo do empregador a possibilidade de despedir arbitrariamente a empregada em estado gravídico. Portanto, a teor do artigo 9º, da CLT, torna-se nula de pleno direito a cláusula que estabelece a possibilidade de renúncia ou transação, pela gestante, das garantias referentes à manutenção do emprego e salário.

OJ Nº 31 DA SDC DO TST

Estabilidade do acidentado. Acordo homologado. Prevalência. Impossibilidade. Violação do art. 118 da lei nº 8.213/91.

Não é possível a prevalência de acordo sobre legislação vigente, quando ele é menos benéfico do que a própria lei, porquanto o caráter imperativo dessa última restringe o campo de atuação da vontade das partes.

⊙ QUESTÕES

01. (Juiz do Trabalho Substituto – TRT 15ª região/ 2012) Aponte a alternativa incorreta, tomando-se por base Jurisprudência consolidada no C. TST:

A) Os empregados menores de 18 anos não podem ser discriminados em cláusula de norma coletiva que fixa salário mínimo profissional para a categoria.

B) Não é necessária a correspondência entre as atividades exercidas pelos setores profissional e econômico, a fim de legitimar os envolvidos no conflito a ser solucionado pela via do dissídio coletivo.

C) Nos termos do art. 10, II, "b", do ADCT, à proteção à maternidade foi erigida à hierarquia constitucional, pois retirou do âmbito do direito potestativo do empregador a possibilidade de despedir arbitrariamente a empregada em estado gravídico. Portanto, a teor do artigo 9º, da CLT, conforme entendimento da Seção de Dissídios Coletivos do C. TST, torna-se nula de pleno direito a cláusula que estabelece a possibilidade de renuncia ou transação, pela gestante, das garantias referentes à manutenção do emprego e salário.

D) Somente após o término do período estabilitário é que se inicia a contagem do prazo do aviso prévio para efeito das indenizações adicionais previstas no art. 9º da Lei 6.708 e 9º dá Lei 7.238/84.

E) O adicional de risco dos portuários, previsto no art. 14 da Lei nº 4 860/65 deve ser proporcional ao tempo efetivo no serviço considerado sob risco e apenas concedido aqueles que prestam serviços na área portuária.

↓RESPOSTA

Alternativa Letra B.
OJ nº 22 da SDC.

02. (MPT – Procurador do Trabalho/2013) Em relação ao direito de greve, consoante a jurisprudência predominante do TST e do STF:

I. É cabível dissídio coletivo em face de pessoa jurídica de direito público que mantenha empregados, exclusivamente para a apreciação de cláusulas de natureza social.

II. Compete à Justiça Comum o processamento e julgamento de ação possessória ajuizada em decorrência do direito de greve pelos empregados de empresa concessionária ou permissionária de serviço público.

III. A greve de ocupação pelo comparecimento de empregados ao local da prestação de serviços essenciais visando a evitar que trabalhem aqueles que assim desejam, pode configurar abusividade do exercício do direito de greve, cuja declaração poderá ser requerida pelo Ministério Público do Trabalho.

IV. É abusiva a greve que se realiza em setores que a lei define como sendo essenciais à comunidade, se não é assegurado o atendimento básico das necessidades inadiáveis dos usuários do serviço, na forma prevista na Lei de Greve.

Assinale a alternativa CORRETA:

A) apenas as assertivas I e III estão corretas;

B) apenas as assertivas II e IV estão corretas;

C) apenas a assertiva II está correta;

D) apenas as assertivas I, III e IV estão corretas;

E) não respondida.

↓RESPOSTA

Alternativa Letra D.
I – OJ nº 5 da SDC.
II – Súmula Vinculante nº 23 do STF.
III – Art. 6º, § 3º, Lei de Greve.
IV – Art. 14, Lei de Greve.

03. (MPT - Procurador do Trabalho/2012) Leia e analise as assertivas abaixo:

I. Consoante a Organização Internacional do Trabalho, as organizações de trabalhadores e de empregadores gozarão de adequada proteção contra atos de ingerência de umas nas outras, ou por agentes ou membros de umas nas outras, na sua constituição, funcionamento e administração. Serão principalmente considerados atos de ingerência: promover a constituição de organizações de trabalhadores dominadas por organizações de empregadores ou manter organizações de trabalhadores com recursos financeiros ou de outra espécie, com o objetivo de sujeitar essas organizações ao controle de empregadores ou de organizações de empregadores.

II. Na vigência de acordo, convenção ou sentença normativa, não constitui abuso do exercício do direito de greve a paralisação que tenha por objetivo exigir o cumprimento de cláusula ou condição, ou seja motivada pela superveniência de fatos novos ou acontecimento imprevisto que modifique substancialmente a relação de trabalho.

III. Conforme a jurisprudência uniformizada do Tribunal Superior do Trabalho, não fere o princípio da isonomia salarial (art. 7º, XXX, da Constituição da República) a previsão de salário normativo tendo em vista o fator tempo de serviço.

IV. Conforme a jurisprudência uniformizada do Tribunal Superior do Trabalho, é desnecessária a homologação, por Tribunal Trabalhista, do acordo extrajudicialmente celebrado, sendo suficiente, para que surta efeitos, sua formalização perante o Ministério do Trabalho.

Marque a resposta CORRETA:

A) apenas as assertivas II, III e IV estão corretas;

B) apenas as assertivas III e IV estão corretas;

C) todas as assertivas estão corretas;

D) apenas as assertivas I e II estão corretas;

E) não respondida.

↓RESPOSTA

Alternativa Letra C.
I – artigo 2 da Convenção nº 98 da OIT.
II – artigo 14, parágrafo único da Lei nº 7.783/89.
III – OJ nº 25 da SDC.
IV – OJ nº 34 da SDC.

3. GREVE

OJ Nº 10 DA SDC DO TST

Greve abusiva não gera efeitos.

É incompatível com a declaração de abusividade de movimento grevista o estabelecimento de quaisquer vantagens ou garantias a seus partícipes, que assumiram os riscos inerentes à utilização do instrumento de pressão máximo.

OJ Nº 11 DA SDC DO TST

Greve. Imprescindibilidade de tentativa direta e pacífica da solução do conflito. Etapa negocial prévia.

É abusiva a greve levada a efeito sem que as partes hajam tentado, direta e pacificamente, solucionar o conflito que lhe constitui o objeto.

OJ Nº 38 DA SDC DO TST

Greve. Serviços essenciais. Garantia das necessidades inadiáveis da população usuária. Fator determinante da qualificação jurídica do movimento.

É abusiva a greve que se realiza em setores que a lei define como sendo essenciais à comunidade, se não é assegurado o atendimento básico das necessidades inadiáveis dos usuários do serviço, na forma prevista na Lei nº 7.783/89.

✪ *SÚMULA VINCULANTE Nº 23 DO STF*

A Justiça do Trabalho é competente para processar e julgar ação possessória ajuizada em decorrência do exercício de direito de greve pelos trabalhadores da iniciativa privada.

Parte II – Direito Processual do trabalho

Élisson Miessa

Capítulo I
PRINCÍPIOS

Súmula nº 214 do TST

Decisão interlocutória. Irrecorribilidade

Na Justiça do Trabalho, nos termos do art. 893, § 1º, da CLT, as decisões interlocutórias não ensejam recurso imediato, salvo nas hipóteses de decisão:

a) de Tribunal Regional do Trabalho contrária à Súmula ou Orientação Jurisprudencial do Tribunal Superior do Trabalho;

b) suscetível de impugnação mediante recurso para o mesmo Tribunal;

c) que acolhe exceção de incompetência territorial, com a remessa dos autos para Tribunal Regional distinto daquele a que se vincula o juízo excepcionado, consoante o disposto no art. 799, § 2º, da CLT.

Súmula nº 211 do TST

Juros de mora e correção monetária. Independência do pedido inicial e do título executivo judicial

Os juros de mora e a correção monetária incluem-se na liquidação, ainda que omisso o pedido inicial ou a condenação.

Súmula nº 424 do TST

Recurso administrativo. Pressuposto de admissibilidade. Depósito prévio da multa administrativa. Não recepção pela Constituição Federal do § 1º do art. 636 da CLT

O § 1º do art. 636 da CLT, que estabelece a exigência de prova do depósito prévio do valor da multa cominada em razão de autuação administrativa como pressuposto de admissibilidade de recurso administrativo, não foi recepcionado pela Constituição Federal de 1988, ante a sua incompatibilidade com o inciso LV do art. 5º.

⊙QUESTÕES

01. (TRT 15ª Região – Juiz do Trabalho Substituto – 2015) A empresa Esse Prato Alimentos, regularmente citada, compareceu em audiência realizada pelo Juiz da Vara do Trabalho de São Paulo (2ª Região) e apresentou exceção de incompetência territorial requerendo a remessa da reclamação trabalhista para Ribeirão Preto (15ª Região). A exceção foi acolhida, com a remessa dos autos para uma das Varas do Trabalho de Ribeirão Preto. Dessa decisão que acolheu a exceção de incompetência

a) cabe recurso para o TRT da 2ª Região.

b) cabe recurso para o TRT da 15ª Região.

c) cabe recurso para o TST.

d) não cabe recurso, tendo em vista tratar-se de decisão interlocutória.

e) não cabe recurso de imediato, devendo a parte aguardar a decisão do juiz da Vara do Trabalho de Ribeirão Preto sobre a exceção.

↓RESPOSTA

Alternativa letra A..

Súmula nº 214, "c", TST.

02. (TRT 6 – Juiz do Trabalho Substituto 6ª região/ 2013) João dos Santos ingressou com reclamação trabalhista em face do Banco Crisântemo, em Vara Trabalhista da cidade de Santana das Flores, pertencente ao Tribunal Regional do Trabalho da 2a Região. Em audiência, o Banco reclamado apresentou exceção de incompetência territorial, alegando que o reclamante sempre trabalhou na cidade de Ramos, pertencente à jurisdição do Tribunal Regional do Trabalho da 6a Região, fato que foi confirmado pelo reclamante. Em sua defesa, o autor alegou que está morando cidade de Santana das Flores, desde a rescisão contratual. Neste caso,

A) João dos Santos não poderá recorrer da decisão do juízo excepcionado, pois a decisão judicial tem natureza interlocutória.

B) o Juiz do Trabalho não deverá acolher a exceção de incompetência territorial, porque a reclamação trabalhista pode ser proposta no local de domicílio do autor.

C) se acolher a exceção de incompetência territorial, o Juiz do Trabalho deverá extinguir o processo com resolução de mérito.

D) o Juiz do Trabalho deverá encaminhar cópia dos autos à Vara do Trabalho da cidade de Ramos e aguardar que o juízo local informe a respeito da competência territorial, antes de decidir sobre o tema.

E) João dos Santos poderá recorrer da decisão do juízo excepcionado, quando o Juiz do Trabalho acolher a exceção com a remessa dos autos para Tribunal Regional do Trabalho da 6a Região.

↓ RESPOSTA

Alternativa letra E.
Súmula nº 214, "c", TST.

03. (FCC – TST – Analista Judiciário – Área Judiciária/2012) No processo do trabalho, considerando as normas específicas e a jurisprudência sumulada do TST é correto afirmar:

A) Na Justiça do Trabalho as decisões interlocutórias não ensejam recurso imediato, salvo nas hipóteses de decisão que acolhe exceção de incompetência territorial, com a remessa dos autos para Tribunal Regional distinto daquele a que se vincula o juízo excepcionado.

B) Nas causas da jurisdição da Justiça do Trabalho, as exceções serão alegadas como matéria de defesa, não havendo suspensão do feito, ainda que se trate de exceções de suspeição ou incompetência.

C) Havendo pedido expresso de que as intimações e publicações sejam realizadas exclusivamente em nome de determinado advogado, a comunicação em nome de outro profissional constituído nos autos é válida, diante do princípio do jus postulandi.

D) A nulidade não será declarada senão mediante provocação das partes, devendo ser pronunciada ainda que for arguida por quem lhe tiver dado causa.

E) Haverá nulidade por julgamento extra petita da decisão que deferir salário quando o pedido for de reintegração, ante a falta de previsão legal.

↓ RESPOSTA

Alternativa Letra A.
Súmula nº 214, "c" do TST.

04. (FCC – TRT 3 – Analista Judiciário – Área Judiciária/2009) A decisão na exceção de incompetência, por seu caráter interlocutório, não se submete a recurso imediato, no processo do trabalho, EXCETO se

A) for acolhido o pedido, determinando-se a remessa dos autos a outra vara, da mesma Região.

B) for parcialmente acolhido o pedido, determinando-se a permanência dos autos na vara da distribuição original.

C) for acolhido o pedido, determinando a remessa dos autos ao Tribunal Regional do Trabalho a que estiver vinculada a vara da distribuição original.

D) der provimento ao pedido e determinar a remessa para vara de outra Região ou de outro ramo do Poder Judiciário.

E) negar provimento ao pedido.

↓ RESPOSTA

Alternativa Letra D.
Súmula nº 214, "c" do TST e art. 799, § 2º, da CLT.

05. (TRT 3 - Juiz do Trabalho Substituto 3ª região/ 2014) A partir de súmula do TST, conclui-se que na Justiça do Trabalho, nos termos do art. 893, §1º, da CLT, as decisões interlocutórias não ensejam recurso imediato, salvo na hipótese de decisão:

A) Que acolhe exceção de incompetência territorial, com a remessa dos autos para juízo do mesmo Tribunal Regional daquele a que se vincula o juízo excepcionado.

B) De Vara do Trabalho contrária à súmula ou Orientação Jurisprudencial do TST.

C) De Turma do TRT contrária à súmula do mesmo Tribunal.

D) Suscetível de impugnação mediante recurso para o mesmo Tribunal.

E) De Vara do Trabalho contrária à súmula ou Orientação Jurisprudencial do TRT a que se vincula.

RESPOSTA

Alternativa letra D.
Súmula nº 214, b, do TST.

06. (CESPE - Analista Judiciário – Área Judiciária – TRT 8/2013) No que se refere aos princípios gerais do processo trabalhista, assinale a opção correta.

A) A verdade real, derivada do direito material do trabalho, não tem aplicação no campo processual, pois o que importa para o julgamento é a prova documental apresentada nos autos pelas partes.

B) O princípio do dispositivo, segundo o qual o juiz está impedido de prestar a tutela jurisdicional sem que a parte interessada a requeira, não é aplicado no processo do trabalho, instância na qual impera a instauração processual por impulso oficial em favorecimento ao trabalhador.

C) Não se aplica ao processo do trabalho o princípio da oralidade, devendo os atos processuais ser expressamente formalizados para que a parte possa impugná-los quando viciados.

D) O princípio da proteção, claramente evidenciado no direito material do trabalho, é também aplicável ao processo do trabalho e com base nele o juiz do trabalho pode instituir privilégios processuais ao trabalhador, conferindo tratamento não isonômico entre as partes.

E) A inclusão na liquidação de sentença de juros de mora e de correção monetária, ainda que a petição inicial e a condenação tenham sido omissas a tal respeito, exemplifica o princípio da extrapetição, aplicável ao processo do trabalho.

RESPOSTA

Alternativa Letra E.
Súmula nº 211 do TST.

07. (FCC – TRT 17 – Analista Judiciário – Área Judiciária/2004) No processo do trabalho, os juros de mora e a correção monetária

A) não são cabíveis.

B) são cabíveis, mas incluem-se na liquidação apenas se houver pedido expresso.

C) são cabíveis, mas não se incluem na liquidação se não constarem do título executivo.

D) são cabíveis e incluem-se na liquidação ainda que omisso o pedido.

E) são cabíveis, mas incidem apenas sobre as verbas de natureza indenizatória.

RESPOSTA

Alternativa Letra D.
Súmula nº 211 do TST e artigo 883 CLT.

08. (FGV – Procurador do Município – Niterói/2014) Uma empresa recebeu a visita de auditores-fiscais do Trabalho que, constatando irregularidades, a autuaram. Cientificada, a empresa apresentou defesa administrativa, que foi julgada improcedente. Então, aplicou-se a multa correspondente, contra a qual a empresa se insurgiu, apresentando recurso administrativo. Então, o Superintendente Regional do Trabalho negou seguimento ao recurso porque não houve o depósito integral garantidor da multa. Considerando a Lei e o entendimento consolidado do STF, assinale a afirmativa correta.

A) A exigência do Superintendente é legal, pois se a parte deseja recorrer no âmbito administrativo, deverá garantir o juízo com o valor da multa ou oferecer bens à penhora.

B) A empresa deverá impetrar mandado de segurança contra o ato do Superintendente na Justiça do Trabalho, em uma Vara do Trabalho da localidade, já que é ilegal a exigência de depósito prévio de numerário ou arrolamento de bens para apreciação de recurso administrativo.

C) A exigência é ilegal, cabendo manejo de ação na Justiça Federal Comum, no 1º grau de jurisdição, que é a competente para modificar o ato do Superintendente Regional do Trabalho.

D) Somente se a empresa ajuizar ação ordinária perante a Justiça Estadual postulando a anulação do auto de infração é que ficará dispensada de prestar garantia, o que não é a hipótese, de modo que a exigência de depósito prévio é legal e a empresa a ela deverá se submeter.

E) A competência para análise do mandado de segurança é da Justiça do Trabalho, mas o remédio constitucional é de competência originária do Tribunal, devendo ser impetrado junto ao TRT.

↓RESPOSTA

Alternativa Letra B.
Súmula nº 424 do TST.

09. (Exame de Ordem 2011.1 – FGV) Lavrado auto de infração contra uma empresa por alegada violação às normas da CLT, o valor da multa importa em R$ 5.000,00. Pretendendo recorrer administrativamente da multa, a empresa

A) deverá recolher o valor da multa, que ficará retida até o julgamento do recurso administrativo.

B) não precisará recolher qualquer multa para ter apreciado o seu recurso administrativo.

C) para ser isenta do depósito da multa, deverá valer-se de ação própria requerendo judicialmente a isenção até o julgamento do recurso administrativo.

D) não precisará depositar a multa, pois isso somente será obrigatório se desejar ajuizar ação anulatória perante a Justiça do Trabalho.

↓RESPOSTA

Alternativa Letra B.
Súmula nº 424 do TST.

10. (Juiz do Trabalho Substituto – TRT 2ª região/ 2011) No que toca à exigência do depósito prévio da multa cominada em razão de atuação administrativa, como pressuposto de admissibilidade de recurso administrativo, assinale a alternativa correta:

A) Tal depósito prévio é obrigatório porque previsto no art. 636, § 1º, da CLT, o qual, conforme entendimento sumulado pelo TST, está recepcionado pela Constituição da República ante a sua compatibilidade com o art. 5º, inciso LV, que cuida do contraditório e da ampla defesa.

B) Tal depósito prévio é obrigatório porque, embora previsto no art. 636, § 1º, da CLT, este sofreu alteração legislativa após a promulgação da Constituição da República, adequando-se ao art. 5º, inciso LV, que cuida do contraditório e da ampla defesa.

C) Tal depósito prévio é obrigatório, mesmo não tendo sido previsto em lei específica, já que é permitido pelo art. 5º, inciso LV, da Constituição da República, que cuida do contraditório e da ampla defesa.

D) Tal depósito prévio não é obrigatório porque o art. 636, § 1º, da CLT, conforme entendimento sumulado pelo TST, não foi recepcionado pela Constituição da República ante a sua incompatibilidade com o art. 5º, inciso LV, que cuida do contraditório e da ampla defesa.

E) O depósito prévio não é obrigatório porque não foi instituído por lei específica e, portanto, conforme jurisprudência sumulada pelo TST, não se aplica o disposto no art. 5º, inciso LV, da Constituição da República, que cuida do contraditório e da ampla defesa.

↓RESPOSTA

Alternativa Letra D.
Súmula nº 424 do TST.

Capítulo II
COMPETÊNCIA

SUMÁRIO • 1. Imunidade de jurisdição. Organização ou organismo internacional – 2. Competência em razão da matéria – 3. Competência funcional – 4. Competência territorial-funcional (ACP) – 5. Conflito de competência.

1. IMUNIDADE DE JURISDIÇÃO. ORGANIZAÇÃO OU ORGANISMO INTERNACIONAL

OJ Nº 416 DA SDI – I DO TST

Imunidade de jurisdição. Organização ou organismo internacional

As organizações ou organismos internacionais gozam de imunidade absoluta de jurisdição quando amparados por norma internacional incorporada ao ordenamento jurídico brasileiro, não se lhes aplicando a regra do Direito Consuetudinário relativa à natureza dos atos praticados. Excepcionalmente, prevalecerá a jurisdição brasileira na hipótese de renúncia expressa à cláusula de imunidade jurisdicional.

QUESTÕES

01. (MPT – Procurador do Trabalho/2013) Em relação aos trabalhadores brasileiros contratados no Brasil por Estados estrangeiros ou Organizações Internacionais, para aqui prestarem serviço, é CORRETO afirmar que:

A) Em virtude do reconhecimento de imunidade relativa às representações diplomáticas, é competente originariamente o Tribunal Regional do Trabalho do local onde celebrado o contrato, para demanda ajuizada pelo trabalhador em face da mesma.

B) A imunidade de jurisdição das representações diplomáticas se restringe aos atos de gestão, os quais pertencem à soberania de cada Estado em particular, não abrangendo os atos de império.

C) Em virtude do reconhecimento de imunidade absoluta das representações diplomáticas de Estados estrangeiros, é competente uma das Varas Federais da capital da República Federativa do Brasil.

D) Consoante jurisprudência atual do STF organização internacional integrante do sistema das Nações Unidas goza de imunidade absoluta de jurisdição, pois amparada em norma internacional incorporada ao ordenamento jurídico brasileiro.

E) Não respondida.

RESPOSTA

Alternativa letra: D.
OJ nº416 da SDI-I do TST

02. (CESPE – TRT 5 – Analista Judiciário – Área Judiciária/2008) Julgue os itens que se seguem em relação à justiça do trabalho, de acordo com o entendimento do Supremo Tribunal Federal.

Com o alargamento da competência da justiça do trabalho, decorrente da Emenda Constitucional nº 45/2004, o STF passou a entender que cabe à justiça laboral processar e julgar as ações oriundas de relação de trabalho, bem como fazer executar seus julgados, inclusive quando figura em polo passivo ente de direito público externo.

RESPOSTA

ERRADO.
OJ nº 416 da SDI-I, doutrina e jurisprudência.

2. COMPETÊNCIA EM RAZÃO DA MATÉRIA

SÚMULA Nº 392 DO TST

Dano moral e material. Relação de trabalho. Competência da justiça do trabalho.

Nos termos do art. 114, inc. VI, da Constituição da República, a Justiça do Trabalho é competente para processar e julgar ações de indenização por dano moral e material decorrentes da relação de trabalho, inclusive as oriundas de acidente de trabalho e doenças a ele equiparadas, ainda que propostas pelos dependentes ou sucessores do trabalhador falecido.

SÚMULA Nº 189 DO TST

Greve. Competência da Justiça do Trabalho. Abusividade

A Justiça do Trabalho é competente para declarar a abusividade, ou não, da greve.

SÚMULA Nº 300 DO TST

Competência da Justiça do Trabalho. Cadastramento no PIS

Compete à Justiça do Trabalho processar e julgar ações ajuizadas por empregados em face de empregadores relativas ao cadastramento no Programa de Integração Social (PIS).

SÚMULA Nº 389 DO TST

Seguro-desemprego. Competência da Justiça do Trabalho. Direito à indenização por não liberação de guias

I – Inscreve-se na competência material da Justiça do Trabalho a lide entre empregado e empregador tendo por objeto indenização pelo não-fornecimento das guias do seguro-desemprego.

II – O não-fornecimento pelo empregador da guia necessária para o recebimento do seguro-desemprego dá origem ao direito à indenização.

SÚMULA Nº 368 DO TST

Descontos previdenciários e fiscais. Competência. Responsabilidade pelo pagamento. Forma de cálculo

I – A Justiça do Trabalho é competente para determinar o recolhimento das contribuições fiscais. A competência da Justiça do Trabalho, quanto à execução das contribuições previdenciárias, limita-se às sentenças condenatórias em pecúnia que proferir e aos valores, objeto de acordo homologado, que integrem o salário-de-contribuição.

II – É do empregador a responsabilidade pelo recolhimento das contribuições previdenciárias e fiscais, resultante de crédito do empregado oriundo de condenação judicial, devendo ser calculadas, em relação à incidência dos descontos fiscais, mês a mês, nos termos do art. 12-A da Lei nº 7.713, de 22/12/1988, com a redação dada pela Lei nº 12.350/2010.

III – Em se tratando de descontos previdenciários, o critério de apuração encontra-se disciplinado no art. 276, § 4º, do Decreto nº 3.048/1999 que regulamentou a Lei nº 8.212/1991 e determina que a contribuição do empregado, no caso de ações trabalhistas, seja calculada mês a mês, aplicando-se as alíquotas previstas no art. 198, observado o limite máximo do salário de contribuição.

SÚMULA Nº 454 DO TST

Competência da justiça do trabalho. Execução de ofício. Contribuição social referente ao seguro de acidente de trabalho (SAT). Arts. 114, VIII, e 195, I, "a", da constituição da república.

Compete à Justiça do Trabalho a execução, de ofício, da contribuição referente ao seguro de acidente de trabalho (SAT), que tem natureza de contribuição para a seguridade social (arts. 114, VIII, e 195, I, "a", da CF), pois se destina ao financiamento de benefícios relativos à incapacidade do empregado decorrente de infortúnio no trabalho (arts. 11 e 22 da lei nº 8.212/1991).

OJ Nº 26 DA SDI – I DO TST

Competência da Justiça do Trabalho. Complementação de pensão requerida por viúva de ex-empregado

A Justiça do Trabalho é competente para apreciar pedido de complementação de pensão postulada por viúva de ex-empregado, por se tratar de pedido que deriva do contrato de trabalho.

SÚMULA Nº 19 DO TST

Quadro de carreira

A Justiça do Trabalho é competente para apreciar reclamação de empregado que tenha por objeto direito fundado em quadro de carreira.

OJ Nº 138 DA SDI - I DO TST

Competência residual. Regime jurídico único. Limitação da execução

Compete à Justiça do Trabalho julgar pedidos de direitos e vantagens previstos na legislação trabalhista referente a período anterior à Lei nº 8.112/90, mesmo que a ação tenha sido ajuizada após a edição da referida lei. A superveniência de regime estatutário em substituição ao celetista, mesmo após a sentença, limita a execução ao período celetista.

✪ *SÚMULA VINCULANTE Nº 22 DO STF*

A Justiça do Trabalho é competente para processar e julgar as ações de indenização por danos morais e patrimoniais decorrentes de acidente de trabalho propostas por empregado contra empregador, inclusive aquelas que ainda não possuíam sentença de mérito em primeiro grau quando da promulgação da Emenda Constitucional nº 45/04.

✪ *SÚMULA VINCULANTE Nº 23 DO STF*

A Justiça do Trabalho é competente para processar e julgar ação possessória ajuizada em decorrência do exercício do direito de greve pelos trabalhadores da iniciativa privada.

⊙ QUESTÕES

01. (TRT 4 – Juiz do Trabalho Substituto 4ª região/ 2016) Considere as assertivas abaixo sobre competência em casos de acidente de trabalho.

I - Compete à Justiça do Trabalho julgar as ações que tenham como causa de pedir o descumprimento de normas trabalhistas relativas à segurança, higiene e saúde dos trabalhadores.

II - A ação indenizatória proposta pelos sucessores do trabalhador vítima de acidente de trabalho fatal é de competência da Justiça Estadual, já que se trata de questão de direito civil.

III - A ação indenizatória proposta por servidor público estatutário em razão de acidente de trabalho será de competência da Justiça do Trabalho.

Quais são corretas?

(A) Apenas I

(B) Apenas II

(C) Apenas III

(D) Apenas I e II

(E) I, II e III

RESPOSTA

Alternativa Letra A.

Item I: Correto: Súmula nº 736 STF
Item II: Incorreta: Súmula nº 392 do TST
Item III: Incorreta: Súmulas nº 137 e 218 do STJ.

02. (TRT 2 – Juiz do Trabalho Substituto 2ª região/ 2014) – O trabalhador "x" ingressa com ação trabalhista em face do seu ex-empregador pleiteando declaração de vinculo de emprego e verbas consequentes, dentre elas indenização por dano e seguro desemprego. Diz que em razão da dispensa não pode honrar negócio jurídico de compra de apartamento, com perda do sinal dado como garantia do negócio. A empresa contesta todos os pedidos além de arguir a incompetência da Justiça do Trabalho, pois o autor da ação era diretor estatutário da empresa, cuja natureza jurídica é de sociedade anônima. Alega também incompetência material para apreciação do pedido de indenização de seguro desemprego e indenização por dano moral. Aponte a alternativa **correta:**

A) A competência para decidir e julgar todos os pedidos é da Justiça do Trabalho, devendo ser rejeitada a exceção e determinada a abertura da instrução processual. O ônus da prova é do autor.

B) A competência para decidir e julgar todos os pedidos é da Justiça do Trabalho, devendo ser rejeitada a exceção e determinada a abertura da instrução processual. O ônus da prova é da ré, à exceção do pedido de indenização por dano moral pela quebra do contrato de natureza civil.

C) A Justiça do Trabalho é incompetente para julgar a relação entre o diretor e a sociedade anônima. O juiz deverá declinar de sua competência e determinar a remessa dos autos ao juízo civil. Não se discutirá sobre o ônus da prova.

D) A Justiça do Trabalho é incompetente para julgar a relação entre o diretor e a sociedade anônima. O juiz deverá declinar de sua competência sentenciando o feito com extinção sem julgamento de mérito por ausência de pressuposto processual.

E) Não cabe à Justiça do Trabalho julgar os pedidos de indenizações do seguro desemprego e dano moral, embora tenha competência para conhecer e julgar dos pedidos de declaração de vinculo de emprego e verbas rescisórias. Sendo assim, deverá rejeitar a exceção quanto àquele primeiro fundamento e no que concerne aos pedidos de indenizações, extinguir o feito sem julgamento de mérito ante a inconveniência de fracionamento do processo.

↓RESPOSTA

Alternativa letra B.
Art. 114, I, da CF.
Súmula nº 392 do TST.
Súmula nº 389, I, do TST.

03. (TRT 2 - Juiz do Trabalho Substituto 2ª região/2015) Em relação a organização e competência da Justiça do Trabalho, à luz da legislação vigente e da jurisprudência sumulada do Tribunal Superior do Trabalho, aponte a alternativa CORRETA.

A) O Tribunal Superior do Trabalho compor-se-á de vinte e sete Ministros, escolhidos dentre brasileiros com mais de trinta e cinco e menos de sessenta e cinco anos, nomeados pelo Presidente da República apos aprovação pelo Congresso Nacional.

B) Um quinto da composição dos Ministros do Tribunal Superior do Trabalho será formado por advogados com mais de cinco anos de efetiva atividade profissional e membros do Ministério Público do Trabalho, com mais de cinco anos de efetivo exercício e os demais, dentre juízes dos Tribunais Regionais do Trabalho, oriundos da magistratura da carreira, com mais de cinco anos de efetivo exercício.

C) As ações relativas às penalidades administrativas impostas aos empregadores pelos órgãos de fiscalização das relações de trabalho não são da competência da Justiça do Trabalho, mas sim da Justiça Federal, por se tratar de modalidade tributária.

D) Compete a Justiça do Trabalho processar e julgar ações ajuizadas por empregados em face de empregadores relativas ao cadastramento no Programa de Integração Social - PIS.

E) Sendo o empregado viajante, é competente a Vara do Trabalho da localidade onde houve a contratação, salvo se ele estiver imediatamente subordinado a uma filial, caso em que será competente a Vara em cuja jurisdição estiver situada a mesma filial ou o foro do domicilio do empregado.

↓RESPOSTA

Alternativa letra: D.
Súmula nº 300 do TST

04. (TRT 6 - Juiz do Trabalho Substituto 6ª região/2015) Sobre competência, considere:

I. Inscreve-se na competência material da Justiça do Trabalho a lide entre empregado e empregador tendo por objeto indenização pelo não-fornecimento das guias do seguro-desemprego, sendo que o não-fornecimento dá origem ao direito à indenização.

II. Compete à Justiça do Trabalho a execução, de ofício, da contribuição referente ao Seguro de Acidente de Trabalho – SAT, que tem natureza de contribuição para a seguridade social (arts. 114, VIII, e 195, I, "a", da CF), pois se destina ao financiamento de benefícios relativos à incapacidade do empregado decorrente de infortúnio no trabalho (arts. 11 e 22 da Lei nº 8.212/1991).

III. Compete à Justiça do Trabalho processar e julgar ações ajuizadas por empregados em face de empregadores relativas ao cadastramento no Programa de Integração Social – PIS.

Está correto o que consta em

A) I, II e III.

B) I e III, apenas.

C) II e III, apenas.

D) I, apenas.

E) II, apenas.

↓ RESPOSTA

Alternativa letra: A.

I – Súmula nº 389 do TST.

II – Súmula nº 454 do TST.

III – Súmula nº 300 do TST.

05. (MPT - Procurador do Trabalho/2013) Assinale a alternativa CORRETA:

A) Nos processos perante a Justiça do Trabalho, a União, os Estados, o Distrito Federal, os Municípios, as autarquias ou fundações de direito público e as empresas públicas federais, estaduais ou municipais que não explorem atividade econômica estão dispensadas do recolhimento do depósito pecuniário para a interposição de recursos.

B) Na Justiça do Trabalho, a assistência judiciária a que se refere a Lei nº 1.060/50, será prestada pelo sindicato da categoria profissional a que pertencer o trabalhador. Nessa hipótese, o sindicato poderá pleitear a condenação da empresa no pagamento dos honorários assistenciais, no percentual de até 20% da condenação.

C) No que concerne ao preparo do recurso, a comprovação do depósito recursal terá que ser feita até o início do julgamento do apelo, sob pena de deserção.

D) Compete à Justiça do Trabalho processar e julgar ações ajuizadas por empregados em face de empregadores relativas ao cadastramento no Programa de Integração Social (PIS).

E) Não respondida.

↓ RESPOSTA

Alternativa letra: D.

Súmula nº 300 do TST

06. (TRT 1 - Juiz do Trabalho Substituto 1ª região/ 2013) – "A" ingressou com reclamação trabalhista contra "B", postulando, dentre outras pretensões, o seguinte: determinação à reclamada para que efetue o cadastro no Programa de Integração Social ou a condenação da reclamada ao pagamento indenizado do benefício; condenação da reclamada ao pagamento de diferenças relativas ao benefício de aposentadoria, previsto em Plano de Previdência Privada patrocinado pela empresa; condenação da Caixa Econômica Federal ao pagamento de diferenças de correção monetária sobre os valores depositados na conta vinculada do FGTS; imposição de multa administrativa à reclamada pela infração de lei; e determinação à reclamada para que regularize as informações constantes do Cadastro Nacional de Informações Sociais – CNIS junto ao INSS, para fins de registro do término do contrato de trabalho.

Diante do exposto, é correto afirmar:

A) Segundo entendimento sumulado do Tribunal Superior do Trabalho, compete à Justiça do Trabalho apreciar e julgar ações oriundas de lide entre o trabalhador e a Caixa Econômica Federal, versando sobre pagamento de correção monetária dos valores depositados na conta vinculada do FGTS.

B) Segundo entendimento sumulado do Tribunal Superior do Trabalho, compete à Justiça do Trabalho julgar as ações relativas às penalidades administrativas impostas aos empregadores pelos órgãos de fiscalização das relações de trabalho, abrangida a possibilidade de o próprio Juiz do Trabalho impor penalidades administrativas na sentença, decorrentes de infração da reclamada aos comandos legais.

C) Segundo entendimento do Supremo Tribunal Federal, manifestado por meio de súmula vinculante, compete à Justiça Comum e não à Justiça do Trabalho apreciar e julgar dissídios entre empregados e empregadores, decorrentes de contrato de previdência privada complementar.

D) Segundo entendimento sumulado do Tribunal Superior do Trabalho, não compete à Justiça do Trabalho apreciar e julgar os dissídios que envolvam a regularização do Cadastro

Nacional de Informações Sociais pelo empregador, uma vez que a alimentação de informações no referido Cadastro incumbe ao Instituto Nacional da Seguridade Social.

E) Segundo entendimento sumulado do Tribunal Superior do Trabalho, compete à Justiça do Trabalho processar e julgar ações ajuizadas por empregados em face de empregadores relativas ao cadastramento no Programa de Integração Social

↓RESPOSTA

Alternativa letra E.
Súmula nº 300 do TST.

07. (TRT 3 – Juiz do Trabalho Substituto 3ª região/ 2014) Um servidor público admitido sob o regime da CLT em 03.10.1980, teve seu vínculo transformado para o regime estatutário, por força da Lei n. 8.112, de 11.12.1990. Ingressou com ação perante a Justiça do Trabalho em 19.12.1993, com vínculo ainda vigente, reivindicando horas extras de todo o período. Nos exatos termos das súmulas e orientações jurisprudenciais da SBDI-1 do TST, é correto afirmar:

A) A Justiça do Trabalho é incompetente para examinar o feito.

B) A Justiça do Trabalho é competente para examinar o feito quanto às parcelas do período regido pela CLT, operando-se a prescrição total.

C) A Justiça do Trabalho é competente para examinar as pretensões de todo o período, operando-se a prescrição apenas das verbas anteriores a 19.12.1988.

D) A Justiça do Trabalho é competente para examinar as parcelas do período regido pela CLT, operando-se a prescrição apenas das verbas anteriores a 19.12.1988.

E) A Justiça do Trabalho é competente para examinar as pretensões de todo o período, não se operando qualquer prescrição.

↓RESPOSTA

Alternativa letra B.
OJ nº 138 da SDI-I do TST e
Súmula nº 382 do TST.

08. (CESPE – TRT 17 – Analista Judiciário – Área Administrativa/2009) A ação de indenização de dano moral decorrente de acidente do trabalho não é de competência da justiça do trabalho, considerando-se integrar, obrigatoriamente, no polo passivo, a previdência social.

↓RESPOSTA

ERRADO. Súmula Vinculante nº 22
do STF e artigo 114, VI CF.

09. (CESPE – TRT 5 – Analista Judiciário – Área Administrativa/2008) Julgue os itens que se seguem em relação à justiça do trabalho, de acordo com o entendimento do Supremo Tribunal Federal.

– Considere a seguinte situação hipotética. Maria trabalhou até dezembro de 2007 em uma fábrica na qual sofreu acidente que resultou na perda de um dos dedos de sua mão direita. Em decorrência disso, ajuizou ação para exigir a condenação de sua ex-empregadora ao pagamento de danos morais. Nessa situação, a ação deve ser corretamente proposta perante a justiça do trabalho.

↓RESPOSTA

CERTO. Súmula Vinculante nº 22
do STF e artigo 114, VI CF.

10. (FGV - Exame de Ordem 2016.3) De acordo com o entendimento consolidado do STF e do TST, assinale a opção que apresenta situação em que a Justiça do Trabalho possui competência para executar as contribuições devidas ao INSS.

A) Reclamação na qual se postulou, com sucesso, o reconhecimento de vínculo empregatício.

B) Ação trabalhista na qual se deferiu o pagamento de diferença por equiparação salarial.

C) Demanda na qual o empregado teve a CTPS assinada mas não teve o INSS recolhido durante todo o contrato.

D) Reclamação trabalhista na qual foi reconhecido o pagamento de salário à margem dos contracheques.

↓RESPOSTA

Alternativa Letra B.
Súmula vinculante nº 53 do STF
e Súmula 368, item I, do TST

11. (CESPE - TRT 9 - Analista Judiciário - Área Administrativa/2007) Acerca da organização, jurisdição e competência da Justiça do Trabalho, julgue os seguintes itens.

- A Justiça do Trabalho detém competência para a execução de contribuições previdenciárias e para as de imposto de renda decorrentes das sentenças que proferir.

↓RESPOSTA

CERTO. Súmula nº 368, I do TST.

12. (TRT 15ª Região - Juiz do Trabalho Substituto - 2015) Em relação à execução de contribuições previdenciárias, considere:

I. A Justiça do Trabalho não tem competência para a execução da contribuição referente ao Seguro de Acidente de Trabalho – SAT e nem para a execução da contribuição de terceiros, limitando-se sua competência à execução das contribuições previdenciárias incidentes sobre as sentenças condenatórias em pecúnia que proferir.

II. Acordo homologado em juízo sem discriminação das parcelas sujeitas à incidência da contribuição previdenciária implica na incidência das contribuições para a Previdência Social sobre o valor total do acordo, independentemente do reconhecimento de vínculo de emprego.

III. É devida a contribuição previdenciária sobre o valor do acordo celebrado e homologado após o trânsito em julgado de decisão judicial, respeitada a proporcionalidade de valores entre as parcelas de natureza salarial e indenizatória deferidas na decisão condenatória e as parcelas objeto de acordo.

IV. A decisão homologatória de acordo equipara-se à coisa julgada material apenas para as partes que figuraram originalmente na lide, na medida em que somente poderão, em tese, impugná-la por meio de ação rescisória. Com relação às contribuições previdenciárias, a decisão que homologa o acordo somente produzirá os efeitos da coisa julgada se a União, intimada para tomar ciência da decisão, deixar transcorrer in albis o prazo judicial que lhe for assinalado para manifestação.

V. Ainda que omissa a sentença exequenda, os descontos fiscais e previdenciários devem ser efetuados de ofício pelo juízo da execução, sem que isso caracterize ofensa à coisa julgada, salvo no caso de o título exequendo expressamente afastar a dedução dos valores a título de imposto de renda e de contribuição previdenciária.

De acordo com a doutrina, a legislação e a jurisprudência pacífica do TST, está correto o que consta APENAS em

a) I, III e V.

b) I, II e IV.

c) III, IV e V.

d) I, II, III e V.

e) II, III, IV e V.

↓RESPOSTA

Alternativa E

II – OJ nº 368 da SDI-I do TST

III – OJ nº 376 da SDI-I do TST

IV – Súmula nº 100, V do TST

V - Súmula nº 401 do TST

13. (TRT 8 - Juiz do Trabalho Substituto 8ª região/ 2014) Dentre as alternativas dessa questão, escolha a CORRETA:

A) Compete à Justiça do Trabalho a execução, de ofício, da contribuição referente ao Seguro de Acidente de Trabalho (SAT), que tem natureza de contribuição para a seguridade social (arts. 114, VIII, e 195, I, "a", da CF), pois se destina ao financiamento de benefícios relativos à incapacidade do empregado decorrente de infortúnio no trabalho (arts. 11 e 22 da Lei nº 8.212/1991).

B) Quanto aos direitos e vantagens trabalhistas declarados na sentença proferida em relação ao período anterior à Lei nº 8.112/90, mesmo que a ação tenha sido ajuizada após a edição da referida lei, afasta a competência da Justiça do Trabalho para executar o referido título executivo, devendo a execução, nesse caso, ser procedida pela Justiça Comum.

C) Na execução por carta precatória, os embargos de terceiro serão oferecidos no juízo deprecante ou no juízo deprecado, mas a competência para julgá-los é do juízo deprecante, quando versarem, unicamente, sobre vícios ou irregularidades da penhora, avaliação ou alienação dos bens, visto que a carta precatória é emanada do Juízo deprecante.

D) A decretação da falência ou o deferimento do processamento da recuperação judicial suspende o curso das execuções em face do devedor e terá prosseguimento no juízo falimentar a ação que demandar quantia líquida ou ilíquida.

E) Expirado o prazo da recuperação judicial, e após o fim da suspensão do curso das ações, as execuções trabalhistas poderão ser normalmente concluídas na Justiça do Trabalho, salvo se o crédito já esteja inscrito no quadro geral de credores, caso em que continuará se processando perante aquele Juízo.

↓ RESPOSTA

Alternativa Letra A.
Súmula nº 454

14. (Juiz do Trabalho Substituto – TRT 3ª região/ 2012) Leias as afirmativas abaixo e assinale a alternativa correta:

I. A competência da Justiça do Trabalho somente após a EC 45, de 2004 passou a incluir o julgamento de penalidades administrativas impostas aos empregadores pelos órgãos de fiscalização das relações de trabalho.

II. Segundo a ADI (Ação Direta de Inconstitucionalidade) nº 3684-DF, julgada pelo STF, a Justiça do Trabalho não tem competência criminal, nem mesmo para julgar crimes contra a organização do trabalho.

III. A Justiça do Trabalho tem competência para processar e julgar ação possessória ajuizada em decorrência do exercício do direito de greve pelos trabalhadores da iniciativa privada.

IV. Não são de competência da Justiça do Trabalho as ações oriundas de lide entre trabalhador e a Caixa Econômica Federal versando sobre FGTS, quando a questão for concernente à correção monetária dos valores depositados na conta vinculada do FGTS.

V. Compete à Justiça do Trabalho julgar as ações que tenham como causa de pedir o descumprimento de normas trabalhistas relativas a segurança, higiene e saúde dos trabalhadores.

A) Somente as afirmativas I, II e IV estão corretas.

B) Somente as afirmativas II, III e V estão corretas.

C) Somente as afirmativas I, II e III estão corretas.

D) Somente as afirmativas III, IV e V estão corretas.

E) Todas as afirmativas estão corretas.

↓ RESPOSTA

Alternativa Letra E.
I – artigo 114, VII CF.
II – Ação Direta de Inconstitucionalidade nº 3684/DF.
III – Súmula Vinculante nº 23 do STF.
IV – artigo 109, I CF, artigo 26 da Lei nº 8.036/90 e Súmula nº 82 do STJ.
V – Súmula nº 736 do STF.

15. (Juiz do Trabalho Substituto – TRT 15ª região/ 2012) Compete à Justiça do Trabalho processar e julgar:

I. Ação anulatória de multa administrativa imposta por órgão de fiscalização das relações de trabalho.

II. Ação de associação de fornecedores de cana de açúcar de urna região que congrega 05 cidades, em face de outra associação de fornecedores de cana de açúcar de uma daquelas 05 cidades, em que a primeira postula a anulação da assembleia de constituição da requerida, com o cancelamento de seu registro no Cartório de Registro Civil de Pessoas Jurídicas, diante dos princípios da unicidade sindical e da territorialidade.

III. Ação de indenização por danos morais e materiais proposta pelo filho em face do ex-empregador de seu pai, que faleceu em acidente de trabalho, conforme jurisprudência dominante do STF.

IV. Causas envolvendo descaracterização de contratação temporária ou de provimento comissionado pelo poder público.

V. Ação monitoria entre empregado e empregador, com base em prova escrita, consistente em declaração firmada pelo empregado, obrigando-se a devolver ao final do contrato de trabalho ferramenta sem seu poder.

A) Somente as assertivas I e II, V estão corretas.

B) Somente as assertivas I, III e V estão corretas.

C) Somente a assertiva III está correta.

D) Somente as assertivas I, II e III estão corretas.

E) Todas as assertivas estão corretas.

↓RESPOSTA

Alternativa Letra B.
I – artigo 114, VII CF.
III – Súmula Vinculante nº 22 do STF e artigo 114, VI CF.
V – artigo 114, I CF.

16. (Juiz do Trabalho Substituto – TRT 8ª região/ 2011) No que diz respeito à competência da Justiça do Trabalho, analise as proposições abaixo e marque a alternativa CORRETA:

I. Segundo jurisprudência consolidada pela SDI-1 do Tribunal Superior do Trabalho, compete à Justiça do Trabalho julgar pedidos de direitos e vantagens, previstos na legislação trabalhista, referentes a período anterior à Lei n. 8.112/90, mesmo que a ação tenha sido ajuizada após a sua edição. A superveniência de regime estatutário em substituição ao celetista, mesmo após a sentença, limita a execução ao período celetista.

II. É facultada ao empregado a escolha do foro para a apresentação da reclamação trabalhista, podendo demandar naquele onde o contrato foi celebrado ou onde ocorreu a prestação dos respectivos serviços, quando se tratar de agente ou viajante comercial.

III. A competência das Varas do Trabalho é determinada pela localidade onde o empregado prestar serviços ao empregador, ainda que tenha sido contratado em outro local, prevalecendo tal regra se se tratar de dissídios ocorridos em agência ou filial no estrangeiro, desde que o empregado seja brasileiro e não haja convenção internacional dispondo em contrário.

IV. Possui legitimidade para suscitar o conflito de competência absoluta apenas o juiz ou a parte interessada, pessoalmente ou por seu representante.

A) Apenas a alternativa IV está correta.

B) As alternativas I e IV estão corretas.

C) As alternativas II e III estão corretas.

D) As alternativas III e IV estão corretas.

E) As alternativas I e III estão corretas.

↓RESPOSTA

Alternativa Letra E.
I – OJ nº 138 da SDI-I.
III – artigo 651, caput e § 2º CLT.

17. (Juiz do Trabalho Substituto – TRT 15ª região/ 2011) Assinale a alternativa incorreta:

A) a Justiça do Trabalho é competente para processar e julgar as ações de indenização por danos morais e patrimoniais decorrentes de acidente de trabalho propostas por empregado contra empregador, inclusive aquelas que ainda não possuíam sentença de mérito em primeiro grau quando da promulgação da Emenda Constitucional nº 45/04;

B) a Justiça do Trabalho é competente para processar e julgar ação possessória ajuizada em decorrência do exercício do direito de greve pelos trabalhadores da iniciativa privada;

C) não compete ao Superior Tribuna de Justiça dirimir conflitos de competência entre juízes trabalhistas vinculados a Tribunais Regionais do Trabalho diversos;

D) não compete à Justiça do Trabalho executar contribuições previdenciárias decorrentes do vínculo empregatício que reconhecer, nos termos do que sedimentado em decisão do Supremo Tribunal Federal à qual foi concedida a repercussão geral;

E) a Justiça do Trabalho é competente para determinar o recolhimento das contribuições previdenciárias decorrentes das sentenças condenatórias e declaratórias que proferir, conforme entendimento sumulado do Tribunal Superior do Trabalho.

↓RESPOSTA

Alternativa Letra E.
Súmula nº 368, I do TST.

3. COMPETÊNCIA FUNCIONAL

OJ Nº 129 DA SDI – II DO TST

Ação anulatória. Competência originária

Em se tratando de Ação anulatória, a competência originária se dá no mesmo juízo em que praticado o ato supostamente eivado de vício.

OJ Nº 68 DA SDI – II DO TST

Antecipação de tutela. Competência

Nos Tribunais, compete ao relator decidir sobre o pedido de antecipação de tutela, submetendo sua decisão ao Colegiado respectivo, independentemente de pauta, na sessão imediatamente subseqüente.

⊙ QUESTÕES

01. (Juiz do Trabalho Substituto – TRT 16ª região/ 2011) Analise as afirmativas e assinale a alternativa CORRETA:

I. A competência para decidir acerca de pedido de antecipação de tutela nos Tribunais cabe ao Relator, que deverá submeter sua decisão ao colegiado respectivo na sessão imediatamente subsequente.

II. É documento essencial à propositura da ação de cumprimento a certidão de trânsito em julgado da sentença normativa, que ocorre vinte dias após a publicação do acórdão referente.

III. É de trinta dias o prazo decadencial para o ajuizamento de inquérito para apuração de falta grave, contados a partir da inequívoca ciência do ato omissivo ou comissivo praticado pelo empregado detentor de estabilidade.

IV. É incabível a ação monitória de ex-empregado embasada em Termo de Rescisão de Contrato de Trabalho expedido pelo ex-empregador e devidamente homologado pelo sindicato de classe.

A) Está correta apenas a afirmativa I.

B) Estão corretas apenas as afirmativas I e IV.

C) Estão corretas apenas as afirmativas I, II e IV.

D) Está correta apenas a afirmativa I, II e III.

E) Está correta apenas a afirmativa IV.

↓ RESPOSTA

Alternativa Letra A.

I – OJ nº 68 da SDI-II

4. COMPETÊNCIA TERRITORIAL-FUNCIONAL (ACP)

OJ Nº 130 DA SDI – II DO TST

Ação civil pública. Competência. Local do dano. Lei 7.347/1985, art. 2º. Código de Defesa do Consumidor, artigo 93.

I – A competência para a Ação Civil Pública fixa-se pela extensão do dano.

II – Em caso de dano de abrangência regional, que atinge cidades sujeitas à jurisdição de mais de uma Vara do Trabalho, a competência será de qualquer das varas das localidades atingidas, ainda que vinculadas a Tribunais Regionais do Trabalho distintos.

III – Em caso de dano de abrangência suprarregional ou nacional, há competência concorrente para a ação civil pública das varas do trabalho das sedes dos Tribunais Regionais do Trabalho.

IV – Estará prevento o juízo a que a primeira ação houver sido distribuída.

⊙ QUESTÕES

01. (TRT 4 – Juiz do Trabalho Substituto 4ª região/ 2016) Considere as assertivas abaixo sobre ação civil pública na Justiça do Trabalho.

I - A competência para a ação civil pública fixa-se pela extensão do dano. Em caso de dano de abrangência regional, que atinja cidades sujeitas à jurisdição de mais de uma Vara do Trabalho, a competência será de qualquer das Varas das localidades atingidas, ainda que vinculadas a Tribunais Regionais do Trabalho distintos.

II - Em caso de dano de abrangência suprarregional ou nacional, há competência concorrente para a ação civil pública das Varas do Trabalho das sedes dos Tribunais Regionais do Trabalho, ficando prevento o Juízo a que a primeira ação houver sido despachada.

III - Na Justiça do Trabalho, os sindicatos e o Ministério Público têm competência para a propositura de ação civil pública, sendo vedada sua atuação em litisconsórcio na hipótese de defesa de interesses difusos.

Quais são corretas?

(A) Apenas I

(B) Apenas II

(C) Apenas III

(D) Apenas I e II

(E) I, II e III

↓ RESPOSTA

Alternativa Letra D.

Item I: Correto: OJ nº 130, I e II, da SDI-II do TST.

02. (MPT. 19º Concurso para Procurador do Trabalho/2015) Marque a alternativa INCORRETA sobre competência para processamento e julgamento da ação civil pública:

a) A competência fixa-se pela extensão do dano.

b) Se a extensão do dano a ser reparado limitar-se ao âmbito regional, a competência é de uma das Varas do Trabalho da capital do Estado.

c) Em caso de dano de abrangência suprarregional ou nacional, há competência concorrente das Varas do Trabalho das sedes dos Tribunais Regionais do Trabalho.

d) Estará prevento o juízo a que a primeira ação houver sido distribuída.

e) Não respondida.

↓ RESPOSTA

Alternativa letra B.

OJ nº 130, II, da SDI-II do TST.

03. (TRT 14 – Juiz do Trabalho Substituto 14ª região/ 2013) Leia as proposições a seguir e marque a resposta correta:

I. A competência para a Ação Civil Pública fixa-se pela extensão do dano. Em caso de dano de abrangência regional, que atinja cidades sujeitas à jurisdição de mais de uma Vara do Trabalho, a competência será de qualquer das varas das sedes dos Tribunais Regionais do Trabalho das localidades atingidas.

II. Em caso de dano de abrangência suprarregional ou nacional, há competência concorrente para a Ação Civil Pública das Varas do Trabalho das sedes dos Tribunais Regionais do Trabalho distintos.

III. O art. 114 da Constituição Federal atribui à Justiça do Trabalho competência para a execução, de ofício, das contribuições sociais previstas no seu art. 195, I, a, e II, e seus acréscimos decorrentes das decisões, de qualquer natureza, que proferir.

IV. A Justiça do Trabalho é competente para determinar o recolhimento das contribuições fiscais. A competência da Justiça do Trabalho, quanto à execução das contribuições previdenciárias, limita-se às sentenças condenatórias em pecúnia que proferir e aos valores, objeto de acordo homologado, que integrem o salário-de-contribuição.

A) Apenas as proposições I e III estão incorretas.

B) Apenas as proposições II e III estão incorretas.

C) Apenas as proposições III e IV estão incorretas.

D) Apenas as proposições I e IV estão incorretas.

E) Todas as proposições estão incorretas.

↓ RESPOSTA

Alternativa letra A.

I – OJ nº 130, II, da SDI-II do TST.

III – Art. 114, VIII, CF/88 e Súmula 368 do TST.

04. (TRT 22 – Juiz do Trabalho Substituto 22ª região/ 2013) Com relação à competência da justiça do trabalho, analise as proposições:

I. Compete ao TRT o julgamento do conflito de competência envolvendo juízes do trabalho e juízes de direito investidos na jurisdição trabalhista na mesma região. Quando, todavia, o conflito for suscitado entre o próprio TRT e juiz do trabalho a ele subordinado, a competência para julgamento é do TST.

II. A justiça do trabalho é competente para determinar o recolhimento das contribuições fiscais. Quanto à execução das contribuições previdenciárias, sua competência limita-se às sentenças condenatórias em pecúnia que proferir e aos valores, objeto de acordo homologado, mesmo após o trânsito em julgado da sentença e, neste caso, sempre calculadas sobre as verbas salariais definidas no acordo, que integrem o salário contribuição.

III. A justiça do Trabalho tem competência para julgar o crime de falsa anotação na carteira de trabalho e previdência social, atribuído à empresa privada. Contudo, não goza de competência para julgar crimes contra a organização do trabalho quando a ofensa atingir uma coletividade de trabalhadores, os quais serão decididos pela Justiça Federal.

IV. Quando for parte no dissídio agente ou viajante comercial, a competência sempre será do juízo da localidade em que a empresa tenha agência ou filial e a esta o empregado esteja subordinado.

V. É de competência funcional do juízo trabalhista do local onde ocorreu a lesão ou ameaça a interesses ou direitos metaindividuais processar e julgar ação civil pública movida pelo Ministério Público do Trabalho ou por Associação Sindical.

Assinale a alternativa CORRETA:

A) as alternativas I a V são falsas;

B) todas as alternativas são corretas;

C) as alternativas II, IV e V são falsas;

D) a alternativa V é verdadeira;

E) a alternativa III é verdadeira.

↓RESPOSTA

Alternativa letra: D.
V – OJ nº 130 da SDI-II do TST e art. 2º da Lei nº 7.347/85.

05. (Juiz do Trabalho Substituto – TRT 8ª região/ 2012) Assinale a alternativa INCORRETA:

A) O Tribunal Superior do Trabalho, por meio de Orientação Jurisprudencial, estabeleceu que, em caso da extensão do dano a ser reparado por meio de ação civil pública limitar-se ao âmbito regional, a competência para apreciar a ação poderá ser de uma das varas do trabalho da região metropolitana da capital do Estado e, se o dano alcançar âmbito suprarregional ou nacional, o foro é o do Distrito Federal.

B) Conforme previsão expressa na Lei n. 7.347/1985, a ação civil pública poderá ter como objeto a condenação em dinheiro ou o cumprimento de obrigação de fazer ou de não fazer.

C) Consoante orientação jurisprudencial do Tribunal Superior do Trabalho, é cabível protesto judicial no processo do trabalho e seu mero ajuizamento interrompe o prazo prescricional.

D) O Tribunal Superior do Trabalho, por meio de jurisprudência pacificada, considera incabível medida cautelar para imprimir efeito suspensivo a recurso interposto contra decisão proferida em mandado de segurança, pois ambos visam, em última análise, à sustação do ato atacado.

E) A CLT admite a possibilidade de concessão de medida liminar, até decisão final do processo, em reclamações trabalhistas que visem à reintegração no emprego de dirigente sindical afastado, suspenso ou dispensado pelo empregador.

↓RESPOSTA

Alternativa Letra A.
OJ nº 130 da SDI-II.

5. CONFLITO DE COMPETÊNCIA

SÚMULA Nº 420 DO TST

Competência funcional. Conflito negativo. TRT e Vara do Trabalho de idêntica região. Não configuração

Não se configura conflito de competência entre Tribunal Regional do Trabalho e Vara do Trabalho a ele vinculada.

OJ Nº 149 DA SDI – II DO TST

Conflito de competência. Incompetência territorial. Hipótese do art. 651, § 3º, da CLT. Impossibilidade de declaração de ofício de incompetência relativa

Não cabe declaração de ofício de incompetência territorial no caso do uso, pelo trabalhador, da faculdade prevista no art. 651, § 3º, da CLT. Nessa hipótese, resolve-se o conflito pelo reconhecimento da competência do juízo do local onde a ação foi proposta.

⊙ QUESTÕES

01. (TRT 2 – Juiz do Trabalho Substituto 2ª região/2016) Em relação à competência dos órgãos da Justiça do Trabalho, segundo a Constituição da República, a Consolidação das Leis do Trabalho, a atual jurisprudência do Supremo Tribunal Federal e do Superior Tribunal de Justiça e as Súmulas da Jurisprudência Uniforme do Tribunal Superior do Trabalho, analise as seguintes proposições:

I – Não se configura conflito de competência entre Tribunal Regional do Trabalho e Vara do Trabalho a ele vinculada.

II – Compete ao próprio Tribunal Regional do Trabalho dirimir o conflito de competência entre juízes trabalhistas vinculados ao mesmo Tribunal Regional do Trabalho; no entanto, tratando-se de conflito de competência entre juízes trabalhistas vinculados a Tribunais Regionais do Trabalho distintos, compete ao Superior Tribunal de Justiça dirimir o conflito de competência.

III – Na lide trabalhista, compete ao Tribunal Regional do Trabalho dirimir o conflito de competência entre juiz trabalhista e juiz estadual investido de jurisdição trabalhista na mesma Região.

IV – Na Justiça do Trabalho, a decisão interlocutória que acolhe exceção de incompetência territorial, com a remessa dos autos para outra Vara do Trabalho, vinculada ao mesmo Tribunal Regional do Trabalho a que se vincula o juízo excepcionado, enseja recurso imediato.

V – É competente o Tribunal Regional do Trabalho para julgar mandado de segurança contra ato de seu presidente em execução de sentença trabalhista.

Responda:

A) Somente as proposições I, II e III estão corretas.

B) Somente as proposições I, III e V estão corretas.

C) Somente as proposições II, III e IV estão corretas.

D) Somente as proposições II, III e V estão corretas.

E) Todas as proposições estão corretas.

↓ RESPOSTA

Alternativa Letra B.

Item I: Correto: Súmula nº 420 do TST
Item III: Correta: Art. 808 da CLT.
Item V: Correta: Súmula nº 433 do STF

02. (TRT – Juiz do Trabalho Substituto 18ª região/ 2014) – Com relação aos conflitos de competência no Processo do Trabalho:

A) Não ocorrem entre Varas do Trabalho e Juízes de Direito investidos na jurisdição da Justiça do Trabalho.

B) Não se configura conflito de competência entre Tribunal Regional do Trabalho e Vara do Trabalho a ele vinculada.

C) É admitido à parte interessada suscitar conflitos de jurisdição, ainda que já tenha oposto na causa exceção de incompetência.

D) Os conflitos de competência suscitados entre os Tribunais Regionais do Trabalho, ou entre Varas do Trabalho e Juízes de Direito sujeitos à jurisdição de Tribunais Regionais diferentes, serão resolvidos pelo Superior Tribunal de Justiça.

E) Compete ao Superior Tribunal de Justiça julgar os conflitos de competência entre o Tribunal Superior do Trabalho e qualquer outro tribunal, exceto se o conflito se der com outro Tribunal Superior.

↓ RESPOSTA

Alternativa letra B.
Súmula nº 420 do TST.

03. (Juiz do Trabalho Substituto – TRT 2ª região/ 2012) Com base na jurisprudência sumulada do Tribunal Superior do Trabalho, análise as afirmativas abaixo.

I. Em face do princípio da extrapetição o juiz, uma vez provocado, estará restrito aos pedidos feitos pelo demandante, o que explica a inclusão dos juros de mora na liquidação dependentes do pedido inicial e ao título executivo judicial.

II. Na execução por carta precatória, os embargos de terceiro serão oferecidos no juízo deprecado onde foi realizada a constrição, mas a competência para julgá-los será do juízo deprecante onde tramita a ação principal.

III. A competência para declarar a abusividade ou não da greve é da Justiça do trabalho.

IV. Não se configura conflito de competência entre Tribunal Regional do Trabalho e Vara do Trabalho a ele vinculada.

V. A exigência de depósito prévio do valor da multa cominada em razão de atuação administrativa é pressuposto de admissibilidade de recurso administrativo, de acordo com o parágrafo 1º, do artigo 636 da CLT.

Estão corretas apenas as afirmativas:

A) III e IV.

B) II e IV.

C) III e V.

D) I e III.

E) I e II.

RESPOSTA

Alternativa Letra A.

III – Súmula nº 189 do TST.

IV – Súmula nº 420 do TST.

04. (FCC – Técnico Judiciário – Área Administrativa – TRT 16/2014) A empregada "A" ajuizou reclamação trabalhista em Salvador, local em que se mudou após sua dispensa. Entretanto, o local em que prestou serviços foi em São Luís. A empresa, regularmente notificada, não compareceu à audiência, tendo sido decretada sua revelia e confissão quanto à matéria de fato. No tocante à alegação de incompetência em razão do lugar, é correto afirmar que:

A) tendo em vista se tratar de matéria de ordem, deverá ser declarada ex officio pelo juiz, que se declarará incompetente para conhecer e julgar a reclamação.

B) tendo em vista que a incompetência é relativa, poderá ser alegada em qualquer fase do processo, mesmo após a prolação da sentença, até a interposição de recurso ordinário.

C) tendo em vista que a incompetência é relativa e não alegada no momento oportuno, ou seja, com a defesa, prorroga-se a competência do juízo de Salvador, tornando-se competente para conhecer e julgar o feito, havendo preclusão da matéria.

D) a empresa somente poderá alegar a exceção de incompetência em razão do lugar em preliminar de recurso ordinário.

E) deverá a empresa interpor agravo de instrumento para conhecimento imediato da exceção.

RESPOSTA

Alternativa Letra C.

OJ nº 149 da SDI-II e art. 64 do NCPC[9] (art. 112, CPC/73).

05. (Juiz do Trabalho Substituto – TRT 21ª região/ 2012) A respeito da competência da Justiça do Trabalho, em razão do local, das pessoas e funcional, é correto afirmar:

I. a competência das Varas do Trabalho é determinada pela localidade onde o empregado, reclamante ou reclamado, tiver sido contratado, ainda que para prestar serviços em outro local, ou no estrangeiro;

II. em se tratando de empregador que desenvolva atividades fora do lugar em que houve a formalização do contrato de trabalho, é assegurado ao empregado apresentar sua reclamação no foro da celebração do contrato ou no da prestação dos serviços;

III. quando for parte no dissídio viajante comercial, a competência será da Vara da localidade em que a empresa tenha agência ou filial e a esta o empregado esteja subordinado e, na ausência, será competente a Vara da localização em que o empregado tenha domicílio ou a localidade mais próxima;

IV. oposta exceção de incompetência em razão do lugar, da decisão que rejeitar a exceção caberá recurso imediato para o Tribunal Regional do Trabalho;

V. não cabe declaração de ofício de incompetência territorial no caso do uso, pelo trabalhador, da faculdade prevista no art. 651, § 3º, da CLT. Nessa hipótese, resolve-se o conflito pelo reconhecimento da competência do juízo do local onde a ação foi proposta.

A) nenhuma assertiva está correta;

B) apenas a assertiva I está correta;

C) apenas as assertivas II e III estão corretas;

D) apenas as assertivas I e IV estão corretas;

E) apenas as assertivas II, III e V estão corretas;

RESPOSTA

Alternativa Letra E.

II – artigo 651, § 3º CLT.

III – artigo 651, § 1º CLT.

V – OJ nº 149 da SDI-II.

9 O Novo CPC traz uma interessante novidade quanto à forma de alegação da incompetência, vez que tanto a incompetência absoluta como a incompetência relativa serão alegadas como preliminar de contestação (art. 64).

Capítulo III
MINISTÉRIO PÚBLICO DO TRABALHO

Súmula nº 407 do TST

Ação Rescisória. Ministério Público. Legitimidade "ad causam" prevista no art. 967, III, "a", "b", "c" do CPC de 2015. Art. 487, III, "a" e "b", do CPC de 1973. Hipóteses meramente exemplificativas

A legitimidade "ad causam" do Ministério Público para propor ação rescisória, ainda que não tenha sido parte no processo que deu origem à decisão rescindenda, não está limitada às alíneas "a", "b" e "c" do inciso III do art. 967 do CPC de 2015 (art. 487, III, "a" e "b", do CPC de 1973), uma vez que traduzem hipóteses meramente exemplificativas.

OJ nº 130 da SDI - I do TST

Prescrição. Ministério público. Argüição. "Custos legis". Ilegitimidade

Ao exarar o parecer na remessa de ofício, na qualidade "custos legis", o Ministério Público não tem legitimidade para arguir a prescrição em favor de entidade de direito público, em matéria de direito patrimonial.

OJ nº 237 da SDI - I do TST

Ministério Público do Trabalho. Legitimidade para recorrer. Sociedade de economia mista. Empresa pública

I - O Ministério Público do Trabalho não tem legitimidade para recorrer na defesa de interesse patrimonial privado, ainda que de empresas públicas e sociedades de economia mista.

II – Há legitimidade do Ministério Público do Trabalho para recorrer de decisão que declara a existência de vínculo empregatício com sociedade de economia mista ou empresa pública, após a Constituição Federal de 1988, sem a prévia aprovação em concurso público, pois é matéria de ordem pública.

OJ nº 350 da SDI - I do TST

Ministério Público do Trabalho. Nulidade do contrato de trabalho não suscitada pelo ente público no momento da defesa. Arguição em parecer. Possibilidade

O Ministério Público do Trabalho pode arguir, em parecer, na primeira vez que tenha de se manifestar no processo, a nulidade do contrato de trabalho em favor de ente público, ainda que a parte não a tenha suscitado, a qual será apreciada, sendo vedada, no entanto, qualquer dilação probatória.

OJ nº 130 da SDI - II do TST

Ação civil pública. Competência. Local do dano. Lei 7.347/1985, art. 2º. Código de Defesa do Consumidor, artigo 93.

I – A competência para a Ação Civil Pública fixa-se pela extensão do dano.

II – Em caso de dano de abrangência regional, que atinge cidades sujeitas à jurisdição de mais de uma Vara do Trabalho, a competência será de qualquer das varas das localidades atingidas, ainda que vinculadas a Tribunais Regionais do Trabalho distintos.

III – Em caso de dano de abrangência suprarregional ou nacional, há competência concorrente para a ação civil pública das varas do trabalho das sedes dos Tribunais Regionais do Trabalho.

IV – Estará prevento o juízo a que a primeira ação houver sido distribuída.

⊙ QUESTÕES

01. (MPT – Procurador do Trabalho/2013) Nos termos da jurisprudência atual do TST, o Ministério Público do Trabalho:

A) Ao exarar parecer em remessa ex officio, não tem legitimidade para arguir prescrição em favor de ente de direito público, em matéria de direito patrimonial.

B) Não tem legitimidade para recorrer contra decisão que declara a existência de vínculo empregatício com sociedade de economia mista ou empresa pública, após a CF/88, sem a prévia aprovação em concurso público.

C) Pode arguir, em parecer, na primeira vez que tenha de se manifestar no processo, a nulidade do contrato de trabalho em favor de ente público, ainda que a parte não a tenha suscitado, independente da necessidade de dilação probatória.

D) Tem legitimidade para requerer a instauração da instância, em sede de dissídio coletivo, quando caracterizado o descumprimento da lei, por qualquer das partes, no curso da negociação coletiva.

E) Não respondida.

↓RESPOSTA

Alternativa letra A.
OJ nº 130 da SDI-II do TST.

02. (TRT 14 – Juiz do Trabalho Substituto 14ª região/ 2013) Analise as proposições a seguir e escolha a alternativa correta.

I. O Ministério Público do Trabalho possui interesse para recorrer contra decisão que declara a existência de vínculo empregatício com sociedade de economia mista ou empresa pública, sem prévia aprovação em concurso público. No entanto não poderá arguir a nulidade do contrato de trabalho em favor de ente público, mediante parecer, quando a parte não a suscitou em defesa.

II. Ao exarar parecer na remessa de ofício, na qualidade de "custoslegis", o Ministério Público não tem legitimidade para arguir a prescrição em favor de entidade de direito público.

III) O Ministério Público do Trabalho não tem legitimidade para recorrer na defesa de interesse patrimonial privado, inclusive de empresas públicas e sociedades de economia mista.

IV) A legitimidade "ad causam" do Ministério Público para propor ação rescisória, quando não tenha sido parte no processo que deu origem à decisão rescindenda, está limitada às alíneas "a" e "b" do inciso III do art. 487 do CPC[10], ou seja, quando não ouvido em processo, em que lhe era obrigatória a intervenção, e quando a sentença é o efeito de colusão das partes, a fim de fraudar a lei, respectivamente.

V) Na Justiça do Trabalho a capacidade postulatória prevista no art. 791 da CLT, também conhecida como "jus postulandi", traduzida como a possibilidade de a parte ir a juízo desacompanhada de advogado, limita-se às Varas do Trabalho e aos Tribunais Regionais do Trabalho, abrangendo todas as ações, exceto a ação rescisória, o mandado de segurança e os recursos de competência do Tribunal Superior do Trabalho.

A) Apenas as proposições I e III estão corretas.

B) Apenas as proposições II e V estão corretas.

C) Apenas as proposições II e III estão corretas.

D) Apenas as proposições III e IV estão corretas.

E) Apenas as proposições IV e V estão corretas.

↓RESPOSTA

Alternativa letra C.
II – OJ nº 130 da SDI-II do TST.
III – OJ nº 237, I da SDI-I do TST.

03. (FCC – TRT 15 – Analista Judiciário – Área Judiciária – Especialidade Execução de Mandados/2009) Com relação à ação rescisória é correto afirmar:

A) Quanto a antecipação ou postergação do dies a quo do prazo decadencial da ação rescisória, o juízo rescindente está adstrito à certidão de trânsito em julgado juntada com a ação rescisória.

B) Em regra, a interposição de recurso intempestivo ou a interposição de recurso incabível protrai o termo inicial do prazo decadencial.

10 NCPC, art. 967, III

C) O Ministério Público possui legitimidade ad causam para propor ação rescisória em qualquer hipótese legal prevista no Código de Processo Civil, ainda que não tenha sido parte no processo.

D) O litisconsórcio na ação rescisória é facultativo em relação ao polo passivo da demanda.

E) Em regra, para o ajuizamento de ação rescisória na Justiça do Trabalho, é obrigatório o depósito prévio de 10% do valor da causa.

↓RESPOSTA

Alternativa Letra C.
Súmula nº 407 do TST.

Capítulo IV
AÇÃO. CONDIÇÕES DA AÇÃO

SUMÁRIO • 1. Legitimidade – 2. Impossibilidade jurídica do pedido – 3. Interesse de agir.

1. LEGITIMIDADE

Súmula nº 286 do TST

Sindicato. Substituição processual. Convenção e acordo coletivos

A legitimidade do sindicato para propor ação de cumprimento estende-se também à observância de acordo ou de convenção coletivos.

OJ nº 121 da SDI – I do TST

Substituição processual. Diferença do adicional de insalubridade. Legitimidade

O sindicato tem legitimidade para atuar na qualidade de substituto processual para pleitear diferença de adicional de insalubridade.

OJ nº 359 da SDI – I do TST

Substituição processual. Sindicato. Legitimidade. Prescrição. Interrupção

A ação movida por sindicato, na qualidade de substituto processual, interrompe a prescrição, ainda que tenha sido considerado parte ilegítima "ad causam".

⊙ QUESTÕES

01. (MPT – Procurador do Trabalho/2013) Analise as afirmações abaixo:

I. A ação movida por sindicato, na qualidade de substituto processual, interrompe a prescrição, ainda que tenha sido considerado parte ilegítima ad causam.

II. Na ação em que o sindicato atua como substituto processual não é exigível rol de substituídos, pois se está diante de uma ação coletiva em defesa de interesse individuais homogêneos, cuja sentença de procedência produz efeito erga omnes e beneficia todos os trabalhadores abrangidos.

III. A conciliação judicial pode contemplar direitos não pleiteados na ação.

Marque a alternativa opção CORRETA:

A) apenas a assertiva I é correta;

B) apenas a assertivas II é correta;

C) apenas a assertiva III é correta;

D) todas as assertivas são corretas;

E) não respondida.

↓ RESPOSTA

Alternativa letra D

I – OJ nº 359 da SDI-I do TST.

II – Doutrina.

III – Art. art. 515 do NCPC (475-N, III, CPC/73).

02. (Juiz do Trabalho Substituto – TRT 2ª região/ 2012) De acordo com a jurisprudência sumulada do Tribunal Superior do Trabalho, analise as proposições abaixo:

I. A legitimidade do sindicato para propor ação de cumprimento estende-se também à observância de acordo ou de convenção coletiva.

II. O "jus postulandi" das partes, estabelecido no art. 791 da CLT, limita-se a uma das Varas do Trabalho e aos Tribunais Regionais do Trabalho alcançando os dissídios individuais e coletivos e a ação cautelar, não alcançando os recursos de competência do Tribunal Superior do Trabalho.

III) São válidos os atos praticados pelo substabelecido, ainda que não haja, no mandato, poderes expressos para substabelecer.

IV) Inadmissível, em instância recursal, o oferecimento tardio de procuração, nos termos do art. 37 do CPC[11], salvo se houver protesto por posterior juntada.

V. E incabível a condenação no pagamento de honorários advocatícios em ação rescisória no processo trabalhista.

Estão corretas apenas as proposições:

A) I e II.

B) II e IV.

C) I e III.

D) IV e V.

E) II e V.

↓RESPOSTA

Alternativa Letra C.
I – Súmula nº 286 do TST.
III – Súmula nº 395, III do TST.

03. (Juiz do Trabalho Substituto – TRT 16ª região/ 2011) Analise as afirmativas e assinale a alternativa INCORRETA:

A) A faculdade de as partes reclamarem pessoalmente seus direitos perante a Justiça do Trabalho e de acompanharem suas reclamações até seu deslinde final deve ser aplicada apenas às lides relativas à relação de emprego e pequena empreitada.

B) A jurisprudência do Tribunal Superior do Trabalho não tem aceitado a postulação da parte sem o acompanhamento de advogado perante a instância extraordinária.

C) O falecimento do sócio da empresa não implica em alteração do polo passivo. O mesmo não ocorre em caso de o reclamado ser pessoa física ou firma individual, devendo nestes casos, o processo ser suspenso para regularização do polo passivo.

D) A Ação movida pelo Sindicato, na qualidade de substituto processual interrompe a prescrição, exceto quando tenha sido considerado parte ilegítima da causa.

E) Inadmissível na fase recursal a regularização da representação processual, ainda que mediante o protesto por ulterior juntado do documento procuratório.

↓RESPOSTA

Alternativa Letra D.
OJ nº 359 da SDI-I.

2. IMPOSSIBILIDADE JURÍDICA DO PEDIDO

OJ Nº 150 DA SDI – II DO TST

Ação Rescisória. Regência pelo CPC De 1973. Decisão rescindenda que extingue o processo sem resolução de mérito por acolhimento de coisa julgada. Conteúdo meramente processual. Impossibilidade jurídica do pedido.

Reputa-se juridicamente impossível o pedido de corte rescisório de decisão que, reconhecendo a existência de coisa julgada, nos termos do art. 267, V, do CPC de 1973, extingue o processo sem resolução de mérito, o que, ante o seu conteúdo meramente processual, a torna insuscetível de produzir a coisa julgada material.

OJ Nº 134 DA SDI – II DO TST

Ação rescisória. Decisão rescindenda. Preclusão declarada. Formação da coisa julgada formal. Impossibilidade jurídica do pedido

A decisão que conclui estar preclusa a oportunidade de impugnação da sentença de liquidação, por ensejar tão-somente a formação da coisa julgada formal, não é suscetível de rescindibilidade.

3. INTERESSE DE AGIR

OJ Nº 188 DA SDI – I DO TST

Decisão normativa que defere direitos. Falta de interesse de agir para ação individual

Falta interesse de agir para a ação individual, singular ou plúrima, quando o direito já foi reconhecido através de decisão normativa, cabendo, no caso, ação de cumprimento.

11 NCPC, art. 104.

OJ Nº 113 DA SDI - II DO TST

Ação cautelar. Efeito suspensivo ao recurso ordinário em mandado de segurança. Incabível. Ausência de interesse. Extinção

É incabível medida cautelar para imprimir efeito suspensivo a recurso interposto contra decisão proferida em mandado de segurança, pois ambos visam, em última análise, à sustação do ato atacado. Extingue-se, pois, o processo, sem julgamento do mérito, por ausência de interesse de agir, para evitar que decisões judiciais conflitantes e inconciliáveis passem a reger idêntica situação jurídica.

Capítulo V
PARTES E PROCURADORES

SUMÁRIO • 1. *Jus postulandi* – 2. Representação – 3. Advogado e honorários advocatícios – 4. Honorários periciais – 5. Justiça Gratuita – 6. Litisconsórcio – 7. Intervenção de terceiros.

1. *JUS POSTULANDI*

SÚMULA Nº 425 DO TST

Jus postulandi na Justiça do Trabalho. Alcance

O *jus postulandi* das partes, estabelecido no art. 791 da CLT, limita-se às Varas do Trabalho e aos Tribunais Regionais do Trabalho, não alcançando a ação rescisória, a ação cautelar, o mandado de segurança e os recursos de competência do Tribunal Superior do Trabalho.

⊙ QUESTÕES

01. (FCC – TRT11/2017 – Oficial de Justiça Avaliador) Considere:

I. Recurso Ordinário ao Tribunal Regional do Trabalho da 11ª Região.

II. Ação rescisória.

III. Mandado de segurança.

IV. Agravo de Petição ao Tribunal Regional do Trabalho da 11ª Região.

De acordo com o entendimento Sumulado do TST, o jus postulandi das partes estabelecido no artigo 791 da CLT, alcança os indicados APENAS em

(A) I, III e IV.

(B) I e IV.

(C) II e III.

(D) I, II e IV.

(E) I e III.

⬇ RESPOSTA

Alternativa Letra B.

Súmula nº 425 do TST.

02. (TRT20/2016 - FCC - Analista Judiciário - Área Judiciária) Vênus atuou durante 6 anos como preposta da Cia de Bebidas Fonte de Amor. Por força da crise econômica foi dispensada sem receber alguns direitos trabalhistas. Em razão de sua experiência, ingressou com reclamação trabalhista de forma verbal, sem constituir advogado. Conforme súmula do Tribunal Superior do Trabalho e dispositivo processual trabalhista, a capacidade postulatória de Vênus em relação a essa reclamatória

(A) está restrita a fase de conhecimento na Vara do Trabalho.

(B) limita-se às Varas do Trabalho e aos Tribunais Regionais do Trabalho, não alcançando a fase executória.

(C) limita-se às Varas do Trabalho e aos Tribunais Regionais do Trabalho, não alcançando os recursos de competência do Tribunal Superior do Trabalho.

(D) é ilimitada quanto a fase processual, bem como em relação à instância, alcançando inclusive o Tribunal Superior do Trabalho, porque a lei permite o acompanhamento das reclamações até o final.

(E) está restrita à fase de conhecimento, incluindo recursos em todas as instâncias trabalhistas, Varas do Trabalho, Tribunais Regionais do Trabalho e Tribunal Superior do Trabalho, mas não envolve a fase de execução.

↓RESPOSTA

Alternativa Letra C.

Súmula nº 425 do TST.

03. (TRT 9ª Região – Analista Judiciário – AJOJA – 2015) Thales, bacharel em Direito não inscrito nos quadros da OAB, ajuizou reclamação trabalhista em face de sua empregadora postulando o pagamento de adicional de periculosidade. A ação foi julgada improcedente. Inconformado, Thales resolveu interpor recurso ordinário no prazo legal, recolhendo as custas devidas. Para evitar despesas, e por entender que tinha conhecimentos jurídicos adequado, decidiu atuar sem advogado. Nessa hipótese, o recurso ordinário

a) não será conhecido porque é indispensável a assistência de advogado.

b) somente será conhecido se, no prazo legal de 10 dias, for subscrito por um advogado.

c) não será conhecido porque o jus postulandi somente pode ser exercido com assistência sindical.

d) será conhecido somente em caso de a ação tramitar pelo rito sumaríssimo.

e) será conhecido em razão do jus postulandi.

↓RESPOSTA

Alternativa letra E.

Súmula nº 425 do TST

04. (FCC – Analista Judiciário – Área Judiciária - TRT 3/2015) Em relação à capacidade postulatória na Justiça do Trabalho,

(A) no processo do Trabalho aplica-se, subsidiariamente, o artigo 36 do CPC[1], que dispõe que a parte será representada em juízo por advogado legalmente habilitado.

(B) os empregados e os empregadores poderão reclamar pessoalmente perante a Justiça do Trabalho e acompanhar as suas reclamações até o final, em todas as esferas recursais.

(C) somente os empregados, em razão de sua hipossuficiência, poderão reclamar pessoalmente perante a Justiça do Trabalho e acompanhar as suas reclamações até o final.

(D) para a jurisprudência trabalhista o direito de postular em juízo, pessoalmente, alcança os recursos de competência do Tribunal Superior do Trabalho e Supremo Tribunal Federal.

(E) para a jurisprudência trabalhista o direito de postular em juízo, pessoalmente, não alcança a ação rescisória, a ação cautelar, o mandado de segurança e os recursos de competência do Tribunal Superior do Trabalho.

↓RESPOSTA

Alternativa letra E.

Súmula nº 425 do TST

05. (FCC – Analista Judiciário – Oficial de Justiça Avaliador - TRT 3/2015) Os empregados e empregadores poderão reclamar pessoalmente perante a Justiça do Trabalho e acompanhar as suas reclamações até o final, sendo que o entendimento sumulado do TST é no sentido de que o jus postulandi

(A) limita-se às Varas do Trabalho, não alcançando a ação rescisória, a ação cautelar, o mandado de segurança e os recursos de competência dos Tribunais Regionais do Trabalho e do Tribunal Superior do Trabalho.

(B) limita-se às Varas do Trabalho e aos Tribunais Regionais do Trabalho, não alcançando a ação rescisória, a ação cautelar, o mandado de segurança e os recursos de competência do Tribunal Superior do Trabalho.

(C) limita-se às Varas do Trabalho, não alcançando apenas o mandado de segurança e os recursos de competência dos Tribunais Regionais do Trabalho e do Tribunal Superior do Trabalho.

(D) limita-se às Varas do Trabalho e aos Tribunais Regionais do Trabalho, alcançando inclusive a ação rescisória, a ação cautelar e o mandado de segurança.

(E) não tem qualquer limitação em razão do princípio da proteção do empregado.

↓RESPOSTA

Alternativa letra B.

Súmula nº 425 do TST

1 NCPC, art. 103.

06. (FCC – Técnico Judiciário – Área Administrativa - TRT 3/2015) Considere:

I. Interposição de Recurso Ordinário para Tribunal Regional do Trabalho.

II. Interposição de Recurso de Revista para o Tribunal Superior do Trabalho.

III. Agravo de Petição contra decisão em Embargos à Execução proferida por juiz de Vara do Trabalho.

IV. Agravo de Instrumento proposto em face de decisão reconhecendo a deserção de Recurso Ordinário proferida por juiz de Vara do Trabalho.

O jus postulandi das partes, estabelecido no artigo 791 da Consolidação das Leis do Trabalho abrange as hipóteses indicadas APENAS em

(A) I e III.

(B) I, III e IV.

(C) II, III e IV.

(D) I, II e IV.

(E) I, II e III.

↓RESPOSTA

Alternativa letra B.

Súmula nº 425 do TST

07. (FCC – Analista Judiciário – Oficial de Justiça Avaliador - TRT 4/2015) Conforme previsão legal e jurisprudência sumulada pelo Tribunal Superior do Trabalho sobre o jus postulandi na Justiça do Trabalho:

(A) somente pode ser exercido pelos empregados que podem atuar em todas as fases e instâncias dos dissídios individuais do rito sumaríssimo.

(B) pode ser exercido por empregados e empregadores em todas as instâncias da Justiça do Trabalho apenas nos dissídios coletivos.

(C) pode ser aplicado pelas partes e limita-se às Varas do Trabalho e aos Tribunais Regionais do Trabalho, não alcançando a ação rescisória, a ação cautelar, o mandado de segurança e os recursos de competência do Tribunal Superior do Trabalho.

(D) somente é possível nos dissídios individuais e não nos coletivos e alcança apenas as Varas do Trabalho.

(E) foi tacitamente revogado pela Constituição Federal de 1988 ao dispor que o advogado é indispensável à administração da Justiça.

↓RESPOSTA

Alternativa letra C.

Súmula nº 425 do TST

08. (FCC - Analista Judiciário - TRT 2ª região/2014) Maria ingressou com reclamação trabalhista em face da Empresa Pode Tudo Ltda. Com a distribuição da ação, foi determinada a realização de audiência UNA, ou seja, quando na mesma oportunidade são realizadas a tentativa de conciliação, a instrução processual e o julgamento do feito. Nesse sentido,

A) se o Juiz não comparecer até 10 minutos após a hora marcada, os presentes poderão retirar-se, devendo o ocorrido constar do livro de registro de audiências.

B) caso Maria não compareça à audiência inaugural, estando presente seu advogado, com a procuração *ad-judicia* nos autos conferindo poderes para transigir, deverá o juiz adiar a sessão, redesignando nova data para a realização da audiência.

C) é facultado à Empresa Pode Tudo Ltda. fazer-se substituir pelo gerente, ou qualquer outro preposto que não tenha conhecimento dos fatos, mas cujas declarações não obrigarão o proponente.

D) aberta a audiência, o juiz proporá a conciliação, sendo que em caso de insucesso, a Empresa Pode Tudo Ltda. terá dez minutos para aduzir sua defesa oralmente e apresentar seus documentos.

E) deverão estar presentes Maria e a Empresa Pode Tudo Ltda, independentemente do comparecimento de seus advogados, tendo em vista o *princípio do jus postulandi.*

↓RESPOSTA

Alternativa letra E.

Súmula nº 425 do TST

09. (Analista Judiciário – area judiciária – FCC TRT15/2013) Ricardo, ex-empregado das empresas "AAA Ltda." e "BBB Ltda.", é estudante de direito, cursando o quinto ano da Faculdade

"X". Ricardo ajuizou sozinho, sem constituir advogado, reclamação trabalhista em causa própria em face das duas empresas, reclamações estas que foram distribuídas para a X e Y Vara Trabalhista de Campinas. A reclamação trabalhista em face da empresa "AAA Ltda." foi julgada improcedente e já transitou em julgado pretendendo, Ricardo, ajuizar Ação Rescisória. A reclamação trabalhista em face da empresa "BBB Ltda." também foi julgada improcedente e Ricardo encontra-se no prazo para interposição de Recurso Ordinário. Nestes casos, no tocante ao *jus postulandi,* Ricardo, sem a contratação de advogado,

A) poderá interpor Recurso Ordinário e ajuizar ação Rescisória, mediante autorização expressa da Ordem dos Advogados do Brasil.

B) poderá interpor Recurso Ordinário e ajuizar ação Rescisória, independentemente de autorização expressa da Ordem dos Advogados do Brasil.

C) poderá interpor Recurso Ordinário, mas não poderá ajuizar Ação Rescisória.

D) não poderá interpor Recurso Ordinário e nem ajuizar Ação Rescisória.

E) poderá ajuizar Ação Rescisória, mas não poderá interpor Recurso Ordinário.

↓RESPOSTA

Alternativa letra: C.
Súmula nº 425 do TST

10. (TRT 6 – Juiz do Trabalho Substituto 6ª região/ 2013) Segundo entendimento sumulado pelo TST, o *jus postulandi* das partes, estabelecido no art. 791 da CLT, limita-se

A) à realização das audiências trabalhistas, não alcançando a ação rescisória, as medidas cautelares, ação de consignação em pagamento e ação anulatória.

B) às Varas do Trabalho, aos Tribunais Regionais do Trabalho e aos recursos de competência do Tribunal Superior do Trabalho, não alcançando a ação civil pública, a correição parcial e o *habeas corpus*.

C) às Varas do Trabalho e aos Tribunais Regionais do Trabalho, não alcançando a ação rescisória, a ação cautelar, o mandado de segurança e os recursos de competência do Tribunal Superior do Trabalho.

D) às Varas do Trabalho e aos recursos de competência do Tribunal Regional do Trabalho e do Tribunal Superior do Trabalho, não alcançando os recursos extraordinários para o Supremo Tribunal Federal.

E) à realização das audiências trabalhistas e aos Tribunais Regionais do Trabalho quanto aos dissídios individuais, não alcançando as ações de rito ordinário.

↓RESPOSTA

Alternativa letra C.
Súmula nº 425 do TST.

11. (FCC – Analista Judiciário – Judiciária – TRT 1/2013) Hermes manteve contrato de trabalho com a empresa Gama Transportadora de Cargas por três anos, sendo dispensado por justa causa, sem receber nenhuma verba rescisória. Procurou a Vara do Trabalho do município para ajuizar reclamação trabalhista. Conforme previsão contida na Consolidação das Leis do Trabalho e jurisprudência atual e sumulada pelo TST, Hermes

A) deve necessariamente constituir advogado para a propositura da reclamação trabalhista.

B) pode postular sem a necessidade de advogado em todas as instâncias da Justiça do Trabalho.

C) pode propor a reclamação trabalhista sem constituir advogado, apenas na primeira instância.

D) não precisa constituir advogado para atuar em todas instâncias da Justiça do Trabalho, desde que esteja assistido pelo Sindicato da Categoria Profissional.

E) pode reclamar pessoalmente perante a Justiça do Trabalho, limitando-se às Varas do Trabalho e aos Tribunais Regionais do Trabalho.

↓RESPOSTA

Alternativa letra E.
Súmula nº 425 do TST.

12. (FCC – Analista Judiciário – Judiciária – Oficial de Justiça Avaliador – TRT 18/2013) Em relação às partes e aos procuradores que atuam no Processo Judiciário Trabalhista, é correto afirmar que

A) apenas os empregados podem reclamar pessoalmente perante a Justiça do Trabalho, sendo que os empregadores deverão constituir advogados para representá-los.

B) os empregados e empregadores poderão pessoalmente, sem a constituição de advogado, participar de reclamações trabalhistas nas Varas do Trabalho e nos Tribunais Regionais em grau de recurso ordinário.

C) somente nas reclamações que tramitarem pelo rito sumaríssimo poderão atuar empregados e empregadores desacompanhados de advogados, desde a Vara do Trabalho até o TST.

D) nos dissídios coletivos, as entidades sindicais das categorias profissional e econômica, bem como as empresas, obrigatoriamente, deverão estar assistidas por advogado.

E) a reclamação trabalhista do menor de 18 anos será feita pessoalmente, sendo desnecessária a presença de seus representantes legais ou do Ministério Público do Trabalho.

↓RESPOSTA

Alternativa letra B.
Súmula nº 425 do TST

13. (Juiz do Trabalho Substituto – TRT 3ª região/ 2012) Leia as afirmativas abaixo e assinale a alternativa correta:

I. Segundo o Tribunal Superior do Trabalho, aos litisconsortes com procuradores diferentes não se aplica o prazo em dobro para recursos.

II. O "Jus Postulandi" das partes limita-se às Varas do Trabalho e aos Tribunais Regionais do Trabalho, não alcançando a ação rescisória, a ação cautelar, o mandado de segurança e os recursos de competência do Tribunal Superior do Trabalho.

III. O prazo recursal é contado em dobro para pessoas jurídicas de direito público sendo estas: União, Estados, Municípios, Distrito Federal, suas autarquias, fundações de direito público, empresas públicas e sociedades de economia mista.

IV. O requerimento pela juntada de procuração na fase recursal justifica-se por ser considerado um ato urgente o ato de recurso.

V. Não se aplica à massa falida e à empresa em liquidação extrajudicial a necessidade de pagamento de custas e depósito recursal do valor da condenação (se houver condenação em pecúnia) como pressuposto recursal.

A) Somente as afirmativas I e II estão corretas.

B) Somente as afirmativas II e III estão corretas.

C) Somente as afirmativas III e IV estão corretas.

D) Somente as afirmativas II e V estão corretas.

E) Somente as afirmativas I e V estão corretas.

↓RESPOSTA

Alternativa Letra A.
I – OJ nº 310 da SDI-I.
II – Súmula nº 425 do TST.

14. (Juiz do Trabalho Substituto – TRT 2ª região/ 2011) No que diz respeito ao *jus postulandi*, conforme entendimento sumulado, é correto afirmar:

A) Pode ser exercido em qualquer instância da Justiça do Trabalho, exceto em se tratando de mandado de segurança.

B) Limita-se única e exclusivamente às Varas do Trabalho.

C) Não alcança nem o mandado de segurança, nem tampouco os recursos de competência do Tribunal Superior do Trabalho, mas pode ser exercido em ação cautelar.

D) Pode ser exercido em ação cautelar, mas não em sede de ação rescisória.

E) Não cabe nos recursos de competência do Tribunal Superior do Trabalho.

↓RESPOSTA

Alternativa Letra E.
Súmula nº 425 do TST.

15. (Juiz do Trabalho Substituto – TRT 8ª região/ 2011) Assinale a alternativa INCORRETA:

A) Nos dissídios de alçada de que trata a Lei n. 5584/70, poderá, qualquer das partes, impugnar o valor fixado para a causa e, se o juiz o mantiver, poderá a parte pedir revisão da decisão, no prazo de 48 (quarenta e oito) horas, ao Presidente do Tribunal Regional.

B) Nos termos do art. 791 da CLT, que trata do exercício do jus postulandi, é dispensável a presença de advogado para a impetração de mandado de segurança no âmbito da Justiça do Trabalho.

C) A Federação de Trabalhadores possui legitimidade para impetrar mandado de segurança coletivo na Justiça do Trabalho, sempre que se destinar à defesa de seus membros ou associados.

D) Nos termos da Lei n. 12.016, de 2009, que trata do mandado de segurança individual e coletivo, o pedido de segurança poderá ser renovado dentro do prazo decadencial, se a decisão denegatória não lhe houver apreciado o mérito.

E) Da decisão do juiz de primeiro grau que conceder ou denegar liminar em mandado de segurança na Justiça do Trabalho não caberá agravo de instrumento.

↓RESPOSTA

Alternativa Letra B.
Súmula nº 425 do TST.

16. (MPT – Procurador do Trabalho/2012) Marque a alternativa INCORRETA:

A) Conforme a jurisprudência uniformizada do Tribunal Superior do Trabalho, há possibilidade de fungibilidade recursal quando o relator profere decisão monocrática de provimento ou denegação do recurso com conteúdo decisório definitivo e conclusivo da lide, sendo cabíveis embargos de declaração somente para suprir omissão e não para a modificação do julgado. Se o embargante, insurgindo-se contra a decisão do relator opuser embargos de declaração com efeito modificativo, estes devem ser recebidos como agravo.

B) O recurso sem assinatura é apócrifo e, portanto, inexistente, não merecendo ser admitido. Todavia, a jurisprudência uniformizada do Tribunal Superior do Trabalho admite a validade do apelo, caso assinado ao menos na petição de apresentação ou nas razões recursais, aplicando, desta maneira, o princípio da instrumentalidade das formas processuais.

C) O relator pode negar seguimento a recurso manifestamente inadmissível, improcedente, prejudicado, ou em confronto com súmula ou jurisprudência dominante do respectivo tribunal, do Supremo Tribunal Federal ou de Tribunal Superior, inclusive súmula do Tribunal Superior do Trabalho. Esses poderes do relator são aplicáveis, tanto nos Tribunais Regionais do Trabalho, quanto no Tribunal Superior do Trabalho, tendo em vista que não é inconstitucional a decisão monocrática, uma vez que existe recurso de agravo, assegurando-se a revisão pelo colegiado.

D) O jus postulandi é aplicado nas Varas do Trabalho e nos Tribunais Regionais do Trabalho, podendo incidir em ações cautelares e mandados de segurança, sendo vedado somente para os casos de ação rescisória e recursos de competência do Tribunal Superior do Trabalho.

E) Não respondida.

↓RESPOSTA

Alternativa Letra D.
Súmula nº 425 do TST.

2. REPRESENTAÇÃO

OJ Nº 318 DA SDI – I DO TST

Representação irregular. Autarquia

Os Estados e os Municípios não têm legitimidade para recorrer em nome das autarquias detentoras de personalidade jurídica própria, devendo ser representadas pelos procuradores que fazem parte de seus quadros ou por advogados constituídos.

OJ Nº 200 DA SDI – I DO TST

Mandato tácito. Substabelecimento inválido

É inválido o substabelecimento de advogado investido de mandato tácito.

OJ Nº 286 DA SDI – I DO TST

Agravo de instrumento. Traslado. Mandato tácito. Ata de audiência. Configuração

I – A juntada da ata de audiência, em que consignada a presença do advogado, desde que não estivesse atuando com mandato expresso, torna dispensável a procuração deste, porque demonstrada a existência de mandato tácito.

II – Configurada a existência de mandato tácito fica suprida a irregularidade detectada no mandato expresso.

OJ Nº 151 DA SDI – II DO TST

Ação rescisória e Mandado de Segurança. Procuração. Poderes específicos para ajuizamento de reclamação trabalhista. Irregularidade de representação processual. Fase recursal. Vício processual sanável.

A procuração outorgada com poderes específicos para ajuizamento de reclamação trabalhista não autoriza a propositura de ação rescisória e mandado de segurança. Constatado, todavia, o defeito de representação processual na fase recursal, cumpre ao relator ou ao tribunal conceder prazo de 5 (cinco) dias para a regularização, nos termos da Súmula nº 383, item II, do TST.

OJ Nº 374 DA SDI – I DO TST

Agravo de instrumento. Representação processual. Regularidade. Procuração ou substabelecimento com cláusula limitativa de poderes ao âmbito do tribunal regional do trabalho

É regular a representação processual do subscritor do agravo de instrumento ou do recurso de revista que detém mandato com poderes de representação limitados ao âmbito do Tribunal Regional do Trabalho, pois, embora a apreciação desse recurso seja realizada pelo Tribunal Superior do Trabalho, a sua interposição é ato praticado perante o Tribunal Regional do Trabalho, circunstância que legitima a atuação do advogado no feito.

SÚMULA Nº 395 DO TST

Mandato e substabelecimento. Condições de validade

I - Válido é o instrumento de mandato com prazo determinado que contém cláusula estabelecendo a prevalência dos poderes para atuar até o final da demanda (§ 4º do art. 105 do CPC de 2015).

II – Se há previsão, no instrumento de mandato, de prazo para sua juntada, o mandato só tem validade se anexado ao processo o respectivo instrumento no aludido prazo.

III - São válidos os atos praticados pelo substabelecido, ainda que não haja, no mandato, poderes expressos para substabelecer (art. 667, e parágrafos, do Código Civil de 2002).

IV - Configura-se a irregularidade de representação se o substabelecimento é anterior à outorga passada ao substabelecente.

V – Verificada a irregularidade de representação nas hipóteses dos itens II e IV, deve o juiz suspender o processo e designar prazo razoável para que seja sanado o vício, ainda que em instância recursal (art. 76 do CPC de 2015).

OJ Nº 371 DA SDI – I DO TST

Irregularidade de representação. Substabelecimento não datado. Inaplicabilidade do art. 654, § 1º, do Código Civil.

Não caracteriza a irregularidade de representação a ausência da data da outorga de poderes, pois, no mandato judicial, ao contrário do mandato civil, não é condição de validade do negócio jurídico. Assim, a data a ser considerada é aquela em que o instrumento for juntado aos autos, conforme preceitua o art. 409, IV, do CPC de 2015 (art. 370, IV, do CPC de 1973). Inaplicável o art. 654, § 1º, do Código Civil.

OJ Nº 75 DA SDI – I DO TST

Substabelecimento sem o reconhecimento de firma do substabelecente. Inválido (anterior à Lei nº 8.952/1994)

Não produz efeitos jurídicos recurso subscrito por advogado com poderes conferidos em substabelecimento em que não consta o reconhecimento de firma do outorgante. Entendimento aplicável antes do advento da Lei nº 8.952/1994.

SÚMULA Nº 383 DO TST

Recurso. Mandato. Irregularidade de representação. CPC de 2015, arts. 104 e 76, § 2º

I – É inadmissível recurso firmado por advogado sem procuração juntada aos autos até o momento da sua interposição, salvo mandato tácito. Em caráter excepcional (art. 104 do CPC de 2015), admite-se que o advogado, independentemente de intimação, exiba a procuração no prazo de 5 (cinco) dias após a interposição do recurso, prorrogável por igual período mediante despacho do juiz. Caso não a exiba, considera-se ineficaz o ato praticado e não se conhece do recurso.

II – Verificada a irregularidade de representação da parte em fase recursal, em procuração ou substabelecimento já constante dos autos, o relator ou o órgão competente para julgamento do recurso designará prazo de 5 (cinco) dias para que seja sanado o vício. Descumprida a determinação, o relator não conhecerá do recurso, se a providência couber ao recorrente, ou determinará o desentranhamento das contrarrazões, se a providência couber ao recorrido (art. 76, § 2º, do CPC de 2015).

SÚMULA Nº 436 DO TST

Representação processual. Procurador da União, Estados, Municípios e Distrito Federal, suas autarquias e fundações públicas. Juntada de instrumento de mandato

I – A União, Estados, Municípios e Distrito Federal, suas autarquias e fundações públicas, quando representadas em juízo, ativa e passivamente, por seus procuradores, estão dispensadas da juntada de instrumento de mandato e de comprovação do ato de nomeação.

II – Para os efeitos do item anterior, é essencial que o signatário ao menos declare-se exercente do cargo de procurador, não bastando a indicação do número de inscrição na Ordem dos Advogados do Brasil.

OJ Nº 255 DA SDI – I DO TST

Mandato. Contrato social. Desnecessária a juntada

O art. 75, inciso VIII, do CPC de 2015 (art. 12, VI, do CPC de 1973) não determina a exibição dos estatutos da empresa em juízo como condição de validade do instrumento de mandato outorgado ao seu procurador, salvo se houver impugnação da parte contrária.

SÚMULA Nº 456 DO TST

I - É inválido o instrumento de mandato firmado em nome de pessoa jurídica que não contenha, pelo menos, o nome do outorgante e do signatário da procuração, pois estes dados constituem elementos que os individualizam.

II – Verificada a irregularidade de representação da parte na instância originária, o juiz designará prazo de 5 (cinco) dias para que seja sanado o vício. Descumprida a determinação, extinguirá o processo, sem resolução de mérito, se a providência couber ao reclamante, ou considerará revel o reclamado, se a providência lhe couber (art. 76, § 1º, do CPC de 2015).

III – Caso a irregularidade de representação da parte seja constatada em fase recursal, o relator designará prazo de 5 (cinco) dias para que seja sanado o vício. Descumprida a determinação, o relator não conhecerá do recurso, se a providência couber ao recorrente, ou determinará o desentranhamento das contrarrazões, se a providência couber ao recorrido (art. 76, § 2º, do CPC de2015).

OJ Nº 319 DA SDI – I DO TST

Representação regular. Estagiário. Habilitação posterior

Válidos são os atos praticados por estagiário se, entre o substabelecimento e a interposição do recurso, sobreveio a habilitação, do então estagiário, para atuar como advogado.

OJ Nº 349 DA SDI – I DO TST

Mandato. Juntada de nova procuração. Ausência de ressalva. Efeitos

A juntada de nova procuração aos autos, sem ressalva de poderes conferidos ao antigo patrono, implica revogação tácita do mandato anterior.

⊙ QUESTÕES

01. (Fundatec – Procurador do Estado – RS/2015) No que se refere à Justiça do Trabalho, quando o Estado está presente na relação processual, certas peculiaridades são aplicáveis. Quanto a esse tema, analise as assertivas abaixo:

I. O rito sumaríssimo é aplicável a causas que envolvem pessoas jurídicas de direito público.

II. A União, os Estados, o Distrito Federal, os Municípios, suas autarquias e fundações públicas, quando representados em juízo, ativa e passivamente, por seus procuradores, estão dispensados da juntada de instrumento de mandato e de comprovação do ato de nomeação. Todavia, é essencial que o signatário ao menos se declare exercente do cargo de procurador, não bastando a indicação do número de inscrição na Ordem dos Advogados do Brasil.

III. A União, os Estados, o Distrito Federal, os Municípios e respectivas autarquias e fundações públicas federais, estaduais ou municipais que não explorem atividade econômica são isentas do pagamento de custas.

Quais estão corretas?

A) Apenas I.

B) Apenas III.

C) Apenas I e II.

D) Apenas I e III.

E) Apenas II e III.

↓RESPOSTA

Alternativa letra E.

Item I: art. 852-A, parágrafo único

Item II: Súmula nº 436 do TST

Item III: Art. 790-A, I, CLT

02. (FGV – Procurador do Município – Niterói/2014) O Procurador concursado de um Município necessita fazer a defesa do ente público numa causa trabalhista em que se reclama a responsabilidade subsidiária da municipalidade num contrato de terceirização, na qual o Município é apontado como tomador dos serviços do reclamante.

Para viabilizar a defesa, de acordo com o entendimento do TST, o Procurador em questão

A) precisará juntar procuração outorgada pelo Prefeito, sob pena de não ser recebida a defesa e aplicada a revelia.

B) bastará declinar o seu nome e indicar o número do número de sua inscrição na OAB.

C) deverá apenas declarar-se exercente do cargo de Procurador municipal.

D) necessitará, tão-somente, comprovar o ato de sua nomeação como Procurador Municipal.

E) procederá, cumulativa e obrigatoriamente, sob pena de revelia, à juntada de procuração e do ato de nomeação, além de indicar o número de inscrição na OAB e declarar-se Procurador Municipal.

↓RESPOSTA

Alternativa letra C.

Súmula nº 436, II, do TST.

03. (FMP-RS – Procurador do Estado – PGE-AC/2014) Em relação ao Processo do Trabalho, assinale a afirmativa correta.

A) A discussão relacionada com a incompetência em razão do lugar deve ser veiculada na defesa, tal qual a incompetência em razão da matéria, como preliminar na contestação.

B) Admitem-se como defesa indireta (preliminares) todas as matérias voltadas para o processo, inclusive a prescrição e a compensação.

C) A União, Estados, Municípios e Distrito Federal, suas autarquias e fundações públicas, quando representadas em juízo, ativa e passivamente, por seus procuradores, estão dispensadas da juntada de instrumento de mandato e de comprovação do ato de nomeação. É essencial, entretanto, que o signatário ao menos se declare exercente do cargo de procurador, não bastando a indicação do número de inscrição na Ordem dos Advogados do Brasil.

D) O comparecimento das partes é dispensável na audiência trabalhista, desde que haja advogado regularmente constituído pela parte para representá-lo no ato.

↓RESPOSTA

Alternativa letra C.

Súmula nº 436, I e II, do TST.

04. (FCC – Procurador do Estado de Terceira Classe – PGE – RN/2014) Em uma Reclamação Trabalhista na qual o Estado do Rio Grande do Norte fez-se representar por sua procuradora Janaína Areias, declarou o juiz de primeira instância a irregularidade dessa representação, eis que não foram carreados aos autos o ato de nomeação da procuradora, nem qualquer instrumento de mandato, embora as peças tenham sido assinadas pela procuradora com a declaração de seu cargo e indicação do seu número de inscrição na Ordem dos Advogados do Brasil. Nessas condições, ante o entendimento sumulado pelo Tribunal Superior do Trabalho, o juiz agiu

A) equivocadamente, porque, em razão da fé pública, presume-se regular a representação do Estado.

B) equivocadamente, porque embora não tenha sido juntado qualquer documento, a procuradora prestou declaração de exercício do seu cargo.

C) acertadamente, porque a juntada do instrumento de mandato era indispensável.

D) acertadamente, porque a comprovação do ato de nomeação era indispensável.

E) acertadamente, porque tanto a juntada do instrumento de mandato como a comprovação do ato de nomeação eram indispensáveis.

↓*RESPOSTA*

Alternativa letra B.
Súmula nº 436, I, do TST.

05. (TRT 2 – Juiz do Trabalho Substituto 2ª região/2016) Nos processos perante a Justiça do Trabalho, em relação à representação das partes, nos termos das Súmulas da Jurisprudência Uniforme do Tribunal Superior do Trabalho:

I- Válido é o instrumento de mandato com prazo determinado que contenha cláusula estabelecendo a prevalência dos poderes para atuar até o final da demanda.

II- São válidos os atos praticados pelo substabelecido, ainda que não haja, no mandato, poderes expressos para substabelecer.

III- A União, os Estados, os Municípios e o Distrito Federal, suas autarquias e fundações públicas, e as empresas públicas e as sociedades de economia mista, quando representadas em juízo, ativa e passivamente, por seus procuradores, estão dispensadas da juntada de instrumento de mandato.

IV – É válido o instrumento de mandato firmado em nome de pessoa jurídica, ainda que este não contenha o nome do outorgante e do signatário da procuração.

V – Configura-se a irregularidade de representação se o substabelecimento é anterior à outorga passada ao substabelecente.

Responda:

A) Somente as proposições I, II e V estão corretas.

B) Somente as proposições I, III e IV estão corretas.

C) Somente as proposições II, III e V estão corretas.

D) Somente as proposições III, IV e V estão corretas.

E) Todas as proposições estão corretas.

↓*RESPOSTA*

Alternativa Letra A.

Item I: Correto: Súmula nº 395, I, TST
Item II: Correta: Súmula nº 395, III do TST
Item V: Correta: Súmula nº 395, IV do TST.

06. (TRT 4 – Juiz do Trabalho Substituto 4ª região/ 2016) Considere as assertivas abaixo sobre representação na Justiça do Trabalho.

I – É inválido o substabelecimento de advogado investido de mandato tácito.

II – Diante da existência de previsão, no mandato, fixando termo para sua juntada, o instrumento de mandato só tem validade se anexado ao processo dentro do aludido prazo.

III – São inválidos os atos praticados pelo substabelecido quando não há, no mandato, poderes expressos para substabelecer.

Quais são corretas?

(A) Apenas I

(B) Apenas II

(C) Apenas III

(D) Apenas I e II

(E) I, II e III

↓*RESPOSTA*

Alternativa Letra D.

Item I: Correto: OJ nº 200 da SDI-I, TST.
Item II: Correto: Súmula nº 395, II do TST

07. (TRT 6 - Juiz do Trabalho Substituto 6ª região/2015) Sobre partes, procuradores e representação considere:

I. A União, Estados, Municípios e Distrito Federal, suas autarquias e fundações públicas, quando representadas em juízo, ativa e passivamente, por seus procuradores, estão dispensadas da juntada de instrumento de mandato e de comprovação do ato de nomeação, sendo essencial que o signatário, ao menos, declare-se exercente do cargo de procurador, não bastando a indicação do número de inscrição na Ordem dos Advogados do Brasil.

II. O instrumento de mandato com prazo determinado que contém cláusula estabelecendo a prevalência dos poderes para atuar até o final da demanda é válido. Diante da existência de previsão, no mandato, fixando termo para sua juntada, o instrumento de mandato só tem validade se anexado ao processo dentro do aludido prazo.

III. São inválidos os atos praticados pelo substabelecido quando não há no mandato, poderes expressos para substabelecer.

Está correto o que consta APENAS em

A) II e III.

B) II.

C) I.

D) I e II.

E) I e III.

↓RESPOSTA

Alternativa letra D.

I - Súmula nº 436 do TST.

II – Súmula nº 395, I e II, do TST.

III – Súmula nº 395, III, do TST.

08. (TRT 1 – Juiz do Trabalho Substituto 1ª região/ 2013) – Quanto às partes e procuradores no Processo do Trabalho, segundo as previsões da Consolidação das Leis do Trabalho, do Código de Processo Civil e entendimento jurisprudencial do Tribunal Superior do Trabalho, é correto afirmar:

A) No Processo do Trabalho, a reclamação trabalhista do menor de 18 anos será feita por seus representantes legais e, na falta destes, pelo Sindicato, pelo Ministério Público do Trabalho ou advogado dativo nomeado em juízo.

B) A União, Estados, Municípios e Distrito Federal, suas autarquias e fundações públicas, quando representadas em juízo, ativa e passivamente, por seus procuradores, estão dispensadas da juntada de instrumento de mandato e de comprovação do ato de nomeação, sendo essencial nestes casos, que o signatário ao menos declare-se exercente do cargo de procurador, não bastando a indicação do número de inscrição na Ordem dos Advogados do Brasil.

C) Haverá cumulação no mesmo processo, de lides no plano objetivo, formando litisconsórcio ativo, facultativo e inicial, as chamadas reclamações trabalhistas plúrimas, que segundo a previsão expressa contida na CLT, somente podem ocorrer nos dissídios em que há várias reclamações de trabalhadores da mesma empresa ou estabelecimento, desde que haja identidade de matéria e desde que a matéria seja de direito.

D) O litisconsórcio, na ação rescisória, é facultativo em relação ao polo passivo da demanda, porque não supõe uma comunidade de direitos ou de obrigações que admite solução díspar para os litisconsortes, em face da divisibilidade do objeto.

E) De acordo com previsão contida no CPC, aplicável subsidiariamente ao Processo do Trabalho, não poderão figurar como parte no Processo do Trabalho, as sociedades sem personalidade jurídica, uma vez que não regularizados os seus atos constitutivos. Neste caso, deverá constar como parte, no polo passivo ou ativo, a pessoa a quem, de fato, couber a administração dos seus bens.

↓RESPOSTA

Alternativa letra B.

Súmula nº 436 do TST.

09. (TRT 8 – Juiz do Trabalho Substituto 8ª região/ 2013) Sobre partes, procuradores, representação, substituição processual e assistência judiciária, é CORRETO afirmar que:

A) A Assistência Judiciária a que se refere a Lei nº 1.060/50 deve ser prestada pelo Sindicato da categoria profissional a que pertencer o trabalhador, sendo devida a todo aquele que perceber salário igual ou inferior ao dobro do mínimo legal, ficando assegurado igual benefício ao trabalhador de maior salário, uma vez provado que sua situação econômica não lhe permite demandar, sem prejuízo do sustento próprio ou da família. Todavia, diante da unicidade sindical, o trabalhador deve ser associado do respectivo Sindicato.

B) A capacidade processual se confunde com a legitimidade processual ou ad processum, na medida em que se configura pela capacidade específica para a prática de determinado ato processual.

C) É pacífico da doutrina e jurisprudência que, no processo do trabalho, o mandato tácito alcança os poderes do foro em geral, chamados ad judicia, permitindo ao advogado confessar, transigir, desistir, receber e dar quitação. Todavia, não poderá o causídico detentor de mandato tácito substabelecer os poderes.

D) O estagiário que figurar conjuntamente com o advogado na procuração pode praticar todos os atos processuais desde que na circunscrição territorial em que está sediada a sua faculdade.

E) Não se reveste de validade o instrumento de mandato firmado em nome de pessoa jurídica em que não haja a sua identificação e a de seu representante legal, o que acarreta, para a parte que o apresenta, os efeitos processuais da inexistência de poderes nos autos.

↓RESPOSTA

Alternativa letra: E.
Súmula nº 456, I do TST

10. (FCC – TRT 2 – Analista Judiciário – Área Judiciária/2008) Com relação ao mandato e ao substabelecimento, é correto afirmar:

A) O advogado sem procuração poderá propor reclamação trabalhista a fim de evitar a decadência de direitos, devendo, no entanto, exibir o instrumento do mandato no prazo improrrogável de 90 dias.

B) É inválido o instrumento de mandato com prazo determinado que contém cláusula estabelecendo a prevalência dos poderes para atuar até o final da demanda.

C) São inválidos os atos praticados pelo substabelecido, se não houver, no mandato, poderes expressos para substabelecer.

D) Existindo previsão, no mandato, fixando termo para sua juntada, o instrumento de mandato terá validade, inclusive se anexado ao processo após o aludido prazo.

E) Considera-se irregular a representação se o substabelecimento é anterior à outorga passada ao substabelecente.

↓RESPOSTA

Alternativa Letra E.
Súmula nº 395, IV do TST.

11. (FCC – Juiz do Trabalho Substituto 20ª região/ 2012) De acordo com o entendimento adotado pelo Tribunal Superior do Trabalho, é INCORRETO afirmar:

A) Havendo pedido expresso de que as intimações e publicações sejam realizadas exclusivamente em nome de determinado advogado, a comunicação em nome de outro profissional constituído nos autos é nula, salvo se constatada a inexistência de prejuízo.

B) Diante da existência de previsão, no mandato, fixando termo para sua juntada, o instrumento de mandato só tem validade se anexado ao processo dentro do aludido prazo.

C) Configura-se a irregularidade de representação se o substabelecimento é anterior à outorga passada ao substabelecente.

D) Os Estados e os Municípios não têm legitimidade para recorrer em nome das autarquias detentoras de personalidade jurídica própria, devendo ser representadas pelos procuradores que fazem parte de seus quadros ou por advogados constituídos.

E) Inválidos os atos praticados no processo por estagiário, ainda que, entre o substabelecimento e a interposição do recurso, sobreveio a habilitação, do então estagiário, para atuar como advogado.

↓RESPOSTA

Alternativa Letra E.
OJ nº 319 da SDI-I.

12. (CESPE – Procurador do Estado- PGE--BA/2014) Em relação ao direito processual do trabalho, julgue os itens a seguir.

Consoante entendimento do TST, é válido o substabelecimento de advogado investido de mandato tácito, que se configura com o comparecimento do advogado e da parte em audiência.

↓RESPOSTA

Alternativa Incorreta.
OJ nº 200 da SDI-I.

13. (MPT. 19º Concurso para Procurador do Trabalho/2015) Marque a opção INCORRETA:

a) É válido o substabelecimento de advogado investido de mandato tácito.

b) A existência de instrumento de mandato apenas nos autos de agravo de instrumento, ainda que em apenso, não legitima a atuação de advogado nos processos de que se originou o agravo.

c) Válido é o instrumento de mandato com prazo determinado que contém cláusula estabelecendo a prevalência dos poderes para atuar até o final da demanda.

d) São válidos os atos praticados pelo substabelecido, ainda que não haja, no mandato, poderes expressos para substabelecer.

e) Não respondida.

↓RESPOSTA

Alternativa A.

OJ nº 200 da SDI-I.

14. (Juiz do Trabalho Substituto – TRT 21ª região/ 2012) A Lei n. 12.437/11 inseriu no corpo da Consolidação das Leis do Trabalho o instituto do mandato tácito para advogado, de grande tradição e uso no Processo do Trabalho. Sobre esse tema, considerando, ainda, a jurisprudência do Tribunal Superior do Trabalho, marque a alternativa incorreta:

A) o mandado tácito decorre de simples registro em ata de audiência, a requerimento verbal do advogado, com anuência da parte interessada;

B) o mandato tácito implica apenas a outorga de poderes para o foro em geral, não outorgando poderes tidos como especiais pela legislação em vigor;

C) o advogado constituído mediante mandato tácito pode substabelecer os poderes que lhe foram outorgados pela parte;

D) o mandato tácito permite ao advogado interpor recurso para o Tribunal Regional do Trabalho sem mandato expresso;

E) o mandato tácito permite ao advogado interpor recurso para o Tribunal Superior do Trabalho sem mandato expresso.

↓RESPOSTA

Alternativa Letra C.
OJ nº 200 da SDI-I.

15. (Juiz do Trabalho Substituto – TRT 15ª região/ 2011) A respeito da validade do mandato e do substabelecimento, assinale a alternativa incorreta:

A) são válidos os atos praticados pelo substabelecido, ainda que não haja, no mandato, poderes expressos para substabelecer;

B) é válido o instrumento de mandato com prazo determinado que contém cláusula estabelecendo a prevalência dos poderes para atuar até o final da demanda;

C) diante da existência de previsão, no mandato, fixando termo para sua juntada, o instrumento só tem validade se anexado ao processo dentro do aludido prazo;

D) a juntada da ata de audiência em que consignada a presença do advogado, ainda que verificada a irregularidade do mandato expresso, permite o conhecimento do agravo de instrumento porque configurado o mandato tácito;

E) a habilitação de profissional na OAB na condição de advogado, ocorrida entre o substabelecimento e a interposição de recurso, não valida os atos praticados no processo quando o profissional ainda figurava como estagiário.

↓RESPOSTA

Alternativa Letra E.
OJ nº 319 da SDI-I.

3. ADVOGADO E HONORÁRIOS ADVOCATÍCIOS

OJ Nº 7 DA SDI – I DO TST

Advogado. Atuação fora da seção da OAB onde o advogado está inscrito. Ausência de comunicação. (Lei nº 4.215/1963, § 2º, art. 56). Infração disciplinar. Não importa nulidade

A despeito da norma então prevista no artigo 56, § 2º, da Lei nº 4.215/63, a falta de comunicação do advogado à OAB para o exercício profissional em seção diversa daquela na qual tem inscrição não importa nulidade dos atos praticados, constituindo apenas infração disciplinar, que cabe àquela instituição analisar.

SÚMULA Nº 329 DO TST

Honorários advocatícios. Art. 133 da CF/1988.

Mesmo após a promulgação da CF/1988, permanece válido o entendimento consubstanciado na Súmula nº 219 do Tribunal Superior do Trabalho.

SÚMULA Nº 219 DO TST

Honorários Advocatícios. Cabimento.

I - Na Justiça do Trabalho, a condenação ao pagamento de honorários advocatícios não decorre pura e simplesmente da sucumbência, devendo a parte, concomitantemente: a) estar assistida por sindicato da categoria profissional; b) comprovar a percepção de salário inferior ao dobro do salário mínimo ou encontrar-se em situação econômica que não lhe permita demandar sem prejuízo do próprio sustento ou da respectiva família. (art.14,§1º, da Lei nº 5.584/1970).

II - É cabível a condenação ao pagamento de honorários advocatícios em ação rescisória no processo trabalhista.

III – São devidos os honorários advocatícios nas causas em que o ente sindical figure como substituto processual e nas lides que não derivem da relação de emprego.

IV – Na ação rescisória e nas lides que não derivem de relação de emprego, a responsabilidade pelo pagamento dos honorários advocatícios da sucumbência submete-se à disciplina do Código de Processo Civil (arts. 85, 86, 87 e 90).

V – Em caso de assistência judiciária sindical ou de substituição processual sindical, excetuados os processos em que a Fazenda Pública for parte, os honorários advocatícios são devidos entre o mínimo de dez e o máximo de vinte por cento sobre o valor da condenação, do proveito econômico obtido ou, não sendo possível mensurá-lo, sobre o valor atualizado da causa (CPC de 2015, art. 85, § 2º).

VI - Nas causas em que a Fazenda Pública for parte, aplicar-se-ão os percentuais específicos de honorários advocatícios contemplados no Código de Processo Civil.

OJ Nº 348 DA SDI – I DO TST

Honorários advocatícios. Base de cálculo. Valor líquido. Lei nº 1.060, de 05.02.1950

Os honorários advocatícios, arbitrados nos termos do art. 11, § 1º, da Lei nº 1.060, de 05.02.1950, devem incidir sobre o valor líquido da condenação, apurado na fase de liquidação de sentença, sem a dedução dos descontos fiscais e previdenciários.

OJ Nº 421 DA SDI – I DO TST

Honorários advocatícios. Ação de indenização por danos morais e materiais decorrentes de acidente de trabalho ou de doença profissional. Ajuizamento perante a justiça comum antes da promulgação da emenda constitucional nº 45/2004. Posterior remessa dos autos à justiça do trabalho. Art. 85 do CPC de 2015. Art. 20 do CPC de 1973. Incidência.

A condenação em honorários advocatícios nos autos de ação de indenização por danos morais e materiais decorrentes de acidente de trabalho ou de doença profissional, remetida à Justiça do Trabalho após ajuizamento na Justiça comum, antes da vigência da Emenda Constitucional nº 45/2004, decorre da mera sucumbência, nos termos do art. 85 do CPC de 2015 (art. 20 do CPC de 1973), não se sujeitando aos requisitos da Lei nº 5.584/1970.

⊙ QUESTÕES

01. (TRT 3 - Juiz do Trabalho Substituto 3ª região/ 2014) A partir das súmulas do TST é correto afirmar que:

A) Na Justiça do Trabalho, a condenação ao pagamento de honorários advocatícios, nunca superiores a 15% quinze por cento), decorre simplesmente da sucumbência, sendo desnecessária a assistência por sindicato da categoria profissional e a comprovação da percepção de salário inferior ao dobro do salário mínimo ou encontrar-se em situação econômica que não lhe permita demandar sem prejuízo do próprio sustento ou da respectiva família.

B) É cabível a condenação ao pagamento de honorários advocatícios em ação rescisória no processo trabalhista.

C) Não são devidos os honorários advocatícios nas causas em que o ente sindical figure como substituto processual.

D) Não são devidos os honorários advocatícios nas lides que não derivem da relação de emprego.

E) Todas as opções estão incorretas.

↓RESPOSTA

Alternativa letra B.
Súmula nº 219, II, do TST.

02. (CESPE – TRT 9 – Analista Judiciário – Área Judiciária/2007) A respeito da sucumbência processual, julgue os itens a seguir.

– Após a Emenda Constitucional nº 45/2004 – que alterou a competência da Justiça do Trabalho –, todas as causas de sua competência envolvem a condenação em honorários advocatícios pela sucumbência, dispensados apenas no caso de gratuidade judiciária deferida.

↓RESPOSTA

ERRADO. Súmula nº 219, I do TST.

03. (Juiz do Trabalho Substituto – TRT 15ª região/ 2012) Sobre honorários periciais e advocatícios, assinale a alternativa incorreta, nos termos da legislação vigente e jurisprudência majoritária:

A) A responsabilidade pelo pagamento dos honorários periciais é da parte sucumbente na pretensão objeto da perícia, salvo se beneficiária da Justiça Gratuita.

B) Os honorários advocatícios pela mera sucumbência nas ações acidentárias somente são devidos na hipótese em que a ação tenha sido ajuizada na Justiça comum e, posteriormente, encaminhada à Justiçado Trabalho.

C) Não são devidos honorários advocatícios nas causas em que o ente sindical figure como substituto processual e nas lides em que não derivem da relação de emprego.

D) É cabível a condenação ao pagamento de honorários advocatícios em ação rescisória no processo trabalhista.

E) Não é cabível a condenação ao pagamento de honorários advocatícios em mandado de segurança no processo do trabalho.

↓RESPOSTA

Alternativa Letra C.
Súmula nº 219, III do TST.

04. (Juiz do Trabalho Substituto – TRT 21ª região/ 2012) Leia as assertivas abaixo e marque a resposta correta sobre o tema dos honorários advocatícios na Justiça do Trabalho, considerada a jurisprudência pacificada do Tribunal Superior do Trabalho:

I. apesar de ser considerada indispensável à administração da justiça, a representação processual por advogado não implica, necessariamente, o deferimento de honorários advocatícios;

II. mesmo nas ações que não derivam da relação de emprego, o cabimento de honorários advocatícios deve observar a indispensável assistência sindical;

III. quando o sindicato profissional atua como substituto processual, não é cabível condenação a título de honorários advocatícios;

IV. nas ações rescisórias, decorrentes da relação de emprego, são devidos os honorários advocatícios;

V. quando devidos, os honorários devem ser fixados em percentual de 10% a 15%, incidentes sobre o valor da condenação.

A) nenhuma assertiva está correta;

B) apenas as assertivas I e II estão corretas;

C) apenas as assertivas I e IV estão corretas;

D) apenas as assertivas II, III e IV estão corretas;

E) apenas as assertivas II, III e V estão corretas.

↓ RESPOSTA

Alternativa Letra C.
I – Súmula nº 219, I do TST e
IV – Súmula nº 219, II do TST.

4. HONORÁRIOS PERICIAIS

SÚMULA Nº 341 DO TST

Honorários do Assistente Técnico

A indicação do perito assistente é faculdade da parte, a qual deve responder pelos respectivos honorários, ainda que vencedora no objeto da perícia.

OJ Nº 198 DA SDI – I DO TST

Honorários periciais. Atualização monetária

Diferentemente da correção aplicada aos débitos trabalhistas, que têm caráter alimentar, a atualização monetária dos honorários periciais é fixada pelo art. 1º da Lei nº 6.899/81, aplicável a débitos resultantes de decisões judiciais.

OJ Nº 98 DA SDI – II DO TST

Mandado de segurança. Cabível para atacar exigência de depósito prévio de honorários periciais

É ilegal a exigência de depósito prévio para custeio dos honorários periciais, dada a incompatibilidade com o processo do trabalho, sendo cabível o mandado de segurança visando à realização da perícia, independentemente do depósito.

SÚMULA Nº 457 DO TST

Honorários periciais. Beneficiário da justiça gratuita. Responsabilidade da União pelo pagamento. Resolução nº 66/2010 do CSJT. Observância.

A União é responsável pelo pagamento dos honorários de perito quando a parte sucumbente no objeto da perícia for beneficiária da assistência judiciária gratuita, observado o procedimento disposto nos arts. 1º, 2º e 5º da resolução nº 66/2010 do conselho superior da justiça do trabalho – CSJT.

⊙ QUESTÕES

01. (FGV - Exame de Ordem 2016.3) Em pedido de reenquadramento formulado em reclamação trabalhista, foi designada perícia, com honorários adiantados pelo autor, e ambas as partes indicaram assistentes técnicos. Após a análise das provas, o pedido foi julgado procedente. Diante da situação, da legislação em vigor e do entendimento consolidado do TST, assinale a afirmativa correta.

A) O autor, tendo se sagrado vencedor, será ressarcido pelos honorários pagos ao perito e ao seu assistente técnico.

B) O autor não terá o ressarcimento dos honorários que pagou ao seu assistente técnico, porque sua indicação é faculdade da parte.

C) O autor, segundo previsão da CLT, terá o ressarcimento integral dos honorários pagos ao perito e metade daquilo pago ao seu assistente técnico.

D) O juiz, inexistindo previsão legal ou jurisprudencial, deverá decidir se os honorários do assistente técnico da parte serão ressarcidos.

↓ RESPOSTA

Alternativa Letra B.
Súmula nº 341 do TST.

02. (FCC – TRT 15 – Analista Judiciário – Área Administrativa/2009) Considere as seguintes assertivas a respeito das provas:

I. A indicação do perito assistente é faculdade da parte, a qual deverá responder pelos respectivos honorários, ainda que vencedora no objeto da perícia.

II. Não torna suspeita a testemunha o simples fato de estar litigando ou de ter litigado contra o mesmo empregador.

III. Está impedido de depor a testemunha que for parente por afinidade em terceiro grau do reclamante.

IV. Em regra, o ônus de provar o término do contrato de trabalho, quando negados a prestação de serviço e o despedimento, é do empregado.

Está correto o que se afirma SOMENTE em

A) I, II e IV.

B) I e II.

C) I, III e IV.

D) II e III.

E) I, II e III.

↓RESPOSTA

Alternativa Letra E.
I – Súmula nº 341 do TST.
II – Súmula nº 357 do TST.
III – artigo 829 CLT.

03. (CESPE – TRT 5 – Analista Judiciário – Área Administrativa/2008) A respeito das custas e emolumentos e das provas, julgue os itens que se seguem.

Os honorários do assistente técnico indicado para acompanhar perícia em processo do trabalho deverão ser pagos pela parte vencida na demanda.

↓RESPOSTA

ERRADO. Súmula nº 341 do TST.

04. (Juiz do Trabalho Substituto – TRT 21ª região/ 2012) Durante a instrução processual, o Juiz do Trabalho designou perícia médica para aferir a existência e a extensão de sequelas decorrentes de acidente de trabalho, que constitui a causa de pedir da pretensão do autor. No mesmo ato de designação da perícia, o Juiz determinou que a empresa-ré procedesse ao depósito, em cinco dias, da quantia de R$ 1.200,00, a título de antecipação de honorários periciais, sob pena de multa. A partir desse caso hipotético, e tendo em vista a jurisprudência pacificada do Tribunal Superior do Trabalho, marque a alternativa correta:

A) não há base legal para se exigir do réu a antecipação do valor dos honorários periciais;

B) é encargo do réu a antecipação dos honorários, mas a jurisprudência tem considerado que o valor máximo de antecipação pelo réu deve ser equivalente a R$ 1.000,00, salvo se o Juiz do Trabalho fundamentar de outra forma;

C) constitui ônus do réu a antecipação dos honorários periciais;

D) é incompatível com o processo do trabalho essa exigência, salvo se a empresa não comprovar, na sua contestação, a emissão da Comunicação de Acidente de Trabalho – CAT;

E) é possível se exigir do réu a antecipação dos honorários periciais, mas a multa diária é considerada desproporcional pela jurisprudência pacificada do Tribunal Superior do Trabalho.

↓RESPOSTA

Alternativa Letra A.
OJ nº 98 da SDI-II.

05. (FCC – Analista Judiciário – Oficial de Justiça Avaliador - TRT 3/2015) Os honorários periciais são devidos

A) pelo autor, se a ação for julgada improcedente e pelo réu, se a ação for julgada procedente.

B) pela União quando a parte sucumbente no objeto da perícia for beneficiária da assistência judiciária gratuita.

C) pela parte que solicitou a realização da prova pericial, salvo se for beneficiária da assistência judiciária gratuita.

D) pelo empregador que deu causa à realização da perícia técnica.

E) pela parte que solicitou a realização da prova pericial, ainda que vencedora no objeto da perícia.

↓RESPOSTA

Alternativa Letra B.

Súmula nº 457 do TST.

06. (FGV - Exame de Ordem 2016.2) Paulo é juridicamente pobre, razão pela qual teve a gratuidade de justiça deferida em sede de reclamação trabalhista ajuizada em face de seu empregador, na qual pleiteava adicional de periculosidade. No curso do processo, o perito constatou que o local de trabalho não era perigoso, uma vez que Paulo não trabalhava em condição que ensejasse o pagamento do adicional de periculosidade.

Diante disso, assinale a opção que indica a quem cabe custear os honorários periciais.

A) Paulo deverá realizar o pagamento, pois honorários periciais não se incluem na gratuidade de justiça, que alcança apenas as custas.

B) A sociedade empresária deverá pagar a perícia, já que Paulo não tem condições de fazê-lo.

C) A União será a responsável pelo pagamento dos honorários periciais.

D) O perito deverá se habilitar como credor de Paulo até que esse tenha condição de custear a perícia.

↓RESPOSTA

Alternativa Letra C.

Súmula nº 457 do TST.

07. (FGV - Exame de Ordem 2015.1) Jairo requereu adicional de periculosidade em ação trabalhista movida em face de seu empregador. A gratuidade de justiça foi deferida e o perito realizou o laudo para receber ao final da demanda, tudo nos termos e nas limitações de valores fixados pelo Conselho Superior da Justiça do Trabalho. Contudo, não foi constatada atividade em situação que ensejasse o pagamento do adicional pretendido. Diante disso, assinale a afirmativa correta.

A) A União fica responsável pelo pagamento dos honorários periciais.

B) Como Jairo é beneficiário da gratuidade de justiça, está isento do pagamento de custas; logo, não poderá custear os honorários do perito, que ficam dispensados.

C) A parte ré fica responsável pelo custeio da perícia, face à inversão do ônus da prova pela hipossuficiência do empregado.

D) Jairo deverá custear os honorários parceladamente ou compensá-los com o que vier a receber no restante da demanda.

↓RESPOSTA

Alternativa Letra A.

Súmula nº 457 do TST.

08. (TRT 15ª Região – Juiz do Trabalho Substituto - 2015) Quanto à prova pericial, de acordo com a lei e a jurisprudência pacífica do TST, considere:

I. Sendo a parte sucumbente no objeto da perícia beneficiária da justiça gratuita, são indevidos honorários periciais.

II. À atualização monetária dos honorários periciais aplica-se o mesmo critério da atualização dos débitos trabalhistas.

III. A parte sucumbente na pretensão objeto da perícia é responsável pelo pagamento dos honorários periciais, salvo se beneficiária da justiça gratuita.

IV. No procedimento sumaríssimo, a prova pericial somente será deferida quando a prova do fato o exigir ou for legalmente imposta, incumbindo ao juiz, desde logo, fixar o prazo, o objeto da perícia e nomear perito.

V. Ainda que vencedora no objeto da perícia, a parte que indicou assistente técnico deve arcar com os honorários do mesmo, tendo em vista que tal indicação é faculdade da parte.

Está INCORRETO o que consta APENAS em

a) I e II.

b) III e V.

c) II e IV.

d) I, II e IV.

e) III, IV e V.

↓RESPOSTA

Alternativa Letra A.

I - Súmula nº 457 do TST

II – OJ nº 198 da SDI-I do TST

09. (TRT 23ª Região – Juiz do Trabalho Substituto – 2015) João do Mato, beneficiário da assistência judiciária gratuita, promoveu reclamação trabalhista em face do Hospital Cura Doente em que pleiteia o pagamento de horas extras, pela não concessão de intervalo intrajornada e, de adicional de insalubridade em grau máximo, por manter contato permanente com pacientes em isolamento, portadores de HIV, Hepatite C, H1N1 e outras doenças infectocontagiosas. A perícia realizada foi negativa e não constatou o trabalho em condições insalubres. Entretanto, a instrução processual realizada comprovou que o trabalhador não gozava do intervalo legal para alimentação e descanso. A reclamação trabalhista foi julgada parcialmente procedente para condenar o Hospital réu ao pagamento das horas extras e reflexos pleiteados. Após o trânsito em julgado da decisão, o responsável pelo pagamento dos honorários periciais será

a) a União.

b) o Hospital Cura Doente, réu da reclamação trabalhista.

c) João do Mato, autor da reclamação trabalhista.

d) o Estado.

e) o Supremo Tribunal Federal.

↓RESPOSTA

Alternativa Letra A.
Súmula nº 457 do TST

5. JUSTIÇA GRATUITA

OJ Nº 269 DA SDI – I DO TST

Justiça gratuita. Requerimento de isenção de despesas processuais. Momento oportuno

O benefício da justiça gratuita pode ser requerido em qualquer tempo ou grau de jurisdição, desde que, na fase recursal, seja o requerimento formulado no prazo alusivo ao recurso.

OJ Nº 304 DA SDI – I DO TST

Honorários advocatícios. Assistência judiciária. Declaração de pobreza. Comprovação

Atendidos os requisitos da Lei nº 5.584/70 (art. 14, § 2º), para a concessão da assistência judiciária, basta a simples afirmação do declarante ou de seu advogado, na petição inicial, para se considerar configurada a sua situação econômica (art. 4º, § 1º, da Lei nº 7.510/86, que deu nova redação à Lei nº 1.060/50).

⊙ QUESTÕES

01. (Juiz do Trabalho Substituto – TRT 21ª região/ 2012) Em determinada ação trabalhista, o sindicato profissional atuou como substituto processual, pleiteando diversos direitos de integrantes da categoria que representa. A pretensão, no entanto, não foi acolhida, e o sindicato foi condenado na obrigação de recolhimento das custas processuais, no valor de R$ 750,00, nada obstante ter formulado, na inicial, pedido de justiça gratuita. De acordo com a jurisprudência pacificada do Tribunal Superior do Trabalho, marque a alternativa correta:

A) a obrigação de recolhimento das custas está correta, pois o sindicato, em razão do imposto sindical que recebe, não pode ser beneficiário de justiça gratuita;

B) a prestação da assistência jurídica é uma obrigação do sindicato profissional, o que torna incompatível o pedido de justiça gratuita com essa função da entidade sindical;

C) em se tratando de substituição processual, é incabível pedido de justiça gratuita;

D) é possível o acolhimento de pedido de justiça gratuita formulado por sindicato profissional, uma vez que atua, na espécie, cumprindo função de relevante interesse público;

E) é possível o acolhimento de pedido de justiça gratuita formulado por sindicato profissional, bastando que haja nos autos declaração de probreza formulada pelos substituídos ou pelo próprio sindicato em relação aos substituídos.

↓RESPOSTA

Alternativa Letra E.
Súmula nº 219, III do TST, OJ nº 304 da SDI-I, artigo 4º, caput da Lei nº 1.060/50 e artigo 14, § 1º da Lei nº 5.584/70.

6. LITISCONSÓRCIO

OJ Nº 310 DA SDI – I DO TST

Litisconsortes. Procuradores distintos. Prazo em dobro. Art. 229, caput e §§ 1º e 2º, do CPC de 2015. Art. 191 do CPC de 1973. Inaplicável ao processo do trabalho.

Inaplicável ao processo do trabalho a norma contida no art. 229, caput e §§ 1º e 2º, do CPC de 2015 (art. 191 do CPC de 1973), em razão de incompatibilidade com a celeridade que lhe é inerente.

SÚMULA Nº 406 DO TST

Ação rescisória. Litisconsórcio. Necessário no pólo passivo e facultativo no ativo. Inexistente quanto aos substituídos pelo sindicato

I – O litisconsórcio, na ação rescisória, é necessário em relação ao pólo passivo da demanda, porque supõe uma comunidade de direitos ou de obrigações que não admite solução díspar para os litisconsortes, em face da indivisibilidade do objeto. Já em relação ao pólo ativo, o litisconsórcio é facultativo, uma vez que a aglutinação de autores se faz por conveniência e não pela necessidade decorrente da natureza do litígio, pois não se pode condicionar o exercício do direito individual de um dos litigantes no processo originário à anuência dos demais para retomar a lide.

II – O Sindicato, substituto processual e autor da reclamação trabalhista, em cujos autos fora proferida a decisão rescindenda, possui legitimidade para figurar como réu na ação rescisória, sendo descabida a exigência de citação de todos os empregados substituídos, porquanto inexistente litisconsórcio passivo necessário.

SÚMULA Nº 36 DO TST

Custas

Nas ações plúrimas, as custas incidem sobre o respectivo valor global.

QUESTÕES

01. (FCC – Juiz do Trabalho Substituto 20ª região/ 2012) É INCORRETO afirmar:

A) Embora não haja previsão expressa na CLT para o litisconsórcio passivo, o mesmo é possível no processo do trabalho, não havendo qualquer impedimento para o mesmo.

B) Sendo várias as reclamações e havendo identidade de matéria, poderão ser acumuladas num só processo, se se tratar de empregados de uma mesma empresa ou estabelecimento.

C) O Sindicato, substituto processual e autor da reclamação trabalhista, em cujos autos fora proferida a decisão rescindenda, possui legitimidade para figurar como réu na ação rescisória, sendo descabida a exigência de citação de todos os empregados substituídos, porquanto inexistente litisconsórcio passivo necessário.

D) O litisconsórcio, na ação rescisória, é necessário em relação ao polo passivo da demanda, porque supõe uma comunidade de direitos ou de obrigações que não admite solução díspar para os litisconsortes, em face da indivisibilidade do objeto. Já em relação ao polo ativo, o litisconsórcio é facultativo, uma vez que a aglutinação de autores se faz por conveniência e não pela necessidade decorrente da natureza do litígio, pois não se pode condicionar o exercício do direito individual de um dos litigantes no processo originário à anuência dos demais para retomar a lide.

E) Litisconsortes com procuradores distintos têm no processo do trabalho prazo em dobro para contestar, para recorrer e, de modo geral, para falar nos autos.

RESPOSTA

Alternativa Letra E.
OJ nº 310 da SDI-I.

02. (MPT. 19º Concurso para Procurador do Trabalho/2015) Acerca dos prazos processuais é INCORRETO afirmar:

a) Incumbe à parte o ônus de provar, quando da interposição do recurso, a existência de feriado local que autorize a prorrogação do prazo recursal.

b) Intimada ou notificada a parte no sábado, o início do prazo se dará no primeiro dia útil imediato e a contagem, no dia subseqüente.

c) O recesso forense e as férias coletivas dos Ministros do TST suspendem os prazos recursais.

d) Aplica-se no processo do trabalho, inclusive nos processos eletrônicos, a duplicação dos prazos processuais quando os litisconsortes tenham advogados distintos.

e) Não respondida.

RESPOSTA

Alternativa Letra D.
OJ nº 310 da SDI-I.

03. (FCC – Analista Judiciário – Oficial de Justiça Avaliador - TRT 3/2015) Considere:

I. O litisconsórcio, na ação rescisória, é necessário em relação ao polo passivo da demanda, porque supõe uma comunidade de direitos ou de obrigações que não admite solução díspar para os litisconsortes, em face da indivisibilidade do objeto. Já em relação ao polo ativo, o litisconsórcio é facultativo, uma vez que a aglutinação de autores se faz por conveniência e não pela necessidade decorrente da natureza do litígio, pois não se pode condicionar o exercício do direito individual de um dos litigantes no processo originário à anuência dos demais para retomar a lide.

II. O Sindicato, substituto processual e autor da reclamação trabalhista, em cujos autos fora proferida a decisão rescindenda, possui legitimidade para figurar como réu na ação rescisória, sendo descabida a exigência de citação de todos os empregados substituídos, porquanto inexistente litisconsórcio passivo necessário.

III. A ação rescisória calcada em violação de lei admite reexame de fatos e provas do processo que originou a decisão rescindenda.

Está correto o que consta em

A) I, II e III.

B) II e III, apenas.

C) I, apenas.

D) I e II, apenas.

E) III, apenas.

RESPOSTA

Alternativa Letra D.
I – Súmula nº 406, I do TST.
II – Súmula nº 406, II do TST.

04. (Juiz do Trabalho Substituto – TRT 14ª região/ 2011) No que concerne às Ações Rescisórias, considerado o entendimento sumulado do TST, leia atentamente as expressões e posteriormente assinale a alternativa correta.

I. O litisconsórcio, na ação rescisória, é necessário em relação ao pólo passivo da demanda, porque supõe uma comunidade de direitos ou de obrigações que não admite solução díspar para os litisconsortes, em face da indivisibilidade do objeto.

II. A legitimidade ad causam do Ministério Público para propor ação rescisória, ainda que não tenha sido parte no processo que deu origem à decisão rescindenda, está limitada às alíneas "a" e "b" do inciso III do artigo 487 do CPC[2], uma vez que traduzem hipóteses meramente exemplificativas.

III. Em relação ao pólo ativo da ação rescisória o litisconsórcio é facultativo, uma vez que a aglutinação de autores se faz por conveniência e não, pela necessidade decorrente da natureza do litígio, pois não se pode condicionar o exercício do direito individual de um dos litigantes no processo originário à ausência dos demais para retomar a lide.

IV. O Sindicato, substituto processual e autor da reclamação trabalhista, em cujos autos fora proferida a decisão rescindenda, possui legitimidade para figurar como réu na ação rescisória, sendo descabida a exigência de citação de todos os empregados substituídos, porquanto inexistente litisconsórcio passivo necessário.

A) Todas as afirmativas estão corretas.

B) Apenas as alternativas I, II e III estão corretas.

C) Apenas as alternativas II, III e IV estão corretas.

D) Todas as afirmativas estão erradas.

E) Apenas as afirmativas I, III e IV estão corretas.

RESPOSTA

Alternativa Letra E.
I – Súmula nº 406, I do TST.
III – Súmula nº 406, I do TST.
IV – Súmula nº 406, II do TST.

05. (Juiz do Trabalho Substituto – TRT 16ª região/ 2011) Analise as afirmativas e assinale a alternativa CORRETA:

A) Consiste assédio processual o ato ilícito praticado de forma reiterada e insidiosa por um dos sujeitos que atuam no processo, que tem por objetivo minar a autoestima de uma das partes, degradando o processo.

B) É nulo o ato que indefere o sobrestamento da reclamação trabalhista ante o ajuizamento de processo criminal contra o reclamante que analise os mesmos fatos deduzidos na reclamatória para se evitar decisões conflitantes.

C) De acordo com o princípio da transcendência, o ordenamento jurídico garante a eficácia de um ato ainda que inválido desde que emane efeitos na ordem processual, exceto se a nulidade causar prejuízos aos entes públicos ainda que estes restem silentes nos autos.

2 NCPC, art. 967, III.

D) Em observância ao princípio da economia processual, no processo do trabalho é possível repetir-se qualquer ato nulo, desde que a medida não importe em demora no andamento processual e que tal não cause prejuízos às partes.

E) Em caso de litisconsortes com procuradores diferentes, não é aplicável no processo do trabalho a obrigatoriedade de concessão de prazos em dobro para recorrer ou falar nos autos.

↓RESPOSTA

Alternativa Letra E.
OJ nº 310 da SDI-I.

7. INTERVENÇÃO DE TERCEIROS

SÚMULA Nº 82 DO TST

Assistência

A intervenção assistencial, simples ou adesiva, só é admissível se demonstrado o interesse jurídico e não o meramente econômico.

Capítulo VI
ATOS PROCESSUAIS

SUMÁRIO • 1. Notificação – 2. Prazos processuais.

1. NOTIFICAÇÃO

Súmula nº 16 do TST

Notificação

Presume-se recebida a notificação 48 (quarenta e oito) horas depois de sua postagem. O seu não-recebimento ou a entrega após o decurso desse prazo constitui ônus de prova do destinatário.

Súmula nº 427 do TST

Intimação. Pluralidade de advogados. Publicação em nome de advogado diverso daquele expressamente indicado. Nulidade

Havendo pedido expresso de que as intimações e publicações sejam realizadas exclusivamente em nome de determinado advogado, a comunicação em nome de outro profissional constituído nos autos é nula, salvo se constatada a inexistência de prejuízo.

⊙ QUESTÕES

01. (TRT 2 - Juiz do Trabalho Substituto 2ª região/2015) Em relação à forma da reclamação e da notificação nos dissídios individuais trabalhistas que tramitarem pelo procedimento comum, à luz das normas celetistas e da jurisprudência sumulada do Tribunal Superior do Trabalho, aponte a alternativa CORRETA.

A) Ao receber a petição inicial, a secretaria da Vara deve enviar os autos imediatamente ao juiz para verificação do juízo de admissibilidade da ação e exarar o despacho saneador, conforme expressa determinação legal.

B) Presume-se recebida a notificação 48 (quarenta e oito) horas depois de sua postagem, constituindo-se ônus da prova do destinatário o seu não recebimento ou a entrega após o decurso desse prazo.

C) Recebida e protocolada a reclamação, dentro de 05 (cinco) dias será notificado o reclamado para comparecer em audiência, que será a primeira desimpedida, depois de 15 (quinze) dias.

D) Não é possível a acumulação num só processo de várias reclamações sem a assistência do ente sindical, ainda que se trate de empregados da mesma empresa ou estabelecimento.

E) Diante da ampliação da competência material oriunda da EC 45/2004, que trouxe maior complexidade às matérias discutidas na Justiça do Trabalho, a exemplo das ações de indenizações por acidentes de trabalho - responsabilidades decorrentes de terceirização de mão-de-obra -, não mais se admite a reclamação trabalhista verbal.

↓RESPOSTA

Alternativa letra: B.
Súmula nº 16 do TST.

02. (TRT 2 - Juiz do Trabalho Substituto 2ª região/2015) Em relação às nulidades processuais no Processo do Trabalho, à luz da legislação vigente e da jurisprudência sumulada do Tribunal Superior do Trabalho, analise as seguintes proposições:

I. A nulidade não será declarada senão mediante provocação das partes, devendo ser pronunciada ainda quando arguida por quem lhe tiver dado causa.

II. A nulidade não será pronunciada quando for possível suprir-lhe a falta ou repetir-se o ato.

III. Havendo pedido expresso de que as intimações e publicações sejam realizadas exclusivamente em nome de determinado advogado, a comunicação em nome de outro profissional constituído nos autos é nula, salvo se constatada a inexistência de prejuízo.

IV. A nulidade do ato não prejudicará senão os posteriores que dele dependam ou sejam consequência.

V. Haverá nulidade por julgamento extra petita da decisão que deferir salário quando o pedido for de reintegração, ante a falta de previsão legal.

Responda:

A) Todas as proposições estão corretas.

B) Todas as proposições estão incorretas.

C) Somente as proposições I e V estão corretas.

D) Somente as proposições II e V estão incorretas.

E) Somente as proposições II, III e IV estão corretas.

↓RESPOSTA

Alternativa letra: E.

II – Art. 796, "a", CLT;

III – Súmula nº 427 do TST;

IV – Art. 798 da CLT.

03. (Analista judiciário – Área judiciária – FCC TRT15/2013) Soraya contratou o escritório de advocacia "XXX" para ajuizar reclamação trabalhista em face da sua ex-empregadora. Soraya assinou uma única procuração para o patrono do escritório, Davi Silva, e para mais cinco advogados. Na petição inicial feita pelo advogado Fábio, advogado este constante na referida procuração, o mesmo faz pedido expresso para que todas as intimações e publicações sejam feitas em nome do advogado Davi Silva. Neste caso, de acordo com o entendimento sumulado do Tribunal Superior do Trabalho, em regra,

A) Fábio deveria ter preenchido formulário administrativo próprio requerendo que a intimação fosse feita em nome de advogado diverso do que assina a petição inicial, não possuindo validade legal, o pedido constante na exordial.

B) a comunicação de outro profissional constituído nos autos que não o Davi Silva é nula.

C) a comunicação em nome de qualquer advogado que figure na procuração é válida.

D) apenas é válida a comunicação em nome do advogado Fábio porque o mesmo assinou a petição inicial, não sendo lícito requerer que a publicação seja feita em nome de outro patrono, ainda que este figure na procuração.

E) é válida a comunicação feita em nome de Davi Silva, patrono do escritório, bem como em nome de Fábio, independentemente do pedido expresso da inicial.

↓RESPOSTA

Alternativa letra: B.

Súmula nº 427 do TST

04. (FCC – TRT 2 – Analista Judiciário – Área Judiciária/2008) A notificação presume-se recebida

A) na data da assinatura do aviso de recebimento.

B) na data de sua expedição.

C) em 48 horas da data de sua postagem.

D) na data da juntada aos autos do aviso de recebimento.

E) três dias após a juntada aos autos do aviso de recebimento.

↓RESPOSTA

Alternativa Letra C.

Súmula nº 16 do TST.

05. (Juiz do Trabalho Substituto – TRT 8ª região/ 2012) Analise as proposições abaixo e assinale a alternativa CORRETA:

I. Consoante jurisprudência consolidada do Tribunal Superior do Trabalho, presume-se recebida, 48 horas após a sua postagem, a notificação para a prática de ato processual, sendo possível a produção de prova em contrário.

II. Nos termos do art. 769 da CLT, em tese, os prazos peremptórios não podem ser prorrogados por convenção das partes e nem por determinação judicial, salvo nas comarcas onde for difícil o transporte e nas situações de calamidade pública, quando o magistrado poderá determinar sua prorrogação por até 60 (sessenta) dias.

III. Consoante jurisprudência consolidada do Tribunal Superior do Trabalho, se os litisconsortes tiverem diferentes procuradores serão contados em dobro os prazos para contestar, para recorrer e, de modo geral, para falar nos autos.

IV. Consoante a Consolidação das Leis do Trabalho, a constituição de procurador com poderes para o foro em geral poderá ser efetivada mediante simples requerimento verbal do advogado interessado, devidamente registrado em ata de audiência, com a anuência da parte representada.

A) Somente a alternativa I está correta.

B) As alternativas II e III estão corretas.

C) As alternativas I e IV estão corretas.

D) As alternativas I e II estão corretas.

E) As alternativas III e IV estão corretas.

↓RESPOSTA

Alternativa Letra C.
I – Súmula nº 16 do TST.
IV – artigo 791, § 3º CLT.

06. (FCC – Juiz do Trabalho Substituto 11ª região/ 2012) Quanto à forma de reclamação e a notificação no dissídio individual trabalhista pelo rito ordinário, conforme previsões contidas na CLT e em súmulas da jurisprudência uniformizada do TST é correto afirmar:

A) Diante da complexidade das matérias que podem ser discutidas no processo trabalhista, com o advento das novas competências, como por exemplo, as indenizações por danos morais e por acidente do trabalho e as responsabilidades relativas à terceirização de mão de obra, não mais se admite a reclamação trabalhista verbal.

B) Ao receber a petição inicial, a Secretaria da Vara, conforme expressa previsão legal, deve enviar os autos imediatamente ao juiz para realização do juízo de admissibilidade.

C) Presume-se recebida a notificação 48 horas depois de sua postagem; o seu não recebimento ou a entrega após o decurso desse prazo constitui ônus de prova do destinatário.

D) Recebida e protocolada a reclamação, dentro de 5 dias será notificado o reclamado para comparecer em audiência que será a primeira desimpedida, depois de 48 horas.

E) Não é possível a acumulação num só processo de várias reclamações, ainda que se trate de empregados da mesma empresa, sem a participação da entidade sindical.

↓RESPOSTA

Alternativa Letra C.
Súmula nº 16 do TST.

2. PRAZOS PROCESSUAIS

SÚMULA Nº 1 DO TST

Prazo Judicial

Quando a intimação tiver lugar na sexta-feira, ou a publicação com efeito de intimação for feita nesse dia, o prazo judicial será contado da segunda-feira imediata, inclusive, salvo se não houver expediente, caso em que fluirá no dia útil que se seguir.

SÚMULA Nº 262 DO TST

Prazo judicial. Notificação ou intimação em sábado. Recesso forense.

I – intimada ou notificada a parte no sábado, o início do prazo se dará no primeiro dia útil imediato e a contagem, no subsequente.

II – o recesso forense e as férias coletivas dos ministros do tribunal superior do trabalho suspendem os prazos recursais.

OJ Nº 310 DA SDI – I DO TST

Litisconsortes. Procuradores distintos. Prazo em dobro. Art. 229, caput e §§ 1º e 2º, do CPC de 2015. Art. 191 do CPC de 1973. Inaplicável ao processo do trabalho.

Inaplicável ao processo do trabalho a norma contida no art. 229, caput e §§ 1º e 2º, do CPC de 2015 (art. 191 do CPC de 1973), em razão de incompatibilidade com a celeridade que lhe é inerente.

SÚMULA Nº 385 DO TST

Feriado local. Ausência de expediente forense. Prazo recursal. Prorrogação. Comprovação. Necessidade. Ato administrativo do juízo "a quo"

I – Incumbe à parte o ônus de provar, quando da interposição do recurso, a existência de feriado local que autorize a prorrogação do prazo recursal.

II – Na hipótese de feriado forense, incumbirá à autoridade que proferir a decisão de admissibilidade certificar o expediente nos autos.

III – Na hipótese do inciso II, admite-se a reconsideração da análise da tempestividade do recurso, mediante prova documental superveniente, em Agravo Regimental, Agravo de Instrumento ou Embargos de Declaração.

SÚMULA Nº 197 DO TST

Prazo

O prazo para recurso da parte que, intimada, não comparecer à audiência em prosseguimento para a prolação da sentença conta-se de sua publicação.

SÚMULA Nº 30 DO TST

Intimação da sentença

Quando não juntada a ata ao processo em 48 horas, contadas da audiência de julgamento (art. 851, § 2º, da CLT), o prazo para recurso será contado da data em que a parte receber a intimação da sentença.

SÚMULA Nº 53 DO TST

Custas

O prazo para pagamento das custas, no caso de recurso, é contado da intimação do cálculo.

SÚMULA Nº 245 DO TST

Depósito recursal. Prazo

O depósito recursal deve ser feito e comprovado no prazo alusivo ao recurso. A interposição antecipada deste não prejudica a dilação legal.

OJ Nº 192 DA SDI – I DO TST

Embargos declaratórios. Prazo em dobro. Pessoa jurídica de direito público. Decreto-lei nº 779/69.

É em dobro o prazo para a interposição de embargos declaratórios por pessoa jurídica de direito público.

SÚMULA Nº 387 DO TST

Recurso. Fac-Símile. Lei nº 9.800/1999

I - A Lei nº 9.800, de 26.05.1999, é aplicável somente a recursos interpostos após o início de sua vigência.

II - A contagem do quinquidio para apresentação dos originais de recurso interposto por intermédio de fac-símile começa a fluir do dia subsequente ao término do prazo recursal, nos termos do art. 2º da Lei nº 9.800, de 26.05.1999, e não do dia seguinte à interposição do recurso, se esta se deu antes do termo final do prazo.

III - Não se tratando a juntada dos originais de ato que dependa de notificação, pois a parte, ao interpor o recurso, já tem ciência de seu ônus processual, não se aplica a regra do art. 224 do CPC de 2015 (art. 184 do CPC de 1973) quanto ao "dies a quo", podendo coincidir com sábado, domingo ou feriado.

IV – A autorização para utilização do fac-símile, constante do art. 1º da Lei n.º 9.800, de 26.05.1999, somente alcança as hipóteses em que o documento é dirigido diretamente ao órgão jurisdicional, não se aplicando à transmissão ocorrida entre particulares.

OJ Nº 146 DA SDI - II DO TST

Ação rescisória. Início do prazo para apresentação da contestação. Art. 774 da CLT

A contestação apresentada em ação rescisória obedece à regra relativa à contagem de prazo constante do art. 774 da CLT, sendo inaplicável o art. 231 do CPC de 2015 (art. 241 do CPC de 1973).

⊙ QUESTÕES

01. (TRT 2 - Juiz do Trabalho Substituto 2ª região/2015) A luz da legislação vigente e da jurisprudência sumulada do Tribunal Superior do Trabalho, analise as seguintes proposições:

I. Terá preferência, em todas as fases processuais, o dissídio cuja decisão tiver de ser executada perante o Juízo da falência.

II. Nos casos omissos, o direito processual comum será fonte subsidiaria do direito processual do trabalho, exceto naquilo em que for incompatível com as normas do Processo Judiciário do Trabalho previstas na CLT.

III. O recesso forense e as ferias coletivas dos ministros do Tribunal Superior do Trabalho suspendem os prazos recursais.

IV. Os atos processuais serão públicos salvo quando o contrario determinar o interesse social e realizar-se-ão nos dias úteis das 8 (oito) as 20 (vinte) horas.

V. Nos dissídios individuais sempre que houver acordo, se de outra forma não for convencionado, o pagamento das custas caberá exclusivamente à reclamada.

Responda:

A) Somente as proposições I, II e III estão corretas.

B) Todas as proposições estão corretas.

C) Somente as proposições III e V estão incorretas.

D) Somente as proposições IV e V estão corretas.

E) Somente as proposições I, II e IV estão incorretas

↓ RESPOSTA

Alternativa letra A.
I – Art. 768 da CLT.
II – Art. 769 da CLT.
III - Súmula nº 262, II do TST.

02. (FGV - Exame de Ordem 2014.3) A Lei n° 5.010/1966, Art. 62, inciso I, considera "feriados na Justiça Federal, inclusive nos Tribunais Superiores" os dias compreendidos entre 20 de dezembro e 6 de janeiro, inclusive. Na ótica do Tribunal Superior do Trabalho, o prazo para apresentação de recurso de revista, que se inicia três dias antes do início do recesso forense, deve ser contado do seguinte modo:

A) o prazo recomeça sua contagem, desde o início, no primeiro dia útil após o fim do recesso.

B) o prazo retoma sua contagem de onde parou, no primeiro dia útil após o fim do recesso.

C) o prazo continua a ser contado, prorrogando-se apenas o seu termo final para o primeiro dia útil após o fim do recesso.

D) o prazo se encerra ao atingir seu termo final, em razão da possibilidade de se cumprir o prazo por peticionamento eletrônico.

↓ RESPOSTA

Alternativa letra: B.
Súmula nº 262, II do TST.

03. (TRT 2 – Juiz do Trabalho Substituto 2ª região/ 2013) Sobre atos, termos, prazos e despesas processuais, aponte a alternativa correta:

A) Sempre que houver acordo, se outra forma não for convencionado, o pagamento das custas caberá à empresa-ré, porque o reclamante-autor é a parte hipossuficiente.

B) São devidas custas no processo de execução, na hipótese de os cálculos de liquidação serem realizados pelo contador do juízo, atribuídas ao executado e pagas ao final, sempre calculadas em 0,5% (cinco décimos por cento) sobre o valor liquidado.

C) O marco inicial da contagem do prazo prescricional para ajuizamento de ação condenatória, quando advém a dispensa do empregado no curso de ação declaratória que possua a mesma causa de pedir remota, é a data da publicação da decisão proferida na ação declaratória e não a data da extinção do contrato.

D) Recebida a intimação pela parte em um sábado, o prazo para a prática do ato terá a sua contagem iniciada na terça-feira, se no dia anterior tiver havido regular expediente forense.

E) São isentos do pagamento de custas a União, os Estados, o Distrito Federal, os Municípios e respectivas autarquias e fundações públicas federais, estaduais ou municipais que não explorem atividade econômica, inclusive as entidades fiscalizadoras do exercício profissional.

↓RESPOSTA

Alternativa letra: D.
Art. 775, § único, CLT.
Súmula nº 262 do TST.

04. (TRT 8 – Juiz do Trabalho Substituto 8ª região/ 2013) Sobre atos, prazos processuais e custas, é CORRETO afirmar que:

A) Os atos processuais serão públicos salvo quando o contrário determinar o interesse social, e realizar-se-ão nos dias úteis das 6 (seis) às 20 (vinte) horas, sendo que a penhora poderá realizar-se em domingo ou dia feriado, independente de autorização expressa do juiz.

B) Os prazos contam-se, conforme o caso, a partir da data em que for feita pessoalmente, ou recebida a notificação, daquela em que for publicado o edital no jornal oficial ou no que publicar o expediente da Justiça do Trabalho, ou, ainda, daquela em que for afixado o edital na sede da Vara ou Tribunal. Tratando-se de notificação postal, no caso de não ser encontrado o destinatário ou no de recusa de recebimento, o Correio ficará obrigado, sob pena de responsabilidade do servidor, a devolvê-la, no prazo de 5 (cinco) dias, ao Tribunal de origem.

C) Os prazos processuais contam-se com exclusão do dia do começo e inclusão do dia do vencimento, e são contínuos e irreleváveis, podendo, entretanto, ser prorrogados pelo tempo estritamente necessário pelo juiz ou tribunal, ou em virtude de força maior, devidamente comprovada. Os prazos que se vencerem em sábado, domingo ou dia feriado, terminarão no primeiro dia útil seguinte. Assim sendo, se o interessado for notificado no sábado ou feriado, o início do prazo dar-se-á no primeiro dia útil imediato, e a contagem do prazo, no subsequente.

D) Nos dissídios individuais e nos dissídios coletivos do trabalho, nas ações e procedimentos de competência da Justiça do Trabalho, as custas relativas ao processo de conhecimento incidirão à base de 0,2%, observado o mínimo de R$ 10,64 (dez reais e sessenta e quatro centavos) e serão calculadas: I – quando houver acordo ou condenação, sobre o respectivo valor; II – quando houver extinção do processo, sem julgamento do mérito, ou julgado totalmente improcedente o pedido, sobre o valor da causa; III – no caso de procedência do pedido formulado em ação declaratória e em ação constitutiva, sobre o valor da causa; IV – quando o valor for indeterminado, sobre o que o juiz fixar. As custas serão pagas pelo vencido, após o trânsito em julgado da decisão. No caso de recurso, as custas serão pagas e comprovado o recolhimento dentro do prazo recursal. Não sendo líquida a condenação, o juízo arbitrar-lhe-á o valor e fixará o montante das custas processuais. Sempre que houver acordo, se de outra forma não for convencionado, o pagamento das custas caberá em partes iguais aos litigantes.

E) Nos dissídios coletivos, as partes vencidas responderão solidariamente pelo pagamento das custas, calculadas sobre o valor arbitrado na decisão, ou pelo Presidente do Tribunal. São isentos do pagamento de custas, além dos beneficiários de justiça gratuita: I – a União, os Estados, o Distrito Federal, os Municípios e respectivas autarquias e fundações públicas federais, estaduais ou municipais que explorem atividade econômica; II – o Ministério Público do Trabalho; III – as entidades fiscalizadoras do exercício profissional.

↓RESPOSTA

Alternativa letra: C
Art. 775, § único, CLT.
Súmula nº 262 do TST.

05. (FCC - Analista Judiciário - Oficial de Justiça Avaliador TRT15/2013) De acordo com o entendimento Sumulado do Tribunal Superior do Trabalho, incumbe à parte o ônus de provar, quando da interposição do recurso, a existência de feriado local que autorize a prorrogação do prazo recursal. E, na hipótese de feriado forense, incumbirá à autoridade que proferir a decisão de admissibilidade certificar o expediente nos autos, admitindo-se a reconsideração da análise da tempestividade do recurso, mediante prova documental

A) superveniente, apenas admitida arguição através de Agravo de Instrumento ou Embargos de Declaração.

B) preexistente, em Agravo Regimental, Agravo de Instrumento ou Embargos de Declaração.

C) superveniente, apenas admitida arguição através de Agravo de Instrumento.

D) preexistente, apenas admitida arguição através de Agravo de Instrumento.

E) superveniente, em Agravo Regimental, Agravo de Instrumento ou Embargos de Declaração.

↓RESPOSTA

Alternativa letra E.
Súmula nº 385, III, TST

06. (TRT 14 - Juiz do Trabalho Substituto 14ª região/ 2013) No tocante aos prazos processuais, é correto afirmar:

I. São interrompidos pelo recesso forense e pelas férias dos Ministros do Tribunal Superior do Trabalho.

II. Diante da presença de litisconsortes com procuradores distintos, o prazo para recorrer será em dobro, ante a regra contida no art. 191 do CPC[3].

III. A contagem do quinquídio para apresentação dos originais de recurso interposto por intermédio de fac-símile começa a fluir do dia subsequente ao término do prazo recursal, e não do dia seguinte à interposição do recurso, se esta se deu antes do termo final do prazo. Não se tratando a juntada dos originais de ato que dependa de notificação, pois a parte, ao interpor o recurso, já tem ciência de seu ônus processual, não se aplica a regra do art. 184 do CPC[4] quanto ao "dies a quo", podendo coincidir com sábado, domingo e feriado.

IV. O feriado local prorroga o prazo recursal, cabendo à parte comprovar sua existência quando da interposição do recurso.

V. Intimada ou notificada a parte no sábado, o início e a contagem do prazo se darão no primeiro dia útil imediato.

A) apenas as proposições I e III estão corretas;

B) apenas as proposições II e V estão corretas;

C) apenas as proposições II e III estão corretas;

D) apenas as proposições III e IV estão corretas;

E) apenas as proposições IV e V estão corretas.

↓RESPOSTA

Alternativa letra: D.
III – Súmula nº 387 do TST.
IV – Súmula nº 385, I, TST.

07. (FCC - TRT 20 - Analista Judiciário/ 2011) Segundo o entendimento Sumulado do Tribunal Superior do Trabalho, o prazo para recurso será contado da data em que a parte receber a intimação da sentença, quando não juntada a ata da sentença ao processo em

A) 24 horas, contadas da audiência de julgamento.

B) 48 horas, contadas da audiência de julgamento.

C) três dias, contados da audiência de julgamento.

D) cinco dias, contados do dia seguinte da audiência de julgamento.

E) dez dias, contados do dia seguinte da audiência de julgamento.

↓RESPOSTA

Alternativa Letra B.
Súmula nº 30 do TST.

3 NCPC, art. 229.

4 NCPC, art. 224, § 3º.

08. (CESPE – TRT 17 – Analista Judiciário – Área Judiciária – Especialidade Execução de Mandados/2009) A respeito dos atos, termos e prazos processuais, julgue os itens a seguir.

I) Segundo entendimento do TST, tendo sido intimada ou notificada a parte no sábado, o início do prazo se dará no primeiro dia útil imediato e a contagem, no subsequente.

II) Considerando que os prazos estabelecidos no título de atos, termos e prazos processuais contam-se com exclusão do dia do começo e inclusão do dia do vencimento e são contínuos e irreleváveis, somente podendo ser prorrogados pelo tempo estritamente necessário pelo juiz ou tribunal ou em virtude de força maior devidamente comprovada, é certo que o recesso forense e as férias coletivas dos ministros não suspendem os prazos recursais.

III) Presume-se recebida a notificação 72 horas depois de sua postagem. O não recebimento ou a entrega após o decurso desse prazo constitui ônus de prova do destinatário.

↓RESPOSTA

CERTO/ ERRADO/ ERRADO.
I – Súmula nº 262, I do TST.
II – Súmula nº 262,
II do TST e artigo 775, caput CLT.
III – Súmula nº 16 do TST.

09. (FCC – TRT 18 – Analista Judiciário – Área Administrativa/2008) Com relação aos prazos processuais, é certo que

A) as férias coletivas dos Ministros do Tribunal Superior do Trabalho, em regra, não suspendem e nem interrompem os prazos recursais.

B) os prazos que se vencerem em domingo ou dia feriado terminarão na primeira sexta-feira que anteceder o vencimento.

C) os prazos processuais são, em regra, contínuos e relevávEis, podendo ser prorrogado pelo juiz quando houver necessidade em virtude de força maior.

D) os prazos processuais contam-se com inclusão do dia do começo e exclusão do dia do vencimento.

E) o início do prazo, intimada ou notificada a parte no sábado, dar-se-á no primeiro dia útil imediato e a contagem no subsequente.

↓RESPOSTA

Alternativa Letra E.
Súmula nº 262, I do TST.

10. (FCC – TRT 19 – Analista Judiciário – Área Judiciária/2008) Ana Maria, representante legal da empresa XUBA, recebeu intimação na reclamação trabalhista proposta por Ana Joaquina, sua ex-funcionária. Considerando que a intimação ocorreu no sábado e que segunda-feira é feriado nacional, será considerada que a intimação foi realizada

A) no próprio sábado e o prazo processual começará a correr na terça-feira.

B) no próprio sábado e o prazo processual começará a correr na segunda-feira.

C) na terça-feira e o prazo processual começará a correr na quarta-feira.

D) na terça-feira e o prazo processual começará a correr da própria terça-feira.

E) na sexta-feira antecedente e o prazo processual começará a correr na terça-feira.

↓RESPOSTA

Alternativa Letra C.
Súmula nº 262, I do TST.

11. (TRT 1 - Juiz do Trabalho Substituto 1ª região/ 2014) Prazos são lapsos de tempo fixados para a atividade processual das partes, de terceiros e do órgão jurisdicional, preponderantemente previstos em lei. Quando omissa a lei, o Juiz determinará os prazos tendo em vista a complexidade da causa. Sobre eles, é correto afirmar:

A) Na hipótese de colusão entre as partes, o prazo decadencial para a ação rescisória somente começa a fluir para o Ministério Público, que não interveio no processo principal, a partir do trânsito em julgado.

B) O prazo para recurso da parte que, intimada, não comparece à audiência em prosseguimento para a prolação da sentença conta-se de sua publicação.

C) A exceção de incompetência oposta em prazo recursal, sem aviamento do recurso próprio, protrai a consumação da coisa julgada e, consequentemente, posterga o termo inicial do prazo decadencial para a ação rescisória.

D) Presume-se recebida a notificação setenta e duas horas depois de sua postagem. O seu não recebimento ou a entrega após o decurso desse prazo constitui ônus de prova do destinatário.

E) O recesso forense e as férias coletivas dos Ministros do Tribunal Superior do Trabalho interrompem os prazos recursais.

↓RESPOSTA

Alternativa Letra B.

Súmula nº 197 do TST.

12. (CESPE – TRT 9 – Analista Judiciário – Área Judiciária/2007) Quanto às reclamações trabalhistas, julgue os itens que se seguem.

I) Após a distribuição da reclamação trabalhista, será designada audiência, quando o juiz tentará a conciliação entre as partes ou, em caso negativo, prosseguirá, recebendo a contestação e as demais exceções e instruindo a causa para imediato julgamento, com as provas que lhe forem apresentadas. Se não houver condições de concluir a instrução, o juiz designará nova audiência para prosseguimento, no prazo de trinta dias.

II) Se a parte não estiver presente em audiência de julgamento, ainda quando intimada anteriormente da data da prolação da sentença, será, necessariamente, a decisão publicada ou notificada pessoalmente à parte, sob pena de nulidade.

III) No caso de o reclamado não comparecer à audiência inaugural e não justificar a sua ausência, o processo será arquivado.

↓RESPOSTA

ERRADO/ ERRADO/ ERRADO.
I – artigo 849 CLT.
II – Súmula nº 197 do TST.
III – artigo 844, caput CLT.

13. (FCC – TRT 23 – Analista Judiciário – Área Administrativa/2007) Mario ingressou com reclamação trabalhista em face da empresa X e teve sua reclamação julgada procedente. A empresa X pretende ingressar com Recurso Ordinário para a segunda instância. Considerando que a sentença foi publicada no Diário Oficial no dia 04 de Maio de 2007 (sexta-feira), o prazo para interposição do respectivo recurso expirou-se em:

A) 11 de Maio de 2007 (sexta-feira).

B) 14 de Maio de 2007 (segunda-feira).

C) 16 de Maio de 2007 (quarta-feira).

D) 18 de Maio de 2007 (sexta-feira).

E) 21 de Maio de 2007 (segunda-feira).

↓RESPOSTA

Alternativa Letra B.
Súmula nº 1 do TST e artigo 895, I CLT.

14. (Exame de Ordem 2012.1 – FGV) Uma ação é movida contra duas empresas integrantes do mesmo grupo econômico e uma terceira, que alegadamente foi tomadora dos serviços durante parte do contrato. Cada empresa possui um advogado. No caso de interposição de recurso de revista,

A) o prazo será computado em dobro porque há litisconsórcio passivo com procuradores diferentes.

B) o prazo será contado normalmente.

C) o prazo será de 10 dias.

D) fica a critério do juiz deferir a dilação do prazo para não prejudicar os réus quanto à ampla defesa.

↓RESPOSTA

Alternativa Letra B.
OJ nº 310 da SDI-I.

15. (Juiz do Trabalho Substituto – TRT 14ª região/ 2012) No que diz respeito ao prazo no Processo do Trabalho, considerando a jurisprudência do Tribunal Superior do Trabalho, analise as proposições abaixo e indique a alternativa correta.

A) Prorroga-se até o primeiro dia útil, imediatamente subsequente, o prazo prescricional para ajuizamento de ação rescisória quando expira em férias forenses, feriados, finais de semana ou em dia em que não houver expediente forense.

B) Quando não juntada a ata ao processo em 24 horas, contadas da audiência de julgamento, o prazo para recurso será contado da data em que a sentença for publicada no diário oficial, independentemente da data em que recebida a intimação postal.

C) O prazo para recurso da parte que, intimada, não comparecer à audiência em prosseguimento para a prolação da sentença, conta-se da data em que receber a respectiva intimação.

D) Aplica-se a regra prevista no "caput" do art. 132 do Código Civil de 2002 à contagem do prazo do aviso prévio, incluindo-se o dia do começo e excluindo-se o do vencimento.

E) No que diz respeito ao recurso apresentado em FAC-SÍMILE, não se tratando a juntada dos originais de ato que dependa de notificação, pois a parte, ao interpor o recurso, já tem ciência de seu ônus processual, não se aplica a regra do art. 184 do CPC[5] quanto ao "dies a quo", podendo coincidir com sábado, domingo ou feriado.

↓RESPOSTA

Alternativa Letra E.
Súmula nº 387, III do TST.

16. (Juiz do Trabalho Substituto – TRT 15ª região/ 2012) A respeito do sistema recursal trabalhista é incorreto afirmar:

A) Vigora no processo do trabalho o princípio da irrecorribilidade imediata das decisões interlocutórias, salvo, dentre outras, nas hipóteses de decisão: a) de Tribunal Regional do Trabalho contrária à Súmula ou Orientação Jurisprudencial, do Tribunal Superior do Trabalho; b) suscetível de impugnação mediante recurso para o mesmo Tribunal; c) que acolhe exceção de incompetência territorial, com a remessa dos autos para Tribunal Regional distinto daquele a que se vincula o juízo excepcionado, consoante o disposto no art. 799, § 2º, da CLT.

B) Ainda que não arguidas pela reclamada, questões alusivas a condições da ação ou pressupostos processuais não se sujeitam à preclusão, podendo ser conhecidas de ofício pelo Juiz.

C) Salvo disposição expressa em contrário, na sentença, o recurso ordinário terá efeito tão somente devolutivo, podendo a parte extrair carta de sentença e proceder à execução provisória do julgado, que tramitará até a penhora dos bens.

D) Incabível recurso de revista de ente público que não interpôs recurso ordinário voluntário da decisão de primeira instância, ressalvada a hipótese de ter sido agravada, na segunda instância, a condenação imposta.

E) O prazo recursal para os litisconsortes que possuem diferentes procuradores é contado em dobro.

↓RESPOSTA

Alternativa Letra E.
OJ nº 310 da SDI-I.

17. (FCC – Juiz do Trabalho Substituto 1ª Região/ 2011) Em relação aos prazos no processo do trabalho, considere as seguintes proposições:

I. Os litisconsortes com procuradores distintos têm prazo em dobro para a prática dos atos processuais.

II. O prazo para interposição de embargos declaratórios por pessoa jurídica de direito público é contado em dobro.

III. Tendo sido a parte intimada ou notificada no sábado, o início do prazo dar-se-á no primeiro dia útil imediato e a contagem, no subsequente.

IV. Quando a notificação for recebida pelo correio, a contagem do prazo inicia-se 48 horas depois de sua postagem.

V. Durante o período de recesso da Justiça do Trabalho os prazos permanecem suspensos.

Estão corretas as proposições

A) II, IV e V.

B) I, II e III.

C) I, III e IV.

D) I, IV e V.

E) II, III e V.

↓RESPOSTA

Alternativa Letra E.
II – OJ nº 192 da SDI-I.
III – Súmula nº 262, I do TST.
V – Súmula nº 262, II do TST.

5 NCPC, art. 224, § 3º.

Capítulo VII
PETIÇÃO INICIAL

SUMÁRIO • 1. Indeferimento liminar – 2. Novo valor da causa e Mandado de Segurança – 3. Alçada – 4. Comissão paritária – portuários.

1. INDEFERIMENTO LIMINAR

Súmula nº 263 do TST

Petição Inicial. Indeferimento. Instrução obrigatória deficiente.

Salvo nas hipóteses do art. 330 do CPC de 2015 (art. 295 do CPC de 1973), o indeferimento da petição inicial, por encontrar-se desacompanhada de documento indispensável à propositura da ação ou não preencher outro requisito legal, somente é cabível se, após intimada para suprir a irregularidade em 15 (quinze) dias, mediante indicação precisa do que deve ser corrigido ou completado, a parte não o fizer (art. 321 do CPC de 2015).

QUESTÕES

01. (FCC - Técnico Judiciário - Área Administrativa - TRT 4/2015) A reclamação trabalhista escrita que obedecerá o procedimento ordinário proposta por Vera Diva encontra-se desacompanhada de documento indispensável à propositura da ação. Neste caso, conforme súmula do TST, em regra, o indeferimento da petição inicial

(A) é incabível, uma vez que a parte poderá aditar a inicial a qualquer momento, sendo ônus da parte a juntada dos documentos que julgar pertinentes ao processo.

(B) somente é cabível se, após intimada para suprir a irregularidade em cinco dias, a parte não o fizer.

(C) deverá ocorrer de imediato uma vez que na justiça do trabalho não há intimação para supressão da irregularidade, devendo a parte ajuizar nova reclamação trabalhista.

(D) somente é cabível se, após intimada para suprir a irregularidade em quinze dias, a parte não o fizer.

(E) somente é cabível se, após intimada para suprir a irregularidade em dez dias, a parte não o fizer.

RESPOSTA

Alternativa Letra E.

Súmula nº 263 do TST.

02. (FCC - TRT 18 - Analista Judiciário - Área Administrativa/2008) Em regra, a petição inicial que estiver desacompanhada de documento indispensável à propositura da ação

A) será obrigatoriamente indeferida se, após intimada para suprir a irregularidade em quinze dias, a parte não o fizer.

B) deverá ser indeferida de plano, mas poderá o reclamante ingressar imediatamente com nova reclamatória.

C) somente será indeferida se, após intimada para suprir a irregularidade em dez dias, a parte não o fizer.

D) deverá ser indeferida de plano, mas o reclamante só poderá ingressar com nova reclamatória após o decurso de cento e vinte dias do trânsito em julgado da primeira decisão.

E) deverá ser indeferida de plano, mas o reclamante só poderá ingressar com nova reclamatória após o decurso de sessenta dias do trânsito em julgado da primeira decisão.

↓RESPOSTA

Alternativa Letra C.
Súmula nº 263 do TST.

03. (TRT 23ª Região – Juiz do Trabalho Substituto – 2015) João das Neves promoveu reclamação trabalhista na qual pleiteou o reconhecimento de estabilidade prevista na Convenção Coletiva de Trabalho, por ter sido dispensado às vésperas de sua aposentadoria e também a reintegração ao trabalho. Em defesa, a Empresa ré requereu a extinção do processo sem exame de mérito por não ter o autor juntado a Convenção Coletiva de Trabalho, na qual se funda o direito pretendido. Diante dos fatos apresentados, o Juiz do Trabalho

a) deverá indeferir a petição inicial, julgando extinto o processo sem exame de mérito, pois a ausência de documento indispensável à propositura da ação é causa de inépcia da inicial.

b) deverá intimar a parte para suprir a irregularidade apontada no prazo de dez dias, sob pena de indeferimento da petição inicial.

c) deverá julgar improcedente a pretensão porque o autor não se desincumbiu do ônus de comprovar o direito pretendido.

d) deverá indeferir de plano a petição inicial, julgando extinto o processo sem exame de mérito, por encontrar-se desacompanhada de documento indispensável à propositura da ação.

e) poderá conceder prazo de quinze dias para a parte suprir a irregularidade apontada, sob pena de indeferimento da petição inicial.

↓RESPOSTA

Alternativa Letra B.
Súmula nº 263 do TST.

04. (FCC – Juiz do Trabalho Substituto 11ª região/ 2012) Afrodite ajuizou reclamatória trabalhista em face de Alfa & Gama Produções Ltda., formulando pedidos de pagamento de verbas contratuais e rescisórias. Atribuiu à causa o valor de R$ 100.000,00 (cem mil reais). Em despacho saneador, o Juiz competente extinguiu o processo sem resolução do mérito por indeferimento da petição inicial, por estar desacompanhada de documento indispensável à propositura da ação. Neste caso, com base na legislação aplicável e jurisprudência sumulada pelo TST, a decisão judicial está

A) correta, visto que o indeferimento de plano da petição inicial e a consequente extinção do processo sem resolução do mérito, está inserido nos poderes relativos à ampla liberdade na direção do processo para o andamento célere das causas.

B) errada, visto que o Juiz deveria aguardar a realização da audiência para, naquele momento processual, indeferir a petição inicial e extinguir o processo sem julgamento do mérito.

C) errada, visto que o Juiz não poderia indeferir de plano a petição inicial, mas sim aguardar a análise de preliminar do réu em contestação e decidir no ato da audiência, acolhendo a preliminar e extinguindo o processo com julgamento do mérito.

D) correta, visto que o não atendimento de requisito essencial da petição inicial de ação trabalhista, relativo ao acompanhamento dos documentos indispensáveis à propositura da ação, assim como a não indicação do valor correspondente aos pedidos ou indicação incorreta de endereço do réu, implica o arquivamento da reclamação, que equivale à extinção do processo sem resolução do mérito.

E) errada, visto que, neste caso, o Juiz deve determinar que o autor emende ou complete a inicial, no prazo de 10 dias, e caso o autor não cumpra a diligência, indeferir a petição inicial, extinguindo o processo sem julgamento do mérito.

↓RESPOSTA

Alternativa Letra E.
Súmula nº 263 do TST.

2. NOVO VALOR DA CAUSA E MANDADO DE SEGURANÇA

OJ Nº 88 DA SDI – II DO TST

Mandado de segurança. Valor da causa. Custas processuais. Cabimento

Incabível a impetração de mandado de segurança contra ato judicial que, de ofício, arbitrou novo valor à causa, acarretando a majoração das custas processuais, uma vez que cabia à parte, após recolher as custas, calculadas com base no valor dado à causa na inicial, interpor recurso ordinário e, posteriormente, agravo de instrumento no caso de o recurso ser considerado deserto.

3. ALÇADA

SÚMULA Nº 71 DO TST

Alçada

A alçada é fixada pelo valor dado à causa na data de seu ajuizamento, desde que não impugnado, sendo inalterável no curso do processo.

SÚMULA Nº 356 DO TST

Alçada recursal. Vinculação ao salário mínimo

O art. 2º, § 4º, da Lei nº 5.584, de 26.06.1970, foi recepcionado pela CF/1988, sendo lícita a fixação do valor da alçada com base no salário mínimo.

SÚMULA Nº 365 DO TST

Alçada. Ação rescisória e mandado de segurança

Não se aplica a alçada em ação rescisória e em mandado de segurança.

⊙ QUESTÕES

01. (TRT 2 – Juiz do Trabalho Substituto 2ª região/ 2013) Observe as proposições seguintes e ao final aponte a alternativa que contenha proposituras corretas:

I. A alçada é fixada pelo valor dado à causa na data de seu ajuizamento, desde que não impugnado, sendo inalterável no curso do processo.

II. A ausência do reclamante, quando adiada a instrução após contestada a ação em audiência, não importa arquivamento do processo, desde que ele seja representado por outro empregado que exerça a mesma atividade ou por seu advogado.

III. Não se configura conflito de competência, o impasse existente entre um Tribunal Regional do Trabalho e uma Vara do Trabalho a ele vinculada.

IV. Não ocorre deserção de recurso da massa falida e da empresa em liquidação extrajudicial por falta de pagamento de custas ou de depósito do valor da condenação.

V. A intervenção assistencial, simples ou adesiva, só é admissível se demonstrado o interesse econômico e não o meramente jurídico.

Está correta a alternativa:

A) I e III.

B) II e III.

C) I e IV.

D) II e V.

E) II, III e IV.

RESPOSTA

Alternativa letra: A.
I – Súmula 71 do TST.
III – Súmula 420 do TST.

4. COMISSÃO PARITÁRIA – PORTUÁRIOS

OJ Nº 391 DA SDI – I DO TST

Portuários. Submissão prévia de demanda a comissão paritária. Lei nº 8.630, de 25.02.1993. Inexigibilidade

A submissão prévia de demanda a comissão paritária, constituída nos termos do art. 23 da Lei nº 8.630, de 25.02.1993 (Lei dos Portos), não é pressuposto de constituição e desenvolvimento válido e regular do processo, ante a ausência de previsão em lei.

CAPÍTULO VIII
TUTELA ANTECIPADA

OJ Nº 68 DA SDI – II DO TST

Antecipação de tutela. Competência

Nos Tribunais, compete ao relator decidir sobre o pedido de antecipação de tutela, submetendo sua decisão ao Colegiado respectivo, independentemente de pauta, na sessão imediatamente subseqüente.

SÚMULA Nº 414 DO TST

Mandado de Segurança. Tutela Provisória concedida antes ou na sentença.

I – A tutela provisória concedida na sentença não comporta impugnação pela via do mandado de segurança, por ser impugnável mediante recurso ordinário. É admissível a obtenção de efeito suspensivo ao recurso ordinário mediante requerimento dirigido ao tribunal, ao relator ou ao presidente ou ao vice-presidente do tribunal recorrido, por aplicação subsidiária ao processo do trabalho do artigo 1.029, § 5º, do CPC de 2015.

II – No caso de a tutela provisória haver sido concedida ou indeferida antes da sentença, cabe mandado de segurança, em face da inexistência de recurso próprio.

III – A superveniência da sentença, nos autos originários, faz perder o objeto do mandado de segurança que impugnava a concessão ou o indeferimento da tutela provisória.

SÚMULA Nº 418 DO TST

Mandado de Segurança visando à homologação de acordo.

A homologação de acordo constitui faculdade do juiz, inexistindo direito líquido e certo tutelável pela via do mandado de segurança.

OJ Nº 64 DA SDI – II DO TST

Mandado de segurança. Reintegração liminarmente concedida

Não fere direito líquido e certo a concessão de tutela antecipada para reintegração de empregado protegido por estabilidade provisória decorrente de lei ou norma coletiva.

OJ Nº 65 DA SDI – II DO TST

Mandado de segurança. Reintegração liminarmente concedida. Dirigente sindical

Ressalvada a hipótese do art. 494 da CLT, não fere direito líquido e certo a determinação liminar de reintegração no emprego de dirigente sindical, em face da previsão do inciso X do art. 659 da CLT.

OJ Nº 67 DA SDI – II DO TST

Mandado de segurança. Transferência. Art. 659, IX, da CLT

Não fere direito líquido e certo a concessão de liminar obstativa de transferência de empregado, em face da previsão do inciso IX do art. 659 da CLT.

OJ Nº 142 DA SDI – II DO TST

Mandado de segurança. Reintegração liminarmente concedida

Inexiste direito líquido e certo a ser oposto contra ato de Juiz que, antecipando a tutela jurisdicional, determina a reintegração do empregado até a decisão final do processo, quando demonstrada a razoabilidade do direito subjetivo material, como nos casos de anistiado pela Lei nº 8.878/1994, aposentado, integrante de comissão de fábrica, dirigente sindical, portador de doença profissional, portador de vírus HIV ou detentor de estabilidade provisória prevista em norma coletiva.

SÚMULA Nº 405 DO TST

Ação Rescisória. Tutela Provisória.

Em face do que dispõem a MP 1.984-22/2000 e o art. 969 do CPC de 2015, é cabível o pedido de tutela provisória formulado na petição inicial de ação rescisória ou na fase recursal, visando a suspender a execução da decisão rescindenda.

⊙ QUESTÕES

01. (TRT 4 – Juiz do Trabalho Substituto 4ª região/ 2016) Considere as assertivas abaixo sobre a concessão de tutela antecipatória de mérito e tutelas cautelares (tutela provisória) na Justiça do Trabalho.

I – A antecipação da tutela concedida em sentença não comporta impugnação pela via do mandado de segurança, por ser impugnável mediante recurso ordinário.

II – No caso de a tutela antecipada (ou liminar) ser concedida antes da sentença, não cabe a impetração do mandado de segurança, em face da existência de recurso próprio.

III – A superveniência da sentença, nos autos originários, faz perder o objeto do mandado de segurança que impugnava a concessão da tutela antecipada (ou liminar).

Quais são corretas?

(A) Apenas I

(B) Apenas II

(C) Apenas III

(D) Apenas I e III

(E) I, II e III

↓ *RESPOSTA*

Alternativa Letra D.

Item I: Correto: Súmula nº 414,I, TST

Item III: Correto: Súmulas nº 414, III, TST.

02. (TRT 23ª Região – Juiz do Trabalho Substituto – 2015) Falidora Fortuna ingressou com reclamação trabalhista contra o Restaurante Panela Velha Ltda., que foi julgada parcialmente procedente. Na execução, as partes protocolaram petição de acordo, dando plena quitação quanto ao objeto da ação e requerendo a sua homologação pelo Juízo. Entretanto, o Juízo denegou a homologação do acordo por entender que a referida composição era lesiva aos interesses da autora, determinando o prosseguimento da execução. Diante da recusa à homologação do acordo

a) as partes devem impetrar Mandado de Segurança, eis que se trata de decisão interlocutória.

b) inexiste direito líquido e certo tutelável pela via do mandado de segurança.

c) é cabível a interposição de Recurso Ordinário.

d) é cabível a interposição de Agravo de Petição.

e) é cabível a apresentação de exceção de pré-executividade.

↓ *RESPOSTA*

Alternativa letra B.

Súmula nº 418 do TST.

03. (TRT 3 – Juiz do Trabalho Substituto 3ª região/ 2014) É correto afirmar em matéria de Mandado de Segurança, a partir das súmulas do TST:

A) Não se aplica a alçada em mandado de segurança.

B) A homologação de acordo constitui faculdade do juiz, inexistindo direito líquido e certo tutelável pela via do mandado de segurança.

C) Da decisão de TRT em mandado de segurança cabe recurso ordinário, no prazo de 8 dias, para o TST, e igual dilação para o recorrido e interessados apresentarem razões de contrariedade.

D) A superveniência da sentença, nos autos originários, faz perder o objeto do mandado de segurança que impugnava a concessão da tutela antecipada (ou liminar).

E Todas as opções estão corretas.

↓ *RESPOSTA*

Alternativa letra E.

A – Súmula nº 365 do TST.

B – Súmula nº 418 do TST.

C – Súmula nº 201 do TST.

D – Súmula nº 414, III, do TST.

04. (FCC – Juiz do Trabalho Substituto 11ª região/ 2012) A antecipação de tutela

A) concedida antes da sentença comporta impugnação mediante mandado de segurança.

B) concedida antes da sentença comporta impugnação mediante agravo de instrumento.

C) concedida antes da sentença comporta impugnação mediante recurso ordinário.

D) concedida na sentença comporta impugnação mediante mandado de segurança.

E) não pode ser concedida na Justiça do Trabalhc, pois, apesar de sua omissão, a norma é incompatível com o processo trabalhista.

↓RESPOSTA

Alternativa Letra A.
Súmula nº 414, II do TST.

Capítulo IX
AUDIÊNCIA

SUMÁRIO • 1. Ausência do Reclamante – 2. Revelia – 3. Preposto – 4. Conciliação.

1. AUSÊNCIA DO RECLAMANTE

SÚMULA Nº 9 DO TST

Ausência do reclamante

A ausência do reclamante, quando adiada a instrução após contestada a ação em audiência, não importa arquivamento do processo.

⊙ QUESTÕES

01. (FCC – TRT 8 – Analista Judiciário – Área Judiciária – Especialidade Execução de Mandados/2010) Matias ajuizou reclamação trabalhista em face de sua ex-empregadora, a empresa Doce. A audiência de instrução ocorrida no início do ano foi adiada, tendo em vista o não comparecimento de testemunha do reclamante em virtude de cirurgia gástrica. Foi marcada nova audiência de instrução sendo que, nesta oportunidade, o reclamante não compareceu sem justo motivo. Considerando que a presente reclamação foi contestada na primeira audiência, o não comparecimento do reclamante nesta segunda audiência

A) não acarretará o arquivamento do processo.

B) importará o arquivamento do processo, sendo que o reclamante não poderá ajuizar nova reclamação durante o prazo de seis meses.

C) importará o arquivamento do processo, sendo o reclamante condenado ao pagamento das custas processuais.

D) importará o arquivamento do processo, sendo o reclamante condenado ao pagamento das custas processuais acrescidas de 50% a título de penalidade.

E) importará o arquivamento do processo, mas o reclamante está isento do pagamento das custas.

↓RESPOSTA

Alternativa Letra A.
Súmula nº 9 do TST.

02. (FCC – TRT 16 – Analista Judiciário – Área Administrativa/2009) A ausência do reclamante, quando adiada a instrução após contestada a ação,

A) importa em arquivamento do processo sem resolução do mérito, mas o reclamante não será condenado nas custas e despesas feitas pelo reclamado.

B) importa em arquivamento do processo sem resolução do mérito, sendo o reclamante condenado apenas nas custas.

C) importa em arquivamento do processo com resolução do mérito, uma vez que a ação já estava contestada.

D) importa em arquivamento do processo sem resolução do mérito, sendo o reclamante condenado nas custas e despesas feitas pelo reclamado.

E) não importa em arquivamento do processo.

↓RESPOSTA

Alternativa Letra E.
Súmula nº 9 do TST.

03. (FCC – Técnico Judiciário – Área Administrativa - TRT 3/2015) Joana ajuizou reclamação trabalhista em face de sua ex-empregadora a empresa "Z". O processo foi devidamente contestado pela reclamada, tendo sido realizada perícia para apuração de insalubridade no local de trabalho. Após entrega do laudo pericial e manifestação das partes, foi designada audiência de instrução e julgamento. Na data da referida audiência não compareceram a reclamante e nem o seu advogado, mas compareceram a reclamada e seu patrono. Neste caso, considerando que as partes estavam devidamente intimadas da referida audiência, inclusive, para prestarem depoimento pessoal, sob pena de confissão,

(A) a audiência se realizará sem a presença de Joana e para ela será aplicada a pena de confissão no tocante às questões de fatos nas quais lhe cabia o ônus da prova.

(B) o processo será arquivado, e Joana será condenada às custas e despesas processuais, havendo expresso dispositivo legal neste sentido.

(C) será marcada nova audiência, com a intimação pessoal de Joana, em razão da ausência também de seu advogado.

(D) será marcada nova audiência, com intimação de Joana através de seu advogado, uma vez que regularmente constituído nos autos.

(E) a audiência se realizará sem a presença de Joana sendo que para ela não será aplicada a pena de confissão, uma vez que esta é aplicada exclusivamente à parte reclamada.

↓RESPOSTA

Alternativa Letra A.
Súmulas nº 9 e 74 do TST.

04. (Juiz do Trabalho Substituto - TRT 2ª região/ 2012) De acordo com a jurisprudência sumulada do Tribunal Superior do Trabalho, observe as assertivas abaixo.

I. A ausência do reclamante, quando adiada a instrução depois de contestada a ação em audiência, importa arquivamento do processo.

II. A concessão de liminar ou a homologação de acordo constituem faculdade do juiz, inexistindo direito líquido e certo tutelável pela via do mandado de segurança.

III. A reclamada ausente à audiência em que deveria apresentar defesa é revel, salvo se presente seu advogado munido de procuração.

IV. Na ação rescisória, o que se ataca é a sentença, ato oficial do Estado, acobertado pelo manto da coisa julgada. Assim sendo, e considerando que a coisa julgada envolve questão de ordem pública, a revelia não produz confissão.

V. A prova pré-constituída nos autos pode ser levada em conta para confronto com a confissão ficta (art.400, I, CPC[6]), implicando cerceamento de defesa o indeferimento de provas posteriores.

As assertivas INCORRETAS são:

A) II, III e IV.

B) I, III e V.

C) III, IV e V.

D) I, II e IV.

E) II, IV e V.

↓RESPOSTA

Alternativa Letra B.
I – Súmula nº 9 do TST.
III – Súmula nº 122 do TST.
V – Súmula nº 74, II do TST.

2. REVELIA

SÚMULA Nº 122 DO TST

Revelia. Atestado médico

A reclamada, ausente à audiência em que deveria apresentar defesa, é revel, ainda que presente seu advogado munido de procuração, podendo ser ilidida a revelia mediante a apresentação de atestado médico, que deverá declarar, expressamente, a impossibilidade de locomoção do empregador ou do seu preposto no dia da audiência.

OJ Nº 245 DA SDI – I DO TST

Revelia. Atraso. Audiência

Inexiste previsão legal tolerando atraso no horário de comparecimento da parte na audiência.

6 NCPC, art. 443, I.

QUESTÕES

01. (Fundação Carlos Chagas. TRT da 2ª Região/ 2014. Analista Judiciário – Área Judiciária) Na audiência UNA, o reclamante não comparece, sob motivo de internação hospitalar devidamente comprovado, fazendo-se substituir por colega de trabalho que conhece os fatos alegados na reclamação e seu advogado. Ainda, deixa de comparecer o representante legal da empresa, sob alegação que ficou preso no trânsito, estando presente apenas seu advogado munido de procuração e defesa. Diante do exposto, o juiz

A) receberá a defesa apresentada pelo advogado da empresa e ouvirá o depoimento pessoal do representante do reclamante e suas testemunhas.

B) determinará de plano o arquivamento do feito, ante o não comparecimento de ambas as partes.

C) decretará a revelia da reclamada, com aplicação da pena de confissão quanto à matéria de fato, redesignando nova data de audiência para o depoimento pessoal das partes.

D) determinará o arquivamento do feito, uma vez que o representante do autor não possui poderes para prestar depoimento pessoal, nem celebrar acordos em seu nome.

E) redesignará nova data, ilidindo o arquivamento, tendo em vista a representação do reclamante por seu colega, e não implicará revelia e pena de confissão à reclamada quanto à matéria de fato, em razão do trânsito caótico, que é considerado fato notório.

↓RESPOSTA

Alternativa letra C.
Súmula nº 122 do TST e arts. 843, §2º, 844, caput, CLT.

02. (FCC – Analista Judiciário – Execução de Mandados – TRT 1/2013) A empresa Deuses do Olimpo Produções S/A foi citada para responder reclamatória trabalhista que tramita pelo procedimento ordinário e comparecer à audiência UNA (conciliação, instrução e julgamento), designada trinta dias após a sua notificação. Entretanto, o representante legal da empresa reclamada, por mero esquecimento, não compareceu à audiência designada. O reclamante compareceu à audiência sem a presença de seu advogado. O advogado da reclamada, presente em audiência, pretendeu apresentar defesa oral. Nessa situação, com fundamento na lei e em jurisprudência sumulada do Tribunal Superior do Trabalho – TST, o Juiz deverá

A) arquivar a reclamatória diante da ausência de uma das partes e do advogado do reclamante, tendo em vista que este não pode atuar pessoalmente na Justiça do Trabalho.

B) adiar a audiência para outra data possibilitando o comparecimento do advogado do reclamante e do representante legal da reclamada.

C) permitir ao patrono da empresa a apresentação de defesa oral e adiar a audiência para que o advogado do reclamante tome ciência da defesa e apresente réplica nos autos.

D) aplicar a revelia e consequente confissão quanto à matéria de fato à reclamada ausente não permitindo que seu advogado apresente defesa oral diante do motivo da ausência não ser relevante e prosseguir com o processo sem adiar a audiência.

E) autorizar que o patrono da reclamada apresente defesa por escrito em 15 dias diretamente no protocolo da Secretaria da Vara e adiar a audiência para nova data.

↓RESPOSTA

Alternativa letra D.
Súmula nº 122 do TST e art. 844, caput, CLT.

03. (CESPE – TRT 9 – Analista Judiciário – Área Administrativa/2007) Acerca do processo do trabalho e dos procedimentos trabalhistas, julgue os seguintes itens.

– Se o reclamado não comparecer à audiência de instrução, será declarado confesso, exceto se, na impossibilidade de locomoção para participar do ato onde poderia ser ouvido, apresentar justificativa relevante e consistente.

↓RESPOSTA

CERTO. Súmula nº 122 do TST e artigo 844, parágrafo único CLT.

04. (Exame de Ordem 2011.1 – FGV) Em audiência de conciliação, instrução e julgamento, o reclamado não respondeu ao pregão, mas compareceu o seu advogado, munido de procuração e dos atos constitutivos da empresa. Dada a palavra ao reclamante, seu advogado requereu que a empresa fosse considerada revel e confessa, pelo que o juiz indeferiu a juntada da defesa escrita que o advogado da parte reclamada pretendia apresentar. Assinale a alternativa correta, indicando como deve o advogado da parte reclamada proceder.

A) Deve lançar em ata o protesto, alegando que, no processo do trabalho, a revelia decorre da falta de apresentação de defesa, pelo que a presença do advogado, munido de procuração, supre a ausência da parte.

B) Deve conformar-se, pois, no processo do trabalho, a revelia decorre da ausência da parte ré, importando em confissão quanto a qualquer matéria, pelo que a presença do advogado da parte ausente, munido de procuração e defesa, é irrelevante.

C) Deve lançar em ata o protesto, alegando que, no processo do trabalho, a revelia decorre da ausência da parte ré, importando em confissão quanto à matéria de fato, pelo que o juiz deve receber a defesa apresentada pelo advogado da parte ausente, desde que munido de procuração, para o exame das questões de direito.

D) Deve conformar-se, pois, no processo do trabalho, a revelia tanto pode decorrer da ausência da parte ré quanto da falta de apresentação da defesa, estando ou não presente o advogado da parte ausente (ainda que munido de procuração) e sempre importa em confissão quanto a qualquer matéria, de fato ou de direito.

↓RESPOSTA

Alternativa Letra C.
Súmula nº 122 do TST.

05. (TRT 23ª Região – Juiz do Trabalho Substituto – 2015) O advogado da reclamada (empresa-ré) compareceu à audiência una munido de contestação, procuração e contrato social. Diante da ausência injustificada do preposto, segundo o entendimento sumulado do Tribunal Superior do Trabalho,

a) a reclamação trabalhista será julgada procedente.

b) a audiência una deverá ser adiada.

c) a reclamação trabalhista será arquivada.

d) deverá ser aplicada a pena de confissão, não havendo revelia diante da presença do advogado que demonstrou a intenção de defender-se.

e) deverá ser aplicada a revelia e pena de confissão.

↓RESPOSTA

Alternativa Letra E.
Súmula nº 122 do TST.

06. (FCC – Juiz do Trabalho Substituto 11ª região/ 2012) Por ocasião da realização de audiência UNA em reclamação trabalhista, apregoadas as partes, ingressam em sala de audiências o reclamante Zeus da Silva acompanhado de seu advogado e o advogado da reclamada desacompanhado do preposto ou representante da reclamada Beta Comunicações S/A. O patrono da ré não justificou o motivo da ausência do réu, mas requereu a juntada de procuração e apresentação de defesa oral. Neste caso, conforme entendimento sumulado do Tribunal Superior do Trabalho, o Juiz deve

A) adiar a audiência para futuro comparecimento de preposto ou representante da ré, em atenção aos princípios constitucionais da ampla defesa e contraditório.

B) permitir que o advogado funcione também como preposto, juntar posterior carta de preposição e aceitar a defesa oral.

C) aceitar a defesa oral e aplicar a confissão à reclamada ausente.

D) não aceitar a apresentação de defesa oral e decretar a revelia da reclamada.

E) nomear ex officio uma das testemunhas presentes da reclamada, empregado da empresa, como preposto ad hoc e acolher defesa oral em razão do princípio da celeridade processual.

↓RESPOSTA

Alternativa Letra D.
Súmula nº 122 do TST.

07. (Juiz do Trabalho Substituto - TRT 21ª região/ 2012) Sobre a audiência trabalhista, é incorreto afirmar:

A) existe previsão legal tolerando atraso de até 15 minutos para o Juiz comparecer à audiência, do horário previamente designado, estendendo-se o mesmo direito às partes, em face do princípio da isonomia de tratamento entre magistrado e jurisdicionado;

B) não havendo acordo, o reclamado apresentará sua defesa escrita, ou disporá de 20 minutos para aduzir defesa oral, após a leitura da reclamação, quando esta não for dipensada por ambos os litigantes;

C) nas reclamações enquadradas no rito sumaríssimo, não contendo a petição inicial a indicação correta do nome e endereço do reclamado, além da certeza e determinação do pedido, a reclamação trabalhista será arquivada e o reclamante condenado ao pagamento de custas sobre o valor da causa;

D) é facultado ao empregador fazer-se substituir pelo gerente, ou qualquer outro preposto, desde que empregado e tenha conhecimento do fato, cujas declarações obrigarão o proponente, exceto quanto à reclamação de empregado doméstico, ou contra micro ou pequeno empresário;

E) não torna suspeita a testemunha o simples fato de estar litigando ou de ter litigado contra o mesmo empregador.

↓RESPOSTA

Alternativa Letra A.
OJ nº 245 da SDI-I e artigo 815, parágrafo único CLT.

08. (Juiz do Trabalho Substituto - TRT 8ª região/ 2011) Com relação à audiência trabalhista, assinale a alternativa CORRETA:

A) As audiências deverão ser realizadas na sede do Juízo ou Tribunal, em dias úteis previamente fixados, sendo vedado ao juiz designar outro local para a sua realização.

B) A Consolidação das Leis do Trabalho expressamente prevê que, salvo quando se tratar de reclamação de empregado doméstico, o preposto deve ser necessariamente empregado do reclamado.

C) Consoante jurisprudência consolidada do Tribunal Superior do Trabalho, exceto se houver, no mandato, poderes expressos para substabelecer, são inválidos os atos praticados pelo substabelecido em audiência.

D) A parte que não comparecer por duas vezes seguidas à audiência inaugural para a qual foi devidamente notificada, incorrerá na pena de perda do direito de reclamar perante a Justiça do Trabalho, pelo prazo de seis meses.

E) O Tribunal Superior do Trabalho, por meio de jurisprudência pacificada, entende que, ausente a reclamada à audiência em que deveria apresentar defesa e declarada a revelia, esta pode ser ilidida mediante a apresentação de atestado médico, que deverá declarar, expressamente, a impossibilidade de locomoção do empregador ou do seu preposto no dia da audiência.

↓RESPOSTA

Alternativa Letra E.
Súmula nº 122 do TST.

3. PREPOSTO

SÚMULA Nº 377 DO TST

Preposto. Exigência da condição de empregado

Exceto quanto à reclamação de empregado doméstico, ou contra micro ou pequeno empresário, o preposto deve ser necessariamente empregado do reclamado. Inteligência do art. 843, § 1º, da CLT e do art. 54 da Lei Complementar nº 123, de 14 de dezembro de 2006.

⊙ QUESTÕES

01. (FCC - TRT24/2017 - Oficial de Justiça Avaliador – Área Judiciária) A empresa Universal Temperos ME foi notificada em reclamação trabalhista para comparecer em Juízo e, facultativamente, apresentar defesa. No dia designado para a audiência, os dois sócios da empresa estavam impossibilitados de comparecer, um por motivo de doença e o outro por viagem. Assim, indicaram preposto para comparecer em audiência. Conforme a legislação e entendimento sumulado do Tribunal Superior do Trabalho, o preposto

(A) sempre deve ser empregado da empresa reclamada.

(B) não precisa ser empregado, basta ter conhecimento dos fatos, cujas declarações obrigarão o preponente.

(C) não precisa ser empregado da reclamada quando se tratar de ação movida contra micro empresário.

(D) não precisa ser empregado do reclamado apenas quando se tratar de ação movida contra empresas de economia mista.

(E) independente do tipo de empresa precisa ser empregado do reclamado apenas nas ações que tramitam pelo rito ordinário.

↓ RESPOSTA

Alternativa Letra C.

Súmula nº 377 do TST

02. (FCC – TRT11/2017 – Analista Judiciário – Área Judiciária) Considere as situações hipotéticas abaixo.

I. Reclamação Trabalhista proposta por Angela, empregada doméstica, em face de sua ex-empregadora, Ludimila.

II. Reclamação Trabalhista proposta por Domingos, cozinheiro, em face de seu ex-empregador o restaurante Boa Alimentação EPP.

III. Reclamação Trabalhista proposta por Joaquim, metalúrgico, em face da indústria Ligas Ltda.

De acordo com o entendimento Sumulado do TST, o preposto deverá ser necessariamente empregado da reclamada em

(A) III, apenas.

(B) I e II, apenas.

(C) II, apenas.

(D) II e III, apenas.

(E) I, II e III.

↓ RESPOSTA

Alternativa Letra A.

Item III: Correto: Súmula nº 377 do TST.

03. (TRT20/2016 – FCC – Analista Judiciário – OJA) Em audiência realizada em reclamação trabalhista o micro empresário Péricles enviou como preposto o contador autônomo que não presenciou os fatos que foram objeto do litígio. O advogado do reclamante requereu a aplicação de confissão da reclamada. Nessa situação, conforme entendimento legal e sumulado do Tribunal Superior do Trabalho,

(A) a confissão deve ser acolhida porque o preposto, apesar de não ter a obrigação de presenciar os fatos, deve ser gerente ou empregado da empresa reclamada.

(B) a impugnação deve ser acolhida, porque o preposto necessariamente deve ter testemunhado os fatos que foram objeto do litígio.

(C) a confissão não deve ser acolhida porque se exige do preposto apenas o conhecimento dos fatos e não tê-los presenciado, bem como não precisa ser empregado em caso de pequeno ou micro empresário.

(D) a lei processual trabalhista é omissa quanto ao preposto ter ou não testemunhado os fatos, cabendo ao juiz adiar a audiência para que a empresa traga como representante para depoimento outra pessoa que tenha presenciado os fatos.

(E) a confissão não deve ser acolhida em razão do contraditório, devendo o juiz adiar a audiência para que o micro empresário Péricles, que tem conhecimento dos fatos, compareça pessoalmente na audiência.

↓ RESPOSTA

Alternativa Letra C.

Súmula nº 377 do TST.

04. (MPT. 19º Concurso para Procurador do Trabalho/2015) Analise as assertivas abaixo:

1) Oposta exceção de incompetência, é vedado à parte arguir conflito de jurisdição.

2) No procedimento de rito sumaríssimo, todos os incidentes e exceções que possam inter-

ferir no prosseguimento da audiência e do processo serão decididas de plano, salvo a exceção de incompetência.

3) As nulidades deverão ser arguidas pelas partes na primeira vez em que tiverem de falar em audiência ou nos autos, sob pena de preclusão, não cabendo sua declaração ex officio.

4) O preposto da empresa deve ser, obrigatoriamente, seu empregado, exceto na hipótese de reclamação de empregado doméstico ou reclamação contra micro e pequeno empresário.

Marque a alternativa CORRETA:

a) as assertivas 1 e 3 estão corretas;

b) as assertivas 2 e 4 estão corretas;

c) as assertivas 1 e 4 estão corretas;

d)apenas a assertiva 4 está correta.

e) Não respondida.

↓RESPOSTA

Alternativa letra: C.

I – Art. 806 da CLT

II – Súmula nº 377 do TST

05. (TRT 2 - Juiz do Trabalho Substituto 2ª região/2015) Sobre as partes, procuradores e audiência, à luz da legislação vigente e da jurisprudência sumulada do Tribunal Superior do Trabalho, analise as seguintes proposições:

I. A ausência injustificada do reclamado em audiência una, embora esteja presente seu advogado munido de procuração e defesa, gera revelia e confissão quanto à matéria fática do réu.

II. O empregador de microempresa ou de empresa de pequeno porte pode ser representado em audiência por preposto, ainda que este não seja empregado ou faça parte do quadro societário da empresa reclamada.

III. Nos dissídios coletivos é obrigatória a assistência dos interessados de advogado regularmente constituído pela entidade sindical.

IV. Se por doença ou qualquer outro motivo ponderoso, devidamente comprovado, não for possível ao empregado comparecer pessoalmente na audiência, poderá fazer-se representar por seu advogado ou algum membro de sua família.

V. Aplica-se a confissão à parte que, expressamente intimada com aquela cominação, não comparecer a audiência em prosseguimento de instrução em que deveria depor.

Responda:

A) Todas as proposições estão corretas.

B) Somente as proposições II e III estão incorretas.

C) Somente a proposição IV está incorreta.

D) Somente as proposições I, II e V estão corretas.

E) Somente a proposição II está incorreta.

↓RESPOSTA

Alternativa letra: D.

I – Art. 844 da CLT

II – Súmula nº 377 do TST

V - Súmula nº 74, I do TST.

06. (TRT 23 - Juiz do Trabalho Substituto 23ª região/ 2014) À luz da lei e da jurisprudência cristalizada pelo Tribunal Superior do Trabalho, aponte a alternativa INCORRETA:

A) E facultado ao empregador fazer-se substituir, em audiência, pelo gerente, ou qualquer outro preposto que tenha conhecimento dos fatos; somente se admite que o preposto não seja empregado na hipótese do empregador doméstico.

B) Quando a decisão concluir pela procedência do pedido, determinará o prazo e as condições para seu cumprimento.

C) O reclamado ausente à audiência em que deveria apresentar defesa é revel, ainda que presente seu advogado munido de procuração.

D) A nulidade não será pronunciada quando for possível suprir-se a falta ou repetir o ato, bem como quando arguida por quem lhe tiver dado causa.

E) Não sendo liquida a condenação, o juiz arbitrar-lhe-á o valor e fixará o montante das custas judiciais.

↓ *RESPOSTA*

Alternativa letra: A.
Súmula nº 377 do TST.
Art. 843, §1º da CLT

07. (FCC - Procurador Município – Prefeitura Cuiabá-MT/2014) Sobre a atuação e representação da parte perante a Justiça do Trabalho é INCORRETO afirmar:

A) A ação trabalhista do menor de 18 anos será feita por seus representantes legais e, na falta destes, pelo Ministério Público do Trabalho, pelo sindicato, pelo Ministério Público Estadual ou curador nomeado em juízo.

B) A Administração Pública Direta, quando representada em juízo, ativa e passivamente, por seus procuradores, está dispensada da juntada de instrumento de mandato e de comprovação do ato de nomeação.

C) A Administração Pública Direta, quando representada em juízo, ativa e passivamente, por seus procuradores, é essencial que o signatário ao menos declare-se exercente do cargo de procurador, não bastando a indicação do número de inscrição na Ordem dos Advogados do Brasil.

D) Em toda ação trabalhista, o preposto deve ser empregado do reclamado.

E) O jus postulandi das partes limita-se às Varas do Trabalho e aos Tribunais Regionais do Trabalho, não alcançando os recursos de competência do Tribunal Superior do Trabalho.

↓ *RESPOSTA*

Alternativa letra: D.
Súmula nº 377 do TST.

08. (MPT – Procurador do Trabalho/2013) Um grupo de oito estudantes de uma república estudantil contratou uma empregada doméstica para laborar na respectiva moradia. A carteira de trabalho foi assinada por um dos estudantes, de nome Orestes. Após o término do contrato, a empregada ajuizou uma ação trabalhista contra o ex-empregador. Na data designada para a audiência inaugural Orestes não poderá comparecer.

Diante da situação, assinale a alternativa CORRETA:

A) Somente Orestes pode representar o polo passivo e sua ausência acarretará a revelia.

B) Qualquer dos demais estudantes pode representar o polo passivo.

C) O empregador doméstico poderá ser dispensado de comparecer e ser representado apenas pelo advogado.

D) Por se tratar de empregador doméstico, que não pode nomear preposto, o juiz deverá adiar a audiência para outra data.

E) não respondida.

↓ *RESPOSTA*

Alternativa letra: B.
Súmula 377 do TST.

09. (FCC – Analista Judiciário – Execução de Mandados – TRT 1/2013) A empresa Deuses do Olimpo Produções S/A foi citada para responder reclamatória trabalhista que tramita pelo procedimento ordinário e comparecer à audiência UNA (conciliação, instrução e julgamento), designada trinta dias após a sua notificação. Entretanto, o representante legal da empresa reclamada, por mero esquecimento, não compareceu à audiência designada. O reclamante compareceu à audiência sem a presença de seu advogado. O advogado da reclamada, presente em audiência, pretendeu apresentar defesa oral. Nessa situação, com fundamento na lei e em jurisprudência sumulada do Tribunal Superior do Trabalho – TST, o Juiz deverá

A) arquivar a reclamatória diante da ausência de uma das partes e do advogado do reclamante, tendo em vista que este não pode atuar pessoalmente na Justiça do Trabalho.

B) adiar a audiência para outra data possibilitando o comparecimento do advogado do reclamante e do representante legal da reclamada.

C) permitir ao patrono da empresa a apresentação de defesa oral e adiar a audiência para que o advogado do reclamante tome ciência da defesa e apresente réplica nos autos.

D) aplicar a revelia e consequente confissão quanto à matéria de fato à reclamada ausente não permitindo que seu advogado apresente defesa oral diante do motivo da ausência não ser relevante e prosseguir com o processo sem adiar a audiência.

E) autorizar que o patrono da reclamada apresente defesa por escrito em 15 dias diretamente no protocolo da Secretaria da Vara e adiar a audiência para nova data.

↓RESPOSTA

Alternativa letra: D.
Súmula nº 122 do TST e art. 844, caput, CLT.

10. (TRT 14 – Juiz do Trabalho Substituto 14ª região/ 2013) Analise as proposições a seguir e escolha a alternativa correta.

I. Aplica-se a confissão à parte que, expressamente intimada com aquela cominação, não comparecer à audiência em prosseguimento, na qual deveria depor. Mas a prova pré-constituída nos autos pode ser levada em conta para confronto com a confissão ficta, não implicando cerceamento de defesa o indeferimento de provas posteriores.

II. A vedação à produção de prova posterior pela parte confessa somente a ela se aplica, não afetando o exercício, pelo magistrado, do poder/dever de conduzir o processo.

III. A intervenção assistencial, simples ou adesiva, em qualquer hipótese, só é admissível se demonstrado o interesse jurídico, não bastando o interesse meramente econômico.

IV. É facultado ao empregador fazer-se substituir, por ocasião da audiência trabalhista, pelo gerente ou por qualquer outro preposto, desde que este detenha a qualidade de empregado, exceto quanto à reclamação contra micro ou pequeno empresário, sendo certo que suas declarações, em qualquer hipótese, detenha ou não conhecimento dos fatos, obrigarão o preponente.

V. A massa falida não se sujeita à penalidade do art. 467 da CLT e nem à multa do § 8° do art. 477, ambos da CLT. Já as empresas em liquidação extrajudicial não têm seus débitos sujeitos a correção monetária e juros de mora, sendo certo que tal privilégio não é extensível ao sucessor daquela, quando a sucessão se der nos moldes do aos arts. 10 e 448 da CLT, porquanto o sucessor responde pela obrigação do sucedido, não se beneficiando de qualquer privilégio a este destinado.

A) somente as proposições I e III estão incorretas;

B) somente as proposições II e III estão incorretas;

C) somente as proposições III e IV estão incorretas;

D) somente as proposições IV e V estão incorretas;

E) todas as proposições estão incorretas.

↓RESPOSTA

Alternativa letra D.
IV – Art. 843, § 1º e Súmula nº 377 do TST.
V – Súmula nº 388 e OJ nº 408 da SDI-I do TST.

11. (FCC – TST – Analista Judiciário – Área Judiciária/2012) Conforme previsão legal e jurisprudência sumulada do TST, em relação às audiências trabalhistas é correto afirmar:

A) Aberta a audiência, o reclamado terá vinte minutos para aduzir sua defesa oral ou apresentá-la por escrito e, em seguida, o juiz proporá a conciliação.

B) Terminada a defesa, seguir-se-á a instrução do processo, devendo o juiz, ex officio, interrogar os litigantes, sob pena de nulidade, sendo que findo o interrogatório não poderão os litigantes retirar-se, até o término da instrução com a oitiva de testemunhas.

C) A ausência do reclamante, quando adiada a instrução após contestada a ação em audiência, importa arquivamento do processo.

D) Exceto quanto à reclamação de empregado doméstico, ou contra micro ou pequeno empresário, o preposto em audiência deve ser necessariamente empregado do reclamado.

E) Não se aplica a confissão à parte que, expressamente intimada com aquela cominação, não comparecer à audiência em prosseguimento, na qual deveria depor desde que esteja presente o seu advogado.

RESPOSTA

Alternativa Letra D.
Súmula nº 377 do TST.

12. (FCC – TRT 20 – Analista Judiciário/ 2011) Murilo ajuizou reclamação trabalhista em face de sua ex-empregadora a empresa Azul Ltda; Mateus ajuizou reclamação trabalhista em face de sua ex-empregadora a multinacional Blue; e Matias ajuizou reclamação trabalhista em face de sua ex-empregadora a empresa Branca Ltda. Na audiência UNA já designada nos respectivos processos, todas as empresas pretendem enviar prepostos. Nestes casos, considerando que Murilo e Mateus possuem mais de dez anos de contrato de trabalho, de acordo com o entendimento Sumulado do Tribunal Superior do Trabalho, o preposto deve ser necessariamente empregado

A) das empresas Azul, Blue e Branca.

B) das empresas Azul e Branca, apenas.

C) da empresa Blue, apenas.

D) das empresas Azul e Blue, apenas.

E) da empresa Branca, apenas.

RESPOSTA

Alternativa Letra A.
Súmula nº 377 do TST.

13. (FCC – TRT 2 – Analista Judiciário – Área Judiciária/2008) Considere:

I. A reclamação trabalhista A tem como partes Maria e sua ex-empregada doméstica Ursula.

II. A reclamação trabalhista B tem como partes a micro-empresa SAPO e seu ex-empregado João.

III. A reclamação trabalhista C tem como partes a sociedade anônima RATO e seu ex-empregado Domingos.

IV. A reclamação trabalhista D tem como partes a empresa privada ROMA e sua ex-funcionária Vânia.

Para se fazerem representados em audiência, o preposto deverá ser necessariamente empregado do(a) reclamado(a) APENAS nas demandas indicadas em

A) II, III e IV.

B) I, II e III.

C) III e IV.

D) II e III.

E) I, III e IV.

RESPOSTA

Alternativa Letra C.
Súmula nº 377 do TST.

14. (CESPE – TRT 5 – Analista Judiciário – Área Administrativa/2008) Quanto às audiências, julgue o item abaixo.

– O preposto deve ser necessariamente empregado do reclamado, exceto nas causas de empregados domésticos ou contra micro ou pequeno empresário.

RESPOSTA

CERTO. Súmula nº 377 do TST.

15. (Juiz do Trabalho Substituto – TRT 19ª região/ 2012) À luz da lei e da jurisprudência cristalizada pelo TST, assinale a alternativa incorreta:

A) Aplica-se a confissão à parte que, expressamente intimada com aquela cominação, não comparecer à audiência em prosseguimento, na qual deveria depor. A prova pré – constituída nos autos pode ser levada em conta para confronto com a confissão ficta, não implicando cerceamento de defesa o indeferimento de provas posteriores. É certo, ademais, que a vedação à produção de prova posterior pela parte confessa somente a ela se aplica, não afetando, por óbvio, o exercício, pelo magistrado, do poder/dever de conduzir o processo.

B) É facultado ao empregador fazer-se substituir pelo gerente, ou qualquer outro preposto que tenha conhecimento do fato, e cujas declarações obrigarão o proponente. O preposto deve ser necessariamente empregado do reclamado, ressalvando-se apenas a reclamação de empregado doméstico.

C) A reclamada, ausente à audiência em que deveria apresentar defesa, é revel, ainda que presente seu advogado munido de procuração, podendo ser ilidida a revelia mediante a apresentação de atestado médico, que deverá declarar, expressamente, a impossibilidade de locomoção do empregador ou do seu preposto no dia da audiência.

D) É ônus do empregador que conta com mais de 10 (dez) empregados o registro da jornada de trabalho. A não apresentação injustificada dos controles de frequência gera presunção relativa de veracidade da jornada de trabalho, a qual pode ser elidida por prova em contrário. A presunção de veracidade da jornada de trabalho, ainda que prevista em instrumento normativo, pode ser elidida por prova em contrário. Os cartões de ponto que demonstram horários de entrada e saída uniformes são inválidos como meio de prova, invertendo-se o ônus da prova, relativo às horas extras, que passa a ser do empregador, prevalecendo a jornada da inicial se dele não se desincumbir.

E) A decisão que defere horas extras com base em prova oral ou documental não ficará limitada ao tempo por ela abrangido, desde que o julgador, de alguma forma, fique convencido de que o procedimento questionado superou aquele período.

↓RESPOSTA

Alternativa Letra B.
Súmula nº 377 do TST e artigo 843, § 1º CLT.

16. (FCC - Juiz do Trabalho Substituto 20ª região/ 2012) É INCORRETO afirmar que

A) o preposto deve ser necessariamente empregado.

B) nas ações plúrimas, os empregados poderão fazer - se representar pelo sindicato da categoria profissional correspondente.

C) o não comparecimento do reclamante à audiência importa o arquivamento da reclamação.

D) aberta a audiência, o juiz proporá a conciliação.

E) a vedação à produção de prova posterior pela parte confessa somente a ela se aplica, não afetando o exercício, pelo magistrado, do poder/dever de conduzir o processo.

↓RESPOSTA

Alternativa Letra A.
Súmula nº 377 do TST.

4. CONCILIAÇÃO

SÚMULA Nº 259 DO TST

Termo de conciliação. Ação rescisória

Só por ação rescisória é impugnável o termo de conciliação previsto no parágrafo único do art. 831 da CLT.

OJ Nº 132 DA SDI - II DO TST

Ação rescisória. Acordo homologado. Alcance. Ofensa à coisa julgada

Acordo celebrado – homologado judicialmente – em que o empregado dá plena e ampla quitação, sem qualquer ressalva, alcança não só o objeto da inicial, como também todas as demais parcelas referentes ao extinto contrato de trabalho, violando a coisa julgada, a propositura de nova reclamação trabalhista.

SÚMULA Nº 418 DO TST

Mandado de Segurança visando à homologação de acordo.

A homologação de acordo constitui faculdade do juiz, inexistindo direito líquido e certo tutelável pela via do mandado de segurança.

⊙ QUESTÕES

01. (TRT 2 - Juiz do Trabalho Substituto 2ª região/2016) Das ações civis admissíveis no processo trabalhista é INCORRETO afirmar que:

A) Nos casos previstos em lei, poderá o devedor ou terceiro requerer, com efeito de pagamento, a consignação da quantia ou da coisa devida.

B) É admitida a ação monitoria a quem pretender, com base em prova escrita sem eficácia de título executivo, pagamento de soma em dinheiro, entrega de coisa fungível ou de determinado bem móvel.

C) A sentença da Ação Civil Pública fará coisa julgada *erga omnes*, nos limites da competência territorial do órgão prolator, exceto se o pedido for julgado improcedente por insuficiência de provas, hipótese em que qualquer legitimado poderá intentar outra ação com idêntico fundamento, valendo-se de nova prova.

D) No caso de conciliação, a medida cabível para desconstituir o termo de homologação é a ação anulatória.

E) Os Termos de Ajustamento de Conduta firmados perante o Ministério Público do Trabalho, e os Termos de Conciliação firmados nas Comissões de Conciliação Prévia constituem títulos executivos extrajudiciais aptos a instruir a ação executiva.

↓RESPOSTA

Alternativa Letra D.

Súmula nº 259 do TST.

02. (TRT 2 - Juiz do Trabalho Substituto 2ª região/2015) É sabido que a conciliação se constitui em princípio fundamental do Processo do Trabalho, tanto na fase de conhecimento quanto na fase de execução. De acordo com essa assertiva, e CORRETO afirmar que:

A) A conciliação valerá como decisão irrecorrível; em hipótese alguma poderá ser impugnada.

B) Não há necessidade de se lavrar o termo de conciliação, haja vista a remissão da dívida não ter relação com a execução trabalhista.

C) Firmado o acordo, deverá ser estabelecida a de ficar a parte que não cumpri-lo obrigada a satisfazer integralmente o pedido, além de pagar a indenização convencionada, sem prejuízo do cumprimento do acordo.

D) Apenas por ação rescisória os termos da conciliação poderão ser impugnados, em concordância com o artigo 831, da CLT.

E) Somente é licito às partes a celebração de acordo antes de encerrado o juízo conciliatório.

↓RESPOSTA

Alternativa letra: D.

Súmula nº 259 do TST.

03. (FCC – Analista Judiciário – Oficial de Justiça Avaliador – TRT 16/2014) Antonio ajuizou reclamação trabalhista contra sua ex-empregadora, sendo que na audiência designada as partes celebraram acordo amigável, devidamente homologado em Juízo, no valor de R$ 10.000,00, a ser pago em cinco parcelas de R$ 2.000,00 cada, com início a partir de dez dias da realização da audiência. Entretanto, no dia seguinte, Antonio se arrependeu, por entender que tinha direito a valor superior ao acordado. Neste caso, Antonio

A) não poderá recorrer da decisão por este motivo.

B) poderá interpor recurso ordinário, contando seu prazo a partir do pagamento da última parcela do acordo.

C) poderá interpor agravo de petição, tendo em vista que está findo o processo de conhecimento.

D) só poderá opor embargos de declaração, contando seu prazo a partir de cinco dias da data da realização da audiência.

E) deverá interpor agravo de instrumento, contando seu prazo a partir do pagamento da primeira parcela do acordo homologado.

↓RESPOSTA

Alternativa letra: A.

Art. 831 da CLT e a Súmula nº 259 do TST.

04. (AJAJ – TRT 2ª região – FCC/2014) Analise as proposições abaixo e assinale a alternativa correta.

A) Segundo jurisprudência sumulada do TST, o alcance do *jus postulandi* das partes limita-se às Varas do Trabalho e aos Tribunais Regionais do Trabalho, não se estendendo à ação rescisória, à ação cautelar, ao mandando de segurança e aos recursos de competência do TST.

B) O princípio do impulso oficial nas execuções trabalhistas é aplicável somente às ações trabalhistas típicas, ou seja, aquelas em que se discutem créditos advindos de relações de emprego.

C) O acordo homologado judicialmente tem força de decisão irrecorrível, transitando em julgado na data de sua homologação, salvo em relação à Previdência Social, quanto às contribuições que lhe forem devidas, passível somente de ação rescisória.

D) O princípio protetor, utilizado amplamente no direito material do trabalho, é igualmente aplicado ao processo do trabalho, tendo em vista a hipossuficiência do trabalhador, sendo desnecessária a produção de provas para deferimento do quanto pleiteia o reclamante, bastando a apresentação de prova documental.

E) Consoante a sistemática da Consolidação das Leis do Trabalho, sendo escrita, a reclamação deverá conter a designação do presidente da Vara ou do Juiz de Direito, a quem for dirigida, a qualificação do reclamante e do reclamado, uma breve exposição dos fatos de que resulte o dissídio, os fundamentos jurídicos do pedido, o pedido, a data e a assinatura do reclamante ou de seu representante.

↓RESPOSTA

Alternativa letra: C.
Art. 831 da CLT e a Sumula 259 do TST.

05. (TRT 3 – Juiz do Trabalho Substituto 3ª região/ 2013) Em relação ao processo do trabalho, leia as afirmações abaixo e, em seguida, assinale a alternativa correta:

I. Nas lides que não decorram da relação de emprego cujo julgamento compete à Justiça do Trabalho a sistemática recursal a ser observada é a prevista na CLT, no tocante à nomenclatura, à alçada, aos prazos, às competências e ao preparo.

II. O termo de acordo tem a natureza de sentença de mérito irrecorrível, inclusive para a Previdência Social.

III. A recusa à homologação de acordo não é passível de ataque por meio de mandado de segurança.

IV. As microempresas e as empresas de pequeno porte deverão ser estimuladas a utilizar os institutos da conciliação prévia, mediação e arbitragem para solução dos seus conflitos.

A) Todas as afirmativas estão corretas.

B) Somente as afirmativas I e IV estão corretas.

C) Somente as afirmativas III e IV estão corretas.

D) Somente a afirmativa IV está correta.

E) Somente as afirmativas I, III e IV estão corretas.

↓RESPOSTA

Alternativa letra E.
I – Art. 2º,
Instrução Normativa nº27/2005 TST.
III – Súmula nº418 do TST.
IV – Art. 75 da Lei 123/2006.

06. (FGV – OAB 2013.3) Pedro realizou um acordo em reclamação trabalhista que moveu contra o seu ex-empregador, conferindo quitação quanto ao extinto contrato de trabalho e, em contrapartida, recebeu, no ato da homologação judicial, a quantia de R$ 2.500,00 em espécie. Dez dias após, Pedro arrependeu-se de ter aceitado a transação, entendendo que a quantia recebida seria inferior à que faria jus. Considerando as circunstâncias do caso e de acordo com o entendimento legal e jurisprudencial, assinale a afirmativa correta.

A) Pedro poderá ajuizar ação rescisória, no prazo de dois anos, cujo prazo se inicia oito dias após a homologação do acordo.

B) Pedro poderá ajuizar ação anulatória, buscando o desfazimento do ato jurídico.

C) Pedro nada poderá fazer, pois houve trânsito em julgado, impedindo recursos, além do que o motivo apresentado não autoriza ação rescisória.

D) Pedro poderá ajuizar nova ação, postulando outros direitos que não aqueles postulados na ação que redundou no acordo, permitindo a dedução dos R$ 2.500,00 recebidos.

↓RESPOSTA

Alternativa letra C.
Súmula nº 259 do TST

07. (FGV – Procurador do Município – Niterói/2014) Pedro foi empregado de uma sociedade de economia mista Municipal, tendo sido dispensado por justa causa. Ajuizou então reclamação trabalhista 3 meses depois, postulando as verbas resilitórias, pois não reconheceu a prática de qualquer falta grave ensejadora de justa causa, bem como de 2 períodos de férias não fruídas. Em audiência, as partes conciliaram, o acordo foi homologado judicialmente e o valor tratado, pago na data acertada. Poucos dias depois, Pedro ajuíza nova demanda contra a ex-empregadora, desta feita postulando adicional noturno e adicional de insalubridade.

A esse respeito, considerando o entendimento consolidado do TST, assinale a afirmativa correta.

A) Em qualquer hipótese a 2ª ação é viável, pois trata de pedidos distintos, que sequer poderiam ser objeto de quitação na ação anterior, já que não eram tema em debate.

B) Na justiça do Trabalho o acordo faz coisa julgada material para todos, sem exceção, daí porque Pedro precisaria ajuizar ação anulatória para, caso tivesse sucesso, pleitear as outras parcelas desejadas.

C) É ilegal inserir cláusula no acordo conferindo quitação geral do contrato sem ressalva porque o empregado não pode transacionar parcelas não requeridas, em obediência ao princípio da adstrição ou congruência.

D) Se no acordo da 1ª ação tiver sido inserida cláusula de quitação geral com relação ao extinto contrato de trabalho, sem ressalva, não será viável o ajuizamento da 2ª ação, havendo coisa julgada material.

E) Conforme o princípio da proteção ao empregado, nulas são as disposições que prejudiquem o trabalhador. Logo, a 2ª ação seria possível, mesmo com a inserção da cláusula de quitação geral sem ressalva no acordo anterior.

↓RESPOSTA

Alternativa letra D.
OJ nº 132 da SDI-II do TST.

08. (FGV - Exame de Ordem 2014.2) Plínio, empregado da Padaria Pão Bom Ltda., insatisfeito com o trabalho, procurou seu empregador pedindo para ser mandado embora. O empregador aceitou a proposta, desde que tudo fosse realizado por intermédio de um acordo na Justiça do Trabalho, motivo pelo qual foi elaborada ação trabalhista pedindo verbas rescisórias. No dia da audiência, as partes disseram que se conciliaram, mas o juiz, ao indagar Plínio, compreendeu o que estava ocorrendo e decidiu não homologar o acordo. Para a hipótese, assinale a opção Correta.

A) Plínio deverá impetrar Mandado de Segurança para obter a homologação do acordo.

B) A homologação do acordo é faculdade do juiz, que poderá não homologá-lo.

C) Sendo a conciliação um princípio do processo do trabalho, deverá o processo ser remetido para outra Vara para homologação por outro juiz.

D) Plínio deverá interpor reclamação correicional para obter a homologação do acordo.

↓RESPOSTA

Alternativa letra B.
Súmula nº 418 do TST.

09. (TRT 15 – Juiz do Trabalho Substituto 15ª região/ 2013) A reclamante, Maria José, e o reclamado, José Maria, nos autos de uma reclamação trabalhista, antes da prolação da sentença, formalizam um acordo. Submetida a respectiva petição ao juiz, este recusa homologá-lo, sob os fundamentos que expressou na respectiva decisão interlocutória, baseados na preservação da autoridade do interesse público. Sobre a hipótese, considerando entendimento sumulado do TST, é correto dizer:

A) cumpre ao juiz homologar o acordo, por se tratar de negócio jurídico amparado pelo preceito da livre manifestação da vontade;

B) a homologação do acordo constitui faculdade do juiz, não existindo direito líquido e certo para as partes tutelável pela via do mandado de segurança para a hipótese;

C) em função da não homologação, as partes podem discutir os fundamentos apresentados pelo juiz por intermédio de correição parcial;

D) a decisão do juiz, não sendo, passível de impugnação via agravo de instrumento, desafia a interposição, no prazo de 08 (dias), da sua ciência, de recurso ordinário;

E) a homologação do acordo constitui faculdade do juiz, cumprindo-lhe, no entanto, homologar o acordo caso o reclamante ratifique, pessoalmente, os seus termos.

↓RESPOSTA

Alternativa letra B.
Súmula nº 418 do TST.

CAPÍTULO X
RESPOSTA DO RÉU

SUMÁRIO • 1. Compensação – 2. Revelia.

1. COMPENSAÇÃO

SÚMULA Nº 48 DO TST

Compensação

A compensação só poderá ser argüida com a contestação.

SÚMULA Nº 18 DO TST

Compensação

A compensação, na Justiça do Trabalho, está restrita a dívidas de natureza trabalhista.

⊙ QUESTÕES

01. (TRT 8 - Juiz do Trabalho Substituto 8ª região/ 2014) Em relação ao Processo Judiciário do Trabalho, assinale a alternativa INCORRETA, conforme disposto na CLT:

A) Os dissídios individuais ou coletivos submetidos à apreciação da Justiça do Trabalho serão sempre sujeitos à conciliação.

B) Os Juízos e Tribunais do Trabalho terão ampla liberdade na direção do processo e velarão pelo andamento rápido das causas, podendo determinar qualquer diligência necessária ao esclarecimento delas.

C) A compensação, ou retenção, poderá ser deduzida até as razões finais.

D) É lícito às partes celebrar acordo que ponha termo ao processo, ainda mesmo depois de encerrado o juízo conciliatório.

E) Nos casos omissos, o direito processual comum será fonte subsidiária do direito processual do trabalho, exceto naquilo em que for incompatível com as normas deste Título.

↓ RESPOSTA

Alternativa letra C.
Art. 767 da CLT e Súmula nº 18 do TST.

02. TRT 1 – Juiz do Trabalho Substituto 1ª região/ 2013) – Quanto às respostas do réu no Processo do Trabalho, segundo a doutrina, jurisprudência sumulada do Tribunal Superior do Trabalho, bem como a legislação, é correto afirmar:

A) Quanto à contestação, o Código de Processo Civil dispõe expressamente acerca do princípio da eventualidade e da impugnação especificada, ambos aplicáveis ao Processo do Trabalho. O princípio da impugnação especificada, determina que compete ao réu alegar, na contestação, toda a matéria de defesa, expondo as razões de fato e de direito, com que impugna o pedido do autor e especificando as provas que pretende produzir.

B) De acordo com a Consolidação das Leis do Trabalho, a compensação ou a retenção só poderão ser arguidas como matérias de defesa. Segundo entendimento sumulado do Tribunal Superior do Trabalho, a compensação, na Justiça do Trabalho, está restrita a dívidas de natureza trabalhista.

C) A Consolidação das Leis do Trabalho prevê como espécies de resposta do réu somente a contestação, denominada pela CLT genericamente de defesa e as exceções de impedimento, incompetência e suspeição. A reconvenção é prevista tão somente pelo Código de Processo Civil.

D) De acordo com a Consolidação das Leis do Trabalho, apresentada a exceção de incompetência, abrir-se-á vista dos autos ao excipiente, por 48 horas improrrogáveis, devendo a decisão ser proferida na primeira audiência ou sessão que se seguir.

E) De acordo com a Consolidação das Leis do Trabalho, apresentada a exceção de suspeição ou impedimento ou mesmo se o próprio Juiz do Trabalho declarar a sua suspeição ou impedimento, o juiz designará audiência dentro de 24 horas, para instrução e julgamento da exceção. Julgada procedente a exceção nas Varas do Trabalho pelo próprio Juiz do Trabalho em face de quem a parte apresentou exceção, será designado Juiz do Trabalho suplente que funcionará no feito até decisão final.

↓RESPOSTA

Alternativa letra B.
Art. 767 da CLT e Súmula nº 18 do TST.

03. (FCC – TRT 9 – Analista Judiciário – Área Judiciária – Especialidade Execução de Mandados/2004) Nos autos de reclamação trabalhista proposta por ex-empregado, uma empresa pretende ressarcir-se do valor correspondente a empréstimo que efetuou ao reclamante. Assim sendo, é correto afirmar que

A) poderá fazê-lo, arguindo a compensação como matéria de defesa.

B) poderá fazê-lo apenas no momento da execução da sentença.

C) poderá fazê-lo, desde que detenha nota promissória relativa à dívida.

D) não poderá fazê-lo porque, no processo do trabalho, a compensação está restrita às dívidas de natureza trabalhista.

E) não poderá fazê-lo, porque o processo do trabalho não admite qualquer desconto sobre verbas de natureza salarial.

↓RESPOSTA

Alternativa Letra D.
Súmula nº 18 do TST.

04. (Exame de Ordem 2012.1 – FGV) No processo trabalhista, a compensação ou retenção

A) só poderá ser arguida como matéria de defesa.

B) poderá ser arguida em qualquer fase do processo, mesmo na execução definitiva da sentença.

C) poderá ser arguida em qualquer momento, até que a sentença seja proferida pelo juiz de 1ª instância.

D) poderá ser arguida em qualquer momento, até que a sentença tenha transitado em julgado.

↓RESPOSTA

Alternativa Letra A.
Súmula nº 48 do TST.

2. REVELIA

SÚMULA Nº 69 DO TST

Rescisão do contrato

A partir da Lei nº 10.272, de 05.09.2001, havendo rescisão do contrato de trabalho e sendo revel e confesso quanto à matéria de fato, deve ser o empregador condenado ao pagamento das verbas rescisórias, não quitadas na primeira audiência, com acréscimo de 50% (cinqüenta por cento).

SÚMULA Nº 122 DO TST

Revelia. Atestado médico

A reclamada, ausente à audiência em que deveria apresentar defesa, é revel, ainda que presente seu advogado munido de procuração, podendo ser ilidida a revelia mediante a apresentação de atestado médico, que deverá declarar, expressamente, a impossibilidade de locomoção do empregador ou do seu preposto no dia da audiência.

OJ Nº 245 DA SDI – I DO TST

Revelia. Atraso. Audiência

Inexiste previsão legal tolerando atraso no horário de comparecimento da parte na audiência.

OJ Nº 152 DA SDI – I DO TST

Revelia. Pessoa jurídica de direito público. Aplicável. (art. 844 da CLT)

Pessoa jurídica de direito público sujeita-se à revelia prevista no artigo 844 da CLT.

SÚMULA Nº 398 DO TST

Ação rescisória. Ausência de defesa. Inaplicáveis os efeitos da revelia

Na ação rescisória, o que se ataca na ação é a sentença, ato oficial do Estado, acobertado pelo manto da coisa julgada. Assim sendo, e considerando que a coisa julgada envolve questão de ordem pública, a revelia não produz confissão na ação rescisória.

⊙ QUESTÕES

01. (FGV - Exame de Ordem 2013.1) Em reclamação trabalhista movida contra um município, este não comparece à audiência inaugural.

Diante dessa hipótese, assinale a afirmativa correta.

A) Não se cogita de revelia porque o direito é indisponível.

B) Aplica-se a revelia contra o ente público.

C) Não há revelia, mas se aplica a confissão.

D) O juiz deve designar audiência de instrução, haja vista tratar-se de ente público.

RESPOSTA

Alternativa letra B.
OJ nº 152 da SDI-I do TST.

02. (FCC - TRT 23 - Analista Judiciário/ 2011) Com relação à Revelia e à Confissão, considere:

I. Para elidir a revelia basta a presença do advogado do réu na audiência munido de procuração e contestação.

II. A revelia implica o prosseguimento do processo contra o réu, independentemente de intimação ou notificação para a contagem do início dos prazos ou para atos do processo, com exceção da sentença, da qual o réu revel será intimado.

III. Em sede de Ação Rescisória não há lugar para os efeitos da revelia, assim, nesta ação a revelia não produz confissão.

Está correto o que se afirma APENAS em

A) II e III.

B) I e II.

C) I e III.

D) III.

E) I.

RESPOSTA

Alternativa Letra A.
II – artigos 844 e 852 CLT.
III – Súmula nº 398 do TST.

03. (Juiz do Trabalho Substituto - TRT 3ª região/ 2012) Leia as afirmativas abaixo e assinale a alternativa correta:

I. A compensação, a dedução e a retenção são matérias de defesa do reclamado, sendo que a compensação deve ser alegada somente pelo reclamado (no caso do montante pedido pelo reclamante ser igual aos valores a serem compensados pelo reclamado), já a dedução e a retenção podem ser alegadas pelo reclamado e também proclamadas de ofício pelo Poder Judiciário.

II. São matérias de exceções que suspendem o feito no Direito Processual do Trabalho: a incompetência relativa do Juízo, o impedimento, bem como suspeição do Juízo e a incompetência absoluta material.

III. Segundo o entendimento do TST, aplica-se também às pessoas jurídicas de direito público a revelia, caso elas não compareçam, injustificadamente, à audiência na qual deveriam apresentar respostas.

IV. Segundo a jurisprudência sumulada do Tribunal Superior do Trabalho, o preposto tem de ter conhecimento dos fatos e também necessariamente ser empregado do reclamado, exceto apenas e tão somente nos casos de ação de empregado doméstico e em face de micro ou pequenas empresas, hipóteses nas quais se prescinde que o preposto seja empregado do reclamado.

V. A conciliação na Justiça do Trabalho faz coisa julgada material para as partes, não se admitindo recursos contra ela, mas não faz coisa julgada com relação ao INSS, quanto às contribuições que lhes forem devidas, sendo cabível ação rescisória de plano para discuti-las.

A) Somente as afirmativas I e II estão corretas.

B) Somente as afirmativas II e III estão corretas.

C) Somente as afirmativas III e V estão corretas.

D) Somente as afirmativas III e IV estão corretas.

E) Somente as afirmativas IV e V estão corretas.

RESPOSTA

Alternativa Letra D.
III – OJ nº 152 da SDI-I.
IV – Súmula nº 377 do TST.

Capítulo XI
PROVAS

SUMÁRIO • 1. Ônus da Prova – 2. Prova documental – 3. Prova Testemunhal – 4. Confissão – 5. Prova Pericial

1. ÔNUS DA PROVA

Súmula nº 212 do TST

Despedimento. Ônus da prova

O ônus de provar o término do contrato de trabalho, quando negados a prestação de serviço e o despedimento, é do empregador, pois o princípio da continuidade da relação de emprego constitui presunção favorável ao empregado.

Súmula nº 338 do TST

Jornada de trabalho. Registro. Ônus da prova

I – É ônus do empregador que conta com mais de 10 (dez) empregados o registro da jornada de trabalho na forma do art. 74, § 2º, da CLT. A não-apresentação injustificada dos controles de frequência gera presunção relativa de veracidade da jornada de trabalho, a qual pode ser elidida por prova em contrário.

II – A presunção de veracidade da jornada de trabalho, ainda que prevista em instrumento normativo, pode ser elidida por prova em contrário.

III – Os cartões de ponto que demonstram horários de entrada e saída uniformes são inválidos como meio de prova, invertendo-se o ônus da prova, relativo às horas extras, que passa a ser do empregador, prevalecendo a jornada da inicial se dele não se desincumbir.

Súmula nº 6 do TST

Equiparação salarial. Art. 461 da CLT

VIII – É do empregador o ônus da prova do fato impeditivo, modificativo ou extintivo da equiparação salarial.

Súmula nº 460 do TST

Vale-transporte. Ônus da prova.

É do empregador o ônus de comprovar que o empregado não satisfaz os requisitos indispensáveis para a concessão do vale-transporte ou não pretenda fazer uso do benefício.

Súmula nº 461 do TST

FGTS. Diferenças. Recolhimento. Ônus da prova.

É do empregador o ônus da prova em relação à regularidade dos depósitos do FGTS, pois o pagamento é fato extintivo do direito do autor (art. 373, II, do CPC de 2015).

⊙ QUESTÕES

01. (TRT 1 - Juiz do Trabalho Substituto 1ª região/ 2014) A prova é a demonstração legal da verdade dos fatos controvertidos e tem por objeto formar convicção a seu respeito. Sobre ela, é correto afirmar:

A) Compete ao autor, em pretensão à equiparação salarial, demonstrar a verdade de sua alegação, nos termos do entendimento sumulado pelo C. TST.

B) Diante da prova dividida, deve o Juiz aplicar o princípio da proteção do trabalhador e pautar-se exclusivamente pelos elementos de convicção produzidos pelo reclamante, em especial seu depoimento pessoal.

C) Não constituem objeto de prova, ainda que não contestados ou impugnados especificadamente, os fatos a cujo respeito não seja admissível a confissão.

D) A não apresentação injustificada dos controles de ponto gera presunção de veracidade da jornada de trabalho e, por representar meio de prova, veda-se a possibilidade de realização de prova contrária.

E) O ônus de provar o término do contrato de trabalho, quando negados a prestação de serviço e o despedimento, é do empregador, pois o princípio da continuidade da relação de emprego constitui presunção favorável ao empregado.

↓RESPOSTA

Alternativa E.
Súmulas nº 212 do TST

02. (TRT 19 – Analista – Área Judiciária/2014) – O ônus de provar o término do contrato de trabalho quando negados a prestação de serviço e o despedimento e o ônus de provar fato impeditivo, modificativo ou extintivo da equiparação salarial é do

A) empregador.

B) empregado.

C) empregador e empregado, respectivamente.

D) empregado e empregador, respectivamente.

E) de ambas as partes, tratando-se de ônus comum objetivo.

↓RESPOSTA

Alternativa A.
Súmulas nº 6 e 212 do TST

03. (TRT 2 – Juiz do Trabalho Substituto 2ª região/ 2013) De acordo com a jurisprudência sumulada do Tribunal Superior do Trabalho, observe as proposições abaixo e ao final aponte a alternativa que contenha proposituras corretas:

I. O ônus de provar o término do contrato de trabalho, quando negada a prestação de serviços e o desligamento, é do empregador.

II. A indicação de perito assistente é faculdade da parte, a qual deve responder pelos respectivos honorários, exceto se vencedora no objeto da perícia.

III. Na Justiça do Trabalho, salvo hipóteses expressamente previstas, as decisões interlocutórias não ensejam recurso imediato.

IV. Cabível o recurso de revista ou embargos para reexame de fatos e provas.

V. O recurso adesivo é compatível com o processo do trabalho, sendo necessário, apenas, que a matéria nele veiculada esteja relacionada com a do recurso interposto pela parte contrária.

Está correta a alternativa:

A) I e III.

B) I e V.

C) III e IV.

D) II e III.

E) IV e V.

↓RESPOSTA

Alternativa letra A.
I – Súmula nº 212 do TST.
III – Súmula nº 214 do TST

04. (TRT 4 – Juiz do Trabalho Substituto 4ª região/ 2016) Considere a situação hipotética abaixo.

O reclamante postula o pagamento de horas extras. Alega que trabalhava, de segundas a sextas-feiras, das 8h às 18h30min, com uma hora de intervalo, sendo que não era permitido o registro integral da jornada. A reclamada afirma que eventuais horas extras foram pagas e que os cartões-ponto consignam todas as horas laboradas. Iniciada a audiência de instrução, rejeitada a conciliação, o reclamante diz que pretende ouvir apenas uma testemunha. Já a reclamada diz que pretende ouvir o reclamante e uma testemunha. Ao examinar o processo, o Juiz constata que os cartões-ponto são todos semelhantes ao reproduzido ao lado. De acordo com a jurisprudência do Tribunal Superior do Trabalho, o Juiz deve

(A) declarar a confissão ficta da reclamada, uma vez que não foram juntados registros de horário válidos, e indeferir a oitiva do reclamante e de testemunhas.

(B) declarar a confissão ficta da reclamada, uma vez que não foram juntados registros de horário válidos, mas deferir a oitiva do reclamante, diante da possibilidade de confissão real, indeferindo a oitiva de testemunhas.

(C) declarar a confissão ficta da reclamada, uma vez que não foram juntados registros de horário válidos, mas deferir a oitiva do reclamante e de testemunhas, em face do princípio da ampla defesa.

(D) permitir a produção da prova oral, uma vez que os cartões-ponto foram preenchidos e assinados pelo trabalhador, sendo dele o ônus da prova quanto à jornada diversa daquela constante dos documentos.

(E) permitir a produção da prova oral, uma vez que a reclamada pode se desincumbir do ônus probatório pela oitiva do reclamante e de testemunhas.

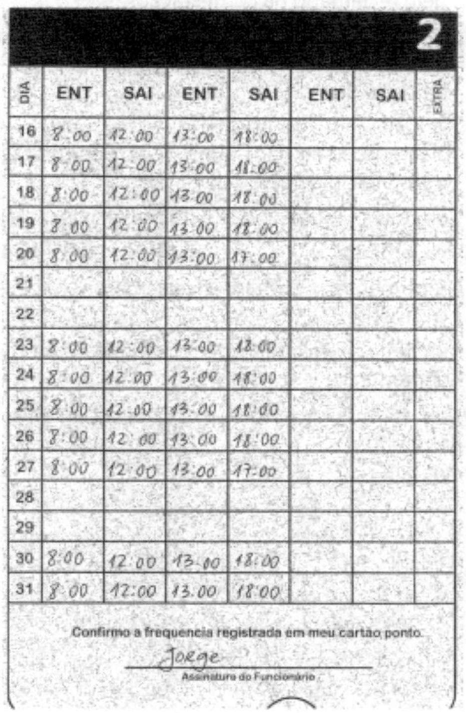

2

DIA	ENT	SAI	ENT	SAI	ENT	SAI	EXTRA
16	8:00	12:00	13:00	18:00			
17	8:00	12:00	13:00	18:00			
18	8:00	12:00	13:00	18:00			
19	8:00	12:00	13:00	18:00			
20	8:00	12:00	13:00	17:00			
21							
22							
23	8:00	12:00	13:00	18:00			
24	8:00	12:00	13:00	18:00			
25	8:00	12:00	13:00	18:00			
26	8:00	12:00	13:00	18:00			
27	8:00	12:00	13:00	17:00			
28							
29							
30	8:00	12:00	13:00	18:00			
31	8:00	12:00	13:00	18:00			

Confirmo a frequencia registrada em meu cartão ponto.

Jorge

Assinatura do Funcionário

RESPOSTA

Alternativa Letra E.
Súmula nº 338, III, TST.

05. (TRT 2 - Juiz do Trabalho Substituto 2ª região/2015) À luz da legislação vigente e da jurisprudência sumulada do Tribunal Superior do Trabalho, aponte a alternativa CORRETA.

A) A não-apresentação, embora justificada, dos controles de frequência, gera presunção relativa de veracidade da jornada de trabalho.

B) A presunção de veracidade da jornada de trabalho, em desfavor do empregador obrigado a manter controle de ponto, pode ser elidida por prova em contrário, ainda que prevista em instrumento normativo.

C) Os cartões de ponto, ainda que registrem horários de entrada e saída uniformes, são válidos como meio de prova.

D) A micro-empresa ou empresa de pequeno de porte, que conta com mais de 10 empregados, para fixação do ônus da prova, está dispensada de apresentar em juízo os controles de ponto.

E) Ao empregador que, por força de lei, se obriga a manter registro de ponto e não o apresenta, ser-lhe-á vedada a produção de prova da jornada de trabalho.

RESPOSTA

Alternativa Letra B.
Súmula nº 338, II do TST.

06. (FCC - Analista Judiciário - Oficial de Justiça Avaliador - TRT 19/2014) Considere a seguinte situação hipotética: Jaques ajuizou reclamação trabalhista em face da empresa "MNX Ltda.", empresa de pequeno porte que possui oito empregados. Dentre os pedidos formulados por Jaques está o reconhecimento do vínculo de emprego e o trabalho em jornada extraordinária. Considerando que, a empresa admitiu a prestação de serviços por Jaques, mas não como empregado e sim como trabalhador autônomo, bem como que não anexou aos autos os cartões de pontos de Jaques, o ônus da prova no tocante ao vínculo de emprego e no tocante às horas extras laboradas é

A) da empresa e de Jaques, respectivamente.

B) da empresa.

C) de Jaques.

D) de Jaques e da empresa, respectivamente.

E) da empresa, desde que a reclamação se processe pelo rito ordinário.

RESPOSTA

Alternativa Letra A.
Súmula nº 338 do TST e art. 333 do CPC/73 (art. 333 do CPC/73)

07. (FCC – TRT 4 – Analista Judiciário/ 2011) A empresa X possui 3 empregados; a Empresa Y possui 7 empregados e a empresa Z possui 10 empregados. Em reclamação trabalhista relativa ao pagamento de horas extras laboradas, NÃO terá o ônus de provar as horas trabalhadas com a apresentação do controle de frequência

A) a empresa Z, somente.

B) a empresa X, somente.

C) as empresas X e Y, somente.

D) as empresas Y e Z, somente.

E) as empresas X, Y e Z.

↓RESPOSTA

Alternativa Letra E.
Súmula nº 338, I do TST.

08. (FCC – TRT 8 – Analista Judiciário – Área Judiciária/2010) A empresa X possui atualmente sete empregados, uma vez que dispensou Maria no semestre passado e João pediu demissão. João ajuizou reclamação trabalhista em face de sua ex-empregadora requerendo, dentre outras verbas, horas extras realizadas e aviso-prévio. Neste caso, em regra, o ônus da prova das horas extras e do aviso-prévio é

A) de João e da empresa X, respectivamente.

B) de ambas as partes indistintamente.

C) da empresa X e de João, respectivamente.

D) de João.

E) da empresa X.

↓RESPOSTA

Alternativa Letra A.
Súmula nº 338, I do TST, artigo 818 CLT e artigo 333, II CPC/73 (artigo 333, II CPC/73).

09. (CESPE – TRT 21 – Analista Judiciário/2010) Considerando as provas no processo do trabalho, julgue os itens a seguir.

– Considere uma empresa cujo quadro funcional sempre tenha sido constituído de seis a oito funcionários e que um desses empregados tenha ajuizado ação trabalhista contra ela, postulando o pagamento de horas extras. Nessa situação, recai sobre a empresa o ônus de apresentar os controles de frequência desse empregado, e a não apresentação desses controles gera presunção relativa de veracidade da jornada de trabalho, que pode ser elidida por prova em contrário.

↓RESPOSTA

ERRADO. Súmula nº 338, I do TST.

10. (FCC – TRT 2 – Analista Judiciário – Área Administrativa/2008) Considere:

I. O reclamante juntou documento com a petição inicial, cuja assinatura foi impugnada pelo reclamado na contestação.

II. O reclamado alega ter terminado o contrato de trabalho e o reclamante sustenta a continuidade de sua vigência.

III. O reclamante pleiteia horas-extras que o reclamado alega não serem devidas em razão do exercício de cargo de direção.

Em tais situações, o ônus da prova é do

A) reclamado.

B) reclamante, reclamado e reclamante, respectivamente.

C) reclamado, reclamante e reclamado, respectivamente.

D) reclamante, reclamado e reclamado, respectivamente.

E) reclamante.

↓RESPOSTA

Alternativa Letra D.

I – artigo 429, II, do NCPC (artigo 389, II CPC/73) (art. 429, II do NCPC).

II – Súmula nº 212 do TST.

III – art. 373, II do NCPC (artigo 333, II CPC/73).

11. (FCC – TRT 18 – Analista Judiciário – Área Administrativa/2008) Considere as assertivas abaixo a respeito das provas:

I. O ônus de provar o término do contrato de trabalho, quando negados a prestação de serviços e o despedimento, é do empregado.

II. Em regra, a prova da jornada extraordinária é do empregado por tratar-se de fato constitutivo do seu direito.

III. É do empregador o ônus da prova do fato impeditivo, modificativo ou extintivo da equiparação salarial.

IV. O termo inicial do direito ao salário-família coincide com a prova da filiação e, em regra, se feita em juízo, corresponde à data do ajuizamento do pedido.

Está correto o que consta APENAS em

A) II, III e IV.

B) I, II e III.

C) III e IV.

D) I e IV.

E) I e III.

↓RESPOSTA

Alternativa Letra A.
II – artigo 333, I CPC/73 (artigo 333, I CPC/73).
III – Súmula nº 6, VIII do TST.
IV – Súmula nº 254 do TST.

12. (Exame de Ordem 2012.1 – FGV) Cíntia Maria ajuíza reclamação trabalhista em face da empresa Tictac Ltda., postulando o pagamento de horas extraordinárias, aduzindo que sempre labutou no horário das 8h às 19h, de segunda a sexta-feira, sem intervalo intrajornada. A empresa ré oferece contestação, impugnando o horário indicado na inicial, afirmando que a autora sempre laborou no horário das 8h às 17h, com 1 hora de pausa alimentar, asseverando ainda que os controles de ponto que acompanham a defesa não indicam a existência de labor extraordinário. À vista da defesa ofertada e dos controles carreados à resposta do réu, a parte autora, por intermédio de seu advogado, impugna os registros de frequência porque não apresentam qualquer variação no registro de entrada e saída, assim como porque não ostentam sequer a pré-assinalação do intervalo intrajornada. Admitindo-se a veracidade das argumentações do patrono da parte autora e com base na posição do TST acerca da matéria, é correto afirmar que

A) compete ao empregado o ônus de comprovar o horário de trabalho indicado na inicial, inclusive a supressão do intervalo intrajornada, a teor do disposto no art. 818 da CLT.

B) diante da impugnação apresentada, inverte-se o ônus probatório, que passa a ser do empregador, prevalecendo o horário da inicial, se dele não se desincumbir por outro meio probatório, inclusive no que se refere à ausência de intervalo intrajornada.

C) em se tratando de controles de ponto inválidos, ao passo que não demonstram qualquer variação no registro de entrada e saída, não poderá a ré produzir qualquer outra prova capaz de confirmar suas assertivas, porquanto a prova documental é a única capaz de demonstrar a jornada de trabalho cumprida.

D) diante da impugnação apresentada, inverte-se o ônus probatório, que passa a ser do empregador, prevalecendo o horário da inicial, se dele não se desincumbir, exceto quanto ao intervalo intrajornada, cujo ônus probatório ainda pertence à parte autora.

↓RESPOSTA

Alternativa Letra B.
Súmula nº 338, III do TST e art. 74, § 2º CLT.

13. (Exame de Ordem 2012.1 – FGV – prova reaplicada em Duque de Caxias/RJ) No Processo do Trabalho, em relação ao ônus da prova, assinale a alternativa correta.

A) É do empregador quanto à alegação de inexistência de vínculo de emprego, se admitida a prestação de serviços com outra qualidade.

B) É sempre do empregador nas reclamações versando sobre horas extras.

C) É sempre da parte que fizer a alegação, não importando o comportamento da parte contrária a respeito.

D) É sempre do empregador nas reclamações versando sobre equiparação salarial.

↓RESPOSTA

Alternativa Letra A.
Súmula nº 212 do TST.

14. (Exame de Ordem 2012.2 – FGV) Josenildo da Silva ajuizou reclamação trabalhista em face da empresa Arca de Noé Ltda., postulando o pagamento de verbas resilitórias, em razão de dispensa imotivada; de horas extraordinárias com adicional de 50% (cinquenta por cento); das repercussões devidas em face da percepção de parcelas salariais não contabilizadas e de diferenças decorrentes de equiparação salarial com paradigma por ele apontado. Na defesa, a reclamada alega que, após discussão havida com colega de trabalho, o reclamante não mais retornou à empresa, tendo sido surpreendida com o ajuizamento da ação; que a empresa não submete seus empregados a jornada extraordinária; que jamais pagou qualquer valor ao reclamante que não tivesse sido contabilizado e que não havia identidade de funções entre o autor e o paradigma indicado. Considerando que a ré possui 10 (dez) empregados e que não houve a juntada de controles de ponto, assinale a alternativa correta.

A) Cabe ao reclamante o ônus de provar a dispensa imotivada.

B) Cabe à reclamada o ônus da prova quanto à diferença entre as funções do equiparando e do paradigma.

C) Cabe ao reclamante o ônus de provar o trabalho extraordinário.

D) Cabe à reclamada o ônus da prova no tocante à ausência de pagamento de salário não contabilizado.

↓RESPOSTA

Alternativa Letra C.
Súmula nº 338, I do TST.

15. (Juiz do Trabalho Substituto – TRT 2ª região/ 2012) Em relação às provas e ao ônus da prova no processo do trabalho, com base no texto consolidado e nas súmulas do TST, é correto afirmar que:

A) O depoimento das partes e testemunhas que não souberem falar a língua nacional será feito por meio de intérprete nomeado pelo juiz, sendo que as despesas correrão por conta da parte sucumbente no processo.

B) Os cartões de ponto que demonstram horários de entrada e saída uniformes são inválidos como meio de prova, invertendo-se o ônus da prova, relativo às horas extras, que passa a ser do empregador, prevalecendo à jornada da inicial se dele não se desincumbir.

C) É ônus do empregador que conta com mais de 10 (dez) empregados o registro da jornada de trabalho na forma da lei, sendo que a não apresentação injustificada dos controles de freqüência gera presunção absoluta de veracidade da jornada de trabalho.

D) No rito ordinário cada uma das partes não poderá indicar mais de 2 (duas) testemunhas para cada fato controverso, salvo quando se tratar de inquérito judicial para apuração de falta grave, caso em que esse número poderá ser elevado a 3 (três).

E) A testemunha que for inimiga de qualquer das partes, não prestará compromisso, e seu depoimento valerá como simples informação, sendo que torna suspeita a testemunha pelo fato de estar litigando ou de ter litigado contra o mesmo empregador.

↓RESPOSTA

Alternativa Letra B.
Súmula nº 338, III do TST.

16. TRT 2 – Juiz do Trabalho Substituto 2ª região/2016) Considerando as súmulas de jurisprudência do Tribunal Superior do Trabalho, assinale a alternativa INCORRETA:

A) A parte recorrente não tem o ônus de provar a ocorrência de feriado forense que prorrogue o prazo recursal, podendo ser verificado pelo juiz ou reconsiderada a decisão denegatória mediante apresentação de prova superveniente pela parte interessada.

B) É da reclamada o ônus de provar a efetiva jornada de trabalho se apresentados cartões de ponto com anotações uniformes.

C) Há súmula que dispõe sobre a reintegração ao emprego do empregado portador de doença grave, como AIDS, por exemplo, que atribui o ônus da prova da dispensa lícita, assim a desvinculada da questão da doença, ao empregador.

D) Em pedido de equiparação salarial não há disposição sumular a respeito do ônus da prova de fatos que impeçam o reconhecimento do direito equiparatório.

E) É do empregador o ônus de provar o término do contrato de trabalho, mesmo quando negada a prestação de serviço e o despedimento.

↓ RESPOSTA

Alternativa Letra D.

Súmula nº 6, VIII, TST.

17. (FGV - Exame de Ordem 2016.3) Um empregado ajuizou reclamação trabalhista postulando o pagamento de vale transporte, jamais concedido durante o contrato de trabalho, bem como o FGTS não depositado durante o pacto laboral.

Em contestação, a sociedade empresária advogou que, em relação ao vale transporte, o empregado não satisfazia os requisitos indispensáveis para a concessão; no tocante ao FGTS, disse que os depósitos estavam regulares. Em relação à distribuição do ônus da prova, diante desse panorama processual e do entendimento consolidado pelo TST, assinale a afirmativa correta.

A) O ônus da prova, em relação ao vale transporte, caberá ao reclamante e, no tocante ao FGTS, à reclamada

B) O ônus da prova para ambos os pedidos, diante das alegações, será do reclamante.

C) O ônus da prova, em relação ao vale transporte, caberá ao reclamado e, no tocante ao FGTS, ao reclamante.

D) O ônus da prova para ambos os pedidos, diante das alegações, será da sociedade empresária.

↓ RESPOSTA

Alternativa Letra D.

Súmulas nº 460 e 461 do TST

2. PROVA DOCUMENTAL

OJ Nº 36 DA SDI - I DO TST

Instrumento normativo. Cópia não autenticada. Documento comum às partes. Validade

O instrumento normativo em cópia não autenticada possui valor probante, desde que não haja impugnação ao seu conteúdo, eis que se trata de documento comum às partes.

OJ Nº 134 DA SDI - I DO TST

Autenticação. Pessoa jurídica de direito público. Dispensada. Medida provisória nº 1.360, de 12.03.96

São válidos os documentos apresentados, por pessoa jurídica de direito público, em fotocópia não autenticada, posteriormente à edição da Medida Provisória nº 1.360/96 e suas reedições.

SÚMULA Nº 12 DO TST

Carteira Profissional

As anotações apostas pelo empregador na carteira profissional do empregado não geram presunção "juris et de jure", mas apenas "juris tantum".

SÚMULA Nº 8 DO TST

Juntada de documento

A juntada de documentos na fase recursal só se justifica quando provado o justo impedimento para sua oportuna apresentação ou se referir a fato posterior à sentença.

OJ Nº 233 DA SDI - I DO TST

Horas extras. Comprovação de parte do período alegado

A decisão que defere horas extras com base em prova oral ou documental não ficará limitada ao tempo por ela abrangido, desde que o julgador fique convencido de que o procedimento questionado superou aquele período.

QUESTÕES

01. (FGV – OAB 2013.3) Carlos Alberto foi caixa numa instituição bancária e ajuizou reclamação trabalhista, postulando o pagamento de horas extras, já que em uma das agências, na qual trabalhou por dois anos, cumpria jornada superior à legal. Em contestação, foram apresentados os controles, que não continham sobrejornada, e por essa razão foram expressamente impugnados pelo acionante. Na instrução, o banco não produziu prova, mas Carlos Alberto conduziu uma testemunha que com ele trabalhou sete meses na agência em questão e ratificou a jornada mais extensa declarada na petição inicial. Diante desta situação e de acordo com o entendimento consolidado do TST, assinale a afirmativa correta.

A) Uma vez que a testemunha trabalhou com o autor somente sete meses, este é o limite de tempo que limitará eventual condenação.

B) Se o juiz se convencer, pela prova testemunhal, que a sobrejornada ocorreu nos dois anos, poderá deferir as horas extras em todo o período.

C) Uma vez que a testemunha trabalhou com o autor em período inferior à metade do tempo questionado, não poderá ser fator de convencimento acerca da jornada.

D) Considerando que os controles foram juntados, uma única testemunha não poderia servir de prova da jornada cumprida.

↓RESPOSTA

Alternativa letra B.

OJ nº 233 da SDI-I do TST.

02. (FCC – TRT 24 – Analista Judiciário – Área Administrativa/ 2011) Em determinada reclamação trabalhista Janaina, advogada da reclamante, anexou à petição inicial cópia simples, extraída da internet, de Convenção Coletiva de Trabalho da Categoria. Este documento, de acordo com Orientação Jurisprudencial do Tribunal Superior do Trabalho,

A) não possui valor probante, uma vez que as Convenções Coletivas de Trabalho devem ser anexadas aos autos obrigatoriamente por meio de cópias com carimbo do órgão representativo da categoria em questão.

B) não possui valor probante, pois os instrumentos normativos que acompanham a reclamação ou a contestação devem ser obrigatoriamente cópias autenticadas em razão da relevância jurídica.

C) possui valor probante incontestável, tratando-se de documento comum a ambas as partes e de fácil acesso.

D) não possui valor probante, uma vez que foi extraído da internet e não de órgãos oficiais.

E) possui valor probante, desde que não haja impugnação do seu conteúdo, eis que se trata de documento comum a ambas as partes.

↓RESPOSTA

Alternativa Letra E.

OJ nº 36 da SDI-I.

03. (FGV - Exame de Ordem 2015.2) A papelaria Monte Fino Ltda. foi condenada numa reclamação trabalhista movida pelo ex-empregado Sérgio Silva. Uma das parcelas reivindicadas e deferidas foi o 13° salário, que a sociedade empresária insistia haver pago, mas não tinha o recibo em mãos porque houve um assalto na sociedade empresária, quando os bandidos levaram o cofre, as matérias- primas e todos os arquivos com a contabilidade e os documentos da sociedade empresária. Recuperados os arquivos pela polícia, agora, no momento do recurso, a Monte Fino Ltda. pretende juntar o recibo provando o pagamento, inclusive porque a sentença nada mencionou acerca da possível dedução de valores pagos sob o mesmo título. De acordo com o caso apresentado e o entendimento jurisprudencial consolidado, assinale a afirmativa correta.

A) É possível a juntada do documento no caso concreto, porque provado o justo impedimento para sua oportuna apresentação.

B) O momento de apresentação da prova documental já se esgotou, não sendo possível fazê-lo em sede de recurso.

C) Pelo princípio da primazia da realidade, qualquer documento pode ser apresentado com sucesso em qualquer grau de jurisdição, inclusive na fase de execução, independentemente de justificativa.

D) Há preclusão, e o juiz não pode aceitar a produção da prova em razão do princípio da proteção, pois isso diminuiria a condenação.

↓RESPOSTA

Alternativa Letra A.

Súmula nº 8 do TST.

04. (FGV - Exame de Ordem 2014.3) Simone, ré em uma demanda trabalhista ajuizada por sua ex- empregada doméstica, em audiência una requereu ao juiz o adiamento para juntada de documento suplementar, que não conseguiu obter, pois se referia ao depoimento prestado pela ora autora em outro processo como testemunha, no qual confessava nunca haver laborado em horário extraordinário. O documento não foi obtido por Simone, pois, logo após a audiência daquele processo, os autos seguiram para conclusão, sem que fosse permitido a ela o acesso ao depoimento. O juiz da causa ora em audiência indeferiu o adiamento requerido por Simone, e, ao sentenciar, condenou-a ao pagamento de horas extras. No prazo de recurso ordinário, Simone finalmente teve acesso ao documento que comprovava a inexistência do labor extraordinário. Diante da situação apresentada, assinale a afirmativa Correta.

A) Simone poderá juntar o documento no recurso ordinário.

B) Não cabe juntada do documento em recurso ordinário.

C) Precluiu a possibilidade de produção da prova documental por Simone.

D) Simone só poderia juntar o documento em embargos de declaração.

RESPOSTA

Alternativa Letra A.
Súmula nº 8 do TST.

05. (Juiz do Trabalho Substituto - TRT 16ª região/ 2011) Analise as afirmativas e assinale a alternativa CORRETA:

I. Em observância ao princípio da aptidão para a produção da prova, cabe ao empregado o ônus de comprovar que satisfaz os requisitos indispensáveis à obtenção do vale-transporte.

II. Só se permite a juntada de documentos probantes na fase recursal quando provado justo impedimento para sua oportuna apresentação ou se referir a fato posterior à publicação da sentença.

III. Definido pelo reclamante o período no qual não houve depósito do FGTS, ou houve em valor inferior, alegada pela reclamada a inexistência de diferença nos recolhimentos de FGTS, esta atrai para si o ônus da prova de demonstrar o fato extintivo do direito do autor.

IV. As anotações contidas na Carteira de Trabalho e Previdência Social do trabalhador geram presunção relativa de sua validade.

A) Estão corretas apenas as afirmativas I, II e III.

B) Estão corretas apenas as afirmativas I, II e IV.

C) Estão corretas apenas as afirmativas II e IV.

D) Está correta apenas a afirmativa II.

E) Todas estão corretas.

RESPOSTA

Alternativa Letra D.
II – Súmula nº 8 do TST.

3. PROVA TESTEMUNHAL

SÚMULA Nº 357 DO TST

Testemunha. Ação contra a mesma reclamada. Suspeição

Não torna suspeita a testemunha o simples fato de estar litigando ou de ter litigado contra o mesmo empregador.

QUESTÕES

01. (FCC - Técnico Judiciário - TRT 20/ 2011) Considere as seguintes assertivas a respeito das provas:

I. As anotações apostas pelo empregador na carteira profissional do empregado não geram presunção *juris et de jure*, mas apenas *juris tantum*.

II. Presume-se recebida a notificação quarenta e oito horas depois de sua postagem. O seu não recebimento ou a entrega após o decurso desse prazo constitui ônus de prova do destinatário.

III. Não torna suspeita a testemunha o simples fato de estar litigando ou de ter litigado contra o mesmo empregador.

IV. A prova documental poderá, em regra, ser produzida em qualquer oportunidade, inclusive na fase recursal. A juntada de documentos com o recurso é perfeitamente possível não importando se referente a fato anterior ou posterior à sentença.

Está correto o que se afirma APENAS em

A) I e II.

B) I, II e III.

C) I e III.

D) II, III e IV.

E) II e IV.

↓RESPOSTA

Alternativa Letra B.
I – Súmula nº 12 do TST.
II – Súmula nº 16 do TST.
III – Súmula nº 357 do TST.

02. (FCC – TRT 22 – Analista Judiciário – Área Judiciária – Especialidade Execução de Mandados/2010) Joana e Márcia são testemunhas na reclamação trabalhista proposta por Gabriela contra sua ex-empregadora, a empresa CHÁ. Somente considerando que Joana já litigou contra a mesma empregadora em reclamação trabalhista transitada em julgado e que Márcia ainda está litigando contra a empresa CHÁ,

A) Joana e Márcia estão impedidas de testemunhar.

B) Joana e Márcia não são consideradas suspeitas.

C) Joana e Márcia são consideradas suspeitas.

D) apenas Joana é considerada suspeita.

E) apenas Márcia é considerada suspeita.

↓RESPOSTA

Alternativa Letra B.
Súmula nº 357 do TST.

03. (CESPE – TRT 1 – Analista Judiciário – Área Administrativa/2008) Com relação a testemunhas em processo trabalhista, assinale a opção correta.

A) O simples fato de a testemunha estar litigando ou de ter litigado contra o mesmo empregador não a torna suspeita.

B) As partes devem apresentar rol de testemunhas, para que sejam intimadas.

C) A testemunha que for parente até o terceiro grau civil da parte é suspeita, nos termos da CLT.

D) O juiz não pode tomar o depoimento de testemunha suspeita.

E) Em ação sujeita ao processo sumaríssimo, como regra, são permitidas três testemunhas para cada parte.

↓RESPOSTA

Alternativa Letra A.
Súmula nº 357 do TST.

04. (CESPE – TRT 5 – Analista Judiciário – Área Administrativa/2008) Considere a seguinte situação hipotética. José foi arrolado como testemunha de Marcos em um processo judicial contra uma determinada empresa. José, no entanto, também estava litigando contra a mesma empresa, em outra ação distinta da de Marcos. Nessa situação, José não poderá ser ouvido como testemunha, pois se tornará suspeito.

↓RESPOSTA

ERRADO. Súmula nº 357 do TST.

4. CONFISSÃO

SÚMULA Nº 74 DO TST

Confissão

I – Aplica-se a confissão à parte que, expressamente intimada com aquela cominação, não comparecer à audiência em prosseguimento, na qual deveria depor.

II – A prova pré-constituída nos autos pode ser levada em conta para confronto com a confissão ficta (arts. 442 e 443, do CPC de 2015 – art. 400, I, do CPC de 1973), não implicando cerceamento de defesa o indeferimento de provas posteriores.

III – A vedação à produção de prova posterior pela parte confessa somente a ela se aplica, não afetando o exercício, pelo magistrado, do poder/dever de conduzir o processo.

⊙QUESTÕES

01. (FCC – TRT24/2017 – Analista Judiciário – Área Judiciária) A empresa Mutilados Produtos Hospitalares foi acionada em reclamação trabalhista movida por seu ex-empregado Thor. Em audiência inaugural, não havendo possibilidade de acordo, o Juiz recebeu a defesa da reclamada e adiou a audiência para instrução em razão da ausência de uma testemunha convidada pelo reclamante. Na audiência de instrução em prosseguimento, compareceram apenas o reclamante com seu advogado e o advogado da reclamada, visto que o seu cliente se esqueceu da audiência e não enviou preposto. Nessa situação,

(A) aplica-se a confissão à parte que, expressamente intimada com aquela cominação, não comparecer à audiência em prosseguimento, na qual deveria depor.

(B) deve ser designada outra audiência porque o adiamento da primeira audiência decorreu de interesse do reclamante, em observância aos princípios do contraditório e da ampla defesa.

(C) o não comparecimento do reclamado importa revelia, além de confissão quanto à matéria de fato, devendo ser marcado o julgamento.

(D) não se aplica a confissão à parte que não comparecer à audiência em prosseguimento, na qual deveria depor, caso seu advogado compareça e, tendo conhecimento dos fatos, atue como preposto da empresa, cujas declarações obrigarão o proponente.

(E) se o juiz entender que não é necessário o interrogatório da reclamada não será aplicada a confissão ficta requerida pela parte contrária, ainda que a reclamada tenha sido expressamente intimada com aquela cominação.

↓RESPOSTA

Alternativa Letra A.

Súmula nº 74, I, do TST.

02. (MPT. 19º Concurso para Procurador do Trabalho/2015) Assinale a alternativa INCORRETA consoante o entendimento sumular do TST:

a) Não cabe mandado de segurança de decisão judicial transitado em julgado.

b) A alçada é fixada pelo valor dado à causa na data de seu ajuizamento, desde que não impugnado, sendo inalterável no curso do processo.

c) A prova pré-constituída nos autos pode ser levada em conta para confronto com a confissão ficta, implicando cerceamento de defesa o indeferimento de provas posteriores.

d) Em mandado de segurança, somente cabe "remessa ex officio", se, na relação processual, figurar pessoa jurídica de direito público como parte prejudicada pela concessão da ordem; tal situação não ocorre na hipótese de figurar no feito como impetrante e terceiro interessado pessoa jurídica de direito privado, ressalvada a hipótese de matéria administrativa.

e) Não respondida.

↓RESPOSTA

Alternativa letra C.

Súmula nº 74, II, do TST.

03. (TRT – Juiz do Trabalho Substituto 18ª região/ 2014) – Com relação à confissão e revelia no Processo do Trabalho,

A) o ânimo de defesa, demonstrado pela presença do advogado em audiência, munido de procuração, uma vez ausente o preposto, é capaz de impedir a declaração de revelia.

B) poderá ser ilidida a revelia mediante a apresentação de atestado médico, ainda que não declare, expressamente, a impossibilidade de locomoção do empregador ou do seu preposto no dia da audiência.

C) exceto quanto à reclamação de empregado doméstico e controvérsias decorrentes da relação de trabalho, o preposto deve ser necessariamente empregado do reclamado.

D) aplica-se a confissão ao reclamante ou à reclamada que, expressamente intimados com aquela cominação, não comparecer à audiência em prosseguimento, na qual deveria depor.

E) se o preposto comparecer em audiência, sem ostentar a condição de empregado, deverá o Juiz abrir prazo para que a irregularidade seja sanada.

↓RESPOSTA

Alternativa letra D.

Súmula nº 74, I, do TST.

04. (TRT - Juiz do Trabalho Substituto 18ª região/ 2014) - Com relação à confissão e revelia no Processo do Trabalho,

A) o ânimo de defesa, demonstrado pela presença do advogado em audiência, munido de procuração, uma vez ausente o preposto, é capaz de impedir a declaração de revelia.

B) poderá ser ilidida a revelia mediante a apresentação de atestado médico, ainda que não declare, expressamente, a impossibilidade de locomoção do empregador ou do seu preposto no dia da audiência.

C) exceto quanto à reclamação de empregado doméstico e controvérsias decorrentes da relação de trabalho, o preposto deve ser necessariamente empregado do reclamado.

D) aplica-se a confissão ao reclamante ou à reclamada que, expressamente intimados com aquela cominação, não comparecer à audiência em prosseguimento, na qual deveria depor.

E) se o preposto comparecer em audiência, sem ostentar a condição de empregado, deverá o Juiz abrir prazo para que a irregularidade seja sanada.

↓ *RESPOSTA*

Alternativa letra D.
Súmula nº 74 do TST e art. 848 da CLT.

05. (TRT 15 – Juiz do Trabalho Substituto 15ª região/ 2013) Ainda sobre a dinâmica da audiência trabalhista, é correto dizer:

A) diante de requerimento, feito pelo reclamante no início da audiência, antes da apresentação da defesa pela parte contrária, de desistência de algum pedido formulado na inicial, deve o juiz indagar a parte contrária a respeito, indeferindo o requerimento caso a reclamada se oponha;

B) o juiz deve indeferir a designação de perícia que envolve apuração de insalubridade no ambiente de trabalho, caso o reclamante, na inicial, descumprindo requisito legal, não tenha especificado a perícia como meio de prova;

C) dado o princípio da inércia da jurisdição, a inspeção judicial depende de requerimento da parte para que seja efetivada pelo juiz;

D) em reclamação trabalhista, envolvendo várias tomadoras de serviço, integradas ao polo passivo, deve o juiz cindir o processo quando uma das tomadoras tenha sede em local fora de sua jurisdição, onde o serviço do reclamante lhe foi prestado, remetendo-se os autos desmembrados ao juiz competente, em respeito aos termos do art. 651, da CLT;

E) suspensa, por qualquer razão, a audiência, e designado o seu prosseguimento, deve o juiz reputar confessa, quanto à matéria de fato, a parte ausente na audiência em que deveria depor, desde que esta tenha sido expressamente intimada com tal cominação.

↓ *RESPOSTA*

Alternativa letra E.
Súmula nº 74, I, TST.

06. (FGV – Exame de Ordem 2013.2) Após trabalhar como empregado durante 6 meses, Paulo ajuizou reclamação trabalhista em face de sua ex – empregadora, a empresa Alfa Beta Ltda., pretendendo horas extras, nulidade do pedido de demissão por coação, além de adicional de insalubridade. Na primeira audiência o feito foi contestado, negando a ré o trabalho extraordinário, a coação e a atividade insalubre. Foram juntados controles de ponto e carta de próprio punho de Paulo pedindo demissão, documentos estes que foram impugnados pelo autor. Não foi produzida a prova técnica (perícia).

Para a audiência de prosseguimento, as partes estavam intimadas pessoalmente para depoimentos pessoais, sob pena de confissão, mas não compareceram, estando presentes apenas os advogados. Declarando as partes que não têm outras provas a produzir, o Juiz encerrou a fase de instrução, seguindo o processo concluso para sentença.

Com base nestas considerações, analise a distribuição do ônus da prova e assinale a afirmativa correta.

A) A ausência das partes gera a confissão ficta recíproca, devendo ser aplicada a regra de que para os fatos constitutivos cabe o ônus da prova ao autor, e para os extintivos, modificativos e impeditivos, o ônus será do réu. Assim, todos os pedidos deverão ser julgados improcedentes.

B) Não há confissão em razão da presença dos advogados. Mas não havendo outras provas, os pedidos deverão ser julgados improcedentes.

C) Em razão da confissão, presumem-se verdadeiros os fatos alegados. Tal aliado ao princípio da proteção ao hipossuficiente leva à presunção de que Paulo foi coagido a pedir demissão, trabalhava extraordinariamente e faz jus ao adicional de insalubridade. Logo, os pedidos procedem.

D) Em razão da confissão, os pedidos de horas extras e nulidade do pedido de demissão procedem. Porém, improcede o de adicional de insalubridade, pois necessária a prova pericial para configurar o grau de insalubridade. Logo, este pleito improcede.

↓RESPOSTA

Alternativa letra A.

Art. 373 do NCPC (Art. 333 do CPC/73) e Súmula nº 74 do TST.

07. (TRT 15 – Juiz do Trabalho Substituto 15ª região/ 2013) Sobre a dinâmica da audiência trabalhista, é correto dizer:

A) diante da ausência de indicação do valor atribuído à causa, deve o juiz adiar a audiência, conferindo prazo para que o reclamante indique o valor, sob pena de indeferimento, visto que o valor da causa é um dos requisitos da petição inicial;

B) diante do requerimento, formulado no início da audiência, de juntada do documento que comprova a data do nascimento do filho da reclamante, em reclamação que envolve a pretensão de reintegração em virtude de estabilidade gestante, deve o juiz indeferir a juntada, visto que a prova documental deve ser trazida com a inicial;

C) diante da mera informação da reclamada, apresentada no início da audiência, em processo de rito sumaríssimo, quanto à ausência de sua testemunha, deve o juiz adiar a audiência, não permitindo, naquela oportunidade, ajuntada da defesa e dos documentos;

D) diante da ausência de fundamento jurídico específico quanto aos pedidos de verbas rescisórias e à aplicação das cominações previstas nos artigos 477, § 8° e 467 da CLT, tendo o reclamante apenas mencionado a respeito, na inicial, singelamente, o fato de que "foi dispensado de forma injusta sem nada receber", o juiz deve indeferir a petição inicial, com extinção parcial do processo, sem resolução de mérito;

E) caracterizada a hipótese jurisprudencialmente aceita para a configuração da confissão ficta pertinente ao depoimento pessoal, não há cerceamento de defesa na postura do juiz de indeferir a produção de prova testemunhal requerida pelo advogado da parte ausente à audiência.

↓RESPOSTA

Alternativa letra E.
Súmula nº 74, II, TST.

08. (FCC – TRT 15 – Analista Judiciário – Área Judiciária – Especialidade Execução de Mandados/2009) A prova pré-constituída nos autos

A) não pode ser levada em conta para confronto com a confissão ficta uma vez que processualmente foram produzidas antes da ocorrência da confissão.

B) pode ser levada em conta para confronto com a confissão ficta, não implicando cerceamento de defesa o indeferimento de provas posteriores.

C) pode ser levada em conta para confronto com a confissão ficta e o indeferimento de provas posteriores implica cerceamento de defesa.

D) não pode ser levada em conta para confronto com a confissão ficta uma vez que esta confissão gera presunção absoluta da verdade dos fatos confessos.

E) não pode ser levada em conta para confronto com a confissão ficta em razão do princípio da verdade real aplicado no processo do trabalho.

↓RESPOSTA

Alternativa Letra B.
Súmula nº 74, II do TST.

09. (FCC – TRT 8 – Analista Judiciário – Área Judiciária/2005) Em uma reclamação trabalhista, o reclamante e o reclamado, após apresentada contestação, não comparecem, sem justificativa, à audiência de instrução, ocasião na qual lhes incumbe prestar seus depoimentos pessoais, que haviam sido determinados, sob a cominação legal aplicável à espécie. Nesse caso, cabe aplicação da pena de

A) revelia para o reclamado.

B) arquivamento do processo.

C) redesignação da audiência.

D) condução coercitiva para ambos.

E) confissão ficta, para ambos.

↓RESPOSTA

Alternativa Letra E.
Súmula nº 74, I do TST.

10. (Juiz do Trabalho Substituto – TRT 3ª região/ 2012) Assinale a alternativa correta, após a análise das afirmativas a seguir:

I. A vedação à produção de prova posterior pela parte confessa somente a ela se aplica, não afetando o exercício pelo magistrado, do poder e dever de conduzir o processo.

II. A autorização para utilização do fac-símile, constante do art. 1º, da Lei n. 9800, de 26-05-1999, alcança as hipóteses em que o documento é dirigido diretamente ao órgão jurisdicional e também se aplica à transmissão ocorrida entre particulares.

III. É incabível a condenação ao pagamento de honorários advocatícios em ação rescisória no processo do trabalho.

IV. Havendo pedido expresso de que as intimações e publicações sejam feitas exclusivamente em nome de determinado advogado, a comunicação em nome de outro profissional constituído nos autos é nula, salvo se constatada a inexistência de prejuízo.

V. A prova pré-constituída nos autos não pode ser levada em conta para confronto com a confissão ficta, não implicando cerceamento de defesa o indeferimento de provas posteriores.

A) Somente as afirmativas I e II estão corretas.

B) Somente as afirmativas III e IV estão corretas.

C) Somente as afirmativas I e IV estão corretas.

D) Somente as afirmativas IV e V estão corretas.

E) Somente as afirmativas III e V estão corretas.

↓RESPOSTA

Alternativa Letra C.
I – Súmula nº 74, III do TST.
IV – Súmula nº 427 do TST.

11. (Juiz do Trabalho Substituto – TRT 8ª região/ 2011) Analise as proposições abaixo e marque a alternativa CORRETA:

I. Consoante a Consolidação das Leis do Trabalho, a decisão proferida em exceção de incompetência em razão do lugar por juízo de primeiro grau, não comporta qualquer recurso imediato, podendo, entretanto, as partes novamente alegá-la sob a forma de preliminar de recurso ordinário.

II. Existindo na sentença final de mérito, erros ou enganos de escrita, de digitação ou de cálculo, poderão os mesmos ser corrigidos antes do trânsito em julgado da decisão, a requerimento dos interessados, da Procuradoria da Justiça do Trabalho ou, ainda, *ex officio* pelo juízo.

III. É facultado ao empregador fazer-se substituir pelo gerente, ou qualquer outro preposto que tenha conhecimento do fato, exceto na hipótese de reclamação formulada contra micro ou pequeno empresário, em que o preposto deverá ser, necessariamente, empregado do reclamado, consoante súmula do TST.

IV. Não implica em cerceamento de defesa o indeferimento de provas posteriores, se a parte tiver contra si aplicada a pena de confissão ficta, pelo fato de não ter comparecido à audiência em prosseguimento, apesar de expressamente intimada para depor, conforme entendimento sumulado do TST.

A) As proposições I, II, III e IV estão corretas.

B) Somente as proposições II e III estão corretas.

C) Somente as proposições I e IV estão corretas.

D) Somente as proposições III e IV estão corretas.

E) Somente as proposições I e II estão corretas.

↓RESPOSTA

Alternativa Letra C.
I – artigo 799, § 2º CLT.
IV – Súmula nº 74, I e II do TST.

5. PROVA PERICIAL

OJ Nº 165 DA SDI - I DO TST

Perícia. Engenheiro ou médico. Adicional de insalubridade e periculosidade. Válido. Art. 195 da CLT

O art. 195 da CLT não faz qualquer distinção entre o médico e o engenheiro para efeito de caracterização e classificação da insalubridade e periculosidade, bastando para a elaboração do laudo seja o profissional devidamente qualificado.

OJ Nº 278 DA SDI - I DO TST

Adicional de insalubridade. Perícia. Local de trabalho desativado

A realização da perícia é obrigatória para verificação de insalubridade. Quando não for possível sua realização como em caso de fechamento da empresa, poderá o julgador utilizar-se de outros meios de prova.

SÚMULA Nº 453 DO TST

Adicional de periculosidade. Pagamento espontâneo. Caracterização de fato incontroverso. Desnecessária a perícia de que trata o art. 195 da CLT.

O pagamento de adicional de periculosidade efetuado por mera liberalidade da empresa, ainda que de forma proporcional ao tempo de exposição ao risco ou em percentual inferior ao máximo legalmente previsto, dispensa a realização da prova técnica exigida pelo art. 195 da CLT, pois torna incontroversa a existência do trabalho em condições perigosas.

⊙ QUESTÕES

01. (Juiz do Trabalho Substituto - TRT 21ª região/ 2012) Francisco de Souza ajuizou reclamação trabalhista contra a empresa PLASTICOS S/A, postulando o pagamento de adicional de insalubridade relativo a todo o período laborado na empresa, de 12.01.2007 a 03.07.2011, uma vez que teria trabalhado submetido a ruído, cujos níveis de pressão sonora estavam acima dos limites de tolerância previstos no Anexo I, da NR 15, do Ministério do Trabalho e Emprego – MTE. Em sua defesa, a empresa alegou que encerrou suas atividades em Natal/RN, em 03.06.2011, sustentando que o ruído não ultrapassava o limite previsto na Norma Regulamentadora, juntando, como prova, a sua planta industrial, acompanhada das especificações das máquinas utilizadas no processo fabril, porém, da sua fábrica localizada no estado de Pernambuco. O reclamante apresentou impugnação alegando que a fábrica situada em Pernambuco é mais moderna do que a de Natal, e pediu que fossem consideradas tão-só as provas apresentadas com a petição inicial, quais sejam, cópia do Programa de Prevenção de Riscos Ambientais da empresa, em que há avaliação do risco ruído para o setor em que trabalhava, bem como um laudo técnico elaborado em perícia judicial realizada em outro processo, como prova emprestada, relativa a período anterior ao fechamento da fábrica. Na decisão do processo, é correto o julgador considerar que:

A) a realização de perícia é obrigatória para a verificação da insalubridade, de modo que não é cabível o uso de prova emprestada para a decisão da lide;

B) a realização de perícia pode ser suprida pelo fato do agente insalubre ruído estar previsto no anexo I, da NR 15, do Ministério do Trabalho e Emprego;

C) a realização de perícia não é obrigatória quando não é possível a sua efetivação, como ocorre no caso de fechamento de estabelecimento da empresa, hipótese em que o julgador poderá valer-se de prova emprestada e valorar livremente a prova dos autos, segundo o princípio da persuasão racional;

D) a realização de perícia é obrigatória, mas não sendo possível realizá-la por causa do fechamento do estabelecimento, o julgador deve considerar, em primeiro lugar, a prova documental produzida no processo e não a prova emprestada;

E) é incabível a utilização de prova emprestada no processo do trabalho.

↓RESPOSTA

Alternativa Letra C.
OJ nº 278 da SDI-I.

02. (MPT – Procurador do Trabalho/2012) Em matéria de meio ambiente do trabalho, segurança e saúde no trabalho, examine as assertivas abaixo:

I. Segundo o entendimento do Supremo Tribunal Federal, os materiais e substâncias empregados, manipulados ou transportados nos locais de trabalho, quando perigosos ou nocivos à saúde, devem conter, no rótulo, sua composição, recomendações de socorro imediato e o símbolo de perigo correspondente, segundo a padronização internacional. Os estabelecimentos que mantenham atividades com os mencionados materiais afixarão, nos setores de trabalho atingidos, avisos ou cartazes, com advertência quanto aos materiais e substâncias perigosos ou nocivos à saúde.

II. Segundo a jurisprudência uniformizada do Tribunal Superior do Trabalho, é devido o pagamento do adicional de periculosidade ao empregado que desenvolve suas atividades em edifício (construção vertical), desde que em pavimento igual àquele onde estão instalados tanques para armazenamento de líquido inflamável, em quantidade acima do limite legal.

III. Segundo a jurisprudência uniformizada do Tribunal Superior do Trabalho, o pagamento de adicional de periculosidade efetuado por mera liberalidade da empresa, ainda que de forma proporcional ao tempo de exposição ao risco ou em percentual inferior ao máximo legalmente previsto, dispensa a realização da prova técnica exigida pelo art. 195 da CLT, pois torna incontroversa a existência do trabalho em condições perigosas.

Com base na leitura das proposições acima, marque a resposta CORRETA:

A) apenas as assertivas I e II estão corretas;

B) apenas as assertivas II e III estão corretas;

C) todas as assertivas estão corretas;

D) apenas as assertivas I e III estão corretas;

E) não respondida.

RESPOSTA

Alternativa Letra D.
I – artigo 197 CLT.
III – OJ nº 406 da SDI-I (atual súmula nº 453 do TST)

Capítulo XII
SENTENÇA

Súmula nº 394 do TST

Fato superveniente. Art. 493 do CPC de 2015. Art. 462 do CPC.

O art. 493 do CPC de 2015 (art. 462 do CPC de 1973), que admite a invocação de fato constitutivo, modificativo ou extintivo do direito, superveniente à propositura da ação, é aplicável de ofício aos processos em curso em qualquer instância trabalhista. Cumpre ao juiz ou tribunal ouvir as partes sobre o fato novo antes de decidir.

OJ nº 41 da SDI - II do TST

Ação rescisória. Sentença "citra petita". Cabimento

Revelando-se a sentença "citra petita", o vício processual vulnera os arts. 141 e 492 do CPC de 2015 (arts. 128 e 460 do CPC de 1973), tornando-a passível de desconstituição, ainda que não interpostos embargos de declaração.

Súmula nº 396 do TST

Estabilidade provisória. Pedido de reintegração. Concessão do salário relativo ao período de estabilidade já exaurido. Inexistência de julgamento "extra petita"

I - Exaurido o período de estabilidade, são devidos ao empregado apenas os salários do período compreendido entre a data da despedida e o final do período de estabilidade, não lhe sendo assegurada a reintegração no emprego.

II - Não há nulidade por julgamento "extra petita" da decisão que deferir salário quando o pedido for de reintegração, dados os termos do art. 496 da CLT.

⊙ QUESTÃO

01. (Juiz do Trabalho Substituto - TRT 15ª região/ 2012) Assinale a alternativa incorreta:

A) O acordo homologado pelo Juízo faz coisa julgada entre as partes, somente podendo ser modificado por meio de ação rescisória, salvo em relação à Previdência Social quanto às contribuições que lhe forem devidas.

B) As decisões cognitivas ou homologatórias deverão sempre indicar a natureza jurídica das parcelas constantes da condenação ou do acordo homologado inclusive o limite de responsabilidade de cada parte pelo recolhimento da contribuição previdenciária, se for o caso.

C) É extra petita a sentença que condena a reclamada a pagar ao reclamante os salários do período compreendido entre a data da despedida e o final do período de estabilidade, quando exaurido este, se o único pedido formulado na ação for de reintegração.

D) A sentença que anula a transferência de um empregado produz efeitos ex tunc.

E) Havendo sucumbência recíproca em demanda oriunda da relação de emprego, apenas o empregador será condenado ao pagamento das custas.

↓ RESPOSTA

Alternativa Letra C.
Súmula nº 396, II do TST.

Capítulo XIII
COISA JULGADA

OJ Nº 262 da SDI - I do TST

Coisa julgada. Planos econômicos. Limitação à data-base na fase de execução

Não ofende a coisa julgada a limitação à data-base da categoria, na fase executória, da condenação ao pagamento de diferenças salariais decorrentes de planos econômicos, quando a decisão exequenda silenciar sobre a limitação, uma vez que a limitação decorre de norma cogente. Apenas quando a sentença exequenda houver expressamente afastado a limitação à data-base é que poderá ocorrer ofensa à coisa julgada.

CAPÍTULO XIV
RECURSO

1. TEORIA GERAL DOS RECURSOS

1.1. Princípios recursais

SÚMULA Nº 214 DO TST

Decisão interlocutória. Irrecorribilidade

Na Justiça do Trabalho, nos termos do art. 893, § 1º, da CLT, as decisões interlocutórias não ensejam recurso imediato, salvo nas hipóteses de decisão:

a) de Tribunal Regional do Trabalho contrária à Súmula ou Orientação Jurisprudencial do Tribunal Superior do Trabalho;

b) suscetível de impugnação mediante recurso para o mesmo Tribunal;

c) que acolhe exceção de incompetência territorial, com a remessa dos autos para Tribunal Regional distinto daquele a que se vincula o juízo excepcionado, consoante o disposto no art. 799, § 2º, da CLT.

SÚMULA Nº 421 DO TST

Embargos de Declaração. Cabimento. Decisão Monocrática do Relator calcada no art. 932 do CPC de 2015. Art. 557 do CPC de 1973.

I – Cabem embargos da declaração de decisão monocrática do relator prevista no art. 932 do CPC de 2015 (art. 557 do CPC de 1973), se a parte pretende tão somente juízo integrativo retificador da decisão e, não, modificação do julgado.

II – Se a parte postular a revisão no mérito da decisão monocrática, cumpre ao relator converter os embargos de declaração em agravo, em face dos princípios da fungibilidade e celeridade processual, submetendo-o ao pronunciamento do Colegiado, após a intimação do recorrente para, no prazo de 5 (cinco) dias, complementar as razões recursais, de modo a ajustá-la às exigências do art. 1.021, § 1º, do CPC de 2015.

OJ Nº 69 DA SDI – II DO TST

Fungibilidade recursal. Indeferimento liminar de ação rescisória ou mandado de segurança. Recurso para o TST. Recebimento como agravo regimental e devolução dos autos ao TRT

Recurso ordinário interposto contra despacho monocrático indeferitório da petição inicial de ação rescisória ou de mandado de segurança pode, pelo princípio de fungibilidade recursal, ser recebido como agravo regimental. Hipótese de não conhecimento do recurso pelo TST e devolução dos autos ao TRT, para que aprecie o apelo como agravo regimental.

OJ Nº 412 DA SDI – I DO TST

Agravo inominado ou agravo regimental. Interposição em face de decisão colegiada. Não cabimento. Erro grosseiro. Inaplicabilidade do princípio da fungibilidade recursal

É incabível agravo interno (art. 1.021 do CPC de 2015, art. 557, §1º, do CPC de 1973) ou agravo regimental (art. 235 do RITST) contra decisão proferida por Órgão colegiado. Tais recursos destinam-se, exclusivamente, a impugnar decisão monocrática nas hipóteses expressamente previstas. Inaplicável, no caso, o princípio da fungibilidade ante a configuração de erro grosseiro.

OJ Nº 152 DA SDI – II DO TST

Ação rescisória e mandado de segurança. Recurso de revista de acórdão regional que julga ação rescisória ou mandado de segurança. Princípio da fungibilidade. Inaplicabilidade. Erro grosseiro na interposição do recurso.

A interposição de recurso de revista de decisão definitiva de Tribunal Regional do Trabalho em ação rescisória ou em mandado de segurança, com fundamento em violação legal e divergência jurisprudencial e remissão expressa ao art. 896 da CLT, configura erro grosseiro, insuscetível de autorizar o seu recebimento como recurso ordinário, em face do disposto no art. 895, "b", da CLT.

⊙ QUESTÕES

01. (TRT 3 – Juiz do Trabalho Substituto 3ª região/ 2014) A partir de súmula do TST, conclui-se que na Justiça do Trabalho, nos termos do art. 893, § 1º, da CLT, as decisões interlocutórias não ensejam recurso imediato, salvo na hipótese de decisão:

A) Que acolhe exceção de incompetência territorial, com a remessa dos autos para juízo do mesmo Tribunal Regional daquele a que se vincula o juízo excepcionado.

B) De Vara do Trabalho contrária à súmula ou Orientação Jurisprudencial do TST.

C) De Turma do TRT contrária à súmula do mesmo Tribunal.

D) Suscetível de impugnação mediante recurso para o mesmo Tribunal.

E) De Vara do Trabalho contrária à súmula ou Orientação Jurisprudencial do TRT a que se vincula.

↓RESPOSTA

Alternativa letra D.
Súmula nº 214, "c", TST.

02. (FGV - Exame de Ordem 2014.3) Pedro trabalhou por um ano em Goiânia/GO e quatro anos em Varginha/MG. Ao ser dispensado, retornou para Goiânia, onde ajuizou ação trabalhista em face do ex-empregador. Na audiência, foi apresentada exceção de incompetência em razão do lugar, a qual foi acolhida pelo juiz, que determinou a remessa dos autos para o TRT/MG. Dessa decisão, Pedro

A) poderá interpor agravo de instrumento, porque a remessa dos autos equivale ao trancamento da ação, dada a hipossuficiência do empregado.

B) poderá interpor recurso ordinário.

C) poderá impetrar mandado de segurança.

D) nada poderá fazer, por se tratar de decisão interlocutória, que é irrecorrível na Justiça do Trabalho.

↓RESPOSTA

Alternativa letra B.
Súmula nº 214, "c", TST.

03. (FCC - Procurador Município – Prefeitura Cuiabá-MT/2014) Nos processos sujeitos à apreciação da Justiça do Trabalho é INCORRETO afirmar:

A) é cabível o recurso pedido de revisão contra a decisão que acolhe exceção de incompetência territorial, com a remessa dos autos para Tribunal Regional distinto daquele a que se vincula o juízo excepcionado.

B) somente haverá nulidade do ato quando resultar dos atos inquinados manifesto prejuízo às partes litigantes.

C) as nulidades não serão declaradas senão mediante provocação das partes, as quais deverão arguí-las à primeira vez em que tiverem de falar em audiência ou nos autos.

D) o documento em cópia oferecido para prova poderá ser declarado autêntico pelo próprio advogado, sob sua responsabilidade pessoal.

E) as testemunhas comparecerão a audiência independentemente de intimação.

↓RESPOSTA

Alternativa letra A.
Súmula nº 214, "c", TST.

04. (Analista Judiciário - Área Judiciária - FCC TRT15/2013) Marcia ajuizou reclamação trabalhista em face de sua ex-empregadora a empresa "WWW Ltda.", reclamação esta distribuída para uma das Varas do Trabalho de Campinas, uma vez que sempre exerceu suas atividades na filial da empresa nesta cidade. A reclamada opôs exceção de incompetência em razão do lugar alegando que a sede da empresa é na cidade de São Paulo/capital. O magistrado da Vara de Campinas acolheu a exceção e determinou a remessa dos autos para distribuição a uma das Varas Trabalhistas de São Paulo. Neste caso, o magistrado

A) errou em sua decisão, mas na Justiça do trabalho vigora o princípio da irrecorribilidade das decisões interlocutórias, devendo Márcia interpor Mandado de Segurança no prazo de 90 dias.

B) errou em sua decisão, mas na Justiça do trabalho vigora o princípio da irrecorribilidade das decisões interlocutórias, devendo Márcia interpor Mandado de Segurança no prazo de 120 dias.

C) errou em sua decisão e Márcia deverá interpor recurso ordinário para o Tribunal Regional do Trabalho da segunda Região.

D) acertou em sua decisão, porque a competência em razão do lugar é determinada pelo local onde encontra-se a sede da empresa.

E) errou em sua decisão e Márcia deverá interpor recurso ordinário para o Tribunal Regional do Trabalho da décima quinta Região.

↓RESPOSTA

Alternativa letra E.
Súmula nº 214, "c", do TST

05. (FGV - Exame de Ordem 2013.1) Uma reclamação trabalhista é ajuizada em São Paulo (TRT da 2ª Região) e, na audiência designada, a reclamada apresenta resposta escrita sob a forma de contestação e exceção de incompetência relativa em razão do lugar, pois o autor sempre trabalhara em Minas Gerais, que na sua ótica deve ser o local onde tramitará o feito.

Após conferida vista ao exceto, na forma do Art. 800, da CLT, e confirmada a prestação dos serviços na outra localidade, o juiz acolhe a exceção e determina a remessa dos autos à capital mineira (MG - TRT da 3ã Região).

Dessa decisão, de acordo com o entendimento do TST, e independentemente do seu mérito,

A) cabe de imediato recurso de agravo de instrumento para o TRT de São Paulo, por tratar-se de decisão interlocutória.

B) nada há a fazer, pois das decisões interlocutórias, na Justiça do Trabalho, não é possível recurso imediato.

C) compete à parte deixar consignado o seu protesto e renovar o inconformismo no recurso ordinário que for interposto após a sentença que será proferida em Minas Gerais.

D) cabe de imediato a interposição de recurso ordinário para o TRT de São Paulo.

↓RESPOSTA

Alternativa letra D.
Súmula nº 214, "c", TST.

06. (CESPE - TRT 1 - Analista Judiciário - Área Judiciária/2008) O TRT, em ação de rito sumaríssimo, reexaminando as provas produzidas em primeiro grau, conheceu e deu provimento a recurso ordinário do reclamante para reconhecer o vínculo de emprego entre as partes, determinando o retorno dos autos à vara de origem para julgamento das parcelas como de direito. Contra essa decisão, o reclamado opôs embargos de declaração com o fim de prequestionamento, que foram rejeitados, e, em seguida, interpôs recurso de revista para o TST, alegando violação literal de disposição de lei federal, recurso esse que não foi admitido na origem. Com base nessa situação, assinale a opção correta.

A) O recurso de revista para o TST seria admissível se houvesse afronta direta e literal à CF.

B) O TRT deveria ter julgado também as parcelas reclamadas, porque o recurso ordinário lhe devolve em profundidade toda matéria.

C) O TST entende que a rejeição de embargos de declaração por parte do TRT impede o prequestionamento da matéria suscitada nos embargos. Nesse caso, a parte deve recorrer de revista contra omissão do TRT.

D) Na situação apresentada, o TRT, ao negar seguimento ao recurso de revista, já ouvira antes a parte recorrida.

E) A decisão recorrida, por ser interlocutória, não comporta recurso de revista.

↓RESPOSTA

Alternativa Letra E.
Súmula nº 214 do TST e
artigo 893, § 1º CLT.

07. (Juiz do Trabalho Substituto – TRT 2ª região/ 2012) Conforme jurisprudência sumulada do Tribunal Superior do Trabalho quanto à recorribilidade das decisões interlocutórias é correto afirmar:

A) As decisões interlocutórias são recorríveis sempre que o juiz no curso do processo resolva questão incidental.

B) As decisões interlocutórias são recorríveis quando tais decisões contrariarem Orientação Jurisprudencial do Tribunal Superior do Trabalho.

C) As decisões interlocutórias não são recorríveis ainda que acolherem exceção de incompetência territorial, remetendo os autos para Tribunal distinto.

D) As decisões interlocutórias são irrecorríveis, mesmo quando suscetíveis de impugnação mediante recurso para o mesmo Tribunal.

E) As decisões interlocutórias não poderão ser impugnadas, salvo por meio de recurso de revista.

↓RESPOSTA

Alternativa Letra B.
Súmula nº 214 do TST e
art. 893, § 1º, da CLT.

08. (Juiz do Trabalho Substituto – TRT 14ª região/ 2012) Analise as proposições e ao final marque a alternativa correta:

I. De acordo com o art. 557 do CPC[7], aplicável subsidiariamente ao Processo do Trabalho, conforme já decidiu o TST, o relator negará seguimento a recurso manifestamente inadmissível, improcedente, prejudicado ou em confronto com súmula ou com jurisprudência dominante do respectivo tribunal, do Supremo Tribunal Federal, ou de Tribunal Superior, salvo no que se refere ao recurso de revista, embargos e agravo de instrumento, tendo em vista que continuam regidos pelo § 5º do art. 896 da CLT.

II. Aplicando-se o art. 557 ao Processo do Trabalho, respeitando os princípios que o norteiam, caso a decisão recorrida estiver em manifesto confronto com súmula ou com jurisprudência dominante do Supremo Tribunal Federal, ou de Tribunal Superior, o relator poderá dar provimento ao recurso.

III. Tendo a decisão monocrática de provimento ou denegação de recurso, prevista no art. 557 do CPC[8], conteúdo decisório definitivo e conclusivo da lide, comporta ser esclarecida pela via dos embargos de declaração, em decisão aclaratória colegiada, quando se pretende suprir contradição e omissão do julgado.

IV. Postulando o embargante efeito modificativo, os embargos declaratórios deverão ser submetidos ao pronunciamento do Colegiado,

7 NCPC, art. 932.
8 NCPC, art. 932.

convertidos em agravo, em face dos princípios da fungibilidade e celeridade processual.

A) Estão corretas apenas as afirmações I, II e IV.

B) Estão corretas apenas as afirmações I, III e IV.

C) Estão corretas apenas as afirmações I, II e III.

D) Estão corretas apenas as afirmações II, III e IV.

E) Estão corretas apenas as afirmações II e IV.

↓RESPOSTA

Alternativa Letra A.
I – Súmula nº 435 do TST,
Inciso III da Instrução Normativa nº 17 do TST e artigo 896, § 5º CLT (revogado pela Lei 13.015/14).
II – Art. 932, V do NCPC (artigo 557, § 1º-A CPC/73).
IV – Súmula nº 421, II do TST.

09. (Juiz do Trabalho Substituto – TRT 14ª região/ 2012) Assinale a alternativa correta:

A) Na execução por carta precatória, os embargos de terceiro serão oferecidos no juízo deprecante ou no juízo deprecado, mas a competência para julgá-los é do juízo deprecado, salvo se versarem, unicamente, sobre vícios ou irregularidades da penhora, avaliação ou alienação dos bens.

B) Na Justiça do Trabalho, nos termos do art. 893, § 1º, da CLT, as decisões interlocutórias não ensejam recurso imediato, salvo nas hipóteses de decisão: a) de Tribunal Regional do Trabalho contrária à Súmula ou Orientação Jurisprudencial do Tribunal Superior do Trabalho; b) suscetível de impugnação mediante recurso para o mesmo Tribunal; c) que acolhe exceção de incompetência territorial, com a remessa dos autos para Tribunal Regional distinto daquele a que se vincula o juízo excepcionado.

C) A Justiça do Trabalho não tem competência para processar e julgar ações ajuizadas por empregados em face de empregadores relativas ao cadastramento no Programa de Integração Social (PIS).

D) Competirá ao Pleno o julgamento de todos os conflitos de competência estabelecidos entre varas trabalhistas.

E) Os conflitos de competência entre Tribunal Regional do Trabalho e Vara do Trabalho a ele vinculada compete ao TST.

↓RESPOSTA

Alternativa Letra B.
Súmula nº 214 do TST.

10. (Juiz do Trabalho Substituto – TRT 15ª região/ 2011) Odracil Terracota, rurícola, ingressou com reclamação trabalhista, pelo rito ordinário, extinta com resolução de mérito, na origem, pelo acolhimento da prescrição, decretada em consonância com entendimento do TST. Recorreu ao Tribunal Regional do Trabalho e obteve a reversão da decisão, com o afastamento da prescrição e determinação de baixa dos autos à origem, para produção de provas e prosseguimento do feito. Fixadas tais premissas, assinale a alternativa correta:

A) da decisão do Tribunal Regional do Trabalho não cabe Recurso de Revista em razão de sua natureza interlocutória;

B) a decisão é terminativa e, assim, cabe Recurso de Revista;

C) a decisão é interlocutória e, ainda assim, poderá ensejar Recurso de Revista;

D) a decisão é terminativa, mas dela cabe Correição Parcial por haver afrontado entendimento sedimentado no TST;

E) a decisão é passível de impugnação via agravo de instrumento.

↓RESPOSTA

Alternativa Letra C.
Súmula nº 214, "a" do TST e artigo 896, "a" CLT.

1.2. Juízo de admissibilidade

OJ Nº 282 DA SDI – I DO TST

Agravo de instrumento. Juízo de admissibilidade "ad quem"

No julgamento de Agravo de Instrumento, ao afastar o óbice apontado pelo TRT para o processamento do recurso de revista, pode o juízo "ad quem" prosseguir no exame dos demais pressupostos extrínsecos e intrínsecos do recurso de revista, mesmo que não apreciados pelo TRT.

SÚMULA Nº 422 DO TST

Recurso. Fundamento ausente ou deficiente. Não conhecimento.

I – Não se conhece de recurso para o TST se as razões do recorrente não impugnam os fundamentos da decisão recorrida, nos termos em que proferida.

II – O entendimento referido no item anterior não se aplica em relação à motivação secundária e impertinente, consubstanciada em despacho de admissibilidade de recurso ou em decisão monocrática.

III – Inaplicável a exigência do item I relativamente ao recurso ordinário da competência de Tribunal Regional do Trabalho, exceto em caso de recurso cuja motivação é inteiramente dissociada dos fundamentos da sentença.

⊙QUESTÕES

01. (Juiz do Trabalho Substituto – TRT 14ª região/ 2011) Em uma ação trabalhista típica, movida por empregado contra o ex-empregador houve sentença de mérito, julgando a demanda procedente em parte. Da sentença o advogado do reclamado recorreu ordinariamente, mas o recurso não foi provido. O advogado do reclamado então interpôs recurso de revista apenas repetindo, um a um, os argumentos constantes do recurso ordinário anteriormente apresentado. Considerados os dados supra e as súmulas do TST, assinale a alternativa correta.

A) O recurso deve ser conhecido e apreciado pelo TST.

B) O recurso não pode ser conhecido, pois não era caso de recurso de revista.

C) O recurso não pode ser conhecido, pois as razões do recorrente não impugnaram os fundamentos da decisão recorrida.

D) O recurso deve ser conhecido, pois a parte pode alegar o quiser nas razões apresentadas.

E) O recurso deve ser conhecido, por força do princípio do duplo grau de jurisdição.

RESPOSTA

Alternativa Letra C.
Súmula nº 422 do TST.

02. (Juiz do Trabalho Substituto – TRT 16ª região/ 2011) Analise as afirmativas e assinale a alternativa INCORRETA:

A) O agravo regimental é cabível para impugnar as decisões monocráticas proferidas pelos relatores nas turmas dos Tribunais Regionais e do TST que negarem seguimento a recurso, e das decisões proferidas em sede de correição parcial.

B) Não são cabíveis embargos para o TST se a decisão de Turma proferida em dissídios individuais, ainda que divirja de outra Turma, estiver em consonância com as Súmulas e OJ's do TST.

C) O recurso de revista não pode ser interposto por simples petição, não se conhecendo de tal remédio pela ausência do requisito de admissibilidade inscrito no art. 514, II, do CPC[9], tendo as razões do recorrente atacado os fundamentos da decisão recorrida.

D) É cabível o agravo de petição em face de decisões interlocutórias que não encerram o processo executivo, mas causem prejuízo à parte e não possam ser impugnadas pelos embargos à execução.

E) Não cabe recurso extraordinário das decisões dos Tribunais Regionais do Trabalho que contrariem dispositivo da Constituição Federal ou declarem a inconstitucionalidade de tratado ou lei federal.

RESPOSTA

Alternativa Letra C.
Súmula nº 422 do TST.

9 art. 1.010 do NCPC.

1.3. Pressupostos recursais

1.3.1. Legitimidade e interesse para recorrer

OJ Nº 237 DA SDI - I DO TST

Ministério Público do Trabalho. Legitimidade para recorrer. Sociedade de economia mista. Empresa pública

I – O Ministério Público do Trabalho não tem legitimidade para recorrer na defesa de interesse patrimonial privado, ainda que de empresas públicas e sociedades de economia mista.

II – Há legitimidade do Ministério Público do Trabalho para recorrer de decisão que declara a existência de vínculo empregatício com sociedade de economia mista ou empresa pública, após a Constituição Federal de 1988, sem a prévia aprovação em concurso público, pois é matéria de ordem pública.

OJ Nº 318 DA SDI - I DO TST

Representação irregular. Autarquia

Os Estados e os Municípios não têm legitimidade para recorrer em nome das autarquias detentoras de personalidade jurídica própria, devendo ser representadas pelos procuradores que fazem parte de seus quadros ou por advogados constituídos.

1.3.2. Tempestividade

SÚMULA Nº 385 DO TST

Feriado local. Ausência de expediente forense. Prazo recursal. Prorrogação. Comprovação. Necessidade. Ato administrativo do juízo "a quo"

I – Incumbe à parte o ônus de provar, quando da interposição do recurso, a existência de feriado local que autorize a prorrogação do prazo recursal.

II – Na hipótese de feriado forense, incumbirá à autoridade que proferir a decisão de admissibilidade certificar o expediente nos autos.

III – Na hipótese do inciso II, admite-se a reconsideração da análise da tempestividade do recurso, mediante prova documental superveniente, em Agravo Regimental, Agravo de Instrumento ou Embargos de Declaração.

SÚMULA Nº 197 DO TST

Prazo

O prazo para recurso da parte que, intimada, não comparecer à audiência em prosseguimento para a prolação da sentença conta-se de sua publicação.

SÚMULA Nº 30 DO TST

Intimação da sentença

Quando não juntada a ata ao processo em 48 horas, contadas da audiência de julgamento (art. 851, § 2º, da CLT), o prazo para recurso será contado da data em que a parte receber a intimação da sentença.

SÚMULA Nº 387 DO TST

Recurso. Fac-Símile. Lei nº 9.800/1999

I - A Lei nº 9.800, de 26.05.1999, é aplicável somente a recursos interpostos após o início de sua vigência.

II - A contagem do quinquidio para apresentação dos originais de recurso interposto por intermédio de fac-símile começa a fluir do dia subsequente ao término do prazo recursal, nos termos do art. 2º da Lei nº 9.800, de 26.05.1999, e não do dia seguinte à interposição do recurso, se esta se deu antes do termo final do prazo.

III - Não se tratando a juntada dos originais de ato que dependa de notificação, pois a parte, ao interpor o recurso, já tem ciência de seu ônus processual, não se aplica a regra do art. 224 do CPC de 2015 (art. 184 do CPC de 1973) quanto ao "dies a quo", podendo coincidir com sábado, domingo ou feriado.

IV – A autorização para utilização do fac-símile, constante do art. 1º da Lei n.º 9.800, de 26.05.1999, somente alcança as hipóteses em que o documento é dirigido diretamente ao órgão jurisdicional, não se aplicando à transmissão ocorrida entre particulares.

OJ Nº 192 DA SDI – I DO TST

Embargos declaratórios. Prazo em dobro. Pessoa jurídica de direito público. Decreto-lei nº 779/69.

É em dobro o prazo para a interposição de embargos declaratórios por pessoa jurídica de direito público.

SÚMULA Nº 201 DO TST

Recurso ordinário em mandado de segurança

Da decisão de Tribunal Regional do Trabalho em mandado de segurança cabe recurso ordinário, no prazo de 8 (oito) dias, para o Tribunal Superior do Trabalho, e igual dilação para o recorrido e interessados apresentarem razões de contrariedade.

QUESTÕES

01. (Exame de Ordem 2011.2 – FGV) No dia 22/7/2009 (quarta-feira), foi publicada a sentença de improcedência do pedido. O advogado do autor tomou ciência da decisão, mas, como estava viajando, localizando-se em outro Estado da federação, interpôs recurso ordinário via fac-símile no dia 27/7/2009 (segunda-feira). Ao retornar de viagem, o advogado do autor requereu a juntada do recurso original no dia 04/8/2009 (terça-feira). Entretanto, após este último ato do advogado do autor, o juiz considerou intempestiva a interposição do recurso ordinário, negando – lhe seguimento.

Diante dessa situação concreta, é correto afirmar que o advogado do autor deve

A) interpor agravo de instrumento, uma vez que atendeu o prazo de oito dias para a interposição do recurso ordinário e o prazo de cinco dias para a juntada do original.

B) impetrar mandado de segurança, uma vez que o juiz violou o seu direito líquido e certo de interpor recurso ordinário no prazo de oito dias a contar da publicação.

C) ingressar com uma reclamação correicional, uma vez que o juiz praticou um ato desprovido de amparo legal.

D) ajuizar uma ação rescisória, uma vez que a sentença judicial se tornou irrecorrível diante da decisão judicial que negou seguimento ao recurso ordinário.

RESPOSTA

Alternativa Letra A.
Súmula nº 387, II do TST e artigo 897, "b" CLT.

1.3.3. Representação

OJ Nº 286 DA SDI – I DO TST

Agravo de instrumento. Traslado. Mandato tácito. Ata de audiência. Configuração

I – A juntada da ata de audiência, em que consignada a presença do advogado, desde que não estivesse atuando com mandato expresso, torna dispensável a procuração deste, porque demonstrada a existência de mandato tácito.

II – Configurada a existência de mandato tácito fica suprida a irregularidade detectada no mandato expresso.

OJ Nº 374 DA SDI – I DO TST

Agravo de instrumento. Representação processual. Regularidade. Procuração ou substabelecimento com cláusula limitativa de poderes ao âmbito do tribunal regional do trabalho

É regular a representação processual do subscritor do agravo de instrumento ou do recurso de revista que detém mandato com poderes de representação limitados ao âmbito do Tribunal Regional do Trabalho, pois, embora a apreciação desse recurso seja realizada pelo Tribunal Superior do Trabalho, a sua interposição é ato praticado perante o Tribunal Regional do Trabalho, circunstância que legitima a atuação do advogado no feito.

OJ Nº 75 DA SDI – I DO TST

Substabelecimento sem o reconhecimento de firma do substabelecente. Inválido (anterior à Lei nº 8.952/1994)

Não produz efeitos jurídicos recurso subscrito por advogado com poderes conferidos em substabelecimento em que não consta o reconhecimento de firma do outorgante. Entendimento aplicável antes do advento da Lei nº 8.952/1994.

SÚMULA Nº 383 DO TST

Recurso. Mandato. Irregularidade de representação. CPC de 2015, arts. 104 e 76, § 2º

I – É inadmissível recurso firmado por advogado sem procuração juntada aos autos até o momento da sua interposição, salvo mandato tácito. Em caráter excepcional (art. 104 do CPC de 2015), admite-se que o advogado, independentemente de intimação, exiba a procuração no prazo de 5 (cinco) dias após a interposição do recurso, prorrogável por igual período mediante despacho do juiz. Caso não a exiba, considera-se ineficaz o ato praticado e não se conhece do recurso.

II – Verificada a irregularidade de representação da parte em fase recursal, em procuração ou substabelecimento já constante dos autos, o relator ou o órgão competente para julgamento do recurso designará prazo de 5 (cinco) dias para que seja sanado o vício. Descumprida a determinação, o relator não conhecerá do recurso, se a providência couber ao recorrente, ou determinará o desentranhamento das contrarrazões, se a providência couber ao recorrido (art. 76, § 2º, do CPC de 2015).

OJ Nº 120 DA SDI – I DO TST

Recurso. Assinatura da petição ou das razões recursais. Art. 932, parágrafo único, do CPC de 2015.

I – Verificada a total ausência de assinatura no recurso, o juiz ou o relator concederá prazo de 5 (cinco) dias para que seja sanado o vício. Descumprida a determinação, o recurso será reputado inadmissível (art. 932, parágrafo único, do CPC de 2015).

II – É válido o recurso assinado, ao menos, na petição de apresentação ou nas razões recursais.

1.3.4. Custas processuais

SÚMULA Nº 25 DO TST

Custas Processuais. Inversão do ônus da Sucumbência.

I - A parte vencedora na primeira instância, se vencida na segunda, está obrigada, independentemente de intimação, a pagar as custas fixadas na sentença originária, das quais ficara isenta a parte então vencida;

II - No caso de inversão do ônus da sucumbência em segundo grau, sem acréscimo ou atualização do valor das custas e se estas já foram devidamente recolhidas, descabe um novo pagamento pela parte vencida, ao recorrer. Deverá ao final, se sucumbente, reembolsar a quantia; (ex-OJ nº 186 da SBDI-I)

III - Não caracteriza deserção a hipótese em que, acrescido o valor da condenação, não houve fixação ou cálculo do valor devido a título de custas e tampouco intimação da parte para o preparo do recurso, devendo ser as custas pagas ao final; (ex-OJ nº 104 da SBDI-I)

IV - O reembolso das custas à parte vencedora faz-se necessário mesmo na hipótese em que a parte vencida for pessoa isenta do seu pagamento, nos termos do art. 790-A, parágrafo único, da CLT.

SÚMULA Nº 53 DO TST

Custas

O prazo para pagamento das custas, no caso de recurso, é contado da intimação do cálculo.

OJ Nº 140 DA SDI – I DO TST

Depósito recursal e custas Processuais. Recolhimento insuficiente. Deserção.

Em caso de recolhimento insuficiente das custas processuais ou do depósito recursal, somente haverá deserção do recurso se, concedido o prazo de 5 (cinco) dias previsto no § 2º do art. 1.007 do CPC de 2015, o recorrente não complementar e comprovar o valor devido.

SÚMULA Nº 36 DO TST

Custas

Nas ações plúrimas, as custas incidem sobre o respectivo valor global.

SÚMULA Nº 170 DO TST

Sociedade de economia mista. Custas

Os privilégios e isenções no foro da Justiça do Trabalho não abrangem as sociedades de economia mista, ainda que gozassem desses benefícios anteriormente ao Decreto-Lei nº 779, de 21.08.1969.

OJ Nº 13 DA SDI – I DO TST

APPA. Decreto-lei nº 779/69. Depósito recursal e custas. Não isenção

A Administração dos Portos de Paranaguá e Antonina – APPA, vinculada à Administração Pública indireta, não é isenta do recolhimento do depósito recursal e do pagamento das custas processuais por não ser beneficiária dos privilégios previstos no Decreto-Lei nº 779, de 21.08.1969, ante o fato de explorar atividade econômica com fins lucrativos, o que descaracteriza sua natureza jurídica, igualando-a às empresas privadas.

SÚMULA Nº 86 DO TST

Deserção. Massa falida. Empresa em liquidação extrajudicial

Não ocorre deserção de recurso da massa falida por falta de pagamento de custas ou de depósito do valor da condenação. Esse privilégio, todavia, não se aplica à empresa em liquidação extrajudicial.

OJ Nº 158 DA SDI – I DO TST

Custas. Comprovação de recolhimento. Darf eletrônico. Validade

O denominado "DARF ELETRÔNICO" é válido para comprovar o recolhimento de custas por entidades da administração pública federal, emitido conforme a IN-SRF 162, de 04.11.88.

OJ Nº 33 DA SDI – I DO TST

Deserção. Custas. Carimbo do banco. Validade

O carimbo do banco recebedor na guia de comprovação do recolhimento das custas supre a ausência de autenticação mecânica.

OJ Nº 217 DA SDI – I DO TST

Agravo de instrumento. Traslado. Lei nº 9.756/1998. Guias de custas e de depósito recursal

Para a formação do agravo de instrumento, não é necessária a juntada de comprovantes de recolhimento de custas e de depósito recursal relativamente ao recurso ordinário, desde que não seja objeto de controvérsia no recurso de revista a validade daqueles recolhimentos.

OJ Nº 88 DA SDI – II DO TST

Mandado de segurança. Valor da causa. Custas processuais. Cabimento

Incabível a impetração de mandado de segurança contra ato judicial que, de ofício, arbitrou novo valor à causa, acarretando a majoração das custas processuais, uma vez que cabia à parte, após recolher as custas, calculadas com base no valor dado à causa na inicial, interpor recurso ordinário e, posteriormente, agravo de instrumento no caso de o recurso ser considerado deserto.

OJ Nº 148 DA SDI – II DO TST

Custas. Mandado de segurança. Recurso ordinário. Exigência do pagamento

É responsabilidade da parte, para interpor recurso ordinário em mandado de segurança, a comprovação do recolhimento das custas processuais no prazo recursal, sob pena de deserção.

QUESTÕES

01. (TRT 2 – Juiz do Trabalho Substituto 2ª região/ 2013) Em relação às custas, considerando-se entendimento sumulado do C. Tribunal Regional do Trabalho, é correto dizer:

A) Não ocorre deserção de recurso da massa falida por falta de pagamento de custas ou depósito do valor da condenação, o mesmo ocorrendo com empresa em liquidação extrajudicial.

B) Nas ações plúrimas, as custas incidem sobre o valor correspondente a cada um dos autores, de forma isolada.

C) A parte vencedora na 1a instância, se vencida na 2a, não está obrigada a pagar as custas fixadas na sentença originária.

D) Os privilégio e isenções no foro da Justiça do Trabalho abrangem as sociedades de economia mista.

E) Nas ações ações plúrimas, as custas incidem sobre o respectivo valor global.

↓RESPOSTA

Alternativa letra E.
Súmula nº 36 do TST.

02. (FCC – TRT 22 – Analista Judiciário – Área Judiciária/2010) Nas ações plúrimas, as custas incidem sobre

A) um valor fixo previamente estipulado pelo Tribunal Superior do Trabalho.

B) um valor fixo previamente estipulado pelo Supremo Tribunal Federal.

C) o valor da causa previamente estipulado na proporção de cada parte.

D) um valor fixo previamente estipulado pelo Tribunal Regional competente.

E) o respectivo valor global.

↓RESPOSTA

Alternativa Letra E.
Súmula nº 36 do TST.

03. (TRT 15ª Região – Juiz do Trabalho Substituto – 2015) Considere:

I. O benefício da justiça gratuita pode ser requerido em qualquer tempo ou grau de jurisdição, inclusive na fase recursal, sendo que a declaração de insuficiência econômica somente pode ser firmada pelo advogado quando a este tenham sido outorgados poderes específicos para tanto.

II. Nas ações plúrimas as custas incidem sobre o respectivo valor global.

III. No caso de inversão do ônus da sucumbência em segundo grau, a interposição de recurso pela parte vencida depende do depósito das custas, em ressarcimento da parte vencedora, sob pena de deserção.

IV. Havendo condenação solidária de duas ou mais empresas, o depósito recursal efetuado por uma delas aproveita as demais, quando a empresa que efetuou o depósito não pleiteia sua exclusão da lide.

V. O recurso interposto antes de vencido o respectivo prazo deve vir acompanhado da comprovação do depósito recursal, sob pena de deserção.

De acordo com a jurisprudência pacífica do TST, está correto o que consta APENAS em

a) I e IV.

b) I e V.

c) II e IV.

d) II e III.

e) III e V.

↓RESPOSTA

Alternativa Letra C.
II – Súmula nº 36 do TST
IV – Súmula nº 128 do TST.

04. (FCC – TRT11/2017 – Analista Judiciário – Área Judiciária) No tocante às custas, considere:

I. A parte vencedora na primeira instância, se vencida na segunda, está obrigada, independentemente de intimação, a pagar as custas fixadas na sentença originária, das quais ficara isenta a parte então vencida.

II. No caso de inversão do ônus da sucumbência em segundo grau, sem acréscimo ou atualização do valor das custas e se estas já foram devidamente recolhidas, caberá um novo pagamento pela parte vencida, ao recorrer.

III. Não caracteriza deserção a hipótese em que, acrescido o valor da condenação, não houve fixação ou cálculo do valor devido a título de custas e tampouco intimação da parte para o preparo do recurso, devendo ser as custas pagas ao final.

IV. Não há reembolso das custas à parte vencedora mesmo na hipótese em que a parte vencida for pessoa isenta do seu pagamento, nos termos previstos na Consolidação das Leis do Trabalho.

Está correto o que se afirma APENAS em

(A) II e III.

(B) I e III.

(C) I, II e IV.

(D) II, III e IV.

(E) I e IV.

↓RESPOSTA

Alternativa Letra B.

Item I: Correto: Súmula nº 25, I do TST

Item III: Correto: Súmula nº 25, III do TST.

05. (FCC – Técnico Judiciário – Área Administrativa - TRT 4/2015) No tocante às custas e emolumentos, considere:

I. No caso de inversão do ônus da sucumbência em segundo grau, sem acréscimo ou atualização do valor das custas e se estas já foram devidamente recolhidas, descabe um novo pagamento pela parte vencida, ao recorrer. Deverá ao final, se sucumbente, reembolsar a quantia.

II. O reembolso das custas à parte vencedora faz-se necessário exceto na hipótese em que a parte vencida for pessoa isenta do seu pagamento, nos termos da lei.

III. Nos dissídios individuais, em regra, as custas relativas ao processo de conhecimento incidirão à base de 2% calculadas, quando houver extinção do processo, sem julgamento do mérito, sobre o valor da causa.

IV. A isenção das custas alcança as entidades fiscalizadoras do exercício profissional.

Nos termos da jurisprudência sumulada do TST e regras contidas na Consolidação das Leis do Trabalho, está correto o que se afirma APENAS em

(A) I, II e III.

(B) II e IV.

(C) I e III.

(D) II, III e IV.

(E) I e IV.

↓RESPOSTA

Alternativa C.

I – Súmula nº 25, I, TST.

III – Art. 789, II, da CLT.

06. (CESPE – TRT 17 – Analista Judiciário – Área Administrativa/2009) Julgue os próximos itens, relativos às custas e aos emolumentos no processo do trabalho.

I) O carimbo do banco recebedor na guia de comprovação do recolhimento das custas não supre a ausência de autenticação mecânica.

II) Não caracteriza deserção a hipótese em que, acrescido o valor da condenação, não houve fixação ou cálculo do valor devido a título de custas e tampouco intimação da parte para o preparo do recurso, devendo, pois, as custas serem pagas ao final.

↓RESPOSTA

ERRADO/CERTO.

I – OJ nº 33 da SDI-I.

II – Súmula nº 25, III, TST.

07. (FCC – TRT 18 – Analista Judiciário – Área Administrativa/2008) No processo do trabalho, considere as assertivas abaixo a respeito das Custas e Emolumentos judiciais:

I. A União e suas autarquias e fundações públicas federais que não explorem atividade econômica estão isentos do pagamento de custas, bem como de reembolsar as despesas judiciais realizadas pela parte vencedora.

II. As custas serão pagas pelo vencido, após o trânsito em julgado da decisão. No caso de recurso, as custas serão pagas e comprovado o recolhimento dentro do prazo recursal.

III. A parte vencedora na primeira instância, se vencida na segunda, está obrigada, independentemente de intimação, a pagar as custas fixadas na sentença originária, das quais ficará isenta a parte vencida.

IV. Entidades fiscalizadoras do exercício profissional, como, por exemplo, a Ordem dos Advogados do Brasil, estão isentas do pagamento das custas.

De acordo com a Consolidação das Leis do Trabalho, está correto o que consta APENAS em

A) III e IV.

B) I, II e III.

C) II, III e IV.

D) II e III.

E) I e IV.

↓RESPOSTA

Alternativa Letra D.

II – artigo 789, § 1º da CLT.

III – Súmula nº 25, I, do TST.

08. (TRT 23ª Região – Juiz do Trabalho Substituto – 2015) Maria das Dores, reclamante não beneficiária da justiça gratuita, teve sua reclamação trabalhista julgada improcedente em face da Empresa Pé de Cabra Ltda. Em recurso para o Tribunal Regional do Trabalho, efetuou corretamente o pagamento das custas processuais, quando houve a inversão do ônus da sucumbência. A empresa ré pretende interpor recurso de revista para o Tribunal Superior do Trabalho. Neste caso, para a apresentação do recurso

a) descabe um novo pagamento pela parte vencida, devendo a parte sucumbente, no momento da interposição do recurso, comprovar o reembolso do pagamento das custas à parte contrária.

b) é devido o pagamento da totalidade das custas quando acrescido o valor da condenação, mesmo que não tenha havido intimação da parte para o preparo do recurso, sob pena de deserção.

c) descabe um novo pagamento pela parte vencida, se não houve acréscimo ou atualização do valor das custas. Porém, se sucumbente, deverá reembolsar a quantia paga ao final.

d) é devido o pagamento das custas fixadas, mesmo que estas já tenham sido devidamente recolhidas pela parte originalmente sucumbente, sob pena de deserção.

e) é devido o pagamento apenas do acréscimo do valor das custas determinado pela nova decisão para o preparo do recurso, independentemente de ter sido fixado o valor devido.

↓RESPOSTA

Alternativa Letra C.

Súmula nº 25, II, do TST.

09. (MPT. 19º Concurso para Procurador do Trabalho/2015) Considerando a hipótese de ex-empregado que ajuíza reclamação trabalhista e seus pedidos sejam julgados totalmente improcedentes, com custas fixadas sobre o valor atribuído à causa, analise as assertivas abaixo, de acordo com a jurisprudência uniforme do TST:

1) Caso o reclamante seja beneficiário da Justiça gratuita, estará isento de recolher as custas para o conhecimento de seu recurso ordinário e, em sendo provido, com inversão do ônus da sucumbência, a reclamada deverá recolher as custas fixadas na sentença originária, independentemente de intimação, para o conhecimento de seu recurso de revista.

2) Caso o reclamante não tenha obtido os benefícios da justiça gratuita e o recolhimento das custas em razão da interposição de seu recurso ordinário não incluir os centavos, ele deverá ser intimado para complementar o valor que, se não providenciado, acarreta a deserção do recurso.

3) Caso o reclamante não tenha obtido os benefícios da justiça gratuita, havendo inversão do ônus da sucumbência em razão do provimento de seu recurso ordinário, com as custas devidamente recolhidas, sem que tenha havido acréscimo ou atualização em seu valor, a reclamada deverá recolher o valor integral das custas no prazo do recurso de revista, para que este não ser considerado deserto.

4) Caso o reclamante não tenha obtido os benefícios da justiça gratuita, a guia de recolhimento das custas, com o valor correto, apresentada por ocasião da interposição de seu recurso ordinário, sem autenticação mecânica, mas com o carimbo recebedor do banco, deve ser considerada apta para a comprovação do preparo.

Marque a alternativa CORRETA:

a) as assertivas 1 e 4 estão corretas;

b) as assertivas 1, 3 e 4 estão corretas;

c) as assertivas 2 e 4 estão corretas;

d) as assertivas 1, 2 e 3 estão corretas.

e) Não respondida.

↓RESPOSTA

Alternativa Letra A.

1) – Súmula nº 25, I do TST.

4) OJ nº 33 da SDI –I do TST.

10. (FCC – Juiz do Trabalho Substituto 4ª região/ 2012) As custas processuais, no caso de interposição de recurso ordinário em mandado de segurança, deverão ser

A) pagas e comprovadas em oito dias da interposição do recurso.

B) pagas e comprovadas em cinco dias da interposição do recurso.

C) pagas em cinco dias da interposição do recurso e comprovadas em cinco dias a contar do recolhimento.

D) comprovadas em oito dias a contar do recolhimento.

E) comprovadas dentro do prazo recursal.

↓RESPOSTA

Alternativa Letra E.

OJ nº 148 da SDI-II

11. (TRT 15ª Região – Juiz do Trabalho Substituto – 2015) De acordo com a jurisprudência pacífica do TST, a intimação

a) será nula, independentemente de prejuízo, quando, inobstante o fato de ter sido feito pedido expresso de que as intimações sejam realizadas em nome de determinado advogado, a mesma seja feita em nome de outro profissional constituído nos autos.

b) do cálculo, no caso de recurso, dá início à contagem do prazo para pagamento das custas.

c) recebida pela parte no sábado é considerada válida, iniciando-se a contagem do prazo na segunda-feira.

d) recebida na sexta-feira implica no início do prazo no primeiro dia útil imediato e a contagem, no subsequente.

e) feita na véspera do recesso forense implica na interrupção do prazo durante o recesso.

↓RESPOSTA

Alternativa Letra B

Súmula nº 53 do TST

12. (TRT 2 – Juiz do Trabalho Substituto 2ª região/2016) Nos processos perante a Justiça do Trabalho, em relação às despesas processuais, nos termos da Consolidação das Leis do Trabalho e das Súmulas da Jurisprudência Uniforme do Tribunal Superior do Trabalho:

I – São isentos do pagamento de custas, além dos beneficiários de justiça gratuita, a União, os Estados, o Distrito Federal, os Municípios e respectivas autarquias e fundações públicas federais, estaduais ou municipais que não explorem atividade econômica, o Ministério Público do Trabalho e as entidades fiscalizadoras do exercício profissional.

II – Não ocorre deserção de recurso da massa falida por falta de pagamento de custas ou de depósito do valor da condenação.

III – Não ocorre deserção de recurso da empresa em liquidação extrajudicial por falta de pagamento de custas ou de depósito do valor da condenação.

IV – Os privilégios e isenções no foro da Justiça do Trabalho, quanto ao pagamento de custas, não abrangem as sociedades de economia mista.

V – Tratando-se de empregado que não tenha obtido o benefício da justiça gratuita, ou isenção de custas, o sindicato que houver intervindo no processo responderá solidariamente pelo pagamento das custas devidas.

Responda:

A) Somente as proposições I, II e III estão corretas.

B) Somente as proposições I, IV e V estão corretas.

C) Somente as proposições II, III e V estão corretas.

D) Somente as proposições II, IV e V estão corretas.

E) Todas as proposições estão corretas.

↓RESPOSTA

Alternativa Letra D.

Item II: Correto: Súmula nº 86, TST

Item IV: Correto: Súmula nº 170 do TST

Item V: Correto: Art. 790, §1º, CLT.

13. (FGV – Exame de Ordem 2016.1) João foi empregado da sociedade empresária Girassol Terceirização Ltda. e trabalhou como vigilante terceirizado na sociedade empresária Passo Fundo Ltda. durante todo o seu contrato. João foi dispensado e não recebeu nenhuma verba da extinção contratual, motivando-o a ajuizar ação contra ambas as sociedades empresárias. Em audiência, a sociedade empresária Girassol Terceirização Ltda. comprovou documentalmente ter sido decretada a sua falência, ao passo que a sociedade empresária Passo Fundo Ltda. comprovou, nas mesmas condições, ter conseguido a recuperação judicial. As partes estiveram regularmente representadas e assistidas, nenhuma delas requereu a sua exclusão da lide e o pedido foi julgado procedente em parte, com condenação principal da sociedade empresária Girassol e responsabilidade subsidiária da sociedade empresária Passo Fundo. Diante da situação retratada, da previsão legal e do entendimento do TST, considerando que as sociedades empresárias recorrerão, assinale a afirmativa correta.

A) Diante da situação jurídica das sociedades empresárias, elas ficam dispensadas do preparo.

B) A sociedade empresária Girassol precisará realizar preparo, mas a sociedade empresária Passo Fundo, não.

C) Ambas as sociedades empresárias precisarão realizar o preparo integralmente.

D) A sociedade empresária Girassol não precisará realizar preparo, mas a sociedade empresária Passo Fundo, sim.

↓RESPOSTA

Alternativa Letra D.

Súmula nº 86 do TST

14. (TRT 23 - Juiz do Trabalho Substituto 23ª região/ 2014) Assinale a alternativa CORRETA à luz das Súmulas do TST:

A) Nas causas submetidas ao procedimento sumaríssimo, será admitido recurso de revista por contrariedade a súmula de jurisprudência uniforme do Tribunal Superior do Trabalho e violação direta da Constituição Federal, nesta última hipótese independente de prequestionamento.

B) Não será deserto o recurso interposto pela massa falida por falta de recolhimento de custas e depósito recursal, tendo o TST sumulado o entendimento de que o benefício não se aplica a empresas em liquidação extrajudicial.

C) Nos termos do artigo 114, VI, da Carta Federal, a Justiça do Trabalho é competente para processar e julgar as ações de indenização por dano moral e material, mas somente se decorrentes da relação de emprego, inclusive oriundas de acidente de trabalho e doenças a ele equiparadas.

D) Não são devidos honorários advocatícios em causas onde o ente sindical figure como substituto processual, uma vez que a Lei 5584/70, ao tratar da matéria, explicita que a condenação, no caso, decorre da assistência sindical.

E) Nenhuma das assertivas está correta.

↓RESPOSTA

Alternativa Letra B.

Súmula nº 86 do TST.

15. (Juiz do Trabalho Substituto - TRT 14ª região/ 2012) Analise as proposições e ao final marque a alternativa correta:

I. Não se conhece de recurso de revista ou de embargos, se a decisão recorrida resolver determinado item do pedido por diversos fundamentos e a jurisprudência transcrita não abranger a todos.

II. A juntada de documentos na fase recursal só se justifica quando provado o justo impedimento para sua oportuna apresentação ou se referir a fato alegado posteriormente à instrução processual.

III. O prazo para pagamento das custas, no caso de recurso, é contado da intimação do cálculo.

IV. Não ocorre deserção de recurso da massa falida por falta de pagamento de custas ou de depósito do valor da condenação. Esse privilégio, todavia, não se aplica à empresa em liquidação extrajudicial.

A) Estão corretas apenas as afirmações I, II e IV.

B) Estão corretas apenas as afirmações I, III e IV.

C) Estão corretas apenas as afirmações I, II e III.

D) Estão corretas apenas as afirmações II, III e IV.

E) Estão corretas apenas as afirmações II e IV.

↓RESPOSTA

Alternativa Letra B.
I – Súmula nº 23 do TST.
III – Súmula nº 53 do TST.
IV – Súmula nº 86 do TST.

16. (FCC – Juiz do Trabalho Substituto 1ª Região/ 2011) Entre os pressupostos objetivos dos recursos está o preparo que, no processo do trabalho abrange o recolhimento das custas e também do depósito recursal, em relação ao qual é correto afirmar:

A) As pessoas jurídicas de direito público, o Ministério Público e a massa falida não estão sujeitos ao recolhimento de depósito recursal.

B) Havendo condenação solidária ou subsidiária de duas ou mais empresas, o depósito recursal feito por uma delas aproveita às demais.

C) O depósito recursal deve ser feito e comprovado no prazo alusivo ao recurso. A interposição antecipada deste implica na necessidade do recolhimento antecipado do depósito recursal, sob pena de deserção.

D) É devido depósito recursal na interposição de recurso de revista na fase executória.

E) O depósito recursal não é devido na interposição de recurso de sentenças meramente declaratórias ou constitutivas, mas é devido nos recursos de sentenças condenatórias.

↓RESPOSTA

Alternativa Letra A.
Súmula nº 86 do TST e artigo 1º, IV do Decreto-Lei nº 779/69.

17. (Juiz do Trabalho Substituto – TRT 15ª região/ 2011) Assinale a alternativa incorreta:

A) a ausência de recolhimento das custas, por parte das empresas em liquidação extrajudicial, não acarreta a deserção do recurso por ela interposto;

B) em caso de condenação solidária de duas ou mais empresas, o depósito recursal efetuado por uma delas aproveita às demais, quando a empresa que o efetuou não pleiteia sua exclusão da lide;

C) a fazenda pública, quando condenada subsidiariamente pelas obrigações trabalhistas devidas pela empregadora principal, não se beneficia da limitação dos juros que normalmente lhe é aplicável;

D) é desnecessário que a matéria veiculada no recurso adesivo seja relacionada com a do recurso interposto pela parte contrária;

E) a isenção das custas previstas para os órgãos da administração pública direta e indireta que não explorem atividade econômica não alcança as entidades fiscalizadoras da atividade profissional.

↓RESPOSTA

Alternativa Letra A.
Súmula nº 86 do TST.

1.3.5. Depósito Recursal

SÚMULA Nº 128 DO TST

Depósito Recursal

I – É ônus da parte recorrente efetuar o depósito legal, integralmente, em relação a cada novo recurso interposto, sob pena de deserção. Atingido o valor da condenação, nenhum depósito mais é exigido para qualquer recurso.

II – Garantido o juízo, na fase executória, a exigência de depósito para recorrer de qualquer decisão viola os incisos II e LV do art. 5º da CF/1988. Havendo, porém, elevação do valor do débito, exige-se a complementação da garantia do juízo.

III – Havendo condenação solidária de duas ou mais empresas, o depósito recursal efetuado por uma delas aproveita as demais, quando a empresa que efetuou o depósito não pleiteia sua exclusão da lide.

SÚMULA Nº 161 DO TST

Depósito. Condenação a pagamento em pecúnia

Se não há condenação a pagamento em pecúnia, descabe o depósito de que tratam os §§ 1º e 2º do art. 899 da CLT.

SÚMULA Nº 245 DO TST

Depósito recursal. Prazo

O depósito recursal deve ser feito e comprovado no prazo alusivo ao recurso. A interposição antecipada deste não prejudica a dilação legal.

SÚMULA Nº 99 DO TST

Ação rescisória. Deserção. Prazo

Havendo recurso ordinário em sede de rescisória, o depósito recursal só é exigível quando for julgado procedente o pedido e imposta condenação em pecúnia, devendo este ser efetuado no prazo recursal, no limite e nos termos da legislação vigente, sob pena de deserção.

SÚMULA Nº 217 DO TST

Depósito recursal. Credenciamento bancário. Prova dispensável

O credenciamento dos bancos para o fim de recebimento do depósito recursal é fato notório, independendo da prova.

SÚMULA Nº 426 DO TST

Depósito recursal. Utilização da guia GFIP. Obrigatoriedade

Nos dissídios individuais o depósito recursal será efetivado mediante a utilização da Guia de Recolhimento do FGTS e Informações à Previdência Social - GFIP, nos termos dos §§ 4º e 5º do art. 899 da CLT, admitido o depósito judicial, realizado na sede do juízo e à disposição deste, na hipótese de relação de trabalho não submetida ao regime do FGTS.

OJ Nº 264 DA SDI - I DO TST

Depósito recursal. PIS/PASEP. Ausência de indicação na guia de depósito recursal. Validade

Não é essencial para a validade da comprovação do depósito recursal a indicação do número do PIS/PASEP na guia respectiva.

⊙ QUESTÕES

01. (TRT 2 - Juiz do Trabalho Substituto 2ª região/2015) À luz da jurisprudência sumulada do Tribunal Superior do Trabalho, aponte a alternativa INCORRETA.

A) A ausência do reclamante a audiência em que deveria depor, após contestada a ação, não importa arquivamento do processo.

B) Quando não juntada a ata ao processo em 48 horas, contadas da audiência de julgamento, o prazo para recurso será contado da data em que a parte receber a intimação da sentença.

C) A alçada é fixada pelo valor dado a causa na data de seu ajuizamento, desde que não impugnado, sendo inalterável no curso do processo.

D) A prova pré-constituída nos autos pode ser levada em conta para confronto com a confissão ficta, não implicando cerceamento de defesa o indeferimento de provas posteriores.

E) Havendo condenação solidária de duas ou mais empresas, o deposito recursal efetuado por uma delas aproveita as demais, mesmo quando a empresa que efetuou o depósito pleiteie sua exclusão da lide.

↓ RESPOSTA

Alternativa E.
Súmula nº 128, III, do TST.

02. (FCC - TRT11/2017 - Analista Judiciário - Área Judiciária) As empresas A e B foram condenadas solidariamente na reclamação trabalhista Z pretendendo ambas as empresas interpor Recurso Ordinário. A empresa A interpôs Recurso Ordinário no quinto dia do prazo recursal e depositou o valor do depósito recursal de forma integral. Neste caso, o depósito recursal

(A) efetuado pela empresa A não aproveita a empresa B, em nenhuma hipótese, uma vez que o depósito recursal possui caráter personalíssimo.

(B) efetuado pela empresa A aproveita a empresa B, exceto se aquela pleiteia sua exclusão da lide.

(C) efetuado pela empresa A aproveita a empresa B, exceto se as empresas possuírem procuradores distintos.

(D) é devido na proporção de 50% para cada empresa, sendo que o depósito integral da empresa A, não exime a empresa B de efetuar o depósito da sua parte, podendo a empresa A requerer o levantamento da parte que depositou a maior.

(E) é devido na proporção de 50% para cada empresa, sendo que o depósito integral da empresa A, exime a empresa B de efetuar o depósito da sua parte.

↓RESPOSTA

Alternativa Letra B.

Súmula nº 128, III do TST.

03. (Fundação Carlos Chagas. TRT da 2ª Região/ 2014. Analista Judiciário – Área Judiciária) Ana moveu reclamação trabalhista contra as empresas Baby e Cia e Confort Ltda. pleiteando a condenação solidária de ambas. A sentença acolheu o pedido, condenou as empresas solidariamente e fixou o valor da condenação em R$ 5.000,00 com custas processuais de R$ 100,00. Diante disso, as duas empresas interpuseram recurso ordinário contra a decisão, sendo que Baby e Cia

A) efetuou o depósito recursal de R$ 3.529,05 e pagou as custas de R$ 50,00, tendo em vista que a Confort Ltda. também recolheu os mesmos valores relativos ao depósito recursal e custas processuais, observando o valor mínimo de depósito recursal determinado pelo Tribunal Superior do Trabalho.

B) não recolheu qualquer valor a título de depósito recursal e custas processuais, comprovando que a Confort Ltda. efetuou o pagamento dos valores devidos e requereu em seu recurso, sua exclusão da lide.

C) efetuou o depósito recursal no valor de R$ 7.058,11 e pagou as custas de R$ 100,00, tendo em vista a obrigatoriedade de observância do valor do depósito recursal fixado pelo Tribunal Superior do Trabalho, independentemente do valor da condenação.

D) efetuou o depósito recursal no valor de R$ 5.000,00 e pagou as custas de R$ 100,00, sob alegação de que não é obrigada a pagar o valor integral do depósito recursal, atualmente no importe de R$ 7.058,11, fixado pelo Tribunal Superior do Trabalho.

E) efetuou o depósito recursal de R$ 2.500,00 e pagou as custas de R$ 50,00, tendo em vista que a Confort Ltda. também recolheu a metade dos valores relativos ao depósito recursal e custas processuais, nos termos da condenação.

↓RESPOSTA

Alternativa D.

Súmula nº 128, III, do TST.

04. (Fundação Carlos Chagas. TRT da 19ª Região/ 2014. Analista Judiciário – Área Judiciária) No tocante ao agravo de petição, considere:

I. Se a execução já estiver garantida pela penhora, não caberá depósito recursal.

II. Para interposição do agravo de petição o agravante deverá recolher as custas processuais pertinentes, sob pena de deserção do referido recurso.

III. O agravo de petição, em regra, suspenderá a execução, tratando-se de reclamação trabalhista em trâmite pelo rito ordinário.

IV. É incabível o agravo de petição quando interpostos embargos de terceiro na fase de conhecimento de reclamação trabalhista.

Está correto o que consta APENAS em

A) III e IV.

B) II e III.

C) I e IV.

D) I e II.

E) I, III e IV.

↓RESPOSTA

Alternativa C.

I - Súmula nº 128, II, do TST

IV – Art. 897, "a", CLT

05. (TRT 6 - Juiz do Trabalho Substituto 6ª região/2015) Quanto à deserção,

A) garantido o juízo, na fase executória, a exigência de depósito para recorrer de qualquer decisão viola os incisos II e LV do art. 5º da CF/1988. Havendo, porém, elevação do valor do débito, exige-se a complementação da garantia do juízo, mesmo quando não há condenação a pagamento em pecúnia, quando deverá ser garantido o valor mínimo legal.

B) havendo condenação solidária de duas ou mais empresas, o depósito recursal efetuado por uma delas não aproveita as demais, mesmo quando a empresa que efetuou o depósito não pleiteia sua exclusão da lide.

C) havendo recurso ordinário em sede de rescisória, o depósito recursal só é exigível quando for julgado parcialmente procedente o pedido e imposta condenação em pecúnia, devendo este ser efetuado no prazo de quinze dias, sob pena de deserção.

D) não ocorre deserção de recurso da empresa em liquidação extrajudicial por falta de pagamento de custas ou de depósito do valor da condenação. Esse privilégio, todavia, não se aplica à massa falida.

E) é ônus da parte recorrente efetuar o depósito legal, integralmente, em relação a cada novo recurso interposto, sob pena de deserção. Atingido o valor da condenação, nenhum depósito mais é exigido para qualquer recurso.

↓RESPOSTA

Alternativa E.
Súmula nº 128, I, do TST.

06. (TRT 19 – Analista – Área Judiciária/2014) – No tocante ao agravo de petição, considere:

I. Se a execução já estiver garantida pela penhora, não caberá depósito recursal.

II. Para interposição do agravo de petição o agravante deverá recolher as custas processuais pertinentes, sob pena de deserção do referido recurso.

III. O agravo de petição, em regra, suspenderá a execução, tratando-se de reclamação trabalhista em trâmite pelo rito ordinário.

IV. É incabível o agravo de petição quando interpostos embargos de terceiro na fase de conhecimento de reclamação trabalhista.

Está correto o que consta APENAS em

A) III e IV.

B) II e III.

C) I e IV.

D) I e II.

E) I, III e IV.

↓RESPOSTA

Alternativa C.
I – Súmula nº 128, II, do TST.
IV – Art. 897, "a", CLT.

07. (TRT 14 – Juiz do Trabalho Substituto 14ª região/ 2013) Acerca da temática recursal, analise as assertivas abaixo e, após, marque a única alternativa correta:

I. Em decorrência do princípio da sucumbência, nos termos da jurisprudência consolidada pelo Tribunal Superior do Trabalho, a parte vencedora na primeira instância, se vencida na segunda, estará obrigada, no prazo de cinco dias após sua intimação para tanto, a pagar as custas fixadas na sentença originária, das quais ficara isenta a parte então vencida, exceção feita se a parte vencida na primeira instância for beneficiária da justiça gratuita.

II. Cabe mandado de segurança contra ato judicial que, de ofício, arbitrou novo valor à causa, acarretando a majoração das custas processuais, a fim de possibilitar apresentação de recurso ordinário sem deserção.

III. Havendo condenação das empresas com reconhecimento da responsabilidade solidária, o depósito recursal efetuado por uma delas aproveita as demais, quando a empresa que efetuou o depósito não pleiteia sua exclusão da lide.

IV. Não é exigível depósito recursal nas hipóteses de recurso ordinário em sede de ação rescisória.

A) Apenas o item I é verdadeiro.

B) Apenas o item II é verdadeiro.

C) Apenas o item III é verdadeiro.

D) Apenas o item IV é verdadeiro.

E) Todos os itens são falsos.

↓RESPOSTA

Alternativa letra C.
III – Súmula nº 128, III, do TST.

08. (AJAJ – 2º TRT – FCC/2014) Ana moveu reclamação trabalhista contra as empresas Baby e Cia e Confort Ltda. pleiteando a condenação solidária de ambas. A sentença acolheu o pedido, condenou as empresas solidariamente e fixou o valor da condenação em R$ 5.000,00 com custas processuais de R$ 100,00.

Diante disso, as duas empresas interpuseram recurso ordinário contra a decisão, sendo que Baby e Cia

A) efetuou o depósito recursal no valor de R$ 7.058,11 e pagou as custas de R$ 100,00, tendo em vista a obrigatoriedade de observância do valor do depósito recursal fixado pelo Tribunal Superior do Trabalho, independentemente do valor da condenação.

B) efetuou o depósito recursal no valor de R$ 5.000,00 e pagou as custas de R$ 100,00, sob alegação de que não é obrigada a pagar o valor integral do depósito recursal, atualmente no importe de R$ 7.058,11, fixado pelo Tribunal Superior do Trabalho.

C) efetuou o depósito recursal de R$ 2.500,00 e pagou as custas de R$ 50,00, tendo em vista que a Confort Ltda. também recolheu a metade dos valores relativos ao depósito recursal e custas processuais, nos termos da condenação.

D) efetuou o depósito recursal de R$ 3.529,05 e pagou as custas de R$ 50,00, tendo em vista que a Confort Ltda. também recolheu os mesmos valores relativos ao depósito recursal e custas processuais, observando o valor mínimo de depósito recursal determinado pelo Tribunal Superior do Trabalho.

E) não recolheu qualquer valor a título de depósito recursal e custas processuais, comprovando que a Confort Ltda. efetuou o pagamento dos valores devidos e requereu em seu recurso, sua exclusão da lide.

↓RESPOSTA

Alternativa letra B.
Art. 789, § 1º, CLT,
Súmula nº 128, III, TST e
IN nº 3 do TST

09. (TRT 1 – Juiz do Trabalho Substituto 1ª região/ 2013) – No que se refere ao agravo de petição, segundo as previsões da Consolidação das Leis do Trabalho e entendimento jurisprudencial do Tribunal Superior do Trabalho, é correto afirmar:

A) O pagamento de custas, sempre de responsabilidade do executado, é considerado como pressuposto extrínseco de admissibilidade para a interposição do agravo de petição.

B) Garantido o juízo, na fase executória, a exigência de depósito para recorrer de qualquer decisão viola o princípio da legalidade e o princípio que assegura o contraditório e a ampla defesa. Havendo, porém, elevação do valor do débito, exige-se a complementação da garantia do juízo.

C) De acordo com a previsão expressa contida na CLT, cabe agravo de petição somente das decisões terminativas ou definitivas do Juiz ou Presidente, nas execuções.

D) De acordo com a previsão expressa contida na CLT, das decisões proferidas pelos Tribunais Regionais do Trabalho ou por suas Turmas, em execução e liquidação de sentença, exceto em processo incidente de embargos de terceiro, somente caberá recurso de revista na hipótese de ofensa direta e literal de norma da Constituição Federal.

E) Devendo o agravo de petição delimitar justificadamente a matéria e os valores objeto de discordância, fere direito líquido e certo o prosseguimento da execução quanto aos tópicos e valores não especificados no referido agravo.

↓RESPOSTA

Alternativa letra B.
Súmula nº 128, II, do TST.

10. (FCC – TRT 22 – Analista Judiciário – Área Judiciária/2010) Garantido o juízo na fase executória, a exigência de depósito para recorrer de qualquer decisão

A) é legal e constitui pressuposto objetivo recursal previamente previsto em legislação específica.

B) é legal e previsto na Consolidação das Leis do Trabalho.

C) viola o princípio do contraditório e da ampla defesa, mas havendo, porém, elevação do débito, exige-se a complementação da garantia do juízo.

D) viola o princípio do contraditório e da ampla defesa independentemente de elevação de débito tendo em vista que quando intimado a garantia foi oportunamente ofertada.

E) é legal e constitui pressuposto subjetivo recursal previamente previsto em legislação específica.

↓RESPOSTA

Alternativa Letra C.
Súmula nº 128, II do TST.

11. (FCC – TRT 16 – Analista Judiciário – Área Judiciária – Especialidade Execução de Mandados/2009) Marta ajuizou reclamação trabalhista em face de sua ex-empregadora doméstica, Vânia. A reclamação trabalhista foi julgada procedente e Vânia condenada a pagar para Marta o valor líquido de R$ 3.000,00. Inconformada Vânia interpôs Recurso Ordinário, que foi conhecido uma vez que todas as exigências legais haviam sido cumpridas e julgado improcedente. Vânia pretende ingressar com Recurso de Revista, neste caso Vânia está

A) obrigada a efetuar o depósito recursal referente ao recurso de revista integralmente e acrescido da correção monetária, sob pena de deserção.

B) desobrigada a efetuar o depósito recursal referente ao recurso de revista.

C) obrigada a efetuar o depósito recursal referente ao recurso de revista integralmente, sob pena de deserção.

D) obrigada a efetuar 50% do valor do depósito recursal referente ao recurso de revista, sob pena de deserção.

E) obrigada a efetuar 80% do valor do depósito recursal referente ao recurso de revista, sob pena de deserção.

↓RESPOSTA

Alternativa Letra B.
Súmula nº 128, I do TST.

12. (CESPE – TRT 1 – Analista Judiciário – Área Judiciária – Especialidade Execução de Mandados/2008) Em uma reclamação trabalhista, o pedido foi julgado procedente. O juiz do trabalho estimou o valor da condenação em R$ 11.500,00. A empresa recorreu ao TRT, que conheceu e desproveu o recurso. A empresa apelou ao TST apontando violação literal de cinco artigos de lei federal e divergência jurisprudencial, usando como paradigma acórdão do próprio TRT. O recurso foi admitido na origem, mas apenas em relação a dois artigos federais. No TST, o recurso foi conhecido em parte e desprovido. Obs.: valores limites para o deposito recursal: recurso ordinário: R$ 4.993,78; recurso de revista, embargos, recurso extraordinário: R$ 9.987,56; recurso em ação rescisória: R$ 9.987,56. Considerando as informações apresentadas no texto, assinale a opção correspondente ao valor mínimo da guia de recolhimento feita pela empresa reclamada a título de depósito recursal, por ocasião do recurso para o TST.

A) R$ 11.500,00

B) R$ 9.987,56

C) R$ 6.506,22

D) R$ 14.981,34

E) R$ 4.993,78

↓RESPOSTA

Alternativa Letra C.
Súmula nº 128, I do TST.

13. (Juiz do Trabalho Substituto – TRT 8ª região/ 2012) Sobre os recursos trabalhistas, assinale a alternativa CORRETA:

A) Em geral, os recursos trabalhistas têm prazo de 8 (oito) dias para interposição, são dotados apenas de efeito devolutivo e exigem o depósito recursal para serem conhecidos, excetuando-se dessas regras, entre outros, os embargos de declaração, cujo prazo é de cinco dias e o agravo de instrumento, que não exige depósito recursal.

B) O efeito devolutivo em profundidade do recurso ordinário transfere ao Tribunal a apreciação de todos os fundamentos da inicial ou da defesa, ainda que não tenham sido examinados em sentença e mesmo que não renovados em contrarrazões, mas não autoriza, em qualquer hipótese, o julgamento de pedido não apreciado na sentença.

C) A contagem do quinquídio para apresentação dos originais de recurso interposto por intermédio de fac-símile, começa a fluir do dia subsequente ao término do prazo recursal, nos termos do art. 2º da Lei n. 9.800, de 26.05.1999, e não do dia seguinte à interposição do recurso, se esta se deu antes do termo final do prazo, mas, no caso de coincidir com sábado, domingo ou feriado, aplica-se a regra do art. 184 do CPC[10], prorrogando-se-o para o primeiro dia útil seguinte.

D) É cabível recurso de revista para Turma do Tribunal Superior do Trabalho das decisões proferidas em dissídio individual, em grau de Recurso Ordinário, quando derem ao mesmo dispositivo de lei federal interpretação diversa da que lhe houver dado o mesmo Tribunal, outro Tribunal Regional, por suas Turmas ou Pleno, a Seção de Dissídios Individuais do Trabalho ou a súmula de jurisprudência uniforme dessa corte.

E) Nos dissídios individuais, o depósito recursal será efetivado mediante a utilização da Guia de Recolhimento do FGTS e Informações à Previdência Social-GFIP, admitido o depósito judicial, realizado na sede do juízo e à disposição deste, na hipótese de relação de trabalho não submetida ao regime do FGTS.

↓RESPOSTA

Alternativa Letra E.
Súmula nº 426 do TST.

14. (TRT 14 - Juiz do Trabalho Substituto 14ª região/ 2014) No que tange ao procedimento observado quanto da interposição de recurso ordinário em face de sentença de primeiro grau, é INCORRETO afirmar-se:

A) De acordo com entendimento jurisdicional dominante, se a sentença não for juntada aos autos em 48 horas contadas da audiência de julgamento, o prazo para recurso será contado da data em que a parte receber a intimação da sentença;

B) Os valores a serem recolhidos a título de depósito recursal são fixados por Ato do Presidente do Tribunal Superior do Trabalho;

C) Pode o Juiz do Trabalho, dentro de seu poder geral de prova, e quando da análise do juízo de admissibilidade, exigir prova do credenciamento da instituição bancária que recebeu o depósito recursal;

D) É inexigível o depósito recursal em face de sentenças prolatadas em ações declaratórias ou constitutivas porque não são ações condenatórias de pagamento;

E) Nenhuma das anteriores.

↓RESPOSTA

Alternativa Letra C.
Súmula nº 217 do TST.

1.3.6. Depósito de multas impostas pelo juízo

OJ Nº 409 DA SDI – I DO TST

Multa por litigância de má-fé. Recolhimento. Pressuposto recursal. Inexigibilidade.

O recolhimento do valor da multa imposta como sanção por litigância de má-fé (art. 81 do CPC de 2015 – art. 18 do CPC de 1973) não é pressuposto objetivo para interposição dos recursos de natureza trabalhista

OJ Nº 389 DA SDI – I DO TST

Multa prevista no art. 1.021, §§ 4º e 5º, do CPC, art. 557, § 2º, do CPC de 1973. Recolhimento. Pressuposto Recursal. Beneficiário da justiça gratuita e Fazenda Pública. Pagamento ao final.

Constitui ônus da parte recorrente, sob pena de deserção, depositar previamente a multa aplicada com fundamentos nos §§ 4º e 5º, do art. 1.021, do CPC de 2015 (§2º do art. 557 do CPC de 1973), à exceção da Fazenda Pública e do beneficiário de justiça gratuita, que farão o pagamento ao final.

⊙QUESTÕES

01. (FGV – OAB 2013.3) A empresa Restaurante M foi condenada em reclamação trabalhista a pagar diversos direitos sonegados a um dos seus ex-empregados. Na sentença, entendendo que o ex-empregador teve um comportamento processual reprovável, o juiz ainda o condenou como litigante de má-fé. De acordo com o entendimento pacificado do TST, caso a empresa pretenda recorrer ordinariamente desta decisão, ela

A) deverá recolher as custas, o depósito recursal e o valor da multa por litigância de má-fé para viabilizar o recurso.

10 NCPC, art. 224.

B) não havendo nenhum normativo a respeito, deverá opor embargos declaratórios, requerendo ao juiz que diga se o depósito da multa é necessário.

C) em razão da peculiaridade do Processo do Trabalho, deverá recolher a multa, imediatamente, pela metade e o restante quando do trânsito em julgado, caso mantida.

D) não precisará recolher o valor da multa, já que tal recolhimento não é pressuposto para interposição dos recursos trabalhistas.

↓RESPOSTA

Alternativa letra D.

OJ nº 409 da SDI-I do TST

02. (Cespe – Defensor Público - DPU/ 2015) Em relação aos recursos no direito processual do trabalho, julgue os itens a seguir.

Caso seja imposta multa por litigância de má-fé a uma das partes do processo trabalhista, o recolhimento do valor dessa multa, segundo entendimento do TST, constituirá pressuposto objetivo para a interposição dos recursos de natureza trabalhista pela parte apenada com a referida sanção pecuniária.

↓RESPOSTA

Alternativa INCORRETA.

OJ nº 409 da SDI-I.

03. (Juiz do Trabalho Substituto – TRT 15ª região/ 2012) Assinale a assertiva correta:

A) Nos termos do entendimento consubstanciado na Súmula 353, do C. TST, cabem embargos para a sessão de Dissídios Individuais, de decisão de Turma proferida em agravo salvo da decisão que não conhece de agravo de instrumento ou de agravo pela ausência de pressupostos extrínsecos.

B) O recolhimento da multa imposta na decisão que reputou, pela primeira vez, protelatórios os embargos de declaração é pressuposto de admissibilidade recursal.

C) O artigo 899 da CLT, que exige o depósito recursal, não foi recepcionado pela Constituição Federal de 1988, por ofensa ao princípio do duplo grau de jurisdição.

D) Todas as sentenças desfavoráveis às pessoas jurídicas de direito público estão sujeitas ao duplo grau de jurisdição obrigatório.

E) Segundo a OJ 409 SDI I, do C. TST, o recolhimento do valor da multa imposta por litigância de má-fé, nos termos do art. 18 do CPC[11], não é pressuposto objetivo para interposição dos recursos de natureza trabalhista. Assim, resta inaplicável o art.. 35, do CPC[12], como fonte subsidiária, uma vez que, na Justiça do Trabalho as custas estão reguladas pelo art. 789, da CLT.

↓RESPOSTA

Alternativa Letra E.

OJ nº 409 da SDI-I.

04. (MPT – Procurador do Trabalho/2012) Marque a alternativa INCORRETA:

A) No caso de capitulação errônea na petição inicial da ação rescisória de um dos fundamentos de rescindibilidade, não padecerá de inépcia a petição inicial; todavia esta se apresentará inepta caso não seja indicado nenhum fundamento de fato como causa de pedir. É lícito ao tribunal emprestar a adequada qualificação jurídica (iura novit curia), desde que haja fundamento fático.

B) O instituto da litigância de má fé tem por base a lealdade processual, sendo que, uma vez aplicada a multa sob essa circunstância, o recolhimento do seu valor é pressuposto objetivo para interposição dos recursos de natureza trabalhista.

C) A Justiça do Trabalho detém competência para as ações possessórias que tenham origem, direta ou indireta, nas relações de trabalho, como na situação em que o empregador pretende a devolução do imóvel cedido em comodato ao empregado para sua moradia durante o contrato de trabalho, bem como para reaver bens, equipamentos e materiais em poder do empregado.

D) Consoante súmula do Superior Tribunal de Justiça, não compete à Justiça do Trabalho

11 NCPC, art. 81.
12 NCPC, art. 96.

processar e julgar ação de cobrança ajuizada por profissional liberal em face do cliente.

E) Não respondida.

RESPOSTA

Alternativa Letra B.
OJ nº 409 da SDI-I.

1.4. Documentos

SÚMULA Nº 8 DO TST

Juntada de documento

A juntada de documentos na fase recursal só se justifica quando provado o justo impedimento para sua oportuna apresentação ou se referir a fato posterior à sentença.

OJ Nº 287 DA SDI – I DO TST

Autenticação. Documentos distintos. Despacho denegatório do recurso de revista e certidão de publicação

Distintos os documentos contidos no verso e anverso, é necessária a autenticação de ambos os lados da cópia.

QUESTÃO

01. (FCC – TRT 22 – Analista Judiciário – Área Judiciária/2010) As empresas G e F interpuseram recurso ordinário, tendo em vista condenação em sentença de primeiro grau anexando ao recurso documentos que não estão no processo e não foram objeto de contraditório. O documento juntado pela empresa G é referente a fato posterior à sentença e o documento juntado pela empresa F é referente a fato anterior à sentença. Neste caso, será admitida a juntada

A) apenas do documento da empresa F, independentemente da comprovação do justo impedimento para a sua oportuna apresentação.

B) apenas do documento da empresa G.

C) apenas do documento da empresa F, desde que esta comprove justo impedimento para a sua oportuna apresentação.

D) de ambos os documentos, independentemente da comprovação do justo impedimento.

E) de ambos os documentos, desde que a empresa F comprove justo impedimento para a sua oportuna apresentação.

RESPOSTA

Alternativa Letra E.
Súmula nº 8 do TST.

1.5. Efeitos dos recursos

SÚMULA Nº 393 DO TST

Recurso Ordinário. Efeito devolutivo em profundidade. Art. 1.013, § 1º, do CPC de 2015. Art. 515, § 1º, do CPC de 1973.

I - O efeito devolutivo em profundidade do recurso ordinário, que se extrai do § 1º do art. 1.013 do CPC de 2015 (art. 515, § 1º, do CPC de 1973), transfere ao Tribunal a apreciação dos fundamentos da inicial ou da defesa, não examinados pela sentença, ainda que não renovados em contrarrazões, desde que relativos ao capítulo impugnado.

II – Se o processo estiver em condições, o tribunal, ao julgar o recurso ordinário, deverá decidir desde logo o mérito da causa, nos termos do § 3º do art. 1.013 do CPC de 2015, inclusive quando constatar a omissão da sentença no exame de um dos pedidos.

SÚMULA Nº 279 DO TST

Recurso contra sentença normativa. Efeito suspensivo. Cassação

A cassação de efeito suspensivo concedido a recurso interposto de sentença normativa retroage à data do despacho que o deferiu.

OJ Nº 113 DA SDI – II DO TST

Ação cautelar. Efeito suspensivo ao recurso ordinário em mandado de segurança. Incabível. Ausência de interesse. Extinção

É incabível medida cautelar para imprimir efeito suspensivo a recurso interposto contra decisão proferida em mandado de segurança, pois ambos visam, em última análise, à sustação do ato atacado. Extingue-se, pois, o processo, sem julgamento do mérito, por ausência de interesse de agir, para evitar que decisões judiciais conflitantes e inconciliáveis passem a reger idêntica situação jurídica.

⊙ QUESTÕES

01. (TRT 2 – Juiz do Trabalho Substituto 2ª região/ 2014) – Quanto aos efeitos dos recursos na Justiça do Trabalho, aponte a alternativa **correta:**

A) O efeito devolutivo em profundidade do recurso ordinário, fixado no artigo 515, parágrafo primeiro do CPC[13], transfere ao Tribunal o exame das prejudiciais de mérito arguidas na defesa não apreciadas na sentença, ainda que não renovadas nas contrarrazões.

B) O recurso interposto por um dos litisconsortes aproveita aos demais, tanto no litisconsórcio unitário quanto no facultativo.

C) A antecipação de tutela concedida na sentença somente pode ter efeito suspensivo decretado pela via de mandado de segurança.

D) Em se tratando de execução provisória não fere o direito líquido e certo do impetrante a determinação de penhora em dinheiro quando indicados outros bens à penhora.

E) Fere direito líquido e certo do devedor o prosseguimento da execução até a completa satisfação do credor quanto aos títulos e valores não discutidos no agravo de petição.

↓RESPOSTA

Alternativa letra A.
Súmula nº 393 do TST.

02. (Juiz do Trabalho Substituto – TRT 15ª região/ 2012) Analise as assertivas abaixo e, após, responda:

I. A cassação de efeito suspensivo concedido a recurso interposto de sentença normativa retroage à data do despacho que o deferiu.

II. Não cabe recurso adesivo na hipótese de interposição de embargos.

III. Inadmissível o recurso de revista contra acórdão da turma do TRT que julga agravo de petição na execução.

IV. No procedimento sumaríssimo, o recurso de revista só será admitido se houver violação direta da CF.

V. No processo trabalhista não é permitida a remição dos bens apenas a remição da execução.

A) Somente estão corretas as assertivas I, IV e V.

B) Somente estão corretas as assertivas I, III e IV.

C) Somente estão corretas as assertivas II, III e IV.

D) Todas as assertivas estão erradas.

E) Somente estão corretas as assertivas I e V.

↓RESPOSTA

Alternativa Letra E.
I – Súmula nº 279 do TST.
V – artigo 13 da Lei nº 5.584/70.

03. (TRT 18 - Juiz do Trabalho Substituto 18ª região/ 2014) Com relação aos efeitos dos recursos na Justiça do Trabalho:

A) O efeito devolutivo em profundidade do recurso ordinário transfere ao Tribunal a apreciação dos fundamentos da inicial ou da defesa, não examinados pela sentença, desde que renovados em contrarrazões.

B) O efeito devolutivo em profundidade do recurso ordinário se aplica ao caso de pedido não apreciado na sentença, inclusive nos casos de extinção do processo sem resolução do mérito, se a causa versar questão exclusivamente de direito e estiver em condições de imediato julgamento.

C) A cassação de efeito suspensivo concedido a recurso interposto de sentença normativa tem efeitos ex nunc e não retroage à data do despacho que o deferiu.

D) É incabível medida cautelar para imprimir efeito suspensivo a recurso interposto contra decisão proferida em mandado de segurança, pois ambos visam, em última análise, à sustação do ato atacado. Extingue-se, pois, o processo, sem julgamento do mérito, por ausência de interesse de agir, para evitar que decisões judiciais conflitantes e inconciliáveis passem a reger idêntica situação jurídica.

E) Em razão do efeito translativo dos recursos, é juridicamente possível o pedido explícito

13 NCPC, art. 1.013, §1º.

de desconstituição de sentença, ainda que tenha sido substituída por acórdão regional.

↓RESPOSTA

Alternativa Letra D.
OJ nº 113 da SDI-II do TST.

1.6. Reexame necessário

SÚMULA Nº 303 DO TST

Fazenda Pública. Reexame necessário.

I – Em dissídio individual, está sujeita ao reexame necessário, mesmo na vigência da Constituição Federal de 1988, decisão contrária à Fazenda Pública, salvo quando a condenação não ultrapassar o valor correspondente a: a) 1.000 (mil) salários mínimos para a União e as respectivas autarquias e fundações de direito público; b) 500 (quinhentos) salários mínimos para os Estados, o Distrito Federal, as respectivas autarquias e fundações de direito público e os Municípios que constituam capitais dos Estados; c) 100 (cem) salários mínimos para todos os demais Municípios e respectivas autarquias e fundações de direito público.

II – Também não se sujeita ao duplo grau de jurisdição a decisão fundada em:

a) súmula ou orientação jurisprudencial do Tribunal Superior do Trabalho;

b) acórdão proferido pelo Supremo Tribunal Federal ou pelo Tribunal Superior do Trabalho em julgamento de recursos repetitivos;

c) entendimento firmado em incidente de resolução de demandas repetitivas ou de assunção de competência;

d) entendimento coincidente com orientação vinculante firmada no âmbito administrativo do próprio ente público, consolidada em manifestação, parecer ou súmula administrativa.

III – Em ação rescisória, a decisão proferida pelo Tribunal Regional do Trabalho está sujeita ao duplo grau de jurisdição obrigatório quando desfavorável ao ente público, exceto nas hipóteses dos incisos anteriores.

IV – Em mandado de segurança, somente cabe reexame necessário se, na relação processual, figurar pessoa jurídica de direito público como parte prejudicada pela concessão da ordem. Tal situação não ocorre na hipótese de figurar no feito como impetrante e terceiro interessado pessoa de direito privado, ressalvada a hipótese de matéria administrativa.

OJ Nº 334 DA SDI – I DO TST

Remessa "ex officio". Recurso de revista. Inexistência de recurso ordinário voluntário de ente público. Incabível

Incabível recurso de revista de ente público que não interpôs recurso ordinário voluntário da decisão de primeira instância, ressalvada a hipótese de ter sido agravada, na segunda instância, a condenação imposta.

OJ Nº 21 DA SDI – II DO TST

Ação rescisória. Duplo grau de jurisdição. Trânsito em julgado. Inobservância. Decreto-lei nº 779/69, art. 1º, V. Incabível

É incabível ação rescisória para a desconstituição de sentença não transitada em julgado porque ainda não submetida ao necessário duplo grau de jurisdição, na forma do Decreto-Lei nº 779/69. Determina-se que se oficie ao Presidente do TRT para que proceda à avocatória do processo principal para o reexame da sentença rescindenda.

2. RECURSOS EM ESPÉCIE

2.1. Embargos de declaração

SÚMULA Nº 278 DO TST

Embargos de declaração. Omissão no julgado

A natureza da omissão suprida pelo julgamento de embargos declaratórios pode ocasionar efeito modificativo no julgado.

OJ Nº 142 DA SDI – I DO TST

Embargos de declaração. Efeito modificativo. Vista prévia à parte contrária.

É passível de nulidade decisão que acolhe embargos de declaração com efeito modificativo sem que seja concedida oportunidade de manifestação prévia à parte contrária.

SÚMULA Nº 184 DO TST

Embargos declaratórios. Omissão em recurso de revista. Preclusão

Ocorre preclusão se não forem opostos embargos declaratórios para suprir omissão apontada em recurso de revista ou de embargos.

SÚMULA Nº 421 DO TST

Embargos de Declaração. Cabimento. Decisão Monocrática do Relator calcada no art. 932 do CPC de 2015. Art. 557 do CPC de 1973.

I – Cabem embargos da declaração de decisão monocrática do relator prevista no art. 932 do CPC de 2015 (art. 557 do CPC de 1973), se a parte pretende tão somente juízo integrativo retificador da decisão e, não, modificação do julgado.

II – Se a parte postular a revisão no mérito da decisão monocrática, cumpre ao relator converter os embargos de declaração em agravo, em face dos princípios da fungibilidade e celeridade processual, submetendo-o ao pronunciamento do Colegiado, após a intimação do recorrente para, no prazo de 5 (cinco) dias, complementar as razões recursais, de modo a ajustá-la às exigências do art. 1.021, § 1º, do CPC de 2015.

OJ Nº 192 DA SDI – I DO TST

Embargos declaratórios. Prazo em dobro. Pessoa jurídica de direito público. Decreto-lei nº 779/69.

É em dobro o prazo para a interposição de embargos declaratórios por pessoa jurídica de direito público.

QUESTÕES

01. (TRT 15ª Região – Juiz do Trabalho Substituto – 2015) Considerando a jurisprudência pacífica do TST sobre embargos de declaração,

a) não cabem embargos de declaração para suprir omissão em recurso de revista ou de embargos, sendo o agravo regimental a medida cabível nesse caso.

b) a natureza da omissão suprida pelo julgamento de embargos declaratórios pode ocasionar efeito modificativo no julgado.

c) a decisão monocrática de provimento ou denegação de recurso não comporta ser esclarecida pela via dos embargos de declaração.

d) cabem embargos de declaração interpostos contra decisão de admissibilidade do recurso de revista, com interrupção do prazo recursal.

e) à interposição de embargos declaratórios por pessoa jurídica de direito público não se aplica o prazo em dobro.

RESPOSTA

Alternativa letra B.

Súmula nº 278 do TST.

02. (Juiz do Trabalho Substituto – TRT 16ª região/ 2011) Analise as afirmativas e assinale a alternativa CORRETA:

A) Os recursos manejados no processo do trabalho não possuem efeito suspensivo e serão interpostos no prazo de oito dias, possuindo a parte contrária igual prazo para apresentar contrarrazões.

B) É passível de nulidade a decisão que acolhe embargos declaratórios com efeito modificativo, sem que este seja submetido ao crivo do contraditório.

C) Havendo sucumbência recíproca, o trânsito em julgado da decisão somente se verifica após o prazo do recurso adesivo do reclamante.

D) Para o cabimento da correição parcial é necessária a existência de uma decisão ou despacho que contenha erro ou abuso, capaz de tumultuar a marcha regular do processo e a inexistência de recurso específico para sanar o erro.

E) Todas estão corretas.

RESPOSTA

Alternativa Letra B.
OJ nº 142 da SDI-I.

2.2. Recurso ordinário

SÚMULA Nº 201 DO TST

Recurso ordinário em mandado de segurança

Da decisão de Tribunal Regional do Trabalho em mandado de segurança cabe recurso ordinário, no prazo de 8 (oito) dias, para o Tribunal Superior do Trabalho, e igual dilação para o recorrido e interessados apresentarem razões de contrariedade.

SÚMULA Nº 158 DO TST

Ação rescisória

Da decisão de Tribunal Regional do Trabalho, em ação rescisória, é cabível recurso ordinário para o Tribunal Superior do Trabalho, em face da organização judiciária trabalhista.

OJ Nº 100 DA SDI – II DO TST

Recurso ordinário para o TST. Decisão de TRT proferida em agravo regimental contra liminar em ação cautelar ou em mandado de segurança. Incabível

Não cabe recurso ordinário para o TST de decisão proferida pelo Tribunal Regional do Trabalho em agravo regimental interposto contra despacho que concede ou não liminar em ação cautelar ou em mandado de segurança, uma vez que o processo ainda pende de decisão definitiva do Tribunal "a quo".

⊙ QUESTÕES

01. (FCC – TRT 14 – Analista Judiciário – Área Administrativa/2011) Das decisões finais (terminativas ou definitivas) prolatadas em ações rescisórias

A) caberá agravo de instrumento ao Tribunal Regional do Trabalho competente.

B) caberá mandado de segurança ao Tribunal Superior do Trabalho.

C) caberá recurso ordinário ao Tribunal Superior do Trabalho.

D) caberá recurso ordinário ao Tribunal Regional do Trabalho competente.

E) não caberá recurso.

↓ RESPOSTA

Alternativa Letra C.
Súmula nº 158 do TST.

02. (FCC – TRT 18 – Analista Judiciário – Área Judiciária/2008) Da decisão do Tribunal Regional do Trabalho em Mandado de Segurança caberá recurso ordinário no prazo de

A) oito dias para o Tribunal Superior do Trabalho, correndo igual prazo para o recorrido e interessados apresentarem razão de contrariedade.

B) oito dias para o pleno do próprio Tribunal Regional do Trabalho, correndo igual prazo para o recorrido e interessados apresentarem razão de contrariedade.

C) cinco dias para o Tribunal Superior do Trabalho, correndo igual prazo para o recorrido e em dobro para os interessados apresentarem razão de contrariedade.

D) cinco dias para o pleno do próprio Tribunal Regional do Trabalho, correndo igual prazo para o recorrido e interessados apresentarem razão de contrariedade.

E) oito dias para o Tribunal Superior do Trabalho, correndo igual prazo para o recorrido e o dobro para os interessados apresentarem razão de contrariedade.

↓ RESPOSTA

Alternativa Letra A.
Súmula nº 201 do TST.

2.3. Recurso de revista

2.3.1. Prequestionamento

SÚMULA Nº 297 DO TST

Prequestionamento. Oportunidade. Configuração

I – Diz-se prequestionada a matéria ou questão quando na decisão impugnada haja sido adotada, explicitamente, tese a respeito.

II – Incumbe à parte interessada, desde que a matéria haja sido invocada no recurso principal, opor embargos declaratórios objetivando o pronunciamento sobre o tema, sob pena de preclusão.

III – Considera-se prequestionada a questão jurídica invocada no recurso principal sobre a qual se omite o Tribunal de pronunciar tese, não obstante opostos embargos de declaração.

SÚMULA Nº 184 DO TST

Embargos declaratórios. Omissão em recurso de revista. Preclusão

Ocorre preclusão se não forem opostos embargos declaratórios para suprir omissão apontada em recurso de revista ou de embargos.

OJ Nº 118 DA SDI - I DO TST

Prequestionamento. Tese explícita. Inteligência da Súmula nº 297

Havendo tese explícita sobre a matéria, na decisão recorrida, desnecessário contenha nela referência expressa do dispositivo legal para ter-se como prequestionado este.

OJ Nº 256 DA SDI - I DO TST

Prequestionamento. Configuração. Tese explícita. Súmula nº 297

Para fins do requisito do prequestionamento de que trata a Súmula nº 297, há necessidade de que haja, no acórdão, de maneira clara, elementos que levem à conclusão de que o Regional adotou uma tese contrária à lei ou à súmula.

OJ Nº 62 DA SDI - I DO TST

Prequestionamento. Pressuposto de admissibilidade em apelo de natureza extraordinária. Necessidade, ainda que se trate de incompetência absoluta

É necessário o prequestionamento como pressuposto de admissibilidade em recurso de natureza extraordinária, ainda que se trate de incompetência absoluta.

OJ Nº 119 DA SDI - I DO TST

Prequestionamento inexigível. Violação nascida na própria decisão recorrida. Súmula nº 297. Inaplicável

É inexigível o prequestionamento quando a violação indicada houver nascido na própria decisão recorrida. Inaplicável a Súmula nº 297 do TST.

OJ Nº 151 DA SDI - I DO TST

Prequestionamento. Decisão regional que adota a sentença. Ausência de prequestionamento

Decisão regional que simplesmente adota os fundamentos da decisão de primeiro grau não preenche a exigência do prequestionamento, tal como previsto na Súmula nº 297.

⊙ QUESTÕES

01. (MPT - Procurador do Trabalho/2013) Em relação aos recursos, segundo a jurisprudência dominante do TST, é INCORRETO afirmar que:

A) O recurso ordinário tem efeito devolutivo amplo e o recurso de revista tem efeito devolutivo restrito, em extensão e profundidade.

B) É cabível ação cautelar para atribuir-se efeito suspensivo a recurso ordinário, quando haja a concessão de antecipação de tutela em sentença.

C) O requisito do prequestionamento, de preenchimento indispensável para o conhecimento dos recursos de natureza extraordinária na Justiça do Trabalho, pressupõe menção expressa, na decisão recorrida, ao dispositivo de lei ou da Constituição da República cuja violação se argui.

D) É possível à parte que não interpôs recurso propor ação rescisória em face de questão que poderia ter sido objeto do referido recurso.

E) não respondida.

RESPOSTA

Alternativa letra C.
Súmula nº 297 do TST e
OJ nº 62 da SDI-I do TST.

02. (CESPE - TRT 1 - Analista Judiciário - Área Judiciária - Especialidade Execução de Mandados/2008) Embora o entendimento predominante no TST seja o de que o tacógrafo, por si só, não basta para controlar a jornada de trabalho de motorista, a Segunda Turma, ao decidir pela condenação, baseou-se em elementos fáticos apresentados na tese vencida constante do acórdão regional. Este registrava que, além do tacógrafo, a jornada era controlada por fiscais, que tinham condições de verificar com exatidão o início da viagem, a quilometragem percorrida, a velocidade do veículo, as paradas e descansos. Ao interpor embargos à SDI-1, a referida empresa sustentou que a tese vencedora no TRT ateve-se unicamente à análise do tacógrafo, e que o voto vencido partia de premissas fáticas diferentes da que constou no voto vencedor. A ministra relatora, porém, rejeitou a tese da empresa, observando que a decisão da Segunda Turma transcreve o trecho, constante do acórdão regional, ainda que em tese vencida, que norteou sua decisão. "Nessa hipótese, podem e devem ser considerados todos os elementos constantes do acórdão, porque não se trata de peça autônoma, distinta e independente", explicou a ministra. "A partir do momento em que a fundamentação do voto vencido integrou o acórdão, tem-se por prequestionada toda a matéria fática", concluiu. Por maioria, a SDI-1 seguiu o voto da ministra e não conheceu dos embargos. Internet: <ext02.tst.gov.br> (com adaptações).

Com base no texto acima, assinale a opção correta.

A) Por não ter sido unânime, a decisão acima seria passível de embargos infringentes para a própria SDI-1, no prazo de 8 dias.

B) Hoje é possível, no âmbito do TST, a oposição de embargos de divergência, de nulidade e embargos infringentes.

C) Na justiça do trabalho, considera-se prequestionada a questão jurídica invocada no recurso principal, sobre a qual se omite o Tribunal de pronunciar tese, não obstante opostos embargos de declaração.

D) Na decisão noticiada, a SDI-1 contrariou o entendimento predominante no TST de que o tacógrafo, por si só, não basta para controlar a jornada de trabalho de motorista.

E) A partir de decisão não unânime proferida no âmbito do TRT, cabem embargos infringentes.

↓RESPOSTA

Alternativa Letra C.
Súmula nº 297, III do TST.

03. (FCC – TRT 2 – Analista Judiciário – Área Judiciária/2008) Considere as assertivas abaixo a respeito do pressuposto recursal específico do prequestionamento:

I. Em regra, diz-se prequestionada a matéria ou questão quando na decisão impugnada haja sido adotada, explicitamente, tese a respeito.

II. Considera-se prequestionada a questão jurídica invocada no recurso principal sobre a qual se omite o Tribunal de pronunciar tese, não obstante opostos embargos de declaração.

III. O prequestionamento só é exigível em recurso de natureza extraordinária, como o recurso de revista e os embargos para a Seção de Dissídios Individuais do Tribunal Superior do Trabalho.

IV. Deve-se exigir o prequestionamento quando a violação à disposição literal de lei surge no próprio acórdão impugnado pelo recurso de revista.

Está correto o que consta APENAS em

A) III e IV.

B) I e II.

C) II, III e IV.

D) I, II e III.

E) II e III.

↓RESPOSTA

Alternativa Letra D.
I – Súmula nº 297, I do TST.
II – Súmula nº 297, III do TST.
III – OJ nº 62 da SDI-I.

04. (Juiz do Trabalho Substituto – TRT 8ª região/ 2012) De acordo com a jurisprudência unificada do Tribunal Superior do Trabalho, sobre o recurso de revista, é INCORRETO afirmar que:

A) O prequestionamento, como pressuposto de admissibilidade do recurso de revista, é indispensável, exceto nos casos de matéria de ordem pública que o juiz pode conhecer de ofício em qualquer momento ou grau de jurisdição, como, por exemplo, a preliminar de incompetência absoluta.

B) Considera-se prequestionada a questão jurídica invocada no recurso principal sobre a qual se omite o Tribunal de pronunciar tese, não obstante opostos embargos de declaração.

C) Interpretação razoável de preceito de lei, ainda que não seja a melhor, não dá ensejo à admissibilidade ou ao conhecimento de recurso de revista, ao argumento de que a decisão impugnada foi proferida com violação literal de lei federal ou afronta direta e literal à Constituição Federal, pois a violação há de estar ligada à literalidade do preceito.

D) A divergência jurisprudencial ensejadora da admissibilidade, do prosseguimento e do conhecimento do recurso há de ser específica, revelando a existência de teses diversas na interpretação de um mesmo dispositivo legal, embora idênticos os fatos que as ensejaram.

E) A admissibilidade do recurso de revista interposto de acórdão proferido em agravo de petição, na liquidação de sentença ou em processo incidente na execução, inclusive os embargos de terceiro, depende de demonstração inequívoca de violência direta à Constituição Federal.

↓RESPOSTA

Alternativa Letra A.
OJ nº 62 da SDI-I.

05. (TRT 4 - Juiz do Trabalho Substituto 4ª região/ 2016) Assinale a assertiva incorreta sobre prequestionamento na Justiça do Trabalho.

(A) Decisão regional que simplesmente adota os fundamentos da decisão de primeiro grau não preenche a exigência do prequestionamento.

(B) O prequestionamento é requisito para interposição de recurso de natureza especial ou extraordinária, e não de recurso ordinário, já que sua função primordial é permitir aos Tribunais Superiores o conhecimento e a manifestação sobre a matéria apreciada pelo Tribunal a quo.

(C) Tem-se por prequestionada a matéria ou questão quando, na decisão impugnada, haja sido adotada, explicitamente, tese a respeito, o que pode ocorrer, excepcionalmente, em relação à sentença, desde que a tese ventilada vincule-se à discussão sobre a jurisprudência dos Tribunais Superiores, hipótese em que admitido o prequestionamento da decisão de primeiro grau.

(D) Incumbe à parte interessada, desde que a matéria haja sido invocada no recurso principal, opor embargos declaratórios objetivando o pronunciamento sobre o tema, sob pena de preclusão.

(E) Considera-se prequestionada a questão jurídica invocada no recurso principal sobre a qual se omite o Tribunal de pronunciar tese, não obstante opostos embargos de declaração.

↓RESPOSTA

Alternativa Letra C.
Súmula nº 297,I do TST

06. (FCC - Juiz do Trabalho Substituto 11ª região/ 2012) A respeito do Recurso de Revista, considere:

I. Se a parte opuser os Embargos de Declaração com o objetivo de prequestionar a matéria, esta matéria será considerada prequestionada, ainda que o Tribunal não se pronuncie sobre a questão invocada nos embargos.

II. A transcendência econômica está diretamente ligada ao valor da causa em termos absoluto e não a sua importância para a empresa pública ou privada.

III. Podem interpor Recurso de Revista as partes que figurarem no processo, o terceiro juridicamente interessado e o Ministério Público, quando atuar como fiscal da lei ou como parte.

IV. O preparo do Recurso de Revista engloba o depósito recursal, sendo que o seu valor é o dobro do valor exigido para o Recurso Ordinário, observado o limite máximo do valor da condenação.

Está correto o que se afirma APENAS em

A) I, III e IV.
B) I e III.
C) III e IV.
D) I, II e IV.
E) II e III.

↓RESPOSTA

Alternativa Letra A.
I – Súmula nº 297, II e III do TST.
III – Art. 996 do NCPC
(artigo 499 CPC/73).
IV – inciso II, caput e "b" da Instrução Normativa nº 3 do TST.

07. (FCC – Juiz do Trabalho Substituto 20ª região/ 2012) Em relação ao prequestionamento, é correto afirmar:

A) É necessário que a decisão recorrida contenha referência expressa do dispositivo legal questionado, para ter-se como prequestionado este.

B) É necessário o prequestionamento como pressuposto de admissibilidade em recurso de natureza extraordinária, exceto quando se trate de incompetência absoluta.

C) Considera-se prequestionada a questão jurídica invocada no recurso principal sobre a qual se omite o Tribunal de pronunciar tese, não obstante opostos embargos de declaração.

D) É exigível o prequestionamento ainda que a violação indicada tenha nascido na própria decisão recorrida.

E) Decisão regional que adota os fundamentos da decisão de primeiro grau preenche a exigência do prequestionamento.

RESPOSTA

Alternativa Letra C.
Súmula nº 297, III do TST.

2.3.2. Recurso de revista de acórdão regional que julga ação rescisória ou mandado de segurança.

OJ Nº 152 DA SDI – II DO TST

Ação rescisória e mandado de segurança. Recurso de revista de acórdão regional que julga ação rescisória ou mandado de segurança. Princípio da fungibilidade. Inaplicabilidade. Erro grosseiro na interposição do recurso

A interposição de recurso de revista de decisão definitiva de Tribunal Regional do Trabalho em ação rescisória ou em mandado de segurança, com fundamento em violação legal e divergência jurisprudencial e remissão expressa ao art. 896 da CLT, configura erro grosseiro, insuscetível de autorizar o seu recebimento como recurso ordinário, em face do disposto no art. 895, "b", da CLT.

QUESTÃO

01. (Juiz do Trabalho Substituto – TRT 15ª região/ 2012) Sobre Recurso de Revista, assinale a assertiva incorreta, considerando-se a jurisprudência majoritária:

A) Cabe Recurso de Revista para Turma do Tribunal Superior do Trabalho das decisões proferidas em grau de recurso ordinário, em dissídio individual, pelos Tribunais Regionais do Trabalho, quando derem ao mesmo dispositivo de lei federal interpretação diversa da que lhe houver dado outro Tribunal Regional no seu Pleno ou Turma, ou a Seção de Dissídios Individuais do Tribunal Superior do Trabalho, ou a Súmula de Jurisprudência Uniforme dessa Corte.

B) Cabe Recurso de Revista das decisões finais proferidas em dissídio coletivo e ação rescisória, sendo que seu efeito é tão somente devolutivo.

C) Incabível Recurso de Revista de ente público que não interpôs recurso ordinário voluntário da decisão de primeira instância, ressalvada a hipótese de ter sido agravada, na segunda instância, a condenação imposta.

D) Das decisões proferidas pelos Tribunais Regionais do Trabalho ou por suas Turmas, em execução de sentença, inclusive em processo incidente de embargos de terceiro, não caberá Recurso de Revista, salvo na hipótese de ofensa direta e literal de norma da Constituição Federal.

E) Incabível Recurso de Revista contra acórdão regional prolatado em agravo de instrumento.

RESPOSTA

Alternativa Letra B.
OJ nº 152 da SDI-II e artigo 896, caput CLT.

2.3.3. Cabimento

SÚMULA Nº 126 DO TST

Recurso. Cabimento

Incabível o recurso de revista ou de embargos (arts. 896 e 894, "b", da CLT) para reexame de fatos e provas.

OJ Nº 334 DA SDI - I DO TST

Remessa "ex officio". Recurso de revista. Inexistência de recurso ordinário voluntário de ente público. Incabível

Incabível recurso de revista de ente público que não interpôs recurso ordinário voluntário da decisão de primeira instância, ressalvada a hipótese de ter sido agravada, na segunda instância, a condenação imposta.

SÚMULA Nº 218 DO TST

Recurso de revista. Acórdão proferido em agravo de instrumento

É incabível recurso de revista interposto de acórdão regional prolatado em agravo de instrumento.

SÚMULA Nº 266 DO TST

Recurso de revista. Admissibilidade. Execução de sentença

A admissibilidade do recurso de revista interposto de acórdão proferido em agravo de petição, na liquidação de sentença ou em processo incidente na execução, inclusive os embargos de terceiro, depende de demonstração inequívoca de violência direta à Constituição Federal.

⊙ QUESTÕES

01. (TRT 8 - Juiz do Trabalho Substituto 8ª região/ 2013) Sobre recurso de revista (pressupostos intrínsecos de admissibilidade; matéria de fato, efeitos; juízo de admissibilidade; recurso nos dissídios coletivos; efeito suspensivo) é CORRETO afirmar que:

A) No processo do trabalho, a prescrição pode ser arguida na instância extraordinária.

B) É incabível recurso de revista interposto de acórdão regional prolatado em agravo de instrumento.

C) É admissível o recurso de revista fundado em divergência jurisprudencial, se a parte não comprovar que a lei estadual, a norma coletiva ou o regulamento da empresa extrapolam o âmbito do Tribunal Regional do Trabalho prolator da decisão recorrida.

D) Publicado o acórdão de dissídio coletivo, quando as partes serão consideradas intimadas, seguir-se-á o procedimento recursal como previsto em lei, com a intimação pessoal do Ministério Público, por qualquer dos seus procuradores. Formalizado o acordo pelas partes e homologado pelo Tribunal, não caberá qualquer recurso.

E) Nos dissídios coletivos de natureza econômica ou jurídica de competência originária ou recursal do Tribunal Superior do Trabalho, a sentença poderá ser objeto de ação de cumprimento com a publicação da certidão de julgamento, a partir de 120 dias subsequente ao do julgamento, salvo se concedido efeito suspensivo pelo Presidente do Tribunal Superior do Trabalho.

↓ RESPOSTA

Alternativa letra B;
Súmula nº 218 do TST.

02. (FCC - TRT 20 - Analista Judiciário/ 2011) No tocante ao Recurso de Revista, considere:

I. Não se conhece de recurso de revista, se a decisão recorrida resolver determinado item do pedido por diversos fundamentos e a jurisprudência transcrita não abranger a todos.

II. Nos dissídios coletivos não há possibilidade de utilização do recurso de revista haja vista que são processos de competência originária dos tribunais.

III. Caberá recurso de revista contra acórdão regional prolatado em agravo de instrumento.

IV. É incabível o recurso de revista para reexame de fatos e provas.

Está correto o que se afirma APENAS em

A) I, II e III.

B) I, II e IV.

C) I e IV.

D) II e III.

E) III e IV.

↓RESPOSTA

Alternativa Letra B.
I – Súmula nº 23 do TST.
II – artigos 678, I, "a" e 895, II CLT.
IV – Súmula nº 126 do TST.

03. (FCC – TRT 19 – Analista Judiciário – Área Administrativa/2008) A respeito dos recursos no processo do trabalho, considere:

I. Não caberá recurso de revista contra acórdão regional prolatado em agravo de instrumento.

II. Em regra, não caberá recurso ordinário da decisão que homologa acordo entre as partes.

III. Caberá Embargos, no prazo de cinco dias, de decisão não unânime de julgamento que estender ou rever sentenças normativas do Tribunal Superior do Trabalho, nos casos previstos em lei.

IV. Em regra, não caberá agravo de petição contra decisão que recusar a nomeação de bens à penhora, por não obedecer à ordem legal.

De acordo com a CLT, é correto o que se afirma APENAS em

A) II e IV.

B) I, II e III.

C) I, II e IV.

D) I e III.

E) III e IV.

↓RESPOSTA

Alternativa Letra C.
I – Súmula nº 218 do TST.
II – Súmula nº 100, V do TST e artigo 831, parágrafo único CLT.
IV – artigo 893, § 1º CLT e doutrina.

04. (TRT 23 - Juiz do Trabalho Substituto 23ª região/ 2014) Do exame das assertivas abaixo, assinale a alternativa CORRETA:

I. Em reclamação trabalhista plúrima proposta em face da Fazenda Pública, a análise do valor para fins de dispensa de formação de precatório deve levar em consideração a soma dos créditos dos reclamantes.

II. Ainda que a matéria seja de índole constitucional, não é cabível recurso de revista contra acórdão regional prolatado em sede de agravo de instrumento.

III. Tendo o reclamante interposto recurso ordinário, e tendo o reclamado recorrido adesivamente, em se negando provimento a recurso ordinário, não resta prejudicado o exame do recurso adesivo.

IV. A divergência apta a ensejar o recurso de revista, deve ser atual, não se considerando como tal a ultrapassada por súmula ou superada por iterativa e notória jurisprudência do TST.

A) Somente estão corretas as assertivas I, II e IV.

B) Somente estão corretas as assertivas II e III.

C) Somente estão corretas as assertivas III e IV.

D) Somente está correta a assertiva III.

E) Somente estão corretas as assertivas II, III e IV.

↓RESPOSTA

Alternativa Letra E.
II - Súmula nº 218 do TST
III – Art. 997 do NCPC (art. 500 CPC/73)
IV – Art. 896, § 7º, CLT

05. (TRT 8 - Juiz do Trabalho Substituto 8ª região/ 2014) Assinale a alternativa INCORRETA:

A) Não será recebido o agravo de petição quando o agravante deixar de delimitar, justificadamente, as matérias e os valores impugnados, permitida a execução imediata da parte remanescente até o final, nos próprios autos ou por carta de sentença.

B) Quando citado, caso o devedor não pague, nem indique os bens à penhora, ocorre a preclusão temporal em face deste, hipótese que atrai a execução ex officio nos termos do artigo 878 da CLT.

C) Havendo discordância do credor, em execução definitiva, não tem o executado direito líquido e certo a que os valores penhorados em dinheiro fiquem depositados no próprio banco, ainda que atenda aos requisitos do art. 666, I, do CPC[14].

14 NCPC, art. 840, I.

D) Nos termos da súmula 266 do TST, a admissibilidade do recurso de revista interposto de acórdão proferido em agravo de petição, na liquidação de sentença ou em processo incidente na execução, inclusive os embargos de terceiro, depende de demonstração inequívoca de violência direta à Constituição Federal e contrariedade à letra de lei federal.

E) Os descontos previdenciários e fiscais devem ser efetuados pelo juízo executório, ainda que a sentença exequenda tenha sido omissa sobre a questão, dado o caráter de ordem pública ostentado pela norma que os disciplina. A ofensa à coisa julgada somente poderá ser caracterizada na hipótese de o título exequendo, expressamente, afastar a dedução dos valores a título de imposto de renda e de contribuição previdenciária.

↓RESPOSTA

Alternativa Letra D.

Súmula nº 266 do TST.

06. (FCC – Técnico Judiciário – Área Administrativa – TRT 19/2014) Considere as seguintes hipóteses:

I. Sentença homologatória de cálculo.

II. Despacho que autoriza o levantamento dos depósitos recursais.

III. Sentença que julga os embargos à execução.

IV. Sentença proferida em embargos à arrematação.

É cabível agravo de petição nas hipóteses

A) I, II, III e IV.

B) II e IV, apenas.

C) I, III e IV, apenas.

D) II, apenas.

E) I e III, apenas.

↓RESPOSTA

Alternativa Letra A.

I – Súmulas nº 266 e 399, II, TST.

II – Doutrina

III – Art, 884, §3º, CLT.

IV – Art. 897, "a", CLT.

07. (Juiz do Trabalho Substituto – TRT 8ª região/ 2011) Em relação aos recursos no processo trabalhista, é CORRETO afirmar que:

A) É incabível a apreciação do merecimento das decisões interlocutórias por meio de recurso da decisão definitiva.

B) Salvo se versarem sobre matéria constitucional ou se forem proferidas com violação literal de disposição de lei federal, nenhum recurso caberá das sentenças prolatadas nos dissídios da alçada de que trata a Lei n. 5584/1970.

C) É considerada contradição, para efeito de interposição de embargos de declaração, nos termos do art. 897-A da CLT, a divergência entre o horário de trabalho que foi reconhecido na sentença de conhecimento, extraído das declarações prestadas pela testemunha, em relação ao horário registrado em cartões de ponto.

D) Conforme jurisprudência pacificada do Tribunal Superior do Trabalho, é cabível recurso de revista interposto de acórdão proferido em agravo de petição, na liquidação de sentença ou em processo incidente na execução, inclusive os embargos de terceiro, quando demonstrada de forma inequívoca violação direta à Constituição Federal.

E) O recurso adesivo é compatível com o processo do trabalho, sendo necessário que a matéria nele veiculada esteja relacionada com a do recurso interposto pela parte contrária.

↓RESPOSTA

Alternativa Letra D.

Súmula nº 266 do TST.

2.3.4. Divergência Jurisprudencial

SÚMULA Nº 296 DO TST

Recurso. Divergência jurisprudencial. Especificidade

I – A divergência jurisprudencial ensejadora da admissibilidade, do prosseguimento e do conhecimento do recurso há de ser específica, revelando a existência de teses diversas na interpretação de um mesmo dispositivo legal, embora idênticos os fatos que as ensejaram.

II – Não ofende o art. 896 da CLT decisão de Turma que, examinando premissas concretas de especificidade da divergência colacionada no apelo revisional, conclui pelo conhecimento ou desconhecimento do recurso.

SÚMULA Nº 23 DO TST

Recurso

Não se conhece de recurso de revista ou de embargos, se a decisão recorrida resolver determinado item do pedido por diversos fundamentos e a jurisprudência transcrita não abranger a todos.

SÚMULA Nº 337 DO TST

Comprovação de divergência jurisprudencial. Recursos de revista e de embargos

I – Para comprovação da divergência justificadora do recurso, é necessário que o recorrente:

a) Junte certidão ou cópia autenticada do acórdão paradigma ou cite a fonte oficial ou o repositório autorizado em que foi publicado; e

b) Transcreva, nas razões recursais, as ementas e/ou trechos dos acórdãos trazidos à configuração do dissídio, demonstrando o conflito de teses que justifique o conhecimento do recurso, ainda que os acórdãos já se encontrem nos autos ou venham a ser juntados com o recurso;

II – A concessão de registro de publicação como repositório autorizado de jurisprudência do TST torna válidas todas as suas edições anteriores;

III – A mera indicação da data de publicação, em fonte oficial, de aresto paradigma é inválida para comprovação de divergência jurisprudencial, nos termos do item I, "a", desta súmula, quando a parte pretende demonstrar o conflito de teses mediante a transcrição de trechos que integram a fundamentação do acórdão divergente, uma vez que só se publicam o dispositivo e a ementa dos acórdãos;

IV – É válida para a comprovação da divergência jurisprudencial justificadora do recurso a indicação de aresto extraído de repositório oficial na internet, desde que o recorrente:

a) transcreva o trecho divergente;

b) aponte o sítio de onde foi extraído; e

c) decline o número do processo, o órgão prolator do acórdão e a data da respectiva publicação no Diário Eletrônico da Justiça do Trabalho.

SÚMULA Nº 333 DO TST

Recursos de revista. Conhecimento

Não ensejam recurso de revista decisões superadas por iterativa, notória e atual jurisprudência do Tribunal Superior do Trabalho.

OJ Nº 219 DA SDI – I DO TST

Recurso de Revista ou de Embargos fundamentado em Orientação Jurisprudencial do TST

É válida, para efeito de conhecimento do recurso de revista ou de embargos, a invocação de Orientação Jurisprudencial do Tribunal Superior do Trabalho, desde que, das razões recursais, conste o seu número ou conteúdo.

SÚMULA Nº 312 DO TST

Constitucionalidade. Alínea "b" do art. 896 da CLT

É constitucional a alínea "b" do art. 896 da CLT, com a redação dada pela Lei nº 7.701, de 21.12.1988.

OJ Nº 147 DA SDI – I DO TST

Lei estadual, norma coletiva ou norma regulamentar. Conhecimento indevido do recurso de revista por divergência jurisprudencial

I – É inadmissível o recurso de revista fundado tão-somente em divergência jurisprudencial, se a parte não comprovar que a lei estadual, a norma coletiva ou o regulamento da empresa extrapolam o âmbito do TRT prolator da decisão recorrida.

II – É imprescindível a argüição de afronta ao art. 896 da CLT para o conhecimento de embargos interpostos em face de acórdão de Turma que conhece indevidamente de recurso de revista, por divergência jurisprudencial, quanto a tema regulado por lei estadual, norma coletiva ou norma regulamentar de âmbito restrito ao Regional prolator da decisão.

OJ Nº 111 DA SDI – I DO TST

Recurso de revista. Divergência jurisprudencial. Aresto oriundo do mesmo tribunal regional. Lei nº 9.756/1998. Inservível ao conhecimento

Não é servível ao conhecimento de recurso de revista aresto oriundo de mesmo Tribunal Regional do Trabalho, salvo se o recurso houver sido interposto anteriormente à vigência da Lei nº 9.756/1998.

⊙ QUESTÕES

01. (FCC – Técnico Judiciário – Área Administrativa - TRT 4/2015) No tocante ao Recurso de Revista, conforme normas da Consolidação das Leis do Trabalho e súmula do TST, é certo que

A) não se conhece de recurso de revista se a decisão recorrida resolver determinado item do pedido por diversos fundamentos e a jurisprudência transcrita não abranger a todos.

B) o recurso de revista, dotado de efeito devolutivo e suspensivo, será interposto perante Presidente do Tribunal Regional do Trabalho, que, por decisão fundamentada, poderá recebê-lo ou denegá-lo.

C) sob pena de não conhecimento, é ônus da parte expor as razões do pedido de reforma, impugnando todos os fundamentos jurídicos da decisão recorrida, sendo desnecessária a demonstração analítica de cada dispositivo de lei, da Constituição Federal, de súmula ou orientação jurisprudencial cuja contrariedade aponte.

D) das decisões proferidas pelos Tribunais Regionais do Trabalho ou por suas Turmas, em execução de sentença caberá Recurso de Revista em todas as hipóteses legais.

E) o prazo para sua interposição é de quinze dias contados da intimação da decisão recorrida.

↓RESPOSTA

Alternativa letra A.
Súmula nº 23 do TST.

02. (MPT – Procurador do Trabalho/2013) De acordo com a jurisprudência uniforme TST, assinale a alternativa CORRETA:

A) São cabíveis embargos de declaração nas hipóteses de omissão das decisões monocráticas de provimento ou denegação de recurso, previstas no art. 557 do CPC[15], sujeitos à apreciação do órgão colegiado, sempre convertidos em agravo, em face dos princípios da fungibilidade e da celeridade processual.

B) A decisão de Turma do TST, que nega provimento a agravo de instrumento, ao fundamento que a divergência jurisprudencial não foi demonstrada, pode ser impugnada por embargos à SDI.

C) Não se conhece de recurso de revista ou de embargos, se a decisão recorrida resolver determinado item do pedido por diversos fundamentos e a jurisprudência transcrita não abranger a todos.

D) Atento ao princípio da fungibilidade dos recursos, é cabível o agravo ou agravo regimental contra decisão colegiada do TST, desde que não esteja configurado erro grosseiro.

E) Não respondida.

↓RESPOSTA

Alternativa letra C.
Súmula nº 23 do TST.

03. (FCC – TRT 18 – Analista Judiciário – Área Judiciária/2008) Com relação ao recurso de revista. é certo que

A) é incabível esse recurso para reexame de fatos, mas será cabível a revista para reexame de provas.

B) caberá, em regra, esse recurso contra acórdão regional prolatado em agravo de instrumento.

C) a admissibilidade desse recurso contra acórdão proferido em processo incidente na execução independe de demonstração inequívoca de violação direta à Constituição Federal.

D) só caberá esse recurso por violação literal de dispositivo de lei federal nas demandas sujeitas ao procedimento sumaríssimo.

E) não se conhecerá desse recurso ou dos embargos quando a decisão recorrida resolver determinado item do pedido por diversos fundamentos e a jurisprudência transcrita não abranger a todos.

↓RESPOSTA

Alternativa Letra E.
Súmula nº 23 do TST.

15 NCPC, art. 932.

04. (TRT 23ª Região – Juiz do Trabalho Substituto – 2015) Considere:

I. Não se conhece de recurso de revista ou de embargos, se a decisão recorrida resolver determinado item do pedido por diversos fundamentos e a jurisprudência transcrita não abranger a todos.

II. Não caracteriza deserção a hipótese em que, acrescido o valor da condenação, não houve fixação ou cálculo do valor devido a título de custas e tampouco intimação da parte para o preparo do recurso, devendo ser as custas pagas ao final.

III. Nas ações plúrimas, as custas incidem sobre o respectivo valor global.

Está correto o que consta em

a) II e III, apenas.

b) I e III, apenas.

c) I e II, apenas.

d) I, II e III.

e) I, apenas.

↓RESPOSTA

Alternativa Letra D.

I – Súmula nº 23 do TST

II – Súmula nº 25, III, do TST

III – Súmula nº 36 do TST

05. (TRT 2 - Juiz do Trabalho Substituto 2ª região/2015) Sobre o recurso de revista, à luz da legislação vigente e da jurisprudência sumulada do Tribunal Superior do Trabalho, aponte a alternativa INCORRETA.

A) O fato de o juízo primeiro de admissibilidade do recurso de revista entendê-lo cabível apenas quanto a parte das matérias veiculadas, não impede a apreciação integral pela Turma do Tribunal Superior do Trabalho, sendo imprópria a interposição de agravo de instrumento.

B) Das decisões proferidas pelos Tribunais Regionais do Trabalho ou por suas Turmas, em execução de sentença, inclusive em processo incidente de embargos de terceiro, não caberá Recurso de Revista, salvo na hipótese de ofensa direta e literal de norma da Constituição Federal.

C) Quando o recurso tempestivo contiver defeito formal que não se repute grave, o Tribunal Superior do Trabalho poderá desconsiderar o vicio ou mandar saná-lo, julgando o mérito.

D) Não se conhecera de recurso de revista ou de embargos na hipótese de a decisão recorrida resolver determinado item do pedido por diversos fundamentos e a jurisprudência transcrita não abranger a todos.

E) Caberá quando derem ao mesmo dispositivo de lei federal interpretação diversa da que lhe houver dado outro ou mesmo Tribunal Regional do Trabalho, desde que por outro órgão fracionário.

↓RESPOSTA

Alternativa Letra E.

OJ nº 111 da SDI-I do TST e art. 896, 'a', da CLT.

2.3.5. Violação literal de disposição de lei federal ou afronta direta e literal à Constituição Federal

SÚMULA Nº 221 DO TST

Recurso de revista. Violação de lei. Indicação de preceito.

A admissibilidade do recurso de revista por violação tem como pressuposto a indicação expressa do dispositivo de lei ou da Constituição tido como violado.

OJ Nº 257 DA SDI – I DO TST

Recurso de revista. Fundamentação. Violação legal. Vocábulo violação. Desnecessidade

A invocação expressa no recurso de revista dos preceitos legais ou constitucionais tidos como violados não significa exigir da parte a utilização das expressões "contrariar", "ferir", "violar", etc.

SÚMULA Nº 459 DO TST

Recurso de revista. Nulidade por negativa de prestação jurisdicional

O conhecimento do recurso de revista, quanto à preliminar de nulidade por negativa de prestação jurisdicional, supõe indicação de violação do art. 832 da CLT, do art. 458 do CPC[16] ou do art. 93, IX, da CF/1988.

OJ Nº 335 DA SDI – I DO TST

Contrato nulo. Administração Pública. Efeitos. Conhecimento do recurso por violação do art. 37, II E § 2º, da CF/88

A nulidade da contratação sem concurso público, após a CF/88, bem como a limitação de seus efeitos, somente poderá ser declarada por ofensa ao art. 37, II, se invocado concomitantemente o seu § 2º, todos da CF/88.

⊙ QUESTÕES

01. (TRT 2 – Juiz do Trabalho Substituto 2ª região/2016) Analise as seguintes proposições:

I – Ocorre a deserção de recurso da massa falida por falta de depósito do valor da condenação.

II – A indicação de violação aos dispositivos da CLT e da Constituição Federal que determinam que as decisões judiciais devem ser fundamentadas, conforme art. 832 da CLT e art. 93, IX, da CF, condicionam o conhecimento do recurso de revista, quanto à preliminar de nulidade por negativa de prestação jurisdicional.

III – Aplica-se a pena de confissão à parte que não comparecer à audiência em prosseguimento na qual deveria depor, desde que intimada, por intermédio de seu advogado, expressamente sob esta cominação.

IV – No caso de aplicação da pena de confissão, a prova pré-constituída nos autos não pode ser levada em conta para confronto com a confissão ficta.

V – A vedação à produção de prova posterior pela parte confessa somente a ela se aplica, não afetando o exercício, pelo magistrado, do poder/dever de conduzir o processo.

Responda:

A) Somente as proposições I e III estão incorretas.

B) Somente as proposições II e IV estão incorretas

C) Somente as proposições II e V estão corretas.

D) Somente as proposições II e V estão incorretas.

E) Somente as proposições IV e V estão corretas

RESPOSTA

Alternativa Letra C.

Item II: Correto: Súmula nº 459 do TST

Item V: Incorreta: Súmula nº 74, III, TST

02. (TRT 8 - Juiz do Trabalho Substituto 8ª região/ 2014) O Recurso de Revista é o último recurso, na Justiça do Trabalho, para reexame de decisões proferidas em dissídios individuais, exceto na hipótese de violação direta da Constituição Federal, que ainda caberá o recurso extraordinário ao STF (Art. 102, III da CF e Art. 893, § 2º. da CLT), assim, assinale a alternativa CORRETA:

A) Estando a decisão recorrida em consonância com enunciado da Súmula da Jurisprudência do Tribunal Superior do Trabalho, poderá o Ministro Relator, indicando-o, negar seguimento ao recurso de revista. Será denegado seguimento ao recurso nas hipóteses de intempestividade, deserção, falta de alçada e ilegitimidade de representação, cabendo a interposição de agravo de instrumento.

B) Nas causas sujeitas ao procedimento sumaríssimo, a admissibilidade de recurso de revista está limitada à demonstração de violação direta a dispositivo da Constituição Federal ou contrariedade a Súmula do Tribunal Superior do Trabalho e a Orientação Jurisprudencial deste Tribunal.

C) O conhecimento do recurso de revista, quanto à preliminar de nulidade por negativa de prestação jurisdicional, supõe indicação de violação do art. 832 da CLT, do art. 458 do CPC[17] ou do art. 93, IX, da CF/1988.

16 NCPC, art. 489.

17 NCPC, art. 489.

D) Havendo execução provisória e julgado agravo de petição pelo Tribunal Regional, a apreciação do recurso de revista fica sobrestada até o trânsito em julgado da decisão.

E) A decisão judicial proferida por Tribunal do Trabalho que declara a incompetência material da Justiça do Trabalho é meramente interlocutória, já que não extingue o processo, portanto, não comporta recurso de revista.

RESPOSTA

Alternativa letra C.
Súmula nº 459 do TST.

2.3.6. Recurso de revista no rito sumaríssimo

OJ Nº 260 DA SDI – I DO TST

Agravo de instrumento. Recurso de revista. Procedimento sumaríssimo. Lei nº 9.957/00. Processos em curso

I – É inaplicável o rito sumaríssimo aos processos iniciados antes da vigência da Lei nº 9.957/00.

II – No caso de o despacho denegatório de recurso de revista invocar, em processo iniciado antes da Lei nº 9.957/00, o § 6º do art. 896 da CLT (rito sumaríssimo), como óbice ao trânsito do apelo calcado em divergência jurisprudencial ou violação de dispositivo infraconstitucional, o Tribunal superará o obstáculo, apreciando o recurso sob esses fundamentos.

SÚMULA Nº 442 DO TST

Procedimento sumaríssimo. Recurso de revista fundamentado em contrariedade a Orientação Jurisprudencial. Inadmissibilidade. Art. 896, § 6º, da CLT, acrescentado pela lei nº 9.957, de 12.01.2000

Nas causas sujeitas ao procedimento sumaríssimo, a admissibilidade de recurso de revista está limitada à demonstração de violação direta a dispositivo da Constituição Federal ou contrariedade a Súmula do Tribunal Superior do Trabalho, não se admitindo o recurso por contrariedade a Orientação Jurisprudencial deste Tribunal (Livro II, Título II, Capítulo III, do RITST), ante a ausência de previsão no art. 896, § 6º, da CLT.

QUESTÕES

01. (TRT 2 - Juiz do Trabalho Substituto 2ª região/2015) Sobre o rito sumaríssimo, à luz da legislação vigente e da jurisprudência sumulada do Tribunal Superior do Trabalho, aponte a alternativa CORRETA.

A) Nas reclamações enquadradas no procedimento sumaríssimo, o pedido deverá ser certo, determinado e líquido; a apreciação da reclamação deverá ocorrer no prazo máximo de quinze dias do seu ajuizamento, podendo constar de pauta especial, se necessário, de acordo com o movimento judiciário da Vara do Trabalho; a citação por edital devera conter a correta indicação do nome e endereço do reclamado.

B) Todas as provas serão produzidas na audiência de instrução e julgamento, desde que requeridas previamente.

C) Nas causas sujeitas ao procedimento sumaríssimo, a admissibilidade de recurso de revista está limitada a demonstração de violação direta a dispositivo da Constituição Federal, contrariedade a súmula vinculante do Supremo Tribunal Federal ou a súmula do Tribunal Superior do Trabalho, não se admitindo o recurso por contrariedade a Orientação Jurisprudencial do TST.

D) As testemunhas comparecerão a audiência independentemente de notificação ou intimação, sendo que aquelas que não comparecerem serão intimadas, ainda que não tenham sido convidadas, ex officio ou a requerimento da parte, ficando sujeitas a condução coercitiva.

E) Serão decididos na sentença os incidentes de intervenção de terceiros, exceções e outros que possam interferir no prosseguimento da audiência e do processo.

RESPOSTA

Alternativa letra C.
Art. 896, § 9º, da CLT e
Súmula nº 442 do TST.

02. (TRT 14 - Juiz do Trabalho Substituto 14ª região/ 2014) De acordo com o entendimento jurisprudencial do TST, é CORRETO afirmar-se que:

A) Para a propositura de ação de cumprimento, é necessário que ocorra trânsito em julgado da sentença normativa;

B) Nas causas sujeitas ao procedimento sumaríssimo, a admissibilidade de recurso de revista está limitada à demonstração de violação direta a dispositivo da Constituição Federal ou contrariedade a Súmula do Tribunal Superior do Trabalho, não se admitindo o recurso por contrariedade a Orientação Jurisprudencial;

C) A natureza da omissão suprida pelo julgamento de embargos declaratórios não deve ocasionar o efeito modificativo no julgado;

D) A legitimidade do sindicato para propor ação coletiva restringe-se à ação de cumprimento;

E) Nenhuma das anteriores.

↓RESPOSTA

Alternativa letra B.
Art. 896, § 9º, da CLT e
Súmula nº 442 do TST.

03. (TRT 8 - Juiz do Trabalho Substituto 8ª região/ 2014) No direito brasileiro, denomina-se súmula um conjunto de decisões, tido como jurisprudência, isto é, a linha que determinado tribunal segue a respeito de um tema específico, com a finalidade de tornar público para a sociedade tal posicionamento e também para, internamente, buscar a uniformidade entre as decisões dos juízes ou ministros. Assim, no que diz respeito ao processo do trabalho, assinale a alternativa CORRETA:

A) A ausência do reclamante, quando adiada a instrução após contestada a ação em audiência, importa arquivamento do processo.

B) A intervenção assistencial, simples ou adesiva, só é admissível se demonstrado o interesse econômico.

C) O art. 2º, § 4º, da Lei nº 5.584, de 26.06.1970, não foi recepcionado pela CF/1988, sendo ilícita a fixação do valor da alçada com base no salário mínimo, conforme previsto no inciso IV, do artigo 7º da Carta Política.

D) Pode se configurar conflito de competência entre Tribunal Regional do Trabalho e Vara do Trabalho a ele vinculada.

E) Nas causas sujeitas ao procedimento sumaríssimo, a admissibilidade de recurso de revista está limitada à demonstração de violação direta a dispositivo da Constituição Federal ou contrariedade a Súmula do Tribunal Superior do Trabalho, não se admitindo o recurso por contrariedade a Orientação Jurisprudencial deste Tribunal.

↓RESPOSTA

Alternativa letra E.
Art. 896, § 9º, da CLT e
Súmula nº 442 do TST.

04. (Analista Judiciário – Área Judiciária – FCC TRT15/2013) Hortência ajuizou reclamação trabalhista em face de sua ex-empregadora a empresa "DTG Ltda.", dando causa o valor de R$ 15.000,00. A empresa foi condenada em R$ 14.000,00 e interpôs recurso ordinário. O referido recurso foi julgado improcedente e a empresa reclamada pretende interpor recurso de revista uma vez que a referida decisão teria contrariado Orientação Jurisprudencial do Tribunal Superior do Trabalho. Neste caso, de acordo com o entendimento sumulado do Tribunal Superior do Trabalho, o referido recurso de revista

A) não será admitido porque nas demandas sujeitas ao procedimento sumaríssimo somente é permitida a interposição de recurso de revista quando houver violação direta à Constituição Federal ou de dispositivo de legislação federal, estadual ou municipal vigente.

B) não será admitido porque nas demandas sujeitas ao procedimento sumaríssimo somente é permitida a interposição de recurso de revista quando houver violação direta a Constituição Federal.

C) será admitido porque as orientações jurisprudenciais equiparam-se às Súmulas do Tribunal Superior Eleitoral, tratando-se de jurisprudência consolidada.

D) não será admitido ante a ausência de previsão legal.

E) não será admitido porque nas demandas sujeitas ao procedimento sumaríssimo somente é permitida a interposição de recurso de revista quando houver violação direta a Constituição Federal ou de dispositivo de legislação federal vigente.

↓RESPOSTA

Alternativa letra D.
Art. 896, § 9º da CLT e
Súmula nº 442 do TST.

05. (Juiz do Trabalho Substituto – TRT 21ª região/ 2012) Significativo avanço verificou-se no direito processual do trabalho com o advento da Lei nº 9.957/2000, que introduziu o rito sumaríssimo, tornando mais célere a prestação jurisdicional. Quanto às reclamações trabalhistas que tramitam sob esse rito, é incorreto afirmar que:

A) das decisões proferidas em recurso ordinário é cabível o recurso de revista, desde que a decisão recorrida esteja em confronto com interpretação de Orientação Jurisprudencial do TST;

B) admite a produção de prova pericial e testemunhal, contudo há limitação quanto ao número de testemunhas, que não pode exceder a 02(duas) por litigante;

C) as autarquias não se sujeitam a esse rito, sendo obrigatória a adoção do rito ordinário, mesmo nas causas de alçada inferior a 40 salários mínimos;

D) das decisões proferidas em agravo de petição cabe recurso de revista, desde que haja inequívoca violação direta à Constituição Federal;

E) não se admite pedidos ilíquidos, razão pela qual a petição inicial deve ser acompanhada da memória de cálculo das verbas pleiteadas.

↓RESPOSTA

Alternativa Letra A.
Súmula nº 442 do TST e
artigo 896, § 9º CLT.

06. (Juiz do Trabalho Substituto – TRT 21ª região/ 2012) Considerando o que dispõem a Consolidação das Leis do Trabalho e a jurisprudência pacificada do Tribunal Superior do Trabalho sobre o procedimento sumaríssimo, marque a alternativa incorreta:

A) não são submetidas ao rito sumaríssimo as ações trabalhistas nas quais figure como parte a administração pública direta, autárquica e fundacional;

B) é possível a produção de prova pericial;

C) somente é possível a interposição de recurso de revista por violação direta da Constituição Federal, ou por contrariedade com orientação jurisprudencial ou súmula do Tribunal Superior do Trabalho;

D) é possível a interposição de embargos de divergência, no âmbito do Tribunal Superior do Trabalho, fundados em interpretações diversas acerca da aplicação de mesmo dispositivo constitucional ou de matéria sumulada pelo Tribunal;

E) se o Ministério Público do Trabalho entender necessário proferir parecer durante o processamento do recurso ordinário, terá de fazê-lo oralmente, durante a sessão de julgamento.

↓RESPOSTA

Alternativa Letra C.
Súmula nº 442 do TST e
artigo 896, § 9º CLT.

2.4. Recurso de embargos à Seção de Dissídios Individuais do TST

2.4.1. Cabimento

SÚMULA Nº 353 DO TST

Embargos. Agravo. Cabimento

Não cabem embargos para a Seção de Dissídios Individuais de decisão de Turma proferida em agravo, salvo:

a) da decisão que não conhece de agravo de instrumento ou de agravo pela ausência de pressupostos extrínsecos;

b) da decisão que nega provimento a agravo contra decisão monocrática do Relator, em que se proclamou a ausência de pressupostos extrínsecos de agravo de instrumento;

c) para revisão dos pressupostos extrínsecos de admissibilidade do recurso de revista, cuja ausência haja sido declarada originariamente pela Turma no julgamento do agravo;

d) para impugnar o conhecimento de agravo de instrumento;

e) para impugnar a imposição de multas previstas nos arts. 1.021, § 4º, do CPC de 2015 ou 1.026, § 2º, do CPC de 2015 (art. 538, parágrafo único, do CPC de 1973, ou art. 557, § 2º, do CPC de 1973);

f) contra decisão de Turma proferida em agravo em recurso de revista, nos termos do art. 894, II, da CLT.

OJ Nº 378 DA SDI - I DO TST

Embargos. Interposição contra decisão monocrática. Não Cabimento

Não encontra amparo no art. 894 da CLT, quer na redação anterior quer na redação posterior à Lei nº 11.496, de 22.06.2007, recurso de embargos interposto à decisão monocrática exarada nos moldes do art. 932 do CPC de 2015 (art. 557 do CPC de 1973), pois o comando legal restringe seu cabimento à pretensão de reforma de decisão colegiada proferida por Turma do Tribunal Superior do Trabalho.

SÚMULA Nº 126 DO TST

Recurso. Cabimento

Incabível o recurso de revista ou de embargos (arts. 896 e 894, "b", da CLT) para reexame de fatos e provas.

QUESTÕES

01. (FCC - TRT11/2017 - Oficial de Justiça Avaliador) Considere:

I. Em face de decisão que não conhece de agravo de instrumento ou de agravo pela ausência de pressupostos extrínsecos.

II. Em face de decisão que nega provimento a agravo contra decisão monocrática do Relator, em que se proclamou a ausência de pressupostos extrínsecos de agravo de instrumento.

III. Para revisão dos pressupostos extrínsecos de admissibilidade do recurso de revista, cuja ausência haja sido declarada originariamente pela Turma no julgamento do agravo.

IV. Para impugnar o conhecimento de agravo de instrumento.

Conforme entendimento Sumulado do TST, não cabem embargos para a Seção de Dissídios Individuais de decisão de Turma proferida em agravo, salvo, dentre outras, nas hipóteses indicadas em

(A) II e IV, apenas.

(B) I, III e IV, apenas.

(C) I, II e III, apenas.

(D) I, II, III e IV.

(E) I e III, apenas.

RESPOSTA

Alternativa Letra D.

Item I – correto: Súmula nº 353, I do TST.

Item II – correto: Súmula nº 353, II do TST.

Item III – correto: Súmula nº 353, III do TST.

Item IV – correto: Súmula nº 353, IV do TST.

02. (FCC - TRT 9 - Analista Judiciário - Área Judiciária/2010) Considere as seguintes assertivas a respeito dos Embargos:

I. Não cabem Embargos para a Seção de Dissídios Individuais de decisão de Turma que não conhece de agravo pela ausência de pressupostos extrínsecos.

II. No Tribunal Superior do Trabalho, em regra, cabem Embargos das decisões das Turmas que divergirem entre si.

III. Cabem Embargos para a Seção de Dissídios Individuais de decisão de Turma proferida em agravo que vise impugnar o conhecimento de agravo de instrumento.

IV. Incabível Embargo para reexame de fatos e provas.

Está correto o que consta APENAS em

A) II e IV.

B) I, II e III.

C) III e IV.

D) II, III e IV.

E) I, II e IV.

↓RESPOSTA

Alternativa Letra D.
II – artigo 894, II CLT.
III – Súmula nº 353, "d" do TST.
IV – Súmula nº 126 do TST.

03. (TRT 23ª Região – Juiz do Trabalho Substituto – 2015) Quanto à divergência jurisprudencial justificadora de recurso de revista, é

a) é válida para a comprovação da divergência jurisprudencial justificadora do recurso a indicação de aresto extraído de repositório oficial na internet, desde que o recorrente transcreva o trecho divergente; aponte o sítio de onde foi extraído; e decline o número do processo, o órgão prolator do acórdão e a data da respectiva publicação no Diário Eletrônico da Justiça do Trabalho.

b) nas causas sujeitas ao procedimento sumaríssimo, somente será admitido recurso de revista por contrariedade a súmula de jurisprudência uniforme do Tribunal Superior do Trabalho ou a súmula vinculante do Supremo Tribunal Federal e por violação literal de disposição de lei federal ou afronta direta e literal à Constituição Federal.

c) a divergência jurisprudencial será comprovada se o recorrente juntar certidão ou cópia autenticada do acórdão paradigma ou citar a fonte oficial ou o repositório autorizado em que foi publicado; e transcrever, nas razões recursais, as ementas e/ou trechos dos acórdãos trazidos à configuração do dissídio, demonstrando o conflito de teses que justifique o conhecimento do recurso, salvo se os acórdãos já se encontrarem nos autos ou venham a ser juntados com o recurso.

d) a concessão de registro de publicação como repositório autorizado de jurisprudência do TST não torna válidas as suas edições anteriores porque a divergência apta a ensejar o recurso de revista deve ser atual.

e) a indicação da data de publicação, em fonte oficial, de aresto paradigma é válida e suficiente para comprovação de divergência jurisprudencial, quando a parte pretende demonstrar o conflito de teses mediante a transcrição de trechos que integram a fundamentação do acórdão divergente, uma vez que só se publicam o dispositivo e a ementa dos acórdãos.

↓RESPOSTA

Alternativa Letra A.
Súmula nº 337, IV, do TST.

04. (FCC – TRT 12 – Analista Judiciário/ 2010) Com relação ao Recurso de Embargos, analise:

I. Não cabem embargos para a Seção de Dissídios Individuais de decisão de Turma proferida em agravo, salvo, dentre outras hipóteses, para impugnar o conhecimento de agravo de instrumento.

II. Não cabem embargos para a Seção de Dissídios Individuais de decisão de Turma proferida em agravo, salvo, dentre outras hipóteses, da decisão que não conhece de agravo de instrumento ou de agravo pela ausência de pressupostos extrínsecos.

III. Não cabem Embargos de decisão não unânime de julgamento que conciliar, julgar ou homologar conciliação em dissídios coletivos que excedam a competência territorial dos Tribunais Regionais do Trabalho.

Está correto o que consta APENAS em

A) I.
B) II e III.
C) I e III.
D) I e II.
E) II.

↓RESPOSTA

Alternativa Letra D.
I – Súmula nº 353, "d" do TST.
II – Súmula nº 353, "a" do TST.

05. (CESPE – TRT 5 – Analista Judiciário – Área Administrativa/ 2008) Com referência aos recursos no processo do trabalho, julgue os itens subsequentes.

I. Em procedimentos sumaríssimos, é possível a interposição de recurso de revista tendo como fundamento a contrariedade a orientações jurisprudenciais do Tribunal Superior do Trabalho (TST).

II. O recurso adesivo é compatível com o processo do trabalho.

III. Não são cabíveis, em nenhuma hipótese, embargos para a Seção Especializada em Dissídios Individuais em decisões proferidas em agravo de instrumento oposto contra despacho denegatório em recurso de revista.

IV. Segundo o TST, não há, na justiça do trabalho, possibilidade de interpor-se recurso imediato contra decisões interlocutórias, pois estas são irrecorríveis.

RESPOSTA

ERRADO/ CERTO/ ERRADO/ ERRADO.
I – Súmula nº 442 do TST e artigo 896, § 9º CLT.
II – Súmula nº 283 do TST.
III – Súmula nº 353 do TST.
IV – Súmula nº 214 do TST.

2.4.2 Divergência Jurisprudencial

SÚMULA Nº 296 DO TST

Recurso. Divergência jurisprudencial. Especificidade

I – A divergência jurisprudencial ensejadora da admissibilidade, do prosseguimento e do conhecimento do recurso há de ser específica, revelando a existência de teses diversas na interpretação de um mesmo dispositivo legal, embora idênticos os fatos que as ensejaram.

II – Não ofende o art. 896 da CLT decisão de Turma que, examinando premissas concretas de especificidade da divergência colacionada no apelo revisional, conclui pelo conhecimento ou desconhecimento do recurso.

SÚMULA Nº 23 DO TST

Recurso

Não se conhece de recurso de revista ou de embargos, se a decisão recorrida resolver determinado item do pedido por diversos fundamentos e a jurisprudência transcrita não abranger a todos.

SÚMULA Nº 337 DO TST

Comprovação de divergência jurisprudencial. Recursos de revista e de embargos

I – Para comprovação da divergência justificadora do recurso, é necessário que o recorrente:

a) Junte certidão ou cópia autenticada do acórdão paradigma ou cite a fonte oficial ou o repositório autorizado em que foi publicado; e

b) Transcreva, nas razões recursais, as ementas e/ou trechos dos acórdãos trazidos à configuração do dissídio, demonstrando o conflito de teses que justifique o conhecimento do recurso, ainda que os acórdãos já se encontrem nos autos ou venham a ser juntados com o recurso;

II – A concessão de registro de publicação como repositório autorizado de jurisprudência do TST torna válidas todas as suas edições anteriores;

III – A mera indicação da data de publicação, em fonte oficial, de aresto paradigma é inválida para comprovação de divergência jurisprudencial, nos termos do item I, "a", desta súmula, quando a parte pretende demonstrar o conflito de teses mediante a transcrição de trechos que integram a fundamentação do acórdão divergente, uma vez que só se publicam o dispositivo e a ementa dos acórdãos;

IV – É válida para a comprovação da divergência jurisprudencial justificadora do recurso a indicação de aresto extraído de repositório oficial na internet, desde que o recorrente:

a) transcreva o trecho divergente;

b) aponte o sítio de onde foi extraído; e

c) decline o número do processo, o órgão prolator do acórdão e a data da respectiva publicação no Diário Eletrônico da Justiça do Trabalho.

OJ Nº 219 DA SDI – I DO TST

Recurso de Revista ou de Embargos fundamentado em Orientação Jurisprudencial do TST

É válida, para efeito de conhecimento do recurso de revista ou de embargos, a invocação de Orientação Jurisprudencial do Tribunal Superior do Trabalho, desde que, das razões recursais, conste o seu número ou conteúdo.

OJ Nº 336 DA SDI – I DO TST

Embargos interpostos anteriormente à vigência da Lei nº 11.496/2007. Recurso não conhecido com base em orientação jurisprudencial. Desnecessário o exame das violações de lei e da constituição federal alegadas no recurso de revista

Estando a decisão recorrida em conformidade com orientação jurisprudencial, desnecessário o exame das divergências e das violações de lei e da Constituição alegadas em embargos interpostos antes da vigência da Lei nº 11.496/2007, salvo nas hipóteses em que a orientação jurisprudencial não fizer qualquer citação do dispositivo constitucional.

OJ Nº 147 DA SDI – I DO TST

Lei estadual, norma coletiva ou norma regulamentar. Conhecimento indevido do recurso de revista por divergência jurisprudencial

I – É inadmissível o recurso de revista fundado tão-somente em divergência jurisprudencial, se a parte não comprovar que a lei estadual, a norma coletiva ou o regulamento da empresa extrapolam o âmbito do TRT prolator da decisão recorrida.

II – É imprescindível a argüição de afronta ao art. 896 da CLT para o conhecimento de embargos interpostos em face de acórdão de Turma que conhece indevidamente de recurso de revista, por divergência jurisprudencial, quanto a tema regulado por lei estadual, norma coletiva ou norma regulamentar de âmbito restrito ao Regional prolator da decisão.

OJ Nº 95 DA SDI – I DO TST

Embargos para SDI. Divergência oriunda da mesma Turma do TST. Inservível

Em 19.05.1997, a SDI – Plena, por maioria, decidiu que acórdãos oriundos da mesma Turma, embora divergentes, não fundamentam divergência jurisprudencial de que trata a alínea "b", do artigo 894 da Consolidação das Leis do Trabalho para embargos à Seção Especializada em Dissídios Individuais, Subseção I.

⊙ QUESTÃO

01. (FCC – TRT 15 – Analista Judiciário – Área Judiciária/2009) Considere as seguintes assertivas a respeito do Recurso de Embargos:

I. Em regra, é cabível embargos para a seção especializada em Dissídios Individuais contra a decisão proferida em agravo de instrumento oposto a despacho denegatório de recurso de revista.

II. Os embargos serão conhecidos mesmo quando a decisão recorrida tiver resolvido determinado item do pedido por diversos fundamentos e a jurisprudência transcrita não abranger a todos.

III. Nos embargos o recorrente deverá transcrever nas razões recursais, as ementas e/ou trechos dos acórdãos trazidos à configuração do dissídio, demonstrando o conflito de teses que justifique o conhecimento do recurso, ainda que os acórdãos já se encontrem nos autos.

IV. Em regra, estando a decisão recorrida em conformidade com orientação jurisprudencial, desnecessário o exame das divergências e das violações legais e constitucionais alegadas.

Está correto o que se afirma SOMENTE em

A) I e III.

B) I, II e III.

C) II, III e IV.

D) III e IV.

E) I, III e IV.

↓RESPOSTA

Alternativa Letra D.
III – Súmula nº 337, I, "b" do TST.
IV – OJ nº 336 da SDI-I.

2.4.3. Embargos para a SDI no rito sumaríssimo

SÚMULA Nº 458 DO TST

Embargos. Procedimento sumaríssimo. Conhecimento. Recurso interposto após vigência da lei nº 11.496, de 22.06.2007, que conferiu nova redação ao art.894, da CLT.

Em causas sujeitas ao procedimento sumaríssimo, em que pese a limitação imposta no art. 896, § 6º, da CLT à interposição de recurso de revista, admitem - se os embargos interpostos na vigência da lei nº 11.496, de 22.06.2007, que conferiu nova redação ao art. 894 da CLT, quando demonstrada a divergência jurisprudencial entre Turmas do TST, fundada em interpretações diversas acerca da aplicação de mesmo dispositivo constitucional ou de matéria sumulada.

⊙ QUESTÃO

01. (TRT 15ª Região – Juiz do Trabalho Substituto – 2015) De acordo com o entendimento sumulado do TST, de decisão em recurso de revista interposto em reclamação trabalhista submetida ao procedimento sumaríssimo, a interposição de embargos no TST

a) não é cabível, em razão das restrições impostas por lei a interposição de recursos no procedimento sumaríssimo.

b) só é cabível na hipótese de divergência jurisprudencial entre Turma do TST e a SDI, fundada em interpretação diversa de dispositivo constitucional.

c) só é cabível em caso de violação a dispositivo constitucional, não sendo cabível em caso de divergência jurisprudencial.

d) é cabível quando demonstrada a divergência jurisprudencial entre Turmas do TST, fundada em interpretações diversas acerca da aplicação de mesmo dispositivo constitucional ou de matéria sumulada.

e) é cabível quando demonstrada divergência entre Turmas do TST, fundada em interpretações diversas de mesmo dispositivo legal ou constitucional.

↓RESPOSTA

Alternativa Letra D.

Súmula nº 458 do TST.

02. (TRT 23 - Juiz do Trabalho Substituto 23ª região/ 2014) Em consonância com o quanto sumulado pelo TST, indique a alternativa CORRETA:

A) É inválido o instrumento de mandato firmado em nome de pessoa jurídica que contenha o nome do outorgante e do signatário da procuração.

B) A União é responsável pelo pagamento dos honorários periciais quando o reclamante, sucumbente no objeto da perícia, for beneficiário da justiça gratuita; mas não o é se o reclamado, ainda que beneficiário da justiça gratuita, for sucumbente no objeto da perícia.

C) Em causas sujeitas ao procedimento sumaríssimo, admitem-se os embargos interpostos na vigência da Lei 11.496/07, quando demonstrada a divergência jurisprudencial entre turmas do TST, fundada em interpretações diversas acerca da aplicação de mesmo dispositivo constitucional ou de matéria sumulada.

D) Não é extemporâneo o recurso interposto antes da publicação do acórdão impugnado.

E) Havendo pedido expresso de que as intimações e publicações sejam realizadas, exclusivamente, em nome de determinado advogado, a comunicação em nome de outro profissional constituído nos autos é, sempre, nula.

↓RESPOSTA

Alternativa Letra C.

Súmula nº 458 do TST.

03. MPT - Procurador do Trabalho/2012) Sobre o procedimento sumaríssimo, é INCORRETO afirmar:

A) Somente é cabível recurso de revista por violação literal de disposição de lei federal, e recurso de embargos, quando demonstrada divergência jurisprudencial entre Turmas do Tribunal Superior do Trabalho, na conformidade da jurisprudência uniforme deste Tribunal.

B) Não se aplica à ação civil pública, ainda que o valor da causa não exceda a quarenta vezes o salário mínimo vigente na data do ajuizamento da demanda.

C) É admissível a realização de prova técnica.

D) O membro do Ministério Público do Trabalho emitirá parecer oral, em sessão de julgamento dos recursos, e poderá emitir parecer escrito, na primeira instância, em ação que, por interesse público ou mediante solicitação do juiz, for chamado a intervir.

E) Não respondida.

↓RESPOSTA

Alternativa Letra A.
Súmula nº 442 do TST e
Súmula nº 458 do TST.

2.4.4. Embargos para a SDI na fase executiva

SÚMULA Nº 433 DO TST

Embargos. Admissibilidade. Processo em fase de execução. Acórdão de Turma publicado na vigência da Lei nº 11.496, de 26.06.2007. Divergência de interpretação de dispositivo constitucional

A admissibilidade do recurso de embargos contra acórdão de Turma em recurso de revista em fase de execução, publicado na vigência da Lei nº 11.496, de 26.06.2007, condiciona-se à demonstração de divergência jurisprudencial entre Turmas ou destas e a Seção Especializada em Dissídios Individuais do Tribunal Superior do Trabalho em relação à interpretação de dispositivo constitucional.

⊙QUESTÕES

01. (TRT 2 – Juiz do Trabalho Substituto 2ª região/ 2014) – Condiciona-se à demonstração de divergência jurisprudencial a admissibilidade do recurso de embargos contra acórdão de Turma em recurso de revista em fase de execução, publicada na vigência da Lei 11.496 de 26.06.2007, (que deu nova redação ao art. 894 da CLT, para modificar o recurso de embargos no Tribunal Superior do Trabalho). Aponte a alternativa **correta:**

A) Entre Turmas do Tribunal Superior do Trabalho, em relação às decisões proferidas com violação literal de disposição de lei federal.

B) Entre Turmas ou destas e a Seção Especializada em Dissídios Individuais do Tribunal Superior do Trabalho, em relação à interpretação de dispositivo constitucional.

C) Entre uma Turma e a Seção Especializada em Dissídios Individuais do Tribunal Superior do Trabalho, em relação à interpretação de lei federal.

D) Entre as Turmas do Tribunal Superior do Trabalho, ou destas e a Seção Especializada em Dissídios Coletivos, em relação à interpretação de dispositivo constitucional.

E) Entre Turmas ou destas e a Seção Especializada em Dissídios Individuais do Tribunal Superior do Trabalho, em relação às decisões que têm como conteúdo a análise da aplicação de correção monetária e juros legais.

↓RESPOSTA

Alternativa letra B.
Súmula nº 433 do TST.

2.5. Agravo de instrumento

OJ Nº 374 DA SDI – I DO TST

Agravo de instrumento. Representação processual. Regularidade. Procuração ou substabelecimento com cláusula limitativa de poderes ao âmbito do tribunal regional do trabalho

É regular a representação processual do subscritor do agravo de instrumento ou do recurso de revista que detém mandato com poderes de representação limitados ao âmbito do Tribunal Regional do Trabalho, pois, embora a apreciação desse recurso seja realizada pelo Tribunal Superior do Trabalho, a sua interposição é ato praticado perante o Tribunal Regional do Trabalho, circunstância que legitima a atuação do advogado no feito.

OJ Nº 283 DA SDI – I DO TST

Agravo de instrumento. Peças essenciais. Traslado realizado pelo agravado. Validade

É válido o traslado de peças essenciais efetuado pelo agravado, pois a regular formação do agravo incumbe às partes e não somente ao agravante.

OJ Nº 286 DA SDI – I DO TST

Agravo de instrumento. Traslado. Mandato tácito. Ata de audiência. Configuração

I – A juntada da ata de audiência, em que consignada a presença do advogado, desde que não estivesse atuando com mandato expresso, torna dispensável a procuração deste, porque demonstrada a existência de mandato tácito.

II – Configurada a existência de mandato tácito fica suprida a irregularidade detectada no mandato expresso.

OJ Nº 91 DA SDI – II DO TST

Mandado de segurança. Autenticação de cópias pelas secretarias dos tribunais regionais do trabalho. Requerimento indeferido. Art. 789, § 9º, da CLT

Não sendo a parte beneficiária da assistência judiciária gratuita, inexiste direito líquido e certo à autenticação, pelas Secretarias dos Tribunais, de peças extraídas do processo principal, para formação do agravo de instrumento.

OJ Nº 217 DA SDI – I DO TST

Agravo de instrumento. Traslado. Lei nº 9.756/1998. Guias de custas e de depósito recursal

Para a formação do agravo de instrumento, não é necessária a juntada de comprovantes de recolhimento de custas e de depósito recursal relativamente ao recurso ordinário, desde que não seja objeto de controvérsia no recurso de revista a validade daqueles recolhimentos.

OJ Nº 282 DA SDI – I DO TST

Agravo de instrumento. Juízo de admissibilidade "ad quem"

No julgamento de Agravo de Instrumento, ao afastar o óbice apontado pelo TRT para o processamento do recurso de revista, pode o juízo "ad quem" prosseguir no exame dos demais pressupostos extrínsecos e intrínsecos do recurso de revista, mesmo que não apreciados pelo TRT.

⊙ QUESTÕES

01. (FCC – TRT 16 – Analista Judiciário – Área Judiciária – Especialidade Execução de Mandados/2009) Considere as assertivas abaixo a respeito do agravo de instrumento no processo trabalhista.

I. É válido o traslado de peças essenciais efetuado pelo agravado, pois a regular formação do agravo incumbe às partes e não somente ao agravante.

II. Caberá agravo de instrumento, dentre outras hipóteses, contra despacho que denegar seguimento a agravo de petição e recurso extraordinário.

III. Não é obrigatória a juntada de cópia da petição inicial e contestação na formação do agravo de instrumento.

IV. O agravo de instrumento interposto em face de despacho que denegou seguimento ao recurso ordinário será julgado pelo Tribunal Regional do Trabalho.

Está correto o que se afirma APENAS em

A) II e IV.

B) I e II.

C) I, II e III.

D) II, III e IV.

E) I, II e IV.

↓RESPOSTA

Alternativa Letra E.
I – OJ nº 283 da SDI-I.
II – artigo 897, "b" CLT.
IV – artigo 897, § 4º CLT.

02. (Juiz do Trabalho Substituto – TRT 8ª região/ 2011) Assinale a alternativa CORRETA:

A) A petição de interposição do agravo de instrumento contra despacho do juízo de primeiro grau que denega o processamento do recurso ordinário, sob pena de não conhecimento do apelo, será instruída, obrigatoriamente, com as seguintes peças: cópias da decisão agravada, da decisão da respectiva intimação, das procurações outorgadas aos advogados do agravante e do agravado, da petição inicial, da contestação, da decisão originária, do depósito recursal referente ao recurso que se pretende destrancar e, finalmente, da comprovação do recolhimento das custas.

B) O art. 897, § 5º, da CLT, dispõe que, sob pena de não-conhecimento, as partes promoverão a formação do instrumento do agravo de modo a possibilitar, caso provido, o imediato julgamento do recurso denegado, instruindo a petição inicial com as peças obrigatórias, elencadas no inciso I e as facultativas, a que se refere o item II. Assim, cabe exclusivamente à parte agravante providenciar o traslado das peças obrigatórias, pois, do contrário, o recurso não será conhecido.

C) Na medida em que se trata de recurso destinado a assegurar o processamento de um outro recurso, como que em uma relação entre acessório e principal, admite-se, pacificamente, que o advogado habilitado apenas nos autos do processo de agravo de instrumento reúne legitimidade para atuar também no processo de que este se originou.

D) Desde que admitido o mandato tácito no processo trabalhista, dessume-se que, no traslado de peças necessárias à constituição regular do agravo de instrumento, não havendo, nos autos de que se origina o agravo, mandato expresso ao advogado do agravante, a juntada da ata de audiência em que esteja demonstrada a presença do advogado, dispensa a procuração.

E) Por imposição da Lei n. 5.584, de 1970, em seu art. 7º, a comprovação do depósito da condenação ou depósito recursal, a que se refere o art. 899, §§ 1º a 5º, da CLT, terá que ser feita dentro do prazo recursal, sob pena de deserção, de modo que, antecipada pelo recorrente a data da interposição do recurso, a partir desta flui o prazo respectivo para tal comprovação.

RESPOSTA

Alternativa Letra D.
OJ nº 286, I da SDI-I.

2.6. Agravo de petição

SÚMULA Nº 416 DO TST

Mandado de segurança. Execução. Lei nº 8.432/1992. Art. 897, § 1º, da CLT. Cabimento

Devendo o agravo de petição delimitar justificadamente a matéria e os valores objeto de discordância, não fere direito líquido e certo o prosseguimento da execução quanto aos tópicos e valores não especificados no agravo.

SÚMULA Nº 266 DO TST

Recurso de revista. Admissibilidade. Execução de sentença

A admissibilidade do recurso de revista interposto de acórdão proferido em agravo de petição, na liquidação de sentença ou em processo incidente na execução, inclusive os embargos de terceiro, depende de demonstração inequívoca de violência direta à Constituição Federal.

QUESTÕES

01. (FCC – Analista Judiciário – Judiciária – TRT 1/2013) Sobre os recursos no Processo do Trabalho, conforme previsão legal é correto afirmar:

A) O Agravo de Instrumento é o recurso cabível para questionar as decisões interlocutórias, devendo ser interposto no prazo de 8 (oito) dias.

B) No Tribunal Superior do Trabalho cabem Embargos, no prazo de 8 (oito) dias das decisões das Turmas que divergirem entre si, ou das decisões proferidas pela Seção de Dissídios Individuais, ainda que a decisão recorrida esteja em consonância com súmula ou orientação jurisprudencial do próprio TST.

C) Cabe Recurso Ordinário para a instância superior das decisões definitivas ou terminativas dos Tribunais Regionais, em processos de sua competência originária, no prazo de 15 (quinze) dias, quer nos dissídios individuais, quer nos dissídios coletivos.

D) O Recurso de Revista, interposto em 10 (dez) dias, dotado dos efeitos suspensivo e devolutivo, será apresentado ao Presidente do Tribunal recorrido, que poderá recebê-lo ou denegá-lo, fundamentando, em qualquer caso, a decisão.

E) O Agravo de Petição só será recebido quando o agravante delimitar, justificadamente, as matérias e os valores impugnados, permitida a execução imediata da parte remanescente até o final, nos próprios autos ou por carta de sentença.

↓RESPOSTA

Alternativa letra E.
Súmula nº 416 do TST.

02. (Juiz do Trabalho Substituto – TRT 8ª região/ 2012) Assinale a alternativa CORRETA:

A) Consoante o princípio do prejuízo ou da transcendência, nos processos sujeitos à apreciação da Justiça do Trabalho, não haverá nulidade quando resultar dos atos inquinados manifesto prejuízo às partes litigantes.

B) O recurso de Agravo de Instrumento, interposto contra o despacho que não receber agravo de petição, possui dúplice efeito, suspensivo e devolutivo.

C) Se a parte não suscitar a nulidade na primeira oportunidade que tiver para falar em audiência ou nos autos, haverá a convalidação do ato, seja qual for sua natureza e em qualquer hipótese, passando o ato, anteriormente nulo, à condição de ato válido.

D) Em sendo complexos os cálculos de liquidação, poderá o juiz nomear perito para sua elaboração e este, após a conclusão do trabalho, informará o valor dos respectivos honorários, observando os critérios da razoabilidade e da proporcionalidade.

E) É pressuposto de admissibilidade do agravo de petição a delimitação das matérias e dos valores impugnados de forma fundamentada; desta feita, não fere direito líquido e certo decisão que determina o prosseguimento da execução quanto às parcelas incontroversas.

↓RESPOSTA

Alternativa Letra E.
Súmula nº 416 do TST e
artigo 897, § 1º CLT.

2.7. Agravo interno e regimental

SÚMULA Nº 435 DO TST

Decisão monocrática. Relator. Art. 932 do CPC de 2015. Art. 557 do CPC de 1973. Aplicação subsidiária ao processo do trabalho

Aplica-se subsidiariamente ao processo do trabalho o art. 932 do CPC de 2015 (art. 557 do CPC de 1973).

SÚMULA Nº 421 DO TST

Embargos de Declaração. Cabimento. Decisão Monocrática do Relator calcada no art. 932 do CPC de 2015. Art. 557 do CPC de 1973.

I – Cabem embargos da declaração de decisão monocrática do relator prevista no art. 932 do CPC de 2015 (art. 557 do CPC de 1973), se a parte pretende tão somente juízo integrativo retificador da decisão e, não, modificação do julgado.

II – Se a parte postular a revisão no mérito da decisão monocrática, cumpre ao relator converter os embargos de declaração em agravo, em face dos princípios da fungibilidade e celeridade processual, submetendo-o ao pronunciamento do Colegiado, após a intimação do recorrente para, no prazo de 5 (cinco) dias, complementar as razões recursais, de modo a ajustá-la às exigências do art. 1.021, § 1º, do CPC de 2015.

OJ Nº 69 DA SDI – II DO TST

Fungibilidade recursal. Indeferimento liminar de ação rescisória ou mandado de segurança. Recurso para o TST. Recebimento como agravo regimental e devolução dos autos ao TRT

Recurso ordinário interposto contra despacho monocrático indeferitório da petição inicial de ação rescisória ou de mandado de segurança pode, pelo princípio de fungibilidade recursal, ser recebido como agravo regimental. Hipótese de não conhecimento do recurso pelo TST e devolução dos autos ao TRT, para que aprecie o apelo como agravo regimental.

OJ Nº 412 DA SDI – I DO TST

Agravo inominado ou agravo regimental. Interposição em face de decisão colegiada. Não cabimento. Erro grosseiro. Inaplicabilidade do princípio da fungibilidade recursal

É incabível agravo interno (art. 1.021 do CPC de 2015, art. 557, §1º, do CPC de 1973) ou agravo regi-mental (art. 235 do RITST) contra decisão proferida por Órgão colegiado. Tais recursos destinam-se, exclusivamente, a impugnar decisão monocrática nas hipóteses expressamente previstas. Inaplicável, no caso, o princípio da fungibilidade ante a configuração de erro grosseiro.

OJ Nº 132 DA SDI – I DO TST

Agravo regimental. Peças essenciais nos autos principais

Inexistindo lei que exija a tramitação do agravo regimental em autos apartados, tampouco previsão no Regimento Interno do Regional, não pode o agravante ver-se apenado por não haver colacionado cópia de peças dos autos principais, quando o agravo regimental deveria fazer parte dele.

⊙ QUESTÃO

01. (FGV - Exame de Ordem 2015.1) O Desembargador Relator de um recurso ordinário, ao verificar que a matéria posta em debate já era sumulada pelo TRT do qual é integrante, resolveu julgar, monocraticamente, o recurso. Diante do caso e da jurisprudência consolidada do TST, assinale a afirmativa correta.

A) A atitude está equivocada, pois, na Justiça do Trabalho, não cabe julgamento monocrático pelo TRT.

B) O julgamento monocrático está correto e dessa decisão não caberá recurso, com o objetivo de abreviar o trânsito em julgado.

C) É possível o uso subsidiário do Art. 557 do CPC[18], de modo que a decisão monocrática é válida na hipótese, e caberá recurso contra a decisão.

D) A única possibilidade de julgamento monocrático válido é aquele feito pelo TST.

↓RESPOSTA

Alternativa letra C.
Súmula nº 435 do TST.

02. (TRT 2 – Juiz do Trabalho Substituto 2ª região/ 2013) Aponte a alternativa incorreta:

A) Segundo o TST, não se aplica ao processo do trabalho o caput do art. 557, do CPC[19] (majoração dos poderes do relator).

B) O juiz do trabalho não está adstrito às conclusões do laudo pericial, consoante a lei.

C) A compensação há de ser alegada em defesa, segundo a lei.

D) Dá-se a confissão ficta pela recusa da parte em responder as perguntas formuladas pelo juiz, conforme a doutrina.

E) Segundo o entendimento jurisprudencial é incabível recurso de revista interposto de acórdão regional prolatado em agravo de instrumento.

↓RESPOSTA

Alternativa letra A.
Súmula nº 435 do TST.

03. (TRT 8 – Juiz do Trabalho Substituto 8ª região/ 2013) Sobre ações civis admissíveis no processo trabalhista (mandado de segurança, consignação em pagamento e prestação de contas) é CORRETO afirmar que:

A) Da sentença que denega ou concede o mandado de segurança cabe recurso ordinário, inclusive por parte da autoridade coatora. Mas, a sentença que conceder o mandado de segurança pode ser executada provisoriamente, salvo nos casos em que for vedada a concessão da medida liminar. Todavia, quando, a requerimento de pessoa jurídica de direito público interessada ou do Ministério Público e para evitar grave lesão à ordem, à saúde, à segurança e à economia públicas, o presidente do tribunal ao qual couber o conhecimento do respectivo recurso suspender, em decisão fundamentada, a execução da liminar e da sentença, dessa decisão caberá agravo,

18 NCPC, art. 932.

19 NCPC, art. 932.

sem efeito suspensivo, no prazo de 5 (cinco) dias, que será levado a julgamento na sessão seguinte à sua interposição.

B) Não cabe mandado de segurança contra os atos de gestão comercial praticados pelos administradores de empresas públicas, de sociedade de economia mista e de concessionárias de serviço público. Para este fim, considerar-se-á federal a autoridade coatora se as consequências de ordem patrimonial do ato contra o qual se requer o mandado houverem de ser suportadas pela União ou entidade por ela controlada. O titular de direito líquido e certo decorrente de direito, em condições idênticas, de terceiro poderá impetrar mandado de segurança a favor do direito originário, se o seu titular não o fizer, no prazo de 60 (sessenta) dias, quando notificado judicialmente.

C) Requerer-se-á a consignação no lugar do pagamento, cessando para o devedor os juros e os riscos, desde que efetue o depósito no prazo legal.

D) Tratando-se de prestações periódicas, uma vez consignada a primeira, pode o devedor continuar a consignar, no mesmo processo e sem mais formalidades, as que se forem vencendo, desde que os depósitos sejam efetuados até a data do vencimento.

E) A ação de prestação de contas competirá a quem tiver o direito de exigi – las e a obrigação de prestá-las. Aquele que pretender exigir a prestação de contas requererá a citação do réu para, no prazo de 5 (cinco) dias, apresentá-la ou contestar a ação. Prestadas as contas, terá o autor 5 (cinco) dias para dizer sobre elas; havendo necessidade de produzir provas, o juiz designará audiência de instrução e julgamento; em caso contrário, proferirá desde logo a sentença. As contas, assim do autor como do réu, serão apresentadas em forma mercantil, especificando-se as receitas e a aplicação das despesas, bem como o respectivo saldo; e serão instruídas com os documentos justificativos. As contas do inventariante, do tutor, do curador, do depositário e de outro qualquer administrador serão prestadas nos autos do processo em que tiver sido nomeado. Sendo condenado a pagar o saldo e não o fazendo no prazo de 180 dias, o juiz poderá destituí-lo, sequestrar os bens sob sua guarda e glosar o prêmio ou gratificação a que teria direito.

↓RESPOSTA

Alternativa letra A.
OJ nº 69 da SDI-II do TST;
Arts. 14, § 3º e 15 da Lei 12.016/09.

04. (FCC – TRT 4 – Analista Judiciário/ 2011) Contra despacho monocrático que indeferir a petição inicial de ação rescisória caberá

A) agravo regimental para o Tribunal Superior do Trabalho.

B) recurso de revista para o próprio Tribunal Regional do Trabalho.

C) agravo regimental para o próprio Tribunal Regional do Trabalho.

D) recurso de revista para o Tribunal Superior do Trabalho.

E) agravo de instrumento para o Tribunal Superior do Trabalho.

↓RESPOSTA

Alternativa Letra C.
OJ nº 69 da SDI-II.

2.8. Recurso adesivo

SÚMULA Nº 283 DO TST

Recurso adesivo. Pertinência no processo do trabalho. Correlação de matérias

O recurso adesivo é compatível com o processo do trabalho e cabe, no prazo de 8 (oito) dias, nas hipóteses de interposição de recurso ordinário, de agravo de petição, de revista e de embargos, sendo desnecessário que a matéria nele veiculada esteja relacionada com a do recurso interposto pela parte contrária.

⊙QUESTÕES

01. (FCC – Técnico Judiciário – Área Administrativa - TRT 4/2015) Nos termos do entendimento jurisprudencial sumulado do TST, o recurso adesivo é

A) incompatível com o processo do trabalho em razão dos princípios inerentes as relações empregatícias.

B) compatível com o processo do trabalho e cabe nas hipóteses de interposição de recurso ordinário, de agravo de petição, de revista e de embargos.

C) compatível com o processo do trabalho e cabe apenas nas hipóteses de interposição de recurso ordinário e de agravo de petição.

D) compatível com o processo do trabalho e cabe apenas nas hipóteses de interposição de recurso ordinário e de revista.

E) compatível com o processo do trabalho e cabe apenas nas hipóteses de interposição de recurso ordinário.

↓RESPOSTA

Alternativa letra B.

Súmula nº 283 do TST.

02. (TÉCNICO JUDICIÁRIO – ÁREA ADMINISTRATIVA – TRT2/2014) Quanto à interposição do recurso adesivo na Justiça do Trabalho, é correto afirmar que é

A) incabível, uma vez que, para desistir de sua interposição, o recorrente necessitaria de anuência da parte contrária, sob pena de o recurso adesivo ter seu prosseguimento normal no Tribunal.

B) incabível na Justiça do Trabalho porque não há previsão a respeito na CLT.

C) cabível, pressupondo sucumbência recíproca e, caso interposto pela empresa, esta fica isenta de preparo.

D) cabível, mas a matéria nele veiculada precisa estar relacionada ao recurso principal.

E) cabível e a matéria nele veiculada não precisa estar relacionada ao recurso principal; é uma forma de interposição de recurso por via adesiva.

↓RESPOSTA

Alternativa letra E.

Súmula nº 283 do TST.

03. (FCC – Técnico judiciário – área administrativa – TRT15/2013) Na reclamação trabalhista "A", a empresa reclamada interpôs Recurso Ordinário. Na reclamação trabalhista "B", a reclamante interpôs Recurso de Revista. Na reclamação trabalhista "C", a reclamante interpôs Embargos no Tribunal Superior do Trabalho e na reclamação trabalhista "D", a empresa reclamada interpôs Agravo de Petição. De acordo com o entendimento Sumulado do Tribunal Superior do Trabalho, caberá Recuso Adesivo, no prazo de oito dias, nas reclamações trabalhistas

A) D e C, apenas.

B) B e C, apenas.

C) A, B, C, apenas.

D) A e B, apenas.

E) A, B, C, D.

↓RESPOSTA

Alternativa letra E..

Súmula nº 283 do TST.

04. (FGV – Exame de Ordem 2013.1) Sobre o manejo do recurso adesivo na Justiça do Trabalho, assinale a afirmativa correta.

A) É cabível e a matéria nele veiculada não precisa estar relacionada ao recurso principal.

B) É incabível na Justiça do Trabalho porque não há previsão dele na CLT.

C) É cabível, pressupondo sucumbência recíproca e, caso interposto pela empresa, ela fica isenta de preparo.

D) É cabível, mas a matéria nele veiculada precisa estar relacionada ao recurso principal.

↓RESPOSTA

Alternativa letra A.

Súmula nº 283 do TST.

05. (TRT 3 – Juiz do Trabalho Substituto 3ª região/ 2013) Em relação ao processo do trabalho, leia as afirmações abaixo e, em seguida, assinale a alternativa correta, segundo a jurisprudência consolidada do Tribunal Superior do Trabalho:

A) O depósito recursal deve ser feito e comprovado no prazo alusivo ao recurso, sendo que a interposição antecipada deste prejudica a dilação legal.

B) É indispensável o trânsito em julgado da sentença normativa para propositura da ação de cumprimento.

C) O recesso forense interrompe os prazos recursais.

D) O recurso adesivo é compatível com o processo do trabalho e cabe, no prazo de (8) oito dias, nas hipóteses de interposição de recurso ordinário, de agravo de petição, de revista e de embargos, sendo desnecessário que a matéria veiculada esteja relacionada com a do recurso interposto pela parte contrária.

E) Não cabem embargos para a Seção de Dissídios Individuais do TST de decisão de Turma proferida em agravo.

↓RESPOSTA

Alternativa letra D.
Súmula nº 283 do TST.

06. (FCC – TRT 4 – Analista Judiciário – Área Judiciária/2011) No processo trabalhista NÃO caberá recurso adesivo em face de

A) recurso de revista.

B) agravo de instrumento.

C) recurso ordinário.

D) agravo de petição.

E) recurso de embargos.

↓RESPOSTA

Alternativa Letra B.
Súmula nº 283 do TST.

07. (FCC – TRT 22 – Analista Judiciário – Área Judiciária – Especialidade Execução de Mandados/2010) Matias pretende interpor recurso adesivo no recurso ordinário interposto pela reclamada na reclamação trabalhista que ajuizou. Neste caso, o recurso adesivo é

A) compatível com o processo do trabalho e cabe, no prazo de 8 dias, nas hipóteses apenas de interposição de recurso ordinário e de agravo de petição, sendo necessário que a matéria nele veiculada esteja relacionada com a do recurso interposto pela parte contrária.

B) compatível com o processo do trabalho e cabe, no prazo de 8 dias, nas hipóteses de interposição de recurso ordinário, de agravo de petição, de revista e de embargos, sendo necessário que a matéria nele veiculada esteja relacionada com a do recurso interposto pela parte contrária.

C) compatível com o processo do trabalho e cabe, no prazo de 8 dias, nas hipóteses de interposição de recurso ordinário, de agravo de petição, de revista e de embargos, sendo desnecessário que a matéria nele veiculada esteja relacionada com a do recurso interposto pela parte contrária.

D) incompatível com o processo do trabalho pela ausência de dispositivo expresso na Consolidação das Leis do Trabalho e na Constituição Federal.

E) compatível com o processo do trabalho e cabe, no prazo de 8 dias, nas hipóteses apenas de interposição de recurso ordinário e de agravo de petição, sendo desnecessário que a matéria nele veiculada esteja relacionada com a do recurso interposto pela parte contrária.

↓RESPOSTA

Alternativa Letra C.
Súmula nº 283 do TST.

08. (FCC – TRT 7 – Analista Judiciário – Área Judiciária/2009) O Recurso Adesivo é compatível com o processo do trabalho e cabe, no prazo de oito dias, nas hipóteses de interposição

A) apenas de Recurso Ordinário, de Revista e de Embargos, sendo pressuposto recursal indispensável que a matéria nele veiculada esteja relacionada com a do recurso interposto pela parte contrária.

B) de Recurso Ordinário, de Agravo de Petição, de Revista e de Embargos, sendo pressuposto recursal indispensável que a matéria nele veiculada esteja relacionada com a do recurso interposto pela parte contrária.

C) apenas de Recurso Ordinário, de Revista e de Embargos, sendo desnecessário que a matéria nele veiculada esteja relacionada com a do recurso interposto pela parte contrária.

D) de Recurso Ordinário, de Agravo de Petição, de Revista e de Embargos, sendo desnecessário que a matéria nele veiculada esteja relacionada com a do recurso interposto pela parte contrária.

E) apenas de Recurso Ordinário e de Revista, sendo pressuposto recursal indispensável que a matéria nele veiculada esteja relacionada com a do recurso interposto pela parte contrária.

↓RESPOSTA

Alternativa Letra D.
Súmula nº 283 do TST.

09. (FCC – TRT 2 – Analista Judiciário – Área Judiciária/2008) O recurso adesivo é compatível com o processo do trabalho e cabe, no prazo de oito dias, na hipótese de interposição, APENAS, de recursos

A) ordinário, de agravo de petição, de revista e de embargos, sendo desnecessário que a matéria neles veiculada esteja relacionada com a do recurso interposto pela parte contrária.

B) ordinário e de agravo de petição, sendo obrigatório que a matéria neles veiculada esteja relacionada com a do recurso interposto pela parte contrária.

C) ordinário e de revista, sendo desnecessário que a matéria nele veiculada esteja relacionada com a do recurso interposto pela parte contrária.

D) ordinário, de agravo de petição, de revista e de embargos, sendo obrigatório que a matéria neles veiculada esteja relacionada com a do recurso interposto pela parte contrária.

E) de revista e de embargos, sendo desnecessário que a matéria neles veiculada esteja relacionada com a do recurso interposto pela parte contrária.

↓RESPOSTA

Alternativa Letra A.
Súmula nº 283 do TST.

10. (TRT 4 – Juiz do Trabalho Substituto 4ª região/ 2016) Assinale a assertiva incorreta sobre recursos na Justiça do Trabalho.

(A) Das decisões proferidas na Justiça do Trabalho, conforme texto expresso da Consolidação das Leis do Trabalho, são admitidos os seguintes recursos: embargos, recurso ordinário, recurso de revista e agravo.

(B) O recurso adesivo é compatível com o processo do trabalho e cabe, no prazo de 8 (oito) dias, nas hipóteses de interposição de recurso ordinário, de agravo de petição, de revista e de embargos, sendo necessário que a matéria nele veiculada esteja relacionada com a do recurso interposto pela parte contrária.

(C) A correição parcial não é, efetivamente, recurso, razão pela qual não exige preparo e contrarrazões, tendo por finalidade impedir atos judiciais tumultuários existentes no processo.

(D) Não se conhece de recurso de revista ou de embargos, se a decisão recorrida resolver determinado item do pedido por diversos fundamentos e a jurisprudência transcrita não abranger a todos.

(E) Da decisão de Tribunal Regional do Trabalho, em ação rescisória, é cabível recurso ordinário para o Tribunal Superior do Trabalho.

↓RESPOSTA

Alternativa Letra B.
Súmula nº 283 do TST

11. (Juiz do Trabalho Substituto – TRT 2ª região/ 2011) Analise as seguintes proposições:

I. O parcelamento dos recolhimentos referentes às contribuições sociais, concedido pela Secretaria da Receita Federal do Brasil, implica a interrupção da execução de referidas contribuições.

II. Se a decisão contiver partes autônomas, a admissão parcial, pelo presidente do tribunal *a quo*, de recurso extraordinário que, sobre qualquer delas se manifestar, limitará a apreciação de todas pelo Supremo Tribunal Federal, independentemente de interposição de agravo de instrumento.

III. No Tribunal Superior do Trabalho não cabem embargos de decisão não unânime de julgamento que homologar conciliação em dissídio coletivo que exceda a competência territorial dos Tribunais Regionais do Trabalho ou que estenda as sentenças normativas do Tribunal Superior do Trabalho.

IV. Das decisões proferidas pelos Tribunais Regionais do Trabalho ou por suas Turmas, em execução de sentença, exceto em processo incidente de embargos de terceiro, não caberá Recurso de Revista, salvo na hipótese de ofensa direta e literal de lei federal.

V. O recurso adesivo é compatível com o processo do trabalho e cabe, no prazo de oito dias, nas hipóteses de interposição de recurso ordinário, de agravo de petição, de revista e de embargos, sendo necessário, neste último caso, que a matéria nele veiculada esteja relacionada com a do recurso interposto pela parte contrária.

Responda:

A) Todas as assertivas estão corretas.

B) Todas as assertivas estão erradas.

C) Somente a assertiva V está correta.

D) Somente estão corretas as assertivas IV e V.

E) Somente estão corretas as assertivas III, IV e V.

↓RESPOSTA

Alternativa Letra B.
I – artigo 889-A, § 1º CLT.
II – Súmula nº 528 do STF.
III – artigo 894, I, "a" CLT.
IV – artigo 896, § 2º CLT.
V – Súmula nº 283 do TST.

Capítulo XV
EXECUÇÃO TRABALHISTA

SUMÁRIO • 1. Juros – 2. Correção monetária – 3. Contribuições previdenciárias e imposto de renda – 4. Penhora – 5. Depositário – 6. Embargos de terceiros – 7. Empresas em liquidação extrajudicial – 8. Entidade pública

1. JUROS

Súmula nº 200 do TST

Juros de mora. Incidência

Os juros de mora incidem sobre a importância da condenação já corrigida monetariamente.

Súmula nº 211 do TST

Juros de mora e correção monetária. Independência do pedido inicial e do título executivo judicial

Os juros de mora e a correção monetária incluem-se na liquidação, ainda que omisso o pedido inicial ou a condenação.

Súmula nº 439 do TST

Danos morais. Juros de mora e atualização monetária. Termo inicial.

Nas condenações por dano moral, a atualização monetária é devida a partir da data da decisão de arbitramento ou de alteração do valor. Os juros incidem desde o ajuizamento da ação, nos termos do art. 883 da CLT.

Súmula nº 307 do TST

Juros. Irretroatividade do Decreto-lei nº 2.322, de 26.02.1987.

A fórmula de cálculo de juros prevista no Decreto-Lei nº 2.322, de 26.02.1987 somente é aplicável a partir de 27.02.1987. Quanto ao período anterior, deve-se observar a legislação então vigente.

OJ nº 382 da SDI - I do TST

Juros de mora. Art. 1º-F da Lei nº 9.494, de 10.09.1997. Inaplicabilidade à Fazenda Pública quando condenada subsidiariamente

A Fazenda Pública, quando condenada subsidiariamente pelas obrigações trabalhistas devidas pela empregadora principal, não se beneficia da limitação dos juros, prevista no art. 1º-F da Lei nº 9.494, de 10.09.1997.

Súmula nº 304 do TST

Correção monetária. Empresas em liquidação. Art. 46 do ADCT/CF

Os débitos trabalhistas das entidades submetidas aos regimes de intervenção ou liquidação extrajudicial estão sujeitos a correção monetária desde o respectivo vencimento até seu efetivo pagamento, sem interrupção ou suspensão, não incidindo, entretanto, sobre tais débitos, juros de mora.

OJ nº 408 da SDI - I do TST

Juros de mora. Empresa em liquidação extrajudicial. Sucessão trabalhista

É devida a incidência de juros de mora em relação aos débitos trabalhistas de empresa em liquidação extrajudicial sucedida nos moldes dos arts. 10 e 448 da CLT. O sucessor responde pela obrigação do sucedido, não se beneficiando de qualquer privilégio a este destinado.

OJ nº 400 da SDI - I do TST

Imposto de renda. Base de cálculo. Juros de mora. Não integração. Art. 404 do Código Civil Brasileiro

Os juros de mora decorrentes do inadimplemento de obrigação de pagamento em dinheiro não integram a base de cálculo do imposto de renda, independentemente da natureza jurídica da obrigação inadimplida, ante o cunho indenizatório conferido pelo art. 404 do Código Civil de 2002 aos juros de mora.

QUESTÕES

01. (FCC – TRT 15 – Analista Judiciário – Área Judiciária – Especialidade Execução de Mandados/2009) Considere as seguintes assertivas a respeito da sentença e de sua liquidação:

I. Os juros de mora e a correção monetária incluem-se na liquidação, ainda que omisso o pedido inicial ou a condenação.

II. A correção monetária não incide sobre o débito do trabalhador reclamante.

III. Se ambas as partes forem vencidas em alguma verba ou pedido, a sentença deverá prever as custas de forma proporcional entre reclamante e reclamada.

IV. Os juros de mora incidem sobre a importância da condenação já corrigida monetariamente.

Está correto o que se afirma SOMENTE em

A) I e II.

B) I, II e IV.

C) I, III e IV.

D) I e IV.

E) II e III.

RESPOSTA

Alternativa Letra B.
I – Súmula nº 211 do TST.
II – Súmula nº 187 do TST.
IV – Súmula nº 200 do TST.

02. (Juiz do Trabalho Substituto – TRT 3ª região/ 2012) Acerca dos juros e correção monetária, leia as afirmações abaixo e, em seguida, assinale a alternativa correta, de acordo com a lei e a jurisprudência cristalizada do Tribunal Superior do Trabalho:

I. Os débitos trabalhistas das entidades submetidas aos regimes de intervenção ou liquidação extrajudicial estão sujeitos a correção monetária desde o respectivo vencimento até seu efetivo pagamento, sem interrupção ou suspensão, não incidindo, entretanto, sobre tais débitos, juros de mora.

II. O pagamento dos salários até o 5º dia útil do mês subsequente ao vencido não está sujeito à correção monetária. Se essa data limite for ultrapassada, incidirá o índice da correção monetária do mês subsequente ao da prestação dos serviços, a partir do dia 1º.

III. Os créditos referentes ao FGTS, decorrentes de condenação judicial não serão corrigidos pelos mesmos índices aplicáveis aos débitos trabalhistas, porque o FGTS tem correção específica, regulada pela lei própria.

IV. A Fazenda Pública, quando condenada subsidiariamente pelas obrigações trabalhistas devidas pela empregadora principal, não se beneficia da limitação dos juros de 0,5% ao mês.

V. É devida a incidência de juros de mora em relação aos débitos trabalhistas de empresa em liquidação extrajudicial sucedida nos moldes dos arts. 10 e 448 da CLT. O sucessor responde pela obrigação do sucedido, não se beneficiando de qualquer privilégio a este destinado.

A) Somente as afirmativas III e V estão corretas.

B) Somente as afirmativas I, II, III e IV estão corretas

C) Somente as afirmativas I, IV e V estão corretas

D) Somente as afirmativas I, II, IV e V estão corretas

E) Todas as afirmativas estão corretas.

RESPOSTA

Alternativa Letra D.
I – Súmula nº 304 do TST.
II – Súmula nº 381 do TST.
IV – OJ nº 382 da SDI-I.
V – OJ nº 408 da SDI-I.

03. (FCC – Juiz do Trabalho Substituto 1ª Região/ 2011) Em relação à liquidação de sentença no processo do trabalho, é INCORRETO afirmar:

A) Os juros de mora e a correção monetária incluem-se na liquidação, desde que requeridos na petição inicial e constantes da condenação.

B) A liquidação pode ser feita por artigos, por cálculos ou por arbitramento.

C) A liquidação abrangerá também o cálculo das contribuições previdenciárias devidas.

D) Na liquidação não se poderá inovar ou modificar a sentença liquidanda, nem discutir matéria pertinente à causa principal.

E) A instauração da liquidação por artigos depende da iniciativa do credor, facultando-se ao juiz, no entanto, determinar a sua intimação para que apresente os seus artigos de liquidação.

RESPOSTA

Alternativa Letra A.
Súmula nº 211 do TST.

2. CORREÇÃO MONETÁRIA

Súmula nº 187 do TST

Correção monetária. Incidência

A correção monetária não incide sobre o débito do trabalhador reclamante.

Súmula nº 211 do TST

Juros de mora e correção monetária. Independência do pedido inicial e do título executivo judicial

Os juros de mora e a correção monetária incluem-se na liquidação, ainda que omisso o pedido inicial ou a condenação.

OJ nº 300 da SDI - I do TST

Execução trabalhista. Correção monetária. Juros. Lei nº 8.177/91, art. 39, e Lei nº 10.192/01, art. 15

Não viola norma constitucional (art. 5º, II e XXXVI) a determinação de aplicação da TRD, como fator de correção monetária dos débitos trabalhistas, cumulada com juros de mora, previstos no artigo 39 da Lei nº 8.177/91 e convalidado pelo artigo 15 da Lei nº 10.192/01.

Súmula nº 381 do TST

Correção monetária. Salário. Art. 459 da CLT

O pagamento dos salários até o 5º dia útil do mês subseqüente ao vencido não está sujeito à correção monetária. Se essa data limite for ultrapassada, incidirá o índice da correção monetária do mês subseqüente ao da prestação dos serviços, a partir do dia 1º.

OJ nº 302 da SDI - I do TST

FGTS. Índice de correção. Débitos trabalhistas

Os créditos referentes ao FGTS, decorrentes de condenação judicial, serão corrigidos pelos mesmos índices aplicáveis aos débitos trabalhistas.

Súmula nº 311 do TST

Benefício previdenciário a dependente de ex-empregado. Correção monetária. Legislação aplicável

O cálculo da correção monetária incidente sobre débitos relativos a benefícios previdenciários devidos a dependentes de ex-empregado pelo empregador, ou por entidade de previdência privada a ele vinculada, será o previsto na Lei nº 6.899, de 08.04.1981.

OJ nº 28 da SDI - I do TST

Correção monetária sobre as diferenças salariais. Universidades federais. Devida. Lei nº 7.596/1987

Incide correção monetária sobre as diferenças salariais dos servidores das universidades federais, decorrentes da aplicação retroativa dos efeitos financeiros assegurados pela Lei nº 7.596/1987, pois a correção monetária tem como escopo único minimizar a desvalorização da moeda em decorrência da corrosão inflacionária.

Súmula nº 304 do TST

Correção monetária. Empresas em liquidação. Art. 46 do ADCT/CF

Os débitos trabalhistas das entidades submetidas aos regimes de intervenção ou liquidação extrajudicial estão sujeitos a correção monetária desde o respectivo vencimento até seu efetivo pagamento, sem interrupção ou suspensão, não incidindo, entretanto, sobre tais débitos, juros de mora.

OJ Nº 198 DA SDI – I DO TST

Honorários periciais. Atualização monetária

Diferentemente da correção aplicada aos débitos trabalhistas, que têm caráter alimentar, a atualização monetária dos honorários periciais é fixada pelo art. 1º da Lei nº 6.899/81, aplicável a débitos resultantes de decisões judiciais.

QUESTÕES

01. (TRT 2 – Juiz do Trabalho Substituto 2ª região/ 2013) Em relação à liquidação de sentença, é certo afirmar. Aponte a alternativa correta:

A) Elaborada a conta e tornada líquida, o Juiz deverá abrir às partes prazo sucessivo de 10 (dez) dias para impugnação fundamentada com a indicação dos itens e valores objeto da discordância, sob pena de preclusão.

B) A atualização do crédito devido à Previdência Social observará os critérios estabelecidos na legislação trabalhista.

C) Os atos de acertamento de uma sentença ilíquida abrangem parte dos atos de constrição.

D) A correção monetária não incide sobre o débito do trabalhador reclamante.

E) Os juros de mora incidem sobre a importância da condenação não corrigida monetariamente.

RESPOSTA

Alternativa letra D.
Súmula nº 187 do TST.

02. (FCC – TRT 6 – Técnico Judiciário – Área Administrativa/ 2012) O pagamento dos salários até o 5º dia útil do mês subsequente ao vencido não está sujeito à correção monetária. Se essa data limite for ultrapassada, incidirá o índice da correção monetária do mês

A) subsequente ao da prestação dos serviços, a partir do dia 1º.

B) da prestação dos serviços, a partir do 1º dia útil.

C) da prestação dos serviços, a partir do dia 1º.

D) da prestação dos serviços, a partir do 5º dia útil.

E) subsequente ao da prestação dos serviços, a partir do 5º dia útil.

RESPOSTA

Alternativa Letra A.
Súmula nº 381 do TST.

03. (FCC – TRT 9 – Analista Judiciário – Área Judiciária/2004) Iniciada a execução e sendo chamado a efetuar os cálculos de liquidação, o exequente informou que havia se equivocado quanto ao percentual referente às horas extras e aplicou novo percentual que entendia correto. Incluiu, também, juros de mora e correção monetária, embora a isso não se tivesse referido a sentença. Esses cálculos são

A) corretos.

B) inteiramente equivocados.

C) corretos apenas no que diz respeito às horas extras.

D) corretos no que diz respeito às horas extras e à correção monetária.

E) equivocados no que se refere ao percentual de horas extras e corretos quanto ao juros de mora e correção monetária.

RESPOSTA

Alternativa Letra E.
Súmula nº 211 do TST e artigo 879, § 1º CLT.

3. CONTRIBUIÇÕES PREVIDENCIÁRIAS E IMPOSTO DE RENDA

SÚMULA Nº 368 DO TST

Descontos previdenciários e fiscais. Competência. Responsabilidade pelo pagamento. Forma de cálculo

I – A Justiça do Trabalho é competente para determinar o recolhimento das contribuições fiscais. A competência da Justiça do Trabalho, quanto à execução das contribuições previdenciárias, limita-se às sentenças condenatórias em pecúnia que proferir e aos valores, objeto de acordo homologado, que integrem o salário-de-contribuição.

II – É do empregador a responsabilidade pelo recolhimento das contribuições previdenciárias e fiscais, resultante de crédito do empregado oriundo de condenação judicial, devendo ser calculadas, em relação à incidência dos descontos fiscais, mês a mês, nos termos do art. 12-A da Lei nº 7.713, de 22/12/1988, com a redação dada pela Lei nº 12.350/2010.

III – Em se tratando de descontos previdenciários, o critério de apuração encontra-se disciplinado no art. 276, § 4º, do Decreto nº 3.048/1999 que regulamentou a Lei nº 8.212/1991 e determina que a contribuição do empregado, no caso de ações trabalhistas, seja calculada mês a mês, aplicando-se as alíquotas previstas no art. 198, observado o limite máximo do salário de contribuição.

OJ Nº 363 DA SDI – I DO TST

Descontos previdenciários e fiscais. Condenação do empregador em razão do inadimplemento de verbas remuneratórias. Responsabilidade do empregado pelo pagamento. Abrangência

A responsabilidade pelo recolhimento das contribuições social e fiscal, resultante de condenação judicial referente a verbas remuneratórias, é do empregador e incide sobre o total da condenação. Contudo, a culpa do empregador pelo inadimplemento das verbas remuneratórias não exime a responsabilidade do empregado pelos pagamentos do imposto de renda devido e da contribuição previdenciária que recaia sobre sua quota-parte.

SÚMULA Nº 454 DO TST

Competência da justiça do trabalho. Execução de ofício. Contribuição social referente ao seguro de acidente de trabalho (SAT). Arts. 114, VIII, e 195, I, "a", da constituição da república.

Compete à Justiça do Trabalho a execução, de ofício, da contribuição referente ao seguro de acidente de trabalho (SAT), que tem natureza de contribuição para a seguridade social (arts. 114, VIII, e 195, I, "a", da CF), pois se destina ao financiamento de benefícios relativos à incapacidade do empregado decorrente de infortúnio no trabalho (arts. 11 e 22 da lei nº 8.212/1991).

OJ Nº 368 DA SDI – I DO TST

Descontos previdenciários. Acordo homologado em juízo. Inexistência de vínculo empregatício. Parcelas indenizatórias. Ausência de discriminação. Incidência sobre o valor total

É devida a incidência das contribuições para a Previdência Social sobre o valor total do acordo homologado em juízo, independentemente do reconhecimento de vínculo de emprego, desde que não haja discriminação das parcelas sujeitas à incidência da contribuição previdenciária, conforme parágrafo único do art. 43 da Lei nº 8.212, de 24.07.1991, e do art. 195, I, "a", da CF/1988.

OJ Nº 398 DA SDI – I DO TST

Contribuição previdenciária. Acordo homologado em juízo sem reconhecimento de vínculo de emprego. Contribuinte individual. Recolhimento da alíquota de 20% a cargo do tomador e 11% a cargo do prestador de serviços

Nos acordos homologados em juízo em que não haja o reconhecimento de vínculo empregatício, é devido o recolhimento da contribuição previdenciária, mediante a alíquota de 20% a cargo do tomador de serviços e de 11% por parte do prestador de serviços, na qualidade de contribuinte individual, sobre o valor total do acordo, respeitado o teto de contribuição. Inteligência do § 4º do art. 30 e do inciso III do art. 22, todos da Lei nº 8.212, de 24.07.1991.

OJ Nº 376 DA SDI – I DO TST

Contribuição previdenciária. Acordo homologado em juízo após o trânsito em julgado da sentença condenatória. Incidência sobre o valor homologado

É devida a contribuição previdenciária sobre o valor do acordo celebrado e homologado após o trânsito em julgado de decisão judicial, respeitada a proporcionalidade de valores entre as parcelas de natureza salarial e indenizatória deferidas na decisão condenatória e as parcelas objeto do acordo.

SÚMULA Nº 401 DO TST

Ação rescisória. Descontos legais. Fase de execução. Sentença exequenda omissa. Inexistência de ofensa à coisa julgada

Os descontos previdenciários e fiscais devem ser efetuados pelo juízo executório, ainda que a sentença exequenda tenha sido omissa sobre a questão, dado o caráter de ordem pública ostentado pela norma que os disciplina. A ofensa à coisa julgada somente poderá ser caracterizada na hipótese de o título exeqüendo, expressamente, afastar a dedução dos valores a título de imposto de renda e de contribuição previdenciária.

OJ Nº 400 DA SDI – I DO TST

Imposto de renda. Base de cálculo. Juros de mora. Não integração. Art. 404 do Código Civil Brasileiro

Os juros de mora decorrentes do inadimplemento de obrigação de pagamento em dinheiro não integram a base de cálculo do imposto de renda, independentemente da natureza jurídica da obrigação inadimplida, ante o cunho indenizatório conferido pelo art. 404 do Código Civil de 2002 aos juros de mora.

⊙ QUESTÕES

01. (ANALISTA JUDICIÁRIO – ÁREA ADMINISTRATIVA – TRT2/2014) Conforme as regras estabelecidas para a execução no processo do trabalho, é INCORRETO afirmar:

A) O juiz poderá dar andamento à execução, tendo em vista o caráter alimentar do crédito trabalhista.

B) A lei de execução fiscal será fonte subsidiária do processo trabalhista, preferindo às normas processuais civis.

C) No caso de acordo em fase de execução, a decisão será irrecorrível, tendo em vista a autonomia das partes para transigir.

D) Nas prestações sucessivas por tempo determinado, a execução pelo não pagamento de uma prestação compreenderá as que lhe sucederem.

E) A penhora em estabelecimento é prevista nos artigos 677 e 678 do CPC[20] e pode ser aplicada ao processo do trabalho, por ser menos gravosa ao executado, uma vez que permite a manutenção da atividade empresarial enquanto quita a dívida trabalhista.

↓ RESPOSTA

Alternativa letra C.
Art. 832, § 4º, da CLT e OJ nº 376 da SDI-I do TST.

02. (CESPE – TRT 9 – Analista Judiciário – Área Judiciária – Especialidade Execução de Mandados/2007) Julgue os itens seguintes, relativos à execução.

I. Além das execuções fiscais de multas aplicadas pela fiscalização do trabalho e inscritas na dívida ativa da União, pode ser ajuizada, junto à justiça do trabalho, ação de execução de títulos extrajudiciais consistentes nos termos de ajuste de conduta firmados perante o Ministério Público do Trabalho ou nos termos de conciliação firmados perante as comissões de conciliação prévia, sem prejuízo das execuções dos títulos judiciais consistentes nas sentenças proferidas ou acordos homologados pela própria justiça do trabalho.

II. Não sendo líquida a sentença condenatória, o juiz, ainda quando não tenha sido inserido expresso comando para liquidação, deverá determinar a apuração do devido para a execução mediante cálculo, arbitramento ou artigos, incluída, quando for o caso, desde logo, a incidência dos valores devidos a título de imposto de renda ou de contribuição previdenciária.

20 NCPC, arts. 862 e 863.

↓RESPOSTA

CERTO/ CERTO.
I – artigo 876, caput CLT.
II – Súmula nº 401 do TST e artigo 879, caput CLT.

03. (Exame de Ordem 2012.1 - FGV) Numa reclamação trabalhista, o autor teve reconhecido o direito ao pagamento de horas extras, sem qualquer reflexo. Após liquidado o julgado, foi homologado o valor de R$ 15.000,00, iniciando-se a execução. Em seguida, as partes comparecem em juízo pleiteando a homologação de acordo no valor de R$ 10.000,00.

Com base no narrado acima, é correto afirmar que

A) o juiz não pode homologar o acordo porque isso significaria violação à coisa julgada.

B) é possível a homologação do acordo, mas o INSS será recolhido sobre R$ 15.000,00.

C) a homologação do acordo, no caso, dependeria da concordância do órgão previdenciário, pois inferior ao valor homologado.

D) é possível a homologação do acordo, e o INSS será recolhido sobre R$ 10.000,00.

↓RESPOSTA

Alternativa Letra D.
OJ nº 376 da SDI-I.

04. (FCC - Juiz do Trabalho Substituto 11ª região/ 2012) Em matéria de Execução de Contribuições Previdenciárias, considere:

I. A competência da Justiça do Trabalho, quanto à execução das contribuições previdenciárias, limita - se às sentenças condenatórias em pecúnia que proferir e aos valores, objeto de acordo homologado, que integrem o salário de contribuição.

II. É do empregador a responsabilidade pelo recolhimento das contribuições previdenciárias e fiscais, resultante de crédito do empregado oriundo de condenação judicial, devendo ser calculadas, em relação à incidência dos descontos fiscais, mês a mês, nos termos da legislação competente.

III. Faculta-se ao devedor o pagamento imediato da parte que entender devida à Previdência Social, sem prejuízo da cobrança de eventuais diferenças encontradas na execução ex officio.

IV. A atualização do crédito devido à Previdência Social observará os critérios estabelecidos na legislação trabalhista e pelo Tribunal Superior do Trabalho.

Está correto o que se afirma APENAS em

A) I, II e III.

B) II, III e IV.

C) I e II.

D) III e IV.

E) II e III.

↓RESPOSTA

Alternativa Letra A.
I – Súmula nº 368, I do TST.
II – Súmula nº 368, II do TST.
III – artigo 878-A CLT.

05. (TRT 2 - Juiz do Trabalho Substituto 2ª região/ 2014) - Quanto à execução, observe as proposições abaixo e responda a alternativa que contenha proposituras **corretas:**

I. São títulos executivos extrajudiciais na Justiça do Trabalho o Termo de Ajuste de Conduta, os créditos previdenciários decorrentes de condenação trabalhista e as certidões da dívida ativa decorrentes de multas aplicadas por auditores fiscais do trabalho.

II. São obrigações acessórias à sentença declaratória, executáveis na Justiça do Trabalho, custas, honorários advocatícios e periciais, emolumentos e multas aplicadas no decorrer do processo.

III. É admitida na Justiça do Trabalho a sub-rogação de dívida e a cessão do crédito.

IV. Elaborada a conta de liquidação por artigos, simples cálculo ou arbitramento o Juiz poderá homologá-la sem a abertura de prazo para manifestação das partes.

V. É devido o recolhimento de contribuição previdenciária em caso de acordo sem reconhecimento de vínculo empregatício, calculada sobre a totalidade do valor, se não houver discriminação da natureza das verbas pagas.

Está **correta** a alternativa:

A) I, II e IV.

B) I, II e III.

C) II, IV e V.

D) I, III e V.

E) III, IV e V.

↓RESPOSTA

Alternativa Letra C.
II – Doutrina.
IV – Artigo 879, §2º, CLT.
V – OJ nº 398 da SDI-I do TST.

06. (FCC – Juiz do Trabalho Substituto 20ª região/ 2012) De acordo com o entendimento adotado pelo TST a respeito das contribuições previdenciárias, analise as proposições abaixo.

I. A Justiça do Trabalho é competente para determinar o recolhimento das contribuições fiscais. A competência da Justiça do Trabalho, quanto à execução das contribuições previdenciárias, limita-se às sentenças condenatórias em pecúnia que proferir e aos valores, objeto de acordo homologado, que integrem o salário de contribuição.

II. Em se tratando de descontos previdenciários, a contribuição do empregado, no caso de ações trabalhistas, será calculada mês a mês, aplicando-se as alíquotas previstas em lei, observado o limite máximo do salário de contribuição.

III. Compete à Justiça do Trabalho a execução, de ofício, da contribuição referente ao Seguro de Acidente de Trabalho (SAT), que tem natureza de contribuição para a seguridade social, pois se destina ao financiamento de benefícios relativos à incapacidade do empregado decorrente de infortúnio no trabalho.

IV. Nos acordos homologados em juízo em que não haja o reconhecimento de vínculo empregatício, é devido o recolhimento da contribuição previdenciária, mediante a alíquota de 20% a cargo do tomador de serviços e de 11% por parte do prestador de serviços, na qualidade de contribuinte individual, sobre o valor total do acordo, respeitado o teto de contribuição.

V. É devida a contribuição previdenciária sobre o valor do acordo celebrado e homologado após o trânsito em julgado de decisão judicial, respeitada a proporcionalidade de valores entre as parcelas de natureza salarial e indenizatória deferidas na decisão condenatória e as parcelas objeto do acordo.

Estão corretas as proposições

A) II, III e IV, apenas.

B) III, IV e V, apenas.

C) I, II, III e IV, apenas.

D) I, III, IV e V, apenas.

E) I, II, III, IV e V.

↓RESPOSTA

Alternativa Letra E.
I – Súmula nº 368, I do TST.
II – Súmula nº 368, III do TST.
III – Súmula nº 454 do TST
IV – OJ nº 398 da SDI-I.
V – OJ nº 376 da SDI-I.

07. (Juiz do Trabalho Substituto – TRT 15ª região/ 2011) Proferida sentença em reclamação trabalhista, um único título foi deferido: horas extras, no valor de R$ 15.000,00. Realizada audiência de conciliação em execução, as partes se conciliaram. A executada se comprometeu a pagar ao exequente, para quitação do valor deferido na ação, R$ 10.000,00, em duas parcelas de R$ 5.000,00. Considerando a jurisprudência do TST, as contribuições previdenciárias são devidas:

A) pelo valor do acordo formulado;

B) pelo valor deferido na sentença;

C) pelo valor das horas extras, que deixou de ser quitado no momento do trabalho prestado;

D) pelo valor mensal das horas extras deferidas, agregado ao do salário pago, no momento da prestação dos serviços;

E) nenhuma das alternativas anteriores.

↓RESPOSTA

Alternativa Letra A.
OJ nº 376 da SDI-I.

4. PENHORA

OJ Nº 343 DA SDI - I DO TST

Penhora. Sucessão. art. 100 da CF/1988. Execução

É válida a penhora em bens de pessoa jurídica de direito privado, realizada anteriormente à sucessão pela União ou por Estado-membro, não podendo a execução prosseguir mediante precatório. A decisão que a mantém não viola o art. 100 da CF/1988.

SÚMULA Nº 417 DO TST

Mandado de Segurança. Penhora em dinheiro.

I - Não fere direito líquido e certo do impetrante o ato judicial que determina penhora em dinheiro do executado para garantir crédito exequendo, pois é prioritária e obedece à gradação prevista no art. 835 do CPC de 2015 (art. 655 do CPC de 1973).

II - Havendo discordância do credor, em execução definitiva, não tem o executado direito líquido e certo a que os valores penhorados em dinheiro fiquem depositados no próprio banco, ainda que atenda aos requisitos do art. 840, I, do CPC de 2015 (art. 666, I, do CPC de 1973).

OJ Nº 59 DA SDI - II DO TST

Mandado de segurança. Penhora. Carta de fiança bancária. Seguro garantia judicial.

A carta de fiança bancária e o seguro garantia judicial, desde que em valor não inferior ao do débito em execução, acrescido de trinta por certo, equivalem a dinheiro para efeito da gradação dos bens penhoráveis, estabelecida no art. 835 do CPC de 2015 (art. 655 do CPC de 1973).

OJ Nº 153 DA SDI - II DO TST

Mandado de segurança. Execução. Ordem de penhora sobre valores existentes em conta salário. Art. 649, IV, do CPC. Ilegalidade

Ofende direito líquido e certo decisão que determina o bloqueio de numerário existente em conta salário, para satisfação de crédito trabalhista, ainda que seja limitado a determinado percentual dos valores recebidos ou a valor revertido para fundo de aplicação ou poupança, visto que o art. 649, IV, do CPC[21] contém norma imperativa que não admite interpretação ampliativa, sendo a exceção prevista no art. 649, § 2º[22], do CPC espécie e não gênero de crédito de natureza alimentícia, não englobando o crédito trabalhista.

OJ Nº 93 DA SDI - II DO TST

Mandado de segurança. Possibilidade da penhora sobre parte da renda de estabelecimento comercial

É admissível a penhora sobre a renda mensal ou faturamento de empresa, limitada a determinado percentual, desde que não comprometa o desenvolvimento regular de suas atividades.

OJ Nº 226 DA SDI - I DO TST

Crédito trabalhista. Cédula de crédito rural. Cédula de crédito industrial. Penhorabilidade

Diferentemente da cédula de crédito industrial garantida por alienação fiduciária, na cédula rural pignoratícia ou hipotecária o bem permanece sob o domínio do devedor (executado), não constituindo óbice à penhora na esfera trabalhista. (Decreto-Lei nº 167/67, art. 69; CLT, arts. 10 e 30 e Lei nº 6.830/80).

⊙ QUESTÕES

01. (FCC - Procurador do Estado de Terceira Classe - PGE - RN/2014) Decisão proferida pela 1ª Vara do Trabalho de Natal julgou e manteve subsistente a penhora de bens de pessoa jurídica sucedida pelo Estado do Rio Grande do Norte, ao considerar que o acordo realizado entre o reclamante exequente e a sucedida foi efetuado quando esta ainda se submetia ao regime de direito privado. De acordo com a orientação jurisprudencial do Tribunal Superior do Trabalho quanto ao tema, a penhora

21 NCPC, art. 833, IV.
22 NCPC, art. 833, §2º.

A) não é válida porque, independentemente do momento de formalização do ato, a sucessão pelo Estado impõe a execução mediante precatório.

B) não é válida porque realizada anteriormente à sucessão pelo Estado, razão pela qual a execução deve reorientar-se mediante precatório.

C) é válida, se realizada anteriormente à sucessão pelo Estado, não podendo a execução prosseguir mediante precatório.

D) não é válida porque a decisão que a mantém viola o artigo 100 da Constituição da República.

E) é válida, independentemente do momento de formalização do ato, mas é necessário que o pagamento observe a ordem cronológica de apresentação do precatório.

↓RESPOSTA

Alternativa letra C.

OJ nº 343 da SDI-I do TST.

02. (MPT. 19º Concurso para Procurador do Trabalho/2015) Tendo em vista a legislação e a jurisprudência consolidada do TST, é INCORRETO afirmar:

a) Viola o art. 100 da Constituição da República a decisão que mantém a penhora realizada em bens de pessoa jurídica de direito privado anteriormente à sucessão pela União ou por Estado-membro.

b) É cabível na esfera trabalhista a penhora da cédula rural pignoratícia ou hipotecária.

c) É válida a penhora feita em dinheiro do executado, em execução definitiva, ainda que nomeados outros bens à penhora.

d) O bem de família é impenhorável, considerando-se nessa impenhorabilidade o imóvel sobre o qual se assentam a construção, as plantações, as benfeitorias de qualquer natureza e todos os equipamentos, inclusive os de uso profissional.

e) Não respondida.

↓RESPOSTA

Alternativa letra A.

OJ nº 343 da SDI-I do TST.

03. (TRT20/2016 - FCC - Analista Judiciário - OJA) Sobre os procedimentos especiais de ação rescisória e mandado de segurança, segundo entendimento sumulado do Tribunal Superior do Trabalho,

(A) no caso da tutela antecipada ou liminar ser concedida antes da sentença, não cabe a impetração do mandado de segurança, em face da existência de recurso próprio.

(B) não fere direito líquido e certo do impetrante o ato judicial que determina penhora em dinheiro do executado para garantir crédito exequendo, pois é prioritária e obedece à gradação prevista no Código de Processo Civil.

(C) fere direito líquido e certo que pode ser atacado por mandado de segurança o prosseguimento da execução quanto aos tópicos e valores não especificados no agravo de petição.

(D) a ação rescisória calcada em violação de lei também admite reexame de fatos e provas do processo que originou a decisão rescindenda.

(E) é documento novo apto a viabilizar a desconstituição de julgado a sentença normativa proferida ou transitada em julgado posteriormente à sentença rescindenda.

↓RESPOSTA

Alternativa Letra B.

Súmula nº 417, I do TST.

04. (MPT – Procurador do Trabalho/2013) Analise as hipóteses abaixo, de acordo a jurisprudência uniforme do TST:

I. Não torna suspeita a testemunha o fato de estar litigando ou de ter litigado contra o mesmo empregador, devendo ser rejeitada eventual contradita arguida, salvo na hipótese de prova emprestada.

II. A Justiça do Trabalho é incompetente para julgar ação de indenização pelo não fornecimento das guias do seguro desemprego ao empregado.

III. É admissível a penhora sobre a renda mensal ou faturamento de empresa, limitada a determinado percentual, desde que não comprometa o desenvolvimento regular de suas atividades.

IV. Ofende direito líquido e certo decisão que determina o bloqueio de numerário existente em conta salário, para satisfação de crédito trabalhista, ainda que seja limitado a determinado percentual dos valores recebidos, ou a valor revertido para fundo de aplicação ou poupança, visto que o art. 649, IV, do CPC[23] contém norma imperativa que não admite interpretação ampliativa.

Assinale a alternativa CORRETA:

A) apenas as assertivas I e IV estão erradas;

B) apenas as assertivas II e III estão corretas;

C) apenas as assertivas I e II estão corretas;

D) apenas as assertivas III e IV estão corretas;

E) não respondida.

↓RESPOSTA

Alternativa letra D.
III. OJ nº 93 da SDI-II do TST.
IV. OJ nº 153 da SDI-II do TST.

05. (CESPE – TRT 17 – Analista Judiciário – Área Administrativa/2009) Considerando a execução, a citação, o depósito da condenação, a nomeação de bens e o mandado de penhora, julgue os itens subsequentes.

I. Não há previsão legal no processo trabalhista de execução de título extrajudicial.

II) As contribuições sociais devidas em decorrência de decisão proferida pelos juízes e tribunais do trabalho, resultantes de condenação ou homologação de acordo, somente serão executadas após provocação da União.

III) É admissível a penhora sobre a renda mensal ou faturamento da empresa, limitada a determinado percentual, desde que não comprometa o desenvolvimento regular de suas atividades.

↓RESPOSTA

ERRADO/ ERRADO/ CERTO.
I – artigo 876, caput e 877-A CLT.
II – artigo 876, parágrafo único CLT.
III – OJ nº 93 da SDI-II.

23 NCPC, art. 833, IV.

06. (CESPE – TRT 1 – Analista Judiciário – Área Judiciária – Especialidade Execução de Mandados/2008 – Adaptada) Quanto ao processo de execução trabalhista, assinale a opção correta.

A) Na execução trabalhista, a adjudicação não prefere a arrematação.

B) A arrematação é a entrega dos bens penhorados diretamente ao exequente.

C) O bem hipotecado e o bem alienado fiduciariamente não podem ser penhorados.

D) Não se admite mais de uma penhora sobre o mesmo bem.

E) O TST tem admitido a penhora sobre renda mensal ou faturamento da empresa.

↓RESPOSTA

Alternativa Letra E.
OJ nº 93 da SDI-II.

5. DEPOSITÁRIO

OJ Nº 143 DA SDI – II DO TST

"Habeas corpus". Penhora sobre coisa futura e incerta. Prisão. Depositário infiel

Não se caracteriza a condição de depositário infiel quando a penhora recair sobre coisa futura e incerta, circunstância que, por si só, inviabiliza a materialização do depósito no momento da constituição do paciente em depositário, autorizando-se a concessão de "habeas corpus" diante da prisão ou ameaça de prisão que sofra.

OJ Nº 89 DA SDI – II DO TST

"Habeas corpus". Depositário. Termo de depósito não assinado pelo paciente. Necessidade de aceitação do encargo. Impossibilidade de prisão civil

A investidura no encargo de depositário depende da aceitação do nomeado que deve assinar termo de compromisso no auto de penhora, sem o que, é inadmissível a restrição de seu direito de liberdade.

✪ SÚMULA VINCULANTE Nº 25 DO STF

É ilícita a prisão civil de depositário infiel, qualquer que seja a modalidade do depósito.

6. EMBARGOS DE TERCEIROS

SÚMULA Nº 419 DO TST

Competência. Embargos de Terceiro. Execução por carta precatória. Juízo deprecado.

Na execução por carta precatória, os embargos de terceiro serão oferecidos no juízo deprecado, salvo se indicado pelo juízo deprecante o bem constrito ou se já devolvida a carta (art. 676, parágrafo único, do CPC de 2015).

OJ Nº 54 DA SDI - II DO TST

Mandado de segurança. Embargos de terceiro. Cumulação. Penhora. Incabível

Ajuizados embargos de terceiro (art. 674 do CPC de 2015 - art. 1046 do CPC de 1973) para pleitear a desconstituição da penhora, é incabível a interposição de mandado de segurança com a mesma finalidade.

⊙ QUESTÃO

01. (FGV - OAB 2017.1) Expedida carta precatória executória numa demanda trabalhista, o juízo deprecante cita o devedor para pagamento, mas ele permanece inerte. Então, o oficial de justiça retorna e penhora um dos imóveis do executado, avaliando-o e garantindo o juízo. Imediatamente o executado ajuíza embargos de devedor, alegando que o bem penhorado foi subavaliado, apresentando a documentação que entende provar que o valor de mercado do bem é muito superior àquele lançado no auto pelo oficial de justiça. Sobre a hipótese apresentada, de acordo com a legislação em vigor e o entendimento consolidado do TST, assinale a opção que, justificadamente, indica o juízo competente para apreciar os embargos.

A) O juízo deprecante é competente, pois dele se origina a execução.

B) O julgamento poderá competir aos juízos deprecante ou ao deprecado, porque a Lei não traz previsão.

C) O juízo deprecado será competente, porque a matéria se refere a suposto vício na penhora.

D) A Lei e a jurisprudência são omissas a respeito, daí porque a parte poderá escolher qual dos juízos apreciará os embargos.

↓ RESPOSTA

Alternativa Letra C.

Súmula nº 419 do TST.

7. EMPRESAS EM LIQUIDAÇÃO EXTRAJUDICIAL

OJ Nº 143 DA SDI - I DO TST

Empresa em liquidação extrajudicial. Execução. Créditos trabalhistas. Lei nº 6.024/74

A execução trabalhista deve prosseguir diretamente na Justiça do Trabalho mesmo após a decretação da liquidação extrajudicial. Lei nº 6.830/80, arts. 5º e 29, aplicados supletivamente (CLT, art. 889 e CF/1988, art. 114).

SÚMULA Nº 304 DO TST

Correção monetária. Empresas em liquidação. Art. 46 do ADCT/CF

Os débitos trabalhistas das entidades submetidas aos regimes de intervenção ou liquidação extrajudicial estão sujeitos a correção monetária desde o respectivo vencimento até seu efetivo pagamento, sem interrupção ou suspensão, não incidindo, entretanto, sobre tais débitos, juros de mora.

OJ Nº 408 DA SDI - I DO TST

Juros de mora. Empresa em liquidação extrajudicial. Sucessão trabalhista

É devida a incidência de juros de mora em relação aos débitos trabalhistas de empresa em liquidação extrajudicial sucedida nos moldes dos arts. 10 e 448 da CLT. O sucessor responde pela obrigação do sucedido, não se beneficiando de qualquer privilégio a este destinado.

⊙ QUESTÃO

01. (FCC - Juiz do Trabalho Substituto 20ª região/ 2012) De acordo com o entendimento adotado pelo TST, é correto afirmar:

A) Os débitos trabalhistas das entidades submetidas aos regimes de intervenção ou liquidação extrajudicial estão sujeitos a correção monetária desde o respectivo vencimento até seu efetivo pagamento, sem interrupção ou suspensão, incidindo, ainda, sobre tais débitos, juros de mora.

B) Os juros de mora e a correção monetária incluem-se na liquidação, desde que constantes do pedido inicial ou da condenação.

C) Os juros de mora incidem sobre a importância da condenação não corrigida monetariamente.

D) É devida a incidência de juros de mora em relação aos débitos trabalhistas de empresa em liquidação extrajudicial sucedida nos moldes dos arts. 10 e 448 da CLT. O sucessor responde pela obrigação do sucedido, não se beneficiando de qualquer privilégio a este destinado.

E) A Fazenda Pública, quando condenada subsidiaria - mente pelas obrigações trabalhistas devidas pela empregadora principal, beneficia-se da limitação dos juros, prevista em lei.

↓RESPOSTA

Alternativa Letra D.
OJ nº 408 da SDI-I.

8. ENTIDADE PÚBLICA

OJ Nº 87 DA SDI - I DO TST

Entidade pública. Exploração de atividade eminentemente econômica. Execução. Art. 883 da CLT

É direta a execução contra a APPA e MINASCAIXA (§ 1º do art. 173, da CF/1988).

Capítulo XVI
AÇÃO CAUTELAR

OJ Nº 63 da SDI - II do TST

Mandado de segurança. Reintegração. Ação cautelar

Comporta a impetração de mandado de segurança o deferimento de reintegração no emprego em ação cautelar.

OJ Nº 113 da SDI - II do TST

Ação cautelar. Efeito suspensivo ao recurso ordinário em mandado de segurança. Incabível. Ausência de interesse. Extinção

É incabível medida cautelar para imprimir efeito suspensivo a recurso interposto contra decisão proferida em mandado de segurança, pois ambos visam, em última análise, à sustação do ato atacado. Extingue-se, pois, o processo, sem julgamento do mérito, por ausência de interesse de agir, para evitar que decisões judiciais conflitantes e inconciliáveis passem a reger idêntica situação jurídica.

OJ Nº 76 da SDI - II do TST

Ação rescisória. Ação cautelar para suspender execução. Juntada de documento indispensável. Possibilidade de êxito na rescisão do julgado

É indispensável a instrução da ação cautelar com as provas documentais necessárias à aferição da plausibilidade de êxito na rescisão do julgado. Assim sendo, devem vir junto com a inicial da cautelar as cópias da petição inicial da ação rescisória principal, da decisão rescindenda, da certidão do trânsito em julgado da decisão rescindenda e informação do andamento atualizado da execução.

OJ Nº 131 da SDI - II do TST

Ação rescisória. Ação cautelar para suspender execução da decisão rescindenda. Pendência de trânsito em julgado da ação rescisória principal. Efeitos

A ação cautelar não perde o objeto enquanto ainda estiver pendente o trânsito em julgado da ação rescisória principal, devendo o pedido cautelar ser julgado procedente, mantendo-se os efeitos da liminar eventualmente deferida, no caso de procedência do pedido rescisório ou, por outro lado, improcedente, se o pedido da ação rescisória principal tiver sido julgado improcedente.

Capítulo XVII
AÇÃO RESCISÓRIA

1. COMPETÊNCIA

Súmula nº 192 do TST

Ação Rescisória. Competência.

I - Se não houver o conhecimento de recurso de revista ou de embargos, a competência para julgar ação que vise a rescindir a decisão de mérito é do Tribunal Regional do Trabalho, ressalvado o disposto no item II.

II - Acórdão rescindendo do Tribunal Superior do Trabalho que não conhece de recurso de embargos ou de revista, analisando arguição de violação de dispositivo de lei material ou decidindo em consonância com súmula de direito material ou com iterativa, notória e atual jurisprudência de direito material da Seção de Dissídios Individuais (Súmula nº 333), examina o mérito da causa, cabendo ação rescisória da competência do Tribunal Superior do Trabalho.

III – Sob a égide do art. 512 do CPC de 1973, é juridicamente impossível o pedido explícito de desconstituição de sentença quando substituída por acórdão do Tribunal Regional ou superveniente sentença homologatória de acordo que puser fim ao litígio.

IV – Na vigência do CPC de 1973, é manifesta a impossibilidade jurídica do pedido de rescisão de julgado proferido em agravo de instrumento que, limitando-se a aferir o eventual desacerto do juízo negativo de admissibilidade do recurso de revista, não substitui o acórdão regional, na forma do art. 512 do CPC.

V - A decisão proferida pela SBDI, em agravo regimental, calcada na Súmula nº 333, substitui acórdão de Turma do TST, porque emite juízo de mérito, comportando, em tese, o corte rescisório.

OJ nº 70 da SDI – II do TST

Ação rescisória. Manifesto e inescusável equívoco no direcionamento. Inépcia da inicial. Extinção do processo

O manifesto equívoco da parte em ajuizar ação rescisória no TST para desconstituir julgado proferido pelo TRT, ou vice-versa, implica a extinção do processo sem julgamento do mérito por inépcia da inicial.

OJ nº 7 da SDI – II do TST

Ação rescisória. Competência. Criação de tribunal regional do trabalho. Na omissão da lei, é fixada pelo art. 678, inc. I, "c", item 2, da CLT

A Lei nº 7.872/89 que criou o Tribunal Regional do Trabalho da 17ª Região não fixou a sua competência para apreciar as ações rescisórias de decisões oriundas da 1ª Região, o que decorreu do art. 678, I, "c", item 2, da CLT.

⊙QUESTÃO

01. (Exame de Ordem 2010.3 – FGV) Determinada turma do Tribunal Superior do Trabalho não conheceu de recurso de revista interposto pela empresa Alfa Empreendimentos Ltda. em razão de a decisão recorrida (proferida por Tribunal Regional do Trabalho em sede de recurso ordinário, em dissídio individual) estar em perfeita consonância com enunciado de súmula de direito material aquela Corte Superior. Transcorrido *in albis* o prazo recursal, essa decisão transitou em julgado. Na condição de advogado contratado pela respectiva empresa, para ajuizamento de ação rescisória, é correto afirmar que a decisão rescindenda será a proferida pelo

A) Tribunal Regional do Trabalho, em recurso ordinário, tendo competência originária para o seu julgamento o próprio Tribunal Regional do Trabalho.

B) Tribunal Superior do Trabalho, que não conheceu do recurso de revista, tendo competência originária uma das turmas do próprio Tribunal Superior do Trabalho.

C) Tribunal Regional do Trabalho, em recurso ordinário, tendo competência originária para o seu julgamento a Seção Especializada em Dissídios Individuais do Tribunal Superior do Trabalho.

D) Tribunal Superior do Trabalho, que não conheceu do recurso de revista, tendo competência originária a Seção Especializada em Dissídios Individuais do próprio Tribunal Superior do Trabalho.

↓RESPOSTA

Alternativa Letra D.
Súmula nº 192, II do TST e artigo 71, III, "a", 1 do RITST.

2. LEGITIMIDADE DO MINISTÉRIO PÚBLICO DO TRABALHO E LITISCONSÓRCIO

SÚMULA Nº 407 DO TST

Ação Rescisória. Ministério Público. Legitimidade "ad causam" prevista no art. 967, III, "a", "b", "c" do CPC de 2015. Art. 487, III, "a" e "b", do CPC de 1973. Hipóteses meramente exemplificativas

A legitimidade "ad causam" do Ministério Público para propor ação rescisória, ainda que não tenha sido parte no processo que deu origem à decisão rescindenda, não está limitada às alíneas "a", "b" e "c" do inciso III do art. 967 do CPC de 2015 (art. 487, III, "a" e "b", do CPC de 1973), uma vez que traduzem hipóteses meramente exemplificativas.

SÚMULA Nº 406 DO TST

Ação rescisória. Litisconsórcio. Necessário no pólo passivo e facultativo no ativo. Inexistente quanto aos substituídos pelo sindicato

I – O litisconsórcio, na ação rescisória, é necessário em relação ao pólo passivo da demanda, porque supõe uma comunidade de direitos ou de obrigações que não admite solução díspar para os litisconsortes, em face da indivisibilidade do objeto. Já em relação ao pólo ativo, o litisconsórcio é facultativo, uma vez que a aglutinação de autores se faz por conveniência e não pela necessidade decorrente da natureza do litígio, pois não se pode condicionar o exercício do direito individual de um dos litigantes no processo originário à anuência dos demais para retomar a lide.

II – O Sindicato, substituto processual e autor da reclamação trabalhista, em cujos autos fora proferida a decisão rescindenda, possui legitimidade para figurar como réu na ação rescisória, sendo descabida a exigência de citação de todos os empregados substituídos, porquanto inexistente litisconsórcio passivo necessário.

⊙QUESTÕES

01. (TRT 2 – Juiz do Trabalho Substituto 2ª região/ 2014) Quanto à Ação Rescisória na Justiça do Trabalho, aponte a alternativa **correta:**

A) É cabível com fundamento em ofensa a coisa julgada decorrente da ação de cumprimento em face de sentença normativa.

B) É incabível para impugnar decisão homologatória de adjudicação, arrematação ou cálculos.

C) É cabível para invalidar a confissão real ou ficta, resultante de erro, dolo ou coação, na qual se baseou a sentença.

D) Litisconsórcio é necessário em relação ao pólo passivo da demanda, porque supõe uma comunidade de direitos ou de obrigações que não admite solução díspar para os litisconsortes, em face da indivisibilidade do objeto.

E) Sindicato não possui legitimidade para propor ação rescisória sem a citação de todos os empregados substituídos.

↓RESPOSTA

Alternativa letra D.
Súmula nº 406, I, do TST.

02. (FCC – TRT 20 – Analista Judiciário – Área Judiciária/ 2011) De acordo com o entendimento Sumulado do Tribunal Superior do Trabalho o litisconsórcio, na ação rescisória, é

A) inadmissível pela legislação trabalhista vigente.

B) sempre necessário independentemente do polo da demanda (ativo ou passivo).

C) sempre facultativo independentemente do polo da demanda (ativo ou passivo).

D) necessário em relação ao polo ativo da demanda, apenas.

E) necessário em relação ao polo passivo da demanda, apenas.

↓RESPOSTA

Alternativa Letra E.
Súmula nº 406, I do TST.

03. (FCC – TRT 22 – Analista Judiciário – Área Judiciária/2010) O Sindicato, substituto processual e autor da reclamação trabalhista, em cujos autos fora proferida a decisão rescindenda,

A) só possui legitimidade para figurar como réu na ação rescisória se tiver autorização expressa de todos os reclamantes figurantes da ação em que foi proferida a decisão rescindenda.

B) possui legitimidade para figurar como réu na ação rescisória, sendo necessária a citação de todos os empregados substituídos em razão da existência de litisconsórcio passivo necessário.

C) não possui legitimidade para figurar como réu na ação rescisória, tratando-se de ação pessoal que não admite substituição processual.

D) possui legitimidade para figurar como réu na ação rescisória, sendo descabida a exigência de citação de todos os empregados substituídos, porquanto inexistente litisconsórcio passivo necessário.

E) só possui legitimidade para figurar como réu na ação rescisória se tiver autorização expressa de dois terços dos reclamantes figurantes da ação em que foi proferida a decisão rescindenda.

↓RESPOSTA

Alternativa Letra D.
Súmula nº 406, II do TST.

04. (FCC – TRT 16 Analista Judiciário – Área Judiciária/2009) Com relação à ação rescisória trabalhista, é correto afirmar:

A) O direito de propor ação rescisória extingue em três anos, contados do trânsito em julgado da decisão.

B) É plenamente cabível ação rescisória para impugnar decisão homologatória de adjudicação.

C) Na ação rescisória o que se ataca é a sentença, ato oficial do Estado, assim, a revelia produz confissão.

D) Em se tratando de rescisória de rescisória, admite-se a rediscussão do acerto do julgamento da rescisória anterior.

E) O litisconsórcio, na ação rescisória, é necessário em relação ao polo passivo da demanda e facultativo em relação ao polo ativo da demanda.

↓RESPOSTA

Alternativa Letra E.
Súmula nº 406, I do TST.

3. DECADÊNCIA

SÚMULA Nº 100 DO TST

Ação rescisória. Decadência

I – O prazo de decadência, na ação rescisória, conta-se do dia imediatamente subseqüente ao trânsito em julgado da última decisão proferida na causa, seja de mérito ou não.

II – Havendo recurso parcial no processo principal, o trânsito em julgado dá-se em momentos e em tribunais diferentes, contando-se o prazo decadencial para a ação rescisória do trânsito em julgado de cada decisão, salvo se o recurso tratar de preliminar ou prejudicial que possa tornar insubsistente a decisão recorrida, hipótese em que flui a decadência a partir do trânsito em julgado da decisão que julgar o recurso parcial.

III – Salvo se houver dúvida razoável, a interposição de recurso intempestivo ou a interposição de recurso incabível não protrai o termo inicial do prazo decadencial.

IV – O juízo rescindente não está adstrito à certidão de trânsito em julgado juntada com a ação rescisória, podendo formar sua convicção através de outros elementos dos autos quanto à antecipação ou postergação do "dies a quo" do prazo decadencial.

V – O acordo homologado judicialmente tem força de decisão irrecorrível, na forma do art. 831 da CLT. Assim sendo, o termo conciliatório transita em julgado na data da sua homologação judicial.

VI – Na hipótese de colusão das partes, o prazo decadencial da ação rescisória somente começa a fluir para o Ministério Público, que não interveio no processo principal, a partir do momento em que tem ciência da fraude.

VII – Não ofende o princípio do duplo grau de jurisdição a decisão do TST que, após afastar a decadência em sede de recurso ordinário, aprecia desde logo a lide, se a causa versar questão exclusivamente de direito e estiver em condições de imediato julgamento.

VIII – A exceção de incompetência, ainda que oposta no prazo recursal, sem ter sido aviado o recurso próprio, não tem o condão de afastar a consumação da coisa julgada e, assim, postergar o termo inicial do prazo decadencial para a ação rescisória.

IX – Prorroga-se até o primeiro dia útil, imediatamente subseqüente, o prazo decadencial para ajuizamento de ação rescisória quando expira em férias forenses, feriados, finais de semana ou em dia em que não houver expediente forense. Aplicação do art. 775 da CLT.

X – Conta-se o prazo decadencial da ação rescisória, após o decurso do prazo legal previsto para a interposição do recurso extraordinário, apenas quando esgotadas todas as vias recursais ordinárias.

OJ nº 80 da SDI – II do TST

Ação rescisória. Decadência. "dies a quo". Recurso deserto. Súmula nº 100 do TST

O não-conhecimento do recurso por deserção não antecipa o "dies a quo" do prazo decadencial para o ajuizamento da ação rescisória, atraindo, na contagem do prazo, a aplicação da Súmula nº 100 do TST.

OJ nº 12 da SDI – II do TST

Ação rescisória. Decadência. Consumação antes ou depois da edição da medida provisória nº 1.577/1997. Ampliação do prazo

I – A vigência da Medida Provisória nº 1.577/1997 e de suas reedições implicou o elastecimento do prazo decadencial para o ajuizamento da ação rescisória a favor dos entes de direito público, autarquias e fundações públicas. Se o biênio decadencial do art. 495 do CPC de 1973 findou após a entrada em vigor da referida medida provisória e até sua suspensão pelo STF em sede liminar de ação direta de inconstitucionalidade (ADIn 1753-2), tem-se como aplicável o prazo decadencial elastecido à rescisória.

II – A regra ampliativa do prazo decadencial para a propositura de ação rescisória em favor de pessoa jurídica de direito público não se aplica se, ao tempo em que sobreveio a Medida Provisória nº 1.577/1997, já se exaurira o biênio do art. 495 do CPC de 1973. Preservação do direito adquirido da parte à decadência já consumada sob a égide da lei velha.

OJ nº 18 da SDI – II do TST

Ação rescisória. Decadência. União. Lei Complementar nº 73/93, art. 67. Lei nº 8.682/93, art. 6º

O art. 67 da Lei Complementar nº 73/93 interrompeu todos os prazos, inclusive o de decadência, em favor da União no período compreendido entre 14.02.93 e 14.08.93.

⊙ QUESTÕES

01. (TRT 2 – Juiz do Trabalho Substituto 2ª região/2016) A respeito da ação rescisória no Processo do Trabalho assinale a alternativa correta:

A) O depósito recursal é pressuposto de admissibilidade indispensável à interposição de recurso ordinário em ação rescisória.

B) O prazo decadencial para propositura de ação rescisória será sempre contado após o decurso do prazo legal previsto para a interposição do recurso extraordinário ao STF.

C) Considera-se de interpretação controvertida nos Tribunais a matéria consagrada por iterativa, notória e atual jurisprudência do Tribunal Superior do Trabalho.

D) A oposição de exceção de incompetência no prazo recursal afasta de plano a consumação da coisa julgada, postergando o termo inicial do prazo decadencial para a ação rescisória.

E) Havendo recurso parcial no processo principal, o trânsito em julgado dá-se em momentos e em tribunais diferentes, contando-se o prazo decadencial para a ação rescisória do trânsito em julgado de cada decisão, salvo se o recurso tratar de preliminar ou prejudicial que possa tornar insubsistente a decisão recorrida, hipótese em que flui a decadência a partir do trânsito em julgado da decisão que julgar o recurso parcial.

↓ RESPOSTA

Alternativa Letra E.

Súmula nº 100, II, do TST.

02. (TRT 2 - Juiz do Trabalho Substituto 2ª região/2015) Sobre a ação rescisória, à luz da legislação vigente e da jurisprudência sumulada do Tribunal Superior do Trabalho, analise as seguintes proposições:

I. A existência de dúvida razoável protrai o termo inicial do prazo decadencial, à exceção, apenas, da interposição de recurso intempestivo.

II. O prazo de decadência conta-se do dia imediatamente subsequente ao trânsito em julgado da última decisão de mérito proferida na causa.

III. O chamado judicium rescindens refere-se ao pedido de desconstituição do julgado e, por sua vez, o judicium rescissorium diz respeito à pretensão de novo julgamento, sendo que a cumulação de ambos os pedidos, na petição inicial, e essencial em qualquer das hipóteses de rescisão previstas na lei.

IV. Em razão do quanto disposto no CPC, bem assim com base no princípio da instrumentalidade e da informalidade dos atos processuais que regem o Direito Processual do Trabalho, não encerra pedido juridicamente impossível a pretensão de corte rescisório da sentença quando substituída por acordão do Tribunal Regional do Trabalho.[24]

V. A ausência de resposta do réu, em sede de ação rescisória, implica revelia, consubstanciando na veracidade dos fatos e fundamentos jurídicos do pedido de desconstituição.

Responda:

A) Somente as proposições II, III e IV estão corretas.

B) Todas as proposições estão incorretas.

C) Somente as proposições II e V estão incorretas.

D) Somente as proposições I e III estão corretas.

E) Somente as proposições I e V estão incorretas.

↓ RESPOSTA

Alternativa letra B.

I – Súmula nº 100, III, TST;

II – Súmula nº 100, I, TST;

III – Art. 968, I do NCPC (Art. 488, I, CPC/73);

IV – Súmula nº 192, III, TST;

V – Súmula nº 398 do TST.

24 Com a nova redação, introduzida pela Resolução nº 212/2016, a Súmula 192, item III, foi alterada para: "Sob a égide do art. 512 do CPC de 1973, é juridicamente impossível o pedido explícito de desconstituição de sentença quando substituída por acórdão do Tribunal Regional ou superveniente sentença homologatória de acordo que puser fim ao litígio."

03. (FCC – Técnico judiciário – área administrativa – TRT15/2013) Em sede de Ação Rescisória, no tocante ao prazo decadencial, considere:

I. O prazo de decadência, na ação rescisória, conta-se do dia imediatamente subsequente ao trânsito em julgado da última decisão proferida na causa, seja de mérito ou não.

II. A exceção de incompetência, ainda que oposta no prazo recursal, sem ter sido aviado o recurso próprio, não tem o condão de afastar a consumação da coisa julgada e, assim, postergar o termo inicial do prazo decadencial para a ação rescisória.

III. Em regra, a interposição de recurso intempestivo ou a interposição de recurso incabível não protrai o termo inicial do prazo decadencial.

IV. O juízo rescindente está absolutamente adstrito à certidão de trânsito em julgado juntada com a ação rescisória, não podendo formar sua convicção através de outros elementos dos autos quanto à antecipação ou postergação do *dies a quo* do prazo decadencial.

De acordo com o entendimento Sumulado do Tribunal Superior do Trabalho, está correto o que se afirma APENAS em

A) II, III e IV.

B) III e IV.

C) I e II.

D) I, II e III.

E) I, III e IV.

↓RESPOSTA

Alternativa letra D..
Súmula nº 100, I, III, IV, VIII, TST.

04. (TRT 8 – Juiz do Trabalho Substituto 8ª região/ 2013) Sobre Ação rescisória no processo do trabalho (cabimento, fundamentos de admissibilidade, Juízo rescindente e juízo rescisório, prazos, procedimento e recurso), é CORRETO afirmar que:

A) O prazo de decadência, na ação rescisória, conta-se do dia imediatamente subsequente ao trânsito em julgado da última decisão proferida na causa, seja de mérito ou não. Havendo recurso parcial no processo principal, o trânsito em julgado dá-se em momentos e em tribunais diferentes, contando-se o prazo decadencial para a ação rescisória, do trânsito em julgado de cada decisão, salvo se o recurso tratar de preliminar ou prejudicial que possa tornar insubsistente a decisão recorrida, hipótese em que flui a decadência a partir do trânsito em julgado da decisão que julgar o recurso parcial. Salvo se houver dúvida razoável, a interposição de recurso intempestivo ou a interposição de recurso incabível não protrai o termo inicial do prazo decadencial. O juízo rescindente não está adstrito à certidão de trânsito em julgado juntada com a ação rescisória, podendo formar sua convicção através de outros elementos dos autos quanto à antecipação ou postergação do "dies a quo" do prazo decadencial. Na hipótese de colusão das partes, o prazo decadencial da ação rescisória somente começa a fluir para o Ministério Público, que não interveio no processo principal, a partir do momento em que tem ciência da fraude.

B) Não ofende o princípio do duplo grau de jurisdição a decisão do Tribunal Superior do Trabalho que, após afastar a decadência em sede de recurso ordinário, aprecia desde logo a lide, se a causa versar sobre questão exclusivamente de direito e estiver em condições de imediato julgamento. Mas, a exceção de incompetência, ainda que oposta no prazo recursal, sem ter sido aviado o recurso próprio, tem o condão de afastar a consumação da coisa julgada e, assim, postergar o termo inicial do prazo decadencial para a ação rescisória.

C) Prorroga-se até o primeiro dia útil, imediatamente subsequente, o prazo decadencial para ajuizamento de ação rescisória quando expira em férias forenses, feriados, finais de semana ou em dia em que não houver expediente forense. Conta-se o prazo decadencial da ação rescisória, após o decurso do prazo legal previsto para a interposição do recurso extraordinário, ainda que não esgotadas todas as vias recursais ordinárias.

D) Acórdão rescindendo do Tribunal Superior do Trabalho que não conhece de recurso de embargos ou de revista, analisando arguição de violação de dispositivo de lei material ou decidindo em consonância com súmula de direito material ou com iterativa, notória e atual jurisprudência de direito material da Seção de Dissídios Individuais, examina o mérito da causa, cabendo ação rescisória da competência do Tribunal Superior do Trabalho. Havendo recurso ordinário em sede de rescisória, o depósito recursal só é exigível quando for julgado procedente o pedido e imposta condenação em pecúnia, devendo este ser efetuado até 5 (cinco) dias do prazo recursal, no limite e nos termos da legislação vigente, sob pena de deserção.

E) É juridicamente impossível o pedido explícito de desconstituição de sentença quando substituída por acórdão do Tribunal Regional ou superveniente sentença homologatória de acordo que puser fim ao litígio. Todavia, é manifesta a possibilidade jurídica do pedido de rescisão de julgado proferido em agravo de instrumento que, limitando-se a aferir o eventual desacerto do juízo negativo de admissibilidade do recurso de revista, não substitui o acórdão regional.

↓ RESPOSTA

Alternativa letra A.
Súmula nº 100, I a IV, do TST.

05. (TRT 3 – Juiz do Trabalho Substituto 3ª região/ 2013) Em relação à ação rescisória no processo do trabalho, leia as afirmações abaixo e, em seguida, assinale a alternativa correta, segundo a jurisprudência consolidada do Tribunal Superior do Trabalho:

A) O prazo de decadência, na ação rescisória, conta-se do dia imediatamente subseqüente ao trânsito em julgado da última decisão proferida na causa, desde que seja de mérito.

B) A interposição de recurso intempestivo ou a interposição de recurso incabível protrai o termo inicial do prazo decadencial para propositura da ação rescisória.

C) o juízo rescindente está adstrito à certidão de trânsito em julgado juntada com a petição inicial da ação rescisória, não podendo formar o seu convencimento através de outros elementos dos autos quanto à antecipação ou postergação do dies a quo do prazo decadencial.

D) Prorroga-se até o primeiro dia útil, imediatamente subseqüente, o prazo decadencial para ajuizamento de ação rescisória quando expira em férias forenses, feriados, finais de semana ou em dia em que não houver expediente forense.

E) O sindicato, substituto processual e autor da reclamação trabalhista, em cujos autos fora proferida a decisão rescindenda, não possui legitimidade para figurar como réu na ação rescisória.

↓ RESPOSTA

Alternativa letra D.
Súmula nº 100, IX, do TST.

06. (FCC – TRT24/2017 – Oficial de Justiça Avaliador – Área Judiciária) Alguns procedimentos e ações especiais são amplamente aplicados na Justiça do Trabalho. Sobre a ação rescisória e o mandado de segurança no processo do trabalho à luz das súmulas do Tribunal Superior do Trabalho:

(A) A ação rescisória tem como um de seus fundamentos a violação literal de disposição de lei, razão pela qual não é necessário que haja a expressa indicação, na petição inicial da ação rescisória, do dispositivo legal violado.

(B) Na hipótese de colusão das partes, o prazo decadencial da ação rescisória somente começa a fluir para o Ministério Público, que não interveio no processo principal, a partir do momento em que tem ciência da fraude.

(C) A sentença normativa proferida ou transitada em julgado posteriormente à sentença rescindenda é considerado documento novo apto a viabilizar a desconstituição de julgado em ação rescisória.

(D) O prosseguimento da execução quanto aos tópicos e valores não especificados no agravo de petição fere direito líquido e certo passível de ajuizamento de mandado de segurança, uma vez que o agravo de petição deve delimitar justificadamente a matéria e os valores objeto de discordância.

(E) O jus postulandi conferido às partes pela Consolidação das Leis do Trabalho limita-se às Varas do Trabalho e aos Tribunais Regionais do Trabalho, alcançando inclusive a ação rescisória e o mandado de segurança.

↓RESPOSTA

Alternativa Letra B.

Súmula nº 100, VI do TST

07. (FCC – TRT 8 – Analista Judiciário – Área Judiciária/2010) Com relação a Ação Rescisória, considere:

I. A execução da decisão proferida em ação rescisória far-se-á nos próprios autos da ação que lhe deu origem, e será instruída com o acórdão da rescisória e a respectiva certidão de trânsito em julgado.

II. Ao ajuizar ação rescisória o autor desta, em regra, deverá depositar em juízo, previamente, 30% do valor da causa.

III. Declarando o tribunal que a ação rescisória é inadmissível ou improcedente, a importância do depósito recursal reverterá em favor do réu.

IV. Conta-se o prazo decadencial da ação rescisória, após o decurso do prazo legal previsto para a interposição do recurso extraordinário, apenas quando esgotadas todas as vias recursais ordinárias.

Está correto o que se afirma APENAS em

A) I, III e IV.

B) I,II e III.

C) II, III e IV.

D) II e IV.

E) I e III.

↓RESPOSTA

Alternativa Letra A.

I – art. 836, parágrafo único CLT.

III – Art. 974 do NCPC (artigo 494 CPC/73).

IV – Súmula nº 100, X do TST.

08. (FCC – TRT 18 – Analista Judiciário – Área Judiciária/2008) A ação rescisória deve ser proposta no prazo de dois anos, contados do trânsito em julgado da decisão. O referido prazo é de

A) prescrição e conta-se do dia em que ocorreu o trânsito em julgado da última decisão de mérito proferida na causa.

B) prescrição e conta-se do dia subsequente ao trânsito em julgado da última decisão proferida na causa, seja de mérito ou não.

C) decadência e conta-se do dia em que ocorreu o trânsito em julgado da última decisão proferida na causa, seja de mérito ou não.

D) decadência e conta-se do dia subsequente ao trânsito em julgado da última decisão proferida na causa, seja de mérito ou não.

E) decadência e conta-se do dia em que ocorreu o trânsito em julgado da última decisão de mérito proferida na causa.

↓RESPOSTA

Alternativa Letra D.

Súmula nº 100, I do TST.

09. (FCC – TRT 18 – Analista Judiciário – Área Judiciária – Especialidade Execução de Mandados/2008) Quanto à ação rescisória, considere:

I. Quando o sindicato é réu na ação rescisória por ter sido autor como substituto processual na ação originária, é desnecessária a citação dos substituídos.

II. A ação rescisória deverá ser proposta no prazo de dois anos, contados do dia subsequente ao trânsito em julgado da última decisão proferida na causa, seja de mérito ou não.

III. A propositura de ação rescisória suspenderá a execução da sentença rescindenda.

IV. É incabível ação rescisória contra sentença de homologação judicial de termo de conciliação entre as partes em um litígio trabalhista.

Está correto o que consta APENAS em

A) II e IV.

B) II e III.

C) I, II e III.

D) I e II.

E) III e IV.

↓RESPOSTA

Alternativa Letra D.

I – Súmula nº 406, II do TST.

II – Súmula nº 100, I do TST e art. 975 do NCPC (artigo 495 CPC/73).

10. (Juiz do Trabalho Substituto - TRT 8ª região/ 2012) A respeito da ação rescisória, é CORRETO afirmar que:

A) Conforme jurisprudência pacífica do Tribunal Superior do Trabalho, tratando-se de ação rescisória em face de acordo homologado judicialmente, o termo conciliatório transita em julgado na data de sua homologação judicial, contando-se o prazo decadencial para o ajuizamento da ação rescisória a partir de então, em qualquer caso.

B) O Tribunal Superior do Trabalho, por meio de sua jurisprudência consolidada, admite, de forma expressa, a antecipação de tutela em sede de ação rescisória, devendo o relator observar os requisitos exigidos pela legislação processual civil para o seu deferimento.

C) O prazo decadencial na ação rescisória contar-se-á do dia imediatamente subsequente ao trânsito em julgado da última decisão proferida, de mérito ou não, conforme jurisprudência consolidada do Tribunal Superior do Trabalho; todavia, sendo o autor da ação o Ministério Público, seu prazo começa a fluir a partir do momento em que tem ciência da fraude, ainda que tenha intervindo no processo principal.

D) Conforme entendimento consolidado em Súmula pelo Tribunal Superior do Trabalho, não é cabível ação rescisória que tenha por objeto questão processual, ainda que a matéria consista em pressuposto de validade de sentença de mérito.

E) Embora o prazo para ajuizamento da ação rescisória seja decadencial, o Tribunal Superior do Trabalho, por meio de sua jurisprudência consolidada, considera que se prorroga até o primeiro dia útil imediatamente subsequente quando expirar em férias forenses, feriados, finais de semana ou em dia em que não houver expediente forense.

↓ RESPOSTA

Alternativa Letra E.
Súmula nº 100, IX do TST.

11. (FCC - Juiz do Trabalho Substituto 1ª Região/ 2011) Em relação ao prazo decadencial para propositura de ação rescisória na Justiça do Trabalho, o Tribunal Superior do Trabalho adota os seguintes entendimentos, EXCETO:

A) O prazo de decadência na ação rescisória é contado do dia imediatamente subsequente ao trânsito em julgado da última decisão proferida na causa, seja de mérito ou não.

B) Prorroga-se até o primeiro dia útil, imediatamente subsequente, o prazo decadencial para ajuizamento de ação rescisória quando o mesmo expirar em férias forenses, feriados, finais de semana ou em dia em que não houver expediente forense.

C) O juízo rescindente não está adstrito à certidão de trânsito em julgado juntada com a ação rescisória, podendo formar sua convicção através de outros elementos dos autos quanto à antecipação ou postergação do dies a quo do prazo decadencial.

D) A exceção de incompetência oposta no prazo recursal, mesmo que não tenha sido interposto o recurso próprio, afasta a consumação da coisa julgada e, assim, posterga o termo inicial do prazo decadencial para a ação rescisória.

E) Conta-se o prazo decadencial da ação rescisória, após o decurso do prazo legal previsto para a interposição do recurso extraordinário, apenas quando esgotadas todas as vias recursais ordinárias.

↓ RESPOSTA

Alternativa Letra D.
Súmula nº 100, VIII do TST.

4. PRESSUPOSTOS DA AÇÃO RESCISÓRIA

4.1. Trânsito em julgado

Súmula nº 299 do TST

Ação rescisória. Decisão rescindenda. Trânsito em julgado. Comprovação. Efeitos

I - É indispensável ao processamento da ação rescisória a prova do trânsito em julgado da decisão rescindenda.

II - Verificando o relator que a parte interessada não juntou à inicial o documento comprobatório, abrirá prazo de 15 (quinze) dias para que o faça (art. 321 do CPC de 2015), sob pena de indeferimento.

III - A comprovação do trânsito em julgado da decisão rescindenda é pressuposto processual indispensável ao tempo do ajuizamento da ação rescisória. Eventual trânsito em julgado posterior ao ajuizamento da ação rescisória não reabilita a ação proposta, na medida em que o ordenamento jurídico não contempla a ação rescisória preventiva.

IV - O pretenso vício de intimação, posterior à decisão que se pretende rescindir, se efetivamente ocorrido, não permite a formação da coisa julgada material. Assim, a ação rescisória deve ser julgada extinta, sem julgamento do mérito, por carência de ação, por inexistir decisão transitada em julgado a ser rescindida.

OJ Nº 84 DA SDI – II DO TST

Ação rescisória. Petição inicial. Ausência da decisão rescindenda e/ou da certidão de seu trânsito em julgado devidamente autenticadas. Peças essenciais para a constituição válida e regular do feito. Argüição de ofício. Extinção do processo sem julgamento do mérito

A decisão rescindenda e/ou a certidão do seu trânsito em julgado, devidamente autenticadas, à exceção de cópias reprográficas apresentadas por pessoa jurídica de direito público, a teor do art. 24 da Lei nº 10.522/02, são peças essenciais para o julgamento da ação rescisória. Em fase recursal, verificada a ausência de qualquer delas, cumpre ao Relator do recurso ordinário argüir, de ofício, a extinção do processo, sem julgamento do mérito, por falta de pressuposto de constituição e desenvolvimento válido do feito.

OJ Nº 21 DA SDI – II DO TST

Ação rescisória. Duplo grau de jurisdição. Trânsito em julgado. Inobservância. Decreto-lei nº 779/69, art. 1º, V. Incabível

É incabível ação rescisória para a desconstituição de sentença não transitada em julgado porque ainda não submetida ao necessário duplo grau de jurisdição, na forma do Decreto-Lei nº 779/69. Determina-se que se oficie ao Presidente do TRT para que proceda à avocatória do processo principal para o reexame da sentença rescindenda.

QUESTÕES

01. (Juiz do Trabalho Substituto – TRT 8ª região/ 2012) Assinale a alternativa CORRETA:

A) A ação monitória, admitida no processo do trabalho, por aplicação subsidiária, como autoriza o art. 769 da CLT, deverá ser proposta conforme as regras do Código de Processo Civil, não prevalecendo as regras de competência estabelecidas no art. 651 da CLT.

B) No processo do trabalho, apenas o Ministério Público do Trabalho é parte legítima para o ajuizamento de ação anulatória.

C) Por força de jurisprudência pacificada pelo Tribunal Superior do Trabalho, são peças essenciais para o julgamento da ação rescisória, a decisão rescindenda e/ou a certidão do seu trânsito em julgado autenticadas, à exceção de cópias reprográficas apresentadas por pessoa jurídica de direito público.

D) Consoante jurisprudência pacificada do Tribunal Superior do Trabalho, nos Tribunais, compete ao relator decidir sobre o pedido de antecipação de tutela, submetendo sua decisão ao Colegiado respectivo, independentemente de pauta, no prazo máximo de quinze dias.

E) É incabível, na Justiça do Trabalho, o ajuizamento da ação de consignação em pagamento, pelo empregado, com a finalidade de devolver ferramentas de trabalho ao empregador.

RESPOSTA

Alternativa Letra C.
OJ nº 84 da SDI-II.

4.2. Decisão de mérito

OJ Nº 150 DA SDI – II DO TST

Ação Rescisória. Regência pelo CPC De 1973. Decisão rescindenda que extingue o processo sem resolução de mérito por acolhimento de coisa julgada. Conteúdo meramente processual. Impossibilidade jurídica do pedido.

Reputa-se juridicamente impossível o pedido de corte rescisório de decisão que, reconhecendo a existência de coisa julgada, nos termos do art. 267, V, do CPC de 1973, extingue o processo sem resolução de mérito, o que, ante o seu conteúdo meramente processual, a torna insuscetível de produzir a coisa julgada material.

SÚMULA Nº 412 DO TST

Ação Rescisória. Regência pelo CPC de 1973. Sentença de mérito. Questão processual.

Sob a égide do CPC de 1973, pode uma questão processual ser objeto de rescisão desde que consista em pressuposto de validade de uma sentença de mérito.

SÚMULA Nº 413 DO TST

Ação Rescisória. Sentença de mérito. Violação do art. 896, "a", da CLT.

É incabível ação rescisória, por violação do art. 896, "a", da CLT, contra decisão transitada em julgado sob a égide do CPC de 1973 que não conhece de recurso de revista, com base em divergência jurisprudencial, pois não se cuidava de sentença de mérito (art. 485 do CPC de 1973).

OJ Nº 134 DA SDI – II DO TST

Ação rescisória. Decisão rescindenda. Preclusão declarada. Formação da coisa julgada formal. Impossibilidade jurídica do pedido

A decisão que conclui estar preclusa a oportunidade de impugnação da sentença de liquidação, por ensejar tão-somente a formação da coisa julgada formal, não é suscetível de rescindibilidade.

SÚMULA Nº 399 DO TST

Ação rescisória. Cabimento. Sentença de mérito. Decisão homologatória de adjudicação, de arrematação e de cálculos

I – É incabível ação rescisória para impugnar decisão homologatória de adjudicação ou arrematação.

II – A decisão homologatória de cálculos apenas comporta rescisão quando enfrentar as questões envolvidas na elaboração da conta de liquidação, quer solvendo a controvérsia das partes quer explicitando, de ofício, os motivos pelos quais acolheu os cálculos oferecidos por uma das partes ou pelo setor de cálculos, e não contestados pela outra.

OJ Nº 107 DA SDI – II DO TST

Ação rescisória. Decisão rescindenda de mérito. Sentença declaratória de extinção de execução. Satisfação da obrigação

Embora não haja atividade cognitiva, a decisão que declara extinta a execução, nos termos do art. 924, incisos I a IV c/c art. 925 do CPC de 2015 (art. 794 c/c 795 do CPC de 1973), extingue a relação processual e a obrigacional, sendo passível de corte rescisório.

⊙ QUESTÕES

01. (FCC – TRT11/2017 – Técnico Judiciário – Área Administrativa) De acordo com entendimento Sumulado do TST, em face de decisão homologatória de adjudicação ou arrematação

(A) só caberá ação rescisória se fundamentada em nulidade absoluta relacionada ao vício de consentimento e se alegada no prazo decadencial de cinco anos contados da decisão homologatória.

(B) caberá ação rescisória no prazo decadencial de dois anos, a contar do trânsito em julgado da decisão.

(C) caberá ação rescisória no prazo prescricional de um ano, a contar do trânsito em julgado da decisão.

(D) só caberá ação rescisória se fundamentada em nulidade absoluta relacionada ao vício de consentimento e se alegada no prazo decadencial de três anos contados da decisão homologatória.

(E) é incabível ação rescisória.

RESPOSTA

Alternativa Letra E.

Súmula nº 399, II do TST.

02. (TRT 2 - Juiz do Trabalho Substituto 2ª região/ 2014) - No que tange à adjudicação, observe as proposições abaixo e responda a alternativa que contenha proposituras **corretas:**

I. É uma das formas de pagamento do credor, e também um meio de aquisição da propriedade.

II. A transferência da propriedade dos bens levados à praça poderá se dar contra a vontade do devedor.

III. Pelo sistema do processo do trabalho compreende somente os bens imóveis, que serão adquiridos pelo exequente, quando regularmente processado o procedimento licitatório.

IV. O credor somente pode requerê-la se houver praça e nela comparecerem os licitantes.

V. É incabível ação rescisória para impugnar decisão homologatória que a concede.

Está **correta** a alternativa:

A) I, II e III.

B) III, IV e V.

C) II, IV e V.

D) I, III e IV.

E) I, II e V.

↓RESPOSTA

Alternativa Letra E.

I – Doutrina.

II– Doutrina.

V - Súmula nº 399, I do TST.

03. (Juiz do Trabalho Substituto – TRT 3ª região/ 2012) Leia as afirmativas abaixo e assinale a alternativa correta:

I. É incabível ação rescisória para impugnar decisão homologatória de adjudicação ou arrematação.

II. A legitimidade "ad causam" do Ministério Público para propor ação rescisória é limitada às hipóteses de colusão das partes para fraudar a lei e de falta de intimação do Ministério Público, nas ações em que lhe era obrigatória a intervenção.

III. É cabível o pedido de liminar na petição inicial de ação rescisória ou na fase recursal, visando a suspender a execução da decisão rescindenda.

IV. Para fins de ação rescisória, o documento novo é o cronologicamente velho, já existente ao tempo da decisão rescindenda, mas ignorado pelo interessado ou de impossível utilização, à época, no processo. Mas é considerado documento novo a sentença normativa proferida ou transitada em julgado posteriormente à sentença rescindenda.

V. Na execução por carta precatória, os embargos de terceiro serão oferecidos no juízo deprecante ou deprecado, mas a competência para julga-los é do juízo deprecante.

A) Somente as afirmativas I e II estão corretas.

B) Somente as afirmativas II e III estão corretas.

C) Somente as afirmativas I e III estão corretas.

D) Somente as afirmativas II e V estão corretas.

E) Somente as afirmativas III e IV estão corretas.

↓RESPOSTA

Alternativa Letra C.

I – Súmula nº 399, I do TST.

III – Súmula nº 405 do TST.

04. (TRT 2 – Juiz do Trabalho Substituto 2ª região/2016) Com relação à ação rescisória no Processo do Trabalho, analise as proposições:

I – O litisconsórcio, na ação rescisória, é necessário em relação ao polo passivo da demanda, porque supõe uma comunidade de direitos ou de obrigações que não admite solução díspar para os litisconsortes, em face da indivisibilidade do objeto, por tal razão há exigência de citação de todos os empregados substituídos quando o Sindicato, substituto processual e autor da reclamação trabalhista em cujos autos fora proferida a decisão rescindenda, é réu da rescisória.

II – Decisão de Tribunal Regional que não conhece de recurso de revista fundamentado em divergência jurisprudencial é passível de ação rescisória.

III – É passível de corte rescisório decisão que resolva questão de natureza processual, desde que consista em pressuposto de validade da sentença de mérito.

IV – Acórdão rescindendo do Tribunal Superior do Trabalho que não conhece de recurso de embargos ou de revista, analisando arguição de violação de dispositivo de lei processual ou decidindo em consonância com súmula ou com iterativa, notória e atual jurisprudência da Seção de Dissídios Individuais é passível de ação rescisória.

V – A confissão decorrente de erro, dolo, coação ou efeito da revelia é hipótese de rescindibilidade da decisão judicial.

Responda:

A) Todas as proposições estão incorretas.

B) Somente a proposição III está correta.

C) Somente a proposição IV está correta.

D) Somente as proposições I e III estão corretas.

E) Somente as proposições II e V estão corretas.

↓ RESPOSTA

Alternativa Letra B.

Item III: Correto: Súmula nº 412 do TST. A Súmula nº 412 do TST foi alterada pela Resolução nº 217/2017 passando a ter a seguinte redação: "Sob a égide do CPC de 1973, pode uma questão processual ser objeto de rescisão desde que consista em pressuposto de validade de uma sentença de mérito".

05. (FCC - TRT11/2017 - Técnico Judiciário - Área Administrativa) De acordo com entendimento Sumulado do TST, em face de decisão homologatória de adjudicação ou arrematação

(A) só caberá ação rescisória se fundamentada em nulidade absoluta relacionada ao vício de consentimento e se alegada no prazo decadencial de cinco anos contados da decisão homologatória.

(B) caberá ação rescisória no prazo decadencial de dois anos, a contar do trânsito em julgado da decisão.

(C) caberá ação rescisória no prazo prescricional de um ano, a contar do trânsito em julgado da decisão.

(D) só caberá ação rescisória se fundamentada em nulidade absoluta relacionada ao vício de consentimento e se alegada no prazo decadencial de três anos contados da decisão homologatória.

(E) é incabível ação rescisória.

↓ RESPOSTA

Alternativa Letra E.

06. (MPT. 19º Concurso para Procurador do Trabalho/2015) Considerando a jurisprudência consolidada do TST, assinale a alternativa CORRETA:

a) Admite-se o sequestro de verbas públicas para satisfação de precatório trabalhista na hipótese de preterição do direito de precedência do credor, devidamente demonstrado, equiparando-se a esta a não inclusão da despesa no orçamento e o não pagamento do precatório, quando incluído no orçamento, até o final do exercício.

b) Em se tratando de dirigente sindical, detentor da estabilidade provisória, não cabe mandado de segurança para sua suspensão até decisão final do inquérito instaurado para apuração de falta grave a ele imputada.

c) É cabível ação rescisória contra decisão que declara extinta a execução, nos termos dos arts. 794 e 795 do CPC[25].

d) Para efeito da ação rescisória, há necessidade de prequestionamento explícito quando a decisão prolatada pelo Tribunal, em sede de remessa necessária, limita-se a manter a sentença.

e) Não respondida.

↓ RESPOSTA

Alternativa Letra C.

OJ nº 107 da SDI-II do TST.

07. (TRT 8 - Juiz do Trabalho Substituto 8ª região/ 2014) Assinale a alternativa CORRETA:

A) Conforme os artigos 890, 891 e 892 da CLT, são três as espécies de execução por prestações sucessivas no processo judiciário do trabalho: I. As prestações por tempo determinado; II. As prestações por prazo indeterminado; III. As obrigações de natureza indivisível.

B) De acordo ainda com artigos 890, 891 e 892 da CLT, nas prestações sucessivas por prazo determinado, a execução pelo não-pagamento de uma prestação compreenderá as que lhe sucederem; enquanto que nas prestações sucessivas por prazo indeterminado, a execu-

25 NCPC, art. 924 e 925.

ção compreenderá inicialmente as prestações devidas até a data do ingresso na execução (Art. 892, CLT). E na obrigação indivisível com pluralidade de credores, aquele que não participou do processo receberá a sua parte, deduzidas as despesas na proporção de seu crédito.

C) Embora não haja atividade cognitiva, a decisão que declara extinta a execução, nos termos do art. 794 combinado com o art. 795 do CPC[26], extingue a relação processual e a obrigacional, sendo passível de corte rescisório.

D) Em se cuidando de crédito trabalhista, poderá o credor hipotecário usar do favor legal contido no artigo 1.483. parágrafo único, do Código Civil e pedir a adjudicação do bem, visto que seu direito é preexistente à penhora trabalhista e, nessa condição, ao seu direito de preferência não se opõe a preferência do crédito trabalhista.

E) Os direitos oriundos da existência do contrato de trabalho subsistirão em de recuperação judicial ou dissolução da empresa, exceto em caso de falência, sendo que, nesta, os referidos direitos constituirão créditos privilegiados a totalidade dos salários devidos ao empregado e a totalidade das indenizações a que tiver direito, inclusive em relação ao direito do credor hipotecário, para pagamento de seu crédito, de requerer a adjudicação do imóvel.

↓RESPOSTA

Alternativa Letra C.
OJ nº 107 da SDI-II do TST.

5. REPRESENTAÇÃO PROCESSUAL. PROCURAÇÃO COM PODERES ESPECÍFICOS PARA O AJUIZAMENTO DE RECLAMAÇÃO TRABALHISTA. IRREGULARIDADE VERIFICADA NA FASE RECURSAL

OJ Nº 151 DA SDI – II DO TST

Ação rescisória e Mandado de Segurança. Procuração. Poderes específicos para ajuizamento de reclamação trabalhista. Irregularidade de representação processual. Fase recursal. Vício processual sanável.

A procuração outorgada com poderes específicos para ajuizamento de reclamação trabalhista não autoriza a propositura de ação rescisória e mandado de segurança. Constatado, todavia, o defeito de representação processual na fase recursal, cumpre ao relator ou ao tribunal conceder prazo de 5 (cinco) dias para a regularização, nos termos da Súmula nº 383, item II, do TST.

6. PETIÇÃO INICIAL

SÚMULA Nº 408 DO TST

Ação rescisória. Petição Inicial. Causa de Pedir. Ausência de capitulação ou capitulação errônea no art. 966 do CPC de 2015. Art. 485 do CPC de 1973. Princípio "iura novit curia"

Não padece de inépcia a petição inicial de ação rescisória apenas porque omite a subsunção do fundamento de rescindibilidade no art. 966 do CPC de 2015 (art. 485 do CPC de 1973) ou o capitula erroneamente em um de seus incisos. Contanto que não se afaste dos fatos e fundamentos invocados como causa de pedir, ao Tribunal é lícito emprestar-lhes a adequada qualificação jurídica ("iura novit curia"). No entanto, fundando-se a ação rescisória no art. 966, inciso V, do CPC de 2015 (art. 485, inciso V, do CPC de 1973), é indispensável expressa indicação, na petição inicial da ação rescisória, da norma jurídica manifestamente violada (dispositivo legal violado sob o CPC de 1973), por se tratar de causa de pedir da rescisória, não se aplicando, no caso, o princípio "iura novit curia".

OJ Nº 78 DA SDI – II DO TST

Ação rescisória. Cumulação sucessiva de pedidos. Rescisão da sentença e do acórdão. Ação única. Art. 326 do CPC de 2015. Art. 289 do CPC de 1973.

É admissível o ajuizamento de uma única ação rescisória contendo mais de um pedido, em ordem sucessiva, de rescisão da sentença e do acórdão. Sendo inviável a tutela jurisdicional de um deles, o julgador está obrigado a apre-

26 NCPC, art. 925.

ciar os demais, sob pena de negativa de prestação jurisdicional.

SÚMULA Nº 405 DO TST

Ação Rescisória. Tutela Provisória.

Em face do que dispõem a MP 1.984-22/2000 e o art. 969 do CPC de 2015, é cabível o pedido de tutela provisória formulado na petição inicial de ação rescisória ou na fase recursal, visando a suspender a execução da decisão rescindenda.

QUESTÕES

01. (TRT 1 – Juiz do Trabalho Substituto 1ª região/ 2013) – Com relação à ação rescisória na Justiça do Trabalho, segundo a jurisprudência dominante do Tribunal Superior do Trabalho e legislação aplicável, é correto afirmar:

A) Fundando-se a ação rescisória em violação de disposição de lei, é indispensável expressa indicação, na petição inicial da ação rescisória, do dispositivo legal violado, por se tratar de causa de pedir da rescisória, não se aplicando, no caso, o princípio *iura novit curia*.

B) Não pode uma questão processual, que seja pressuposto de existência ou de validade de uma sentença de mérito, ser objeto de rescisão, pela via da ação rescisória.

C) Havendo recurso ordinário em sede de rescisória, o depósito recursal não será exigível em nenhuma hipótese, uma vez que neste tipo de procedimento especial não há execução a ser garantida.

D) O prazo de decadência, na ação rescisória, conta-se do dia imediatamente subsequente ao trânsito em julgado da última decisão proferida na causa, desde que a decisão seja de mérito.

E) O termo de conciliação transita em julgado 8 dias depois da sua homologação judicial, sendo impugnável não pela via rescisória, mas somente por ação anulatória.

RESPOSTA

Alternativa letra A.
Súmula nº 408 do TST.

02. (Juiz do Trabalho Substituto – TRT 2ª região/ 2012) Quanto à ação rescisória no processo do trabalho à luz das súmulas do Tribunal Superior do Trabalho, é INCORRETO afirmar:

A) Não procede pedido formulado na ação rescisória por violação literal de lei se a decisão rescindenda estiver baseada em texto legal infraconstitucional de interpretação controvertida nos Tribunais.

B) A data da inclusão, na Orientação Jurisprudencial do TST, da matéria discutida é o marco divisor quanto a ser, ou não, controvertida, nos Tribunais, a interpretação dos dispositivos legais citados na ação rescisória.

C) Fundando-se a ação rescisória em violação literal de disposição de lei, não é necessária a expressa indicação, na petição inicial da ação rescisória, do dispositivo legal violado, aplicando-se, no caso, o princípio "iura novit curia".

D) Havendo recurso ordinário em sede de rescisória, o depósito recursal só é exigível quando for julgado procedente o pedido e imposta condenação em pecúnia, devendo este ser efetuado no prazo recursal, no limite e nos termos da legislação vigente, sob pena de deserção.

E) Na hipótese de colusão das partes, o prazo decadencial da ação rescisória somente começa a fluir para o Ministério Público, que não interveio no processo principal, a partir do momento em que tem ciência da fraude.

RESPOSTA

Alternativa Letra C.
Súmula nº 408 do TST.

7. HIPÓTESES DE CABIMENTO

7.1. Incompetência absoluta

OJ Nº 124 DA SDI – II DO TST

Ação rescisória. Art. 966, inciso II, do CPC de 2015. Art. 485, inciso II, do CPC de 1973. Arguição de incompetência absoluta. Prequestionamento inexigível

Na hipótese em que a ação rescisória tem como causa de rescindibilidade o inciso II do art. 966 do CPC de 2015 (inciso II do art. 485 do CPC de 1973), a arguição de incompetência absoluta prescinde de prequestionamento.

7.2. Dolo ou colusão

SÚMULA Nº 403 DO TST

Ação rescisória. Dolo da parte vencedora em detrimento da vencida. Art. 485, III, do CPC

I – Não caracteriza dolo processual, previsto no art. 485, III, do CPC[27], o simples fato de a parte vencedora haver silenciado a respeito de fatos contrários a ela, porque o procedimento, por si só, não constitui ardil do qual resulte cerceamento de defesa e, em consequência, desvie o juiz de uma sentença não-condizente com a verdade.

II – Se a decisão rescindenda é homologatória de acordo, não há parte vencedora ou vencida, razão pela qual não é possível a sua desconstituição calcada no inciso III do art. 485 do CPC[28] (dolo da parte vencedora em detrimento da vencida), pois constitui fundamento de rescindibilidade que supõe solução jurisdicional para a lide.

OJ Nº 94 DA SDI – II DO TST

Ação rescisória. Colusão. Fraude à lei. Reclamatória simulada extinta

A decisão ou acordo judicial subjacente à reclamação trabalhista, cuja tramitação deixa nítida a simulação do litígio para fraudar a lei e prejudicar terceiros, enseja ação rescisória, com lastro em colusão. No juízo rescisório, o processo simulado deve ser extinto.

OJ Nº 158 DA SDI – II DO TST

Ação rescisória. Declaração de nulidade de decisão homologatória de acordo em razão de colusão (art. 485, III, do CPC). Multa por litigância de má-fé. Impossibilidade

A declaração de nulidade de decisão homologatória de acordo, em razão da colusão entre as partes (art. 485, III, do CPC[29]), é sanção suficiente em relação ao procedimento adotado, não havendo que ser aplicada a multa por litigância de má-fé.

⊙ QUESTÃO

01. (Cespe – Defensor Público - DPU/ 2015) Julgue os itens que se seguem, referentes à ação rescisória, ao mandado de segurança e à execução trabalhista.

Caso, em ação rescisória, um acordo trabalhista seja declarado nulo em razão de ter havido colusão entre as partes, tal declaração deverá ser acompanhada da aplicação, a ambas as partes, de multa por litigância de má-fé.

↓ RESPOSTA

Alternativa ERRADA.

OJ nº 158 da SDI-II.

02. (Juiz do Trabalho Substituto – TRT 14ª região/ 2012) Assinale a alternativa INCORRETA de acordo com a atual jurisprudência do Tribunal Superior do Trabalho:

A) No caso em que se discute a irregularidade de representação do subscritor dos embargos de declaração opostos pelo reclamante em recurso de revista, arguida pela reclamada apenas em embargos de declaração opostos da decisão nos declaratórios do empregado, não há falar em preclusão pro iudicato, porquanto a matéria concernente aos pressupostos de admissibilidade do recurso é de ordem pública e deve ser observada pelo julgador de ofício, independentemente de provocação das partes ou da inexistência de prejuízo.

B) O Ministério Público do Trabalho tem legitimidade para ajuizar ação civil coletiva em face de empregador que, com intuito punitivo e discriminatório, suprime o pagamento de adicionais e gratificações ou dispensa empregados que ajuizaram reclamação trabalhista

27 NCPC, art. 966, III.

28 NCPC, art. 966, III.

29 NCPC, art. 966, III.

e não aderiram a acordo judicial, ainda que a postulação envolva sanções de caráter pecuniário.

C) O princípio do livre convencimento do juiz, consubstanciado no art. 131 do CPC[30], que estabelece a liberdade do julgador no exame das provas produzidas no curso da instrução processual, permite concluir que a confissão real não se sobrepõe, por si só, ao conjunto das demais provas constantes dos autos, cabendo ao juiz definir seu valor, à luz das circunstâncias de cada caso.

D) A declaração de nulidade de decisão homologatória de acordo, em razão da colusão entre as partes (art. 485, III, do CPC[31]), é sanção em relação ao procedimento adotado e não exclui a multa por litigância de má-fé.

E) A sentença homologatória de acordo prévio ao ajuizamento de reclamação trabalhista, no qual foi conferida quitação geral do extinto contrato, se sujeita ao corte rescisório tão somente se verificada a existência de fraude ou vício de consentimento.

↓RESPOSTA

Alternativa Letra D.
OJ nº 158 da SDI-II.

7.3. Coisa Julgada

OJ Nº 101 DA SDI – II DO TST

Ação rescisória. Inciso IV do art. 966 do CPC de 2015. Art. 485, IV, do CPC de 1973. Ofensa à coisa julgada. Necessidade de fixação de tese na decisão rescindenda

Para viabilizar a desconstituição do julgado pela causa de rescindibilidade do inciso IV do art. 966 do CPC de 2015 (inciso IV do art. 485 do CPC de 1973), é necessário que a decisão rescindenda tenha enfrentado as questões ventiladas na ação rescisória, sob pena de inviabilizar o cotejo com o título executivo judicial tido por desrespeitado, de modo a se poder concluir pela ofensa à coisa julgada.

OJ Nº 132 DA SDI – II DO TST

Ação rescisória. Acordo homologado. Alcance. Ofensa à coisa julgada

Acordo celebrado – homologado judicialmente – em que o empregado dá plena e ampla quitação, sem qualquer ressalva, alcança não só o objeto da inicial, como também todas as demais parcelas referentes ao extinto contrato de trabalho, violando a coisa julgada, a propositura de nova reclamação trabalhista.

SÚMULA Nº 397 DO TST

Ação rescisória. Art. 966, IV, do CPC de 2015. Art. 485, IV, do CPC de 1973. Ação de cumprimento. Ofensa à coisa julgada emanada de sentença normativa modificada em grau de recurso. Inviabilidade. Cabimento de mandado de segurança

Não procede ação rescisória calcada em ofensa à coisa julgada perpetrada por decisão proferida em ação de cumprimento, em face de a sentença normativa, na qual se louvava, ter sido modificada em grau de recurso, porque em dissídio coletivo somente se consubstancia coisa julgada formal. Assim, os meios processuais aptos a atacarem a execução da cláusula reformada são a exceção de pré-executividade e o mandado de segurança, no caso de descumprimento do art. 514 do CPC de 2015 (art. 572 do CPC de 1973).

OJ Nº 123 DA SDI – II DO TST

Ação rescisória. Interpretação do sentido e alcance do título executivo. Inexistência de ofensa à coisa julgada

O acolhimento da ação rescisória calcada em ofensa à coisa julgada supõe dissonância patente entre as decisões exequenda e rescindenda, o que não se verifica quando se faz necessária a interpretação do título executivo judicial para se concluir pela lesão à coisa julgada.

OJ Nº 157 DA SDI – II DO TST

Ação rescisória. Decisões proferidas em fases distintas de uma mesma ação. Coisa julgada. Não configuração

30 NCPC, art. 371.
31 NCPC, art. 966, III.

A ofensa à coisa julgada de que trata o inciso IV do art. 966 do CPC de 2015 (inciso IV do art. 485 do CPC de 1973) refere-se apenas a relações processuais distintas. A invocação de desrespeito à coisa julgada formada no processo de conhecimento, na correspondente fase de execução, somente é possível com base na violação do art. 5º, XXXVI, da Constituição da República.

SÚMULA Nº 401 DO TST

Ação rescisória. Descontos legais. Fase de execução. Sentença exequenda omissa. Inexistência de ofensa à coisa julgada

Os descontos previdenciários e fiscais devem ser efetuados pelo juízo executório, ainda que a sentença exequenda tenha sido omissa sobre a questão, dado o caráter de ordem pública ostentado pela norma que os disciplina. A ofensa à coisa julgada somente poderá ser caracterizada na hipótese de o título exeqüendo, expressamente, afastar a dedução dos valores a título de imposto de renda e de contribuição previdenciária.

OJ Nº 35 DA SDI - II DO TST

Ação rescisória. Planos econômicos. Coisa julgada. Limitação à data-base na fase de execução

Não ofende a coisa julgada a limitação à data-base da categoria, na fase executória, da condenação ao pagamento de diferenças salariais decorrentes de planos econômicos, quando a decisão exequenda silenciar sobre a limitação, uma vez que a limitação decorre de norma cogente. Apenas quando a sentença exequenda houver expressamente afastado a limitação à data-base é que poderá ocorrer ofensa à coisa julgada.

⊙ QUESTÕES

01. (TRT 2 – Juiz do Trabalho Substituto 2ª região/2016) Quanto aos dissídios coletivos e ação de cumprimento, assinale a alternativa INCORRETA:

A) Somente com o trânsito em julgado da sentença normativa é que começa a fluir o prazo prescricional da ação de cumprimento correspondente.

B) Em dissídio coletivo somente se consubstancia a coisa julgada formal.

C) É dispensável o trânsito em julgado da sentença normativa para a propositura da ação de cumprimento.

D) É incabível a oposição de exceção de pré-executividade contra execução de cláusula de sentença normativa reformada em sede de dissídio coletivo.

E) A legitimidade do sindicato para propor ação de cumprimento estende-se também à observância de acordo ou de convenção coletivos.

RESPOSTA

Alternativa Letra D.

Correto: Súmula nº 397 do TST

02. (TRT 1 – Juiz do Trabalho Substituto 1ª região/ 2013) – Quanto aos procedimentos especiais admissíveis no Processo do Trabalho, segundo a doutrina, as previsões legais e entendimento jurisprudencial do Tribunal Superior do Trabalho, é correto afirmar:

A) São passíveis de nulidade, por meio de ação anulatória, somente as cláusulas de acordo coletivo de trabalho ou convenção coletiva de trabalho que violem as liberdades individuais ou coletivas ou os direitos individuais indisponíveis dos trabalhadores.

B) Por se tratar de decisão interlocutória e não sentença definitiva ou terminativa, em quaisquer circunstâncias, será incabível ação rescisória para impugnar decisão homologatória de cálculos, de adjudicação e de arrematação.

C) Nos termos da Consolidação das Leis do Trabalho, para a apuração de falta grave contra empregado garantido com estabilidade, o empregador (autor) ajuizará reclamação escrita ou verbal perante a Vara do Trabalho, dentro de 30 dias, havendo ou não suspensão do empregado.

D) O inquérito para apuração de falta grave, que não possui natureza dúplice, somente deve ser instaurado no caso em que o empregador objetivar dispensar os dirigentes sindicais.

E) Não procede ação rescisória calcada em ofensa à coisa julgada perpetrada por decisão proferida em ação de cumprimento, em face de a sentença normativa, na qual se louvava, ter sido modificada em grau de recurso, porque em dissídio coletivo somente se consubstancia coisa julgada formal.

↓RESPOSTA

Alternativa letra E.
Súmula nº 397 do TST.

03. (FCC - TRT 15 - Analista Judiciário - Área Judiciária/2009) Considere as seguintes assertivas a respeito da ação rescisória:

I. Não é documento novo apto a viabilizar a desconstituição do julgado a sentença normativa proferida ou transitada em julgado posteriormente à sentença rescindenda.

II. Em se tratando de rescisória de rescisória, o vício apontado deve nascer na decisão rescindenda, não se admitindo a rediscussão do acerto do julgamento da rescisória anterior.

III. Não procede ação rescisória calcada em ofensa à coisa julgada perpetrada por decisão proferida em ação de cumprimento, em face de a sentença normativa, na qual se louvava, ter sido modificada em grau de recurso.

IV. É cabível ação rescisória para impugnar decisão homologatória de adjudicação ou arrematação.

Está correto o que se afirma SOMENTE em

A) II e III.

B) II, III e IV.

C) I, II e III.

D) I e IV.

E) I e II.

↓RESPOSTA

Alternativa Letra C.
I – Súmula nº 402, I, do TST.
II – Súmula nº 400 do TST.
III – Súmula nº 397 do TST.

04. (CESPE - TRT 5 - Analista Judiciário - Área Judiciária/2008) No que concerne à ação rescisória, julgue os itens subsequentes.

I. O TST já pacificou entendimento no sentido de que a sentença normativa decorrente do julgamento do dissídio coletivo faz coisa julgada formal e material, pelo que cabe, em face dela, ação rescisória.

II) A posição do TST é de que o sindicato, substituto processual e autor de reclamação trabalhista em cujos autos tenha sido proferida a decisão rescindenda, possui legitimidade para ser réu na ação rescisória, pelo que é desnecessário citar-se todos os empregados substituídos, pois inexiste litisconsórcio passivo necessário.

↓RESPOSTA

ERRADO/ CERTO.
I – Súmula nº 397 do TST.
II – Súmula nº 406, II do TST.

05. (TRT 1 - Juiz do Trabalho Substituto 1ª região/ 2014) Considerado o cabimento da ação rescisória no processo do trabalho,

A) padece de inépcia a petição inicial de ação rescisória quando omissa a subsunção do fundamento de rescindibilidade constante do artigo 485 do CPC[32] ou com capitulação errônea em um de seus incisos, não sendo lícito ao Tribunal emprestar-lhe a adequada qualificação jurídica.

B) a confissão real, fruto de erro, dolo ou coação, assim como a confissão ficta resultante da revelia, constituem fundamento para o corte rescisório.

C) a comprovação do trânsito em julgado da decisão rescindenda é pressuposto processual indispensável ao tempo do ajuizamento da ação rescisória. Em caso de trânsito em julgado posterior, quando já em curso a ação rescisória, deve esta última prosseguir normalmente em seus ulteriores termos.

D) diante das ações de alçada previstas na Lei no 5.584/70, observam-se suas disposições, no que couber, em especial a limitação das matérias sujeitas a recurso ordinário sobre o acórdão rescindendo.

32 NCPC, art. 966.

E) não há ofensa à coisa julgada na determinação do Juiz da execução para os recolhimentos dos encargos fiscais e previdenciários, quando omissa a sentença exequenda, dado o caráter de ordem pública da norma respectiva.

↓RESPOSTA

Alternativa Letra E.
Súmula nº 401 do TST.

7.4. Violação literal de disposição de lei

7.4.1. Alcance da regra

OJ Nº 25 DA SDI – II DO TST

Ação Rescisória. Regência pelo CPC de 1973. Expressão "Lei" do art. 485, V, do CPC de 1973. Não Inclusão do ACT, CCT, Portaria, Regulamento, Súmula e Orientação Jurisprudencial de Tribunal.

Não procede pedido de rescisão fundado no art. 485, V, do CPC de 1973 quando se aponta contrariedade à norma de convenção coletiva de trabalho, acordo coletivo de trabalho, portaria do Poder Executivo, regulamento de empresa e súmula ou orientação jurisprudencial de tribunal.

SÚMULA Nº 409 DO TST

Ação rescisória. Prazo prescricional. Total ou parcial. Violação do art. 7º, XXIX, da CF/1988. Matéria infraconstitucional

Não procede ação rescisória calcada em violação do art. 7º, XXIX, da CF/1988 quando a questão envolve discussão sobre a espécie de prazo prescricional aplicável aos créditos trabalhistas, se total ou parcial, porque a matéria tem índole infraconstitucional, construída, na Justiça do Trabalho, no plano jurisprudencial.

OJ Nº 97 DA SDI – II DO TST

Ação rescisória. Violação do art. 5º, II, LIV e LV, da Constituição Federal. Princípios da legalidade, do devido processo legal, do contraditório e da ampla defesa

Os princípios da legalidade, do devido processo legal, do contraditório e da ampla defesa não servem de fundamento para a desconstituição de decisão judicial transitada em julgado, quando se apresentam sob a forma de pedido genérico e desfundamentado, acompanhando dispositivos legais que tratam especificamente da matéria debatida, estes sim, passíveis de fundamentarem a análise do pleito rescisório.

7.4.2. Decisão de mérito alicerçada em duplo fundamento

OJ Nº 112 DA SDI – II DO TST

Ação rescisória. Violação de lei. Decisão rescindenda por duplo fundamento. Impugnação parcial

Para que a violação da lei dê causa à rescisão de decisão de mérito alicerçada em duplo fundamento, é necessário que o Autor da ação rescisória invoque causas de rescindibilidade que, em tese, possam infirmar a motivação dúplice da decisão rescindenda.

7.4.3. Reexame de fatos e prova

SÚMULA Nº 410 DO TST

Ação rescisória. Reexame de fatos e provas. Inviabilidade

A ação rescisória calcada em violação de lei não admite reexame de fatos e provas do processo que originou a decisão rescindenda.

01. (TRT 23 - Juiz do Trabalho Substituto 23ª região/ 2014) Com amparo no quanto sumulado pelo Tribunal Superior do Trabalho, indique a alternativa INCORRETA:

A) É incabível ação rescisória para impugnar decisão homologatória de adjudicação ou arrematação.

B) A decisão homologatória de cálculos apenas comporta rescisão quando enfrentar as questões envolvidas na elaboração da conta de liquidação, quer solvendo a controvérsia das partes, quer explicitando, de oficio, os motivos pelos quais acolheu os cálculos oferecidos por uma das partes ou pelo setor de cálculos e não contestados pela outra.

C) A legitimidade **ad causam** do Ministério Público do Trabalho para propor ação rescisória, ainda que não tenha sido parte no processo que deu origem à decisão rescindenda, não está limitada às alíneas a e b do artigo 487, III, do CPC[33].

D) A ação rescisória calcada em violação de lei admite reexame de fatos e provas do processo que originou a decisão rescindenda.

E) E incabível ação rescisória, por violação do artigo 896, a, da CLT, contra decisão que não conhece de recurso de revista, com base em divergência jurisprudencial.

↓RESPOSTA

Alternativa Letra D.
Súmula nº 410 do TST.

7.4.4. Pronunciamento explícito

SÚMULA Nº 298 DO TST

Ação rescisória. Violação a disposição de lei. Pronunciamento explícito

I – A conclusão acerca da ocorrência de violação literal a disposição de lei pressupõe pronunciamento explícito, na sentença rescindenda, sobre a matéria veiculada.

II – O pronunciamento explícito exigido em ação rescisória diz respeito à matéria e ao enfoque específico da tese debatida na ação, e não, necessariamente, ao dispositivo legal tido por violado. Basta que o conteúdo da norma reputada violada haja sido abordado na decisão rescindenda para que se considere preenchido o pressuposto.

III – Para efeito de ação rescisória, considera-se pronunciada explicitamente a matéria tratada na sentença quando, examinando remessa de ofício, o Tribunal simplesmente a confirma.

IV – A sentença meramente homologatória, que silencia sobre os motivos de convencimento do juiz, não se mostra rescindível, por ausência de pronunciamento explícito.

V – Não é absoluta a exigência de pronunciamento explícito na ação rescisória, ainda que esta tenha por fundamento violação de dispositivo de lei. Assim, prescindível o pronunciamento explícito quando o vício nasce no próprio julgamento, como se dá com a sentença "extra, citra e ultra petita".

SÚMULA Nº 400 DO TST

Ação rescisória de ação rescisória. Violação manifesta de norma jurídica. Indicação da mesma norma jurídica apontada na rescisória primitiva (mesmo dispositivo de lei sob o CPC de 1973).

Em se tratando de rescisória de rescisória, o vício apontado deve nascer na decisão rescindenda, não se admitindo a rediscussão do acerto do julgamento da rescisória anterior. Assim, não procede rescisória calcada no inciso V do art. 966 do CPC de 2015 (art. 485, V, do CPC de 1973) para discussão, por má aplicação da mesma norma jurídica, tida por violada na rescisória anterior, bem como para arguição de questões inerentes à ação rescisória primitiva.

OJ Nº 135 DA SDI – II DO TST

Ação rescisória. Violação do art. 37, "caput", da CF/1988. Necessidade de prequestionamento

A ação rescisória calcada em violação do artigo 37, "caput", da Constituição Federal, por desrespeito ao princípio da legalidade administrativa exige que ao menos o princípio constitucional tenha sido prequestionado na decisão.

⊙QUESTÃO

01. (FCC – Juiz do Trabalho Substituto 11ª região/ 2012) Quanto à ação rescisória e à violação a disposição de lei, é correto afirmar:

A) A exigência de pronunciamento explícito na ação rescisória é absoluta, ainda que esta tenha por fundamento violação de dispositivo de lei.

B) É prescindível o pronunciamento explícito na ação rescisória quando o vício nasce no próprio julgamento, como se dá com a sentença "extra", "citra" e "ultra petita".

33 NCPC, art. 967, III.

C) O pronunciamento explícito exigido em ação rescisória diz respeito necessariamente ao dispositivo legal tido por violado e não à matéria e ao enfoque específico da tese debatida na ação.

D) Na ação rescisória, é insuficiente que o conteúdo da norma reputada violada haja sido abordado na decisão rescindenda para que se considere preenchido o pressuposto do pronunciamento explícito.

E) Na ação rescisória, não se considera pronunciada explicitamente a matéria tratada na sentença quando, examinando remessa de ofício, o Tribunal simplesmente a confirma.

↓RESPOSTA

Alternativa Letra B.
Súmula nº 298, V do TST.

7.4.5. Matéria controvertida nos Tribunais

SÚMULA Nº 83 DO TST

Ação rescisória. Matéria controvertida

I – Não procede pedido formulado na ação rescisória por violação literal de lei se a decisão rescindenda estiver baseada em texto legal infraconstitucional de interpretação controvertida nos Tribunais.

II – O marco divisor quanto a ser, ou não, controvertida, nos Tribunais, a interpretação dos dispositivos legais citados na ação rescisória é a data da inclusão, na Orientação Jurisprudencial do TST, da matéria discutida.

OJ Nº 6 DA SDI – II DO TST

Ação rescisória. Cipeiro suplente. Estabilidade. ADCT da CF/88, art. 10, II, "a". Súmula nº 83 do TST

Rescinde-se o julgado que nega estabilidade a membro suplente de CIPA, representante de empregado, por ofensa ao art. 10, II, "a", do ADCT da CF/88, ainda que se cuide de decisão anterior à Súmula nº 339 do TST. Incidência da Súmula nº 83 do TST.

OJ Nº 8 DA SDI – II DO TST

Ação rescisória. Complementação de aposentadoria. Banespa. Súmula nº 83 do TST

Não se rescinde julgado que acolheu pedido de complementação de aposentadoria integral em favor de empregado do BANESPA, antes da Súmula nº 313 do TST, em virtude da notória controvérsia jurisprudencial então reinante. Incidência da Súmula nº 83 do TST.

OJ Nº 9 DA SDI – II DO TST

Ação Rescisória. CONAB. Aviso DIREH 2/84. Súmula nº 83 do TST. Aplicável

Não se rescinde julgado que reconheceu garantia de emprego com base no Aviso DIREH 02/84 da CONAB, antes da Súmula nº 355 do TST, em virtude da notória controvérsia jurisprudencial então reinante. Incidência da Súmula nº 83 do TST.

OJ Nº 34 DA SDI – II DO TST

Ação rescisória. Planos econômicos

I - O acolhimento de pedido em ação rescisória de plano econômico, fundada no art. 485, inciso V, do CPC de 1973 pressupõe, necessariamente, expressa invocação na petição inicial de afronta ao art. 5º, inciso XXXVI, da Constituição Federal de 1988. A indicação de ofensa literal a preceito de lei ordinária atrai a incidência da Súmula nº 83 do TST e Súmula nº 343 do STF.

II - Se a decisão rescindenda é posterior à Súmula nº 315 do TST (Res. 07, DJ 22.09.93), inaplicável a Súmula nº 83 do TST.

OJ Nº 11 DA SDI – II DO TST

Ação rescisória. Correção monetária. Lei nº 7.596/87. Universidades federais. Implantação tardia do plano de classificação de cargos. Violação de lei. Súmula nº 83 do TST. Aplicável

Não se rescinde julgado que acolhe pedido de correção monetária decorrente da implantação tardia do Plano de Classificação de Cargos de Universidade Federal previsto na Lei nº 7.596/87, à época em que era controvertida tal matéria na jurisprudência. Incidência da Súmula nº 83 do TST.

OJ Nº 19 DA SDI – II DO TST

Ação rescisória. Desligamento incentivado. Imposto de renda. Abono pecuniário. Violação de lei. Súmula nº 83 do TST. Aplicável

Havendo notória controvérsia jurisprudencial acerca da incidência de imposto de renda sobre parcela paga pelo empregador ("abono pecuniário") a título de "desligamento incentivado", improcede pedido de rescisão do julgado. Incidência da Súmula nº 83 do TST.

OJ Nº 39 DA SDI – II DO TST

Ação rescisória. Reajustes bimestrais e quadrimestrais. Lei nº 8.222/91. Súmula nº 83 do TST. Aplicável

Havendo controvérsia jurisprudencial à época, não se rescinde decisão que aprecia a possibilidade de cumulação das antecipações bimestrais e reajustes quadrimestrais de salário previstos na Lei nº 8.222/91. Incidência da Súmula nº 83 do TST.

OJ Nº 30 DA SDI – II DO TST

Ação rescisória. Multa. Art. 920 do Código Civil de 1916 (art. 412 do código civil de 2002)

Não se acolhe, por violação do art. 920 do Código Civil de 1916 (art. 412 do Código Civil de 2002), pedido de rescisão de julgado que:

a) em processo de conhecimento, impôs condenação ao pagamento de multa, quando a decisão rescindenda for anterior à Orientação Jurisprudencial nº 54 da Subseção I Especializada em Dissídios Individuais do TST (30.05.94), incidindo o óbice da Súmula nº 83 do TST;

b) em execução, rejeita-se limitação da condenação ao pagamento de multa, por inexistência de violação literal.

OJ Nº 23 DA SDI – II DO TST

Ação rescisória. Estabilidade. Período pré-eleitoral. Violação de lei. Súmula nº 83 do TST. Aplicável.

Não procede pedido de rescisão de sentença de mérito que assegura ou nega estabilidade pré-eleitoral, quando a decisão rescindenda for anterior à Orientação Jurisprudencial nº 51, da Seção de Dissídios Individuais do TST (25.11.96). Incidência da Súmula nº 83 do TST.

OJ Nº 5 DA SDI – II DO TST

Ação rescisória. Banco do brasil. AP e ADI. Horas extras. Súmula nº 83 do TST. Aplicável.

Não se acolhe pedido de rescisão de julgado que deferiu a empregado do Banco do Brasil S.A. horas extras após a sexta, não obstante o pagamento dos adicionais AP e ADI, ou AFR quando a decisão rescindenda for anterior à Orientação Jurisprudencial nº 17, da Seção de Dissídios Individuais do TST (07.11.94). Incidência das Súmulas nºs 83 do TST e 343 do STF.

⊙ QUESTÕES

01. (FCC – TRT11/2017 – Analista Judiciário – Área Judiciária) No tocante à Ação Rescisória, considere:

I. Havendo recurso ordinário em sede de rescisória, o depósito recursal só é exigível quando for julgado procedente o pedido e imposta condenação em pecúnia, devendo este ser efetuado no prazo recursal, no limite e nos termos da legislação vigente, sob pena de deserção.

II. Não procede pedido formulado na ação rescisória por violação literal de lei se a decisão rescindenda estiver baseada em texto legal infraconstitucional de interpretação controvertida nos Tribunais.

III. O marco divisor quanto a ser, ou não, controvertida, nos Tribunais, a interpretação dos dispositivos legais citados na ação rescisória é a data da inclusão, na Orientação Jurisprudencial do TST, da matéria discutida.

IV. É absoluta a exigência de pronunciamento explícito na ação rescisória, ainda que esta tenha por fundamento violação de dispositivo de lei. Assim, não é prescindível o pronunciamento explícito quando o vício nasce no próprio julgamento, como se dá com a sentença "extra, cita e ultra petita".

De acordo com o entendimento Sumulado do TST, está correto o que se afirma APENAS em

(A) II e III.

(B) I, II e IV.

(C) I, III e IV.

(D) I e II.

(E) I, II e III.

↓RESPOSTA

Alternativa Letra D.
Item I: Correto: Súmula nº 99 do TST
Item II: Correto: Súmula nº 83, I do TST
Item III: Correto: Súmula nº 83, II do TST.

02. (FCC – TRT 7 – Analista Judiciário – Área Judiciária/2009) O marco divisor quanto a ser, ou não, controvertida, nos Tribunais, a interpretação dos dispositivos legais citados na ação rescisória é a data da

A) inclusão, entre as Súmulas do Tribunal Superior do Trabalho, da matéria discutida.

B) inclusão, na Orientação Jurisprudencial do Tribunal Superior do Trabalho, da matéria discutida.

C) inclusão, entre as Súmulas do Supremo Tribunal Federal, da matéria discutida.

D) publicação do último acórdão com a matéria discutida de uma Turma, divergente do posicionamento jurisprudencial das demais Turmas do respectivo tribunal.

E) publicação do último acórdão com a matéria discutida proferido pelo Plenário do respectivo Tribunal, divergente do posicionamento jurisprudencial de suas Turmas.

↓RESPOSTA

Alternativa Letra B.
Súmula nº 83, II do TST.

03. (MPT – Procurador do Trabalho/2012) Em relação à ação rescisória no processo do trabalho, leia e analise as assertivas a seguir:

I. A sentença de mérito, transitada em julgado, pode ser rescindida quando se verificar que foi dada por prevaricação, concussão ou corrupção do juiz, ou quando este for impedido ou incompetente para o feito.

II. Consoante a jurisprudência uniformizada do Tribunal Superior do Trabalho, o cabimento de ação rescisória por violação literal de disposição de lei pressupõe que a decisão rescindenda não esteja baseada em texto legal infraconstitucional de interpretação controvertida nos tribunais, sendo que a data de inclusão em Orientação Jurisprudencial do Tribunal Superior do Trabalho da referida interpretação dos dispositivos legais citados na rescisória constitui o marco divisor quanto a ser ou não a matéria controvertida nos tribunais.

III. Consoante a jurisprudência do Tribunal Superior do Trabalho, a execução de decisão proferida em ação de cumprimento baseada em sentença normativa que foi modificada em grau de recurso deve ser impugnada por meio de exceção de pré-executividade ou mandado de segurança, conforme a situação, não procedendo ação rescisória baseada em ofensa à coisa julgada com fulcro na modificação superveniente da sentença normativa que embasou a ação de cumprimento.

Marque a alternativa CORRETA:

A) apenas as assertivas I e II estão corretas;

B) apenas as assertivas I e III estão corretas;

C) apenas as assertivas II e III estão corretas;

D) todas as assertivas estão corretas;

E) não respondida.

↓RESPOSTA

Alternativa Letra C.
II – Súmula nº 83 do TST.
III – Súmula nº 397 do TST.

7.4.6. Casos específicos de violação literal de disposição de lei

OJ Nº 2 DA SDI – II DO TST

Ação rescisória. Adicional de insalubridade. Base de cálculo. Salário mínimo. Cabível

Viola o art. 192 da CLT decisão que acolhe pedido de adicional de insalubridade com base na remuneração do empregado.

OJ Nº 4 DA SDI – II DO TST

Ação rescisória. Banco do Brasil. Adicional de Caráter Pessoal. ACP

Procede, por ofensa ao art. 5º, inciso XXXVI, da CF/1988, o pedido de rescisão de julgado que acolheu Adicional de Caráter Pessoal em favor de empregado do Banco do Brasil S.A.

OJ Nº 10 DA SDI - II DO TST

Ação rescisória. Contrato nulo. Administração pública. Efeitos. Art. 37, II E § 2º, da CF/1988

Somente por ofensa ao art. 37, II e § 2º, da CF/1988, procede o pedido de rescisão de julgado para considerar nula a contratação, sem concurso público, de servidor, após a CF/1988.

OJ Nº 128 DA SDI - II DO TST

Ação rescisória. Concurso público anulado posteriormente. Aplicação da Súmula nº 363 do TST

O certame público posteriormente anulado equivale à contratação realizada sem a observância da exigência contida no art. 37, II, da Constituição Federal de 1988. Assim sendo, aplicam-se à hipótese os efeitos previstos na Súmula nº 363 do TST.

OJ Nº 38 DA SDI - II DO TST

Ação rescisória. Professor-adjunto. Ingresso no cargo de professor-titular. Exigência de concurso público (Lei nº 7.596/87, Decreto Nº 94.664/87 e art. 206, V, CF/1988)

A assunção do professor-adjunto ao cargo de professor titular de universidade pública, sem prévia aprovação em concurso público, viola o art. 206, inciso V, da Constituição Federal. Procedência do pedido de rescisão do julgado.

OJ Nº 26 DA SDI - II DO TST

Ação rescisória. Gratificação de nível superior. Suframa

A extensão da gratificação instituída pela SUFRAMA aos servidores celetistas exercentes de atividade de nível superior não ofende as disposições contidas nos arts. 37, XIII e 39, § 1º, da CF/1988.

OJ Nº 24 DA SDI - II DO TST

Ação rescisória. Estabilidade provisória. Reintegração em período posterior. Direito limitado aos salários e consectários do período da estabilidade

Rescinde-se o julgado que reconhece estabilidade provisória e determina a reintegração de empregado, quando já exaurido o respectivo período de estabilidade. Em juízo rescisório, restringe-se a condenação quanto aos salários e consectários até o termo final da estabilidade.

OJ Nº 71 DA SDI - II DO TST

Ação rescisória. Salário profissional. Fixação. Múltiplo de salário mínimo. Art. 7º, IV, da CF/88

A estipulação do salário profissional em múltiplos do salário mínimo não afronta o art. 7º, inciso IV, da Constituição Federal de 1988, só incorrendo em vulneração do referido preceito constitucional a fixação de correção automática do salário pelo reajuste do salário mínimo.

OJ Nº 41 DA SDI - II DO TST

Ação rescisória. Sentença "citra petita". Cabimento

Revelando-se a sentença "citra petita", o vício processual vulnera os arts. 141 e 492 do CPC de 2015 (arts. 128 e 460 do CPC de 1973), tornando-a passível de desconstituição, ainda que não interpostos embargos de declaração.

7.5. Documento novo

SÚMULA Nº 402 DO TST

Ação rescisória. Prova nova. Dissídio coletivo. Sentença normativa.

I - Sob a vigência do CPC de 2015 (art. 966, inciso VII), para efeito de ação rescisória, considera-se prova nova a cronologicamente velha, já existente ao tempo do trânsito em julgado da decisão rescindenda, mas ignorada pelo interessado ou de impossível utilização, à época, no processo.

II - Não é prova nova apta a viabilizar a desconstituição de julgado: a) sentença normativa proferida ou transitada em julgado posteriormente à sentença rescindenda; b) sentença normativa preexistente à sentença rescindenda, mas não exibida no processo principal, em virtude de negligência da parte, quando podia e deveria louvar-se de documento já existente e não ignorado quando emitida a decisão rescindenda.

⊙ QUESTÃO

01. (CESPE – Procurador do Estado- PGE--BA/2014) Acerca de recursos, execução trabalhista e dissídio coletivo, julgue os itens seguintes.

A sentença normativa proferida posteriormente à sentença rescindenda é considerada documento novo para fins de rescisão de sentença de mérito transitada em julgado.

↓RESPOSTA

Item Incorreto.
Súmula nº 402 do TST.

02. (TRT 2 – Juiz do Trabalho Substituto 2ª região/ 2013) Observe as proposições seguintes e ao final aponte a alternativa com as proposituras corretas:

I. Documento novo é o cronologicamente velho, já existente ao tempo da decisão rescindenda, mas ignorado pelo interessado ou de impossível utilização, à época, no processo.

II. É considerado documento novo apto a viabilizar a desconstituição de julgado a sentença normativa proferida ou transitada em julgado posteriormente à sentença rescindenda e a sentença normativa preexistente à sentença rescindenda, mas não exibida no processo principal, por culpa da parte, quando podia e deveria louvar-se de documento já existente e não ignorado quando emitida a decisão rescindenda.

III. O inciso VIII, do art. 485, do CPC[34], ao tratar do fundamento para invalidar a confissão, como hipótese de rescindibilidade da decisão judicial, refere-se à confissão real, fruto de erro, dolo ou coação, e à confissão ficta resultante de revelia.

IV. Pode uma questão processual ser objeto de rescisão desde que consista em pressuposto de validade de uma sentença de mérito.

V. O dolo processual, previsto no inciso III, do art. 485 do CPC[35], pode ocorrer mesmo se a decisão rescindenda for homologatória de acordo pois, neste caso, apesar de não existir parte vencedora ou vencida, uma das partes sempre será mais prejudicada que a outra.

Está correta apenas a alternativa:

A) I e III.
B) II e III.
C) I e IV.
D) IV e V.
E) II e V.

↓RESPOSTA

Alternativa letra C.
I – Súmula nº 402 do TST.
IV – Súmula nº 412 do TST. A Súmula nº 412 do TST foi alterada pela Resolução 217/2017 tendo a seguinte redação: "Sob a égide do CPC de 1973, pode uma questão processual ser objeto de rescisão desde que consista em pressuposto de validade de uma sentença de mérito".

03. (FCC – TRT 9 – Analista Judiciário – Área Judiciária/2010) Em regra, tratando-se de ação rescisória,

A) se ocorrer revelia nesta ação, reputarão verdadeiros os fatos afirmados pelo autor, produzindo-se a confissão.

B) se a decisão rescindenda é homologatória de acordo, é possível a sua desconstituição calcada no dolo processual, ou seja, no dolo da parte vencedora em detrimento da vencida.

C) a parte que propuser a referida ação deverá efetuar, como pressuposto para a sua propositura, o depósito de 30% do valor da causa, a título de multa.

D) é cabível tal ação para impugnar decisão homologatória de adjudicação ou arrematação, desde que presentes os requisitos essenciais previstos no Código de Processo Civil.

E) não é documento novo apto a viabilizar a desconstituição de julgado sentença normativa proferida ou transitada em julgado posteriormente à sentença rescindenda.

↓RESPOSTA

Alternativa Letra E.
Súmula nº 402, I, do TST.

34 Sem correspondente no NCPC.
35 NCPC, art.966, III.

7.6. Ação rescisória para invalidar transação

SÚMULA Nº 259 DO TST

Termo de conciliação. Ação rescisória

Só por ação rescisória é impugnável o termo de conciliação previsto no parágrafo único do art. 831 da CLT.

OJ Nº 154 DA SDI – II DO TST

Ação rescisória. Acordo prévio ao ajuizamento da reclamação. Quitação geral. Lide simulada. Possibilidade de rescisão da sentença homologatória de acordo apenas se verificada a existência de vício de consentimento

A sentença homologatória de acordo prévio ao ajuizamento de reclamação trabalhista, no qual foi conferida quitação geral do extinto contrato, sujeita-se ao corte rescisório tão somente se verificada a existência de fraude ou vício de consentimento.

⊙ QUESTÃO

01. (TRT 2 - Juiz do Trabalho Substituto 2ª região/2015) À luz da jurisprudência sumulada do Tribunal Superior do Trabalho, analise as seguintes proposições:

I. Não se aplica às Varas do Trabalho o princípio da identidade física do juiz.

II. Só por ação rescisória é impugnável o termo de conciliação previsto no parágrafo único do art. 831, da CLT.

III. O recurso adesivo é compatível com o Processo do Trabalho e cabe, no prazo de 8 (oito) dias, nas hipóteses de interposição de recurso ordinário, de agravo de petição, de revista e de embargos, sendo desnecessário que a matéria nele veiculada esteja relacionada com a do recurso interposto pela parte contrária.

IV. São cabíveis embargos para o Tribunal Pleno contra decisão em agravo de instrumento oposto contra despacho denegatório de recurso de revista.

V. Os privilégios e isenções no foro da Justiça do Trabalho abrangem as sociedades de economia mista.

Responda:

A) Somente as proposições I e III estão incorretas.

B) Somente as proposições I e IV estão corretas.

C) Somente as proposições III e V estão incorretas.

D) Somente as proposições II e III estão corretas.

E) Somente as proposições II e IV estão incorretas.

↓ RESPOSTA

Alternativa letra D.

II – Súmula nº 259 do TST

III - Súmula nº 283 do TST.

02. (FCC - Procurador Município - Prefeitura Cuiabá-MT/2014) O termo conciliatório homologado pelo juiz do trabalho, com pronunciamento explícito de sua motivação, é atacável por

A) embargos do devedor.

B) ação anulatória.

C) mandado de segurança.

D) ação rescisória.

E) ação declaratória de nulidade de ato judicial.

↓ RESPOSTA

Alternativa letra D.

Súmulas nº 259 e 100, V, TST.

03. (FCC - Analista Judiciário - Área Administrativa - TRT 2/2014) Conforme as regras estabelecidas para a execução no processo do trabalho, é INCORRETO afirmar:

A) A lei de execução fiscal será fonte subsidiária do processo trabalhista, preferindo às normas processuais civis.

B) No caso de acordo em fase de execução, a decisão será irrecorrível, tendo em vista a autonomia das partes para transigir.

C) Nas prestações sucessivas por tempo determinado, a execução pelo não pagamento de uma prestação compreenderá as que lhe sucederem.

D) A penhora em estabelecimento é prevista nos artigos 677 e 678 do CPC[36] e pode ser apli-

36 NCPC, art. 862 e 863.

cada ao processo do trabalho, por ser menos gravosa ao executado, uma vez que permite a manutenção da atividade empresarial enquanto quita a dívida trabalhista.

E) O juiz poderá dar andamento à execução, tendo em vista o caráter alimentar do crédito trabalhista.

↓RESPOSTA

Alternativa letra B.
Súmula nº 259 do TST.

04. (MPT – Procurador do Trabalho/2013) Assinale a alternativa INCORRETA:

A) No caso de conciliação celebrada em ação civil pública, o acordo homologado pela Vara do Trabalho só pode ser impugnado por ação anulatória.

B) Na Justiça do Trabalho, nos termos do art. 893, § 1°, da CLT, as decisões interlocutórias não ensejam recurso imediato, salvo nas hipóteses de decisão: a) de Tribunal Regional do Trabalho contrária à Súmula ou Orientação Jurisprudencial do Tribunal Superior do Trabalho; b) suscetível de impugnação mediante recurso para o mesmo Tribunal; c) que acolhe exceção de incompetência territorial, com a remessa dos autos para Tribunal Regional distinto daquele a que se vincula o juízo excepcionado, consoante o disposto no art. 799, § 2°, da CLT.

C) O recurso adesivo é compatível com o processo do trabalho e cabível, no prazo de 8 (oito) dias, nas hipóteses de interposição de recurso ordinário, de agravo de petição, de revista e de embargos, sendo desnecessário que a matéria nele veiculada esteja relacionada com a do recurso interposto pela parte contrária.

D) O fato de o juízo primeiro de admissibilidade do recurso de revista entendê-lo cabível apenas quanto a parte das matérias veiculadas não impede a apreciação integral pela Turma do TST, sendo imprópria a interposição de agravo de instrumento, no que concerne as matérias em relação às quais não foi dado seguimento.

E) Não respondida.

↓RESPOSTA

Alternativa letra A.
Súmula nº 259 do TST.

05. (FCC – Analista Judiciário – Oficial de Justiça Avaliador TRT15/2013) Julia ajuizou reclamação trabalhista em face de sua ex-empregadora a empresa "DSE Ltda.". Em audiência as partes celebraram acordo, foi lavrado o termo, devidamente homologado e integralmente pago pela empresa reclamada no ato da celebração da avença. No dia seguinte, Julia se arrependeu da celebração do acordo acreditando que foi induzida pelo seu advogado e pelo advogado da empresa reclamada. Neste caso, Julia

A) poderá interpor Recurso Ordinário no prazo de oito dias, contados do dia da lavratura do termo, uma vez que as partes já saem devidamente intimadas.

B) poderá interpor Recurso Ordinário no prazo de oito dias, contados do dia útil seguinte a lavratura do termo.

C) somente poderá impetrar Mandado de Segurança, havendo direito líquido e certo amparado pela lavratura do termo.

D) somente poderá ajuizar Ação Rescisória para impugnar o termo de conciliação.

E) poderá interpor Agravo de Instrumento, no prazo de oito dias, contados do dia da lavratura do termo, uma vez que as partes já saem devidamente intimadas.

↓RESPOSTA

Alternativa letra B.
Súmula nº 259 do TST

7.7. Ação rescisória para invalidar confissão

SÚMULA Nº 404 DO TST

Ação rescisória. Fundamento para invalidar confissão. Confissão ficta. Inadequação do enquadramento no art. 485, VIII, do CPC de 1973.

O art. 485, do CPC de 1973, ao tratar do fundamento para invalidar a confissão como hipótese de rescindibilidade da decisão judicial, referia-se à confissão real, fruto de erro, dolo ou coação, e não a confissão ficta resultante de revelia.

7.8. Ação rescisória fundada em erro de fato

OJ Nº 136 DA SDI – II DO TST

Ação rescisória. Erro de fato. Caracterização

A caracterização do erro de fato como causa de rescindibilidade de decisão judicial transitada em julgado supõe a afirmação categórica e indiscutida de um fato, na decisão rescindenda, que não corresponde à realidade dos autos. O fato afirmado pelo julgador, que pode ensejar ação rescisória calcada no inciso VIII do art. 966 do CPC de 2015 (inciso IX do art. 485 do CPC de 1973), é apenas aquele que se coloca como premissa fática indiscutida de um silogismo argumentativo, não aquele que se apresenta ao final desse mesmo silogismo, como conclusão decorrente das premissas que especificaram as provas oferecidas, para se concluir pela existência do fato. Esta última hipótese é afastada pelo § 1º do art. 966 do CPC de 2015 (§ 2º do art. 485 do CPC de 1973), ao exigir que não tenha havido controvérsia sobre o fato e pronunciamento judicial esmiuçando as provas.

OJ Nº 103 DA SDI – II DO TST

Ação rescisória. Contradição entre fundamentação e parte dispositiva do julgado. Cabimento. Erro de fato

É cabível a rescisória para corrigir contradição entre a parte dispositiva do acórdão rescindendo e a sua fundamentação, por erro de fato na retratação do que foi decidido.

⊙ QUESTÃO

01. (TRT 18 - Juiz do Trabalho Substituto 18ª região/ 2014) Com relação à ação rescisória na Justiça do Trabalho:

A) A conclusão acerca da ocorrência de violação literal a disposição de lei pressupõe pronunciamento, ainda que implícito, na sentença rescindenda, sobre a matéria veiculada.

B) A sentença meramente homologatória, que silencia sobre os motivos de convencimento do Juiz, se mostra rescindível, mesmo diante da ausência de pronunciamento explícito.

C) Fundando-se a ação rescisória na violação literal de disposição de lei, ainda que não haja expressa indicação, na petição inicial, do dispositivo legal violado, é lícito ao Tribunal emprestar-lhes a adequada qualificação jurídica (iura novit curia), contanto que não se afaste dos fatos e fundamentos invocados como causa de pedir.

D) É indispensável ao processamento da ação rescisória a prova do trânsito em julgado da decisão rescindenda. Verificando o relator que a parte interessada não juntou à inicial o documento comprobatório, extinguirá o processo sem resolução do mérito.

E) É cabível a rescisória para corrigir contradição entre a parte dispositiva do acórdão rescindendo e a sua fundamentação, por erro de fato na retratação do que foi decidido.

RESPOSTA

Alternativa letra E.
OJ nº 103 da SDI-II do TST

8. RESPOSTAS DO RÉU

SÚMULA Nº 398 DO TST

Ação rescisória. Ausência de defesa. Inaplicáveis os efeitos da revelia

Na ação rescisória, o que se ataca na ação é a sentença, ato oficial do Estado, acobertado pelo manto da coisa julgada. Assim sendo, e considerando que a coisa julgada envolve questão de ordem pública, a revelia não produz confissão na ação rescisória.

OJ Nº 146 DA SDI – II DO TST

Ação rescisória. Início do prazo para apresentação da contestação. Art. 774 da CLT

A contestação apresentada em ação rescisória obedece à regra relativa à contagem de prazo constante do art. 774 da CLT, sendo inaplicável o art. 231 do CPC de 2015 (art. 241 do CPC de 1973).

9. RECURSOS

OJ Nº 69 DA SDI – II DO TST

Fungibilidade recursal. Indeferimento liminar de ação rescisória ou mandado de segurança.

Recurso para o TST. Recebimento como agravo regimental e devolução dos autos ao TRT

Recurso ordinário interposto contra despacho monocrático indeferitório da petição inicial de ação rescisória ou de mandado de segurança pode, pelo princípio de fungibilidade recursal, ser recebido como agravo regimental. Hipótese de não conhecimento do recurso pelo TST e devolução dos autos ao TRT, para que aprecie o apelo como agravo regimental.

OJ Nº 152 DA SDI – II DO TST

Ação rescisória e mandado de segurança. Recurso de revista de acórdão regional que julga ação rescisória ou mandado de segurança. Princípio da fungibilidade. Inaplicabilidade. Erro grosseiro na interposição do recurso

A interposição de recurso de revista de decisão definitiva de Tribunal Regional do Trabalho em ação rescisória ou em mandado de segurança, com fundamento em violação legal e divergência jurisprudencial e remissão expressa ao art. 896 da CLT, configura erro grosseiro, insuscetível de autorizar o seu recebimento como recurso ordinário, em face do disposto no art. 895, "b", da CLT.

SÚMULA Nº 158 DO TST

Ação rescisória

Da decisão de Tribunal Regional do Trabalho, em ação rescisória, é cabível recurso ordinário para o Tribunal Superior do Trabalho, em face da organização judiciária trabalhista.

SÚMULA Nº 99 DO TST

Ação rescisória. Deserção. Prazo

Havendo recurso ordinário em sede de rescisória, o depósito recursal só é exigível quando for julgado procedente o pedido e imposta condenação em pecúnia, devendo este ser efetuado no prazo recursal, no limite e nos termos da legislação vigente, sob pena de deserção.

SÚMULA Nº 411 DO TST

Ação rescisória. Sentença de mérito

Decisão de Tribunal Regional do Trabalho em agravo regimental confirmando decisão monocrática do relator que, aplicando a Súmula nº 83 do TST, indeferiu a petição inicial da ação rescisória. Cabimento

Se a decisão recorrida, em agravo regimental, aprecia a matéria na fundamentação, sob o enfoque das Súmulas nºs 83 do TST e 343 do STF, constitui sentença de mérito, ainda que haja resultado no indeferimento da petição inicial e na extinção do processo sem julgamento do mérito. Sujeita-se, assim, à reforma pelo TST, a decisão do Tribunal que, invocando controvérsia na interpretação da lei, indefere a petição inicial de ação rescisória.

⊙ QUESTÕES

01. (TRT 6 – Juiz do Trabalho Substituto 6ª região/ 2013) Entre as afirmações abaixo, é entendimento sumulado pelo TST, em relação à ação rescisória,

A) a legitimidade *ad causam* do Ministério Público para propor ação rescisória, ainda que não tenha sido parte no processo que deu origem à decisão rescindenda, está limitada à hipótese de não ter sido ouvido no processo, em que lhe era obrigatória a intervenção.

B) se os recursos de revista ou de embargos para o TST não forem conhecidos, a competência para julgar ação que vise a rescindir a decisão de mérito é do Tribunal Superior do Trabalho, salvo se o julgamento proferido pelo tribunal substituiu a sentença ou a decisão recorrida no que tiver sido objeto de recurso.

C) é cabível ação rescisória, por violação do art. 896, "a", da CLT, contra decisão que não conhece de recurso de revista, com base em divergência jurisprudencial ou afronta direta e literal à Constituição Federal.

D) sujeita-se à reforma pelo TST, a decisão do Tribunal Regional que, invocando controvérsia na interpretação da lei, indefere a petição inicial de ação rescisória, por constituir sentença de mérito.

E) a exigência de pronunciamento explícito na ação rescisória de sentença homologatória é absoluta quando o vício nasce no próprio julgamento, como se dá com a sentença *extra*, *citra* e *ultra petita*.

↓RESPOSTA

Alternativa letra D.
Súmula nº 411 do TST.

02. (FCC – TRT 22 – Analista Judiciário – Área Judiciária – Especialidade Execução de Mandados/2010) Em sede de ação rescisória,

A) havendo recurso ordinário, o depósito recursal só é exigível quando for julgado procedente o pedido e imposta condenação em pecúnia, devendo este ser efetuado no prazo recursal, no limite e nos termos da legislação vigente, sob pena de deserção.

B) é obrigatório o depósito prévio de 35% do valor da causa para o seu ajuizamento.

C) procede pedido formulado por violação literal de lei se a decisão rescindenda estiver baseada em texto legal infraconstitucional de interpretação controvertida nos Tribunais.

D) a comprovação do trânsito em julgado da decisão rescindenda é pressuposto dispensável ao tempo do seu ajuizamento.

E) não é possível a discussão a respeito de homologação de acordo na Justiça do Trabalho.

↓RESPOSTA

Alternativa Letra A.
Súmula nº 99 do TST.

03. (TRT 15ª Região – Juiz do Trabalho Substituto – 2015) Em ação rescisória, quando da interposição de recurso ordinário, o depósito recursal

a) não é exigível, independentemente do resultado do julgamento da ação.

b) é exigível em caso de procedência total da ação, ainda que não tenha sido imposta condenação em pecúnia.

c) é exigível somente quando julgado procedente o pedido e imposta condenação em pecúnia.

d) é exigível de ambas as partes em caso de procedência parcial, independentemente do resultado, tendo em vista a natureza da ação.

e) não é devido em caso de procedência parcial.

↓RESPOSTA

Alternativa Letra C.

Súmula nº 99 do TST.

04. (CESPE – TRT 10 – Analista Judiciário – Área Judiciária/2004) Considerando as disposições legais contidas na Consolidação das Leis do Trabalho (CLT), nos enunciados e orientações jurisprudenciais do Tribunal Superior do Trabalho (TST), julgue os itens subsequentes.

I) Contra acórdão regional prolatado em agravo de instrumento cabe recurso de revista.

II) Da decisão de Tribunal Regional do Trabalho (TRT), em ação rescisória, é cabível recurso ordinário para o TST.

↓RESPOSTA

ERRADO/ CERTO.
I – Súmula nº 218 do TST.
II – Súmula nº 158 do TST.

10. AÇÃO CAUTELAR PARA SUSPENDER EXECUÇÃO DA DECISÃO RESCINDENDA

OJ Nº 131 DA SDI – II DO TST

Ação rescisória. Ação cautelar para suspender execução da decisão rescindenda. Pendência de trânsito em julgado da ação rescisória principal. Efeitos

A ação cautelar não perde o objeto enquanto ainda estiver pendente o trânsito em julgado da ação rescisória principal, devendo o pedido cautelar ser julgado procedente, mantendo-se os efeitos da liminar eventualmente deferida, no caso de procedência do pedido rescisório ou, por outro lado, improcedente, se o pedido da ação rescisória principal tiver sido julgado improcedente.

Capítulo XVIII
MANDADO DE SEGURANÇA

SUMÁRIO • 1. Valor da causa e prova pré-constituída – 2. Cabimento – 3. Contagem do prazo para impetração do mandado de segurança – 4. Recursos.

1. VALOR DA CAUSA E PROVA PRÉ-CONSTITUÍDA

Súmula nº 415 do TST

Mandado de segurança. Petição Inicial. Art. 321 do CPC de 2015. Art. 284 do CPC de 1973. Inaplicabilidade

Exigindo o mandado de segurança prova documental pré-constituída, inaplicável se torna o art. 321 do CPC de 2015 (art. 284 do CPC de 1973) quando verificada, na petição inicial do "mandamus", a ausência de documento indispensável ou de sua autenticação.

QUESTÕES

01. (OAB – Exame unificado XIII/2014) – Rômulo impetrou mandado de segurança contra ato praticado por Juiz do Trabalho que teria violado um direito seu, líquido e certo. Por descuido, Rômulo deixou de juntar os documentos pertinentes, indispensáveis. Verificando o equívoco, o Relator deverá, de acordo com a jurisprudência consolidada do TST,

A) conceder prazo improrrogável de 10 dias para o impetrante sanar o vício, sob pena de indeferimento da petição inicial.

B) prosseguir normalmente no trâmite processual, pois a matéria não pode ser conhecida de ofício.

C) indeferir a petição inicial de plano e extinguir o processo sem resolução do mérito.

D) solicitar à autoridade coatora que, juntamente com as informações que serão prestadas, envie cópia dos documentos faltantes.

RESPOSTA

Alternativa Letra C.
Súmula nº 415 do TST.

02. (Juiz do Trabalho Substituto – TRT 2ª região/ 2012) Conforme previsão legal e jurisprudência sumulada do Tribunal Superior do Trabalho em relação às ações civis admissíveis no processo do trabalho, é correto afirmar que:

A) Nas ações monitórias não se admite contraditório visto que se trata de mandamento executivo de título extrajudicial.

B) Nas ações de consignação em pagamento, fica facultado ao autor, em caso de alegação de insuficiência do depósito, completá-lo no prazo de 15 (quinze) dias, mas não poderá o réu que alegou insuficiência levantar o valor parcial, devendo aguardar a integralidade do pagamento.

C) Nas ações de prestação de contas, se o réu não contestar a ação ou não negar a obrigação de prestar contas, observar-se-á o disposto no art. 330; a sentença, que julgar procedente a ação, condenará o réu a prestar as contas no prazo de 05 (cinco) dias, sob pena de não lhe ser lícito impugnar as que o autor apresentar.

D) Exigindo o mandado de segurança prova documental pré-constituída, inaplicável se torna o art. 284 do CPC[37] quando verificada, na petição inicial do "mandamus", a ausência de documento indispensável.

E) É passível de mandado de segurança, por ferir direito líquido e certo do impetrante, o ato

37 NCPC, art. 321.

judicial que determina penhora em dinheiro do executado, em execução definitiva, para garantir crédito exequendo, pois o executado tem direito a que a execução se processe da forma que lhe seja menos gravosa.

↓RESPOSTA

Alternativa Letra D.
Súmula nº 415 do TST.

03. (Juiz do Trabalho Substituto – TRT 8ª região/ 2012) Em relação ao mandado de segurança no processo trabalhista, assinale a alternativa INCORRETA:

A) Nos termos da Lei n. 12.016/2009, não é cabível mandado de segurança em face de ato do qual caiba recurso administrativo com efeito suspensivo, independentemente de caução.

B) Consoante jurisprudência consolidada do Tribunal Superior do Trabalho, não é cabível mandado de segurança em face de antecipação da tutela concedida em sentença de conhecimento.

C) Não obstante o mandado de segurança exigir prova documental pré-constituída, a jurisprudência pacificada do Tribunal Superior do Trabalho admite a possibilidade de o juiz determinar que a parte emende ou complete a inicial no prazo de dez dias, sob pena de indeferimento liminar.

D) Consoante orientação jurisprudencial da SDI-II do Tribunal Superior do Trabalho, não cabe mandado de segurança para impugnar despacho que acolheu ou indeferiu liminar em outra ação idêntica.

E) Conforme previsto na Lei n. 12.016/2009, o pedido de mandado de segurança poderá ser renovado, desde que no prazo decadencial, caso a decisão denegatória não lhe haja apreciado o mérito.

↓RESPOSTA

Alternativa Letra C.
Súmula nº 415 do TST.

2. CABIMENTO

SÚMULA Nº 33 DO TST

Mandado de segurança. Decisão judicial transitada em julgado

Não cabe mandado de segurança de decisão judicial transitada em julgado.

OJ Nº 99 DA SDI – II DO TST

Mandado de segurança. Esgotamento de todas as vias processuais disponíveis. Trânsito em julgado formal. Descabimento

Esgotadas as vias recursais existentes, não cabe mandado de segurança.

OJ Nº 92 DA SDI – II DO TST

Mandado de segurança. Existência de recurso próprio

Não cabe mandado de segurança contra decisão judicial passível de reforma mediante recurso próprio, ainda que com efeito diferido.

OJ Nº 88 DA SDI – II DO TST

Mandado de segurança. Valor da causa. Custas processuais. Cabimento

Incabível a impetração de mandado de segurança contra ato judicial que, de ofício, arbitrou novo valor à causa, acarretando a majoração das custas processuais, uma vez que cabia à parte, após recolher as custas, calculadas com base no valor dado à causa na inicial, interpor recurso ordinário e, posteriormente, agravo de instrumento no caso de o recurso ser considerado deserto.

SÚMULA Nº 414 DO TST

Mandado de Segurança. Tutela Provisória concedida antes ou na sentença.

I – A tutela provisória concedida na sentença não comporta impugnação pela via do mandado de segurança, por ser impugnável mediante recurso ordinário. É admissível a obtenção de efeito suspensivo ao recurso ordinário mediante requerimento dirigido ao tribunal, ao relator ou ao presidente ou ao vice-presidente do tribunal recorrido, por aplicação subsidiária ao processo do trabalho do artigo 1.029, § 5º, do CPC de 2015.

II - No caso de a tutela provisória haver sido concedida ou indeferida antes da sentença, cabe mandado de segurança, em face da inexistência de recurso próprio.

III - A superveniência da sentença, nos autos originários, faz perder o objeto do mandado de segurança que impugnava a concessão ou o indeferimento da tutela provisória.

SÚMULA Nº 418 DO TST

Mandado de Segurança visando à homologação de acordo.

A homologação de acordo constitui faculdade do juiz, inexistindo direito líquido e certo tutelável pela via do mandado de segurança.

OJ Nº 63 DA SDI - II DO TST

Mandado de segurança. Reintegração. Ação cautelar

Comporta a impetração de mandado de segurança o deferimento de reintegração no emprego em ação cautelar.

OJ Nº 64 DA SDI - II DO TST

Mandado de segurança. Reintegração liminarmente concedida

Não fere direito líquido e certo a concessão de tutela antecipada para reintegração de empregado protegido por estabilidade provisória decorrente de lei ou norma coletiva.

OJ Nº 65 DA SDI - II DO TST

Mandado de segurança. Reintegração liminarmente concedida. Dirigente sindical

Ressalvada a hipótese do art. 494 da CLT, não fere direito líquido e certo a determinação liminar de reintegração no emprego de dirigente sindical, em face da previsão do inciso X do art. 659 da CLT.

OJ Nº 137 DA SDI - II DO TST

Mandado de segurança. Dirigente sindical. Art. 494 da CLT. Aplicável

Constitui direito líquido e certo do empregador a suspensão do empregado, ainda que detentor de estabilidade sindical, até a decisão final do inquérito em que se apure a falta grave a ele imputada, na forma do art. 494, "caput" e parágrafo único, da CLT.

OJ Nº 142 DA SDI - II DO TST

Mandado de segurança. Reintegração liminarmente concedida

Inexiste direito líquido e certo a ser oposto contra ato de Juiz que, antecipando a tutela jurisdicional, determina a reintegração do empregado até a decisão final do processo, quando demonstrada a razoabilidade do direito subjetivo material, como nos casos de anistiado pela Lei nº 8.878/1994, aposentado, integrante de comissão de fábrica, dirigente sindical, portador de doença profissional, portador de vírus HIV ou detentor de estabilidade provisória prevista em norma coletiva.

OJ Nº 67 DA SDI - II DO TST

Mandado de segurança. Transferência. Art. 659, IX, da CLT

Não fere direito líquido e certo a concessão de liminar obstativa de transferência de empregado, em face da previsão do inciso IX do art. 659 da CLT.

OJ Nº 140 DA SDI - II DO TST

Mandado de segurança contra liminar, concedida ou denegada em outra segurança. Incabível. (art. 8º da Lei nº 1.533/51)

Não cabe mandado de segurança para impugnar despacho que acolheu ou indeferiu liminar em outro mandado de segurança.

OJ Nº 53 DA SDI - II DO TST

Mandado de segurança. Cooperativa em liquidação extrajudicial. Lei nº 5.764/71, art. 76. Inaplicável. Não suspende a execução

A liquidação extrajudicial de sociedade cooperativa não suspende a execução dos créditos trabalhistas existentes contra ela.

SÚMULA Nº 417 DO TST

Mandado de segurança. Penhora em dinheiro

I - Não fere direito líquido e certo do impetrante o ato judicial que determina penhora em dinheiro do executado para garantir crédito exequendo, pois é prioritária e obedece à gradação prevista no art. 835 do CPC de 2015 (art. 655 do CPC de 1973).

II - Havendo discordância do credor, em execução definitiva, não tem o executado direito líquido e certo a que os valores penhorados em dinheiro fiquem depositados no próprio banco, ainda que atenda aos requisitos do art. 840, I, do CPC de 2015 (art. 666, I, do CPC de 1973).

OJ Nº 153 DA SDI – II DO TST

Mandado de segurança. Execução. Ordem de penhora sobre valores existentes em conta salário. Art. 649, IV, do CPC. Ilegalidade

Ofende direito líquido e certo decisão que determina o bloqueio de numerário existente em conta salário, para satisfação de crédito trabalhista, ainda que seja limitado a determinado percentual dos valores recebidos ou a valor revertido para fundo de aplicação ou poupança, visto que o art. 649, IV, do CPC[38] contém norma imperativa que não admite interpretação ampliativa, sendo a exceção prevista no art. 649, § 2º, do CPC[39] espécie e não gênero de crédito de natureza alimentícia, não englobando o crédito trabalhista.

OJ Nº 59 DA SDI – II DO TST

Mandado de segurança. Penhora. Carta de fiança bancária. Seguro garantia judicial.

A carta de fiança bancária e o seguro garantia judicial, desde que em valor não inferior ao do débito em execução, acrescido de trinta por certo, equivalem a dinheiro para efeito da gradação dos bens penhoráveis, estabelecida no art. 835 do CPC de 2015 (art. 655 do CPC de 1973).

OJ Nº 93 DA SDI – II DO TST

Mandado de segurança. Possibilidade da penhora sobre parte da renda de estabelecimento comercial

É admissível a penhora sobre a renda mensal ou faturamento de empresa, limitada a determinado percentual, desde que não comprometa o desenvolvimento regular de suas atividades.

OJ Nº 54 DA SDI – II DO TST

Mandado de segurança. Embargos de terceiro. Cumulação. Penhora. Incabível

Ajuizados embargos de terceiro (art. 674 do CPC de 2015 – art. 1046 do CPC de 1973) para pleitear a desconstituição da penhora, é incabível a interposição de mandado de segurança com a mesma finalidade.

OJ Nº 66 DA SDI – II DO TST

Mandado de segurança. Sentença homologatória de adjudicação. Incabível

I – Sob a égide do CPC de 1973 é incabível o mandado de segurança contra sentença homologatória de adjudicação, uma vez que existe meio próprio para impugnar o ato judicial, consistente nos embargos à adjudicação (CPC de 1973, art. 746).

II – Na vigência do CPC de 2015 também não cabe mandado de segurança, pois o ato judicial pode ser impugnado por simples petição, na forma do artigo 877, caput, do CPC de 2015.

SÚMULA Nº 416 DO TST

Mandado de segurança. Execução. Lei nº 8.432/1992. Art. 897, § 1º, da CLT. Cabimento

Devendo o agravo de petição delimitar justificadamente a matéria e os valores objeto de discordância, não fere direito líquido e certo o prosseguimento da execução quanto aos tópicos e valores não especificados no agravo.

OJ Nº 56 DA SDI – II DO TST

Mandado de segurança. Execução. Pendência de recurso extraordinário

Não há direito líquido e certo à execução definitiva na pendência de recurso extraordinário, ou de agravo de instrumento visando a destrancá-lo.

OJ Nº 57 DA SDI – II DO TST

Mandado de segurança. INSS. Tempo de serviço. Averbação e/ou reconhecimento

Conceder-se-á mandado de segurança para impugnar ato que determina ao INSS o reconhecimento e/ou averbação de tempo de serviço.

OJ Nº 91 DA SDI – II DO TST

Mandado de segurança. Autenticação de cópias pelas secretarias dos tribunais regionais

38 NCPC, art. 833, IV.
39 NCPC, art. 833, §2º.

do trabalho. Requerimento indeferido. Art. 789, § 9º, da CLT

Não sendo a parte beneficiária da assistência judiciária gratuita, inexiste direito líquido e certo à autenticação, pelas Secretarias dos Tribunais, de peças extraídas do processo principal, para formação do agravo de instrumento.

OJ Nº 98 DA SDI - II DO TST

Mandado de segurança. Cabível para atacar exigência de depósito prévio de honorários periciais

É ilegal a exigência de depósito prévio para custeio dos honorários periciais, dada a incompatibilidade com o processo do trabalho, sendo cabível o mandado de segurança visando à realização da perícia, independentemente do depósito.

OJ Nº 144 DA SDI - II DO TST

Mandado de segurança. Proibição de prática de atos futuros. Sentença genérica. Evento futuro. Incabível

O mandado de segurança não se presta à obtenção de uma sentença genérica, aplicável a eventos futuros, cuja ocorrência é incerta.

⊙ QUESTÕES

01. (TRT - Juiz do Trabalho Substituto 18ª região/ 2014) – Com relação às custas no Processo do Trabalho,

A) nas ações plúrimas, as custas incidem sobre o valor de cada ação separadamente.

B) é incabível a impetração de mandado de segurança contra ato judicial que, de ofício, arbitrou novo valor à causa, acarretando a majoração das custas processuais, uma vez que cabia à parte, após recolher as custas, calculadas com base no valor dado à causa na inicial, interpor recurso ordinário e, posteriormente, agravo de instrumento no caso de o recurso ser considerado deserto.

C) havendo condenação solidária de duas ou mais empresas, as custas recolhidas por uma delas aproveita as demais, quando a empresa que efetuou o recolhimento não pleiteia sua exclusão da lide.

D) nos dissídios coletivos do trabalho, as custas relativas ao processo de conhecimento incidirão à base de 2% e serão calculadas, quando o valor for indeterminado, sobre o valor dado à causa.

E) nos dissídios individuais, as custas relativas ao processo de conhecimento incidirão à base de 2% e serão calculadas, quando houver extinção do processo, sem julgamento do mérito, sobre o valor que o Juiz fixar.

↓RESPOSTA

Alternativa letra B.
OJ nº 88 da SDI-II do TST.

02. (FGV - Exame de Ordem 2016.1) Na fase de execução de uma reclamação trabalhista, as partes se apresentaram ao juiz da causa postulando a homologação de acordo que envolveria 80% do valor que estava sendo executado. Diante dessa situação, de acordo com a CLT e o entendimento consolidado do TST, assinale a afirmativa correta.

A) O juiz não pode homologar o acordo porque estará violando a coisa julgada, pois o pagamento estará sendo feito em valor inferior àquele determinado pela Justiça.

B) O juiz tem a obrigação de homologar o acordo, se essa é a legítima vontade das partes, sem vícios ou dúvidas.

C) O acordo, uma vez homologado, faz coisa julgada material para todos, sem exceção, somente podendo ser desconstituído por ação anulatória.

D) É possível a homologação do acordo, que pode ser realizado a qualquer momento, mas ficará a critério do juiz fazê-lo à luz do caso concreto.

↓RESPOSTA

Alternativa Letra D.
Súmulas nº 259 e 418 do TST

03. (TRT 15 - Juiz do Trabalho Substituto 15ª região/ 2013) A reclamante, Maria José, e o reclamado, José Maria, nos autos de uma reclamação trabalhista, antes da prolação da sentença, formalizam um acordo. Submetida a respectiva petição ao juiz, este recusa homologá-lo, sob os fundamentos que expressou na respectiva decisão interlocutória, baseados na preservação da autoridade do interesse público. Sobre a hipótese, considerando entendimento sumulado do TST, é correto dizer:

A) cumpre ao juiz homologar o acordo, por se tratar de negócio jurídico amparado pelo preceito da livre manifestação da vontade;

B) a homologação do acordo constitui faculdade do juiz, não existindo direito líquido e certo para as partes tutelável pela via do mandado de segurança para a hipótese;

C) em função da não homologação, as partes podem discutir os fundamentos apresentados pelo juiz por intermédio de correição parcial;

D) a decisão do juiz, não sendo, passível de impugnação via agravo de instrumento, desafia a interposição, no prazo de 08 (dias), da sua ciência, de recurso ordinário;

E) a homologação do acordo constitui faculdade do juiz, cumprindo-lhe, no entanto, homologar o acordo caso o reclamante ratifique, pessoalmente, os seus termos.

↓RESPOSTA

Alternativa letra B.

Súmula nº 418 do TST.

04. (FGV - Exame de Ordem 2014.2) Geraldo requereu na sua petição inicial, e teve deferida, a concessão de tutela antecipada para sua imediata reintegração, haja vista ser dirigente sindical. O ex- empregador, cientificado, impetrou Mandado de Segurança, no qual obteve liminar revogando a tutela antecipada concedida. Logo depois, a reclamação trabalhista de Geraldo foi instruída na Vara do Trabalho e encaminhada para sentença, que julgou procedente o pedido, tendo o juiz concedido novamente a tutela antecipada, agora na sentença. Diante do quadro retratado, de acordo com o entendimento sumulado pelo TST, assinale a opção correta.

A) O juiz poderia conceder a tutela na sentença, e, nesse caso, o Mandado de Segurança perde o objeto.

B) O Juiz não poderia conceder novamente a tutela antecipada, haja vista que ela havia sido revogada pelo Tribunal.

C) Se a tutela antecipada foi revogada, somente havendo autorização do TRT ela poderia ser revigorada, de modo que o juiz subverteu a ordem processual vigente, cabendo reclamação correicional.

D) Poderá a parte ré impetrar novo mandado de segurança, agora contra a tutela antecipada concedida na sentença.

↓RESPOSTA

Alternativa letra A.

Súmula nº 414, II e III do TST.

05. (TRT 3 - Juiz do Trabalho Substituto 3ª região/ 2014) É correto afirmar em matéria de Mandado de Segurança, a partir das súmulas do TST:

A) Não se aplica a alçada em mandado de segurança.

B) A homologação de acordo constitui faculdade do juiz, inexistindo direito líquido e certo tutelável pela via do mandado de segurança.

C) Da decisão de TRT em mandado de segurança cabe recurso ordinário, no prazo de 8 dias, para o TST, e igual dilação para o recorrido e interessados apresentarem razões de contrariedade.

D) A superveniência da sentença, nos autos originários, faz perder o objeto do mandado de segurança que impugnava a concessão da tutela antecipada (ou liminar).

E) Todas as opções estão corretas.

↓RESPOSTA

Alternativa letra E.

A - Súmula nº 365 do TST;

B – Súmula nº 418 do TST;

C – Súmula 201 do TST;

D- Súmula nº 414, III, do TST.

06. (FCC - Procurador Judicial – Prefeitura Recife-PE/2014) O mandado de segurança constitui um dos remédios heroicos de larga utilização no Processo do Trabalho e quanto ao seu manejo na Justiça do Trabalho é correto afirmar:

A) Esgotadas as vias recursais existentes no processo do trabalho, cabe mandado de segurança.

B) A concessão de liminar ou a homologação de acordo constituem faculdade do juiz, inexistindo direito líquido e certo tutelável pela via do mandado de segurança.

C) O mandado de segurança será conhecido pelo magistrado trabalhista, ainda que verificada, na petição inicial do mandamus, a ausência de documento indispensável ou de sua autenticação.

D) Fere direito líquido e certo a concessão de tutela antecipada para reintegração de empregado protegido por estabilidade provisória decorrente de lei ou norma coletiva.

E) É legal a exigência de depósito prévio para custeio dos honorários periciais, dada a compatibilidade com o processo do trabalho, sendo cabível o mandado de segurança visando à realização da perícia, independentemente do depósito.

↓RESPOSTA

Alternativa letra B.
Súmula nº 418 do TST.

07. (FCC – TRT 6 – Técnico Judiciário – Área Administrativa/2012) Na reclamação Trabalhista "M", em fase de execução de sentença, o Juiz da "W" Vara do Trabalho de Recife não homologou acordo celebrado entre as partes em razão do valor acordado tratar-se de apenas 5% do débito que estava sendo executado. Neste caso,

A) as partes poderão impetrar mandado de segurança no prazo de 60 dias da não homologação judicial.

B) a homologação do acordo constitui faculdade do juiz, inexistindo direito líquido e certo tutelável pela via do mandado de segurança.

C) as partes poderão impetrar mandado de segurança no prazo de 120 dias da não homologação judicial.

D) as partes poderão impetrar mandado de segurança no prazo de 90 dias da não homologação judicial.

E) as partes deverão interpor agravo de petição no prazo de 8 dias da não homologação judicial.

↓RESPOSTA

Alternativa Letra B.
Súmula nº 418 do TST.

08. (FCC – TRT 24 – Analista Judiciário/ 2011) Considere as seguintes assertivas a respeito do Mandado de Segurança:

I. Não há direito líquido e certo à execução definitiva na pendência de Recurso Extraordinário, ou de Agravo de Instrumento visando a destrancá-lo.

II. Ajuizados Embargos de Terceiro para pleitear a desconstituição da penhora, é incabível a interposição de mandado de segurança com a mesma finalidade.

III. Constitui direito líquido e certo passível de ser tutelado através de Mandado de Segurança a negativa do juiz em homologar acordo entre as partes litigantes.

IV. É incabível a impetração de mandado de segurança contra ato judicial que, de ofício, arbitrou novo valor à causa, acarretando a majoração das custas processuais.

Está correto o que consta APENAS em

A) III e IV.

B) I e II.

C) I, II e IV.

D) I, II e III.

E) II, III e IV.

↓RESPOSTA

Alternativa Letra C.
I – OJ nº 56 da SDI-II.
II – OJ nº 54 da SDI-II.
IV – OJ nº 88 da SDI-II.

09. (FCC – TRT 22 – Analista Judiciário – Área Judiciária/2010) O mandado de segurança

A) não pode ser indeferido de plano tendo em vista a obrigatoriedade do recebimento das informações da autoridade coatora.

B) é cabível em face de decisão judicial passível de correição.

C) não é cabível em face de decisão judicial transitada em julgado.

D) não é cabível em face da tutela antecipada concedida antes da sentença, independentemente do objeto da ação.

E) não é cabível somente em face da tutela antecipada concedida antes da sentença que defere reintegração no emprego.

↓ RESPOSTA

Alternativa Letra C.
Súmula nº 33 do TST.

10. (Juiz do Trabalho Substituto – TRT 2ª região/2011) Inconformado com o andamento da execução definitiva de reclamação trabalhista proposta, para a qual não foi regularmente citado, o executado impetra mandado de segurança. Considerando a hipótese narrada, assinale a alternativa correta:

A) Contra sentença transitada em julgado não cabe mandado de segurança.

B) A sentença transitada em julgado admite questionamento por meio de mandado de segurança.

C) A sentença transitada em julgado pode ser atacada por mandado de segurança em razão do vício de citação.

D) A sentença transitada em julgado pode ser atacada por mandado de segurança porque a execução já é definitiva.

E) A sentença não transitou em julgado, porquanto pendente a execução definitiva.

↓ RESPOSTA

Alternativa Letra A.
Súmula nº 33 do TST e
Súmula nº 268 do STF.

11. (FGV - Exame de Ordem 2016.2 – Prova reaplicada Salvador-BA) Em reclamação trabalhista o juiz atende ao pedido expresso do autor na petição inicial e, de plano, defere tutela de urgência para que a empresa entregue ao trabalhador o Perfil Profissiográfico Previdenciário (PPP) e, com isso, ele possa requerer aposentadoria especial junto ao INSS. Intimada da decisão, a empresa o contrata para tentar impedir o efeito da tutela de urgência deferida, pois teme que os demais empregados sigam o mesmo destino, especialmente porque ela não reconhece que haja condição desfavorável no ambiente de trabalho.

De acordo com o entendimento consolidado do TST, assinale a opção que apresenta a medida a ser adotada.

A) Interpor agravo de instrumento.

B) Opor embargos declaratórios.

C) Impetrar mandado de segurança.

D) Interpor recurso ordinário.

↓ RESPOSTA

Alternativa Letra C.

Súmula 414, II, do TST

3. CONTAGEM DO PRAZO PARA IMPETRAÇÃO DO MANDADO DE SEGURANÇA

OJ Nº 127 DA SDI – II DO TST

Mandado de segurança. Decadência. Contagem. Efetivo ato coator

Na contagem do prazo decadencial para ajuizamento de mandado de segurança, o efetivo ato coator é o primeiro em que se firmou a tese hostilizada e não aquele que a ratificou.

4. RECURSOS

OJ Nº 69 DA SDI – II DO TST

Fungibilidade recursal. Indeferimento liminar de ação rescisória ou mandado de segurança. Recurso para o TST. Recebimento como agravo regimental e devolução dos autos ao TRT

Recurso ordinário interposto contra despacho monocrático indeferitório da petição inicial de ação rescisória ou de mandado de segurança pode, pelo princípio de fungibilidade recursal, ser recebido como agravo regimental. Hipótese de não conhecimento do recurso pelo TST e devolução dos autos ao TRT, para que aprecie o apelo como agravo regimental.

OJ Nº 152 DA SDI – II DO TST

Ação rescisória e mandado de segurança. Recurso de revista de acórdão regional que julga ação rescisória ou mandado de segurança.

Princípio da fungibilidade. Inaplicabilidade. Erro grosseiro na interposição do recurso

A interposição de recurso de revista de decisão definitiva de Tribunal Regional do Trabalho em ação rescisória ou em mandado de segurança, com fundamento em violação legal e divergência jurisprudencial e remissão expressa ao art. 896 da CLT, configura erro grosseiro, insuscetível de autorizar o seu recebimento como recurso ordinário, em face do disposto no art. 895, "b", da CLT.

SÚMULA Nº 201 DO TST

Recurso ordinário em mandado de segurança

Da decisão de Tribunal Regional do Trabalho em mandado de segurança cabe recurso ordinário, no prazo de 8 (oito) dias, para o Tribunal Superior do Trabalho, e igual dilação para o recorrido e interessados apresentarem razões de contrariedade.

OJ Nº 100 DA SDI – II DO TST

Recurso ordinário para o TST. Decisão de TRT proferida em agravo regimental contra liminar em ação cautelar ou em mandado de segurança. Incabível

Não cabe recurso ordinário para o TST de decisão proferida pelo Tribunal Regional do Trabalho em agravo regimental interposto contra despacho que concede ou não liminar em ação cautelar ou em mandado de segurança, uma vez que o processo ainda pende de decisão definitiva do Tribunal "a quo".

OJ Nº 148 DA SDI – II DO TST

Custas. Mandado de segurança. Recurso ordinário. Exigência do pagamento

É responsabilidade da parte, para interpor recurso ordinário em mandado de segurança, a comprovação do recolhimento das custas processuais no prazo recursal, sob pena de deserção.

OJ Nº 151 DA SDI – II DO TST

Ação rescisória e Mandado de Segurança. Procuração. Poderes específicos para ajuizamento de reclamação trabalhista. Irregularidade de representação processual. Fase recursal. Vício processual sanável.

A procuração outorgada com poderes específicos para ajuizamento de reclamação trabalhista não autoriza a propositura de ação rescisória e mandado de segurança. Constatado, todavia, o defeito de representação processual na fase recursal, cumpre ao relator ou ao tribunal conceder prazo de 5 (cinco) dias para a regularização, nos termos da Súmula nº 383, item II, do TST.

⊙ QUESTÃO

01. (FCC – TRT 4 – Analista Judiciário – Área Judiciária/2011) Da decisão de Tribunal Regional do Trabalho em mandado de segurança

A) caberá recurso ordinário, no prazo de oito dias, para uma das Turmas do Tribunal Regional do Trabalho prolator da decisão.

B) não caberá recurso, por expressa vedação legal, tratando-se de hipótese de ação rescisória, desde que preenchido os requisitos.

C) caberá recurso ordinário, no prazo de oito dias, para o pleno do Tribunal Regional do Trabalho prolator da decisão.

D) caberá recurso de revista, no prazo de quinze dias, para o Tribunal Superior do Trabalho.

E) caberá recurso ordinário, no prazo de oito dias, para o Tribunal Superior do Trabalho.

RESPOSTA

Alternativa Letra E.
Súmula nº 201 do TST.

02. (TRT 18 - Juiz do Trabalho Substituto 18ª região/ 2014) Com relação ao mandado de segurança no Processo do Trabalho:

A) Cabe recurso ordinário para o Tribunal Superior do Trabalho de decisão proferida pelo Tribunal Regional do Trabalho em agravo regimental interposto contra despacho que concede ou não liminar em mandado de segurança.

B) Em mandado de segurança, cabe remessa ex officio se, na relação processual, figurar pessoa jurídica de direito público como parte prejudicada pela concessão da ordem ou se figurar no feito como impetrante e terceiro interessado pessoa de direito privado, ressalvada a hipótese de matéria administrativa.

C) A interposição de recurso de revista de decisão definitiva de Tribunal Regional do Trabalho em mandado de segurança, com fundamento em violação legal e divergência jurisprudencial e remissão expressa ao artigo que trata do cabimento do recurso de revista, configura erro grosseiro, insuscetível de autorizar o seu recebimento como recurso ordinário.

D) Havendo discordância do credor, em execução definitiva, tem o executado direito líquido e certo a que os valores penhorados em dinheiro fiquem depositados no próprio banco.

E) Atribuído o valor da causa na inicial do mandado de segurança é permitido ao Juízo majorá-lo de ofício, mesmo não havendo impugnação da parte contrária, ante o princípio do inquisitivo.

↓RESPOSTA

Alternativa Letra C.
OJ nº 152 da SDI-II do TST.

Capítulo XIX
DISSÍDIO COLETIVO E AÇÃO DE CUMPRIMENTO

SUMÁRIO • 1. Dissídio coletivo – 2. Ação de cumprimento.

1. DISSÍDIO COLETIVO

Súmula nº 190 do TST

Poder normativo do TST. Condições de trabalho. Inconstitucionalidade. Decisões contrárias ao STF

Ao julgar ou homologar ação coletiva ou acordo nela havido, o Tribunal Superior do Trabalho exerce o poder normativo constitucional, não podendo criar ou homologar condições de trabalho que o Supremo Tribunal Federal julgue iterativamente inconstitucionais.

Súmula nº 279 do TST

Recurso contra sentença normativa. Efeito suspensivo. Cassação

A cassação de efeito suspensivo concedido a recurso interposto de sentença normativa retroage à data do despacho que o deferiu.

OJ nº 2 da SDC do TST

Acordo homologado. Extensão a partes não subscreventes. Inviabilidade

É inviável aplicar condições constantes de acordo homologado nos autos de dissídio coletivo, extensivamente, às partes que não o subscreveram, exceto se observado o procedimento previsto no art. 868 e seguintes, da CLT.

OJ nº 3 da SDC do TST

Arresto. Apreensão. Depósito. Pretensões insuscetíveis de dedução em sede coletiva

São incompatíveis com a natureza e finalidade do dissídio coletivo as pretensões de provimento judicial de arresto, apreensão ou depósito.

OJ nº 5 da SDC do TST

Dissídio coletivo. Pessoa jurídica de direito público. Possibilidade jurídica. Cláusula de natureza social.

Em face de pessoa jurídica de direito público que mantenha empregados, cabe dissídio coletivo exclusivamente para apreciação de cláusulas de natureza social. Inteligência da Convenção nº 151 da Organização Internacional do Trabalho, ratificada pelo Decreto Legislativo nº 206/2010.

OJ nº 7 da SDC do TST

Dissídio coletivo. Natureza jurídica. Interpretação de norma de caráter genérico. Inviabilidade

Não se presta o dissídio coletivo de natureza jurídica à interpretação de normas de caráter genérico, a teor do disposto no art. 313, II, do RITST.

OJ nº 9 da SDC do TST

Enquadramento sindical. Incompetência material da justiça do trabalho

O dissídio coletivo não é meio próprio para o Sindicato vir a obter o reconhecimento de que a categoria que representa é diferenciada, pois esta matéria – enquadramento sindical – envolve a interpretação de norma genérica, notadamente do art. 577 da CLT.

OJ Nº 15 DA SDC DO TST

Sindicato. Legitimidade "ad processum". Imprescindibilidade do registro no ministério do trabalho

A comprovação da legitimidade "ad processum" da entidade sindical se faz por seu registro no órgão competente do Ministério do Trabalho, mesmo após a promulgação da Constituição Federal de 1988.

OJ Nº 19 DA SDC DO TST

Dissídio coletivo contra empresa. Legitimação da entidade sindical. Autorização dos trabalhadores diretamente envolvidos no conflito

A legitimidade da entidade sindical para a instauração da instância contra determinada empresa está condicionada à prévia autorização dos trabalhadores da suscitada diretamente envolvidos no conflito.

OJ Nº 22 DA SDC DO TST

Legitimidade "ad causam" do sindicato. Correspondência entre as atividades exercidas pelos setores profissional e econômico envolvidos no conflito. Necessidade

É necessária a correspondência entre as atividades exercidas pelos setores profissional e econômico, a fim de legitimar os envolvidos no conflito a ser solucionado pela via do dissídio coletivo.

OJ Nº 23 DA SDC DO TST

Legitimidade "ad causam". Sindicato representativo de segmento profissional ou patronal. Impossibilidade

A representação sindical abrange toda a categoria, não comportando separação fundada na maior ou menor dimensão de cada ramo ou empresa.

OJ Nº 27 DA SDC DO TST

Custas. Ausência de intimação. Deserção. Caracterização

A deserção se impõe mesmo não tendo havido intimação, pois incumbe à parte, na defesa do próprio interesse, obter os cálculos necessários para efetivar o preparo.

OJ Nº 29 DA SDC DO TST

Edital de convocação e ata da assembléia geral. Requisitos essenciais para instauração de dissídio coletivo

O edital de convocação da categoria e a respectiva ata da AGT constituem peças essenciais à instauração do processo de dissídio coletivo.

OJ Nº 32 DA SDC DO TST

Reivindicações da categoria. Fundamentação das cláusulas. Necessidade. Aplicação do precedente normativo nº 37 do TST

É pressuposto indispensável à constituição válida e regular da ação coletiva a apresentação em forma clausulada e fundamentada das reivindicações da categoria, conforme orientação do item VI, letra "e", da Instrução Normativa nº 4/93.

OJ Nº 34 DA SDC DO TST

Acordo extrajudicial. Homologação. Justiça do trabalho. Prescindibilidade

É desnecessária a homologação, por Tribunal Trabalhista, do acordo extrajudicialmente celebrado, sendo suficiente, para que surta efeitos, sua formalização perante o Ministério do Trabalho (art. 614 da CLT e art. 7º, inciso XXVI, da Constituição Federal).

⊙ QUESTÕES

01. (TRT 14 – Juiz do Trabalho Substituto 14ª região/ 2013) Analise as assertivas abaixo e marque a única alternativa correta:

I. Os honorários advocatícios, arbitrados nos termos do art. 11, § 1°, da Lei n° 1.060, de 05.02.1950, devem incidir sobre o valor líquido da condenação, apurado na fase de liquidação de sentença, com a dedução dos descontos fiscais e previdenciários.

II. Exceto quando o sindicato tenha sido considerado parte ilegítima "ad causam", a ação por ele movida, na qualidade de substituto processual, interrompe a prescrição.

III. Mesmo após a promulgação da Constituição Federal de 1988, subordina-se a validade da assembleia de trabalhadores que legitima a atuação da entidade sindical respectiva em favor de seus interesses à observância do "quorum" estabelecido no art. 612 da CLT, assim como a comprovação da legitimidade "ad processum" da entidade sindical se faz por seu registro no órgão competente do Ministério do Trabalho e Emprego.

A) Apenas a proposição I é verdadeira.

B) Apenas a proposição II é verdadeira.

C) Apenas a proposição III é verdadeira.

D) Todas as proposições são verdadeiras.

E) Todas as proposições são falsas.

RESPOSTA

Alternativa letra E.
I – OJ nº 348 da SDI-I do TST.
II – OJ nº 359 da SDI-I do TST.
III – OJ nº 15 da SDC do TST.

02. (FCC - Juiz do Trabalho Substituto 1ª Região/ 2011) Considerando o entendimento firmado pelo Tribunal Superior do Trabalho é INCORRETO afirmar que

A) a ata da assembleia de trabalhadores que legitima a atuação da entidade sindical respectiva em favor de seus interesses deve registrar, obrigatoriamente, a pauta reivindicatória, produto da vontade expressa da categoria.

B) a legitimidade da entidade sindical para a instauração da instância contra determinada empresa está condicionada à prévia autorização dos trabalhadores da suscitada diretamente envolvidos no conflito.

C) as pretensões de provimento judicial de arresto, apreensão ou depósito são compatíveis com a natureza e finalidade do dissídio coletivo.

D) é inviável aplicar condições constantes de acordo homologado nos autos de dissídio coletivo, extensivamente, às partes que não o subscreveram, exceto se observado o procedimento previsto no art. 868 e seguintes, da CLT.

E) o dissídio coletivo não é meio próprio para o Sindicato vir a obter o reconhecimento de que a categoria que representa é diferenciada, pois esta matéria – enquadramento sindical – envolve a interpretação de norma genérica, notadamente do art. 577 da CLT.

RESPOSTA

Alternativa Letra C.
OJ nº 3 da SDC.

03. (MPT - Procurador do Trabalho/2012) A respeito do dissídio coletivo, analise as assertivas a seguir:

I. Considerando-se a jurisprudência uniformizada do Tribunal Superior do Trabalho e a natureza das pretensões deduzidas, são incompatíveis com a finalidade do dissídio coletivo as pretensões acautelatórias de arresto, apreensão ou depósito.

II. O não comparecimento da parte à audiência não produz os efeitos da revelia, como a presunção de veracidade dos fatos alegados pela parte autora, sendo que o não comparecimento de ambas as partes acarreta a extinção do processo sem resolução do mérito.

III. Quando o dissídio coletivo ocorrer fora da sede do Tribunal, poderá ser delegada pelo Presidente do Tribunal, ao juiz de primeira instância, a tentativa de conciliação, competindo-lhe ultimar os atos homologatórios, com posterior remessa dos autos ao Tribunal.

IV. Em se tratando de dissídio coletivo com envolvimento de empresa, não representada por entidade de classe, não é facultada a representação por preposto.

Assinale a alternativa CORRETA:

A) apenas a assertiva II está correta;

B) apenas as assertivas I, III e IV estão corretas;

C) apenas as assertivas II e III estão corretas;

D) apenas a assertiva I está correta;

E) Não respondida.

RESPOSTA

Alternativa Letra D.
I – OJ nº 3 da SDC.

04. (CESPE - Procurador do Estado - PGE-PI/2014) Acerca dos procedimentos relativos aos dissídios coletivos, assinale a opção correta.

A) Segundo entendimento do TST, a legitimidade da entidade sindical para a instauração do dissídio coletivo contra determinada empresa independe de prévia autorização dos trabalhadores da suscitada diretamente envolvidos no conflito.

B) As decisões proferidas nos autos de dissídios coletivos de natureza econômica e jurídica podem ser revistas até dois anos de sua vigência.

C) A representação para instaurar dissídio coletivo constitui prerrogativa dos sindicatos e, quando não houver sindicato representativo da categoria econômica ou profissional, a representação deve ser instaurada pelas confederações correspondentes.

D) Segundo entendimento consolidado do TST, é absolutamente necessária a correspondência entre as atividades exercidas pelos setores profissional e econômico para a legitimação dos envolvidos no conflito a ser solucionado por dissídio coletivo.

E) Conforme entendimento do TST, não cabe alegação de ausência de interesse de agir em relação à ação individual caso o direito já tenha sido reconhecido por decisão normativa, visto que a decisão coletiva não tem o condão de repercutir no direito individual.

↓ RESPOSTA

Alternativa Letra D.
OJ nº 22 da SDC.

2. AÇÃO DE CUMPRIMENTO

SÚMULA Nº 286 DO TST

Sindicato. Substituição processual. Convenção e acordo coletivos

A legitimidade do sindicato para propor ação de cumprimento estende-se também à observância de acordo ou de convenção coletivos.

OJ Nº 188 DA SDI – I DO TST

Decisão normativa que defere direitos. Falta de interesse de agir para ação individual

Falta interesse de agir para a ação individual, singular ou plúrima, quando o direito já foi reconhecido através de decisão normativa, cabendo, no caso, ação de cumprimento.

SÚMULA Nº 246 DO TST

Ação de cumprimento. Trânsito em julgado da sentença normativa

É dispensável o trânsito em julgado da sentença normativa para a propositura da ação de cumprimento.

SÚMULA Nº 350 DO TST

Prescrição. Termo inicial. Ação de cumprimento. Sentença normativa

O prazo de prescrição com relação à ação de cumprimento de decisão normativa flui apenas da data de seu trânsito em julgado.

OJ Nº 277 DA SDI – I DO TST

Ação de cumprimento fundada em decisão normativa que sofreu posterior reforma, quando já transitada em julgado a sentença condenatória. Coisa julgada. Não-configuração

A coisa julgada produzida na ação de cumprimento é atípica, pois dependente de condição resolutiva, ou seja, da não-modificação da decisão normativa por eventual recurso. Assim, modificada a sentença normativa pelo TST, com a conseqüente extinção do processo, sem julgamento do mérito, deve-se extinguir a execução em andamento, uma vez que a norma sobre a qual se apoiava o título exeqüendo deixou de existir no mundo jurídico.

SÚMULA Nº 397 DO TST

Ação rescisória. Art. 966, IV, do CPC de 2015. Art. 485, IV, do CPC de 1973. Ação de cumprimento. Ofensa à coisa julgada emanada de sentença normativa modificada em grau de recurso. Inviabilidade. Cabimento de mandado de segurança

Não procede ação rescisória calcada em ofensa à coisa julgada perpetrada por decisão proferida em ação de cumprimento, em face de a sentença normativa, na qual se louvava, ter sido modificada em grau de recurso, porque em dissídio coletivo somente se consubstancia coisa julgada formal. Assim, os meios processuais aptos a atacarem a execução da cláusula reformada são a exceção de pré-

-executividade e o mandado de segurança, no caso de descumprimento do art. 514 do CPC de 2015 (art. 572 do CPC de 1973).

⊙ QUESTÕES

01. (FGV – OAB 2013.2) No acordo coletivo em vigor firmado pela empresa Pluma Comércio de Óculos Ltda. existe uma cláusula na qual os seus empregados podem adquirir as mercadorias lá produzidas a preço de custo. Emerson, empregado desta firma, pretendia comprar um par de óculos, mas o empregador exigiu que ele pagasse também o valor da margem mínima de lucro do comércio local. Diante do ocorrido, assinale a alternativa que contempla a ação que, de acordo com a CLT, deverá ser ajuizada por Emerson para fazer prevalecer o seu direito.

A) Execução de Título Extrajudicial.

B) Mandado de Segurança.

C) Ação de Cumprimento.

D) Ação Monitória.

↓ RESPOSTA

Alternativa letra: C.
Súmula 246 do TST.

02. (MPT. 19º Concurso para Procurador do Trabalho/2015) Analise as proposições abaixo discriminadas, consoante a jurisprudência uniforme do TST sobre a ação de cumprimento:

1) Falta interesse de agir para a ação individual, singular ou plúrima, quando o direito já foi reconhecido através de decisão normativa, cabendo, no caso, ação de cumprimento.

2) A coisa julgada produzida na ação de cumprimento é atípica, pois dependente de condição resolutiva, ou seja, da não modificação da decisão normativa por eventual recurso. Assim, modificada a sentença normativa pelo TST, com a consequente extinção do processo, sem julgamento do mérito, deve-se extinguir a execução em andamento, uma vez que a norma sobre a qual se apoiava o título exequendo deixou de existir no mundo jurídico.

3) O prazo de prescrição com relação à ação de cumprimento de decisão normativa flui apenas da data do seu trânsito em julgado.

Marque a alternativa CORRETA:

a) apenas as assertivas 1 e 2 estão corretas;

b) apenas as assertivas 2 e 3 estão corretas;

c) apenas as assertivas 1 e 3 estão corretas;

d) todas as assertivas estão corretas.

e) Não respondida.

↓ RESPOSTA

Alternativa Letra D.
1) OJ nº 188 da SDI-I do TST
2) - OJ nº 277 da SDI-I do TST
3) - Súmula nº 350 do TST

03. (FCC – TRT 8 – Analista Judiciário – Área Judiciária/2010) Determinado direito já foi reconhecido mediante sentença normativa, mas Gilson pretende ajuizar reclamação trabalhista para assegurar tal direito. Neste caso,

A) Gilson poderá ajuizar reclamação trabalhista que seguirá obrigatoriamente o rito ordinário.

B) há falta de interesse processual, devendo Gilson ajuizar ação de cumprimento, não sendo necessário que haja o trânsito em julgado da sentença normativa.

C) há falta de interesse processual, devendo Gilson ajuizar ação de cumprimento, sendo necessário que haja o trânsito em julgado da sentença normativa.

D) Gilson poderá ajuizar reclamação trabalhista que seguirá obrigatoriamente o rito sumário.

E) Gilson deverá ajuizar execução provisória de sentença normativa, devendo depositar 50% do valor da causa a título de caução.

↓ RESPOSTA

Alternativa Letra B.
Súmula nº 246 do TST e
OJ nº 188 da SDI-I.

04. (FCC – TRT 2 – Analista Judiciário – Área Judiciária/2008) No que diz respeito à Ação de Cumprimento, considere:

I. É dispensável o trânsito em julgado da sentença normativa para a propositura da ação de cumprimento.

II. Procede ação rescisória calcada em ofensa à coisa julgada perpetrada por decisão proferida em ação de cumprimento, em face da sentença normativa, na qual se louvava ter sido modificada em grau de recurso.

III. Há legitimidade concorrente para a propositura da ação de cumprimento, uma vez que tanto o sindicato quanto os empregados poderão propô-la.

IV. A competência para processar e julgar ação de cumprimento é, em regra, do Tribunal Regional do Trabalho de competência do local da prestação do serviço.

Está correto o que consta APENAS em

A) I, II e III.

B) I e III.

C) II, III e IV.

D) I e IV.

E) II e III.

↓RESPOSTA

Alternativa Letra B.
I – Súmula nº 246 do TST.
III – artigo 872, parágrafo único CLT.

05. (FCC – TRT 15 – Analista Judiciário – Área Administrativa/2009) Considere as seguintes assertivas:

I. O advogado pode ser preposto e advogado ao mesmo tempo, não havendo impedimento legal neste sentido, mas para ser preposto em audiência deverá se empregado do representado.

II. Nas ações de cumprimento os empregados poderão fazer-se representar pelo sindicato da categoria.

III. É vedado ao empregador fazer-se representar em juízo por preposto em dissídio coletivo.

IV. Em regra, o preposto em audiência deve ser necessariamente empregado do reclamado.

Está correto o que se afirma SOMENTE em

A) II e IV.

B) I e II.

C) I, II e III.

D) II, III e IV.

E) III e IV.

↓RESPOSTA

Alternativa Letra A.
II – Súmula nº 286 do TST e art. 843, caput CLT.
IV – Súmula nº 377 do TST.

Capítulo XX
HABEAS CORPUS

OJ Nº 143 da SDI - II do TST

"Habeas corpus". Penhora sobre coisa futura e incerta. Prisão. Depositário infiel

Não se caracteriza a condição de depositário infiel quando a penhora recair sobre coisa futura e incerta, circunstância que, por si só, inviabiliza a materialização do depósito no momento da constituição do paciente em depositário, autorizando-se a concessão de "habeas corpus" diante da prisão ou ameaça de prisão que sofra.

OJ Nº 89 da SDI - II do TST

"Habeas corpus". Depositário. Termo de depósito não assinado pelo paciente. Necessidade de aceitação do encargo. Impossibilidade de prisão civil

A investidura no encargo de depositário depende da aceitação do nomeado que deve assinar termo de compromisso no auto de penhora, sem o que, é inadmissível a restrição de seu direito de liberdade.

OJ Nº 156 da SDI - II do TST

"Habeas corpus" originário no TST. Substitutivo de recurso ordinário em "habeas corpus". Cabimento contra decisão definitiva proferida por Tribunal Regional do Trabalho

É cabível ajuizamento de "habeas corpus" originário no Tribunal Superior do Trabalho, em substituição de recurso ordinário em "habeas corpus", de decisão definitiva proferida por Tribunal Regional do Trabalho, uma vez que o órgão colegiado passa a ser a autoridade coatora no momento em que examina o mérito do "habeas corpus" impetrado no âmbito da Corte local.

✪ *Súmula Vinculante Nº 25 do STF*

É ilícita a prisão civil de depositário infiel, qualquer que seja a modalidade do depósito.

ÍNDICE CRONOLÓGICO

1. SÚMULAS DO TST

► SÚMULA Nº 1 DO TST

Prazo Judicial

Quando a intimação tiver lugar na sexta-feira, ou a publicação com efeito de intimação for feita nesse dia, o prazo judicial será contado da segunda-feira imediata, inclusive, salvo se não houver expediente, caso em que fluirá no dia útil que se seguir. >> **319**

► SÚMULA Nº 6 DO TST

Equiparação salarial. Art. 461 da CLT

I – Para os fins previstos no § 2º do art. 461 da CLT, só é válido o quadro de pessoal organizado em carreira quando homologado pelo Ministério do Trabalho, excluindo-se, apenas, dessa exigência o quadro de carreira das entidades de direito público da administração direta, autárquica e fundacional aprovado por ato administrativo da autoridade competente.

II – Para efeito de equiparação de salários em caso de trabalho igual, conta-se o tempo de serviço na função e não no emprego.

III – A equiparação salarial só é possível se o empregado e o paradigma exercerem a mesma função, desempenhando as mesmas tarefas, não importando se os cargos têm, ou não, a mesma denominação.

IV – É desnecessário que, ao tempo da reclamação sobre equiparação salarial, reclamante e paradigma estejam a serviço do estabelecimento, desde que o pedido se relacione com situação pretérita.

V – A cessão de empregados não exclui a equiparação salarial, embora exercida a função em órgão governamental estranho à cedente, se esta responde pelos salários do paradigma e do reclamante.

VI – Presentes os pressupostos do art. 461 da CLT, é irrelevante a circunstância de que o desnível salarial tenha origem em decisão judicial que beneficiou o paradigma, exceto: a) se decorrente de vantagem pessoal ou de tese jurídica superada pela jurisprudência de Corte Superior; b) na hipótese de equiparação salarial em cadeia, suscitada em defesa, se o empregador produzir prova do alegado fato modificativo, impeditivo ou extintivo do direito à equiparação salarial em relação ao paradigma remoto, considerada irrelevante, para esse efeito, a existência de tempo de serviço na função superior a dois anos entre o reclamante e todos os demais empregados paradigmas componentes da cadeia equiparatória que não seja o paradigma imediato.

VII – Desde que atendidos os requisitos do art. 461 da CLT, é possível a equiparação salarial de trabalho intelectual, que pode ser avaliado por sua perfeição técnica, cuja aferição terá critérios objetivos.

VIII – É do empregador o ônus da prova do fato impeditivo, modificativo ou extintivo da equiparação salarial.

IX – Na ação de equiparação salarial, a prescrição é parcial e só alcança as diferenças salariais vencidas no período de 5 (cinco) anos que precedeu o ajuizamento.

X – O conceito de "mesma localidade" de que trata o art. 461 da CLT refere-se, em princípio, ao mesmo município, ou a municípios distintos que, comprovadamente, pertençam à mesma região metropolitana. >> **175, 248, 353**

► SÚMULA Nº 7 DO TST

Férias

A indenização pelo não-deferimento das férias no tempo oportuno será calculada com base na remuneração devida ao empregado na época da reclamação ou, se for o caso, na da extinção do contrato. >> **121**

► SÚMULA Nº 8 DO TST

Juntada de documento

A juntada de documentos na fase recursal só se justifica quando provado o justo impedimento para sua oportuna apresentação ou se referir a fato posterior à sentença. >> **359, 396**

► SÚMULA Nº 9 DO TST

Ausência do reclamante

A ausência do reclamante, quando adiada a instrução após contestada a ação em audiência, não importa arquivamento do processo. >> 335

► SÚMULA Nº 10 DO TST

Professor. Dispensa sem justa causa. Término do ano letivo ou no curso de férias escolares. Aviso-prévio

O direito aos salários assegurados (artigo 322, caput e parágrafo 3º da CLT) não exclui o direito também ao aviso-prévio, na hipótese de dispensa sem justa causa ao término do ano letivo ou no curso das férias escolares. >> 122

► SÚMULA Nº 12 DO TST

Carteira profissional

As anotações apostas pelo empregador na carteira profissional do empregado não geram presunção juris et de jure, mas apenas juris tantum. >> 61, 359

► SÚMULA Nº 13 DO TST

Mora

O só pagamento dos salários atrasados em audiência não elide a mora capaz de determinar a rescisão do contrato de trabalho. >> 234

► SÚMULA Nº 14 DO TST

Culpa recíproca

Reconhecida a culpa recíproca na rescisão do contrato de trabalho (art. 484 da CLT), o empregado tem direito a 50% (cinquenta por cento) do valor do aviso prévio, do décimo terceiro salário e das férias proporcionais. >> 143, 226, 235

► SÚMULA Nº 15 DO TST

Atestado médico

A justificação da ausência do empregado motivada por doença, para a percepção do salário-enfermidade e da remuneração do repouso semanal, deve observar a ordem preferencial dos atestados médicos estabelecida em lei. >> 116

► SÚMULA Nº 16 DO TST

Notificação

Presume-se recebida a notificação 48 (quarenta e oito) horas depois de sua postagem. O seu não-recebimento ou a entrega após o decurso desse prazo constitui ônus de prova do destinatário. >> 317

► SÚMULA Nº 18 DO TST

Compensação

A compensação, na Justiça do Trabalho, está restrita a dívidas de natureza trabalhista. >> 235, 349

► SÚMULA Nº 19 DO TST

Quadro de carreira

A Justiça do Trabalho é competente para apreciar reclamação de empregado que tenha por objeto direito fundado em quadro de carreira >> 176, 275

► SÚMULA Nº 23 DO TST

Recurso

Não se conhece de recurso de revista ou de embargos, se a decisão recorrida resolver determinado item do pedido por diversos fundamentos e a jurisprudência transcrita não abranger a todos. >> 408, 417

► SÚMULA Nº 24 DO TST

Serviço extraordinário

Insere-se no cálculo da indenização por antigüidade o salário relativo a serviço extraordinário, desde que habitualmente prestado. >> 147

► SÚMULA Nº 25 DO TST

Custas Processuais. Inversão do ônus da Sucumbência.

I - A parte vencedora na primeira instância, se vencida na segunda, está obrigada, independentemente de intimação, a pagar as custas fixadas na sentença originária, das quais ficara isenta a parte então vencida;

II - No caso de inversão do ônus da sucumbência em segundo grau, sem acréscimo ou atualização do valor das custas e se estas já foram devidamente recolhidas, descabe um novo pagamento pela parte vencida, ao recorrer. Deverá ao final, se sucumbente, reembolsar a quantia; (ex-OJ nº 186 da SBDI-I)

III - Não caracteriza deserção a hipótese em que, acrescido o valor da condenação, não houve fixação ou cálculo do valor devido a título de custas e tampouco intimação da parte para o preparo do recurso, devendo ser as custas pagas ao final; (ex-OJ nº 104 da SBDI-I)

IV - O reembolso das custas à parte vencedora faz-se necessário mesmo na hipótese em que a parte vencida for pessoa isenta do seu pagamento, nos termos do art. 790-A, parágrafo único, da CLT. >> **381**

► Súmula nº 27 do TST

Comissionista

É devida a remuneração do repouso semanal remunerado e dos dias feriados ao empregado comissionista, ainda que pracista. >> **116, 138**

► Súmula nº 28 do TST

Indenização

No caso de converter a reintegração em indenização dobrada, o direito aos salários é assegurado até a data da primeira decisão que determinou essa conversão. >> **195**

► Súmula nº 29 do TST

Transferência

Empregado transferido, por ato unilateral do empregador, para local mais distante de sua residência, tem direito a suplemento salarial correspondente ao acréscimo da despesa de transporte. >> **69, 155**

► Súmula nº 30 do TST

Intimação da sentença

Quando não juntada a ata ao processo em 48 horas, contadas da audiência de julgamento (art. 851, § 2º, da CLT), o prazo para recurso será contado da data em que a parte receber a intimação da sentença. >> **320, 379**

► Súmula nº 32 do TST

Abandono de emprego

Presume-se o abandono de emprego se o trabalhador não retornar ao serviço no prazo de 30 dias após a cessação do benefício previdenciário nem justificar o motivo de não o fazer. >> **234**

► Súmula nº 33 do TST

Mandado de segurança. Decisão judicial transitada em julgado

Não cabe mandado de segurança de decisão judicial transitada em julgado. >> **480**

► Súmula nº 36 do TST

Custas

Nas ações plúrimas, as custas incidem sobre o respectivo valor global. >> **314, 381**

► Súmula nº 39 do TST

Periculosidade

Os empregados que operam em bomba de gasolina têm direito ao adicional de periculosidade (Lei nº 2.573, de 15.8.55). >> **159**

► Súmula nº 43 do TST

Transferência

Presume-se abusiva a transferência de que trata o § 1º do art. 469 da CLT, sem comprovação da necessidade do serviço. >> **69**

► Súmula nº 44 do TST

Aviso-prévio

A cessação da atividade da empresa, com o pagamento da indenização, simples ou em dobro, não exclui, por si só, o direito do empregado ao aviso-prévio. >> **225**

► Súmula nº 45 do TST

Serviço suplementar

A remuneração do serviço suplementar, habitualmente prestado, integra o cálculo da gratificação natalina prevista na Lei nº 4.090/62. >> **143, 146**

► Súmula nº 46 do TST

Acidente de trabalho

As faltas ou ausências decorrentes de acidente do trabalho não são consideradas para os efeitos de duração de férias e cálculo da gratificação natalina. >> **121, 143**

► SÚMULA Nº 47 DO TST

Insalubridade

O trabalho executado em condições insalubres, em caráter intermitente, não afasta, só por essa circunstância, o direito à percepção do respectivo adicional. >> **163**

► SÚMULA Nº 48 DO TST

Compensação

A compensação só poderá ser argüida com a contestação. >> **349**

► SÚMULA Nº 50 DO TST

Gratificação natalina

A gratificação natalina, instituída pela Lei nº 4.090, de 13.07.1962, é devida pela empresa cessionária ao servidor público cedido enquanto durar a cessão. >> **143**

► SÚMULA Nº 51 DO TST

Norma regulamentar. Vantagens e opção pelo novo regulamento. Art. 468 da CLT.

I – As cláusulas regulamentares, que revoguem ou alterem vantagens deferidas anteriormente, só atingirão os trabalhadores admitidos após a revogação ou alteração do regulamento.

II – Havendo a coexistência de dois regulamentos da empresa, a opção do empregado por um deles tem efeito jurídico de renúncia às regras do sistema do outro. >> **19, 42**

► SÚMULA Nº 52 DO TST

Tempo de serviço

O adicional de tempo de serviço (qüinqüênio) é devido, nas condições estabelecidas no art. 19 da Lei nº 4.345, de 26.06.1964, aos contratados sob o regime da CLT, pela empresa a que se refere a mencionada lei, inclusive para o fim de complementação de aposentadoria. >> **142**

► SÚMULA Nº 53 DO TST

Custas

O prazo para pagamento das custas, no caso de recurso, é contado da intimação do cálculo. >> **320, 381**

► SÚMULA Nº 54 DO TST

Optante

Rescindindo por acordo seu contrato de trabalho, o empregado estável optante tem direito ao mínimo de 60% (sessenta por cento) do total da indenização em dobro, calculada sobre o maior salário percebido no emprego. Se houver recebido menos do que esse total, qualquer que tenha sido a forma de transação, assegura-se-lhe a complementação até aquele limite. >> **195**

► SÚMULA Nº 55 DO TST

Financeiras

As empresas de crédito, financiamento ou investimento, também denominadas financeiras, equiparam-se aos estabelecimentos bancários para os efeitos do art. 224 da CLT. >> **31**

► SÚMULA Nº 60 DO TST

Adicional noturno. Integração no salário e prorrogação em horário diurno

I – O adicional noturno pago com habitualidade integra o salário do empregado para todos os efeitos.

II – Cumprida integralmente a jornada no período noturno e prorrogada esta, devido é também o adicional quanto às horas prorrogadas. Exegese do art. 73, § 5º, da CLT. >> **151**

► SÚMULA Nº 61 DO TST

Ferroviário

Aos ferroviários que trabalham em estação do interior, assim classificada por autoridade competente, não são devidas horas extras (art. 243 da CLT). >> **89**

► SÚMULA Nº 62 DO TST

Abandono de emprego

O prazo de decadência do direito do empregador de ajuizar inquérito em face do empregado que incorre em abandono de emprego é contado a partir do momento em que o empregado pretendeu seu retorno ao serviço. >> **253**

► SÚMULA Nº 63 DO TST

Fundo de Garantia

A contribuição para o Fundo de Garantia do Tempo de Serviço incide sobre a remuneração mensal devida ao empregado, inclusive horas extras e adicionais eventuais. >> 146, 219

▶ SÚMULA Nº 65 DO TST

Vigia

O direito à hora reduzida de 52 minutos e 30 segundos aplica-se ao vigia noturno. >> 151

▶ SÚMULA Nº 67 DO TST

Gratificação. Ferroviário

Chefe de trem, regido pelo estatuto dos ferroviários (Decreto nº 35.530, de 19.09.1959), não tem direito à gratificação prevista no respectivo art. 110. >> 141

▶ SÚMULA Nº 69 DO TST

Rescisão do contrato

A partir da Lei nº 10.272, de 05.09.2001, havendo rescisão do contrato de trabalho e sendo revel e confesso quanto à matéria de fato, deve ser o empregador condenado ao pagamento das verbas rescisórias, não quitadas na primeira audiência, com acréscimo de 50% (cinqüenta por cento). >> 192, 350

▶ SÚMULA Nº 70 DO TST

Adicional de periculosidade

O adicional de periculosidade não incide sobre os triênios pagos pela Petrobras. >> 157

▶ SÚMULA Nº 71 DO TST

Alçada

A alçada é fixada pelo valor dado à causa na data de seu ajuizamento, desde que não impugnado, sendo inalterável no curso do processo. >> 329

▶ SÚMULA Nº 72 DO TST

Aposentadoria

O prêmio-aposentadoria instituído por norma regulamentar da empresa não está condicionado ao disposto no § 2º do art. 14 da Lei nº 8.036, de 11.05.1990. >> 23

▶ SÚMULA Nº 73 DO TST

Despedida. Justa causa

A ocorrência de justa causa, salvo a de abandono de emprego, no decurso do prazo de aviso-prévio dado pelo empregador, retira do empregado qualquer direito às verbas rescisórias de natureza indenizatória. >> 226

▶ SÚMULA Nº 74 DO TST

Confissão

I – Aplica-se a confissão à parte que, expressamente intimada com aquela cominação, não comparecer à audiência em prosseguimento, na qual deveria depor.

II – A prova pré-constituída nos autos pode ser levada em conta para confronto com a confissão ficta (arts. 442 e 443, do CPC de 2015 – art. 400, I, do CPC de 1973), não implicando cerceamento de defesa o indeferimento de provas posteriores.

III – A vedação à produção de prova posterior pela parte confessa somente a ela se aplica, não afetando o exercício, pelo magistrado, do poder/dever de conduzir o processo. >> 362

▶ SÚMULA Nº 77 DO TST

Punição

Nula é a punição de empregado se não precedida de inquérito ou sindicância internos a que se obrigou a empresa por norma regulamentar. >> 19, 42

▶ SÚMULA Nº 80 DO TST

Insalubridade

A eliminação da insalubridade mediante fornecimento de aparelhos protetores aprovados pelo órgão competente do Poder Executivo exclui a percepção do respectivo adicional. >> 170

▶ SÚMULA Nº 81 DO TST

Férias

Os dias de férias gozados após o período legal de concessão deverão ser remunerados em dobro. >> 121

▶ SÚMULA Nº 82 DO TST

Assistência

A intervenção assistencial, simples ou adesiva, só é admissível se demonstrado o interesse jurídico e não o meramente econômico. >> 316

▶ SÚMULA Nº 83 DO TST

Ação rescisória. Matéria controvertida

I – Não procede pedido formulado na ação rescisória por violação literal de lei se a decisão rescindenda estiver baseada em texto legal infraconstitucional de interpretação controvertida nos Tribunais.

II – O marco divisor quanto a ser, ou não, controvertida, nos Tribunais, a interpretação dos dispositivos legais citados na ação rescisória é a data da inclusão, na Orientação Jurisprudencial do TST, da matéria discutida. >> **468**

▶ SÚMULA Nº 84 DO TST

Adicional regional

O adicional regional, instituído pela Petrobras, não contraria o art. 7º, XXXII, da CF/1988. >> **142**

▶ SÚMULA Nº 85 DO TST

Compensação de jornada

I – A compensação de jornada de trabalho deve ser ajustada por acordo individual escrito, acordo coletivo ou convenção coletiva.

II – O acordo individual para compensação de horas é válido, salvo se houver norma coletiva em sentido contrário.

III – O mero não-atendimento das exigências legais para a compensação de jornada, inclusive quando encetada mediante acordo tácito, não implica a repetição do pagamento das horas excedentes à jornada normal diária, se não dilatada a jornada máxima semanal, sendo devido apenas o respectivo adicional.

IV – A prestação de horas extras habituais descaracteriza o acordo de compensação de jornada. Nesta hipótese, as horas que ultrapassarem a jornada semanal normal deverão ser pagas como horas extraordinárias e, quanto àquelas destinadas à compensação, deverá ser pago a mais apenas o adicional por trabalho extraordinário.

V – As disposições contidas nesta súmula não se aplicam ao regime compensatório na modalidade "banco de horas", que somente pode ser instituído por negociação coletiva.

VI – Não é válido acordo de compensação de jornada em atividade insalubre, ainda que estipulado em norma coletiva, sem a necessária inspeção prévia e permissão da autoridade competente, na forma do art. 60 da CLT. >> **99**

▶ SÚMULA Nº 86 DO TST

Deserção. Massa falida. Empresa em liquidação extrajudicial

Não ocorre deserção de recurso da massa falida por falta de pagamento de custas ou de depósito do valor da condenação. Esse privilégio, todavia, não se aplica à empresa em liquidação extrajudicial. >> **382**

▶ SÚMULA Nº 87 DO TST

Previdência privada

Se o empregado, ou seu beneficiário, já recebeu da instituição previdenciária privada, criada pela empresa, vantagem equivalente, é cabível a dedução de seu valor do benefício a que faz jus por norma regulamentar anterior. >> **22**

▶ SÚMULA Nº 89 DO TST

Falta ao serviço

Se as faltas já são justificadas pela lei, consideram-se como ausências legais e não serão descontadas para o cálculo do período de férias. >> **121**

▶ SÚMULA Nº 90 DO TST

Horas in itinere. Tempo de serviço

I – O tempo despendido pelo empregado, em condução fornecida pelo empregador, até o local de trabalho de difícil acesso, ou não servido por transporte público regular, e para o seu retorno é computável na jornada de trabalho.

II – A incompatibilidade entre os horários de início e término da jornada do empregado e os do transporte público regular é circunstância que também gera o direito às horas "in itinere".

III – A mera insuficiência de transporte público não enseja o pagamento de horas "in itinere".

IV – Se houver transporte público regular em parte do trajeto percorrido em condução da empresa, as horas "in itinere" remuneradas limitam-se ao trecho não alcançado pelo transporte público.

V – Considerando que as horas "in itinere" são computáveis na jornada de trabalho, o tempo que extrapola a jornada legal é considerado como extraordinário e sobre ele deve incidir o adicional respectivo. >> **85**

▶ SÚMULA Nº 91 DO TST

Salário complessivo

Nula é a cláusula que fixa determinada importância ou percentagem para atender englobadamente vários direitos legais ou contratuais do trabalhador. >> **130**

▶ SÚMULA Nº 92 DO TST

Aposentadoria

O direito à complementação de aposentadoria, criado pela empresa, com requisitos próprios, não se altera pela instituição de benefício previdenciário por órgão oficial. >> **22**

▶ SÚMULA Nº 93 DO TST

Bancário

Integra a remuneração do bancário a vantagem pecuniária por ele auferida na colocação ou na venda de papéis ou valores mobiliários de empresas pertencentes ao mesmo grupo econômico, se exercida essa atividade no horário e no local de trabalho e com o consentimento, tácito ou expresso, do banco empregador. >> **31**

▶ SÚMULA Nº 96 DO TST

Marítimo

A permanência do tripulante a bordo do navio, no período de repouso, além da jornada, não importa presunção de que esteja à disposição do empregador ou em regime de prorrogação de horário, circunstâncias que devem resultar provadas, dada a natureza do serviço. >> **147**

▶ SÚMULA Nº 97 DO TST

Aposentadoria. Complementação

Instituída complementação de aposentadoria por ato da empresa, expressamente dependente de regulamentação, as condições desta devem ser observadas como parte integrante da norma. >> **23**

▶ SÚMULA Nº 98 DO TST

FGTS. Indenização. Equivalência. Compatibilidade

I – A equivalência entre os regimes do Fundo de Garantia do Tempo de Serviço e da estabilidade prevista na CLT é meramente jurídica e não econômica, sendo indevidos valores a título de reposição de diferenças. >>

II – A estabilidade contratual ou a derivada de regulamento de empresa são compatíveis com o regime do FGTS. Diversamente ocorre com a estabilidade legal (decenal, art. 492 da CLT), que é renunciada com a opção pelo FGTS. >> **195**

▶ SÚMULA Nº 99 DO TST

Ação rescisória. Deserção. Prazo

Havendo recurso ordinário em sede de rescisória, o depósito recursal só é exigível quando for julgado procedente o pedido e imposta condenação em pecúnia, devendo este ser efetuado no prazo recursal, no limite e nos termos da legislação vigente, sob pena de deserção. >> **389, 476**

▶ SÚMULA Nº 100 DO TST

Ação rescisória. Decadência

I – O prazo de decadência, na ação rescisória, conta-se do dia imediatamente subseqüente ao trânsito em julgado da última decisão proferida na causa, seja de mérito ou não.

II – Havendo recurso parcial no processo principal, o trânsito em julgado dá-se em momentos e em tribunais diferentes, contando-se o prazo decadencial para a ação rescisória do trânsito em julgado de cada decisão, salvo se o recurso tratar de preliminar ou prejudicial que possa tornar insubsistente a decisão recorrida, hipótese em que flui a decadência a partir do trânsito em julgado da decisão que julgar o recurso parcial.

III – Salvo se houver dúvida razoável, a interposição de recurso intempestivo ou a interposição de recurso incabível não protrai o termo inicial do prazo decadencial.

IV – O juízo rescindente não está adstrito à certidão de trânsito em julgado juntada com a ação rescisória, podendo formar sua convicção através de outros elementos dos autos quanto à antecipação ou postergação do "dies a quo" do prazo decadencial.

V – O acordo homologado judicialmente tem força de decisão irrecorrível, na forma do art. 831 da CLT. Assim sendo, o termo conciliatório transita em julgado na data da sua homologação judicial.

VI – Na hipótese de colusão das partes, o prazo decadencial da ação rescisória somente começa a fluir para o Ministério Público, que não interveio no processo principal, a partir do momento em que tem ciência da fraude.

VII – Não ofende o princípio do duplo grau de jurisdição a decisão do TST que, após afastar a decadência em sede de recurso ordinário, aprecia desde logo a lide, se a causa versar questão exclusivamente de direito e estiver em condições de imediato julgamento.

VIII – A exceção de incompetência, ainda que oposta no prazo recursal, sem ter sido aviado o recurso próprio, não tem o condão de afastar a consumação da coisa julgada e, assim, postergar o termo inicial do prazo decadencial para a ação rescisória.

IX – Prorroga-se até o primeiro dia útil, imediatamente subseqüente, o prazo decadencial para ajuizamento de ação rescisória quando expira em férias forenses, feriados, finais de semana ou em dia em que não houver expediente forense. Aplicação do art. 775 da CLT.

X – Conta-se o prazo decadencial da ação rescisória, após o decurso do prazo legal previsto para a interposição do recurso extraordinário, apenas quando esgotadas todas as vias recursais ordinárias. >> 449

▶ SÚMULA Nº 101 DO TST

Diárias de viagem. Salário

Integram o salário, pelo seu valor total e para efeitos indenizatórios, as diárias de viagem que excedam a 50% (cinquenta por cento) do salário do empregado, enquanto perdurarem as viagens. >> 173

▶ SÚMULA Nº 102 DO TST

Bancário. Cargo de confiança

I – A configuração, ou não, do exercício da função de confiança a que se refere o art. 224, § 2º, da CLT, dependente da prova das reais atribuições do empregado, é insuscetível de exame mediante recurso de revista ou de embargos.

II – O bancário que exerce a função a que se refere o § 2º do art. 224 da CLT e recebe gratificação não inferior a um terço de seu salário já tem remuneradas as duas horas extraordinárias excedentes de seis.

III – Ao bancário exercente de cargo de confiança previsto no artigo 224, § 2º, da CLT são devidas as 7ª e 8ª horas, como extras, no período em que se verificar o pagamento a menor da gratificação de 1/3.

IV – O bancário sujeito à regra do art. 224, § 2º, da CLT cumpre jornada de trabalho de 8 (oito) horas, sendo extraordinárias as trabalhadas além da oitava.

V – O advogado empregado de banco, pelo simples exercício da advocacia, não exerce cargo de confiança, não se enquadrando, portanto, na hipótese do § 2º do art. 224 da CLT.

VI – O caixa bancário, ainda que caixa executivo, não exerce cargo de confiança. Se perceber gratificação igual ou superior a um terço do salário do posto efetivo, essa remunera apenas a maior responsabilidade do cargo e não as duas horas extraordinárias além da sexta.

VII – O bancário exercente de função de confiança, que percebe a gratificação não inferior ao terço legal, ainda que norma coletiva contemple percentual superior, não tem direito às sétima e oitava horas como extras, mas tão somente às diferenças de gratificação de função, se postuladas. >> 30

▶ SÚMULA Nº 109 DO TST

Gratificação de função

O bancário não enquadrado no § 2º do art. 224 da CLT, que receba gratificação de função, não pode ter o salário relativo a horas extraordinárias compensado com o valor daquela vantagem. >> 30

▶ SÚMULA Nº 110 DO TST

Jornada de trabalho. Intervalo.

No regime de revezamento, as horas trabalhadas em seguida ao repouso semanal de 24 horas, com prejuízo do intervalo mínimo de 11 horas consecutivas para descanso entre jornadas, devem ser remuneradas como extraordinárias, inclusive com o respectivo adicional. >> **108**

▶ SÚMULA Nº 112 DO TST

Trabalho noturno. Petróleo

O trabalho noturno dos empregados nas atividades de exploração, perfuração, produção e refinação do petróleo, industrialização do xisto, indústria petroquímica e transporte de petróleo e seus derivados, por meio de dutos, é regulado pela Lei 5.811/72, não se lhe aplicando a hora reduzida de 52 (cinquenta e dois) minutos e 30 (trinta) segundos do art. 73, § 2º, da CLT. >> **97**

▶ SÚMULA Nº 113 DO TST

Bancário. Sábado. Dia útil

O sábado do bancário é dia útil não trabalhado, não dia de repouso remunerado. Não cabe a repercussão do pagamento de horas extras habituais em sua remuneração. >> **31, 117**

▶ SÚMULA Nº 114 DO TST

Prescrição intercorrente

É inaplicável na Justiça do Trabalho a prescrição intercorrente. >> **250**

▶ SÚMULA Nº 115 DO TST

Horas extras. Gratificações semestrais

O valor das horas extras habituais integra a remuneração do trabalhador para cálculo das gratificações semestrais. >> **146**

▶ SÚMULA Nº 117 DO TST

Bancário. Categoria diferenciada

Não se beneficiam do regime legal relativo aos bancários os empregados de estabelecimento de crédito pertencentes a categorias profissionais diferenciadas. >> **32**

▶ SÚMULA Nº 118 DO TST

Jornada de trabalho. Horas extras

Os intervalos concedidos pelo empregador na jornada de trabalho, não previstos em lei, representam tempo à disposição da empresa, remunerados como serviço extraordinário, se acrescidos ao final da jornada. >> **107**

▶ SÚMULA Nº 119 DO TST

Jornada de trabalho

Os empregados de empresas distribuidoras e corretoras de títulos e valores mobiliários não têm direito à jornada especial dos bancários. >> **31**

▶ SÚMULA Nº 122 DO TST

Revelia. Atestado médico

A reclamada, ausente à audiência em que deveria apresentar defesa, é revel, ainda que presente seu advogado munido de procuração, podendo ser ilidida a revelia mediante a apresentação de atestado médico, que deverá declarar, expressamente, a impossibilidade de locomoção do empregador ou do seu preposto no dia da audiência. >> **336, 350**

▶ SÚMULA Nº 124 DO TST

Bancário. Salário-hora. Divisor

I – O divisor aplicável para o cálculo das horas extras do bancário, se houver ajuste individual expresso ou coletivo no sentido de considerar o sábado como dia de descanso remunerado, será:

a) 150, para os empregados submetidos à jornada de seis horas, prevista no caput do art. 224 da CLT;

b) 200, para os empregados submetidos à jornada de oito horas, nos termos do § 2º do art. 224 da CLT.

II – Nas demais hipóteses, aplicar-se-á o divisor:

a) 180, para os empregados submetidos à jornada de seis horas prevista no caput do art. 224 da CLT;

b) 220, para os empregados submetidos à jornada de oito horas, nos termos do § 2º do art. 224 da CLT. >> **30**

▶ SÚMULA Nº 125 DO TST

Contrato de trabalho. Art. 479 da CLT

O art. 479 da CLT aplica-se ao trabalhador optante pelo FGTS admitido mediante contrato por prazo determinado, nos termos do art. 30, § 3º, do Decreto nº 59.820, de 20.12.1966. >> **61, 221**

► SÚMULA Nº 126 DO TST

Recurso. Cabimento

Incabível o recurso de revista ou de embargos (arts. 896 e 894, "b", da CLT) para reexame de fatos e provas. >> **404, 415**

► SÚMULA Nº 127 DO TST

Quadro de carreira

Quadro de pessoal organizado em carreira, aprovado pelo órgão competente, excluída a hipótese de equiparação salarial, não obsta reclamação fundada em preterição, enquadramento ou reclassificação. >> **176**

► SÚMULA Nº 128 DO TST

Depósito Recursal

I – É ônus da parte recorrente efetuar o depósito legal, integralmente, em relação a cada novo recurso interposto, sob pena de deserção. Atingido o valor da condenação, nenhum depósito mais é exigido para qualquer recurso.

II – Garantido o juízo, na fase executória, a exigência de depósito para recorrer de qualquer decisão viola os incisos II e LV do art. 5º da CF/1988. Havendo, porém, elevação do valor do débito, exige-se a complementação da garantia do juízo.

III – Havendo condenação solidária de duas ou mais empresas, o depósito recursal efetuado por uma delas aproveita as demais, quando a empresa que efetuou o depósito não pleiteia sua exclusão da lide. >> **388**

► SÚMULA Nº 129 DO TST

Contrato de trabalho. Grupo econômico

A prestação de serviços a mais de uma empresa do mesmo grupo econômico, durante a mesma jornada de trabalho, não caracteriza a coexistência de mais de um contrato de trabalho, salvo ajuste em contrário. >> **41**

► SÚMULA Nº 132 DO TST

Adicional de periculosidade. Integração

I – O adicional de periculosidade, pago em caráter permanente, integra o cálculo de indenização e de horas extras.

II – Durante as horas de sobreaviso, o empregado não se encontra em condições de risco, razão pela qual é incabível a integração do adicional de periculosidade sobre as mencionadas horas. >> **146, 157**

► SÚMULA Nº 138 DO TST

Readmissão

Em caso de readmissão, conta-se a favor do empregado o período de serviço anterior, encerrado com a saída espontânea. >> **234**

► SÚMULA Nº 139 DO TST

Adicional de insalubridade

Enquanto percebido, o adicional de insalubridade integra a remuneração para todos os efeitos legais. >> **163**

► SÚMULA Nº 140 DO TST

Vigia

É assegurado ao vigia, sujeito ao trabalho noturno, o direito ao respetivo adicional. >> **151**

► SÚMULA Nº 143 DO TST

Salário profissional

O salário profissional dos médicos e dentistas guarda proporcionalidade com as horas efetivamente trabalhadas, respeitado o mínimo de 50 (cinqüenta) horas. >> **130**

► SÚMULA Nº 146 DO TST

Trabalho em domingos e feriados, não compensado

O trabalho prestado em domingos e feriados, não compensado, deve ser pago em dobro, sem prejuízo da remuneração relativa ao repouso semanal. >> **116**

► SÚMULA Nº 148 DO TST

Gratificação natalina

É computável a gratificação de Natal para efeito de cálculo de indenização. >> **143**

► SÚMULA Nº 149 DO TST

Tarefeiro. Férias

A remuneração das férias do tarefeiro deve ser calculada com base na média da produção do período aquisitivo, aplicando-se-lhe a tarifa da data da concessão. >> **121**

► **SÚMULA Nº 152 DO TST**

Gratificação. Ajuste tácito

O fato de constar do recibo de pagamento de gratificação, o caráter de liberalidade não basta, por si só, para excluir a existência de um ajuste tácito. >> **140**

► **SÚMULA Nº 153 DO TST**

Prescrição

Não se conhece de prescrição não argüida na instância ordinária >> **243**

► **SÚMULA Nº 155 DO TST**

Ausência ao serviço

As horas em que o empregado falta ao serviço para comparecimento necessário, como parte, à Justiça do Trabalho não serão descontadas de seus salários. >> **76**

► **SÚMULA Nº 156 DO TST**

Prescrição. Prazo

Da extinção do último contrato começa a fluir o prazo prescricional do direito de ação em que se objetiva a soma de períodos descontínuos de trabalho. >> **243**

► **SÚMULA Nº 157 DO TST**

Gratificação

A gratificação instituída pela Lei nº 4.090, de 13.7.62, é devida na resilição contratual de iniciativa do empregado. >> **143**

► **SÚMULA Nº 158 DO TST**

Ação rescisória

Da decisão de Tribunal Regional do Trabalho, em ação rescisória, é cabível recurso ordinário para o Tribunal Superior do Trabalho, em face da organização judiciária trabalhista. >> **400, 476**

► **SÚMULA Nº 159 DO TST**

Substituição de caráter não eventual e vacância do cargo

I – Enquanto perdurar a substituição que não tenha caráter meramente eventual, inclusive nas férias, o empregado substituto fará jus ao salário contratual do substituído.

II – Vago o cargo em definitivo, o empregado que passa a ocupá-lo não tem direito a salário igual ao do antecessor. >> **176**

► **SÚMULA Nº 160 DO TST**

Aposentadoria por invalidez

Cancelada a aposentadoria por invalidez, mesmo após cinco anos, o trabalhador terá direito de retornar ao emprego, facultado, porém, ao empregador, indenizá-lo na forma da lei. >> **77**

► **SÚMULA Nº 161 DO TST**

Depósito. Condenação a pagamento em pecúnia

Se não há condenação a pagamento em pecúnia, descabe o depósito de que tratam os §§ 1º e 2º do art. 899 da CLT. >> **388**

► **SÚMULA Nº 163 DO TST**

Aviso-prévio. Contrato de experiência

Cabe aviso prévio nas rescisões antecipadas dos contratos de experiência, na forma do art. 481 da CLT (ex-Prejulgado nº 42). >> **61, 225**

► **SÚMULA Nº 170 DO TST**

Sociedade de economia mista. Custas

Os privilégios e isenções no foro da Justiça do Trabalho não abrangem as sociedades de economia mista, ainda que gozassem desses benefícios anteriormente ao Decreto-Lei nº 779, de 21.08.1969. >> **382**

► **SÚMULA Nº 171 DO TST**

Férias proporcionais. Contrato de trabalho. Extinção

Salvo na hipótese de dispensa do empregado por justa causa, a extinção do contrato de trabalho sujeita o empregador ao pagamento da remuneração das férias proporcionais, ainda que incompleto o período aquisitivo de 12 (doze) meses. >> **121, 234**

► **SÚMULA Nº 172 DO TST**

Repouso remunerado. Horas extras. Cálculo

Computam-se no cálculo do repouso semanal remunerado as horas extras habitualmente prestadas. >> **116, 146**

▶ SÚMULA Nº 173 DO TST

Salário. Empresa. Cessação das atividades

Extinto, automaticamente, o vínculo empregatício com a cessação das atividades da empresa, os salários só são devidos até a data da extinção. **>> 235**

▶ SÚMULA Nº 178 DO TST

Telefonista. Art. 227, e parágrafos, da CLT. Aplicabilidade

É aplicável à telefonista de mesa de empresa que não explora o serviço de telefonia o disposto no art. 227, e seus parágrafos, da CLT **>> 106**

▶ SÚMULA Nº 182 DO TST

Aviso-prévio. Indenização compensatória. Lei nº 6.708, de 30.10.1979

O tempo do aviso prévio, mesmo indenizado, conta-se para efeito da indenização adicional prevista no art. 9º da Lei nº 6.708/1979. **>> 226**

▶ SÚMULA Nº 184 DO TST

Embargos declaratórios. Omissão em recurso de revista. Preclusão

Ocorre preclusão se não forem opostos embargos declaratórios para suprir omissão apontada em recurso de revista ou de embargos. **>> 399, 401**

▶ SÚMULA Nº 186 DO TST

Licença-prêmio. Conversão em pecúnia. Regulamento da empresa.

A licença-prêmio, na vigência do contrato de trabalho, não pode ser convertida em pecúnia, salvo se expressamente admitida a conversão no regulamento da empresa. **>> 19**

▶ SÚMULA Nº 187 DO TST

Correção monetária. Incidência

A correção monetária não incide sobre o débito do trabalhador reclamante. **>> 433**

▶ SÚMULA Nº 188 DO TST

Contrato de trabalho. Experiência. Prorrogação

O contrato de experiência pode ser prorrogado, respeitado o limite máximo de 90 dias. **>> 61**

▶ SÚMULA Nº 189 DO TST

Greve. Competência da Justiça do Trabalho. Abusividade

A Justiça do Trabalho é competente para declarar a abusividade, ou não, da greve. **>> 274**

▶ SÚMULA Nº 190 DO TST

Poder normativo do TST. Condições de trabalho. Inconstitucionalidade. Decisões contrárias ao STF

Ao julgar ou homologar ação coletiva ou acordo nela havido, o Tribunal Superior do Trabalho exerce o poder normativo constitucional, não podendo criar ou homologar condições de trabalho que o Supremo Tribunal Federal julgue iterativamente inconstitucionais. **>> 255, 489**

▶ SÚMULA Nº 191 DO TST

Adicional de periculosidade. Incidência. Base de cálculo.

I – O adicional de periculosidade incide apenas sobre o salário básico e não sobre este acrescido de outros adicionais.

II – O adicional de periculosidade do empregado eletricitário, contratado sob a égide da Lei nº 7.369/1985, deve ser calculado sobre a totalidade das parcelas de natureza salarial. Não é válida norma coletiva mediante a qual se determina a incidência do referido adicional sobre o salário básico.

III – A alteração da base de cálculo do adicional de periculosidade do eletricitário promovida pela Lei nº 12.740/2012 atinge somente contrato de trabalho firmado a partir de sua vigência, de modo que, nesse caso, o cálculo será realizado exclusivamente sobre o salário básico, conforme determina o § 1º do art. 193 da CLT. **>> 158**

▶ SÚMULA Nº 192 DO TST

Ação rescisória. Competência e possibilidade jurídica do pedido

I - Se não houver o conhecimento de recurso de revista ou de embargos, a competência para julgar ação que vise a rescindir a decisão de mérito é do Tribunal Regional do Trabalho, ressalvado o disposto no item II.

II - Acórdão rescindendo do Tribunal Superior do Trabalho que não conhece de recurso de embargos ou de revista, analisando arguição de violação de dispositivo de lei material ou decidindo em consonância com súmula de direito material ou com iterativa, notória e atual jurisprudência de direito material da Seção de Dissídios Individuais (Súmula nº 333), examina o mérito da causa, cabendo ação rescisória da competência do Tribunal Superior do Trabalho.

III – Sob a égide do art. 512 do CPC de 1973, é juridicamente impossível o pedido explícito de desconstituição de sentença quando substituída por acórdão do Tribunal Regional ou superveniente sentença homologatória de acordo que puser fim ao litígio.

IV – Na vigência do CPC de 1973, é manifesta a impossibilidade jurídica do pedido de rescisão de julgado proferido em agravo de instrumento que, limitando-se a aferir o eventual desacerto do juízo negativo de admissibilidade do recurso de revista, não substitui o acórdão regional, na forma do art. 512 do CPC.

V - A decisão proferida pela SBDI, em agravo regimental, calcada na Súmula nº 333, substitui acórdão de Turma do TST, porque emite juízo de mérito, comportando, em tese, o corte rescisório. >> **447**

► SÚMULA Nº 197 DO TST

Prazo

O prazo para recurso da parte que, intimada, não comparecer à audiência em prosseguimento para a prolação da sentença conta-se de sua publicação. >> **320, 379**

► SÚMULA Nº 199 DO TST

Bancário. Pré-contratação de horas extras

I – A contratação do serviço suplementar, quando da admissão do trabalhador bancário, é nula. Os valores assim ajustados apenas remuneram a jornada normal, sendo devidas as horas extras com o adicional de, no mínimo, 50% (cinqüenta por cento), as quais não configuram pré-contratação, se pactuadas após a admissão do bancário.

II – Em se tratando de horas extras pré-contratadas, opera-se a prescrição total se a ação não for ajuizada no prazo de cinco anos, a partir da data em que foram suprimidas. >> **30, 244**

► SÚMULA Nº 200 DO TST

Juros de mora. Incidência

Os juros de mora incidem sobre a importância da condenação já corrigida monetariamente. >> **431**

► SÚMULA Nº 201 DO TST

Recurso ordinário em mandado de segurança

Da decisão de Tribunal Regional do Trabalho em mandado de segurança cabe recurso ordinário, no prazo de 8 (oito) dias, para o Tribunal Superior do Trabalho, e igual dilação para o recorrido e interessados apresentarem razões de contrariedade. >> **380, 399, 487**

► SÚMULA Nº 202 DO TST

Gratificação por tempo de serviço. Compensação.

Existindo, ao mesmo tempo, gratificação por tempo de serviço outorgada pelo empregador e outra da mesma natureza prevista em acordo coletivo, convenção coletiva ou sentença normativa, o empregado tem direito a receber, exclusivamente, a que lhe seja mais benéfica. >> **19, 140**

► SÚMULA Nº 203 DO TST

Gratificação por tempo de serviço. Natureza salarial

A gratificação por tempo de serviço integra o salário para todos os efeitos legais. >> **140**

► SÚMULA Nº 206 DO TST

Incidência sobre parcelas prescritas

A prescrição da pretensão relativa às parcelas remuneratórias alcança o respectivo recolhimento da contribuição para o FGTS. >> **222, 250**

► SÚMULA Nº 211 DO TST

Juros de mora e correção monetária. Independência do pedido inicial e do título executivo judicial

Os juros de mora e a correção monetária incluem-se na liquidação, ainda que omisso o pedido inicial ou a condenação. >> **269, 431, 433**

► SÚMULA Nº 212 DO TST

Despedimento. Ônus da prova

O ônus de provar o término do contrato de trabalho, quando negados a prestação de serviço e o despedimento, é do empregador, pois o princípio da continuidade da relação de emprego constitui presunção favorável ao empregado. >> **353**

► SÚMULA Nº 214 DO TST

Decisão interlocutória. Irrecorribilidade

Na Justiça do Trabalho, nos termos do art. 893, § 1º, da CLT, as decisões interlocutórias não ensejam recurso imediato, salvo nas hipóteses de decisão:

a) de Tribunal Regional do Trabalho contrária à Súmula ou Orientação Jurisprudencial do Tribunal Superior do Trabalho;

b) suscetível de impugnação mediante recurso para o mesmo Tribunal;

c) que acolhe exceção de incompetência territorial, com a remessa dos autos para Tribunal Regional distinto daquele a que se vincula o juízo excepcionado, consoante o disposto no art. 799, § 2º, da CLT. >> **269, 373**

► SÚMULA Nº 217 DO TST

Depósito recursal. Credenciamento bancário. Prova dispensável

O credenciamento dos bancos para o fim de recebimento do depósito recursal é fato notório, independendo da prova. >> **389**

► SÚMULA Nº 218 DO TST

Recurso de revista. Acórdão proferido em agravo de instrumento

É incabível recurso de revista interposto de acórdão regional prolatado em agravo de instrumento. >> **405**

► SÚMULA Nº 219 DO TST

Honorários Advocatícios. Cabimento.

I - Na Justiça do Trabalho, a condenação ao pagamento de honorários advocatícios não decorre pura e simplesmente da sucumbência, devendo a parte, concomitantemente: a) estar assistida por sindicato da categoria profissional; b) comprovar a percepção de salário inferior ao dobro do salário mínimo ou encontrar-se em situação econômica que não lhe permita demandar sem prejuízo do próprio sustento ou da respectiva família. (art.14,§1º, da Lei nº 5.584/1970).

II - É cabível a condenação ao pagamento de honorários advocatícios em ação rescisória no processo trabalhista.

III – São devidos os honorários advocatícios nas causas em que o ente sindical figure como substituto processual e nas lides que não derivem da relação de emprego.

IV – Na ação rescisória e nas lides que não derivem de relação de emprego, a responsabilidade pelo pagamento dos honorários advocatícios da sucumbência submete-se à disciplina do Código de Processo Civil (arts. 85, 86, 87 e 90).

V - Em caso de assistência judiciária sindical ou de substituição processual sindical, excetuados os processos em que a Fazenda Pública for parte, os honorários advocatícios são devidos entre o mínimo de dez e o máximo de vinte por cento sobre o valor da condenação, do proveito econômico obtido ou, não sendo possível mensurá-lo, sobre o valor atualizado da causa (CPC de 2015, art. 85, § 2º).

VI - Nas causas em que a Fazenda Pública for parte, aplicar-se-ão os percentuais específicos de honorários advocatícios contemplados no Código de Processo Civil. >> **308**

► SÚMULA Nº 221 DO TST

Recurso de revista. Violação de lei. Indicação de preceito.

A admissibilidade do recurso de revista por violação tem como pressuposto a indicação expressa do dispositivo de lei ou da Constituição tido como violado. >> **410**

► SÚMULA Nº 225 DO TST

Repouso semanal. Cálculo. Gratificações por tempo de serviço e produtividade

As gratificações por tempo de serviço e produtividade, pagas mensalmente, não repercutem no cálculo do repouso semanal remunerado. >> **116, 140**

► SÚMULA Nº 226 DO TST

Bancário. Gratificação por tempo de serviço. Integração no cálculo das horas extras

A gratificação por tempo de serviço integra o cálculo das horas extras. >> **31, 140**

► SÚMULA Nº 228 DO TST

Adicional de insalubridade. Base de cálculo. Súmula cuja eficácia está suspensa por decisão liminar do Supremo Tribunal Federal

A partir de 9 de maio de 2008, data da publicação da Súmula Vinculante nº 4 do Supremo Tribunal Federal, o adicional de insalubridade será calculado sobre o salário básico, salvo critério mais vantajoso fixado em instrumento coletivo. >> **165**

► SÚMULA Nº 229 DO TST

Sobreaviso. Eletricitários

Por aplicação analógica do art. 244, § 2º, da CLT, as horas de sobreaviso dos eletricitários são remuneradas à base de 1/3 sobre a totalidade das parcelas de natureza salarial. >> **80**

► SÚMULA Nº 230 DO TST

Aviso prévio. Substituição pelo pagamento das horas reduzidas da jornada de trabalho

É ilegal substituir o período que se reduz da jornada de trabalho, no aviso-prévio, pelo pagamento das horas correspondentes. >> **225**

► SÚMULA Nº 239 DO TST

Bancário. Empregado de empresa de processamento de dados

É bancário o empregado de empresa de processamento de dados que presta serviço a banco integrante do mesmo grupo econômico, exceto quando a empresa de processamento de dados presta serviços a banco e a empresas não bancárias do mesmo grupo econômico ou a terceiros. >> **31**

► SÚMULA Nº 240 DO TST

Bancário. Gratificação de função e adicional por tempo de serviço

O adicional por tempo de serviço integra o cálculo da gratificação prevista no art. 224, § 2º, da CLT. >> **31**

► SÚMULA Nº 241 DO TST

Salário-utilidade. Alimentação

O vale refeição, fornecido por força do contrato de trabalho, tem caráter salarial, integrando a remuneração do empregado para todos os efeitos legais. >> **135**

► SÚMULA Nº 242 DO TST

Indenização adicional. Valor

A indenização adicional, prevista no art. 9º da Lei nº 6.708, de 30.10.1979 e no art. 9º da Lei nº 7.238 de 28.10.1984, corresponde ao salário mensal, no valor devido na data da comunicação do despedimento, integrado pelos adicionais legais ou convencionados, ligados à unidade de tempo mês, não sendo computável a gratificação natalina. >> **143, 226**

► SÚMULA Nº 243 DO TST

Opção pelo regime trabalhista. Supressão das vantagens estatutárias

Exceto na hipótese de previsão contratual ou legal expressa, a opção do funcionário público pelo regime trabalhista implica a renúncia dos direitos inerentes ao regime estatutário. >> **252**

► SÚMULA Nº 244 DO TST

Gestante. Estabilidade provisória

I – O desconhecimento do estado gravídico pelo empregador não afasta o direito ao pagamento da indenização decorrente da estabilidade (art. 10, II, "b" do ADCT).

II – A garantia de emprego à gestante só autoriza a reintegração se esta se der durante o período de estabilidade. Do contrário, a garantia restringe-se aos salários e demais direitos correspondentes ao período de estabilidade.

III – A empregada gestante tem direito à estabilidade provisória prevista no art.10, inciso II, alínea "b", do Ato das Disposições Constitucionais Transitórias, mesmo na hipótese de admissão mediante contrato por tempo determinado. >> **205**

► SÚMULA Nº 245 DO TST

Depósito recursal. Prazo

O depósito recursal deve ser feito e comprovado no prazo alusivo ao recurso. A interposição antecipada deste não prejudica a dilação legal. >> 320, 388

► SÚMULA Nº 246 DO TST

Ação de cumprimento. Trânsito em julgado da sentença normativa

É dispensável o trânsito em julgado da sentença normativa para a propositura da ação de cumprimento. >> 492

► SÚMULA Nº 247 DO TST

Quebra de caixa. Natureza jurídica

A parcela paga aos bancários sob a denominação "quebra de caixa" possui natureza salarial, integrando o salário do prestador de serviços, para todos os efeitos legais. >> 31

► SÚMULA Nº 248 DO TST

Adicional de insalubridade. Direito adquirido

A reclassificação ou a descaracterização da insalubridade, por ato da autoridade competente, repercute na satisfação do respectivo adicional, sem ofensa a direito adquirido ou ao princípio da irredutibilidade salarial. >> 167

► SÚMULA Nº 253 DO TST

Gratificação semestral. Repercussões

A gratificação semestral não repercute no cálculo das horas extras, das férias e do aviso-prévio, ainda que indenizados. Repercute, contudo, pelo seu duodécimo na indenização por antiguidade e na gratificação natalina. >> 143, 146

► SÚMULA Nº 254 DO TST

Salário-família. Termo inicial da obrigação

O termo inicial do direito ao salário-família coincide com a prova da filiação. Se feita em juízo, corresponde à data de ajuizamento do pedido, salvo se comprovado que anteriormente o empregador se recusara a receber a respectiva certidão. >> 174

► SÚMULA Nº 257 DO TST

Vigilante

O vigilante, contratado diretamente por banco ou por intermédio de empresas especializadas, não é bancário. >> 32

► SÚMULA Nº 258 DO TST

Salário-utilidade. Percentuais

Os percentuais fixados em lei relativos ao salário in natura apenas se referem às hipóteses em que o empregado percebe salário-mínimo, apurando-se, nas demais, o real valor da utilidade. >> 135

► SÚMULA Nº 259 DO TST

Termo de conciliação. Ação rescisória

Só por ação rescisória é impugnável o termo de conciliação previsto no parágrafo único do art. 831 da CLT. >> 345, 473

► SÚMULA Nº 261 DO TST

Férias proporcionais. Pedido de demissão. Contrato vigente há menos de um ano

O empregado que se demite antes de completar 12 (doze) meses de serviço tem direito a férias proporcionais. >> 121, 234

► SÚMULA Nº 262 DO TST

Prazo judicial. Notificação ou intimação em sábado. Recesso forense.

I – intimada ou notificada a parte no sábado, o início do prazo se dará no primeiro dia útil imediato e a contagem, no subsequente.

II – o recesso forense e as férias coletivas dos ministros do tribunal superior do trabalho suspendem os prazos recursais. >> 319

► SÚMULA Nº 263 DO TST

Petição Inicial. Indeferimento. Instrução obrigatória deficiente.

Salvo nas hipóteses do art. 330 do CPC de 2015 (art. 295 do CPC de 1973), o indeferimento da petição inicial, por encontrar-se desacompanhada de documento indispensável à propositura da ação ou não preencher outro requisito legal, somente é cabível se, após intimada para suprir a irregularidade em 15 (quinze) dias, mediante indicação precisa do que deve ser corrigido ou completado, a parte não o fizer (art. 321 do CPC de 2015). >> 327

► SÚMULA Nº 264 DO TST

Hora suplementar. Cálculo

A remuneração do serviço suplementar é composta do valor da hora normal, integrado por parcelas de natureza salarial e acrescido do adicional previsto em lei, contrato, acordo, convenção coletiva ou sentença normativa. >>146

► SÚMULA Nº 265 DO TST

Adicional noturno. Alteração de turno de trabalho. Possibilidade de supressão

A transferência para o período diurno de trabalho implica a perda do direito ao adicional noturno. >> 69, 97

► SÚMULA Nº 266 DO TST

Recurso de revista. Admissibilidade. Execução de sentença

A admissibilidade do recurso de revista interposto de acórdão proferido em agravo de petição, na liquidação de sentença ou em processo incidente na execução, inclusive os embargos de terceiro, depende de demonstração inequívoca de violência direta à Constituição Federal. >> 405, 422

► SÚMULA Nº 268 DO TST

Prescrição. Interrupção. Ação trabalhista Arquivada

A ação trabalhista, ainda que arquivada, interrompe a prescrição somente em relação aos pedidos idênticos. >> 249

► SÚMULA Nº 269 DO TST

Diretor eleito. Cômputo do período como tempo de serviço

O empregado eleito para ocupar cargo de diretor tem o respectivo contrato de trabalho suspenso, não se computando o tempo de serviço desse período, salvo se permanecer a subordinação jurídica inerente à relação de emprego. >> 27

► SÚMULA Nº 275 DO TST

Prescrição. Desvio de função e reenquadramento

I – Na ação que objetive corrigir desvio funcional, a prescrição só alcança as diferenças salariais vencidas no período de 5 (cinco) anos que precedeu o ajuizamento.

II – Em se tratando de pedido de reenquadramento, a prescrição é total, contada da data do enquadramento do empregado. >> 244

► SÚMULA Nº 276 DO TST

Aviso prévio. Renúncia pelo empregado

O direito ao aviso-prévio é irrenunciável pelo empregado. O pedido de dispensa de cumprimento não exime o empregador de pagar o respectivo valor, salvo comprovação de haver o prestador dos serviços obtido novo emprego. >> 225

► SÚMULA Nº 277 DO TST

Convenção coletiva de trabalho ou acordo coletivo de trabalho. Eficácia. Ultratividade

As cláusulas normativas dos acordos coletivos ou convenções coletivas integram os contratos individuais de trabalho e somente poderão ser modificadas ou suprimidas mediante negociação coletiva de trabalho. >> 255

► SÚMULA Nº 278 DO TST

Embargos de declaração. Omissão no julgado

A natureza da omissão suprida pelo julgamento de embargos declaratórios pode ocasionar efeito modificativo no julgado. >> 398

► SÚMULA Nº 279 DO TST

Recurso contra sentença normativa. Efeito suspensivo. Cassação

A cassação de efeito suspensivo concedido a recurso interposto de sentença normativa retroage à data do despacho que o deferiu. >> 396, 489

► SÚMULA Nº 282 DO TST

Abono de faltas. Serviço médico da empresa

Ao serviço médico da empresa ou ao mantido por esta última mediante convênio compete abonar os primeiros 15 (quinze) dias de ausência ao trabalho. >> 116

► SÚMULA Nº 283 DO TST

Recurso adesivo. Pertinência no processo do trabalho. Correlação de matérias

O recurso adesivo é compatível com o processo do trabalho e cabe, no prazo de 8 (oito) dias, nas hipóteses de interposição de recurso ordinário, de agravo de petição, de revista e de embargos, sendo desnecessário que a matéria nele veiculada esteja relacionada com a do recurso interposto pela parte contrária. >> 425

► Súmula nº 286 do TST

Sindicato. Substituição processual. Convenção e acordo coletivos

A legitimidade do sindicato para propor ação de cumprimento estende-se também à observância de acordo ou de convenção coletivos. >> 291, 492

► Súmula nº 287 do TST

Jornada de trabalho. Gerente bancário

A jornada de trabalho do empregado de banco gerente de agência é regida pelo art. 224, § 2º, da CLT. Quanto ao gerente-geral de agência bancária, presume-se o exercício de encargo de gestão, aplicando-se-lhe o art. 62 da CLT. >> 30, 89

► Súmula nº 288 do TST

Complementação dos proventos da aposentadoria

I - A complementação dos proventos de aposentadoria, instituída, regulamentada e paga diretamente pelo empregador, sem vínculo com as entidades de previdência privada fechada, é regida pelas normas em vigor na data de admissão do empregado, ressalvadas as alterações que forem mais benéficas (art. 468 da CLT).

II - Na hipótese de coexistência de dois regulamentos de planos de previdência complementar, instituídos pelo empregador ou por entidade de previdência privada, a opção do beneficiário por um deles tem efeito jurídico de renúncia às regras do outro.

III – Após a entrada em vigor das Leis Complementares nºs 108 e 109, de 29/05/2001, reger-se-á a complementação dos proventos de aposentadoria pelas normas vigentes na data da implementação dos requisitos para obtenção do benefício, ressalvados o direito adquirido do participante que anteriormente implementara os requisitos para o benefício e o direito acumulado do empregado que até então não preenchera tais requisitos.

IV – O entendimento da primeira parte do item III aplica-se aos processos em curso no Tribunal Superior do Trabalho em que, em 12/04/2016, ainda não haja sido proferida decisão de mérito por suas Turmas e Seções. >> 22

► Súmula nº 289 do TST

Insalubridade. Adicional. Fornecimento do aparelho de proteção. Efeito

O simples fornecimento do aparelho de proteção pelo empregador não o exime do pagamento do adicional de insalubridade. Cabe-lhe tomar as medidas que conduzam à diminuição ou eliminação da nocividade, entre as quais as relativas ao uso efetivo do equipamento pelo empregado. >> 170

► Súmula nº 291 do TST

Horas extras. Habitualidade. Supressão. Indenização

A supressão total ou parcial, pelo empregador, do serviço suplementar prestado com habitualidade, durante pelo menos 1 (um) ano, assegura ao empregado o direito à indenização correspondente ao valor de 1 (um) mês das horas suprimidas, total ou parcialmente, para cada ano ou fração igual ou superior a seis meses de prestação de serviço acima da jornada normal. O cálculo observará a média das horas suplementares efetivamente trabalhadas nos últimos 12 (doze) meses, anteriores à mudança, multiplicada pelo valor da hora extra do dia da supressão. >> 147

► Súmula nº 293 do TST

Adicional de insalubridade. Causa de pedir. Agente nocivo diverso do apontado na inicial

A verificação mediante perícia de prestação de serviços em condições nocivas, considerado agente insalubre diverso do apontado na inicial, não prejudica o pedido de adicional de insalubridade. >> 171

► Súmula nº 294 do TST

Prescrição. Alteração contratual. Trabalhador urbano

Tratando-se de ação que envolva pedido de prestações sucessivas decorrente de alteração do pactuado, a prescrição é total, exceto quando o direito à parcela esteja também assegurado por preceito de lei. >> 244, 248

► SÚMULA Nº 296 DO TST

Recurso. Divergência jurisprudencial. Especificidade

I – A divergência jurisprudencial ensejadora da admissibilidade, do prosseguimento e do conhecimento do recurso há de ser específica, revelando a existência de teses diversas na interpretação de um mesmo dispositivo legal, embora idênticos os fatos que as ensejaram.

II – Não ofende o art. 896 da CLT decisão de Turma que, examinando premissas concretas de especificidade da divergência colacionada no apelo revisional, conclui pelo conhecimento ou desconhecimento do recurso. >> **407, 417**

► SÚMULA Nº 297 DO TST

Prequestionamento. Oportunidade. Configuração

I – Diz-se prequestionada a matéria ou questão quando na decisão impugnada haja sido adotada, explicitamente, tese a respeito.

II – Incumbe à parte interessada, desde que a matéria haja sido invocada no recurso principal, opor embargos declaratórios objetivando o pronunciamento sobre o tema, sob pena de preclusão.

III – Considera-se prequestionada a questão jurídica invocada no recurso principal sobre a qual se omite o Tribunal de pronunciar tese, não obstante opostos embargos de declaração. >> **400**

► SÚMULA Nº 298 DO TST

Ação rescisória. Violação a disposição de lei. Pronunciamento explícito

I – A conclusão acerca da ocorrência de violação literal a disposição de lei pressupõe pronunciamento explícito, na sentença rescindenda, sobre a matéria veiculada.

II – O pronunciamento explícito exigido em ação rescisória diz respeito à matéria e ao enfoque específico da tese debatida na ação, e não, necessariamente, ao dispositivo legal tido por violado. Basta que o conteúdo da norma reputada violada haja sido abordado na decisão rescindenda para que se considere preenchido o pressuposto.

III – Para efeito de ação rescisória, considera-se pronunciada explicitamente a matéria tratada na sentença quando, examinando remessa de ofício, o Tribunal simplesmente a confirma.

IV – A sentença meramente homologatória, que silencia sobre os motivos de convencimento do juiz, não se mostra rescindível, por ausência de pronunciamento explícito.

V – Não é absoluta a exigência de pronunciamento explícito na ação rescisória, ainda que esta tenha por fundamento violação de dispositivo de lei. Assim, prescindível o pronunciamento explícito quando o vício nasce no próprio julgamento, como se dá com a sentença "extra, citra e ultra petita". >> **467**

► SÚMULA Nº 299 DO TST

Ação rescisória. Decisão rescindenda. Trânsito em julgado. Comprovação. Efeitos

I - É indispensável ao processamento da ação rescisória a prova do trânsito em julgado da decisão rescindenda.

II - Verificando o relator que a parte interessada não juntou à inicial o documento comprobatório, abrirá prazo de 15 (quinze) dias para que o faça (art. 321 do CPC de 2015), sob pena de indeferimento.

III - A comprovação do trânsito em julgado da decisão rescindenda é pressuposto processual indispensável ao tempo do ajuizamento da ação rescisória. Eventual trânsito em julgado posterior ao ajuizamento da ação rescisória não reabilita a ação proposta, na medida em que o ordenamento jurídico não contempla a ação rescisória preventiva.

IV - O pretenso vício de intimação, posterior à decisão que se pretende rescindir, se efetivamente ocorrido, não permite a formação da coisa julgada material. Assim, a ação rescisória deve ser julgada extinta, sem julgamento do mérito, por carência de ação, por inexistir decisão transitada em julgado a ser rescindida. >> **455**

► SÚMULA Nº 300 DO TST

Competência da Justiça do Trabalho. Cadastramento no PIS

Compete à Justiça do Trabalho processar e julgar ações ajuizadas por empregados em face de empregadores relativas ao cadastramento no Programa de Integração Social (PIS). >> **274**

► SÚMULA Nº 301 DO TST

Auxiliar de laboratório. Ausência de diploma. Efeitos

O fato de o empregado não possuir diploma de profissionalização de auxiliar de laboratório não afasta a observância das normas da Lei nº 3.999, de 15.12.1961, uma vez comprovada a prestação de serviços na atividade. >> **176**

► SÚMULA Nº 303 DO TST

Fazenda Pública. Reexame necessário.

I - Em dissídio individual, está sujeita ao reexame necessário, mesmo na vigência da Constituição Federal de 1988, decisão contrária à Fazenda Pública, salvo quando a condenação não ultrapassar o valor correspondente a: a) 1.000 (mil) salários mínimos para a União e as respectivas autarquias e fundações de direito público; b) 500 (quinhentos) salários mínimos para os Estados, o Distrito Federal, as respectivas autarquias e fundações de direito público e os Municípios que constituam capitais dos Estados; c) 100 (cem) salários mínimos para todos os demais Municípios e respectivas autarquias e fundações de direito público.

II – Também não se sujeita ao duplo grau de jurisdição a decisão fundada em:

a) súmula ou orientação jurisprudencial do Tribunal Superior do Trabalho;

b) acórdão proferido pelo Supremo Tribunal Federal ou pelo Tribunal Superior do Trabalho em julgamento de recursos repetitivos;

c) entendimento firmado em incidente de resolução de demandas repetitivas ou de assunção de competência;

d) entendimento coincidente com orientação vinculante firmada no âmbito administrativo do próprio ente público, consolidada em manifestação, parecer ou súmula administrativa.

III - Em ação rescisória, a decisão proferida pelo Tribunal Regional do Trabalho está sujeita ao duplo grau de jurisdição obrigatório quando desfavorável ao ente público, exceto nas hipóteses dos incisos anteriores.

IV - Em mandado de segurança, somente cabe reexame necessário se, na relação processual, figurar pessoa jurídica de direito público como parte prejudicada pela concessão da ordem. Tal situação não ocorre na hipótese de figurar no feito como impetrante e terceiro interessado pessoa de direito privado, ressalvada a hipótese de matéria administrativa. >> **398**

► SÚMULA Nº 304 DO TST

Correção monetária. Empresas em liquidação. Art. 46 do ADCT/CF

Os débitos trabalhistas das entidades submetidas aos regimes de intervenção ou liquidação extrajudicial estão sujeitos a correção monetária desde o respectivo vencimento até seu efetivo pagamento, sem interrupção ou suspensão, não incidindo, entretanto, sobre tais débitos, juros de mora. >> **431, 433, 442**

► SÚMULA Nº 305 DO TST

Fundo de garantia do tempo de serviço. Incidência sobre o aviso – prévio

O pagamento relativo ao período de aviso-prévio, trabalhado ou não, está sujeito à contribuição para o FGTS. >> **219, 226**

► SÚMULA Nº 307 DO TST

Juros. Irretroatividade do Decreto-lei nº 2.322, de 26.02.1987

A fórmula de cálculo de juros prevista no Decreto-Lei nº 2.322, de 26.02.1987 somente é aplicável a partir de 27.02.1987. Quanto ao período anterior, deve-se observar a legislação então vigente. >> **24, 431**

► SÚMULA Nº 308 DO TST

Prescrição quinquenal

I – Respeitado o biênio subsequente à cessação contratual, a prescrição da ação trabalhista concerne às pretensões imediatamente anteriores a cinco anos, contados da data do ajuizamento da reclamação e, não, às anteriores ao quinquênio da data da extinção do contrato.

II – A norma constitucional que ampliou o prazo de prescrição da ação trabalhista para 5 (cinco) anos é de aplicação imediata e não atinge pretensões já alcançadas pela prescrição bienal quando da promulgação da CF/1988. >> **243**

▶ SÚMULA Nº 311 DO TST

Benefício previdenciário a dependente de ex-empregado. Correção monetária. Legislação aplicável

O cálculo da correção monetária incidente sobre débitos relativos a benefícios previdenciários devidos a dependentes de ex-empregado pelo empregador, ou por entidade de previdência privada a ele vinculada, será o previsto na Lei nº 6.899, de 08.04.1981. >> **433**

▶ SÚMULA Nº 312 DO TST

Constitucionalidade. Alínea "b" do art. 896 da CLT

É constitucional a alínea "b" do art. 896 da CLT, com a redação dada pela Lei nº 7.701, de 21.12.1988. >> **408**

▶ SÚMULA Nº 313 DO TST

Complementação de aposentadoria. Proporcionalidade. Banespa

A complementação de aposentadoria, prevista no art. 106, e seus parágrafos, do regulamento de pessoal editado em 1965, só é integral para os empregados que tenham 30 (trinta) ou mais anos de serviços prestados exclusivamente ao banco. >> **23**

▶ SÚMULA Nº 314 DO TST

Indenização adicional. Verbas rescisórias. Salário corrigido

Se ocorrer a rescisão contratual no período de 30 dias que antecede à data-base, o pagamento das verbas rescisórias com o salário já corrigido não afasta o direito à indenização adicional. >> **226**

▶ SÚMULA Nº 315 DO TST

IPC de março/1990. Lei nº 8.030, de 12.04.1990 (Plano Collor). Inexistência de direito adquirido

A partir da vigência da Medida Provisória nº 154, de 15.03.1990, convertida na Lei nº 8.030, de 12.04.1990, não se aplica o IPC de março de 1990, de 84,32% (oitenta e quatro vírgula trinta e dois por cento), para a correção dos salários, porque o direito ainda não se havia incorporado ao patrimônio jurídico dos trabalhadores, inexistindo ofensa ao inciso XXXVI do art. 5º da CF/1988. >> **193**

▶ SÚMULA Nº 318 DO TST

Diárias. Base de cálculo para sua Integração no salário

Tratando-se de empregado mensalista, a integração das diárias no salário deve ser feita tomando-se por base o salário mensal por ele percebido e não o valor do dia de salário, somente sendo devida a referida integração quando o valor das diárias, no mês, for superior à metade do salário mensal. >> **173**

▶ SÚMULA Nº 319 DO TST

Reajustes salariais ("gatilhos"). Aplicação aos servidores públicos contratados sob a égide da legislação trabalhista

Aplicam-se aos servidores públicos, contratados sob o regime da CLT, os reajustes decorrentes da correção automática dos salários pelo mecanismo denominado "gatilho", de que tratam os Decretos-Leis nºs 2.284, de 10.03.1986 e 2.302, de 21.11.1986. >> **193**

▶ SÚMULA Nº 320 DO TST

Horas in itinere. Obrigatoriedade de cômputo na jornada de trabalho

O fato de o empregador cobrar, parcialmente ou não, importância pelo transporte fornecido, para local de difícil acesso ou não servido de transporte regular, não afasta o direito à percepção das horasin itinere. >> **86**

▶ SÚMULA Nº 322 DO TST

Diferenças salariais. Planos econômicos. Limite

Os reajustes salariais decorrentes dos chamados "gatilhos" e URPs, previstos legalmente como antecipação, são devidos tão-somente até a data-base de cada categoria. >> **192**

▶ SÚMULA Nº 326 DO TST

Complementação de aposentadoria. Prescrição total

A pretensão à complementação de aposentadoria jamais recebida prescreve em 2 (dois) anos contados da cessação do contrato de trabalho. >> **245**

▶ SÚMULA Nº 327 DO TST

Complementação de aposentadoria. Diferenças. Prescrição parcial

A pretensão a diferenças de complementação de aposentadoria sujeita-se à prescrição parcial e quinquenal, salvo se o pretenso direito decorrer de verbas não recebidas no curso da relação de emprego e já alcançadas pela prescrição, à época da propositura da ação. >> **248**

▶ SÚMULA Nº 328 DO TST

Férias. Terço constitucional

O pagamento das férias, integrais ou proporcionais, gozadas ou não, na vigência da CF/88, sujeita-se ao acréscimo do terço previsto no respectivo art. 7º, XVII. >> **121**

▶ SÚMULA Nº 329 DO TST

Honorários advocatícios. Art. 133 da CF/1988.

Mesmo após a promulgação da CF/1988, permanece válido o entendimento consubstanciado na Súmula nº 219 do Tribunal Superior do Trabalho. >> **308**

▶ SÚMULA Nº 330 DO TST

Quitação. Validade

A quitação passada pelo empregado, com assistência da entidade sindical de sua categoria, ao empregador, com observância dos requisitos exigidos nos parágrafos do art. 477, da CLT, tem eficácia liberatória em relação às parcelas expressamente consignadas no recibo, salvo se oposta ressalva expressamente e especificada ao valor dado à parcela ou parcelas impugnadas.

I – A quitação não abrange parcelas não consignadas no recibo de quitação e, consequentemente, seus reflexos em outras parcelas, ainda que essas constem desse recibo.

II – Quanto a direitos que deveriam ter sido satisfeitos durante a vigência do contrato de trabalho, a quitação é válida em relação ao período expressamente consignado no recibo de quitação. >> **235**

▶ SÚMULA Nº 331 DO TST

Contrato de prestação de serviços. Legalidade

I – A contratação de trabalhadores por empresa interposta é ilegal, formando-se o vínculo diretamente com o tomador dos serviços, salvo no caso de trabalho temporário (Lei nº 6.019, de 03.01.1974).

II – A contratação irregular de trabalhador, mediante empresa interposta, não gera vínculo de emprego com os órgãos da administração pública direta, indireta ou fundacional (art. 37, II, da CF/1988).

III – Não forma vínculo de emprego com o tomador a contratação de serviços de vigilância (Lei nº 7.102, de 20.06.1983) e de conservação e limpeza, bem como a de serviços especializados ligados à atividade-meio do tomador, desde que inexistente a pessoalidade e a subordinação direta.

IV – O inadimplemento das obrigações trabalhistas, por parte do empregador, implica a responsabilidade subsidiária do tomador dos serviços, quanto àquelas obrigações, desde que hajam participado da relação processual e constem também do título executivo judicial (art. 71 da Lei nº 8.666, de 21.06.1993).

V – Os entes integrantes da administração pública direta e indireta respondem subsidiariamente, nas mesmas condições do item IV, caso evidenciada a sua conduta culposa no cumprimento das obrigações da Lei nº 8.666/93, especialmente na fiscalização do cumprimento das obrigações contratuais e legais da prestadora de serviço como empregadora. A aludida responsabilidade não decorre de mero inadimplemento das obrigações trabalhistas assumidas pela empresa regularmente contratada.

VI – A responsabilidade subsidiária do tomador de serviços abrange todas as verbas decorrentes da condenação referentes ao período da prestação laboral. >> **49**

▶ SÚMULA Nº 332 DO TST

Complementação de aposentadoria. Petrobras. Manual de pessoal. Norma programática

As normas relativas à complementação de aposentadoria, inseridas no Manual de Pessoal da Petrobras, têm caráter meramente programático, delas não resultando direito à referida complementação. >> **23**

▶ SÚMULA Nº 333 DO TST

Recursos de revista. Conhecimento

Não ensejam recurso de revista decisões superadas por iterativa, notória e atual jurisprudência do Tribunal Superior do Trabalho. >> **408**

► SÚMULA Nº 336 DO TST

Constitucionalidade. § 2º do art. 9º do Decreto-lei nº 1.971, de 30.11.1982

É constitucional o § 2º do art. 9º do Decreto-Lei nº 1.971, de 30.11.1982, com a redação dada pelo Decreto-Lei nº 2.100, de 28.12.1983. >> **193**

► SÚMULA Nº 337 DO TST

Comprovação de divergência jurisprudencial. Recursos de revista e de embargos

I – Para comprovação da divergência justificadora do recurso, é necessário que o recorrente:

a) Junte certidão ou cópia autenticada do acórdão paradigma ou cite a fonte oficial ou o repositório autorizado em que foi publicado; e

b) Transcreva, nas razões recursais, as ementas e/ou trechos dos acórdãos trazidos à configuração do dissídio, demonstrando o conflito de teses que justifique o conhecimento do recurso, ainda que os acórdãos já se encontrem nos autos ou venham a ser juntados com o recurso;

II – A concessão de registro de publicação como repositório autorizado de jurisprudência do TST torna válidas todas as suas edições anteriores;

III – A mera indicação da data de publicação, em fonte oficial, de aresto paradigma é inválida para comprovação de divergência jurisprudencial, nos termos do item I, "a", desta súmula, quando a parte pretende demonstrar o conflito de teses mediante a transcrição de trechos que integram a fundamentação do acórdão divergente, uma vez que só se publicam o dispositivo e a ementa dos acórdãos;

IV – É válida para a comprovação da divergência jurisprudencial justificadora do recurso a indicação de aresto extraído de repositório oficial na internet, desde que o recorrente:

a) transcreva o trecho divergente;

b) aponte o sítio de onde foi extraído; e

c) decline o número do processo, o órgão prolator do acórdão e a data da respectiva publicação no Diário Eletrônico da Justiça do Trabalho. >> **408, 417**

► SÚMULA Nº 338 DO TST

Fiscalização da jornada. Registro. Ônus da prova.

I – É ônus do empregador que conta com mais de 10 (dez) empregados o registro da jornada de trabalho na forma do art. 74, § 2º, da CLT. A não apresentação injustificada dos controles de frequência gera presunção relativa de veracidade da jornada de trabalho, a qual pode ser elidida por prova em contrário.

II – A presunção de veracidade da jornada de trabalho, ainda que prevista em instrumento normativo, pode ser elidida por prova em contrário.

III – Os cartões de ponto que demonstram horários de entrada e saída uniformes são inválidos como meio de prova, invertendo-se o ônus da prova, relativo às horas extras, que passa a ser do empregador, prevalecendo a jornada da inicial se dele não se desincumbir. >> **82, 353**

► SÚMULA Nº 339 DO TST

CIPA. Suplente. Garantia de emprego. CF/1988

I – O suplente da CIPA goza da garantia de emprego prevista no art. 10, II, "a", do ADCT a partir da promulgação da Constituição Federal de 1988.

II – A estabilidade provisória do cipeiro não constitui vantagem pessoal, mas garantia para as atividades dos membros da CIPA, que somente tem razão de ser quando em atividade a empresa. Extinto o estabelecimento, não se verifica a despedida arbitrária, sendo impossível a reintegração e indevida a indenização do período estabilitário. >> **210**

► SÚMULA Nº 340 DO TST

Comissionista. Horas extras

O empregado, sujeito a controle de horário, remunerado à base de comissões, tem direito ao adicional de, no mínimo, 50% (cinquenta por cento) pelo trabalho em horas extras, calculado sobre o valor-hora das comissões recebidas no mês, considerando-se como divisor o número de horas efetivamente trabalhadas. >> **138**

► SÚMULA Nº 341 DO TST

Honorários do Assistente Técnico

A indicação do perito assistente é faculdade da parte, a qual deve responder pelos respectivos honorários, ainda que vencedora no objeto da perícia. >> **310**

▶ Súmula nº 342 do TST

Descontos salariais. Art. 462 da CLT

Descontos salariais efetuados pelo empregador, com a autorização prévia e por escrito do empregado, para serem integrados em planos de assistência odontológica, médico-hospitalar, de seguro, de previdência privada, ou de entidade cooperativa, cultural ou recreativo-associativa de seus trabalhadores, em seu benefício e de seus dependentes, não afrontam o disposto no art. 462 da CLT, salvo se ficar demonstrada a existência de coação ou de outro defeito que vicie o ato jurídico. >> **189**

▶ Súmula nº 344 do TST

Salário-família. Trabalhador rural

O salário-família é devido aos trabalhadores rurais somente após a vigência da Lei nº 8.213, de 24.07.1991. >> **41, 174**

▶ Súmula nº 345 do TST

BANDEPE. Regulamento interno de pessoal não confere estabilidade aos empregados.

O Regulamento Interno de Pessoal (RIP) do Banco do Estado de Pernambuco – BANDEPE, na parte que trata de seu regime disciplinar, não confere estabilidade aos seus empregados. >> **218**

▶ Súmula nº 346 do TST

Digitador. Intervalos intrajornada. Aplicação analógica do art. 72 da CLT

Os digitadores, por aplicação analógica do art. 72 da CLT, equiparam-se aos trabalhadores nos serviços de mecanografia (datilografia, escrituração e cálculo), razão pela qual têm direito a intervalos de descanso de 10 (dez) minutos a cada 90 (noventa) de trabalho consecutivo. >> **107**

▶ Súmula nº 347 do TST

Horas extras habituais. Apuração. Média física

O cálculo do valor das horas extras habituais, para efeito de reflexos em verbas trabalhistas, observará o número de horas efetivamente prestadas e a ele aplica-se o valor do salário-hora da época do pagamento daquelas. >> **145**

▶ Súmula nº 348 do TST

Aviso prévio. Concessão na fluência da garantia de emprego. Invalidade

É inválida a concessão do aviso prévio na fluência da garantia provisória de emprego, ante a incompatibilidade dos dois institutos. >> **225**

▶ Súmula nº 350 do TST

Prescrição. Termo inicial. Ação de cumprimento. Sentença normativa

O prazo de prescrição com relação à ação de cumprimento de decisão normativa flui apenas da data de seu trânsito em julgado. >> **251, 492**

▶ Súmula nº 351 do TST

Professor. Repouso semanal remunerado. Art. 7º, § 2º, da Lei nº 605, de 05.01.1949 e art. 320 da CLT

O professor que recebe salário mensal à base de hora-aula tem direito ao acréscimo de 1/6 a título de repouso semanal remunerado, considerando-se para esse fim o mês de quatro semanas e meia. >> **117**

▶ Súmula nº 353 do TST

Embargos. Agravo. Cabimento

Não cabem embargos para a Seção de Dissídios Individuais de decisão de Turma proferida em agravo, salvo:

a) da decisão que não conhece de agravo de instrumento ou de agravo pela ausência de pressupostos extrínsecos;

b) da decisão que nega provimento a agravo contra decisão monocrática do Relator, em que se proclamou a ausência de pressupostos extrínsecos de agravo de instrumento;

c) para revisão dos pressupostos extrínsecos de admissibilidade do recurso de revista, cuja ausência haja sido declarada originariamente pela Turma no julgamento do agravo;

d) para impugnar o conhecimento de agravo de instrumento;

e) para impugnar a imposição de multas previstas nos arts. 1.021, § 4º, do CPC de 2015 ou

1.026, § 2º, do CPC de 2015 (art. 538, parágrafo único, do CPC de 1973, ou art. 557, § 2º, do CPC de 1973);

f) contra decisão de Turma proferida em agravo em recurso de revista, nos termos do art. 894, II, da CLT. >> **414**

▶ SÚMULA Nº 354 DO TST

Gorjetas. Natureza jurídica. Repercussões

As gorjetas, cobradas pelo empregador na nota de serviço ou oferecidas espontaneamente pelos clientes, integram a remuneração do empregado, não servindo de base de cálculo para as parcelas de aviso-prévio, adicional noturno, horas extras e repouso semanal remunerado. >> **117, 129**

▶ SÚMULA Nº 355 DO TST

CONAB. Estabilidade. Aviso DIREH nº 2 de 12.12.1984

O aviso DIREH nº 2, de 12.12.1984, que concedia estabilidade aos empregados da CONAB, não tem eficácia, porque não aprovado pelo Ministério ao qual a empresa se subordina. >> **218**

▶ SÚMULA Nº 356 DO TST

Alçada recursal. Vinculação ao salário mínimo

O art. 2º, § 4º, da Lei nº 5.584, de 26.06.1970, foi recepcionado pela CF/1988, sendo lícita a fixação do valor da alçada com base no salário mínimo. >> **329**

▶ SÚMULA Nº 357 DO TST

Testemunha. Ação contra a mesma reclamada. Suspeição

Não torna suspeita a testemunha o simples fato de estar litigando ou de ter litigado contra o mesmo empregador. >> **361**

▶ SÚMULA Nº 358 DO TST

Radiologista. Salário profissional. Lei nº 7.394, de 29.10.1985

O salário profissional dos técnicos em radiologia é igual a 2 (dois) salários mínimos e não a 4 (quatro). >> **130**

▶ SÚMULA Nº 360 DO TST

Turnos ininterruptos de revezamento. Intervalos intrajornada e semanal

A interrupção do trabalho destinada a repouso e alimentação, dentro de cada turno, ou o intervalo para repouso semanal, não descaracteriza o turno de revezamento com jornada de 6 (seis) horas previsto no art. 7º, XIV, da CF/1988. >> **91**

▶ SÚMULA Nº 361 DO TST

Adicional de periculosidade. Eletricitários. Exposição intermitente

O trabalho exercido em condições perigosas, embora de forma intermitente, dá direito ao empregado a receber o adicional de periculosidade de forma integral, porque a Lei n. 7.369/85 não estabeleceu nenhuma proporcionalidade em relação ao seu pagamento. >> **158**

▶ SÚMULA Nº 362 DO TST

FGTS. Prescrição

I – Para os casos em que a ciência da lesão ocorreu a partir da 13.11.2014, é quinquenal a prescrição do direito de reclamar contra o não-recolhimento de contribuição para o FGTS, observado o prazo de dois anos após o término do contrato;

II – Para os casos em que o prazo prescricional já estava em curso em 13.11.2014, aplica-se o prazo prescricional que se consumar primeiro: trinta anos, contados do termo inicial, ou cinco anos, a partir de 13.11.2014 (STF-ARE-709212/DF). >> **222, 250**

▶ SÚMULA Nº 363 DO TST

Contrato nulo. Efeitos

A contratação de servidor público, após a CF/1988, sem prévia aprovação em concurso público, encontra óbice no respectivo art. 37, II e § 2º, somente lhe conferindo direito ao pagamento da contraprestação pactuada, em relação ao número de horas trabalhadas, respeitado o valor da hora do salário mínimo, e dos valores referentes aos depósitos do FGTS. >> **62, 235**

► SÚMULA Nº 364 DO TST

Adicional de periculosidade. Exposição eventual, permanente e intermitente

I - Tem direito ao adicional de periculosidade o empregado exposto permanentemente ou que, de forma intermitente, sujeita-se a condições de risco. Indevido, apenas, quando o contato dá-se de forma eventual, assim considerado o fortuito, ou o que, sendo habitual, dá-se por tempo extremamente reduzido.

II - Não é válida a cláusula de acordo ou convenção coletiva de trabalho fixando o adicional de periculosidade em percentual inferior ao estabelecido em lei e proporcional ao tempo de exposição ao risco, pois tal parcela constitui medida de higiene, saúde e segurança do trabalho, garantida por norma de ordem pública (arts. 7º, XXII e XXIII, da CF e 193, §1º, da CLT). >> 155

► SÚMULA Nº 365 DO TST

Alçada. Ação rescisória e mandado de segurança

Não se aplica a alçada em ação rescisória e em mandado de segurança. >> 329

► SÚMULA Nº 366 DO TST

Cartão de ponto. Registro. Horas extras. Minutos que antecedem e sucedem a jornada de trabalho (nova redação)

Não serão descontadas nem computadas como jornada extraordinária as variações de horário do registro de ponto não excedentes de cinco minutos, observado o limite máximo de dez minutos diários. Se ultrapassado esse limite, será considerada como extra a totalidade do tempo que exceder a jornada normal, pois configurado tempo à disposição do empregador, não importando as atividades desenvolvidas pelo empregado ao longo do tempo residual (troca de uniforme, lanche, higiene pessoal, etc). >> 83

► SÚMULA Nº 367 DO TST

Utilidades "in natura". Habitação. Energia elétrica. Veículo. Cigarro. Não integração ao salário

I – A habitação, a energia elétrica e veículo fornecidos pelo empregador ao empregado, quando indispensáveis para a realização do trabalho, não têm natureza salarial, ainda que, no caso de veículo, seja ele utilizado pelo empregado também em atividades particulares.

II – O cigarro não se considera salário-utilidade em face de sua nocividade à saúde. >> 135

► SÚMULA Nº 368 DO TST

Descontos previdenciários e fiscais. Competência. Responsabilidade pelo pagamento. Forma de cálculo

I – A Justiça do Trabalho é competente para determinar o recolhimento das contribuições fiscais. A competência da Justiça do Trabalho, quanto à execução das contribuições previdenciárias, limita-se às sentenças condenatórias em pecúnia que proferir e aos valores, objeto de acordo homologado, que integrem o salário-de-contribuição.

II – É do empregador a responsabilidade pelo recolhimento das contribuições previdenciárias e fiscais, resultante de crédito do empregado oriundo de condenação judicial, devendo ser calculadas, em relação à incidência dos descontos fiscais, mês a mês, nos termos do art. 12-A da Lei nº 7.713, de 22/12/1988, com a redação dada pela Lei nº 12.350/2010.

III – Em se tratando de descontos previdenciários, o critério de apuração encontra-se disciplinado no art. 276, § 4º, do Decreto nº 3.048/1999 que regulamentou a Lei nº 8.212/1991 e determina que a contribuição do empregado, no caso de ações trabalhistas, seja calculada mês a mês, aplicando-se as alíquotas previstas no art. 198, observado o limite máximo do salário de contribuição. >> 274, 434

► SÚMULA Nº 369 DO TST

Dirigente sindical. Estabilidade provisória

I – É assegurada a estabilidade provisória ao empregado dirigente sindical, ainda que a comunicação do registro da candidatura ou da eleição e da posse seja realizada fora do prazo previsto no art. 543, § 5º, da CLT, desde que a ciência ao empregador, por qualquer meio, ocorra na vigência do contrato de trabalho.

II – O art. 522 da CLT foi recepcionado pela Constituição Federal de 1988. Fica limitada, assim, a estabilidade a que alude o art. 543, § 3º, da CLT a sete dirigentes sindicais e igual número de suplentes.

III – O empregado de categoria diferenciada eleito dirigente sindical só goza de estabilidade se exercer na empresa atividade pertinente à categoria profissional do sindicato para o qual foi eleito dirigente.

IV – Havendo extinção da atividade empresarial no âmbito da base territorial do sindicato, não há razão para subsistir a estabilidade.

V – O registro da candidatura do empregado a cargo de dirigente sindical durante o período de aviso prévio, ainda que indenizado, não lhe assegura a estabilidade, visto que inaplicável a regra do § 3º do art. 543 da Consolidação das Leis do Trabalho. >> **198**

► SÚMULA Nº 370 DO TST

Médico e engenheiro. Jornada de trabalho. Leis nºs 3.999/1961 e 4.950-A/1966

Tendo em vista que as Leis nº 3.999/1961 e 4.950-A/1966 não estipulam a jornada reduzida, mas apenas estabelecem o salário mínimo da categoria para uma jornada de 4 horas para os médicos e de 6 horas para os engenheiros, não há que se falar em horas extras, salvo as excedentes à oitava, desde que seja respeitado o salário mínimo/horário das categorias. >> **130**

► SÚMULA Nº 371 DO TST

Aviso-prévio indenizado. Efeitos. Superveniência de auxílio-doença no curso deste

A projeção do contrato de trabalho para o futuro, pela concessão do aviso-prévio indenizado, tem efeitos limitados às vantagens econômicas obtidas no período de pré-aviso, ou seja, salários, reflexos e verbas rescisórias. No caso de concessão de auxílio-doença no curso do aviso-prévio, todavia, só se concretizam os efeitos da dispensa depois de expirado o benefício previdenciário. >> **226**

► SÚMULA Nº 372 DO TST

Gratificação de função. Supressão ou redução. Limites

I – Percebida a gratificação de função por dez ou mais anos pelo empregado, se o empregador, sem justo motivo, revertê-lo a seu cargo efetivo, não poderá retirar-lhe a gratificação tendo em vista o princípio da estabilidade financeira.

II – Mantido o empregado no exercício da função comissionada, não pode o empregador reduzir o valor da gratificação. >> **68, 140**

► SÚMULA Nº 373 DO TST

Gratificação semestral. Congelamento. Prescrição parcial

Tratando-se de pedido de diferença de gratificação semestral que teve seu valor congelado, a prescrição aplicável é a parcial. >> **248**

► SÚMULA Nº 374 DO TST

Norma coletiva. Categoria diferenciada. Abrangência

Empregado integrante de categoria profissional diferenciada não tem o direito de haver de seu empregador vantagens previstas em instrumento coletivo no qual a empresa não foi representada por órgão de classe de sua categoria. >> **255**

► SÚMULA Nº 375 DO TST

Reajustes salariais previstos em norma coletiva. Prevalência da legislação de política salarial

Os reajustes salariais previstos em norma coletiva de trabalho não prevalecem frente à legislação superveniente de política salarial. >> **192**

► SÚMULA Nº 376 DO TST

Horas extras. Limitação. Art. 59 da CLT. Reflexos

I – A limitação legal da jornada suplementar a duas horas diárias não exime o empregador de pagar todas as horas trabalhadas.

II – O valor das horas extras habitualmente prestadas integra o cálculo dos haveres trabalhistas, independentemente da limitação prevista no “caput” do art. 59 da CLT. >> **146**

► SÚMULA Nº 377 DO TST

Preposto. Exigência da condição de empregado

Exceto quanto à reclamação de empregado doméstico, ou contra micro ou pequeno empresário, o preposto deve ser necessariamente empregado do reclamado. Inteligência do art. 843, § 1º, da CLT e do art. 54 da Lei Complementar nº 123, de 14 de dezembro de 2006. >> **41, 339**

▶ SÚMULA Nº 378 DO TST

Estabilidade provisória. Acidente do trabalho. Art. 118 da Lei nº 8.213/1991. Constitucionalidade. Pressupostos

I – É constitucional o artigo 118 da Lei n. 8.213/91 que assegura o direito à estabilidade provisória por período de 12 meses após a cessação do auxílio-doença ao empregado acidentado.

II – São pressupostos para a concessão da estabilidade o afastamento superior a 15 dias e a consequente percepção do auxílio-doença acidentário, salvo se constatada, após a dispensa, doença profissional que guarde relação de causalidade com a execução do contrato de emprego.

III – O empregado submetido a contrato de trabalho por tempo determinado goza da garantia provisória de emprego decorrente de acidente de trabalho prevista no art. 118 da Lei nº 8.213/1991. >> **213**

▶ SÚMULA Nº 379 DO TST

Dirigente sindical. Despedida. Falta grave. Inquérito judicial. Necessidade

O dirigente sindical somente poderá ser dispensado por falta grave mediante a apuração em inquérito judicial, inteligência dos arts. 494 e 543, § 3º, da CLT. >> **195**

▶ SÚMULA Nº 380 DO TST

Aviso prévio. Início da contagem. Art. 132 do código civil de 2002

Aplica-se a regra prevista no caput do art. 132 do Código Civil de 2002 à contagem do prazo do aviso-prévio, excluindo-se o dia do começo e incluindo o do vencimento. >> **225**

▶ SÚMULA Nº 381 DO TST

Correção monetária. Salário. Art. 459 da CLT

O pagamento dos salários até o 5º dia útil do mês subseqüente ao vencido não está sujeito à correção monetária. Se essa data limite for ultrapassada, incidirá o índice da correção monetária do mês subseqüente ao da prestação dos serviços, a partir do dia 1º. >> **69, 433**

▶ SÚMULA Nº 382 DO TST

Mudança de regime celetista para estatutário. Extinção do contrato. Prescrição bienal

A transferência do regime jurídico de celetista para estatutário implica extinção do contrato de trabalho, fluindo o prazo da prescrição bienal a partir da mudança de regime. >> **252**

▶ SÚMULA Nº 383 DO TST

Recurso. Mandato. Irregularidade de representação. CPC de 2015, arts. 104 e 76, § 2º

I – É inadmissível recurso firmado por advogado sem procuração juntada aos autos até o momento da sua interposição, salvo mandato tácito. Em caráter excepcional (art. 104 do CPC de 2015), admite-se que o advogado, independentemente de intimação, exiba a procuração no prazo de 5 (cinco) dias após a interposição do recurso, prorrogável por igual período mediante despacho do juiz. Caso não a exiba, considera-se ineficaz o ato praticado e não se conhece do recurso.

II – Verificada a irregularidade de representação da parte em fase recursal, em procuração ou substabelecimento já constante dos autos, o relator ou o órgão competente para julgamento do recurso designará prazo de 5 (cinco) dias para que seja sanado o vício. Descumprida a determinação, o relator não conhecerá do recurso, se a providência couber ao recorrente, ou determinará o desentranhamento das contrarrazões, se a providência couber ao recorrido (art. 76, § 2º, do CPC de 2015). >> **301, 381**

▶ SÚMULA Nº 384 DO TST

Multa convencional. Cobrança

I – O descumprimento de qualquer cláusula constante de instrumentos normativos diversos não submete o empregado a ajuizar várias ações, pleiteando em cada uma o pagamento da multa referente ao descumprimento de obrigações previstas nas cláusulas respectivas.

II – É aplicável multa prevista em instrumento normativo (sentença normativa, convenção ou acordo coletivo) em caso de descumprimento de obrigação prevista em lei, mesmo que a norma coletiva seja mera repetição de texto legal. >> 255

▶ SÚMULA Nº 385 DO TST

Feriado local. Ausência de expediente forense. Prazo recursal. Prorrogação. Comprovação. Necessidade. Ato administrativo do juízo "a quo"

I – Incumbe à parte o ônus de provar, quando da interposição do recurso, a existência de feriado local que autorize a prorrogação do prazo recursal.

II – Na hipótese de feriado forense, incumbirá à autoridade que proferir a decisão de admissibilidade certificar o expediente nos autos.

III – Na hipótese do inciso II, admite-se a reconsideração da análise da tempestividade do recurso, mediante prova documental superveniente, em Agravo Regimental, Agravo de Instrumento ou Embargos de Declaração. >> 320, 379

▶ SÚMULA Nº 386 DO TST

Policial militar. Reconhecimento de vínculo empregatício com empresa privada

Preenchidos os requisitos do art. 3º da CLT, é legítimo o reconhecimento de relação de emprego entre policial militar e empresa privada, independentemente do eventual cabimento de penalidade disciplinar prevista no Estatuto do Policial Militar. >> 63

▶ SÚMULA Nº 387 DO TST

Recurso. Fac-Símile. Lei nº 9.800/1999

I - A Lei nº 9.800, de 26.05.1999, é aplicável somente a recursos interpostos após o início de sua vigência.

II - A contagem do quinquidio para apresentação dos originais de recurso interposto por intermédio de fac-símile começa a fluir do dia subsequente ao término do prazo recursal, nos termos do art. 2º da Lei nº 9.800, de 26.05.1999, e não do dia seguinte à interposição do recurso, se esta se deu antes do termo final do prazo.

III - Não se tratando a juntada dos originais de ato que dependa de notificação, pois a parte, ao interpor o recurso, já tem ciência de seu ônus processual, não se aplica a regra do art. 224 do CPC de 2015 (art. 184 do CPC de 1973) quanto ao "dies a quo", podendo coincidir com sábado, domingo ou feriado.

IV – A autorização para utilização do fac-símile, constante do art. 1º da Lei n.º 9.800, de 26.05.1999, somente alcança as hipóteses em que o documento é dirigido diretamente ao órgão jurisdicional, não se aplicando à transmissão ocorrida entre particulares. >> 320, 379

▶ SÚMULA Nº 388 DO TST

Massa falida. Arts. 467 e 477 da CLT. Inaplicabilidade

A Massa Falida não se sujeita à penalidade do art. 467 e nem à multa do § 8º do art. 477, ambos da CLT. >> 192

▶ SÚMULA Nº 389 DO TST

Seguro-desemprego. Competência da justiça do trabalho. Direito à indenização por não liberação de guias

I – Inscreve-se na competência material da Justiça do Trabalho a lide entre empregado e empregador tendo por objeto indenização pelo não-fornecimento das guias do seguro-desemprego.

II – O não-fornecimento pelo empregador da guia necessária para o recebimento do seguro-desemprego dá origem ao direito à indenização. >> 174, 274

▶ SÚMULA Nº 390 DO TST

Estabilidade. Art. 41 da CF/1988. Celetista. Administração direta, autárquica ou fundacional. Aplicabilidade. Empregado de empresa pública e sociedade de economia mista. Inaplicável

I – O servidor público celetista da administração direta, autárquica ou fundacional é beneficiário da estabilidade prevista no art. 41 da CF/88.

II – Ao empregado de empresa pública ou de sociedade de economia mista, ainda que admitido mediante aprovação em concurso público, não é garantida a estabilidade prevista no art. 41 da CF/88. >> 217

► Súmula nº 391 do TST

Petroleiros. Lei nº 5.811/1972. Turno ininterrupto de revezamento. Horas extras e alteração da jornada para horário fixo

I – A Lei nº 5.811/1972 foi recepcionada pela CF/88 no que se refere à duração da jornada de trabalho em regime de revezamento dos petroleiros.

II – A previsão contida no art. 10 da Lei nº 5.811/1972, possibilitando a mudança do regime de revezamento para horário fixo, constitui alteração lícita, não violando os arts. 468 da CLT e 7º, VI, da CF/1988. >> **92**

► Súmula nº 392 do TST

Dano moral e material. Relação de trabalho. Competência da justiça do trabalho.

Nos termos do art. 114, inc. VI, da Constituição da República, a Justiça do Trabalho é competente para processar e julgar ações de indenização por dano moral e material decorrentes da relação de trabalho, inclusive as oriundas de acidente de trabalho e doenças a ele equiparadas, ainda que propostas pelos dependentes ou sucessores do trabalhador falecido. >> **274**

► Súmula nº 393 do TST

Recurso Ordinário. Efeito devolutivo em profundidade. Art. 1.013, § 1º, do CPC de 2015. Art. 515, § 1º, do CPC de 1973.

I - O efeito devolutivo em profundidade do recurso ordinário, que se extrai do § 1º do art. 1.013 do CPC de 2015 (art. 515, § 1º, do CPC de 1973), transfere ao Tribunal a apreciação dos fundamentos da inicial ou da defesa, não examinados pela sentença, ainda que não renovados em contrarrazões, desde que relativos ao capítulo impugnado.

II – Se o processo estiver em condições, o tribunal, ao julgar o recurso ordinário, deverá decidir desde logo o mérito da causa, nos termos do § 3º do art. 1.013 do CPC de 2015, inclusive quando constatar a omissão da sentença no exame de um dos pedidos. >> **396**

► Súmula nº 394 do TST

Fato superveniente. Art. 493 do CPC de 2015. Art. 462 do CPC.

O art. 493 do CPC de 2015 (art. 462 do CPC de 1973), que admite a invocação de fato constitutivo, modificativo ou extintivo do direito, superveniente à propositura da ação, é aplicável de ofício aos processos em curso em qualquer instância trabalhista. Cumpre ao juiz ou tribunal ouvir as partes sobre o fato novo antes de decidir. >> **369**

► Súmula nº 395 do TST

Mandato e substabelecimento. Condições de validade.

I - Válido é o instrumento de mandato com prazo determinado que contém cláusula estabelecendo a prevalência dos poderes para atuar até o final da demanda (§ 4º do art. 105 do CPC de 2015).

II – Se há previsão, no instrumento de mandato, de prazo para sua juntada, o mandato só tem validade se anexado ao processo o respectivo instrumento no aludido prazo.

III - São válidos os atos praticados pelo substabelecido, ainda que não haja, no mandato, poderes expressos para substabelecer (art. 667, e parágrafos, do Código Civil de 2002).

IV - Configura-se a irregularidade de representação se o substabelecimento é anterior à outorga passada ao substabelecente.

V – Verificada a irregularidade de representação nas hipóteses dos itens II e IV, deve o juiz suspender o processo e designar prazo razoável para que seja sanado o vício, ainda que em instância recursal (art. 76 do CPC de 2015). >> **301**

► Súmula nº 396 do TST

Estabilidade provisória. Pedido de reintegração. Concessão do salário relativo ao período de estabilidade já exaurido. Inexistência de julgamento extra petita

I – Exaurido o período de estabilidade, são devidos ao empregado apenas os salários do período compreendido entre a data da despedida e o final do período de estabilidade, não lhe sendo assegurada a reintegração no emprego.

II – Não há nulidade por julgamento extra petita da decisão que deferir salário quando o pedido for de reintegração, dados os termos do art. 496 da CLT. >> **195, 369**

▶ SÚMULA Nº 397 DO TST

Ação rescisória. Art. 966, IV, do CPC de 2015. Art. 485, IV, do CPC de 1973. Ação de cumprimento. Ofensa à coisa julgada emanada de sentença normativa modificada em grau de recurso. Inviabilidade. Cabimento de mandado de segurança

Não procede ação rescisória calcada em ofensa à coisa julgada perpetrada por decisão proferida em ação de cumprimento, em face de a sentença normativa, na qual se louvava, ter sido modificada em grau de recurso, porque em dissídio coletivo somente se consubstancia coisa julgada formal. Assim, os meios processuais aptos a atacarem a execução da cláusula reformada são a exceção de pré-executividade e o mandado de segurança, no caso de descumprimento do art. 514 do CPC de 2015 (art. 572 do CPC de 1973). >> **463, 492**

▶ SÚMULA Nº 398 DO TST

Ação rescisória. Ausência de defesa. Inaplicáveis os efeitos da revelia

Na ação rescisória, o que se ataca na ação é a sentença, ato oficial do Estado, acobertado pelo manto da coisa julgada. Assim sendo, e considerando que a coisa julgada envolve questão de ordem pública, a revelia não produz confissão na ação rescisória. >> **351, 475**

▶ SÚMULA Nº 399 DO TST

Ação rescisória. Cabimento. Sentença de mérito. Decisão homologatória de adjudicação, de arrematação e de cálculos

I – É incabível ação rescisória para impugnar decisão homologatória de adjudicação ou arrematação.

II – A decisão homologatória de cálculos apenas comporta rescisão quando enfrentar as questões envolvidas na elaboração da conta de liquidação, quer solvendo a controvérsia das partes quer explicitando, de ofício, os motivos pelos quais acolheu os cálculos oferecidos por uma das partes ou pelo setor de cálculos, e não contestados pela outra. >> **457**

▶ SÚMULA Nº 400 DO TST

Ação rescisória de ação rescisória. Violação manifesta de norma jurídica. Indicação da mesma norma jurídica apontada na rescisória primitiva (mesmo dispositivo de lei sob o CPC de 1973).

Em se tratando de rescisória de rescisória, o vício apontado deve nascer na decisão rescindenda, não se admitindo a rediscussão do acerto do julgamento da rescisória anterior. Assim, não procede rescisória calcada no inciso V do art. 966 do CPC de 2015 (art. 485, V, do CPC de 1973) para discussão, por má aplicação da mesma norma jurídica, tida por violada na rescisória anterior, bem como para arguição de questões inerentes à ação rescisória primitiva. >> **467**

▶ SÚMULA Nº 401 DO TST

Ação rescisória. Descontos legais. Fase de execução. Sentença exequenda omissa. Inexistência de ofensa à coisa julgada

Os descontos previdenciários e fiscais devem ser efetuados pelo juízo executório, ainda que a sentença exequenda tenha sido omissa sobre a questão, dado o caráter de ordem pública ostentado pela norma que os disciplina. A ofensa à coisa julgada somente poderá ser caracterizada na hipótese de o título exeqüendo, expressamente, afastar a dedução dos valores a título de imposto de renda e de contribuição previdenciária. >> **436, 464**

▶ SÚMULA Nº 402 DO TST

Ação Rescisória. Prova nova. Dissídio Coletivo. Sentença Normativa.

I - Sob a vigência do CPC de 2015 (art. 966, inciso VII), para efeito de ação rescisória, considera-se prova nova a cronologicamente velha, já existente ao tempo do trânsito em julgado da decisão rescindenda, mas ignorada pelo interessado ou de impossível utilização, à época, no processo.

II - Não é prova nova apta a viabilizar a desconstituição de julgado: a) sentença normativa proferida ou transitada em julgado posteriormente à sentença rescindenda; b) sentença normativa preexistente à sentença rescindenda, mas não exibida no processo principal, em virtude de negligência da parte, quando podia e deveria louvar-se de documento já existente e não ignorado quando emitida a decisão rescindenda. >> **471**

► SÚMULA Nº 403 DO TST

Ação rescisória. Dolo da parte vencedora em detrimento da vencida. Art. 485, III, do CPC

I – Não caracteriza dolo processual, previsto no art. 485, III, do CPC, o simples fato de a parte vencedora haver silenciado a respeito de fatos contrários a ela, porque o procedimento, por si só, não constitui ardil do qual resulte cerceamento de defesa e, em consequência, desvie o juiz de uma sentença não-condizente com a verdade.

II – Se a decisão rescindenda é homologatória de acordo, não há parte vencedora ou vencida, razão pela qual não é possível a sua desconstituição calcada no inciso III do art. 485 do CPC (dolo da parte vencedora em detrimento da vencida), pois constitui fundamento de rescindibilidade que supõe solução jurisdicional para a lide. **>> 462**

► SÚMULA Nº 404 DO TST

Ação rescisória. Fundamento para invalidar confissão. Confissão ficta. Inadequação do enquadramento no art. 485, VIII, do CPC de 1973.

O art. 485, do CPC de 1973, ao tratar do fundamento para invalidar a confissão como hipótese de rescindibilidade da decisão judicial, referia-se à confissão real, fruto de erro, dolo ou coação, e não a confissão ficta resultante de revelia. **>> 474**

► SÚMULA Nº 405 DO TST

Ação Rescisória. Tutela Provisória.

Em face do que dispõem a MP 1.984-22/2000 e o art. 969 do CPC de 2015, é cabível o pedido de tutela provisória formulado na petição inicial de ação rescisória ou na fase recursal, visando a suspender a execução da decisão rescindenda. **>> 331, 461**

► SÚMULA Nº 406 DO TST

Ação rescisória. Litisconsórcio. Necessário no pólo passivo e facultativo no ativo. Inexistente quanto aos substituídos pelo sindicato

I – O litisconsórcio, na ação rescisória, é necessário em relação ao pólo passivo da demanda, porque supõe uma comunidade de direitos ou de obrigações que não admite solução díspar para os litisconsortes, em face da indivisibilidade do objeto. Já em relação ao pólo ativo, o litisconsórcio é facultativo, uma vez que a aglutinação de autores se faz por conveniência e não pela necessidade decorrente da natureza do litígio, pois não se pode condicionar o exercício do direito individual de um dos litigantes no processo originário à anuência dos demais para retomar a lide.

II – O Sindicato, substituto processual e autor da reclamação trabalhista, em cujos autos fora proferida a decisão rescindenda, possui legitimidade para figurar como réu na ação rescisória, sendo descabida a exigência de citação de todos os empregados substituídos, porquanto inexistente litisconsórcio passivo necessário. **>> 313, 448**

► SÚMULA Nº 407 DO TST

Ação Rescisória. Ministério Público. Legitimidade "ad causam" prevista no art. 967, III, "a", "b", "c" do CPC de 2015. Art. 487, III, "a" e "b", do CPC de 1973. Hipóteses meramente exemplificativas

A legitimidade "ad causam" do Ministério Público para propor ação rescisória, ainda que não tenha sido parte no processo que deu origem à decisão rescindenda, não está limitada às alíneas "a", "b" e "c" do inciso III do art. 967 do CPC de 2015 (art. 487, III, "a" e "b", do CPC de 1973), uma vez que traduzem hipóteses meramente exemplificativas. **>> 287, 448**

► SÚMULA Nº 408 DO TST

Ação rescisória. Petição Inicial. Causa de Pedir. Ausência de capitulação ou capitulação errônea no art. 966 do CPC de 2015. Art. 485 do CPC de 1973. Princípio "iura novit curia"

Não padece de inépcia a petição inicial de ação rescisória apenas porque omite a subsunção do fundamento de rescindibilidade no art. 966 do CPC de 2015 (art. 485 do CPC de 1973) ou o capitula erroneamente em um de seus incisos. Contanto que não se afaste dos fatos e fundamentos invocados como causa de pedir, ao Tribunal é lícito emprestar-lhes a adequada qualificação jurídica ("iura novit curia"). No entanto, fundando-se a ação rescisória no art. 966, inciso V, do CPC de 2015 (art. 485, inciso V, do CPC de 1973), é indispensável expressa indicação, na petição inicial da ação rescisória, da norma jurídica manifestamente violada (dispositivo legal violado sob o CPC de 1973), por se tratar de causa de pedir da rescisória, não se aplicando, no caso, o princípio "iura novit curia". >> **460**

► SÚMULA Nº 409 DO TST

Ação rescisória. Prazo prescricional. Total ou parcial. Violação do art. 7º, XXIX, da CF/1988. Matéria infraconstitucional

Não procede ação rescisória calcada em violação do art. 7º, XXIX, da CF/1988 quando a questão envolve discussão sobre a espécie de prazo prescricional aplicável aos créditos trabalhistas, se total ou parcial, porque a matéria tem índole infraconstitucional, construída, na Justiça do Trabalho, no plano jurisprudencial. >> **249, 466**

► SÚMULA Nº 410 DO TST

Ação rescisória. Reexame de fatos e provas. Inviabilidade

A ação rescisória calcada em violação de lei não admite reexame de fatos e provas do processo que originou a decisão rescindenda. >> **466**

► SÚMULA Nº 411 DO TST

Ação rescisória. Sentença de mérito

Decisão de Tribunal Regional do Trabalho em agravo regimental confirmando decisão monocrática do relator que, aplicando a Súmula nº 83 do TST, indeferiu a petição inicial da ação rescisória. Cabimento

Se a decisão recorrida, em agravo regimental, aprecia a matéria na fundamentação, sob o enfoque das Súmulas nºs 83 do TST e 343 do STF, constitui sentença de mérito, ainda que haja resultado no indeferimento da petição inicial e na extinção do processo sem julgamento do mérito. Sujeita-se, assim, à reforma pelo TST, a decisão do Tribunal que, invocando controvérsia na interpretação da lei, indefere a petição inicial de ação rescisória. >> **476**

► SÚMULA Nº 412 DO TST

Ação Rescisória. Regência pelo CPC de 1973. Sentença de mérito. Questão processual.

Sob a égide do CPC de 1973, pode uma questão processual ser objeto de rescisão desde que consista em pressuposto de validade de uma sentença de mérito. >> **457**

► SÚMULA Nº 413 DO TST

Ação Rescisória. Sentença de Mérito. Violação do art. 896, "a", da CLT

É incabível ação rescisória, por violação do art. 896, "a", da CLT, contra decisão transitada em julgado sob a égide do CPC de 1973 que não conhece de recurso de revista, com base em divergência jurisprudencial, pois não se cuidava de sentença de mérito (art. 485 do CPC de 1973). >> **457**

► SÚMULA Nº 414 DO TST

Mandado de Segurança. Tutela Provisória concedida antes ou na sentença.

I – A tutela provisória concedida na sentença não comporta impugnação pela via do mandado de segurança, por ser impugnável mediante recurso ordinário. É admissível a obtenção de efeito suspensivo ao recurso ordinário mediante requerimento dirigido ao tribunal, ao relator ou ao presidente ou ao vice-presidente do tribunal recorrido, por aplicação subsidiária ao processo do trabalho do artigo 1.029, § 5º, do CPC de 2015.

II - No caso de a tutela provisória haver sido concedida ou indeferida antes da sentença, cabe mandado de segurança, em face da inexistência de recurso próprio.

III - A superveniência da sentença, nos autos originários, faz perder o objeto do mandado de segurança que impugnava a concessão ou o indeferimento da tutela provisória. >> **331, 480**

► SÚMULA Nº 415 DO TST

Mandado de segurança. Petição Inicial. Art. 321 do CPC de 2015. Art. 284 do CPC de 1973. Inaplicabilidade

Exigindo o mandado de segurança prova documental pré-constituída, inaplicável se torna o art. 321 do CPC de 2015 (art. 284 do CPC de 1973) quando verificada, na petição inicial do "mandamus", a ausência de documento indispensável ou de sua autenticação. >> **479**

▶ SÚMULA Nº 416 DO TST

Mandado de segurança. Execução. Lei nº 8.432/1992. Art. 897, § 1º, da CLT. Cabimento

Devendo o agravo de petição delimitar justificadamente a matéria e os valores objeto de discordância, não fere direito líquido e certo o prosseguimento da execução quanto aos tópicos e valores não especificados no agravo. >> **422, 482**

▶ SÚMULA Nº 417 DO TST

Mandado de segurança. Penhora em dinheiro

I - Não fere direito líquido e certo do impetrante o ato judicial que determina penhora em dinheiro do executado para garantir crédito exequendo, pois é prioritária e obedece à gradação prevista no art. 835 do CPC de 2015 (art. 655 do CPC de 1973).

II - Havendo discordância do credor, em execução definitiva, não tem o executado direito líquido e certo a que os valores penhorados em dinheiro fiquem depositados no próprio banco, ainda que atenda aos requisitos do art. 840, I, do CPC de 2015 (art. 666, I, do CPC de 1973). >> **439, 481**

▶ SÚMULA Nº 418 DO TST

Mandado de Segurança visando à homologação de acordo.

A homologação de acordo constitui faculdade do juiz, inexistindo direito líquido e certo tutelável pela via do mandado de segurança. >> **331, 345, 481**

▶ SÚMULA Nº 419 DO TST

Competência. Embargos de Terceiro. Execução por carta precatória. Juízo deprecado.

Na execução por carta precatória, os embargos de terceiro serão oferecidos no juízo deprecado, salvo se indicado pelo juízo deprecante o bem constrito ou se já devolvida a carta (art. 676, parágrafo único, do CPC de 2015). >> **442**

▶ SÚMULA Nº 420 DO TST

Competência funcional. Conflito negativo. TRT e Vara do Trabalho de idêntica região. Não configuração

Não se configura conflito de competência entre Tribunal Regional do Trabalho e Vara do Trabalho a ele vinculada. >> **284**

▶ SÚMULA Nº 421 DO TST

Embargos de Declaração. Cabimento. Decisão Monocrática do Relator calcada no art. 932 do CPC de 2015. Art. 557 do CPC de 1973.

I – Cabem embargos da declaração de decisão monocrática do relator prevista no art. 932 do CPC de 2015 (art. 557 do CPC de 1973), se a parte pretende tão somente juízo integrativo retificador da decisão e, não, modificação do julgado.

II – Se a parte postular a revisão no mérito da decisão monocrática, cumpre ao relator converter os embargos de declaração em agravo, em face dos princípios da fungibilidade e celeridade processual, submetendo-o ao pronunciamento do Colegiado, após a intimação do recorrente para, no prazo de 5 (cinco) dias, complementar as razões recursais, de modo a ajustá-la às exigências do art. 1.021, § 1º, do CPC de 2015. >> **373, 399, 423**

▶ SÚMULA Nº 422 DO TST

Recurso. Fundamento ausente ou deficiente. Não conhecimento.

I – Não se conhece de recurso para o TST se as razões do recorrente não impugnam os fundamentos da decisão recorrida, nos termos em que proferida.

II – O entendimento referido no item anterior não se aplica em relação à motivação secundária e impertinente, consubstanciada em despacho de admissibilidade de recurso ou em decisão monocrática.

III – Inaplicável a exigência do item I relativamente ao recurso ordinário da competência de Tribunal Regional do Trabalho, exceto em caso de recurso cuja motivação é inteiramente dissociada dos fundamentos da sentença. >> **378**

▶ SÚMULA Nº 423 DO TST

Turno ininterrupto de revezamento. Fixação de jornada de trabalho mediante negociação coletiva. Validade.

Estabelecida jornada superior a seis horas e limitada a oito horas por meio de regular negociação coletiva, os empregados submetidos a turnos ininterruptos de revezamento não têm direito ao pagamento da 7ª e 8ª horas como extras. >> **91**

▶ SÚMULA Nº 424 DO TST

Recurso administrativo. Pressuposto de admissibilidade. Depósito prévio da multa administrativa. Não recepção pela Constituição Federal do § 1º do art. 636 da CLT

O § 1º do art. 636 da CLT, que estabelece a exigência de prova do depósito prévio do valor da multa cominada em razão de autuação administrativa como pressuposto de admissibilidade de recurso administrativo, não foi recepcionado pela Constituição Federal de 1988, ante a sua incompatibilidade com o inciso LV do art. 5º. >> **269**

▶ SÚMULA Nº 425 DO TST

Jus postulandi na Justiça do Trabalho. Alcance

O *jus postulandi* das partes, estabelecido no art. 791 da CLT, limita-se às Varas do Trabalho e aos Tribunais Regionais do Trabalho, não alcançando a ação rescisória, a ação cautelar, o mandado de segurança e os recursos de competência do Tribunal Superior do Trabalho. >> **295**

▶ SÚMULA Nº 426 DO TST

Depósito recursal. Utilização da guia GFIP. Obrigatoriedade

Nos dissídios individuais o depósito recursal será efetivado mediante a utilização da Guia de Recolhimento do FGTS e Informações à Previdência Social – GFIP, nos termos dos §§ 4º e 5º do art. 899 da CLT, admitido o depósito judicial, realizado na sede do juízo e à disposição deste, na hipótese de relação de trabalho não submetida ao regime do FGTS. >> **389**

▶ SÚMULA Nº 427 DO TST

Intimação. Pluralidade de advogados. Publicação em nome de advogado diverso daquele expressamente indicado. Nulidade

Havendo pedido expresso de que as intimações e publicações sejam realizadas exclusivamente em nome de determinado advogado, a comunicação em nome de outro profissional constituído nos autos é nula, salvo se constatada a inexistência de prejuízo. >> **317**

▶ SÚMULA Nº 428 DO TST

Sobreaviso. Aplicação Analógica do art. 244, § 2º da CLT

I – O uso de instrumentos telemáticos ou informatizados fornecidos pela empresa ao empregado, por si só, não caracteriza regime de sobreaviso.

II – Considera-se em sobreaviso o empregado que, à distancia e submetido a controle patronal por instrumentos telemáticos ou informatizados, permanecer em regime de plantão ou equivalente, aguardando a qualquer momento o chamado para o serviço durante o período de descanso. >> **80**

▶ SÚMULA Nº 429 DO TST

Tempo à disposição do empregador. Art. 4º da CLT. Período de deslocamento entre a portaria e o local de trabalho.

Considera-se à disposição do empregador, na forma do art. 4º da CLT, o tempo necessário ao deslocamento do trabalhador entre a portaria da empresa e o local de trabalho, desde que supere o limite de 10 minutos diários. >> **79**

▶ SÚMULA Nº 430 DO TST

Administração pública indireta. Contratação. Ausência de concurso público. Nulidade. Ulterior privatização. Convalidação. Insubsistência do vício.

Convalidam-se os efeitos do contrato de trabalho que, considerado nulo por ausência de concurso público, quando celebrado originalmente com ente da Administração Pública Indireta, continua a existir após a sua privatização. >> **42, 63**

▶ SÚMULA Nº 431 DO TST

Salário-hora. Empregado sujeito ao regime geral de trabalho. (art. 58, caput, da CLT). 40 horas semanais. Cálculo. Aplicação do divisor 200.

Para os empregados a que alude o art. 58, caput, da CLT, quando sujeitos a 40 horas semanais de trabalho, aplica-se o divisor 200 (duzentos) para o cálculo do valor do salário-hora. >> **147**

► SÚMULA Nº 432 DO TST

Contribuição sindical rural. Ação de cobrança. Penalidade por atraso no recolhimento. Inaplicabilidade do art. 600 da CLT. Incidência do art. 2º da Lei nº 8.022/1990.

O recolhimento a destempo da contribuição sindical rural não acarreta a aplicação da multa progressiva prevista no art. 600 da CLT, em decorrência da sua revogação tácita pela Lei nº 8.022, de 12 de abril de 1990. >> 256

► SÚMULA Nº 433 DO TST

Embargos. Admissibilidade. Processo em fase de execução. Acórdão de Turma publicado na vigência da Lei nº 11.496, de 26.06.2007. Divergência de interpretação de dispositivo constitucional

A admissibilidade do recurso de embargos contra acórdão de Turma em recurso de revista em fase de execução, publicado na vigência da Lei nº 11.496, de 26.06.2007, condiciona-se à demonstração de divergência jurisprudencial entre Turmas ou destas e a Seção Especializada em Dissídios Individuais do Tribunal Superior do Trabalho em relação à interpretação de dispositivo constitucional. >> 420

► SÚMULA Nº 435 DO TST

Decisão monocrática. Relator. Art. 932 do CPC de 2015. Art. 557 do CPC de 1973. Aplicação subsidiária ao processo do trabalho

Aplica-se subsidiariamente ao processo do trabalho o art. 932 do CPC de 2015 (art. 557 do CPC de 1973). >> 423

► SÚMULA Nº 436 DO TST

Representação processual. Procurador da União, Estados, Municípios e Distrito Federal, suas autarquias e fundações públicas. Juntada de instrumento de mandato

I – A União, Estados, Municípios e Distrito Federal, suas autarquias e fundações públicas, quando representadas em juízo, ativa e passivamente, por seus procuradores, estão dispensadas da juntada de instrumento de mandato e de comprovação do ato de nomeação.

II – Para os efeitos do item anterior, é essencial que o signatário ao menos declare-se exercente do cargo de procurador, não bastando a indicação do número de inscrição na Ordem dos Advogados do Brasil. >> 302

► SÚMULA Nº 437 DO TST

Intervalo intrajornada para repouso e alimentação. Aplicação do art. 71 da CLT.

I – Após a edição da Lei nº 8.923/94, a não concessão total ou a concessão parcial do intervalo intrajornada mínimo, para repouso e alimentação, a empregados urbanos e rurais, implica o pagamento total do período correspondente, e não apenas daquele suprimido, com acréscimo de, no mínimo, 50% sobre o valor da remuneração da hora normal de trabalho (art. 71 da CLT), sem prejuízo do cômputo da efetiva jornada de labor para efeito de remuneração.

II – É inválida cláusula de acordo ou convenção coletiva de trabalho contemplando a supressão ou redução do intervalo intrajornada porque este constitui medida de higiene, saúde e segurança do trabalho, garantido por norma de ordem pública (art. 71 da CLT e art. 7º, XXII, da CF/1988), infenso à negociação coletiva.

III – Possui natureza salarial a parcela prevista no art. 71, § 4º, da CLT, com redação introduzida pela Lei nº 8.923, de 27 de julho de 1994, quando não concedido ou reduzido pelo empregador o intervalo mínimo intrajornada para repouso e alimentação, repercutindo, assim, no cálculo de outras parcelas salariais.

IV – Ultrapassada habitualmente a jornada de seis horas de trabalho, é devido o gozo do intervalo intrajornada mínimo de uma hora, obrigando o empregador a remunerar o período para descanso e alimentação não usufruído como extra, acrescido do respectivo adicional, na forma prevista no art. 71, caput e § 4º da CLT. >> 107

► SÚMULA Nº 438 DO TST

Intervalo para recuperação térmica do empregado. Ambiente artificialmente frio. Horas extras. Art. 253 da CLT. Aplicação analogical

O empregado submetido a trabalho contínuo em ambiente artificialmente frio, nos termos do parágrafo único do art. 253 da CLT, ainda que não labore em câmara frigorífica, tem direito ao intervalo intrajornada previsto no caput do art. 253 da CLT. >> 107

▶ Súmula nº 439 do TST

Danos morais. Juros de mora e atualização monetária. Termo inicial.

Nas condenações por dano moral, a atualização monetária é devida a partir da data da decisão de arbitramento ou de alteração do valor. Os juros incidem desde o ajuizamento da ação, nos termos do art. 883 da CLT. >> 431

▶ Súmula nº 440 do TST

Auxílio-doença acidentário. Aposentadoria por invalidez. Suspensão do contrato de trabalho. Reconhecimento do direito à manutenção de plano de saúde ou de assistência médica

Assegura-se o direito à manutenção de plano de saúde, ou de assistência médica, oferecido pela empresa ao empregado, não obstante suspenso o contrato de trabalho em virtude de auxílio-doença acidentário ou de aposentadoria por invalidez. >> 77

▶ Súmula nº 441 do TST

Aviso-prévio. Proporcionalidade

O direito ao aviso-prévio proporcional ao tempo de serviço somente é assegurado nas rescisões de contrato de trabalho ocorridas a partir da publicação da Lei nº 12.506, em 13 de outubro de 2011. >> 225

▶ Súmula nº 442 do TST

Procedimento sumaríssimo. Recurso de revista fundamentado em contrariedade a Orientação Jurisprudencial. Inadmissibilidade. Art. 896, § 6º, da CLT, acrescentado pela lei nº 9.957, de 12.01.2000

Nas causas sujeitas ao procedimento sumaríssimo, a admissibilidade de recurso de revista está limitada à demonstração de violação direta a dispositivo da Constituição Federal ou contrariedade a Súmula do Tribunal Superior do Trabalho, não se admitindo o recurso por contrariedade a Orientação Jurisprudencial deste Tribunal (Livro II, Título II, Capítulo III, do RITST), ante a ausência de previsão no art. 896, § 6º, da CLT. >> 41

▶ Súmula nº 443 do TST

Dispensa discriminatória. Presunção. Empregado portador de doença grave. Estigma ou preconceito. Direito à reintegração.

Presume-se discriminatória a despedida de empregado portador do vírus HIV ou de outra doença grave que suscite estigma ou preconceito. Inválido o ato o empregado tem direito à reintegração no emprego. >> 234

▶ Súmula nº 444 do TST

Jornada de trabalho. Escala 12 por 36. Validade

É valida, em caráter excepcional, a jornada de 12 horas de trabalho por trinta e seis de descanso, prevista em lei ou ajustada exclusivamente mediante acordo coletivo de trabalho ou convenção coletiva de trabalho, assegurada a remuneração em dobro dos feriados trabalhados. O empregado não tem direito ao pagamento de adicional referente ao labor prestado na décima primeira e décima segunda horas. >> 99

▶ Súmula nº 446 do TST

Maquinista Ferroviário. Intervalo Intrajornada. Supressão Parcial ou Total. Horas extras devidas. Compatibilidade entre os arts. 71, § 4º, e 238, § 5º, da CLT.

A garantia ao intervalo intrajornada, prevista no art. 71 da CLT, por constituir-se em medida de higiene, saúde e segurança do empregado, é aplicável também ao ferroviário maquinista integrante da categoria "c" (equipagem de trem em geral), não havendo incompatibilidade entre as regras inscritas nos arts. 71, § 4º, e 238, § 5º, da CLT. >> 108

▶ Súmula nº 447 do TST

Adicional de periculosidade. Permanência a bordo durante o abastecimento da aeronave. Indevido.

Os tripulantes e demais empregados em serviços auxiliares de transporte aéreo que, no momento do abastecimento da aeronave, permanecem a bordo não têm direito ao adicional de periculosidade a que aludem o art. 193 da CLT e o Anexo 2, item 1, "c", da NR 16 do MTE. >> 160

▶ SÚMULA Nº 448 DO TST

Atividade insalubre. Caracterização. Previsão na Norma Regulamentadora nº 15 da Portaria do Ministério do Trabalho nº 3.214/78. Instalações sanitárias.

I – Não basta a constatação da insalubridade por meio de laudo pericial para que o empregado tenha direito ao respectivo adicional, sendo necessária a classificação da atividade insalubre na relação oficial elaborada pelo Ministério do Trabalho.

II – A higienização de instalações sanitárias de uso público ou coletivo de grande circulação, e a respectiva coleta de lixo, por não se equiparar à limpeza em residências e escritórios, enseja o pagamento de adicional de insalubridade em grau máximo, incidindo o disposto no Anexo 14 da NR-15 da Portaria do MTE nº 3.214/78 quanto à coleta e industrialização de lixo urbano. >> 167

▶ SÚMULA Nº 449 DO TST

Minutos que antecedem e sucedem a jornada de trabalho. Lei nº 10.243, de 19.06.2001. Norma coletiva. Flexibilização. Impossibilidade

A partir da vigência da Lei nº 10.243, de 27.06.2001, que acrescentou o § 1º ao art. 58 da CLT, não mais prevalece cláusula prevista em convenção ou acordo coletivo que elastece o limite de 5 minutos que antecedem e sucedem a jornada de trabalho para fins de apuração das horas extras. >> 83

▶ SÚMULA Nº 450 DO TST

Férias. Gozo na época própria. Pagamento fora do prazo. Dobra devida. Arts. 137 e 145 da CLT.

É devido o pagamento em dobro da remuneração de férias, incluído o terço constitucional, com base no art. 137 da CLT, quando, ainda que gozadas na época própria, o empregador tenha descumprido o prazo previsto no art. 145 do mesmo diploma legal. >> 121

▶ SÚMULA Nº 451 DO TST

Participação nos lucros e resultados. Rescisão contratual anterior à data da distribuição dos lucros. Pagamento proporcional aos meses trabalhados. Princípio da isonomia

Fere o princípio da isonomia instituir vantagem mediante acordo coletivo ou norma regulamentar que condiciona a percepção da parcela participação nos lucros e resultados ao fato de estar o contrato de trabalho em vigor na data prevista para a distribuição dos lucros. Assim, inclusive na rescisão contratual antecipada, é devido o pagamento da parcela de forma proporcional aos meses trabalhados, pois o ex-empregado concorreu para os resultados positivos da empresa. >> 172

▶ SÚMULA Nº 452 DO TST

Diferenças salariais. Plano de cargos e salários. Descumprimento. Critérios de promoção não observados. Prescrição parcial.

Tratando-se de pedido de pagamento de diferenças salariais decorrentes da inobservância dos critérios de promoção estabelecidos em Plano de Cargos e Salários criado pela empresa, a prescrição aplicável é a parcial, pois a lesão é sucessiva e se renova mês a mês. >> 248

▶ SÚMULA Nº 453 DO TST

Adicional de periculosidade. Pagamento espontâneo. Caracterização de fato incontroverso. Desnecessária a perícia de que trata o art. 195 da CLT

O pagamento de adicional de periculosidade efetuado por mera liberalidade da empresa, ainda que de forma proporcional ao tempo de exposição ao risco ou em percentual inferior ao máximo legalmente previsto, dispensa a realização da prova técnica exigida pelo art. 195 da CLT, pois torna incontroversa a existência do trabalho em condições perigosas. >> 163, 166, 367

▶ SÚMULA Nº 454 DO TST

Competência da justiça do trabalho. Execução de ofício. Contribuição social referente ao seguro de acidente de trabalho (SAT). Arts. 114, VIII, e 195, I, "a", da constituição da república.

Compete à Justiça do Trabalho a execução, de ofício, da contribuição referente ao seguro de acidente de trabalho (SAT), que tem natureza de contribuição para a seguridade social (arts. 114, VIII, e 195, I, "a", da CF), pois se destina ao financiamento de benefícios relativos à incapacidade do empregado decorrente de infortúnio no trabalho (arts. 11 e 22 da lei nº 8.212/1991). >> **274, 435**

► SÚMULA Nº 455 DO TST

Equiparação salarial. Sociedade de economia mista. Art. 37, XIII, da CF/1988. Possibilidade

À sociedade de economia mista não se aplica a vedação à equiparação prevista no art. 37, XIII, da CF/1988, pois, ao admitir empregados sob o regime da CLT, equipara-se a empregador privado, conforme disposto no art. 173, § 1º, II, da CF/1988. >> **176**

► SÚMULA Nº 456 DO TST

Representação. Pessoa jurídica. Procuração. Invalidade. Identificação do outorgante e de seu representante.

I - É inválido o instrumento de mandato firmado em nome de pessoa jurídica que não contenha, pelo menos, o nome do outorgante e do signatário da procuração, pois estes dados constituem elementos que os individualizam.

II – Verificada a irregularidade de representação da parte na instância originária, o juiz designará prazo de 5 (cinco) dias para que seja sanado o vício. Descumprida a determinação, extinguirá o processo, sem resolução de mérito, se a providência couber ao reclamante, ou considerará revel o reclamado, se a providência lhe couber (art. 76, § 1º, do CPC de 2015).

III – Caso a irregularidade de representação da parte seja constatada em fase recursal, o relator designará prazo de 5 (cinco) dias para que seja sanado o vício. Descumprida a determinação, o relator não conhecerá do recurso, se a providência couber ao recorrente, ou determinará o desentranhamento das contrarrazões, se a providência couber ao recorrido (art. 76, § 2º, do CPC de2015). >> **302**

► SÚMULA Nº 457 DO TST

Honorários periciais. Beneficiário da justiça gratuita. Responsabilidade da União pelo pagamento. Resolução nº 66/2010 do CSJT. Observância.

A União é responsável pelo pagamento dos honorários de perito quando a parte sucumbente no objeto da perícia for beneficiária da assistência judiciária gratuita, observado o procedimento disposto nos arts. 1º, 2º e 5º da resolução nº 66/2010 do conselho superior da justiça do trabalho – CSJT. >> **310**

► SÚMULA Nº 458 DO TST

Embargos. Procedimento sumaríssimo. Conhecimento. Recurso interposto após vigência da lei nº 11.496, de 22.06.2007, que conferiu nova redação ao art.894, da CLT.

Em causas sujeitas ao procedimento sumaríssimo, em que pese a limitação imposta no art. 896, § 6º, da CLT à interposição de recurso de revista, admitem – se os embargos interpostos na vigência da lei nº 11.496, de 22.06.2007, que conferiu nova redação ao art. 894 da CLT, quando demonstrada a divergência jurisprudencial entre Turmas do TST, fundada em interpretações diversas acerca da aplicação de mesmo dispositivo constitucional ou de matéria sumulada. >> **418**

► SÚMULA Nº 459 DO TST

Recurso de revista. Nulidade por negativa de prestação jurisdicional

O conhecimento do recurso de revista, quanto à preliminar de nulidade por negativa de prestação jurisdicional, supõe indicação de violação do art. 832 da CLT, do art. 458 do CPC ou do art. 93, IX, da CF/1988. >>**410**

► SÚMULA Nº 460 DO TST

Vale-transporte. Ônus da prova.

É do empregador o ônus de comprovar que o empregado não satisfaz os requisitos indispensáveis para a concessão do vale-transporte ou não pretenda fazer uso do benefício. >> **353**

► SÚMULA Nº 461 DO TST

FGTS. Diferenças. Recolhimento. Ônus da prova.

É do empregador o ônus da prova em relação à regularidade dos depósitos do FGTS, pois o pagamento é fato extintivo do direito do autor (art. 373, II, do CPC de 2015). >> **353**

► SÚMULA Nº 462 DO TST

Multa do art. 477, § 8º, da CLT. Incidência. Reconhecimento judicial da relação de emprego.

A circunstância de a relação de emprego ter sido reconhecida apenas em juízo não tem o condão de afastar a incidência da multa prevista no art. 477, § 8º, da CLT. A referida multa não será devida apenas quando, comprovadamente, o empregado der causa à mora no pagamento das verbas rescisórias. **>> 235**

2. SÚMULAS VINCULANTES DO STF

► SÚMULA VINCULANTE Nº 4 DO STF

Salvo nos casos previstos na Constituição, o salário-mínimo não pode ser usado como indexador de base de cálculo de vantagem de servidor público ou de empregado, nem ser substituído por decisão judicial. **>> 165**

► SÚMULA VINCULANTE Nº 22 DO STF

A Justiça do Trabalho é competente para processar e julgar as ações de indenização por danos morais e patrimoniais decorrentes de acidente de trabalho propostas por empregado contra empregador, inclusive aquelas que ainda não possuíam sentença de mérito em primeiro grau quando da promulgação da Emenda Constitucional nº 45/04. **>> 275**

► SÚMULA VINCULANTE Nº 23 DO STF

A Justiça do Trabalho é competente para processar e julgar ação possessória ajuizada em decorrência do exercício do direito de greve pelos trabalhadores da iniciativa privada. **>> 266, 275**

► SÚMULA VINCULANTE Nº 25 DO STF

É ilícita a prisão civil de depositário infiel, qualquer que seja a modalidade do depósito. **>> 441, 495**

► SÚMULA VINCULANTE Nº 40 DO STF

A contribuição confederativa de que trata o art. 8º, IV, da Constituição, só é exigível dos filiados ao sindicato respectivo. **>> 261**

3. OJS DA SDI – I DO TST

► OJ Nº 7 DA SDI – I DO TST

Advogado. Atuação fora da seção da OAB onde o advogado está inscrito. Ausência de comunicação. (Lei nº 4.215/1963, § 2º, art. 56). Infração disciplinar. Não importa nulidade

A despeito da norma então prevista no artigo 56, § 2º, da Lei nº 4.215/63, a falta de comunicação do advogado à OAB para o exercício profissional em seção diversa daquela na qual tem inscrição não importa nulidade dos atos praticados, constituindo apenas infração disciplinar, que cabe àquela instituição analisar. **>> 308**

► OJ Nº 12 DA SDI – I DO TST

Anistia. Emenda constitucional nº 26/1985. Efeitos financeiros da promulgação

Os efeitos financeiros decorrentes da anistia concedida pela Emenda Constitucional nº 26/1985 contam-se desde a data da sua promulgação. **>> 194**

► OJ Nº 13 DA SDI – I DO TST

APPA. Decreto-lei nº 779/69. Depósito recursal e custas. Não isenção

A Administração dos Portos de Paranaguá e Antonina – APPA, vinculada à Administração Pública indireta, não é isenta do recolhimento do depósito recursal e do pagamento das custas processuais por não ser beneficiária dos privilégios previstos no Decreto-Lei nº 779, de 21.08.1969, ante o fato de explorar atividade econômica com fins lucrativos, o que descaracteriza sua natureza jurídica, igualando-a às empresas privadas. **>> 382**

► OJ Nº 14 DA SDI – I DO TST

Aviso-prévio cumprido em casa. Verbas rescisórias. Prazo para pagamento

Em caso de aviso-prévio cumprido em casa, o prazo para o pagamento das verbas rescisórias é até o décimo dia da notificação da despedida. **>> 226**

► OJ Nº 16 DA SDI – I DO TST

Banco do Brasil. ACP. Adicional de caráter pessoal. Indevido

A isonomia de vencimentos entre servidores do Banco Central do Brasil e do Banco do Brasil, decorrente de sentença normativa, alcançou apenas os vencimentos e vantagens de caráter permanente. Dado o caráter personalíssimo do Adicional de Caráter Pessoal – ACP e não integrando a remuneração dos funcionários do Banco do Brasil, não foi ele contemplado na decisão normativa para efeitos de equiparação à tabela de vencimentos do Banco Central do Brasil. >> **32**

► OJ Nº 17 DA SDI - I DO TST

Banco do Brasil. AP e ADI

Os adicionais AP, ADI ou AFR, somados ou considerados isoladamente, sendo equivalentes a 1/3 do salário do cargo efetivo (art. 224, § 2º, da CLT), excluem o empregado ocupante de cargo de confiança do Banco do Brasil da jornada de 6 horas. >> **32**

► OJ Nº 18 DA SDI - I DO TST

Complementação de aposentadoria. Banco do Brasil

I – O valor das horas extras integra a remuneração do empregado para o cálculo da complementação de aposentadoria, desde que sobre ele incida a contribuição à Caixa de Previdência dos Funcionários do Banco do Brasil – PREVI, observado o respectivo regulamento no tocante à integração;

II – Os adicionais AP e ADI não integram o cálculo para a apuração do teto da complementação de aposentadoria;

III – No cálculo da complementação de aposentadoria deve-se observar a média trienal;

IV – A complementação de aposentadoria proporcional aos anos de serviço prestados exclusivamente ao Banco do Brasil somente se verifica a partir da Circular Funci nº 436/1963;

V – O telex DIREC do Banco do Brasil nº 5003/1987 não assegura a complementação de aposentadoria integral, porque não aprovado pelo órgão competente ao qual a instituição se subordina. >> **23**

► OJ Nº 26 DA SDI - I DO TST

Competência da Justiça do Trabalho. Complementação de pensão requerida por viúva de ex-empregado

A Justiça do Trabalho é competente para apreciar pedido de complementação de pensão postulada por viúva de ex-empregado, por se tratar de pedido que deriva do contrato de trabalho. >> **274**

► OJ Nº 28 DA SDI - I DO TST

Correção monetária sobre as diferenças salariais. Universidades federais. Devida. Lei nº 7.596/1987

Incide correção monetária sobre as diferenças salariais dos servidores das universidades federais, decorrentes da aplicação retroativa dos efeitos financeiros assegurados pela Lei nº 7.596/87, pois a correção monetária tem como escopo único minimizar a desvalorização da moeda em decorrência da corrosão inflacionária. >> **69, 433**

► OJ Nº 33 DA SDI - I DO TST

Deserção. Custas. Carimbo do banco. Validade

O carimbo do banco recebedor na guia de comprovação do recolhimento das custas supre a ausência de autenticação mecânica. >> **382**

► OJ Nº 36 DA SDI - I DO TST

Instrumento normativo. Cópia não autenticada. Documento comum às partes. Validade

O instrumento normativo em cópia não autenticada possui valor probante, desde que não haja impugnação ao seu conteúdo, eis que se trata de documento comum às partes. >> **359**

► OJ Nº 38 DA SDI - I DO TST

Empregado que exerce atividade rural. Empresa de reflorestamento. Prescrição própria do rurícola. (Lei nº 5.889/73, art. 10 e decreto nº 73.626/74, art. 2º, § 4º)

O empregado que trabalha em empresa de reflorestamento, cuja atividade está diretamente ligada ao manuseio da terra e de matéria-prima, é rurícola e não industriário, nos termos do Decreto nº 73.626, de 12.02.1974, art. 2º, § 4º, pouco importando que o fruto de seu trabalho seja destinado à indústria. Assim, aplica-se a prescrição própria dos rurícolas aos direitos desses empregados. >> **40**

► OJ Nº 41 DA SDI - I DO TST

Estabilidade. Instrumento normativo. Vigência. Eficácia

Preenchidos todos os pressupostos para a aquisição de estabilidade decorrente de acidente ou doença profissional, ainda durante a vigência do instrumento normativo, goza o empregado de estabilidade mesmo após o término da vigência deste. >> **214**

► OJ Nº 42 DA SDI – I DO TST

FGTS. Multa de 40%

I – É devida a multa do FGTS sobre os saques corrigidos monetariamente ocorridos na vigência do contrato de trabalho.

II – O cálculo da multa de 40% do FGTS deverá ser feito com base no saldo da conta vinculada na data do efetivo pagamento das verbas rescisórias, desconsiderada a projeção do aviso prévio indenizado, por ausência de previsão legal. >> **221**

► OJ Nº 43 DA SDI – I DO TST

Conversão de salários de cruzeiros para cruzados. Decreto-lei nº 2.284/86

A conversão de salários de cruzeiros para cruzados, nos termos do Decreto-Lei nº 2.284/86, não afronta direito adquirido dos empregados. >> **193**

► OJ Nº 44 DA SDI – I DO TST

Gestante. Salário maternidade

É devido o salário maternidade, de 120 dias, desde a promulgação da CF/1988, ficando a cargo do empregador o pagamento do período acrescido pela Carta. >> **205**

► OJ Nº 47 DA SDI – I DO TST

Hora extra. Adicional de insalubridade. Base de cálculo

A base de cálculo da hora extra é o resultado da soma do salário contratual mais o adicional de insalubridade. >> **146, 163**

► OJ Nº 51 DA SDI – I DO TST

Legislação eleitoral. Empresas públicas e sociedades de economia mista.

Aos empregados das empresas públicas e das sociedades de economia mista regidos pela CLT aplicam-se as vedações dispostas no art. 15 da Lei nº 7.773, de 08.06.1989. >> **194**

► OJ Nº 54 DA SDI – I DO TST

Multa. Cláusula penal. Valor superior ao principal

O valor da multa estipulada em cláusula penal, ainda que diária, não poderá ser superior à obrigação principal corrigida, em virtude da aplicação do artigo 412 do Código Civil de 2002 (art. 920 do Código Civil de 1916). >> **256**

► OJ Nº 56 DA SDI – I DO TST

Nossa Caixa-Nosso Banco (Caixa Econômica do Estado de São Paulo). Regulamento. Gratificação especial e/ou anuênios

Direito reconhecido apenas àqueles empregados que tinham 25 anos de efetivo exercício prestados exclusivamente à Caixa. >> **19**

► OJ Nº 57 DA SDI – I DO TST

PCCS. Devido o reajuste do adiantamento. Lei nº 7.686/88, Art. 1º

É devido o reajuste da parcela denominada "adiantamento do PCCS", conforme a redação do art. 1º da Lei nº 7.686/88. >> **193**

► OJ Nº 58 DA SDI – I DO TST

Plano Bresser. IPC Jun/1987. Inexistência de direito adquirido

Inexiste direito adquirido ao IPC de junho de 1987 (Plano Bresser), em face da edição do Decreto-Lei nº 2.335/87. >> **193**

► OJ Nº 59 DA SDI – I DO TST

Plano verão. URP de fevereiro de 1989. Inexistência de direito adquirido

Inexiste direito adquirido à URP de fevereiro de 1989 (Plano Verão), em face da edição da Lei nº 7.730/89. >> **193**

► OJ Nº 60 DA SDI – I DO TST

Portuários. Hora noturna. Horas extras. (Lei nº 4.860/65, arts. 4º e 7º, § 5º)

I – A hora noturna no regime de trabalho no porto, compreendida entre dezenove horas e sete horas do dia seguinte, é de sessenta minutos.

II – Para o cálculo das horas extras prestadas pelos trabalhadores portuários, observar-se-á somente o salário básico percebido, excluídos os adicionais de risco e produtividade. >> **97**

► OJ Nº 62 DA SDI - I DO TST

Prequestionamento. Pressuposto de admissibilidade em apelo de natureza extraordinária. Necessidade, ainda que se trate de incompetência absoluta

É necessário o prequestionamento como pressuposto de admissibilidade em recurso de natureza extraordinária, ainda que se trate de incompetência absoluta. >> **401**

► OJ Nº 65 DA SDI - I DO TST

Professor adjunto. Ingresso no cargo de professor titular. Exigência de concurso público não afastada pela constituição federal de 1988 (CF/1988, arts. 37, II e 206, V)

O acesso de professor adjunto ao cargo de professor titular só pode ser efetivado por meio de concurso público, conforme dispõem os arts. 37, inciso II, e 206, inciso V, da CF/88. >> **63**

► OJ Nº 75 DA SDI - I DO TST

Substabelecimento sem o reconhecimento de firma do substabelecente. Inválido (anterior à Lei nº 8.952/1994)

Não produz efeitos jurídicos recurso subscrito por advogado com poderes conferidos em substabelecimento em que não consta o reconhecimento de firma do outorgante. Entendimento aplicável antes do advento da Lei nº 8.952/1994. >> **301, 380**

► OJ Nº 76 DA SDI - I DO TST

Substituição dos avanços trienais por qüinqüênios. Alteração do contrato de trabalho. Prescrição total. CEEE

A alteração contratual consubstanciada na substituição dos avanços trienais por qüinqüênios decorre de ato único do empregador, momento em que começa a fluir o prazo fatal de prescrição. >> **245**

► OJ Nº 79 DA SDI - I DO TST

URP de abril e maio de 1988. Decreto-lei nº 2.425/1988

Existência de direito apenas ao reajuste de 7/30 de 16,19% a ser calculado sobre o salário de março e incidente sobre o salário dos meses de abril e maio, não cumulativamente e corrigidos desde a época própria até a data do efetivo pagamento. >> **193**

► OJ Nº 82 DA SDI - I DO TST

Aviso-prévio. Baixa na CTPS

A data de saída a ser anotada na CTPS deve corresponder à do término do prazo do aviso-prévio, ainda que indenizado. >> **61**

► OJ Nº 83 DA SDI - I DO TST

Aviso prévio. Indenizado. Prescrição

A prescrição começa a fluir no final da data do término do aviso prévio. Art. 487, § 1º, CLT. >> **226, 243**

► OJ Nº 87 DA SDI - I DO TST

Entidade pública. Exploração de atividade eminentemente econômica. Execução. Art. 883 da CLT

É direta a execução contra a APPA e MINASCAIXA (§ 1º do art. 173, da CF/1988). >> **443**

► OJ Nº 91 DA SDI - I DO TST

Anistia. Art. 8º, § 1º, ADCT. Efeitos financeiros. ECT

Em 19.05.1997, a SDI – Plena decidiu, pelo voto prevalente do Exmo. Sr. Presidente, que os efeitos financeiros da readmissão do empregado anistiado serão contados a partir do momento em que este manifestou o desejo de retornar ao trabalho e, na ausência de prova, da data do ajuizamento da ação. >> **194**

► OJ Nº 92 DA SDI - I DO TST

Desmembramento de municípios. Responsabilidade trabalhista

Em caso de criação de novo município, por desmembramento, cada uma das novas entidades responsabiliza-se pelos direitos trabalhistas do empregado no período em que figurarem como real empregador. >> **42**

► OJ Nº 95 DA SDI - I DO TST

Embargos para SDI. Divergência oriunda da mesma Turma do TST. Inservível

Em 19.05.1997, a SDI – Plena, por maioria, decidiu que acórdãos oriundos da mesma Turma, embora divergentes, não fundamentam divergência jurisprudencial de que trata a alínea "b", do artigo 894 da Consolidação das Leis do Trabalho para embargos à Seção Especializada em Dissídios Individuais, Subseção I. >> **418**

► OJ Nº 97 DA SDI – I DO TST

Horas extras. Adicional noturno. Base de cálculo

O adicional noturno integra a base de cálculo das horas extras prestadas no período noturno. >> **146**

► OJ Nº 100 DA SDI – I DO TST

Salário. Reajuste. Entes Públicos

Os reajustes salariais previstos em legislação federal devem ser observados pelos Estados-membros, suas Autarquias e Fundações Públicas nas relações contratuais trabalhistas que mantiverem com seus empregados. >> **194**

► OJ Nº 103 DA SDI – I DO TST

Adicional de insalubridade. Repouso semanal e feriados

O adicional de insalubridade já remunera os dias de repouso semanal e feriados. >> **116, 163**

► OJ Nº 111 DA SDI – I DO TST

Recurso de revista. Divergência jurisprudencial. Aresto oriundo do mesmo tribunal regional. Lei nº 9.756/1998. Inservível ao conhecimento

Não é servível ao conhecimento de recurso de revista aresto oriundo de mesmo Tribunal Regional do Trabalho, salvo se o recurso houver sido interposto anteriormente à vigência da Lei nº 9.756/1998. >> **408**

► OJ Nº 113 DA SDI – I DO TST

Adicional de transferência. Cargo de confiança ou previsão contratual de transferência. Devido. Desde que a transferência seja provisória

O fato de o empregado exercer cargo de confiança ou a existência de previsão de transferência no contrato de trabalho não exclui o direito ao adicional. O pressuposto legal apto a legitimar a percepção do mencionado adicional é a transferência provisória. >> **69, 155**

► OJ Nº 118 DA SDI – I DO TST

Prequestionamento. Tese explícita. Inteligência da Súmula nº 297

Havendo tese explícita sobre a matéria, na decisão recorrida, desnecessário contenha nela referência expressa do dispositivo legal para ter-se como prequestionado este. >> **401**

► OJ Nº 119 DA SDI – I DO TST

Prequestionamento inexigível. Violação nascida na própria decisão recorrida. Súmula nº 297. Inaplicável

É inexigível o prequestionamento quando a violação indicada houver nascido na própria decisão recorrida. Inaplicável a Súmula nº 297 do TST. >> **401**

► OJ Nº 120 DA SDI – I DO TST

Recurso. Assinatura da petição ou das razões recursais. Art. 932, parágrafo único, do CPC de 2015.

I - Verificada a total ausência de assinatura no recurso, o juiz ou o relator concederá prazo de 5 (cinco) dias para que seja sanado o vício. Descumprida a determinação, o recurso será reputado inadmissível (art. 932, parágrafo único, do CPC de 2015).

II - É válido o recurso assinado, ao menos, na petição de apresentação ou nas razões recursais. >> **381**

► OJ Nº 121 DA SDI – I DO TST

Substituição processual. Diferença do adicional de insalubridade. Legitimidade

O sindicato tem legitimidade para atuar na qualidade de substituto processual para pleitear diferença de adicional de insalubridade. >> **171, 291**

► OJ Nº 123 DA SDI – I DO TST

Bancários. Ajuda alimentação

A ajuda alimentação prevista em norma coletiva em decorrência de prestação de horas extras tem natureza indenizatória e, por isso, não integra o salário do empregado bancário. >> **31, 135, 175**

► OJ Nº 125 DA SDI - I DO TST

Contrato de trabalho. Art. 479 da CLT

O simples desvio funcional do empregado não gera direito a novo enquadramento, mas apenas às diferenças salariais respectivas, mesmo que o desvio de função haja iniciado antes da vigência da CF/1988. >> 176

► OJ Nº 127 DA SDI - I DO TST

Hora noturna reduzida. Subsistência após a CF/1988

O art. 73, § 1º da CLT, que prevê a redução da hora noturna, não foi revogado pelo inciso IX do art. 7º da CF/1988 >> 97

► OJ Nº 129 DA SDI - I DO TST

Prescrição. Complementação da pensão e auxílio funeral

A prescrição extintiva para pleitear judicialmente o pagamento da complementação de pensão e do auxílio-funeral é de 2 anos, contados a partir do óbito do empregado. >> 252

► OJ Nº 130 DA SDI - I DO TST

Prescrição. Ministério Público. Arguição. "Custus legis". Ilegitimidade.

Ao exarar o parecer na remessa de ofício, na qualidade "custus legis", o Ministério Público não tem legitimidade para arguir a prescrição em favor de entidade de direito público, em matéria de direito patrimonial. >> 253, 287

► OJ Nº 132 DA SDI - I DO TST

Agravo regimental. Peças essenciais nos autos principais

Inexistindo lei que exija a tramitação do agravo regimental em autos apartados, tampouco previsão no Regimento Interno do Regional, não pode o agravante ver-se apenado por não haver colacionado cópia de peças dos autos principais, quando o agravo regimental deveria fazer parte dele. >> 424

► OJ Nº 133 DA SDI - I DO TST

Ajuda alimentação. PAT. Lei nº 6.321/76. Não integração ao salário

A ajuda-alimentação fornecida por empresa participante do programa de alimentação ao trabalhador, instituído pela Lei nº 6.321/76, não tem caráter salarial. Portanto, não integra o salário para nenhum efeito legal. >> 135

► OJ Nº 134 DA SDI - I DO TST

Autenticação. Pessoa jurídica de direito público. Dispensada. Medida provisória nº 1.360, de 12.03.96

São válidos os documentos apresentados, por pessoa jurídica de direito público, em fotocópia não autenticada, posteriormente à edição da Medida Provisória nº 1.360/96 e suas reedições. >> 359

► OJ Nº 138 DA SDI - I DO TST

Competência residual. Regime jurídico único. Limitação da execução

Compete à Justiça do Trabalho julgar pedidos de direitos e vantagens previstos na legislação trabalhista referente a período anterior à Lei nº 8.112/90, mesmo que a ação tenha sido ajuizada após a edição da referida lei. A superveniência de regime estatutário em substituição ao celetista, mesmo após a sentença, limita a execução ao período celetista. >> 275

► OJ Nº 140 DA SDI - I DO TST

Depósito recursal e custas Processuais. Recolhimento insuficiente. Deserção.

Em caso de recolhimento insuficiente das custas processuais ou do depósito recursal, somente haverá deserção do recurso se, concedido o prazo de 5 (cinco) dias previsto no § 2º do art. 1.007 do CPC de 2015, o recorrente não complementar e comprovar o valor devido. >> 381

► OJ Nº 142 DA SDI - I DO TST

Embargos de declaração. Efeito modificativo. Vista à parte contrária

É passível de nulidade decisão que acolhe embargos de declaração com efeito modificativo sem que seja concedida oportunidade de manifestação prévia à parte contrária. >> 398

► OJ Nº 143 DA SDI - I DO TST

Empresa em liquidação extrajudicial. Execução. Créditos trabalhistas. Lei nº 6.024/74

A execução trabalhista deve prosseguir diretamente na Justiça do Trabalho mesmo após a decretação da liquidação extrajudicial. Lei nº 6.830/80, arts. 5º e 29, aplicados supletivamente (CLT, art. 889 e CF/1988, art. 114). >> **442**

► OJ Nº 147 DA SDI – I DO TST

Lei estadual, norma coletiva ou norma regulamentar. Conhecimento indevido do recurso de revista por divergência jurisprudencial

I – É inadmissível o recurso de revista fundado tão-somente em divergência jurisprudencial, se a parte não comprovar que a lei estadual, a norma coletiva ou o regulamento da empresa extrapolam o âmbito do TRT prolator da decisão recorrida.

II – É imprescindível a argüição de afronta ao art. 896 da CLT para o conhecimento de embargos interpostos em face de acórdão de Turma que conhece indevidamente de recurso de revista, por divergência jurisprudencial, quanto a tema regulado por lei estadual, norma coletiva ou norma regulamentar de âmbito restrito ao Regional prolator da decisão. >> **408, 418**

► OJ Nº 148 DA SDI – I DO TST

Lei nº 8.880/94, Art. 31. Constitucionalidade

É constitucional o art. 31 da Lei nº 8.880/94, que prevê a indenização por demissão sem justa causa. >> **235**

► OJ Nº 151 DA SDI – I DO TST

Prequestionamento. Decisão regional que adota a sentença. Ausência de prequestionamento

Decisão regional que simplesmente adota os fundamentos da decisão de primeiro grau não preenche a exigência do prequestionamento, tal como previsto na Súmula nº 297. >> **401**

► OJ Nº 152 DA SDI – I DO TST

Revelia. Pessoa jurídica de direito público. Aplicável. (art. 844 da CLT)

Pessoa jurídica de direito público sujeita-se à revelia prevista no artigo 844 da CLT. >> **350**

► OJ Nº 158 DA SDI – I DO TST

Custas. Comprovação de recolhimento. Darf eletrônico. Validade

O denominado "DARF ELETRÔNICO" é válido para comprovar o recolhimento de custas por entidades da administração pública federal, emitido conforme a IN-SRF 162, de 04.11.88. >> **382**

► OJ Nº 159 DA SDI – I DO TST

Data de pagamento. Salários. Alteração

Diante da inexistência de previsão expressa em contrato ou em instrumento normativo, a alteração da data de pagamento pelo empregador não viola o art. 468, desde que observado o parágrafo único do art. 459, ambos da CLT. >> **69**

► OJ Nº 160 DA SDI – I DO TST

Descontos salariais. Autorização no ato da admissão. Validade

É inválida a presunção de vício de consentimento resultante do fato de ter o empregado anuído expressamente com descontos salariais na oportunidade da admissão. É de se exigir demonstração concreta do vício de vontade. >> **189**

► OJ Nº 162 DA SDI – I DO TST

Multa. Art. 477 da CLT. Contagem do prazo. Aplicável o art. 132 do Código Civil de 2002

A contagem do prazo para quitação das verbas decorrentes da rescisão contratual prevista no artigo 477 da CLT exclui necessariamente o dia da notificação da demissão e inclui o dia do vencimento, em obediência ao disposto no artigo 132 do Código Civil de 2002 (artigo 125 do Código Civil de 1916). >> **234**

► OJ Nº 164 DA SDI – I DO TST

Oficial de justiça ad hoc. Inexistência de vínculo empregatício

Não se caracteriza o vínculo empregatício na nomeação para o exercício das funções de oficial de justiça ad hoc, ainda que feita de forma reiterada, pois exaure-se a cada cumprimento de mandado. >> **63**

► OJ Nº 165 DA SDI – I DO TST

Perícia. Engenheiro ou médico. Adicional de insalubridade e periculosidade. Válido. Art. 195 da CLT

O art. 195 da CLT não faz qualquer distinção entre o médico e o engenheiro para efeito de caracterização e classificação da insalubridade e periculosidade, bastando para a elaboração do laudo seja o profissional devidamente qualificado. **>> 163, 166, 367**

► OJ Nº 171 DA SDI - I DO TST

Adicional de insalubridade. Óleos minerais. Sentido do termo "manipulação"

Para efeito de concessão de adicional de insalubridade não há distinção entre fabricação e manuseio de óleos minerais - Portaria nº 3214 do Ministério do Trabalho, NR 15, Anexo XIII. **>> 167**

► OJ Nº 172 DA SDI - I DO TST

Adicional de insalubridade ou periculosidade. Condenação. Inserção em folha de pagamento

Condenada ao pagamento do adicional de insalubridade ou periculosidade, a empresa deverá inserir, mês a mês e enquanto o trabalho for executado sob essas condições, o valor correspondente em folha de pagamento. **>> 157**

► OJ Nº 173 DA SDI - I DO TST

Adicional de insalubridade. Atividade a céu aberto. Exposição ao sol e ao calor.

I - Ausente previsão legal, indevido o adicional de insalubridade ao trabalhador em atividade a céu aberto, por sujeição à radiação solar (art. 195 da CLT e Anexo 7 da NR 15 da Portaria Nº 3214/78 do MTE).

II - Tem direito ao adicional de insalubridade o trabalhador que exerce atividade exposto ao calor acima dos limites de tolerância, inclusive em ambiente externo com carga solar, nas condições previstas no Anexo 3 da NR 15 da Portaria nº 3214/78 do MTE. **>> 167**

► OJ Nº 175 DA SDI - I DO TST

Comissões. Alteração ou Supressão. Prescrição total

A supressão das comissões, ou a alteração quanto à forma ou ao percentual, em prejuízo do empregado, é suscetível de operar a prescrição total da ação, nos termos da Súmula nº 294 do TST, em virtude de cuidar-se de parcela não assegurada por preceito de lei. **>> 244**

► OJ Nº 178 DA SDI - I DO TST

Bancário. Intervalo de 15 minutos. Não computável na jornada de trabalho

Não se computa, na jornada do bancário sujeito a seis horas diárias de trabalho, o intervalo de quinze minutos para lanche ou descanso. **>> 31**

► OJ Nº 181 DA SDI - I DO TST

Comissões. Correção monetária. Cálculo

O valor das comissões deve ser corrigido monetariamente para em seguida obter-se a média para efeito de cálculo de férias, 13º salário e verbas rescisórias. **>> 138**

► OJ Nº 185 DA SDI - I DO TST

Contrato de trabalho com a associação de pais e mestres - APM. Inexistência de responsabilidade solidária ou subsidiária do estado

O Estado-Membro não é responsável subsidiária ou solidariamente com a Associação de Pais e Mestres pelos encargos trabalhistas dos empregados contratados por esta última, que deverão ser suportados integral e exclusivamente pelo real empregador. **>> 49**

► OJ Nº 188 DA SDI - I DO TST

Decisão normativa que defere direitos. Falta de interesse de agir para ação individual

Falta interesse de agir para a ação individual, singular ou plúrima, quando o direito já foi reconhecido através de decisão normativa, cabendo, no caso, ação de cumprimento. **>> 292, 492**

► OJ Nº 191 DA SDI - I DO TST

Contrato de empreitada. Dono da obra de construção civil. Responsabilidade

Diante da inexistência de previsão legal específica, o contrato de empreitada de construção civil entre o dono da obra e o empreiteiro não enseja responsabilidade solidária ou subsidiária nas obrigações trabalhistas contraídas pelo empreiteiro, salvo sendo o dono da obra uma empresa construtora ou incorporadora. **>> 50**

► OJ Nº 192 DA SDI - I DO TST

Embargos declaratórios. Prazo em dobro. Pessoa jurídica de direito público. Decreto-lei nº 779/69.

É em dobro o prazo para a interposição de embargos declaratórios por pessoa jurídica de direito público. >> **320, 380, 399**

► OJ Nº 195 DA SDI – I DO TST

Férias indenizadas. FGTS. Não-incidência

Não incide a contribuição para o FGTS sobre as férias indenizadas. >> **122, 220**

► OJ Nº 198 DA SDI – I DO TST

Honorários periciais. Atualização monetária

Diferentemente da correção aplicada aos débitos trabalhistas, que têm caráter alimentar, a atualização monetária dos honorários periciais é fixada pelo art. 1º da Lei nº 6.899/81, aplicável a débitos resultantes de decisões judiciais. >> **310, 434**

► OJ Nº 199 DA SDI – I DO TST

Jogo do bicho. Contrato de trabalho. Nulidade. Objeto ilícito

É nulo o contrato de trabalho celebrado para o desempenho de atividade inerente à prática do jogo do bicho, ante a ilicitude de seu objeto, o que subtrai o requisito de validade para a formação do ato jurídico. >> **63**

► OJ Nº 200 DA SDI – I DO TST

Mandato tácito. Substabelecimento inválido

É inválido o substabelecimento de advogado investido de mandato tácito. >> **300**

► OJ Nº 206 DA SDI – I DO TST

Professor. Horas extras. Adicional de 50%

Excedida a jornada máxima (art. 318 da CLT), as horas excedentes devem ser remuneradas com o adicional de, no mínimo, 50% (art. 7º, XVI, CF/1988). >> **147**

► OJ Nº 207 DA SDI – I DO TST

Programa de incentivo à demissão voluntária. Indenização. Imposto de renda. Não-incidência

A indenização paga em virtude de adesão a programa de incentivo à demissão voluntária não está sujeita à incidência do imposto de renda. >> **25**

► OJ Nº 208 DA SDI – I DO TST

Radiologista. Gratificação de raios X. Redução. Lei nº 7.923/89.

A alteração da gratificação por trabalho com raios X, de quarenta para dez por cento, na forma da Lei nº 7.923/89, não causou prejuízo ao trabalhador porque passou a incidir sobre o salário incorporado com todas as demais vantagens. >> **69**

► OJ Nº 213 DA SDI – I DO TST

Telex. Operadores. Art. 227 da CLT. Inaplicável

O operador de telex de empresa, cuja atividade econômica não se identifica com qualquer uma das previstas no art. 227 da CLT, não se beneficia de jornada reduzida. >> **106**

► OJ Nº 216 DA SDI – I DO TST

Vale-transporte. Servidor público celetista. Lei nº 7.418/85. Devido

Aos servidores públicos celetistas é devido o vale-transporte, instituído pela Lei nº 7.418/85, de 16 de dezembro de 1985. >> **174**

► OJ Nº 217 DA SDI – I DO TST

Agravo de instrumento. Traslado. Lei nº 9.756/1998. Guias de custas e de depósito recursal

Para a formação do agravo de instrumento, não é necessária a juntada de comprovantes de recolhimento de custas e de depósito recursal relativamente ao recurso ordinário, desde que não seja objeto de controvérsia no recurso de revista a validade daqueles recolhimentos. >> **382, 421**

► OJ Nº 219 DA SDI – I DO TST

Recurso de Revista ou de Embargos fundamentado em Orientação Jurisprudencial do TST

É válida, para efeito de conhecimento do recurso de revista ou de embargos, a invocação de Orientação Jurisprudencial do Tribunal Superior do Trabalho, desde que, das razões recursais, conste o seu número ou conteúdo. >> **408, 417**

► OJ Nº 224 DA SDI - I DO TST

Complementação de aposentadoria. Reajuste. Lei nº 9.069, de 29.06.1995.

I - A partir da vigência da Medida Provisória nº 542, de 30.06.1994, convalidada pela Lei nº 9.069, de 29.06.1995, o critério de reajuste da complementação de aposentadoria passou a ser anual e não semestral, aplicando-se o princípio rebus sic stantibus diante da nova ordem econômica.

II - A alteração da periodicidade do reajuste da complementação de aposentadoria - de semestral para anual -, não afeta o direito ao resíduo inflacionário apurado nos meses de abril, maio e junho de 1994, que deverá incidir sobre a correção realizada no mês de julho de 1995. >> 23

► OJ Nº 225 DA SDI - I DO TST

Contrato de concessão de serviço público. Responsabilidade trabalhista

Celebrado contrato de concessão de serviço público em que uma empresa (primeira concessionária) outorga a outra (segunda concessionária), o todo ou em parte, mediante arrendamento, ou qualquer outra forma contratual, a título transitório, bens de sua propriedade:

I - em caso de rescisão do contrato de trabalho após a entrada em vigor da concessão, a segunda concessionária, na condição de sucessora, responde pelos direitos decorrentes do contrato de trabalho, sem prejuízo da responsabilidade subsidiária da primeira concessionária pelos débitos trabalhistas contraídos até a concessão;

II - no tocante ao contrato de trabalho extinto antes da vigência da concessão, a responsabilidade pelos direitos dos trabalhadores será exclusivamente da antecessora. >> 42

► OJ Nº 226 DA SDI - I DO TST

Crédito trabalhista. Cédula de crédito rural. Cédula de crédito industrial. Penhorabilidade

Diferentemente da cédula de crédito industrial garantida por alienação fiduciária, na cédula rural pignoratícia ou hipotecária o bem permanece sob o domínio do devedor (executado), não constituindo óbice à penhora na esfera trabalhista. (Decreto-Lei nº 167/67, art. 69; CLT, arts. 10 e 30 e Lei nº 6.830/80). >> 439

► OJ Nº 232 DA SDI - I DO TST

FGTS. Incidência. Empregado transferido para o exterior. Remuneração

O FGTS incide sobre todas as parcelas de natureza salarial pagas ao empregado em virtude de prestação de serviços no exterior. >> 219

► OJ Nº 233 DA SDI - I DO TST

Horas extras. Comprovação de parte do período alegado

A decisão que defere horas extras com base em prova oral ou documental não ficará limitada ao tempo por ela abrangido, desde que o julgador fique convencido de que o procedimento questionado superou aquele período. >> 147, 359

► OJ Nº 235 DA SDI - I DO TST

Horas extras. Salário por produção

O empregado que recebe salário por produção e trabalha em sobrejornada tem direito à percepção apenas do adicional de horas extras, exceto no caso do empregado cortador de cana, a quem é devido o pagamento das horas extras e do adicional respectivo. >> 138

► OJ Nº 237 DA SDI - I DO TST

Ministério Público do Trabalho. Legitimidade para recorrer. Sociedade de economia mista. Empresa pública

I - O Ministério Público do Trabalho não tem legitimidade para recorrer na defesa de interesse patrimonial privado, ainda que de empresas públicas e sociedades de economia mista.

II - Há legitimidade do Ministério Público do Trabalho para recorrer de decisão que declara a existência de vínculo empregatício com sociedade de economia mista ou empresa pública, após a Constituição Federal de 1988, sem a prévia aprovação em concurso público, pois é matéria de ordem pública. >> 287, 379

► OJ Nº 238 DA SDI - I DO TST

Multa. Art. 477 da CLT. Pessoa jurídica de direito público. Aplicável

Submete-se à multa do artigo 477 da CLT a pessoa jurídica de direito público que não observa o prazo para pagamento das verbas rescisórias, pois nivela-se a qualquer particular, em direitos e obrigações, despojando-se do jus imperii ao celebrar um contrato de emprego. >> 235

► OJ Nº 242 DA SDI – I DO TST

Prescrição total. Horas extras. Adicional. Incorporação

Embora haja previsão legal para o direito à hora extra, inexiste previsão para a incorporação ao salário do respectivo adicional, razão pela qual deve incidir a prescrição total. >> 244

► OJ Nº 243 DA SDI – I DO TST

Prescrição total. Planos econômicos

Aplicável a prescrição total sobre o direito de reclamar diferenças salariais resultantes de planos econômicos. >> 245

► OJ Nº 244 DA SDI – I DO TST

Professor. Redução da carga horária. Possibilidade

A redução da carga horária do professor, em virtude da diminuição do número de alunos, não constitui alteração contratual, uma vez que não implica redução do valor da hora-aula. >> 69, 129

► OJ Nº 245 DA SDI – I DO TST

Revelia. Atraso. Audiência

Inexiste previsão legal tolerando atraso no horário de comparecimento da parte na audiência. >> 336, 350

► OJ Nº 247 DA SDI – I DO TST

Servidor público. Celetista concursado. Despedida imotivada. Empresa pública ou sociedade de economia mista. Possibilidade

I – A despedida de empregados de empresa pública e de sociedade de economia mista, mesmo admitidos por concurso público, independe de ato motivado para sua validade;

II – A validade do ato de despedida do empregado da Empresa Brasileira de Correios e Telégrafos (ECT) está condicionada à motivação, por gozar a empresa do mesmo tratamento destinado à Fazenda Pública em relação à imunidade tributária e à execução por precatório, além das prerrogativas de foro, prazos e custas processuais. >> 217, 234

► OJ Nº 251 DA SDI – I DO TST

Descontos. frentista. Cheques sem fundos

É lícito o desconto salarial referente à devolução de cheques sem fundos, quando o frentista não observar as recomendações previstas em instrumento coletivo. >> 190

► OJ Nº 253 DA SDI – I DO TST

Estabilidade provisória. Cooperativa. Lei nº 5.764/71. Conselho fiscal. Suplente. Não assegurada

O art. 55 da Lei n. 5.764/71 assegura a garantia de emprego apenas aos empregados eleitos diretores de Cooperativas, não abrangendo os membros suplentes. >> 215

► OJ Nº 255 DA SDI – I DO TST

Mandato. Contrato social. Desnecessária a juntada

O art. 75, inciso VIII, do CPC de 2015 (art. 12, VI, do CPC de 1973) não determina a exibição dos estatutos da empresa em juízo como condição de validade do instrumento de mandato outorgado ao seu procurador, salvo se houver impugnação da parte contrária. >> 302

► OJ Nº 256 DA SDI – I DO TST

Prequestionamento. Configuração. Tese explícita. Súmula nº 297

Para fins do requisito do prequestionamento de que trata a Súmula nº 297, há necessidade de que haja, no acórdão, de maneira clara, elementos que levem à conclusão de que o Regional adotou uma tese contrária à lei ou à súmula. >> 401

► OJ Nº 257 DA SDI – I DO TST

Recurso de revista. Fundamentação. Violação legal. Vocábulo violação. Desnecessidade

A invocação expressa no recurso de revista dos preceitos legais ou constitucionais tidos como violados não significa exigir da parte a utilização das expressões "contrariar", "ferir", "violar", etc. >> 410

► OJ Nº 259 DA SDI - I DO TST

Adicional noturno. Base de cálculo. Adicional de periculosidade. Integração

O adicional de periculosidade deve compor a base de cálculo do adicional noturno, já que também neste horário o trabalhador permanece sob as condições de risco. **>> 151, 157**

► OJ Nº 260 DA SDI - I DO TST

Agravo de instrumento. Recurso de revista. Procedimento sumaríssimo. Lei nº 9.957/00. Processos em curso

I - É inaplicável o rito sumaríssimo aos processos iniciados antes da vigência da Lei nº 9.957/00.

II - No caso de o despacho denegatório de recurso de revista invocar, em processo iniciado antes da Lei nº 9.957/00, o § 6º do art. 896 da CLT (rito sumaríssimo), como óbice ao trânsito do apelo calcado em divergência jurisprudencial ou violação de dispositivo infraconstitucional, o Tribunal superará o obstáculo, apreciando o recurso sob esses fundamentos. **>> 412**

► OJ Nº 261 DA SDI - I DO TST

Bancos. Sucessão trabalhista

As obrigações trabalhistas, inclusive as contraídas à época em que os empregados trabalhavam para o banco sucedido, são de responsabilidade do sucessor, uma vez que a este foram transferidos os ativos, as agências, os direitos e deveres contratuais, caracterizando típica sucessão trabalhista. **>> 42**

► OJ Nº 262 DA SDI - I DO TST

Coisa julgada. Planos econômicos. Limitação à data-base na fase de execução

Não ofende a coisa julgada a limitação à data-base da categoria, na fase executória, da condenação ao pagamento de diferenças salariais decorrentes de planos econômicos, quando a decisão exequenda silenciar sobre a limitação, uma vez que a limitação decorre de norma cogente. Apenas quando a sentença exequenda houver expressamente afastado a limitação à data-base é que poderá ocorrer ofensa à coisa julgada. **>> 371**

► OJ Nº 264 DA SDI - I DO TST

Depósito recursal. PIS/PASEP. Ausência de indicação na guia de depósito recursal. Validade

Não é essencial para a validade da comprovação do depósito recursal a indicação do número do PIS/PASEP na guia respectiva. **>> 389**

► OJ Nº 268 DA SDI - I DO TST

Indenização adicional. Leis nºs 6.708/79 e 7.238/84. Aviso-prévio. Projeção. Estabilidade provisória

Somente após o término do período estabilitário é que se inicia a contagem do prazo do aviso prévio para efeito das indenizações previstas nos artigos 9º da Lei nº 6.708/79 e 9º da Lei nº 7.238/84. **>> 225**

► OJ Nº 269 DA SDI - I DO TST

Justiça gratuita. Requerimento de isenção de despesas processuais. Momento oportuno

O benefício da justiça gratuita pode ser requerido em qualquer tempo ou grau de jurisdição, desde que, na fase recursal, seja o requerimento formulado no prazo alusivo ao recurso. **>> 313**

► OJ Nº 270 DA SDI - I DO TST

Programa de incentivo à demissão voluntária. Transação extrajudicial. Parcelas oriundas do extinto contrato de trabalho. Efeitos

A transação extrajudicial que importa rescisão do contrato de trabalho ante a adesão do empregado a plano de demissão voluntária implica quitação exclusivamente das parcelas e valores constantes do recibo. **>> 24**

► OJ Nº 271 DA SDI - I DO TST

Rurícola. Prescrição. Contrato de emprego extinto. Emenda constitucional nº 28/2000. Inaplicabilidade

O prazo prescricional da pretensão do rurícola, cujo contrato de emprego já se extinguira ao sobrevir a Emenda Constitucional nº 28, de 26/05/2000, tenha sido ou não ajuizada a ação trabalhista, prossegue regido pela lei vigente ao tempo da extinção do contrato de emprego. **>> 41, 250**

► OJ Nº 272 DA SDI – I DO TST

Salário-mínimo. Servidor. Salário-base inferior. Diferenças. Indevidas

A verificação do respeito ao direito ao salário-mínimo não se apura pelo confronto isolado do salário-base com o mínimo legal, mas deste com a soma de todas as parcelas de natureza salarial recebidas pelo empregado diretamente do empregador. **>> 193**

► OJ Nº 274 DA SDI – I DO TST

Turno ininterrupto de revezamento. Ferroviário. Horas extras. Devidas

O ferroviário submetido a escalas variadas, com alternância de turnos, faz jus à jornada especial prevista no art. 7º, XIV, da CF/1988. **>> 92**

► OJ Nº 275 DA SDI – I DO TST

Turno ininterrupto de revezamento. Horista. Horas extras e adicional. Devidos

Inexistindo instrumento coletivo fixando jornada diversa, o empregado horista submetido a turno ininterrupto de revezamento faz jus ao pagamento das horas extraordinárias laboradas além da 6ª, bem como ao respectivo adicional. **>> 91**

► OJ Nº 276 DA SDI – I DO TST

Ação declaratória. Complementação de aposentadoria

É incabível ação declaratória visando a declarar direito à complementação de aposentadoria, se ainda não atendidos os requisitos necessários à aquisição do direito, seja por via regulamentar, ou por acordo coletivo. **>> 23**

► OJ Nº 277 DA SDI – I DO TST

Ação de cumprimento fundada em decisão normativa que sofreu posterior reforma, quando já transitada em julgado a sentença condenatória. Coisa julgada. Não-configuração

A coisa julgada produzida na ação de cumprimento é atípica, pois dependente de condição resolutiva, ou seja, da não-modificação da decisão normativa por eventual recurso. Assim, modificada a sentença normativa pelo TST, com a conseqüente extinção do processo, sem julgamento do mérito, deve-se extinguir a execução em andamento, uma vez que a norma sobre a qual se apoiava o título exeqüendo deixou de existir no mundo jurídico. **>> 492**

► OJ Nº 278 DA SDI – I DO TST

Adicional de insalubridade. Perícia. Local de trabalho desativado

A realização da perícia é obrigatória para verificação de insalubridade. Quando não for possível sua realização como em caso de fechamento da empresa, poderá o julgador utilizar-se de outros meios de prova. **>> 163, 166, 367**

► OJ Nº 282 DA SDI – I DO TST

Agravo de instrumento. Juízo de admissibilidade "ad quem"

No julgamento de Agravo de Instrumento, ao afastar o óbice apontado pelo TRT para o processamento do recurso de revista, pode o juízo "ad quem" prosseguir no exame dos demais pressupostos extrínsecos e intrínsecos do recurso de revista, mesmo que não apreciados pelo TRT. **>> 377, 421**

► OJ Nº 283 DA SDI – I DO TST

Agravo de instrumento. Peças essenciais. Traslado realizado pelo agravado. Validade

É válido o traslado de peças essenciais efetuado pelo agravado, pois a regular formação do agravo incumbe às partes e não somente ao agravante. **>> 420**

► OJ Nº 286 DA SDI – I DO TST

Agravo de instrumento. Traslado. Mandato tácito. Ata de audiência. Configuração

I – A juntada da ata de audiência, em que consignada a presença do advogado, desde que não estivesse atuando com mandato expresso, torna dispensável a procuração deste, porque demonstrada a existência de mandato tácito.

II – Configurada a existência de mandato tácito fica suprida a irregularidade detectada no mandato expresso. **>> 300, 380, 421**

► OJ Nº 287 DA SDI – I DO TST

Autenticação. Documentos distintos. Despacho denegatório do recurso de revista e certidão de publicação

Distintos os documentos contidos no verso e anverso, é necessária a autenticação de ambos os lados da cópia. >> **396**

► OJ Nº 296 DA SDI - I DO TST

Equiparação salarial. Atendente e auxiliar de enfermagem. Impossibilidade

Sendo regulamentada a profissão de auxiliar de enfermagem, cujo exercício pressupõe habilitação técnica, realizada pelo Conselho Regional de Enfermagem, impossível a equiparação salarial do simples atendente com o auxiliar de enfermagem. >> **176**

► OJ Nº 297 DA SDI - I DO TST

Equiparação salarial. Servidor público da administração direta, autárquica e fundacional. Art. 37, XIII, da CF/1988

O art. 37, inciso XIII, da CF/1988, veda a equiparação de qualquer natureza para o efeito de remuneração do pessoal do serviço público, sendo juridicamente impossível a aplicação da norma infraconstitucional prevista no art. 461 da CLT quando se pleiteia equiparação salarial entre servidores públicos, independentemente de terem sido contratados pela CLT. >> **175**

► OJ Nº 300 DA SDI - I DO TST

Execução trabalhista. Correção monetária. Juros. Lei nº 8.177/91, art. 39, e Lei nº 10.192/01, art. 15

Não viola norma constitucional (art. 5º, II e XXXVI) a determinação de aplicação da TRD, como fator de correção monetária dos débitos trabalhistas, cumulada com juros de mora, previstos no artigo 39 da Lei nº 8.177/91 e convalidado pelo artigo 15 da Lei nº 10.192/01. >> **433 221**

► OJ Nº 302 DA SDI - I DO TST

FGTS. Índice de correção. Débitos trabalhistas

Os créditos referentes ao FGTS, decorrentes de condenação judicial, serão corrigidos pelos mesmos índices aplicáveis aos débitos trabalhistas. >> **221, 433**

► OJ Nº 304 DA SDI - I DO TST

Honorários advocatícios. Assistência judiciária. Declaração de pobreza. Comprovação

Atendidos os requisitos da Lei nº 5.584/70 (art. 14, § 2º), para a concessão da assistência judiciária, basta a simples afirmação do declarante ou de seu advogado, na petição inicial, para se considerar configurada a sua situação econômica (art. 4º, § 1º, da Lei nº 7.510/86, que deu nova redação à Lei nº 1.060/50). >> **313**

► OJ Nº 308 DA SDI - I DO TST

Jornada de trabalho. Alteração. Retorno à jornada inicialmente contratada. Servidor público

O retorno do servidor público (administração direta, autárquica e fundacional) à jornada inicialmente contratada não se insere nas vedações do art. 468 da CLT, sendo a sua jornada definida em lei e no contrato de trabalho firmado entre as partes. >> **69**

► OJ Nº 310 DA SDI - I DO TST

Litisconsortes. Procuradores distintos. Prazo em dobro. Art. 229, caput e §§ 1º e 2º, do CPC de 2015. Art. 191 do CPC de 1973. Inaplicável ao processo do trabalho.

Inaplicável ao processo do trabalho a norma contida no art. 229, caput e §§ 1º e 2º, do CPC de 2015 (art. 191 do CPC de 1973), em razão de incompatibilidade com a celeridade que lhe é inerente. >> **313, 320**

► OJ Nº 316 DA SDI - I DO TST

Portuários. Adicional de risco. Lei nº 4.860/65

O adicional de risco dos portuários, previsto no art. 14 da Lei nº 4.860/65, deve ser proporcional ao tempo efetivo no serviço considerado sob risco e apenas concedido àqueles que prestam serviços na área portuária. >> **142**

► OJ Nº 318 DA SDI - I DO TST

Representação irregular. Autarquia

Os Estados e os Municípios não têm legitimidade para recorrer em nome das autarquias detentoras de personalidade jurídica própria, devendo ser representadas pelos procuradores que fazem parte de seus quadros ou por advogados constituídos. >> **300, 379**

► OJ Nº 319 DA SDI - I DO TST

Representação regular. Estagiário. Habilitação posterior

Válidos são os atos praticados por estagiário se, entre o substabelecimento e a interposição do recurso, sobreveio a habilitação, do então estagiário, para atuar como advogado. >> **302**

► OJ Nº 321 DA SDI – I DO TST

Vinculo empregatício com a administração pública. Período anterior à CF/88

Salvo os casos de trabalho temporário e de serviço de vigilância, previstos nas Leis nºs 6.019, de 03.01.74, e 7.102, de 20.06.83, é ilegal a contratação de trabalhadores por empresa interposta, formando-se o vínculo empregatício diretamente com o tomador dos serviços, inclusive ente público, em relação ao período anterior à vigência da CF/88. >> **49**

► OJ Nº 322 DA SDI – I DO TST

Acordo coletivo de trabalho. Cláusula de termo aditivo prorrogando o acordo para prazo indeterminado. Inválida

Nos termos do art. 614, § 3º, da CLT, é de 2 anos o prazo máximo de vigência dos acordos e das convenções coletivas. Assim sendo, é inválida, naquilo que ultrapassa o prazo total de 2 anos, a cláusula de termo aditivo que prorroga a vigência do instrumento coletivo originário por prazo indeterminado. >> **255**

► OJ Nº 323 DA SDI – I DO TST

Acordo de compensação de jornada. "Semana espanhola". Validade

É válido o sistema de compensação de horário quando a jornada adotada é a denominada "semana espanhola", que alterna a prestação de 48 horas em uma semana e 40 horas em outra, não violando os arts. 59, § 2º, da CLT e 7º, XIII, da CF/1988 o seu ajuste mediante acordo ou convenção coletiva de trabalho. >> **99**

► OJ Nº 324 DA SDI – I DO TST

Adicional de periculosidade. Sistema elétrico de potência. Decreto nº 93.412/86, art. 2º, § 1º

É assegurado o adicional de periculosidade apenas aos empregados que trabalham em sistema elétrico de potência em condições de risco, ou que o façam com equipamentos e instalações elétricas similares, que ofereçam risco equivalente, ainda que em unidade consumidora de energia elétrica. >> **160**

► OJ Nº 325 DA SDI – I DO TST

Aumento salarial concedido pela empresa. Compensação no ano seguinte em antecipação sem a participação do sindicato profissional. Impossibilidade

O aumento real, concedido pela empresa a todos os seus empregados, somente pode ser reduzido mediante a participação efetiva do sindicato profissional no ajuste, nos termos do art. 7º, VI, da CF/1988. >> **135**

► OJ Nº 332 DA SDI – I DO TST

Motorista. Horas extras. Atividade externa. Controle de jornada por tacógrafo. Resolução nº 816/1986 do Contran

O tacógrafo, por si só, sem a existência de outros elementos, não serve para controlar a jornada de trabalho de empregado que exerce atividade externa. >> **89**

► OJ Nº 334 DA SDI – I DO TST

Remessa "ex officio". Recurso de revista. Inexistência de recurso ordinário voluntário de ente público. Incabível

Incabível recurso de revista de ente público que não interpôs recurso ordinário voluntário da decisão de primeira instância, ressalvada a hipótese de ter sido agravada, na segunda instância, a condenação imposta. >> **398, 405**

► OJ Nº 335 DA SDI – I DO TST

Contrato nulo. Administração pública. Efeitos. Conhecimento do recurso por violação do art. 37, II e § 2º, da CF/88

A nulidade da contratação sem concurso público, após a CF/88, bem como a limitação de seus efeitos, somente poderá ser declarada por ofensa ao art. 37, II, se invocado concomitantemente o seu § 2º, todos da CF/88. >> **63, 411**

► OJ Nº 336 DA SDI – I DO TST

Embargos interpostos anteriormente à vigência da Lei nº 11.496/2007. Recurso não conhecido com base em orientação jurisprudencial. Desnecessário o exame das violações de lei e da constituição federal alegadas no recurso de revista

Estando a decisão recorrida em conformidade com orientação jurisprudencial, desnecessário o exame das divergências e das violações de lei e da Constituição alegadas em embargos interpostos antes da vigência da Lei nº 11.496/2007, salvo nas hipóteses em que a orientação jurisprudencial não fizer qualquer citação do dispositivo constitucional. >> **418**

► OJ Nº 339 DA SDI - I DO TST

Teto remuneratório. Empresa pública e sociedade de economia mista. Art. 37, XI, da CF/1988

As empresas públicas e as sociedades de economia mista estão submetidas à observância do teto remuneratório previsto no inciso XI do art. 37 da CF/1988, sendo aplicável, inclusive, ao período anterior à alteração introduzida pela Emenda Constitucional nº 19/1998. >> **193**

► OJ Nº 341 DA SDI - I DO TST

FGTS. Multa de 40%. Diferenças decorrentes dos expurgos inflacionários. Responsabilidade pelo pagamento

É de responsabilidade do empregador o pagamento da diferença da multa de 40% sobre os depósitos do FGTS, decorrente da atualização monetária em face dos expurgos inflacionários. >> **223, 251**

► OJ Nº 343 DA SDI - I DO TST

Penhora. Sucessão. Art. 100 da CF/1988. Execução

É válida a penhora em bens de pessoa jurídica de direito privado, realizada anteriormente à sucessão pela União ou por Estado-membro, não podendo a execução prosseguir mediante precatório. A decisão que a mantém não viola o art. 100 da CF/1988. >> **42, 439**

► OJ Nº 344 DA SDI - I DO TST

FGTS. Multa de 40%. diferenças decorrentes dos expurgos inflacionários. Prescrição. Termo inicial

O termo inicial do prazo prescricional para o empregado pleitear em juízo diferenças da multa do FGTS, decorrentes dos expurgos inflacionários, deu-se com a vigência da Lei Complementar nº 110, em 30.06.01, salvo comprovado trânsito em julgado de decisão proferida em ação proposta anteriormente na Justiça Federal, que reconheça o direito à atualização do saldo da conta vinculada. >> **223, 251**

► OJ Nº 345 DA SDI - I DO TST

Adicional de periculosidade. Radiação ionizante ou substância radioativa. Devido

A exposição do empregado à radiação ionizante ou à substância radioativa enseja a percepção do adicional de periculosidade, pois a regulamentação ministerial (Portarias do Ministério do Trabalho nºs 3.393, de 17.12.1987, e 518, de 07.04.2003), ao reputar perigosa a atividade, reveste-se de plena eficácia, porquanto expedida por força de delegação legislativa contida no art. 200, "caput", e inciso VI, da CLT. No período de 12.12.2002 a 06.04.2003, enquanto vigeu a Portaria nº 496 do Ministério do Trabalho, o empregado faz jus ao adicional de insalubridade. >> **161**

► OJ Nº 346 DA SDI - I DO TST

Abono previsto em norma coletiva. Natureza indenizatória. Concessão apenas aos empregados em atividade. Extensão aos inativos. Impossibilidade

A decisão que estende aos inativos a concessão de abono de natureza jurídica indenizatória, previsto em norma coletiva apenas para os empregados em atividade, a ser pago de uma única vez, e confere natureza salarial à parcela, afronta o art. 7º, XXVI, da CF/88. >> **142**

► OJ Nº 347 DA SDI - I DO TST

Adicional de periculosidade. Sistema elétrico de potência. Lei nº 7.369, de 20.09.1985, regulamentada pelo Decreto nº 93.412, de 14.10.1986. Extensão do direito aos cabistas, instaladores e reparadores de linhas e aparelhos em empresa de telefonia

É devido o adicional de periculosidade aos empregados cabistas, instaladores e reparadores de linhas e aparelhos de empresas de telefonia, desde que, no exercício de suas funções, fiquem expostos a condições de risco equivalente ao do trabalho exercido em contato com sistema elétrico de potência. >> **160**

► OJ Nº 348 DA SDI - I DO TST

Honorários advocatícios. Base de cálculo. Valor líquido. Lei nº 1.060, de 05.02.1950

Os honorários advocatícios, arbitrados nos termos do art. 11, § 1º, da Lei nº 1.060, de

05.02.1950, devem incidir sobre o valor líquido da condenação, apurado na fase de liquidação de sentença, sem a dedução dos descontos fiscais e previdenciários. >> 308

► OJ Nº 349 DA SDI – I DO TST

Mandato. Juntada de nova procuração. Ausência de ressalva. Efeitos

A juntada de nova procuração aos autos, sem ressalva de poderes conferidos ao antigo patrono, implica revogação tácita do mandato anterior. >> 302

► OJ Nº 350 DA SDI – I DO TST

Ministério Público do Trabalho. Nulidade do contrato de trabalho não suscitada pelo ente público no momento da defesa. Arguição em parecer. Possibilidade

O Ministério Público do Trabalho pode arguir, em parecer, na primeira vez que tenha de se manifestar no processo, a nulidade do contrato de trabalho em favor de ente público, ainda que a parte não a tenha suscitado, a qual será apreciada, sendo vedada, no entanto, qualquer dilação probatória. >> 287

► OJ Nº 355 DA SDI – I DO TST

Intervalo interjornadas. Inobservância. Horas extras. Período pago como sobrejornada. Art. 66 da CLT. Aplicação analógica do § 4º do art. 71 da CLT.

O desrespeito ao intervalo mínimo interjornadas previsto no art. 66 da CLT acarreta, por analogia, os mesmos efeitos previstos no § 4º do art. 71 da CLT e na Súmula nº 110 do TST, devendo-se pagar a integralidade das horas que foram subtraídas do intervalo, acrescidas do respectivo adicional. >> 107

► OJ Nº 356 DA SDI – I DO TST

Programa de incentivo à demissão voluntária (PDV). Créditos trabalhistas reconhecidos em juízo. Compensação. Impossibilidade

Os créditos tipicamente trabalhistas reconhecidos em juízo não são suscetíveis de compensação com a indenização paga em decorrência de adesão do trabalhador a Programa de Incentivo à Demissão Voluntária (PDV). >> 24

► OJ Nº 358 DA SDI – I DO TST

Salário mínimo e piso salarial proporcional à jornada reduzida. Empregado. Servidor Público.

I –Havendo contratação para cumprimento de jornada reduzida, inferior à previsão constitucional de oito horas diárias ou quarenta e quatro semanais, é lícito o pagamento do piso salarial ou do salário-mínimo proporcional ao tempo trabalhado.

II – Na Administração Pública direta, autárquica e fundacional não é válida remuneração de empregado público inferior ao salário mínimo, ainda que cumpra jornada de trabalho reduzida. Precedentes do Supremo Tribunal Federal. >> 129

► OJ Nº 359 DA SDI – I DO TST

Substituição processual. Sindicato. Legitimidade. Prescrição. Interrupção

A ação movida por sindicato, na qualidade de substituto processual, interrompe a prescrição, ainda que tenha sido considerado parte ilegítima "ad causam". >> 291

► OJ Nº 360 DA SDI – I DO TST

Turno ininterrupto de revezamento. Dois turnos. Horário diurno e noturno. Caracterização

Faz jus à jornada especial prevista no art. 7º, XIV, da CF/1988 o trabalhador que exerce suas atividades em sistema de alternância de turnos, ainda que em dois turnos de trabalho, que compreendam, no todo ou em parte, o horário diurno e o noturno, pois submetido à alternância de horário prejudicial à saúde, sendo irrelevante que a atividade da empresa se desenvolva de forma ininterrupta. >> 91

► OJ Nº 361 DA SDI – I DO TST

Aposentadoria espontânea. Unicidade do contrato de trabalho. Multa de 40% do FGTS sobre todo o período

A aposentadoria espontânea não é causa de extinção do contrato de trabalho se o empregado permanece prestando serviços ao empregador após a jubilação. Assim, por ocasião da sua dispensa imotivada, o empregado tem direito à multa de 40% do FGTS sobre a totalidade dos depósitos efetuados no curso do pacto laboral. >> 234

► OJ Nº 362 DA SDI - I DO TST

Contrato nulo. Efeitos. FGTS. Medida provisória 2.164-41, de 24.08.2001, e art. 19-A da Lei nº 8.036, de 11.05.1990. Irretroatividade

Não afronta o princípio da irretroatividade da lei a aplicação do art. 19-A da Lei nº 8.036, de 11.05.1990, aos contratos declarados nulos celebrados antes da vigência da Medida Provisória nº 2.164-41, de 24.08.2001. >> **24, 221**

► OJ Nº 363 DA SDI - I DO TST

Descontos previdenciários e fiscais. Condenação do empregador em razão do inadimplemento de verbas remuneratórias. Responsabilidade do empregado pelo pagamento. Abrangência

A responsabilidade pelo recolhimento das contribuições social e fiscal, resultante de condenação judicial referente a verbas remuneratórias, é do empregador e incide sobre o total da condenação. Contudo, a culpa do empregador pelo inadimplemento das verbas remuneratórias não exime a responsabilidade do empregado pelos pagamentos do imposto de renda devido e da contribuição previdenciária que recaia sobre sua quota-parte. >> **435**

► OJ Nº 364 DA SDI - I DO TST

Estabilidade. Art. 19 do ADCT. Servidor público de fundação regido pela CLT.

Fundação instituída por lei e que recebe dotação ou subvenção do Poder Público para realizar atividades de interesse do Estado, ainda que tenha personalidade jurídica de direito privado, ostenta natureza de fundação pública. Assim, seus servidores regidos pela CLT são beneficiários da estabilidade excepcional prevista no art. 19 do ADCT. >> **217**

► OJ Nº 365 DA SDI - I DO TST

Estabilidade provisória. Membro de conselho fiscal de sindicato. Inexistência

Membro do conselho fiscal de sindicato não tem direito a estabilidade prevista nos arts. 543, § 3º, da CLT e art. 8º, VIII, da CF/88, porquanto não representa ou atua na defesa de direitos da categoria respectiva, tendo sua competência limitada à fiscalização da gestão financeira do sindicato. >> **197**

► OJ Nº 366 DA SDI - I DO TST

Estagiário. Desvirtuamento do contrato de estágio. Reconhecimento do vínculo empregatício com a administração pública direta ou indireta. Período posterior à constituição federal de 1988. Impossibilidade

Ainda que desvirtuada a finalidade do contrato de estágio celebrado na vigência da Constituição Federal de 1988, é inviável o reconhecimento do vínculo empregatício com ente da Administração Pública direta ou indireta, por força do art. 37, II, da CF/1988, bem como o deferimento de indenização pecuniária, exceto em relação às parcelas previstas na Súmula nº 363 do TST, se requeridas. >> **63**

► OJ Nº 367 DA SDI - I DO TST

Aviso-prévio de 60 dias. Elastecimento por norma coletiva. Projeção. Reflexos nas parcelas trabalhistas

O prazo de aviso-prévio de 60 dias, concedido por meio de norma coletiva que silencia sobre alcance de seus efeitos jurídicos, computa-se integralmente como tempo de serviço, nos termos do § 1º do art. 487 da CLT, repercutindo nas verbas rescisórias. >> **226**

► OJ Nº 368 DA SDI - I DO TST

Descontos previdenciários. Acordo homologado em juízo. Inexistência de vínculo empregatício. Parcelas indenizatórias. Ausência de discriminação. Incidência sobre o valor total

É devida a incidência das contribuições para a Previdência Social sobre o valor total do acordo homologado em juízo, independentemente do reconhecimento de vínculo de emprego, desde que não haja discriminação das parcelas sujeitas à incidência da contribuição previdenciária, conforme parágrafo único do art. 43 da Lei nº 8.212, de 24.07.1991, e do art. 195, I, "a", da CF/1988. >> **435**

► OJ Nº 369 DA SDI - I DO TST

Estabilidade provisória. Delegado sindical. Inaplicável

O delegado sindical não é beneficiário da estabilidade provisória prevista no art. 8º, VIII, da CF/88, a qual é dirigida, exclusivamente, àqueles que exerçam ou ocupem cargos de direção nos sindicatos, submetidos a processo eletivo. **>> 196**

► OJ Nº 370 DA SDI – I DO TST

FGTS. Multa de 40%. Diferenças dos expurgos inflacionários. Prescrição. Interrupção decorrente de protestos judiciais

O ajuizamento de protesto judicial dentro do biênio posterior à Lei Complementar nº 110, de 29.06.2001, interrompe a prescrição, sendo irrelevante o transcurso de mais de dois anos da propositura de outra medida acautelatória, com o mesmo objetivo, ocorrida antes da vigência da referida lei, pois ainda não iniciado o prazo prescricional, conforme disposto na Orientação Jurisprudencial nº 344 da SBDI-1. **>> 223**

► OJ Nº 371 DA SDI – I DO TST

Irregularidade de representação. Substabelecimento não datado. Inaplicabilidade do art. 654, § 1º, do Código Civil.

Não caracteriza a irregularidade de representação a ausência da data da outorga de poderes, pois, no mandato judicial, ao contrário do mandato civil, não é condição de validade do negócio jurídico. Assim, a data a ser considerada é aquela em que o instrumento for juntado aos autos, conforme preceitua o art. 409, IV, do CPC de 2015 (art. 370, IV, do CPC de 1973). Inaplicável o art. 654, § 1º, do Código Civil. **>> 301**

► OJ Nº 374 DA SDI – I DO TST

Agravo de instrumento. Representação processual. Regularidade. Procuração ou substabelecimento com cláusula limitativa de poderes ao âmbito do tribunal regional do trabalho

É regular a representação processual do subscritor do agravo de instrumento ou do recurso de revista que detém mandato com poderes de representação limitados ao âmbito do Tribunal Regional do Trabalho, pois, embora a apreciação desse recurso seja realizada pelo Tribunal Superior do Trabalho, a sua interposição é ato praticado perante o Tribunal Regional do Trabalho, circunstância que legitima a atuação do advogado no feito. **>> 301, 420**

► OJ Nº 375 DA SDI – I DO TST

Auxílio-doença. Aposentadoria por invalidez. Suspensão do contrato de trabalho. Prescrição. Contagem

A suspensão do contrato de trabalho, em virtude da percepção do auxílio-doença ou da aposentadoria por invalidez, não impede a fluência da prescrição quinquenal, ressalvada a hipótese de absoluta impossibilidade de acesso ao Judiciário. **>> 77, 249**

► OJ Nº 376 DA SDI – I DO TST

Contribuição previdenciária. Acordo homologado em juízo após o trânsito em julgado da sentença condenatória. Incidência sobre o valor homologado

É devida a contribuição previdenciária sobre o valor do acordo celebrado e homologado após o trânsito em julgado de decisão judicial, respeitada a proporcionalidade de valores entre as parcelas de natureza salarial e indenizatória deferidas na decisão condenatória e as parcelas objeto do acordo. **>> 435**

► OJ Nº 378 DA SDI – I DO TST

Embargos. Interposição contra decisão monocrática. Não Cabimento

Não encontra amparo no art. 894 da CLT, quer na redação anterior quer na redação posterior à Lei nº 11.496, de 22.06.2007, recurso de embargos interposto à decisão monocrática exarada nos moldes do art. 932 do CPC de 2015 (art. 557 do CPC de 1973), pois o comando legal restringe seu cabimento à pretensão de reforma de decisão colegiada proferida por Turma do Tribunal Superior do Trabalho. **>> 415**

► OJ Nº 379 DA SDI – I DO TST

Empregado de cooperativa de crédito. Bancário. Equiparação. Impossibilidade

Os empregados de cooperativas de crédito não se equiparam a bancário, para efeito de aplicação do art. 224 da CLT, em razão da inexistência de expressa previsão legal, considerando, ainda, as diferenças estruturais e operacionais entre as instituições financeiras e as cooperativas de crédito. Inteligência das Leis nºs 4.594, de 29.12.1964, e 5.764, de 16.12.1971. **>> 31**

► OJ Nº 382 DA SDI - I DO TST

Juros de mora. Art. 1º-F da Lei nº 9.494, de 10.09.1997. Inaplicabilidade à Fazenda Pública quando condenada subsidiariamente

A Fazenda Pública, quando condenada subsidiariamente pelas obrigações trabalhistas devidas pela empregadora principal, não se beneficia da limitação dos juros, prevista no art. 1º-F da Lei nº 9.494, de 10.09.1997. >> **431**

► OJ Nº 383 DA SDI - I DO TST

Terceirização. Empregados da empresa prestadora de serviços e da tomadora. Isonomia. Art. 12, "a", da Lei nº 6.019, de 03.01.1974

A contratação irregular de trabalhador, mediante empresa interposta, não gera vínculo de emprego com ente da Administração Pública, não afastando, contudo, pelo princípio da isonomia, o direito dos empregados terceirizados às mesmas verbas trabalhistas legais e normativas asseguradas àqueles contratados pelo tomador dos serviços, desde que presente a igualdade de funções. Aplicação analógica do art. 12, "a", da Lei nº 6.019, de 03.01.1974. >> **49, 176**

► OJ Nº 385 DA SDI - I DO TST

Adicional de periculosidade. Devido. Armazenamento de líquido inflamável no prédio. Construção vertical.

É devido o pagamento do adicional de periculosidade ao empregado que desenvolve suas atividades em edifício (construção vertical), seja em pavimento igual ou distinto daquele onde estão instalados tanques para armazenamento de líquido inflamável, em quantidade acima do limite legal, considerando-se como área de risco toda a área interna da construção vertical. >> **162**

► OJ Nº 388 DA SDI - I DO TST

Jornada 12x36. Jornada mista que compreenda a totalidade do período noturno. Adicional noturno. Devido.

O empregado submetido à jornada de 12 horas de trabalho por 36 de descanso, que compreenda a totalidade do período noturno, tem direito ao adicional noturno, relativo às horas trabalhadas após as 5 horas da manhã. >> **97**

► OJ Nº 389 DA SDI - I DO TST

Multa prevista no art. 1.021, §§ 4º e 5º, do CPC, art. 557, § 2º, do CPC de 1973. Recolhimento. Pressuposto Recursal. Beneficiário da justiça gratuita e Fazenda Pública. Pagamento ao final.

Constitui ônus da parte recorrente, sob pena de deserção, depositar previamente a multa aplicada com fundamentos nos §§ 4º e 5º, do art. 1.021, do CPC de 2015 (§2º do art. 557 do CPC de 1973), à exceção da Fazenda Pública e do beneficiário de justiça gratuita, que farão o pagamento ao final. >> **394**

► OJ Nº 391 DA SDI - I DO TST

Portuários. Submissão prévia de demanda a comissão paritária. Lei nº 8.630, de 25.02.1993. Inexigibilidade

A submissão prévia de demanda a comissão paritária, constituída nos termos do art. 23 da Lei nº 8.630, de 25.02.1993 (Lei dos Portos), não é pressuposto de constituição e desenvolvimento válido e regular do processo, ante a ausência de previsão em lei. >> **329**

► OJ Nº 392 DA SDI - I DO TST

Prescrição. Interrupção. Ajuizamento de protesto judicial. Marco inicial

O protesto judicial é medida aplicável no processo do trabalho, por força do art. 769 da CLT e do art. 15 do CPC de 2015. O ajuizamento da ação, por si só, interrompe o prazo prescricional, em razão da inaplicabilidade do § 2º do art. 240 do CPC de 2015 (§ 2º do art. 219 do CPC de 1973), incompatível com o disposto no art. 841 da CLT. >> **249**

► OJ Nº 393 DA SDI - I DO TST

Professor. Jornada de trabalho especial. Art. 318 da CLT. Salário mínimo. Proporcionalidade.

A contraprestação mensal devida ao professor, que trabalha no limite máximo da jornada prevista no art. 318 da CLT, é de um salário mínimo integral, não se cogitando do pagamento proporcional em relação a jornada prevista no art. 7º, XIII, da Constituição Federal. >> **129**

► OJ Nº 394 DA SDI - I DO TST

Repouso semanal remunerado – RSR. Integração das horas extras. Não repercussão no cálculo das férias, do décimo terceiro salário, do aviso-prévio e dos depósitos do FGTS

A majoração do valor do repouso semanal remunerado, em razão da integração das horas extras habitualmente prestadas, não repercute no cálculo das férias, da gratificação natalina, do aviso prévio e do FGTS, sob pena de caracterização de bis in idem. **>> 116, 146**

► OJ Nº 395 DA SDI – I DO TST

Turno ininterrupto de revezamento. Hora noturna reduzida. Incidência.

O trabalho em regime de turnos ininterruptos de revezamento não retira o direito à hora noturna reduzida, não havendo incompatibilidade entre as disposições contidas nos arts. 73, § 1º, da CLT e 7º, XIV, da Constituição Federal. **>> 91, 151**

► OJ Nº 396 DA SDI – I DO TST

Turnos ininterruptos de revezamento. Alteração da jornada de 8 para 6 horas diárias. Empregado horista. Aplicação do divisor 180.

Para o cálculo do salário hora do empregado horista, submetido a turnos ininterruptos de revezamento, considerando a alteração da jornada de 8 para 6 horas diárias, aplica-se o divisor 180, em observância ao disposto no art. 7º, VI, da Constituição Federal, que assegura a irredutibilidade salarial. **>> 92**

► OJ Nº 397 DA SDI – I DO TST

Comissionista misto. Horas extras. Base de cálculo. Aplicação da Súmula nº 340 do TST

O empregado que recebe remuneração mista, ou seja, uma parte fixa e outra variável, tem direito a horas extras pelo trabalho em sobrejornada. Em relação à parte fixa, são devidas as horas simples acrescidas do adicional de horas extras. Em relação à parte variável, é devido somente o adicional de horas extras, aplicando-se à hipótese o disposto na Súmula nº 340 do TST. **>> 139**

► OJ Nº 398 DA SDI – I DO TST

Contribuição previdenciária. Acordo homologado em juízo sem reconhecimento de vínculo de emprego. Contribuinte individual. Recolhimento da alíquota de 20% a cargo do tomador e 11% a cargo do prestador de serviços

Nos acordos homologados em juízo em que não haja o reconhecimento de vínculo empregatício, é devido o recolhimento da contribuição previdenciária, mediante a alíquota de 20% a cargo do tomador de serviços e de 11% por parte do prestador de serviços, na qualidade de contribuinte individual, sobre o valor total do acordo, respeitado o teto de contribuição. Inteligência do § 4º do art. 30 e do inciso III do art. 22, todos da Lei nº 8.212, de 24.07.1991. **>> 435**

► OJ Nº 399 DA SDI – I DO TST

Estabilidade provisória. Ação trabalhista ajuizada após o término do período de garantia no emprego. Abuso do exercício do direito de ação. Não configuração. Indenização devida.

O ajuizamento de ação trabalhista após decorrido o período de garantia de emprego não configura abuso do exercício do direito de ação, pois este está submetido apenas ao prazo prescricional inscrito no art. 7º, XXIX, da CF/1988, sendo devida a indenização desde a dispensa até a data do término do período estabilitário. **>> 205**

► OJ Nº 400 DA SDI – I DO TST

Imposto de renda. Base de cálculo. Juros de mora. Não integração. Art. 404 do Código Civil Brasileiro

Os juros de mora decorrentes do inadimplemento de obrigação de pagamento em dinheiro não integram a base de cálculo do imposto de renda, independentemente da natureza jurídica da obrigação inadimplida, ante o cunho indenizatório conferido pelo art. 404 do Código Civil de 2002 aos juros de mora. **>> , 436**

► OJ Nº 401 DA SDI – I DO TST

Prescrição. Marco inicial. Ação condenatória. Trânsito em julgado da ação declaratória com mesma causa de pedir remota ajuizada antes da extinção do contrato de trabalho.

O marco inicial da contagem do prazo prescricional para o ajuizamento de ação condenatória, quando advém a dispensa do empregado no curso de ação declaratória que possua a mesma causa de pedir remota, é o trânsito em julgado da decisão proferida na ação declaratória e não a data da extinção do contrato de trabalho. **>> 243**

► OJ Nº 402 DA SDI - I DO TST

Adicional de risco. Portuário. Terminal privativo. Arts. 14 e 19 da Lei nº 4.860, de 26.11.1965. Indevido

O adicional de risco previsto no artigo 14 da Lei nº 4.860, de 26.11.1965, aplica-se somente aos portuários que trabalham em portos organizados, não podendo ser conferido aos que operam terminal privativo. >> **158**

► OJ Nº 403 DA SDI - I DO TST

Advogado empregado. Contratação anterior a Lei nº 8.906, de 04.07.1994. Jornada de trabalho mantida com o advento da lei. Dedicação exclusiva. Caracterização

O advogado empregado contratado para jornada de 40 horas semanais, antes da edição da Lei nº 8.906, de 04.07.1994, está sujeito ao regime de dedicação exclusiva disposto no art. 20 da referida lei, pelo que não tem direito à jornada de 20 horas semanais ou 4 diárias. >> **107**

► OJ Nº 407 DA SDI - I DO TST

Jornalista. Empresa não jornalística. Jornada de trabalho reduzida. Arts. 302 e 303 da CLT

O jornalista que exerce funções típicas de sua profissão, independentemente do ramo de atividade do empregador, tem direito à jornada reduzida prevista no artigo 303 da CLT. >> **107**

► OJ Nº 408 DA SDI - I DO TST

Juros de mora. Empresa em liquidação extrajudicial. Sucessão trabalhista

É devida a incidência de juros de mora em relação aos débitos trabalhistas de empresa em liquidação extrajudicial sucedida nos moldes dos arts. 10 e 448 da CLT. O sucessor responde pela obrigação do sucedido, não se beneficiando de qualquer privilégio a este destinado. >> **431, 442**

► OJ Nº 409 DA SDI - I DO TST

Multa por litigância de má-fé. Recolhimento. Pressuposto recursal. Inexigibilidade

O recolhimento do valor da multa imposta como sanção por litigância de má-fé (art. 81 do CPC de 2015 - art. 18 do CPC de 1973) não é pressuposto objetivo para interposição dos recursos de natureza trabalhista. >> **394**

► OJ Nº 410 DA SDI - I DO TST

Repouso semanal remunerado. Concessão após o sétimo dia consecutivo de trabalho. Art. 7º, XV, da CF. Violação

Viola o art. 7º, XV, da CF a concessão de repouso semanal remunerado após o sétimo dia consecutivo de trabalho, importando no seu pagamento em dobro. >> **116**

► OJ Nº 411 DA SDI - I DO TST

Sucessão trabalhista. Aquisição de empresa pertencente a grupo econômico. Responsabilidade solidária do sucessor por débitos trabalhistas de empresa não adquirida. Inexistência.

O sucessor não responde solidariamente por débitos trabalhistas de empresa não adquirida, integrante do mesmo grupo econômico da empresa sucedida, quando, à época, a empresa devedora direta era solvente ou idônea economicamente, ressalvada a hipótese de má-fé ou fraude na sucessão. >> **42**

► OJ Nº 412 DA SDI - I DO TST

Agravo interno ou agravo regimental. Interposição em face de decisão colegiada. Não cabimento. Erro grosseiro. Inaplicabilidade do princípio da fungibilidade recursal.

É incabível agravo interno (art. 1.021 do CPC de 2015, art. 557, §1º, do CPC de 1973) ou agravo regimental (art. 235 do RITST) contra decisão proferida por Órgão colegiado. Tais recursos destinam-se, exclusivamente, a impugnar decisão monocrática nas hipóteses expressamente previstas. Inaplicável, no caso, o princípio da fungibilidade ante a configuração de erro grosseiro. >> **374, 423**

► OJ Nº 413 DA SDI - I DO TST

Auxílio-alimentação. Alteração da natureza jurídica. Norma coletiva ou adesão ao PAT. (DEJT divulgado em 14, 15 e 16.02.2012)

A pactuação em norma coletiva conferindo caráter indenizatório à verba "auxílio-alimentação" ou a adesão posterior do empregador ao Programa de Alimentação do Trabalhador - PAT - não altera a natureza salarial da parcela, instituída anteriormente, para aqueles empregados que, habitualmente, já percebiam o benefício, a teor das Súmulas nos 51, I, e 241 do TST. >> **135, 174**

► OJ Nº 415 DA SDI – I DO TST

Horas extras. Reconhecimento em juízo. Critério de dedução/abatimento dos valores comprovadamente pagos no curso do contrato de trabalho.

A dedução das horas extras comprovadamente pagas daquelas reconhecidas em juízo não pode ser limitada ao mês de apuração, devendo ser integral e aferida pelo total das horas extraordinárias quitadas durante o período imprescrito do contrato de trabalho. >> **147**

► OJ Nº 416 DA SDI – I DO TST

Imunidade de jurisdição. Organização ou organismo internacional

As organizações ou organismos internacionais gozam de imunidade absoluta de jurisdição quando amparados por norma internacional incorporada ao ordenamento jurídico brasileiro, não se lhes aplicando a regra do Direito Consuetudinário relativa à natureza dos atos praticados. Excepcionalmente, prevalecerá a jurisdição brasileira na hipótese de renúncia expressa à cláusula de imunidade jurisdicional. >> **273**

► OJ Nº 417 DA SDI – I DO TST

Prescrição. Trabalhador rural. Rurícola. Contrato de trabalho em curso. Emenda const. 28/2000. CF/88, art. 7º, XXIX. CLT, art. 11.

Não há prescrição total ou parcial da pretensão do trabalhador rural que reclama direitos relativos a contrato de trabalho que se encontrava em curso à época da promulgação da Emenda Constitucional 28, de 26/05/2000, desde que ajuizada a demanda no prazo de cinco anos de sua publicação, observada a prescrição bienal. >> **41**

► OJ Nº 418 DA SDI – I DO TST

Equiparação salarial. Plano de cargos e salários. Aprovação por instrumento coletivo. Ausência de alternância de critérios de promoção por antiguidade e merecimento.

Não constitui óbice à equiparação salarial a existência de plano de cargos e salários que, referendado por norma coletiva, prevê critério de promoção apenas por merecimento ou antiguidade, não atendendo, portanto, o requisito de alternância dos critérios, previsto no art. 461, § 2º, da CLT. >> **175**

► OJ Nº 420 DA SDI – I DO TST

Turnos ininterruptos de revezamento. Elastecimento da jornada de trabalho. Norma coletiva com eficácia retroativa. invalidade.

É inválido o instrumento normativo que, regularizando situações pretéritas, estabelece jornada de oito horas para o trabalho em turnos ininterruptos de revezamento >> **91**

► OJ Nº 421 DA SDI – I DO TST

Honorários advocatícios. Ação de indenização por danos morais e materiais decorrentes de acidente de trabalho ou de doença profissional. Ajuizamento perante a justiça comum antes da promulgação da emenda constitucional nº 45/2004. Posterior remessa dos autos à justiça do trabalho. Art. 85 do CPC de 2015. Art. 20 do CPC de 1973. Incidência.

A condenação em honorários advocatícios nos autos de ação de indenização por danos morais e materiais decorrentes de acidente de trabalho ou de doença profissional, remetida à Justiça do Trabalho após ajuizamento na Justiça comum, antes da vigência da Emenda Constitucional nº 45/2004, decorre da mera sucumbência, nos termos do art. 85 do CPC de 2015 (art. 20 do CPC de 1973), não se sujeitando aos requisitos da Lei nº 5.584/1970. >> **308**

4. OJS DA SDI – II DO TST

► OJ Nº 2 DA SDI – II DO TST

Ação rescisória. Adicional de insalubridade. Base de cálculo. Salário mínimo. Cabível

Viola o art. 192 da CLT decisão que acolhe pedido de adicional de insalubridade com base na remuneração do empregado. >> **470**

► OJ Nº 4 DA SDI – II DO TST

Ação rescisória. Banco do Brasil. Adicional de Caráter Pessoal. ACP

Procede, por ofensa ao art. 5º, inciso XXXVI, da CF/1988, o pedido de rescisão de julgado que acolheu Adicional de Caráter Pessoal em favor de empregado do Banco do Brasil S.A. >> **470**

► OJ Nº 5 DA SDI – II DO TST

Ação rescisória. Banco do brasil. AP e ADI. Horas extras. Súmula nº 83 do TST. Aplicável.

Não se acolhe pedido de rescisão de julgado que deferiu a empregado do Banco do Brasil S.A. horas extras após a sexta, não obstante o pagamento dos adicionais AP e ADI, ou AFR quando a decisão rescindenda for anterior à Orientação Jurisprudencial nº 17, da Seção de Dissídios Individuais do TST (07.11.94). Incidência das Súmulas nºs 83 do TST e 343 do STF. >> **469**

► OJ Nº 6 DA SDI – II DO TST

Ação rescisória. Cipeiro suplente. Estabilidade. ADCT da CF/88, art. 10, II, "a". Súmula nº 83 do TST

Rescinde-se o julgado que nega estabilidade a membro suplente de CIPA, representante de empregado, por ofensa ao art. 10, II, "a", do ADCT da CF/88, ainda que se cuide de decisão anterior à Súmula nº 339 do TST. Incidência da Súmula nº 83 do TST. >> **468**

► OJ Nº 7 DA SDI – II DO TST

Ação rescisória. Competência. Criação de tribunal regional do trabalho. Na omissão da lei, é fixada pelo art. 678, inc. I, "c", item 2, da CLT

A Lei nº 7.872/89 que criou o Tribunal Regional do Trabalho da 17ª Região não fixou a sua competência para apreciar as ações rescisórias de decisões oriundas da 1ª Região, o que decorreu do art. 678, I, "c", item 2, da CLT. >> **447**

► OJ Nº 8 DA SDI – II DO TST

Ação rescisória. Complementação de aposentadoria. Banespa. Súmula nº 83 do TST

Não se rescinde julgado que acolheu pedido de complementação de aposentadoria integral em favor de empregado do BANESPA, antes da Súmula nº 313 do TST, em virtude da notória controvérsia jurisprudencial então reinante. Incidência da Súmula nº 83 do TST. >> **468**

► OJ Nº 9 DA SDI – II DO TST

Ação Rescisória. CONAB. Aviso DIREH 2/84. Súmula nº 83 do TST. Aplicável

Não se rescinde julgado que reconheceu garantia de emprego com base no Aviso DIREH 02/84 da CONAB, antes da Súmula nº 355 do TST, em virtude da notória controvérsia jurisprudencial então reinante. Incidência da Súmula nº 83 do TST. >> **468**

► OJ Nº 10 DA SDI – II DO TST

Ação rescisória. Contrato nulo. Administração pública. Efeitos. Art. 37, II E § 2º, da CF/1988

Somente por ofensa ao art. 37, II e § 2º, da CF/1988, procede o pedido de rescisão de julgado para considerar nula a contratação, sem concurso público, de servidor, após a CF/1988. >> **471**

► OJ Nº 11 DA SDI – II DO TST

Ação rescisória. Correção monetária. Lei nº 7.596/87. Universidades federais. Implantação tardia do plano de classificação de cargos. Violação de lei. Súmula nº 83 do TST. Aplicável

Não se rescinde julgado que acolhe pedido de correção monetária decorrente da implantação tardia do Plano de Classificação de Cargos de Universidade Federal previsto na Lei nº 7.596/87, à época em que era controvertida tal matéria na jurisprudência. Incidência da Súmula nº 83 do TST. >> **468**

► OJ Nº 12 DA SDI – II DO TST

Ação rescisória. Decadência. Consumação antes ou depois da edição da medida provisória nº 1.577/1997. Ampliação do prazo

I – A vigência da Medida Provisória nº 1.577/1997 e de suas reedições implicou o elastecimento do prazo decadencial para o ajuizamento da ação rescisória a favor dos entes de direito público, autarquias e fundações públicas. Se o biênio decadencial do art. 495 do CPC de 1973 findou após a entrada em vigor da referida medida provisória e até sua suspensão pelo STF em sede liminar de ação direta de inconstitucionalidade (ADIn 1753-2), tem-se como aplicável o prazo decadencial elastecido à rescisória.

II – A regra ampliativa do prazo decadencial para a propositura de ação rescisória em favor de pessoa jurídica de direito público não se aplica se, ao tempo em que sobreveio a Medida Provisória nº 1.577/1997, já se exaurira o biênio do art. 495 do CPC de 1973. Preservação do direito adquirido da parte à decadência já consumada sob a égide da lei velha. >> 450

► OJ Nº 18 DA SDI – II DO TST

Ação rescisória. Decadência. União. Lei Complementar nº 73/93, art. 67. Lei nº 8.682/93, art. 6º

O art. 67 da Lei Complementar nº 73/93 interrompeu todos os prazos, inclusive o de decadência, em favor da União no período compreendido entre 14.02.93 e 14.08.93. >> 450

► OJ Nº 19 DA SDI – II DO TST

Ação rescisória. Desligamento incentivado. Imposto de renda. Abono pecuniário. Violação de lei. Súmula nº 83 do TST. Aplicável

Havendo notória controvérsia jurisprudencial acerca da incidência de imposto de renda sobre parcela paga pelo empregador ("abono pecuniário") a título de "desligamento incentivado", improcede pedido de rescisão do julgado. Incidência da Súmula nº 83 do TST. >> 468

► OJ Nº 21 DA SDI – II DO TST

Ação rescisória. Duplo grau de jurisdição. Trânsito em julgado. Inobservância. Decreto-lei nº 779/69, art. 1º, V. Incabível

É incabível ação rescisória para a desconstituição de sentença não transitada em julgado porque ainda não submetida ao necessário duplo grau de jurisdição, na forma do Decreto-Lei nº 779/69. Determina-se que se oficie ao Presidente do TRT para que proceda à avocatória do processo principal para o reexame da sentença rescindenda. >> 398, 456

► OJ Nº 23 DA SDI – II DO TST

Ação rescisória. Estabilidade. Período pré-eleitoral. Violação de lei. Súmula nº 83 do TST. Aplicável.

Não procede pedido de rescisão de sentença de mérito que assegura ou nega estabilidade pré-eleitoral, quando a decisão rescindenda for anterior à Orientação Jurisprudencial nº 51, da Seção de Dissídios Individuais do TST (25.11.96). Incidência da Súmula nº 83 do TST. >> 469

► OJ Nº 24 DA SDI – II DO TST

Ação rescisória. Estabilidade provisória. Reintegração em período posterior. Direito limitado aos salários e consectários do período da estabilidade

Rescinde-se o julgado que reconhece estabilidade provisória e determina a reintegração de empregado, quando já exaurido o respectivo período de estabilidade. Em juízo rescisório, restringe-se a condenação quanto aos salários e consectários até o termo final da estabilidade. >> 471

► OJ Nº 25 DA SDI – II DO TST

Ação Rescisória. Regência pelo CPC de 1973. Expressão "Lei" do art. 485, V, do CPC de 1973. Não Inclusão do ACT, CCT, Portaria, Regulamento, Súmula e Orientação Jurisprudencial de Tribunal.

Não procede pedido de rescisão fundado no art. 485, V, do CPC de 1973 quando se aponta contrariedade à norma de convenção coletiva de trabalho, acordo coletivo de trabalho, portaria do Poder Executivo, regulamento de empresa e súmula ou orientação jurisprudencial de tribunal. >> 466

► OJ Nº 26 DA SDI – II DO TST

Ação rescisória. Gratificação de nível superior. Suframa

A extensão da gratificação instituída pela SUFRAMA aos servidores celetistas exercentes de atividade de nível superior não ofende as disposições contidas nos arts. 37, XIII e 39, § 1º, da CF/1988. >> 471

► OJ Nº 30 DA SDI – II DO TST

Ação rescisória. Multa. Art. 920 do Código Civil de 1916 (art. 412 do código civil de 2002)

Não se acolhe, por violação do art. 920 do Código Civil de 1916 (art. 412 do Código Civil de 2002), pedido de rescisão de julgado que:

a) em processo de conhecimento, impôs condenação ao pagamento de multa, quando a decisão rescindenda for anterior à Orientação Jurisprudencial nº 54 da Subseção I Especializada em Dissídios Individuais do TST (30.05.94), incidindo o óbice da Súmula nº 83 do TST;

b) em execução, rejeita-se limitação da condenação ao pagamento de multa, por inexistência de violação literal. >> **469**

► OJ Nº 34 DA SDI – II DO TST

Ação rescisória. Planos econômicos

I - O acolhimento de pedido em ação rescisória de plano econômico, fundada no art. 485, inciso V, do CPC de 1973 pressupõe, necessariamente, expressa invocação na petição inicial de afronta ao art. 5º, inciso XXXVI, da Constituição Federal de 1988. A indicação de ofensa literal a preceito de lei ordinária atrai a incidência da Súmula nº 83 do TST e Súmula nº 343 do STF.

II - Se a decisão rescindenda é posterior à Súmula nº 315 do TST (Res. 07, DJ 22.09.93), inaplicável a Súmula nº 83 do TST. >> **468**

► OJ Nº 35 DA SDI – II DO TST

Ação rescisória. Planos econômicos. Coisa julgada. Limitação à data-base na fase de execução

Não ofende a coisa julgada a limitação à data-base da categoria, na fase executória, da condenação ao pagamento de diferenças salariais decorrentes de planos econômicos, quando a decisão exequenda silenciar sobre a limitação, uma vez que a limitação decorre de norma cogente. Apenas quando a sentença exequenda houver expressamente afastado a limitação à data-base é que poderá ocorrer ofensa à coisa julgada. >> **464**

► OJ Nº 38 DA SDI – II DO TST

Ação rescisória. Professor-adjunto. Ingresso no cargo de professor-titular. Exigência de concurso público (Lei nº 7.596/87, Decreto Nº 94.664/87 e art. 206, V, CF/1988)

A assunção do professor-adjunto ao cargo de professor titular de universidade pública, sem prévia aprovação em concurso público, viola o art. 206, inciso V, da Constituição Federal. Procedência do pedido de rescisão do julgado. >> **471**

► OJ Nº 39 DA SDI – II DO TST

Ação rescisória. Reajustes bimestrais e quadrimestrais. Lei nº 8.222/91. Súmula nº 83 do TST. Aplicável

Havendo controvérsia jurisprudencial à época, não se rescinde decisão que aprecia a possibilidade de cumulação das antecipações bimestrais e reajustes quadrimestrais de salário previstos na Lei nº 8.222/91. Incidência da Súmula nº 83 do TST. >> **469**

► OJ Nº 41 DA SDI – II DO TST

Ação rescisória. Sentença "citra petita". Cabimento

Revelando-se a sentença "citra petita", o vício processual vulnera os arts. 141 e 492 do CPC de 2015 (arts. 128 e 460 do CPC de 1973), tornando-a passível de desconstituição, ainda que não interpostos embargos de declaração. >> **369, 471**

► OJ Nº 53 DA SDI – II DO TST

Mandado de segurança. Cooperativa em liquidação extrajudicial. Lei nº 5.764/71, art. 76. Inaplicável. Não suspende a execução

A liquidação extrajudicial de sociedade cooperativa não suspende a execução dos créditos trabalhistas existentes contra ela. >> **481**

► OJ Nº 54 DA SDI – II DO TST

Mandado de segurança. Embargos de terceiro. Cumulação. Penhora. Incabível

Ajuizados embargos de terceiro (art. 674 do CPC de 2015 – art. 1046 do CPC de 1973) para pleitear a desconstituição da penhora, é incabível a interposição de mandado de segurança com a mesma finalidade. >> **442, 482**

► OJ Nº 56 DA SDI – II DO TST

Mandado de segurança. Execução. Pendência de recurso extraordinário

Não há direito líquido e certo à execução definitiva na pendência de recurso extraordinário, ou de agravo de instrumento visando a destrancá-lo. >> **482**

► OJ Nº 57 DA SDI – II DO TST

Mandado de segurança. INSS. Tempo de serviço. Averbação e/ou reconhecimento

Conceder-se-á mandado de segurança para impugnar ato que determina ao INSS o reconhecimento e/ou averbação de tempo de serviço. **>> 482**

► OJ Nº 59 DA SDI – II DO TST

Mandado de segurança. Penhora. Carta de fiança bancária. Seguro garantia judicial.

A carta de fiança bancária e o seguro garantia judicial, desde que em valor não inferior ao do débito em execução, acrescido de trinta por certo, equivalem a dinheiro para efeito da gradação dos bens penhoráveis, estabelecida no art. 835 do CPC de 2015 (art. 655 do CPC de 1973). **>> 439, 482**

► OJ Nº 63 DA SDI – II DO TST

Mandado de segurança. Reintegração. Ação cautelar

Comporta a impetração de mandado de segurança o deferimento de reintegração no emprego em ação cautelar. **>> 445, 481**

► OJ Nº 64 DA SDI – II DO TST

Mandado de segurança. Reintegração liminarmente concedida

Não fere direito líquido e certo a concessão de tutela antecipada para reintegração de empregado protegido por estabilidade provisória decorrente de lei ou norma coletiva. **>> 331, 481**

► OJ Nº 65 DA SDI – II DO TST

Mandado de segurança. Reintegração liminarmente concedida. Dirigente sindical

Ressalvada a hipótese do art. 494 da CLT, não fere direito líquido e certo a determinação liminar de reintegração no emprego de dirigente sindical, em face da previsão do inciso X do art. 659 da CLT. **>> 331, 481**

► OJ Nº 66 DA SDI – II DO TST

Mandado de segurança. Sentença homologatória de adjudicação. Incabível

I – Sob a égide do CPC de 1973 é incabível o mandado de segurança contra sentença homologatória de adjudicação, uma vez que existe meio próprio para impugnar o ato judicial, consistente nos embargos à adjudicação (CPC de 1973, art. 746).

II – Na vigência do CPC de 2015 também não cabe mandado de segurança, pois o ato judicial pode ser impugnado por simples petição, na forma do artigo 877, caput, do CPC de 2015. **>> 482**

► OJ Nº 67 DA SDI – II DO TST

Mandado de segurança. Transferência. Art. 659, IX, da CLT

Não fere direito líquido e certo a concessão de liminar obstativa de transferência de empregado, em face da previsão do inciso IX do art. 659 da CLT. **>> 331, 481**

► OJ Nº 68 DA SDI – II DO TST

Antecipação de tutela. Competência

Nos Tribunais, compete ao relator decidir sobre o pedido de antecipação de tutela, submetendo sua decisão ao Colegiado respectivo, independentemente de pauta, na sessão imediatamente subseqüente. **>> 281, 331**

► OJ Nº 69 DA SDI – II DO TST

Fungibilidade recursal. Indeferimento liminar de ação rescisória ou mandado de segurança. Recurso para o TST. Recebimento como agravo regimental e devolução dos autos ao TRT

Recurso ordinário interposto contra despacho monocrático indeferitório da petição inicial de ação rescisória ou de mandado de segurança pode, pelo princípio de fungibilidade recursal, ser recebido como agravo regimental. Hipótese de não conhecimento do recurso pelo TST e devolução dos autos ao TRT, para que aprecie o apelo como agravo regimental. **>> 373, 423, 475, 486**

► OJ Nº 70 DA SDI – II DO TST

Ação rescisória. Manifesto e inescusável equívoco no direcionamento. Inépcia da inicial. Extinção do processo

O manifesto equívoco da parte em ajuizar ação rescisória no TST para desconstituir julgado proferido pelo TRT, ou vice-versa, implica a extinção do processo sem julgamento do mérito por inépcia da inicial. **>> 447**

► OJ Nº 71 DA SDI - II DO TST

Ação rescisória. Salário profissional. Fixação. Múltiplo de salário mínimo. Art. 7º, IV, da CF/88

A estipulação do salário profissional em múltiplos do salário mínimo não afronta o art. 7º, inciso IV, da Constituição Federal de 1988, só incorrendo em vulneração do referido preceito constitucional a fixação de correção automática do salário pelo reajuste do salário mínimo. >> **471**

► OJ Nº 76 DA SDI - II DO TST

Ação rescisória. Ação cautelar para suspender execução. Juntada de documento indispensável. Possibilidade de êxito na rescisão do julgado

É indispensável a instrução da ação cautelar com as provas documentais necessárias à aferição da plausibilidade de êxito na rescisão do julgado. Assim sendo, devem vir junto com a inicial da cautelar as cópias da petição inicial da ação rescisória principal, da decisão rescindenda, da certidão do trânsito em julgado da decisão rescindenda e informação do andamento atualizado da execução. >> **245, 445**

► OJ Nº 78 DA SDI - II DO TST

Ação rescisória. Cumulação sucessiva de pedidos. Rescisão da sentença e do acórdão. Ação única. Art. 326 do CPC de 2015. Art. 289 do CPC de 1973.

É admissível o ajuizamento de uma única ação rescisória contendo mais de um pedido, em ordem sucessiva, de rescisão da sentença e do acórdão. Sendo inviável a tutela jurisdicional de um deles, o julgador está obrigado a apreciar os demais, sob pena de negativa de prestação jurisdicional. >> **460**

► OJ Nº 80 DA SDI - II DO TST

Ação rescisória. Decadência. "dies a quo". Recurso deserto. Súmula nº 100 do TST

O não-conhecimento do recurso por deserção não antecipa o "dies a quo" do prazo decadencial para o ajuizamento da ação rescisória, atraindo, na contagem do prazo, a aplicação da Súmula nº 100 do TST. >> **450**

► OJ Nº 84 DA SDI - II DO TST

Ação rescisória. Petição inicial. Ausência da decisão rescindenda e/ou da certidão de seu trânsito em julgado devidamente autenticadas. Peças essenciais para a constituição válida e regular do feito. Argüição de ofício. Extinção do processo sem julgamento do mérito

A decisão rescindenda e/ou a certidão do seu trânsito em julgado, devidamente autenticadas, à exceção de cópias reprográficas apresentadas por pessoa jurídica de direito público, a teor do art. 24 da Lei nº 10.522/02, são peças essenciais para o julgamento da ação rescisória. Em fase recursal, verificada a ausência de qualquer delas, cumpre ao Relator do recurso ordinário argüir, de ofício, a extinção do processo, sem julgamento do mérito, por falta de pressuposto de constituição e desenvolvimento válido do feito. >> **456**

► OJ Nº 88 DA SDI - II DO TST

Mandado de segurança. Valor da causa. Custas processuais. Cabimento

Incabível a impetração de mandado de segurança contra ato judicial que, de ofício, arbitrou novo valor à causa, acarretando a majoração das custas processuais, uma vez que cabia à parte, após recolher as custas, calculadas com base no valor dado à causa na inicial, interpor recurso ordinário e, posteriormente, agravo de instrumento no caso de o recurso ser considerado deserto. >> **329, 382, 480**

► OJ Nº 89 DA SDI - II DO TST

"Habeas corpus". Depositário. Termo de depósito não assinado pelo paciente. Necessidade de aceitação do encargo. Impossibilidade de prisão civil

A investidura no encargo de depositário depende da aceitação do nomeado que deve assinar termo de compromisso no auto de penhora, sem o que, é inadmissível a restrição de seu direito de liberdade. >> **441, 495**

► OJ Nº 91 DA SDI - II DO TST

Mandado de segurança. Autenticação de cópias pelas secretarias dos tribunais regionais do trabalho. Requerimento indeferido. Art. 789, § 9º, da CLT

Não sendo a parte beneficiária da assistência judiciária gratuita, inexiste direito líquido e certo à autenticação, pelas Secretarias dos Tribunais, de peças extraídas do processo principal, para formação do agravo de instrumento. **>> 421, 482**

► OJ Nº 92 DA SDI – II DO TST

Mandado de segurança. Existência de recurso próprio

Não cabe mandado de segurança contra decisão judicial passível de reforma mediante recurso próprio, ainda que com efeito diferido. **>> 480**

► OJ Nº 93 DA SDI – II DO TST

Mandado de segurança. Possibilidade da penhora sobre parte da renda de estabelecimento comercial

É admissível a penhora sobre a renda mensal ou faturamento de empresa, limitada a determinado percentual, desde que não comprometa o desenvolvimento regular de suas atividades. **>> 439, 482**

► OJ Nº 94 DA SDI – II DO TST

Ação rescisória. Colusão. Fraude à lei. Reclamatória simulada extinta

A decisão ou acordo judicial subjacente à reclamação trabalhista, cuja tramitação deixa nítida a simulação do litígio para fraudar a lei e prejudicar terceiros, enseja ação rescisória, com lastro em colusão. No juízo rescisório, o processo simulado deve ser extinto. **>> 462**

► OJ Nº 97 DA SDI – II DO TST

Ação rescisória. Violação do art. 5º, II, LIV e LV, da Constituição Federal. Princípios da legalidade, do devido processo legal, do contraditório e da ampla defesa

Os princípios da legalidade, do devido processo legal, do contraditório e da ampla defesa não servem de fundamento para a desconstituição de decisão judicial transitada em julgado, quando se apresentam sob a forma de pedido genérico e desfundamentado, acompanhando dispositivos legais que tratam especificamente da matéria debatida, estes sim, passíveis de fundamentarem a análise do pleito rescisório. **>> 466**

► OJ Nº 98 DA SDI – II DO TST

Mandado de segurança. Cabível para atacar exigência de depósito prévio de honorários periciais

É ilegal a exigência de depósito prévio para custeio dos honorários periciais, dada a incompatibilidade com o processo do trabalho, sendo cabível o mandado de segurança visando à realização da perícia, independentemente do depósito. **>> 310, 483**

► OJ Nº 99 DA SDI – II DO TST

Mandado de segurança. Esgotamento de todas as vias processuais disponíveis. Trânsito em julgado formal. Descabimento

Esgotadas as vias recursais existentes, não cabe mandado de segurança. **>> 480**

► OJ Nº 100 DA SDI – II DO TST

Recurso ordinário para o TST. Decisão de TRT proferida em agravo regimental contra liminar em ação cautelar ou em mandado de segurança. Incabível

Não cabe recurso ordinário para o TST de decisão proferida pelo Tribunal Regional do Trabalho em agravo regimental interposto contra despacho que concede ou não liminar em ação cautelar ou em mandado de segurança, uma vez que o processo ainda pende de decisão definitiva do Tribunal "a quo". **>> 400, 487**

► OJ Nº 101 DA SDI – II DO TST

Ação rescisória. Inciso IV do art. 966 do CPC de 2015. Art. 485, IV, do CPC de 1973. Ofensa à coisa julgada. Necessidade de fixação de tese na decisão rescindenda

Para viabilizar a desconstituição do julgado pela causa de rescindibilidade do inciso IV do art. 966 do CPC de 2015 (inciso IV do art. 485 do CPC de 1973), é necessário que a decisão rescindenda tenha enfrentado as questões ventiladas na ação rescisória, sob pena de inviabilizar o cotejo com o título executivo judicial tido por desrespeitado, de modo a se poder concluir pela ofensa à coisa julgada. **>> 463**

▶ OJ Nº 103 DA SDI - II DO TST

Ação rescisória. Contradição entre fundamentação e parte dispositiva do julgado. Cabimento. Erro de fato

É cabível a rescisória para corrigir contradição entre a parte dispositiva do acórdão rescindendo e a sua fundamentação, por erro de fato na retratação do que foi decidido. >> **475**

▶ OJ Nº 107 DA SDI - II DO TST

Ação rescisória. Decisão rescindenda de mérito. Sentença declaratória de extinção de execução. Satisfação da obrigação

Embora não haja atividade cognitiva, a decisão que declara extinta a execução, nos termos do art. 924, incisos I a IV c/c art. 925 do CPC de 2015 (art. 794 c/c 795 do CPC de 1973), extingue a relação processual e a obrigacional, sendo passível de corte rescisório. >> **457**

▶ OJ Nº 112 DA SDI - II DO TST

Ação rescisória. Violação de lei. Decisão rescindenda por duplo fundamento. Impugnação parcial

Para que a violação da lei dê causa à rescisão de decisão de mérito alicerçada em duplo fundamento, é necessário que o Autor da ação rescisória invoque causas de rescindibilidade que, em tese, possam infirmar a motivação dúplice da decisão rescindenda. >> **466**

▶ OJ Nº 113 DA SDI - II DO TST

Ação cautelar. Efeito suspensivo ao recurso ordinário em mandado de segurança. Incabível. Ausência de interesse. Extinção

É incabível medida cautelar para imprimir efeito suspensivo a recurso interposto contra decisão proferida em mandado de segurança, pois ambos visam, em última análise, à sustação do ato atacado. Extingue-se, pois, o processo, sem julgamento do mérito, por ausência de interesse de agir, para evitar que decisões judiciais conflitantes e inconciliáveis passem a reger idêntica situação jurídica. >> **293, 396, 445**

▶ OJ Nº 123 DA SDI - II DO TST

Ação rescisória. Interpretação do sentido e alcance do título executivo. Inexistência de ofensa à coisa julgada

O acolhimento da ação rescisória calcada em ofensa à coisa julgada supõe dissonância patente entre as decisões exequenda e rescindenda, o que não se verifica quando se faz necessária a interpretação do título executivo judicial para se concluir pela lesão à coisa julgada. >> **463**

▶ OJ Nº 124 DA SDI - II DO TST

Ação rescisória. Art. 966, inciso II, do CPC de 2015. Art. 485, inciso II, do CPC de 1973. Arguição de incompetência absoluta. Prequestionamento inexigível

Na hipótese em que a ação rescisória tem como causa de rescindibilidade o inciso II do art. 966 do CPC de 2015 (inciso II do art. 485 do CPC de 1973), a arguição de incompetência absoluta prescinde de prequestionamento. >> **461**

▶ OJ Nº 127 DA SDI - II DO TST

Mandado de segurança. Decadência. Contagem. Efetivo ato coator

Na contagem do prazo decadencial para ajuizamento de mandado de segurança, o efetivo ato coator é o primeiro em que se firmou a tese hostilizada e não aquele que a ratificou. >> **486**

▶ OJ Nº 128 DA SDI - II DO TST

Ação rescisória. Concurso público anulado posteriormente. Aplicação da Súmula nº 363 do TST

O certame público posteriormente anulado equivale à contratação realizada sem a observância da exigência contida no art. 37, II, da Constituição Federal de 1988. Assim sendo, aplicam-se à hipótese os efeitos previstos na Súmula nº 363 do TST. >> **471**

▶ OJ Nº 129 DA SDI - II DO TST

Ação anulatória. Competência originária

Em se tratando de Ação anulatória, a competência originária se dá no mesmo juízo em que praticado o ato supostamente eivado de vício. >> **281**

▶ OJ Nº 130 DA SDI - II DO TST

Ação civil pública. Competência. Local do dano. Lei 7.347/1985, art. 2º. Código de Defesa do Consumidor, artigo 93.

I – A competência para a Ação Civil Pública fixa-se pela extensão do dano.

II – Em caso de dano de abrangência regional, que atinge cidades sujeitas à jurisdição de mais de uma Vara do Trabalho, a competência será de qualquer das varas das localidades atingidas, ainda que vinculadas a Tribunais Regionais do Trabalho distintos.

III – Em caso de dano de abrangência suprarregional ou nacional, há competência concorrente para a ação civil pública das varas do trabalho das sedes dos Tribunais Regionais do Trabalho.

IV – Estará prevento o juízo a que a primeira ação houver sido distribuída. **>> 282, 287**

► OJ Nº 131 DA SDI – II DO TST

Ação rescisória. Ação cautelar para suspender execução da decisão rescindenda. Pendência de trânsito em julgado da ação rescisória principal. Efeitos

A ação cautelar não perde o objeto enquanto ainda estiver pendente o trânsito em julgado da ação rescisória principal, devendo o pedido cautelar ser julgado procedente, mantendo-se os efeitos da liminar eventualmente deferida, no caso de procedência do pedido rescisório ou, por outro lado, improcedente, se o pedido da ação rescisória principal tiver sido julgado improcedente. **>> 445, 477**

► OJ Nº 132 DA SDI – II DO TST

Ação rescisória. Acordo homologado. Alcance. Ofensa à coisa julgada

Acordo celebrado – homologado judicialmente – em que o empregado dá plena e ampla quitação, sem qualquer ressalva, alcança não só o objeto da inicial, como também todas as demais parcelas referentes ao extinto contrato de trabalho, violando a coisa julgada, a propositura de nova reclamação trabalhista. **>> 345, 463**

► OJ Nº 134 DA SDI – II DO TST

Ação rescisória. Decisão rescindenda. Preclusão declarada. Formação da coisa julgada formal. Impossibilidade jurídica do pedido

A decisão que conclui estar preclusa a oportunidade de impugnação da sentença de liquidação, por ensejar tão-somente a formação da coisa julgada formal, não é suscetível de rescindibilidade. **>> 292, 457**

► OJ Nº 135 DA SDI – II DO TST

Ação rescisória. Violação do art. 37, "caput", da CF/1988. Necessidade de prequestionamento

A ação rescisória calcada em violação do artigo 37, "caput", da Constituição Federal, por desrespeito ao princípio da legalidade administrativa exige que ao menos o princípio constitucional tenha sido prequestionado na decisão. **>> 467**

► OJ Nº 136 DA SDI – II DO TST

Ação rescisória. Erro de fato. Caracterização

A caracterização do erro de fato como causa de rescindibilidade de decisão judicial transitada em julgado supõe a afirmação categórica e indiscutida de um fato, na decisão rescindenda, que não corresponde à realidade dos autos. O fato afirmado pelo julgador, que pode ensejar ação rescisória calcada no inciso VIII do art. 966 do CPC de 2015 (inciso IX do art. 485 do CPC de 1973), é apenas aquele que se coloca como premissa fática indiscutida de um silogismo argumentativo, não aquele que se apresenta ao final desse mesmo silogismo, como conclusão decorrente das premissas que especificaram as provas oferecidas, para se concluir pela existência do fato. Esta última hipótese é afastada pelo § 1º do art. 966 do CPC de 2015 (§ 2º do art. 485 do CPC de 1973), ao exigir que não tenha havido controvérsia sobre o fato e pronunciamento judicial esmiuçando as provas. **>> 475**

► OJ Nº 137 DA SDI – II DO TST

Mandado de segurança. Dirigente sindical. Art. 494 da CLT. Aplicável

Constitui direito líquido e certo do empregador a suspensão do empregado, ainda que detentor de estabilidade sindical, até a decisão final do inquérito em que se apure a falta grave a ele imputada, na forma do art. 494, "caput" e parágrafo único, da CLT. **>> 481**

► OJ Nº 140 DA SDI – II DO TST

Mandado de segurança contra liminar, concedida ou denegada em outra segurança. Incabível. (art. 8º da Lei nº 1.533/51)

Não cabe mandado de segurança para impugnar despacho que acolheu ou indeferiu liminar em outro mandado de segurança. >> **481**

► OJ Nº 142 DA SDI - II DO TST

Mandado de segurança. Reintegração liminarmente concedida

Inexiste direito líquido e certo a ser oposto contra ato de Juiz que, antecipando a tutela jurisdicional, determina a reintegração do empregado até a decisão final do processo, quando demonstrada a razoabilidade do direito subjetivo material, como nos casos de anistiado pela Lei nº 8.878/1994, aposentado, integrante de comissão de fábrica, dirigente sindical, portador de doença profissional, portador de vírus HIV ou detentor de estabilidade provisória prevista em norma coletiva. >> **331, 481**

► OJ Nº 143 DA SDI - II DO TST

"Habeas corpus". Penhora sobre coisa futura e incerta. Prisão. Depositário infiel

Não se caracteriza a condição de depositário infiel quando a penhora recair sobre coisa futura e incerta, circunstância que, por si só, inviabiliza a materialização do depósito no momento da constituição do paciente em depositário, autorizando-se a concessão de "habeas corpus" diante da prisão ou ameaça de prisão que sofra. >> **441, 495**

► OJ Nº 144 DA SDI - II DO TST

Mandado de segurança. Proibição de prática de atos futuros. Sentença genérica. Evento futuro. Incabível

O mandado de segurança não se presta à obtenção de uma sentença genérica, aplicável a eventos futuros, cuja ocorrência é incerta. >> **483**

► OJ Nº 146 DA SDI - II DO TST

Ação rescisória. Início do prazo para apresentação da contestação. Art. 774 da CLT

A contestação apresentada em ação rescisória obedece à regra relativa à contagem de prazo constante do art. 774 da CLT, sendo inaplicável o art. 231 do CPC de 2015 (art. 241 do CPC de 1973). >> **321, 475**

► OJ Nº 148 DA SDI - II DO TST

Custas. Mandado de segurança. Recurso ordinário. Exigência do pagamento

É responsabilidade da parte, para interpor recurso ordinário em mandado de segurança, a comprovação do recolhimento das custas processuais no prazo recursal, sob pena de deserção. >> **382, 487**

► OJ Nº 149 DA SDI - II DO TST

Conflito de competência. Incompetência territorial. Hipótese do art. 651, § 3º, da CLT. Impossibilidade de declaração de ofício de incompetência relativa

Não cabe declaração de ofício de incompetência territorial no caso do uso, pelo trabalhador, da faculdade prevista no art. 651, § 3º, da CLT. Nessa hipótese, resolve-se o conflito pelo reconhecimento da competência do juízo do local onde a ação foi proposta. >> **284**

► OJ Nº 150 DA SDI - II DO TST

Ação Rescisória. Regência pelo CPC De 1973. Decisão rescindenda que extingue o processo sem resolução de mérito por acolhimento de coisa julgada. Conteúdo meramente processual. Impossibilidade jurídica do pedido.

Reputa-se juridicamente impossível o pedido de corte rescisório de decisão que, reconhecendo a existência de coisa julgada, nos termos do art. 267, V, do CPC de 1973, extingue o processo sem resolução de mérito, o que, ante o seu conteúdo meramente processual, a torna insuscetível de produzir a coisa julgada material. >> **292, 456**

► OJ Nº 151 DA SDI - II DO TST

Ação rescisória e Mandado de Segurança. Procuração. Poderes específicos para ajuizamento de reclamação trabalhista. Irregularidade de representação processual. Fase recursal. Vício processual sanável.

A procuração outorgada com poderes específicos para ajuizamento de reclamação trabalhista não autoriza a propositura de ação rescisória e mandado de segurança. Constatado, todavia, o defeito de representação processual na fase recursal, cumpre ao relator ou ao tribunal conceder prazo de 5 (cinco) dias para a regularização, nos termos da Súmula nº 383, item II, do TST. >> **301, 460, 487**

► OJ Nº 152 DA SDI – II DO TST

Ação rescisória e mandado de segurança. Recurso de revista de acórdão regional que julga ação rescisória ou mandado de segurança. Princípio da fungibilidade. Inaplicabilidade. Erro grosseiro na interposição do recurso.

A interposição de recurso de revista de decisão definitiva de Tribunal Regional do Trabalho em ação rescisória ou em mandado de segurança, com fundamento em violação legal e divergência jurisprudencial e remissão expressa ao art. 896 da CLT, configura erro grosseiro, insuscetível de autorizar o seu recebimento como recurso ordinário, em face do disposto no art. 895, "b", da CLT. >> **374, 404, 476, 486**

► OJ Nº 153 DA SDI – II DO TST

Mandado de segurança. Execução. Ordem de penhora sobre valores existentes em conta salário. Art. 649, IV, do CPC. Ilegalidade

Ofende direito líquido e certo decisão que determina o bloqueio de numerário existente em conta salário, para satisfação de crédito trabalhista, ainda que seja limitado a determinado percentual dos valores recebidos ou a valor revertido para fundo de aplicação ou poupança, visto que o art. 649, IV, do CPC contém norma imperativa que não admite interpretação ampliativa, sendo a exceção prevista no art. 649, § 2º, do CPC espécie e não gênero de crédito de natureza alimentícia, não englobando o crédito trabalhista. >> **439, 482**

► OJ Nº 154 DA SDI – II DO TST

Ação rescisória. Acordo prévio ao ajuizamento da reclamação. Quitação geral. Lide simulada. Possibilidade de rescisão da sentença homologatória de acordo apenas se verificada a existência de vício de consentimento

A sentença homologatória de acordo prévio ao ajuizamento de reclamação trabalhista, no qual foi conferida quitação geral do extinto contrato, sujeita-se ao corte rescisório tão somente se verificada a existência de fraude ou vício de consentimento. >> **473**

► OJ Nº 156 DA SDI – II DO TST

"Habeas corpus" originário no TST. Substitutivo de recurso ordinário em "habeas corpus". Cabimento contra decisão definitiva proferida por Tribunal Regional do Trabalho

É cabível ajuizamento de "habeas corpus" originário no Tribunal Superior do Trabalho, em substituição de recurso ordinário em "habeas corpus", de decisão definitiva proferida por Tribunal Regional do Trabalho, uma vez que o órgão colegiado passa a ser a autoridade coatora no momento em que examina o mérito do "habeas corpus" impetrado no âmbito da Corte local. >> **495**

► OJ Nº 157 DA SDI – II DO TST

Ação rescisória. Decisões proferidas em fases distintas de uma mesma ação. Coisa julgada. Não configuração

A ofensa à coisa julgada de que trata o inciso IV do art. 966 do CPC de 2015 (inciso IV do art. 485 do CPC de 1973) refere-se apenas a relações processuais distintas. A invocação de desrespeito à coisa julgada formada no processo de conhecimento, na correspondente fase de execução, somente é possível com base na violação do art. 5º, XXXVI, da Constituição da República. >> **463**

► OJ Nº 158 DA SDI – II DO TST

Ação rescisória. Declaração de nulidade de decisão homologatória de acordo em razão de colusão (art. 485, III, do CPC). Multa por litigância de má-fé. Impossibilidade

A declaração de nulidade de decisão homologatória de acordo, em razão da colusão entre as partes (art. 485, III, do CPC), é sanção suficiente em relação ao procedimento adotado, não havendo que ser aplicada a multa por litigância de má-fé. >> **462**

5. OJS DA SDC DO TST

► OJ Nº 2 DA SDC DO TST

Acordo homologado. Extensão a partes não subscreventes. Inviabilidade.

É inviável aplicar condições constantes de acordo homologado nos autos de dissídio coletivo, extensivamente, às partes que não o subscreveram, exceto se observado o procedimento previsto no art. 868 e seguintes, da CLT. **>> 263, 489**

► OJ Nº 3 DA SDC DO TST

Arresto. Apreensão. Depósito. Pretensões insuscetíveis de dedução em sede coletiva

São incompatíveis com a natureza e finalidade do dissídio coletivo as pretensões de provimento judicial de arresto, apreensão ou depósito. **>> 489**

► OJ Nº 5 DA SDC DO TST

Dissídio coletivo. Pessoa jurídica de direito público. Possibilidade jurídica. Cláusula de natureza social

Em face de pessoa jurídica de direito público que mantenha empregados, cabe dissídio coletivo exclusivamente para apreciação de cláusulas de natureza social. Inteligência da Convenção nº 151 da Organização Internacional do Trabalho, ratificada pelo Decreto Legislativo nº 206/2010. **>> 263, 489**

► OJ Nº 7 DA SDC DO TST

Dissídio coletivo. Natureza jurídica. Interpretação de norma de caráter genérico. Inviabilidade

Não se presta o dissídio coletivo de natureza jurídica à interpretação de normas de caráter genérico, a teor do disposto no art. 313, II, do RITST. **>> 489**

► OJ Nº 8 DA SDC DO TST

Dissídio coletivo. Pauta reivindicatória não registrada em ata. Causa de extinção.

A ata da assembléia de trabalhadores que legitima a atuação da entidade sindical respectiva em favor de seus interesses deve registrar, obrigatoriamente, a pauta reivindicatória, produto da vontade expressa da categoria. **>> 260**

► OJ Nº 9 DA SDC DO TST

Enquadramento sindical. Incompetência material da justiça do trabalho.

O dissídio coletivo não é meio próprio para o sindicato vir a obter o reconhecimento de que a categoria que representa é diferenciada, pois esta matéria - enquadramento sindical - envolve a interpretação de norma genérica, notadamente do art. 577 da CLT. **>> 260, 489**

► OJ Nº 10 DA SDC DO TST

Greve abusiva não gera efeitos.

É incompatível com a declaração de abusividade de movimento grevista o estabelecimento de quaisquer vantagens ou garantias a seus partícipes, que assumiram os riscos inerentes à utilização do instrumento de pressão máximo. **>> 265**

► OJ Nº 11 DA SDC DO TST

Greve. Imprescindibilidade de tentativa direta e pacífica da solução do conflito. Etapa negocial prévia.

É abusiva a greve levada a efeito sem que as partes hajam tentado, direta e pacificamente, solucionar o conflito que lhe constitui o objeto. **>> 266**

► OJ Nº 15 DA SDC DO TST

Sindicato. Legitimidade "ad processum". Imprescindibilidade do registro no ministério do trabalho

A comprovação da legitimidade "ad processum" da entidade sindical se faz por seu registro no órgão competente do Ministério do Trabalho, mesmo após a promulgação da Constituição Federal de 1988. **>> 490**

► OJ Nº 16 DA SDC DO TST

Taxa de homologação de rescisão contratual. Ilegalidade.

É contrária ao espírito da lei (art. 477, § 7º, da CLT) e da função precípua do sindicato a cláusula coletiva que estabelece taxa para homologação de rescisão contratual, a ser paga pela empresa a favor do sindicato profissional. **>> 260**

► OJ Nº 17 DA SDC DO TST

Contribuições para entidades sindicais. Inconstitucionalidade de sua extensão a não associados.

As cláusulas coletivas que estabeleçam contribuição em favor de entidade sindical, a qualquer título, obrigando trabalhadores não sindicalizados, são ofensivas ao direito de livre associação e sindicalização, constitucionalmente assegurado, e, portanto, nulas, sendo passíveis de devolução, por via própria, os respectivos valores eventualmente descontados. >> **260**

► OJ Nº 18 DA SDC DO TST

Descontos autorizados no salário pelo trabalhador. Limitação máxima de 70% do salário base.

Os descontos efetuados com base em cláusula de acordo firmado entre as partes não podem ser superiores a 70% do salário base percebido pelo empregado, pois deve-se assegurar um mínimo de salário em espécie ao trabalhador. >> **263**

► OJ Nº 19 DA SDC DO TST

Dissídio coletivo contra empresa. Legitimação da entidade sindical. Autorização dos trabalhadores diretamente envolvidos no conflito

A legitimidade da entidade sindical para a instauração da instância contra determinada empresa está condicionada à prévia autorização dos trabalhadores da suscitada diretamente envolvidos no conflito. >> **490**

► OJ Nº 20 DA SDC DO TST

Empregados sindicalizados. Admissão preferencial. Condição violadora do art. 8º, V, da CF88.

Viola o art. 8º, V, da CF/1988 cláusula de instrumento normativo que estabelece a preferência, na contratação de mão de obra, do trabalhador sindicalizado sobre os demais. >> **263**

► OJ Nº 22 DA SDC DO TST

Legitimidade "ad causam" do sindicato. Correspondência entre as atividades exercidas pelos setores profissional e econômico envolvidos no conflito. Necessidade

É necessária a correspondência entre as atividades exercidas pelos setores profissional e econômico, a fim de legitimar os envolvidos no conflito a ser solucionado pela via do dissídio coletivo. >> **263, 490**

► OJ Nº 23 DA SDC DO TST

Legitimidade "ad causam". Sindicato representativo de segmento profissional ou patronal. Impossibilidade.

A representação sindical abrange toda a categoria, não comportando separação fundada na maior ou menor dimensão de cada ramo ou empresa. >> **263, 490**

► OJ Nº 25 DA SDC DO TST

Salário normativo. Contrato de experiência. Limitação. Tempo de serviço. Possibilidade.

Não fere o princípio da isonomia salarial (art. 7º, XXX, da CF/88) a previsão de salário normativo tendo em vista o fator tempo de serviço. >> **264**

► OJ Nº 26 DA SDC DO TST

Salário normativo. Menor empregado. Art. 7º, XXX, da CF/88. Violação.

Os empregados menores não podem ser discriminados em cláusula que fixa salário mínimo profissional para a categoria. >> **264**

► OJ Nº 27 DA SDC DO TST

Custas. Ausência de intimação. Deserção. Caracterização

A deserção se impõe mesmo não tendo havido intimação, pois incumbe à parte, na defesa do próprio interesse, obter os cálculos necessários para efetivar o preparo. >> **490**

► OJ Nº 28 DA SDC DO TST

Edital de convocação da AGT. Publicação. Base territorial. Validade.

O edital de convocação para a AGT deve ser publicado em jornal que circule em cada um dos municípios componentes da base territorial. >> **261**

► OJ Nº 29 DA SDC DO TST

Edital de convocação e ata da assembléia geral. Requisitos essenciais para instauração de dissídio coletivo

O edital de convocação da categoria e a respectiva ata da AGT constituem peças essenciais à instauração do processo de dissídio coletivo. >> **490**

► OJ Nº 30 DA SDC DO TST

Estabilidade da gestante. Renúncia ou transação de direitos constitucionais. Impossibilidade.

Nos termos do art. 10, II, "b", do ADCT, a proteção à maternidade foi erigida à hierarquia constitucional, pois retirou do âmbito do direito potestativo do empregador a possibilidade de despedir arbitrariamente a empregada em estado gravídico. Portanto, a teor do artigo 9º, da CLT, torna-se nula de pleno direito a cláusula que estabelece a possibilidade de renúncia ou transação, pela gestante, das garantias referentes à manutenção do emprego e salário. >> **264**

► OJ Nº 31 DA SDC DO TST

Estabilidade do acidentado. Acordo homologado. Prevalência. Impossibilidade. Violação do art. 118 da lei nº 8.213/91.

Não é possível a prevalência de acordo sobre legislação vigente, quando ele é menos benéfico do que a própria lei, porquanto o caráter imperativo dessa última restringe o campo de atuação da vontade das partes. >> **214, 264**

► OJ Nº 32 DA SDC DO TST

Reivindicações da categoria. Fundamentação das cláusulas. Necessidade. Aplicação do precedente normativo nº 37 do TST

É pressuposto indispensável à constituição válida e regular da ação coletiva a apresentação em forma clausulada e fundamentada das reivindicações da categoria, conforme orientação do item VI, letra "e", da Instrução Normativa nº 4/93. >> **490**

► OJ Nº 34 DA SDC DO TST

Acordo extrajudicial. Homologação. Justiça do trabalho. Prescindibilidade

É desnecessária a homologação, por Tribunal Trabalhista, do acordo extrajudicialmente celebrado, sendo suficiente, para que surta efeitos, sua formalização perante o Ministério do Trabalho (art. 614 da CLT e art. 7º, inciso XXVI, da Constituição Federal). >> **490**

► OJ Nº 35 DA SDC DO TST

Edital de convocação da agt. Disposição estatutária específica. Prazo mínimo entre a publicação e a realização da assembléia. Observância obrigatória.

Se os estatutos da entidade sindical contam com norma específica que estabeleça prazo mínimo entre a data de publicação do edital convocatório e a realização da assembléia correspondente, então a validade desta última depende da observância desse interregno. >> **261**

► OJ Nº 36 DA SDC DO TST

Empregados de empresa de processamento de dados. Reconhecimento como categoria diferenciada. Impossibilidade.

É por lei e não por decisão judicial, que as categorias diferenciadas são reconhecidas como tais. De outra parte, no que tange aos profissionais da informática, o trabalho que desempenham sofre alterações, de acordo com a atividade econômica exercida pelo empregador. >> **261**

► OJ Nº 38 DA SDC DO TST

Greve. Serviços essenciais. Garantia das necessidades inadiáveis da população usuária. Fator determinante da qualificação jurídica do movimento.

É abusiva a greve que se realiza em setores que a lei define como sendo essenciais à comunidade, se não é assegurado o atendimento básico das necessidades inadiáveis dos usuários do serviço, na forma prevista na Lei nº 7.783/89. >> **266**

ÍNDICE REMISSIVO

EDITORA
JusPODIVM
www.editorajuspodivm.com.br